中国科学院科学出版基金资助出版

“十三五”江苏省高等学校重点教材

普通高等学校地理信息科学教学丛书
普通高等教育“十一五”国家级规划教材

遥感数字图像处理教程

（第三版）

韦玉春　汤国安　汪　闽　杨　昕 等　编著

“十三五”江苏省高等学校重点教材（编号：2016-1-033）
江苏高校品牌专业建设工程资助项目

科学出版社
北　京

内 容 简 介

本书阐述了遥感数字图像处理的概念、原理和主要方法，覆盖了光学遥感数字图像处理的主要内容。本书以图像的获取和存储、图像统计和描述、图像显示、图像校正、图像变换、图像滤波、图像分割、图像分类和遥感信息提取为纲，以“理论－方法－应用”为目，便于读者理解和学习。

本书面向地理学和测绘学等学科，可作为遥感、地理、测绘、环境、土地、海洋、农业、地矿、水利、信息等专业的本科生和研究生教材，也可供遥感科学与技术、地理信息科学、资源环境、灾害监测、计算机等领域研究人员和技术人员参考。

图书在版编目(CIP)数据

遥感数字图像处理教程/韦玉春等编著. —3 版. —北京：科学出版社，2019.4(2022.7 重印)

(普通高等学校地理信息科学教学丛书)

普通高等教育“十一五”国家级规划教材

ISBN 978-7-03-058035-1

Ⅰ. ①遥…　Ⅱ. ①韦…　Ⅲ. ①遥感图像–数字图像处理–高等学校–教材　Ⅳ. ①TP751.1

中国版本图书馆 CIP 数据核字(2022)第 114908 号

责任编辑：杨　红/责任校对：樊雅琼

责任印制：师艳茹/封面设计：陈　敬

科 学 出 版 社 出版

北京东黄城根北街 16 号

邮政编码：100717

http://www.sciencep.com

三河市骏杰印刷有限公司印刷

科学出版社发行　各地新华书店经销

*

2007 年 12 月第　一　版　开本：787 × 1092　1/16

2015 年　2 月第　二　版　印张：23

2019 年　4 月第　三　版　字数：556 000

2025 年 12 月第三十次印刷

定价：58.00 元

(如有印装质量问题，我社负责调换)

丛 书 序

古往今来，人类所有活动几乎都与地理位置息息相关。随着科学技术的快速发展与普及，地理信息科学与技术以及在此基础上发展起来的“数字地球”“智慧城市”等，在人们的生产和生活中发挥着越来越重要的作用。

近年来，我国地理信息科学高等教育蓬勃发展，为我国地理信息产业的发展提供了重要的理论、技术和人才保证。目前，我国已有近200所高校开设地理信息科学专业，专业人才培养模式也开始从“重理论、轻实践”向“理论与实践并重”转变。然而，现有的地理信息科学专业教材建设，一方面滞后于专业人才培养的实际需求，另一方面，也跟不上地理信息技术飞速发展的步伐。同时，新技术带来的教学方式和学生学习方式的变化，也要求现有教材体系及配套资源做出适应性或引领性变革。在此背景下，科学出版社与中国地理信息产业协会教育与科普工作委员会共同组织策划了“普通高等学校地理信息科学教学丛书”。该丛书从学科建设出发，邀请海内外地理信息科学领域著名学者组成编委会，并由编委会推荐知名专家或从事一线教学的教授担任各分册主编。在编撰中注重教材的科学性、系统性、新颖性与可读性的有机结合，强调对学生基本理论、基本技能与创新能力的培养。丛书还同步启动配套的数字化教学与学习资源建设，希望借助新技术手段为地理信息科学专业师生提供方便快捷的教学与实习途径。相信该丛书的出版，会大大提升该专业领域本科教材质量，优化辅助教学资源，对提高理论与实践并重的专业人才培养质量起到积极的引领作用。

我相信，在丛书编委会及全体编撰人员的共同努力下，“普通高等学校地理信息科学教学丛书”一定会促进我国新一代地理信息科学创新人才的培养，从而为我国地理信息科学及相关专业的发展做出重要的贡献。

中国科学院院士
中国工程院院士　李德仁

丛书前言

地理信息，在经济全球化和信息技术快速发展的 21 世纪，已然在人类经济发展与社会生活中扮演重要角色。自 1992 年 Michael F. Goodchild 提出地理信息科学应当是一门独立的学科以来，在学界的共同努力下，已经在空间数据采集与处理、地学数据挖掘与知识发现、空间分析与可信性评价、地学建模与地理过程模拟、协同 GIS 与可视化、地理信息服务、数字地球与智慧城市、虚拟地理环境、GIS 普及及高等教育等诸多研究方面取得了重要进展。与此同时，由于地理信息科学的概念以及研究背景、目标的复杂性，目前关于地理信息科学的核心理论框架体系，仍然存在不同的理解，需要广大学者深入探索与凝练。

在 2012 年教育部颁布的《普通高等学校本科专业目录(2012 年)》中，地理科学类专业中的“地理信息系统”更名为“地理信息科学”，标志着地理信息的高等教育进入一个崭新的发展阶段。随着我国各项事业及各相关部门信息化进程的加快，地理信息相关专业人才具有广泛的社会需求。地理信息科学专业人才应当具备坚实的地理学、测绘科学及现代信息技术基础知识、具有处理与分析地理信息的能力，能从事地理信息科学问题的研究与开发，能胜任包括城市规划、资源管理、环境监测与保护、灾害防治等领域的地理信息资源开发、利用与管理工作。地理信息科学专业人才的培养，对于全面提升我国地理信息产业与地理信息科学发展水平具有极其重要的作用。

中国地理信息产业协会教育与科普工作委员会，多年来通过多种途径，积极推进我国地理信息高等教育水平提高，所组织的全国高校 GIS 教育研讨会、全国高校 GIS 青年教师教学技能培训与大赛、全国大学生 GIS 技能大赛、全国 GIS 博士生论坛等活动，都已经成为国内有影响的品牌活动。党的二十大报告指出“教育是国之大计、党之大计” 。高校专业教材作为本科教学的重要资料，在落实立德树人根本任务，全面提高人才自主培养质量，着力造就拔尖创新人才的过程中起到了关键的作用。近十年来，我国已出版多套有关地理信息系统的系列教材，在专业教学中发挥了十分重要的作用，其中，由科学出版社出版的“高等学校地理信息系统教学丛书”，在我国 GIS 教育界产生了重要影响。在此基础上，科学出版社、教育与科普工作委员会联合组织编撰的“普通高等学校地理信息科学教学丛书”，拟面对学科发展的新形势，系统梳理、总结与提炼以往的研究成果，编写出集科学性、时代性、实用性为一体的系列教材。

为保证本丛书顺利完成，在工作委员会及科学出版社的协调下，首先成立了由地理信息科学高等教育领域的知名学者组成的丛书编写委员会。其中，由我国该领域院士及知名学者任顾问，对丛书进行方向性指导，各教材主要编写人员既有我国地理信息科学领域的知名专家，又有新涌现的优秀青年学者，他们对地理信息科学的教育教学有很强的责任心，对地理信息学科的发展与创新开展了广泛而深入的研究；他们在学术研究和教学工作中亦能紧密联系、广泛开展学术与教学的交流合作。

本丛书将集成当前国内外地理信息科学研究领域的主要理论与方法，以及编著者自身多年的研究成果，对今后相关研究工作有十分重要的参考价值。我们希望本丛书不仅适合于地理信息科学专业的在校学生使用，而且也可作为相关专业高校教师和研究人员工作和学习的参考书。本丛书的出版发行，盼能推动我国地理信息科学的科学研究与拓展应用，促进中国地理信息产业的发展。

国家级教学名师
中国地理信息产业协会教育与科普工作委员会主任
汤国安
2023 年 7 月 4 日

第三版前言

随着对地观测技术的迅速发展，遥感图像在社会生活和经济建设中发挥着越来越重要的作用。遥感图像已不仅仅是科学研究和工程设施建设的基础数据，同时，伴随着 Google Earth 的使用，已经成为普通人生活的一部分。遥感图像正不断扩展人类对世界的认知广度和深度。

本教程第一版由韦玉春、汤国安、杨昕编写，汪闽负责编写了第十章中的高空间分辨率图像处理内容。教程第二版由韦玉春和汪闽进行修编，重点是修订第一版中错误，增加图像处理实例，完善基本概念的表达、定义和图像处理方法，统一不同章节中的文字表述方式，补充更多的参考论文引注。教程第三版由韦玉春修编，调整了一些内容的前后次序，根据当前遥感技术的发展进行了增补。详细的修订说明、略去的第二版内容，以及书中提到的相关数据和彩图已上传至网上(获取方式见附录 4)。

研究生丛茂勤、罗宏、袁兆杰等帮助进行了基础材料和文字的整理工作，特此致谢。

遥感数字图像处理与其他学科相比显得非常年轻。如何将地学专业知识与数学原理和方法有机地结合起来进行更有效的图像处理，还需要做更多的工作。

本教程在编写中参考了多种材料，但由于受学识水平的限制及遥感图像处理复杂性的限制，难免会有不当之处，还请读者不吝指教。

“爱课程”网站中的在线开放课程“遥感数字图像处理”和资源共享课程“遥感地学分析”提供了遥感图像处理应用实例和资料，可供读者参考使用。此外，我们建立了 QQ 群(群号：217546423)用于讨论教材使用中遇到的问题。

各章的思考题并不限于书中的内容，还请读者自行查阅相关资料后回答。

作者录制了相关重点和难点视频，读者可通过扫描书中二维码观看。

韦玉春

2018 年 11 月

南京师范大学地理科学学院，仙林

第二版前言

随着对地观测技术的迅速发展，遥感图像在社会生活和经济建设中发挥着越来越重要的作用。遥感图像已不仅仅是科学研究和工程设施建设的基础数据，同时，伴随着 Google Earth 的使用，已经成为普通人生活的一部分。

遥感数字图像的处理，就是对遥感数字图像的计算机处理。与工业和医学数字图像不同，遥感数字图像类型更为多样，涵盖的内容和处理对象更为复杂。因此，遥感数字图像的处理，不仅需要掌握已有的数字图像处理方法，而且需要具有相应的地学知识，是科学和艺术的有机结合。

本教程面向大学本科教学，按照“基础知识—图像处理应用”来组织相关内容。教程分 10 章。

第 1 章主要介绍图像、遥感数字图像和遥感数字图像处理的基本概念、软硬件要求和特点。第 2 章重点介绍获取图像的遥感传感器特征、图像的数据格式和级别。第 3 章介绍遥感图像模型、图像表示方法、基本的统计特征和图像处理中需要掌握的基本概念。第 4 章主要介绍图像的显示和拉伸。第 5 章图像校正属于图像的预处理工作，其目的是校正成像过程中各种因素影响导致的图像失真。第 6 章和第 7 章是图像增强方法。第 8 章图像分割用于将图像划分为不同的区域或从背景中分割出感兴趣的地物目标并进行后处理，主要用于高空间分辨率图像。第 9 章介绍分类的基本原理、基本概念和常用的方法，对分类方法和存在的问题进行阐述和总结。第 10 章主要讲述遥感信息提取的方法，包括图像特征、高光谱分辨率、高空间分辨率图像的处理和变化检测。

需要说明的是，教程中的方法适用于多光谱、高光谱和高空间分辨率图像，主要的内容也可用于微波图像的处理。但是，考虑到微波图像成像原理的复杂性和预处理的复杂性，教程中没有包括微波图像处理的内容。

本教程第一版主要由韦玉春、汤国安、杨昕编写，汪闽负责编写了第十章中的高空间分辨率图像处理内容。教程第二版由韦玉春和汪闽进行修编，重点是修订第一版中错误，增加图像处理实例，完善基本概念的表达、定义和图像处理方法，统一不同章节中的文字表述。为了便于深入学习，增加了更多的参考论文。此外，考虑到篇幅问题，部分内容以 PDF 文件方式保存在本书所附的光盘中。

研究生袁兆杰、包玲、徐宁、张静、徐彬、彭礼红、杨大伟、单静、徐建军、徐谨等进行了基础材料和文字的整理工作，特此致谢。

遥感数字图像处理与其他学科相比显得非常年轻。如何将地学专业知识、图像处理原理和处理方法有机地结合起来进行更有效的图像处理，还需要做更多的工作。

本教程虽然在编写中参考了多种材料，但由于受学识水平以及遥感图像处理复杂性的限制，难免会有不当之处，恳请读者不吝指教。

“爱课程”网站中的“遥感地学分析”课程提供了遥感图像处理应用实例和资料，读者可以参考使用。

另外，各章的思考题并不限于本书的内容，需要读者自行查阅相关资料来回答。

韦玉春

2014 年 7 月

南京师范大学地理科学学院，仙林

目　录

本书配套实验教程《遥感数字图像处理实验教程》（第二版），提供多类型遥感图像和数据，图像处理步骤详细、图文并茂。通过对应练习可以巩固所学理论知识，提高使用者的应用水平。

购书链接

第1章 概　论

数字图像是以数字形式存储和表达的图像，遥感数字图像是通过遥感方式获得的数字图像。遥感数字图像处理是以物理学、地学、数学和计算机等知识为基础，对遥感数字图像进行的操作和分析，其核心内容是处理方法的原理、不同方法间的联系、解决问题的工作流和数据流。

1.1 图像和遥感数字图像

1.1.1 图像和数字图像

依据冈萨雷斯(Gonzalez et al.，2005)的定义，图像是对客观对象的一种相似性的描述或写真，包含了被描述或写真对象的信息，是人们最主要的信息源。在英语词典中，有三个词与图像有关，即 picture、image 和 pattern。图像对应的英文词为 image，指通过镜头等设备得到的视觉形象，或“以某一技术手段再现于二维画面上的视觉信息”，通俗地说就是通过技术手段把目标进行再现后产生的形象，“是二维数据阵列的光学模拟或二维的辐射场”。

根据人眼视觉的可视性将图像分为可见图像和不可见图像。可见图像包括图片、照片、素描和油画等，以及用透镜、光栅和全息技术产生的各种光学图像。不可见图像包括不可见光学成像(如紫外线、红外线、微波成像)和不可见的测量值(如温度、压力、人口密度)的分布图。

图像具有空间坐标和数值，根据其连续性，图像分为数字图像和模拟图像。数字图像指数字存储的、用计算机直接处理的图像，是空间坐标和图像数值用离散数字表示的图像。在计算机内部，数字图像表现为二维阵列(网格)，属于不可见图像。模拟图像又称为光学图像，指空间坐标和图像数值连续变化的、计算机无法直接处理的图像，属于可见图像。

利用计算机技术，模拟图像与数字图像之间可以相互转换。模拟图像转变成数字图像称为模/数转换，记作 A/D 转换；数字图像转变成模拟图像称为数/模转换，记作 D/A 转换。

数字图像最基本的单位是像素。像素是 A/D 转换中的取样点，是计算机图像处理的最小单元；图像像素是长宽大小相等的方格，具有特定的空间位置和属性特征。像素的基本属性特征为像素值，其高低反映了目标物能量的高低。

1.1.2 遥感数字图像

地物能够反射、吸收、发射不同波长的电磁波，利用这种特性，遥感系统可以探测地物，获取遥感图像。

遥感数字图像(remote sensing digital image)是以数字形式存储和表达的遥感图像。

遥感数字图像中的像素值又称为亮度值(或灰度值、灰度级)。亮度值的高低由遥感传感器探测到的地物电磁波辐射强度决定。由于地物电磁波性质的差异和大气的影响，相同地点不同图像(不同波段、不同时期、不同传感器的图像)中的亮度值不同。

图像内的每个像素对应于三维世界里的一个实体(纯像元)、实体的一部分或多个实体(混合像元)。在太阳的照射下，一些电磁波被这个实体反射，一些被吸收。反射的电磁波与天空中大气的散射一起到达传感器被记录下来，成为特定像素点的像素值。

遥感数字图像中，像素值是相对的，仅在图像内才能相互比较。相同位置不同日期和传感器图像中的像素值无法直接比较。只有当两景图像被同一物理过程获取时，或者两景图像的亮度值经过标准化处理去除了不同物理过程的影响后，其像素值才可以进行比较。

遥感数字图像与照片(模拟图像)是两类不同的图像，其典型差异如表 1.1 所示。

表 1.1 遥感数字图像与照片的差异

照片	遥感数字图像
来自于模拟方式	来自于数字方式
通过摄影系统产生	通过扫描和数码照相机产生
没有像素	基本构成单位是像素
没有行列结构	具有行和列
没有扫描行	可能会观察到扫描行
0 表示没有数据	0 是数值，不表示没有数据
任何点都没有编号	每个点都有确定的数字编号
摄影受电磁波谱的成像范围限制	可以是电磁波谱的任意范围
一旦获取了照片，颜色就是确定的	没有特定的颜色，可以根据需要合成不同的颜色
具有红、绿、蓝三个通道	多个波段(3～8000)

遥感数字图像是人类视觉的扩展。一般认为，人类的视觉系统能够观测到的光谱范围为 400～700nm，灰阶为 15～30 级，对大于 25Hz 以上的变化不敏感，观测到的空间范围受视场限制而有限。此外，人眼没有经过校验。遥感数字图像的传感器经过了定标而具有可供比较的标准，图像的波段为 3 到数千个，空间范围可从数厘米到数千千米，提供了不同级别和不同层次的遥感观测结果。人类视觉系统与遥感数字图像的紧密结合，极大地增强了分析处理大尺度复杂空间问题和环境问题的能力。

1.2 遥感数字图像处理

1.2.1 遥感数字图像处理的内容

遥感数字图像处理是通过计算机图像处理系统对遥感数字图像中的像素进行系列操作的过程。简单地说，就是对像素所施加的操作，处理的结果仍然为图像。

在狭义上，遥感数字图像处理不同于遥感数字图像分析。遥感数字图像分析是将像素值转换为其他含义量值的过程，遥感数字图像处理是图像分析必要的手段和步骤。在广义上，遥感数字图像处理包括了遥感数字图像分析的部分内容，如图像分割和图像分类。本书使用广义的遥感数字图像处理概念。

遥感图像中包括了很多信息。传统的模拟图像方式受媒介限制无法完全表达和处理这些信息，数字图像处理则有效地提高了处理精度和信息提取效率。

遥感数字图像处理的内容包括：

(1) 图像增强：使用多种处理方法压抑、去除噪声，增强显示图像整体或突出图像中特定地物的信息，使图像更容易理解、解释和判读。这些处理方法包括彩色合成、图像显示拉伸、波段运算、图像平滑、锐化、图像融合等。

图像增强着重于特定的图像特征，在特征提取、图像分析和图像显示中非常重要。增强过程本身不会增加信息，但改变了表达方式，突出了特定的图像特征，使得图像更易于可视化解释和理解。图像增强常通过人机交互进行，使用的算法取决于具体应用。

(2) 图像校正：图像校正也称图像恢复、图像复原，主要是对传感器或环境造成的图像退化进行模糊消除、噪声滤除、几何失真或非线性校正。校正方法除了图像增强中的一些方法外，还包括辐射校正和几何纠正。在进行信息提取前，有必要对遥感图像进行不同程度的校正处理，以使图像信息尽可能地反映实际地物的辐射信息、空间信息和物理过程。

(3) 信息提取：根据地物光谱特征、几何特征和纹理特征，确定提取规则，并以此为基础从校正后的遥感图像中提取各种有用信息的过程。主要处理方法包括图像分割、图像分类、变化检测等，处理结果为遥感专题图。

遥感数字图像处理是遥感对地观测过程的一个重要组成部分(图 1.1)，处理结果直接为资源管理、规划等提供数据服务，为发展新的对地观测技术提供基础依据。

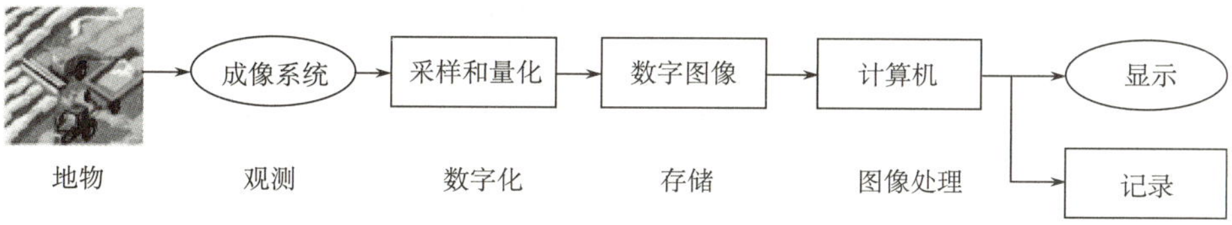

图 1.1 遥感对地观测与图像处理

1.2.2 遥感数字图像处理系统

数字图像处理需要借助于图像处理系统来完成。遥感数字图像处理系统主要包括硬件系统和软件系统两部分。硬件系统指进行图像处理所必需的设备，软件系统指进行图像处理的各种程序。

1. 硬件系统

遥感数字图像处理的硬件系统包括五部分：计算机、数字化设备、存储设备、显示和输出设备、操作台。

1) 计算机

计算机是图像处理的核心，大容量内存和高速 CPU 有助于加快处理进度。常用的计算机有个人微机、图形工作站和小型机。苹果计算机由于具有严格的色彩管理体系，往往是图像处理的首选。

计算机内存提供了快速的数据存取能力。目前，32 位操作系统的计算机支持的内存最大为 4G，64 位操作系统的计算机内存可以达到 32G 以上。内存容量越大，图像处理的效率越高，因此，使用 64 位操作系统进行图像处理是必要的。

2) 数字化设备

为了采集数字图像，需要两种装置：一种是传感器，它把接收到的电磁辐射能量转变成与能量成正比的(模拟)电信号；另一种是数字化设备，把上述(模拟)电信号或模拟图像转换成数字(离散)的形式。这些设备安装在遥感系统的遥感平台上。

在桌面上，目前数字化设备有电荷耦合器件照相机(数码照相机)、带有显像管的视频摄像机(数码摄像机)和扫描仪等。对于打印输出后的图像，需要用户使用数字化设备(一般是扫描设备)转换为数字图像后才能进行计算机处理。

3) 存储设备

遥感数字图像的数据及其处理结果需要大容量存储设备来保存。数据存储需要的空间与数据类型密切相关。例如，存储一幅 1024K 字节的 8 位图像需要 1MB 的存储空间。一景正常的包括 7 个波段的 Landsat5 的 TM 图像文件至少占用 200MB 的存储空间，高光谱图像则可能占用超过 1GB 的存储空间。

典型的存储设备包括磁盘、光盘、光盘塔、磁带等。为了加快数据的处理和存取效率，有必要使用固态硬盘作为临时的数据存取盘。对于高效的图像处理，往往使用磁盘阵列。

光盘可存储 GB 级的数据；一个光盘塔可包含几十到几百张光盘。磁盘的存储容量为 TB 级。磁带以顺序方式存取数据，可存储 GB 到 TB 级的数据，特点是容量大、价格低廉，是长期保存数据的主要方式，现在仍在使用。

4) 显示和输出设备

显示器是基本的图像输出设备。专业的高分辨率(如 4K)大尺寸显示器和多屏显示器有助于提高图像处理的效率。为了保证显示结果的可比性，显示器需要定期进行专业的色彩校正。

显示的图像可以通过硬拷贝转换到幻灯片、照片或透明胶片上。

打印设备用于输出图像到特定的媒介上。设备不同，输出图像的分辨率和色彩不同。在打印前需要对相关的设备进行统一的色彩校正。随着新型打印技术(热敏、激光、喷墨等)的成熟，高分辨率大幅面彩色图像的打印输出成为主要趋势。

5) 操作台

操作台是安置数字化设备、输出设备和图像处理设备的辅助平台。良好的图像处理环境应该通风，适当避光，以保证图像处理的质量。

2. 软件系统

遥感数字图像处理系统由图像处理控制程序、管理程序和图像处理功能模块组成。除了专业的遥感图像处理系统如 ERDAS、PCI、ENVI 外，还有各种面向专业应用领域的图像处理软件包和高级语言程序库等。

遥感数字图像处理系统的典型功能包括：①不同传感器图像数据的存取和转换；②几何校正；③辐射校正；④图像增强处理；⑤统计分析；⑥图像变换；⑦图像分类；⑧专题制图；⑨专业工具，如高光谱图像处理、地形分析、雷达图像处理工具等。

与办公软件相比，图像处理系统中的各个功能模块显得比较分散，各个菜单之间的联系不紧密。从某种意义上看，图像处理系统是一个综合的工具箱，工作流程需要结合工作要求来确定。实际工作中的图像处理往往是多个功能菜单的联合应用，只有熟练掌握了图像处理的基本原理，才能用好图像处理系统。

1) ERDAS IMAGINE 遥感图像处理系统

ERDAS IMAGINE 是美国 Intergraph 公司的遥感图像处理系统，包括面向多种应用领域的产品模块、不同层次用户的模型开发工具。2017 年该软件的最高版本号为 2016(ERDAS IMAGINE 2016)。

ERDAS IMAGINE 运行于 UNIX 或 Windows 操作系统上，产品按照模块组成和用户类型进行划分。用户可根据自己的应用要求选择不同功能模块进行组合，以充分利用软硬件资源。ERDAS IMAGINE 系统中最突出的特色是专家模型系统、可视化建模工具和与 ArcGIS 软件的兼容和集成。

ERDAS IMAGINE 系统是基于文件的图像处理，每次图像处理的结果都保存到磁盘文件中。因此，实际图像处理时需要预留较大的存储空间。

网址：https://www.hexagongeospatial.com/products/power-portfolio/erdas-imagine。

2) ENVI 遥感图像处理系统

ENVI (environment for visualizing images) 遥感图像处理系统现在属于美国 HARRIS 公司。2017 年软件的最高版本号为 5.41，可以与 ArcGIS 集成应用。

ENVI 包含齐全的遥感图像处理功能，如几何校正、定标、多光谱图像分析、高光谱分析、雷达分析、地形地貌分析、GPS 连接、正射图像图制作、三维景观生成、数据输入/输出等。ENVI 支持多种操作系统如 Windows、UNIX、Linux、MacOS 及 Open VMS，最突出的特色是丰富的高光谱数据处理工具和 IDL 开发语言。IDL 语言降低了系统扩展的门槛，可以有效地提高工作效率。

ENVI 的处理结果可以存入硬盘也可以临时存入内存，增加了处理的便捷性。配置大内存的计算机系统可以有效地提高 ENVI 的图像处理效率。

网址：http://www.harrisgeospatial.com/SoftwareTechnology/ENVI.aspx。

3) PCI Geomatica 遥感图像处理系统

PCI Geomatica 是加拿大 PCI 公司开发的用于图像处理、制图、GIS、雷达数据分析以及资源管理和环境监测的多功能软件系统，包括数百个模块，是一个非常全面的遥感图像处理系统。2017 年软件的最高版本号为 PCI Geomatica 2017。PCI 最突出的特色是功能丰富的工具箱和建模系统。

网址：http://www.pcigeomatics.com。

4) ER Mapper 遥感图像处理系统

ER Mapper 最初是澳大利亚 EARTH RESOURCE MAPPING 公司的遥感图像处理系统，注重于图像压缩和图像的网络服务。

ER Mapper 的最大特点是基于算法的图像处理，可以仅仅保存处理算法而不保存处理后的图像，从而极大地节省了硬盘的空间。再次使用处理过的图像时，系统会根据保存的算法自动产生相应的结果图像。同时，ER Mapper 具有无缝镶嵌、均衡色彩和压缩图像等功能。独有的 ECW 压缩格式，数据处理能力达到 TB 级，使得 ER Mapper 在遥感图像网络发布中发挥了重要作用。

2010 年后，ER Mapper 归入 ERDAS 图像处理系统中，详细内容请参阅：https://www.hexagongeospatial.com/products/power-portfolio/other-producer-products/er-mapper。

5）面向对象的遥感图像特征提取和分类软件

高空间分辨率遥感图像便于提取几何特征，处理方法与一般的多光谱遥感图像不同。与此相关的遥感图像处理软件产品包括：①易康（eCognition），Trimble 公司产品，利用图像的色调、形状、纹理、层次等信息，通过图像分割和模糊决策等方法进行图像分类和信息提取。2017 年的版本为 eCognition 9.0（http://www.ecognition.com）。②FeatureObjeX，PCI Geomatica 中的模块，基于图像的纹理、色彩和形状提取目标要素。③ENVI EX，ENVI5.0 以后产品中的模块，进行面向对象的特征提取和分类。④ERDAS Objective，ERDAS IMAGINE 产品中的模块，基于图像的几何、纹理等特征进行信息提取。

6）免费的遥感图像处理软件

除了上述商业化软件以外，还有一些免费的或虽然不免费但可下载全功能模块进行小数据量处理的软件，它们各具特色。

ILWIS：可免费下载使用的图像处理软件包，功能较全。网址：http://ilwis.org/。

MultiSpec：免费的遥感图像分类软件，提供了一些新的算法。网址：https://engineering.purdue.edu/～biehl/MultiSpec/。

ImageJ：免费的 Java 运行环境下的图像处理软件，可用于遥感图像处理。网址：http://imagej.nih.gov/ij/。

TNTmips：可下载使用的全功能模块的空间分析和与遥感图像处理软件包。网址：http://www.microimages.com/products/。

遥感数字图像处理软件的选用

软件的选择取决于工作目标、性质和遥感图像的数据量。每个软件都有自己的优点，也有自己的短处。一般而言，小数据量、多交互操作和探索性分析、高光谱图像的处理，ENVI 比较合适。大数据量、较少探索性分析的工程性图像处理，ERDAS 和 PCI 可能更合适。

对于特定传感器图像的处理，一定要深入阅读软件的“白皮书”，结合图像数据特点和工作要求来选择遥感处理软件和相关的模块。

一定要阅读随软件发行的文档和软件网站的文档，注意在该软件版本中解决了哪些缺陷，还有哪些缺陷没有解决。

软件不能解决所有的图像处理问题。

推荐访问“Earth as Art”网站（http://eros.usgs.gov/image-gallery），里面包括了众多美丽壮观的对地观测遥感图像，可用来丰富自己的视野。

1.3 数字图像处理的发展和两个观点

数字图像最早的应用之一是报纸业。早在 20 世纪 20 年代的图片传输系统就可以跨大西洋传送图片并打印出来。当时的图像效果比较差，仅仅能够满足新闻的时效性要求。

数字图像处理的历史与数字计算机的发展密切相关。计算机为数字图像处理提供了存储、显示和传输等技术，推动了数字图像处理的发展。

第一台可以执行有意义的遥感图像处理任务的大型计算机出现在 20 世纪 60 年代早期。

1964 年，美国加利福尼亚的喷气推进实验室利用计算机技术改善了空间探测器发回图像的效果。当时，“旅行者 7 号”卫星传送的月球图像由计算机进行了处理，以校正航天器上电视摄像机产生的各种图像畸变。

20 世纪 60 年代末 70 年代初，图像处理技术开始应用于医学图像、地球遥感监测和天文学等领域。20 世纪 70 年代发明的计算机轴向断层技术(CT)是图像处理在医学上最重要的应用之一。断层技术的发明人英国工程师 Godfrey N. Hounsfield 先生和美国物理学家 Allan M. Cormack 教授共同获得了 1979 年的诺贝尔医学奖。

20 世纪 90 年代以后，随着计算机技术迅速发展和图像处理系统的成熟，对地观测技术和遥感数字图像处理技术得到了迅速普及和应用。

当前，对于数字图像处理存在两种观点：离散方法的观点和连续方法的观点。

1. 离散方法

该观点认为，一幅图像的存储和表示均为数字形式，数字是离散的，因此，使用离散方法进行图像处理才是合理的。与该方法相关的一个概念是空间域。空间域图像处理以图像平面本身为参考，直接对图像中的像素进行处理。

2. 连续方法

该观点认为，图像通常源自物理世界，它们服从可用连续数学描述的规律，因此具有连续性，应该使用连续数学方法进行图像处理。有关这方面的详细内容请参阅《现代数字图像处理》(法 Henri Maitre 等著，孙洪译，电子工业出版社，2006)。

与连续方法相关的一个概念是频率域。频率域基于傅里叶变换，频率域的图像处理是对傅里叶变换后产生的反映频率信息的图像进行处理。完成频率域图像处理后，往往要变换到空间域进行图像的显示和对比。

从本质上看，所处理的数字图像等价于它所表示的连续图像。通过适当的图像显示或打印过程，可以将数字图像恢复为原有的连续图像。采用数字方法可以达到原有物理过程才能产生的效果。

遥感数字图像处理的方法和技术虽然大多来自于数字图像处理，但是，遥感数字图像的传感器特性、时空特性和巨大的数据量决定了所使用方法的特殊性。一般数字图像处理算法往往难以直接用于遥感数字图像处理。

1.4 基础理论和知识要求

遥感数字图像处理以物理学、地学、数学等为基础，与社会经济发展紧密相连， 给人类社会带来了巨大的效益。有效的学习、掌握和应用遥感数字图像处理技术，需要具备以下基础理论与基本知识。

1. 物理学

遥感建立在电磁辐射与地物相互作用的基础上，遥感数字图像是地物电磁辐射特性的图像表示。遥感传感器是按照光学和电子技术原理设计和制造的，不同传感器获得的图像具有各自的几何特征和物理特征。同时，图像转换和图像处理的很多方法也基于光学、电子光学原理。因此，物理学中的电磁辐射、信号处理、光学和电子光学等方面的知识不可缺少。

2. 地学

遥感数字图像处理的目的是为了更好地探测、提取空间信息。现代遥感技术除了在军事领域的应用外，主要以地球资源的探测和环境监测为目的。只有具备自然地理和人文地理知识，了解资源分布及其与周围环境的相互关系，以及地理要素的分布规律，才能采用适当的遥感图像处理方法进行有效的信息提取工作，监测地理环境的变化，并预测其发展方向。所以，具备丰富的地学知识是进行遥感数字图像处理的基本条件。

3. 数学

在遥感图像处理过程中，无论是遥感平台的运行特征、传感器的性能参数和电磁辐射特性，还是遥感数据的传输和遥感图像的信息提取等都以一定的数学模型为依据，并运用计算技术进行定量计算。所以，要深入掌握遥感数字图像处理技术，必须具备扎实的数学基础。数值分析、线性代数、概率论与数理统计等是需要掌握的重点内容。

4. 信息理论

遥感作为一项信息工程，包括遥感信息的获取、记录、传输、信息处理和决策等内容。遥感数字图像处理是信息处理的主要组成部分。掌握了信息论的原理和方法，才能在理论指导下进行遥感数字图像处理工作。

5. 计算机技术和地理信息系统

计算机是图像处理的关键设备，直接影响到图像处理能力和处理速度。进行数字图像处理不仅要掌握计算机的一般操作技能和计算机程序设计语言，更要掌握数据结构和数据库原理等知识。

地理信息系统是在计算机硬件和软件支持下，通过综合分析各种地理数据进行模拟、决策、规划、预测和预报的技术。遥感可以快速获取现势性的地物信息，遥感图像与 GIS 数据库中数据的叠合分析，可大大提高 GIS 的决策能力。地理信息的空间分析和建模对于遥感数字图像处理同样重要。

1.5 章节组织和内容安排

本书内容从前到后依次是“基础知识－图像处理－图像应用”（图 1.2，箭头方向和分支表示工作流程）。

注意图中的箭头方向，它给出了可能的工作流程。图像处理应用的一个关键内容是如何针对特定的工作目标构建有效的处理流程。在学习过程中，不断的加深理解各种处理方法、处理效果及其间的关系，对于图像处理应用是非常必要的。

各章节主要内容如下。

第 1 章主要介绍遥感数字图像的基本概念，主要的图像处理软件和图像处理要点。

第 2 章介绍遥感数字图像的获取和存储相关内容。遥感数字图像处理的对象是遥感传感器获得的遥感数据，不同的遥感数据具有不同的特点。因此，需要我们首先掌握遥感传感器基本特征，以便对图像进行合理的解释。通过遥感传感器获取的数字图像以数字文件方式存储。遥感传感器的分辨力不同，产生的图像的用途不同，其文件格式和大小不同。数字图像处理是对图像中的像素进行的系列操作，图像的处理过程就是文件的存取过程和数据处理过程。

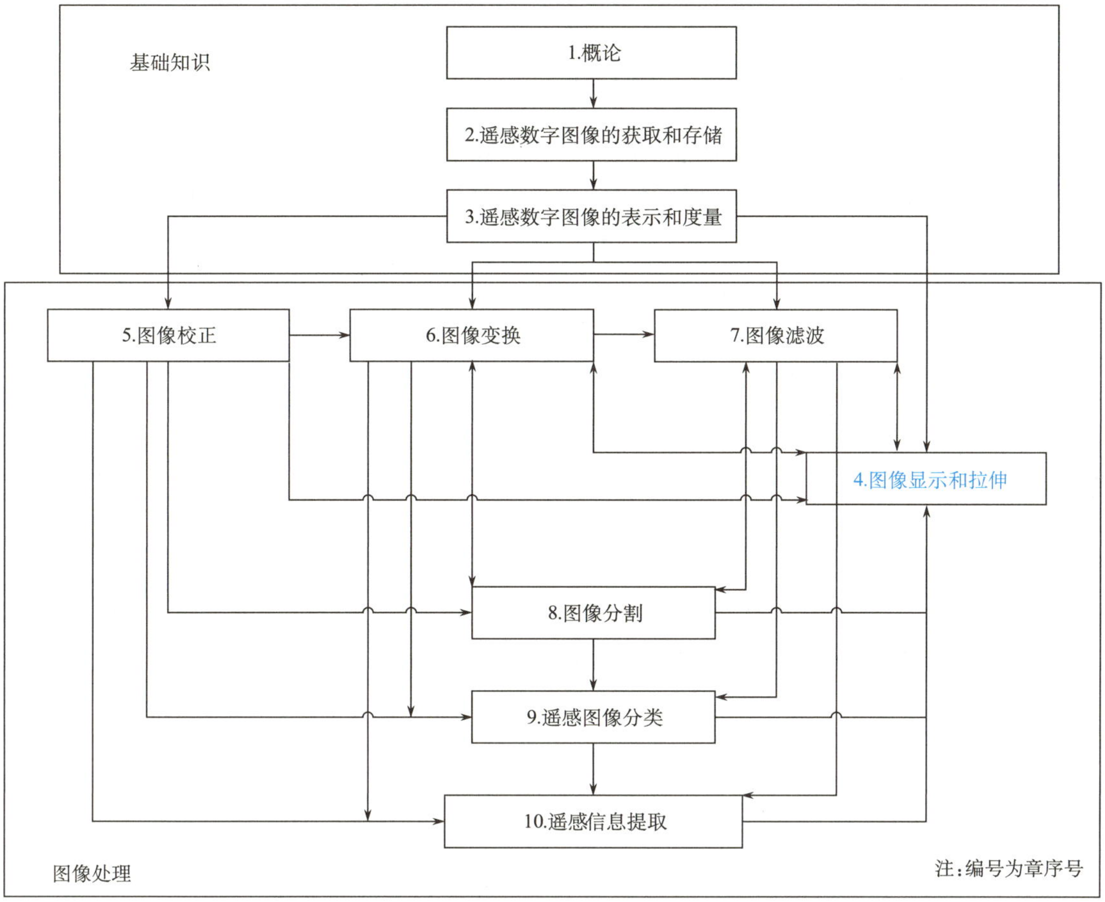

图 1.2 遥感数字图像处理的章节组织和工作流程

第 3 章遥感数字图像表示和度量是图像处理的基础。不同类型的遥感应用，其图像模型和表示方式不同，描述方法也不同。通过图像的统计获得对图像的一般性了解，然后根据应用要求选择和提取图像特征，在图像-光谱-特征空间三个视角上基于像素关系、图像特征进行综合分析，才能对不同层次的处理对象进行有效的信息提取。

第 4 章是图像显示和拉伸的内容，这是最基本的，也是使用最多的处理方法，是连接数字和人类视觉的桥梁。图像显示有助于有效地理解数字图像中的内容、对比分析处理结果。图像拉伸用来提高图像的对比度，突出图像中的信息，改善图像的显示效果，提高视觉对图像的感知能力。

第 5 章的图像校正属于图像的预处理工作，其目的是去除和抑制成像过程中各种因素影响导致的图像失真。图像校正内容包括辐射校正和几何纠正，前者通过辐射定标和大气校正等处理将像素值从灰度级转变为辐亮度或反射率，后者利用已有的参照体系修正像素的坐标，使得图像能够与基础地理信息相匹配或多景图像在空间上可以相互匹配。从工作顺序上看，获取图像后就应进行图像校正，但是考虑到校正过程需要进行图像的合成显示和拉伸等处理，所以将图像校正内容放在了图像显示后面。

第 6 章和第 7 章的图像变换和图像滤波是主要的图像增强方法，也是图像特征的提取方法。处理的图像可以是原始图像，也可以是校正后的图像。因为图像校正后会占用更多的存储空间，所以实际工作中往往先处理原始图像，通过多次实验寻找到合适的处理方法和工作流程后再进行图像校正和其他的图像处理。

第 8 章的图像分割基于图像特征将图像划分为互不交叠的区域或从背景中分割出感兴趣的地物目标，主要用于高空间分辨率图像的处理。第 9 章的图像分类根据特定的分类系统按照图像特征的相似性原则对相似的像素进行归并。图像分割结果可作为图像监督分类中的训练区的参考。

随着我国对地观测技术的快速发展，高光谱图像和高空间分辨率图像的应用范围越来越广。高光谱图像使得定量反演提取地物成分成为可能，高空间分辨率图像则使得快速提取地物、制作大比例尺地图、快速更新基础地理信息成为可能。教程的第 10 章对遥感信息提取进行了介绍，重点是这两种图像的处理思路，为学习更复杂的图像处理方法提供知识准备。

更深入的学习和研究中，需要明确区分图像处理与图像分析的概念。严格地讲，图像处理是对图像像素进行操作的过程。图像分析是将图像像素值转换为非像素表示的过程，是一个决策过程；通常利用数学模型并结合图像处理技术来分析图像的像素特征和像素构成关系，然后提取特定的信息。图像分析之后，像素值表示的含义发生了变化。分析之前，像素值是地表辐射信息的度量，分析之后，像素值为特定类别的编号或某个物理量的量值。

例如，设图像像素值为 x，那么，“x+1”是图像处理，+是对像素 x 所施加的操作。“如果 x>1，那么 x 为林地”，产生这个判断的过程是图像分析，而其中的比较(x>1)和赋值(x 为林地)是图像处理。图像分析和处理密不可分，不同的是，处理强调操作，分析强调推理。

需要区分图像处理和图像预处理的概念。图像处理包括了图像预处理的内容。图像预处理具有相对性，指当前工作之前需要进行的准备工作，是低层次图像上所进行的操作，其目标是校正图像的某种退化(如模糊、变形等)等。图像预处理操作不会增加信息量，相反，一般都会降低图像的信息量。在遥感图像处理中，预处理工作是图像获取后需要进行的第一个工作。本教程中的第 5 章图像校正内容属于图像预处理工作。

遥感信息提取是一个常见的概念。遥感数字图像处理的最终目标是进行遥感信息提取。将获取的遥感图像视为数据，存在如下关系：

$$\text{遥感信息}=f(\text{遥感数据})$$

其中的 f 就是图像处理。高质量的数据可以得到高质量的信息。

根据工作内容，遥感信息提取的内容包括：①类别信息提取。利用图像的空间、时间和光谱信息对地物进行识别并归类。②变化信息提取。利用不同时间的图像光谱信息探测地物发生的变化。③地物理化成分信息提取。利用光谱信息推算地物的生化-物理参数，如温度、生物量等。④地物信息提取。构建遥感波段的组合或算法，提取特定的地物信息，包括特殊地物及其状态识别，例如灾害状况、历史遗迹等的识别和管理评估。

如果 x 为图像的反射率或辐亮度，$y=f(x)$，y 为粮食产量(千克/公顷)，那么，构造函数 f 的过程是图像分析，函数的实现是图像处理。这个利用遥感图像估算粮食产量的工作称为地物的理化成分信息提取，是定量遥感的内容，需要借助图像处理、物理学、数学和地学相关的专业知识才能完成。图像处理-图像分类-遥感信息提取是从简单到复杂的三个阶段。

本教程包括了遥感信息提取内容的①和④。内容②变化探测主要用于军事和土地利用变化/覆盖等方面，以精确配准的不同时间图像为基础，需要更多的专业基础知识，本书做了简单介绍。内容③遥感反演工作需要更多的专业和行业知识，本书不进行讨论，建议读者阅读梁顺林2009年在科学出版社出版的《定量遥感》。

遥感数字图像处理与“摄影测量与遥感”不同。“摄影测量与遥感”强调测量及其精确性和准确性，遥感数字图像被当做数据源，且以高空间分辨率的遥感图像为主。遥感数字图像处理更侧重于从图像中进行信息提取，从图像处理的角度看，可作为摄影测量与遥感的预处理。

需要注意的是，现代的遥感数字图像处理使用的方法至少包括了四个部分：①数字图像处理方法。一般数字图像处理的方法可用于遥感数字图像处理。但由于遥感数字图像数据量大，这些方法的使用会受到计算机内存的限制，运行效率也会受到影响。②信号处理方法。遥感基于电磁波的理论，图像的变换等都离不开信号处理。③计算机视觉。自动化处理是图像处理的努力方向，计算机视觉的相关方法大量应用在遥感图像的处理中，可有效地提高自动化处理和信息提取的效率。④机器学习。机器学习方法利用已知的大量数据，借助于统计学和信息科学的最新技术进行图像处理和信息提取。掌握和融合这些方法需要更多的数学、物理和计算机的知识和技能。

本教程中的图像处理方法适用于多光谱、高光谱和高空间分辨率遥感图像，主要的方法也可用于微波图像的处理。但是，考虑到微波图像成像原理及其预处理要求更深的专业基础知识，教程中没有包括这部分的内容，建议读者阅读电子工业出版社2009年出版的《合成孔径雷达图像理解》作为补充。

思考题

1. 什么是图像，什么是数字图像？
2. 什么是遥感数字图像？模拟图像(照片)与遥感数字图像有什么区别？
3. 什么是遥感数字图像处理，主要内容有哪些？与数字图像处理有什么区别和联系？
4. 常用的遥感数字图像处理系统有哪些？主要功能和特点是什么？有什么差异？
5. 什么是空间域图像处理，什么是频率域图像处理？
6. 什么是图像增强？主要目的是什么？主要方法有哪些？
7. 怎么理解图像处理的两个观点？
8. 遥感数字图像处理需要掌握哪些基础知识？
9. 数字图像分析与数字图像处理有什么区别和联系？
10. 遥感信息提取与遥感数字图像处理的关系是什么？
11. 为什么要进行遥感数字图像处理？
12. 什么情况下像素不是方的？或者说，哪些媒体中图像像素不是方的？
13. 遥感数字图像处理与医学图像、工业图像、视频图像、艺术图像处理有什么区别？举例说明。
14. 遥感信息提取的主要内容有哪些？

15. 遥感数字图像处理与摄影测量之间的关系是什么？

16. 遥感数字图像的像素值与一般数码照相机拍摄的图像的像素值有哪些异同？

17. 为什么遥感数字图像能够作为科学研究的数据？如果利用一般数码照相机的照片进行科学研究，需要注意解决哪些问题？

18. 与遥感图像有关的法律法规有哪些？请自行上网查阅回答。

19. 现代遥感数字图像处理方法包括哪些方面？

20. 当前我国对地观测的进展有哪些？

第 2 章　遥感数字图像的获取和存储

遥感图像通过遥感平台上的传感器获取。不同遥感传感器具有不同的辐射、电磁波谱、时间、空间分辨力。成像原理不同，产生的遥感图像不同。地面辐射通过传感器的采样和量化后转换为遥感图像的数字级别值，存储为不同格式不同级别的数字图像文件，供用户使用。

2.1　遥感图像的获取

2.1.1　遥 感 系 统

遥感是通过非接触传感器获取测量对象信息的过程，是信息的获取、传输、处理以及分析判读和应用的过程。遥感的实施依赖于遥感系统。

遥感系统是一个从地面到空中直至空间，从信息收集、存储、传输处理到分析判读、应用的技术体系，主要包括遥感试验、信息获取(传感器、遥感平台)、信息传输、信息处理、信息应用等五部分(图 2.1)。

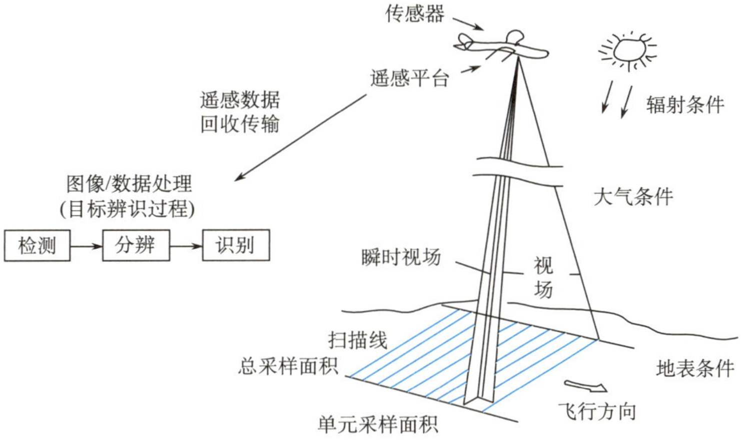

图 2.1　遥感系统

在数据获取部分，传感器是核心，遥感平台是传感器的载体。按照距离地表的高度从小到大的顺序，遥感平台有近地面、吊车、飞艇、飞机、卫星等，最小高度为数厘米，最大高度可达数千千米。地球运动、平台姿态的变化等影响着遥感平台，进而影响图像的质量。

2.1.2　传感器类型

传感器又称为遥感器(remote sensor)，是收集和记录电磁辐射能量信息的装置，也是信息获取的核心部件，包括航空摄影机、多光谱扫描仪、成像仪等。传感器搭载在遥感平台上，通过传感器获取遥感数据。

典型传感器和遥感平台的特征见所附资料中的文件“常用遥感平台和传感器.pdf”。

按工作方式是否具有人工辐射源，遥感的传感器类型可分为被动方式和主动方式两类，遥感相应的也分为被动遥感和主动遥感。被动遥感以太阳辐射和地物自然辐射为辐射源，其工作波段集中在电磁波的可见光和红外区。主动遥感则相反，通过人工辐射源主动向目标发射强电磁波，然后传感器接收目标反射的回波，如各种形式的雷达，其工作波段集中在微波区。

根据数据记录方式，传感器类型可分为成像方式和非成像方式两大类。非成像传感器记录物理参数，不产生图像，如可见光-近红外辐射计、热红外辐射计、微波辐射计、微波高度计、微波散射计等。成像传感器把接收的目标电磁辐射信号转换成(数字或模拟)图像，是目前最常见的传感器类型。成像传感器按成像原理分为摄影成像和扫描成像两类，成像结果即遥感图像。

1. 摄影成像

摄影成像方式的传感器主要是摄影机，包括框幅摄影机、缝隙摄影机、全景摄影机、多光谱摄影机等，在快门打开后几乎瞬间同时接收目标的电磁波能量，聚焦后记录下来成为一幅影像。常用的数码照相机就是摄影成像。

摄影机是历史最悠久的传感器，从 1839 年发明摄影机起直到今天仍在使用。摄影机的工作波段可从 290～1400nm，即近紫外、可见光、近红外短波段，它获取的图像信息量大，分辨力高。但是，航空摄影和航天摄影往往在晴朗的白天工作，不能进行全天时全天候遥感。

最初的摄影成像方式与传统的照相机成像方式相同。根据光照下卤化银发生分解的原理，将卤化银均匀地涂布在片基上制成感光胶片。摄影时通过镜头将地物反射或发射的电磁波聚焦成像在感光胶片上(曝光)形成潜像，经显影和定影处理后产生图像即照片。

以黑白摄影为例，其黑白程度由胶片上卤化银聚集密度决定：密度越大，图像越黑；密度越小，图像越白。黑和白的强度与地物反射或发射电磁波强弱有密切关系，而且其变化是逐渐过渡的。通过这种方式形成的图像是模拟图像，经扫描数字化后才能产生数字图像。

用数码照相机进行拍照摄影，可直接产生数字图像。

2. 扫描成像

扫描成像方式是传感器逐点逐行地收集信息，地表各点的信息按一定顺序先后进入传感器，经过一段时间后才能生成一幅图像。传感器按照扫描方式分为两种：目标面扫描传感器和影像面扫描传感器。

1) 目标面扫描方式

目标面扫描方式包括光学-机械扫描仪、成像雷达等，其收集系统直接对目标物扫描，一次一行顺序收集目标的信息，然后拼成一幅图像。

光学-机械扫描仪和多光谱扫描仪通过平面反射镜的旋转或摆动对地面作舷向扫描(在垂直于飞行方向的直线上扫描)，获得地面舷向条带信息(图像列)，随着飞行器向前飞行产生航向扫描(在飞行方向上扫描，图像行)。通过这两个方向的扫描得到沿航向延伸的、在舷向上有一定宽度的地面条带信息，经过扫描仪内部处理后，形成一幅反映地面条带的影像。美国陆地卫星 Landsat 上的 MSS(多光谱扫描仪)和 TM(专题制图仪)就属于这一类。

成像雷达是一种主动方式的扫描仪，分为全景雷达和侧视雷达两种。全景雷达的主天线周而复始地旋转，在圆形荧光屏上相应地显示出一幅圆形的图像。侧视雷达的天线不转，固定后，在矩形荧光屏或感光胶片上形成一个纵(航)向条带的图像。

成像雷达中的侧视雷达由发射机向侧面发射一束窄脉冲，地物反射的微波脉冲(又称回波)被接收机接收。由于地面各点到发射机/接收机的距离不同，接收机收到的信号具有先后不同的次序，而信号的强度与窄脉冲带内各种地物的特性、形状和坡向等有关。接收到的信号经处理后在阴极射线管上形成一条表示地物反射特征的图像线，并记录在胶片上。遥感平台向前飞行时，不断地向侧面发射窄脉冲，在阴极射线管上便形成一条条的图像线，胶片与遥感平台速度同步，就得到了由强弱不同的回波信号表示的图像。记录在胶片上的雷达图像属于遥感模拟图像。雷达图像必须经过一系列的预处理后才能与地物相关联。

2)影像面扫描方式

影像面扫描方式包括电视摄像机和固体扫描仪等。这类传感器的收集系统不直接对地面扫描，而是先用光学系统将目标的辐射信息聚焦在靶面上形成一幅影像，然后利用摄像管中的电子束扫描靶面来收集数据，或依靠电荷耦合器件(charge coupled device，CCD①)组成的阵列进行电子扫描来获得数据。

固体扫描仪(CCD 扫描仪)的成像是推扫式扫描成像，线性阵的顺序取样提供舷向扫描，平台的前进提供航向扫描，这样可以得到整个航带的二维图像。这种设备省去了复杂的光学机械，有超小型、速度快、功率损耗低、寿命长、简单可靠、动态范围宽的特点。法国的地球观测实验卫星 SPOT 上装载的高分辨力可见光扫描仪(high resolution visible range instrument，HRV)就是一种线阵列推扫式 CCD 扫描仪。

总体上看，扫描成像是扫描类遥感传感器逐点逐行地以时序方式获取二维图像，当胶片曝光时数据被记录下来形成模拟图像。如果要求记录的信号为数字形式，则必须通过模/数变换将视频信号数字化，然后对连续的模拟信号进行采样、量化和编码，产生离散的数字信号，形成遥感数字图像，保存在存储设备中。

成像光谱仪是目前国际上迅速发展的一种新型传感器，可以获得多路、连续的光谱图像信息。通过将传统的空间成像技术与地物光谱技术有机地结合在一起，可以同时获取区域内数十到数百波段的地物光谱图像。成像光谱仪的构造与 CCD 线阵列推扫式扫描仪和多光谱扫描仪相同，区别仅在于前者通道数多、波段宽度窄(数纳米或数十纳米)。

2.1.3　电磁波谱与传感器

按电磁波在真空中波长或频率的顺序将波长划分成波段，每个波段为一个波长范围。传感器按照波段采集数据。波长是绝对的，波段是相对的。不同传感器中的相同波段编号，对应的波长不一定相同。

按使用的工作波段，可将传感器分为紫外、可见光、红外、微波、多波段等类型。紫外传感器的探测波长为 50～380nm；可见光传感器的探测波长为 380～760nm；红外传感器的探测波长为 760～1.0×10^6nm；微波传感器的探测波长为 1.0×10^6～1.0×10^9nm；多波段传感器使用的波段在可见光波段和红外波段范围内，由若干个窄波段组成(图 2.2，表 2.1)。

① CCD 是一种半导体器件，能够把光学信号转化为数字信号，在图像领域广泛应用。CCD 于 1969 年由美国贝尔实验室(Bell Labs)的维拉·波义耳(Willard S. Boyle)和乔治·史密斯(George E. Smith)发明，这两位科学家在 2009 年获得诺贝尔奖。

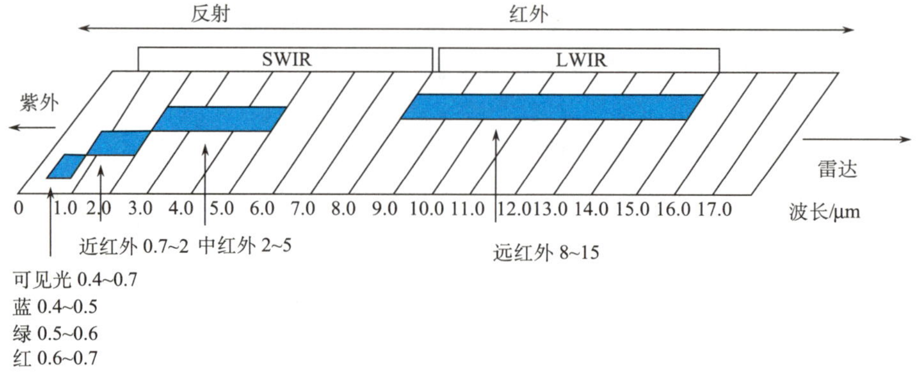

图 2.2　遥感常用的电磁波谱

表 2.1　典型传感器的主要波长范围

传感器	特点	传感器实例	波长范围
紫外	对紫外光感测	紫外摄影机	50～380nm
可见光	用感光胶片或光电探测器作为感测元件；地面分辨率高，只能在晴朗白天使用	可见光摄影仪、TV 摄像机等	380～760nm
红外	近红外常使用感光胶片，中、远红外常使用光学机械扫描仪；具有昼夜工作能力	红外光学扫描仪	760～1.0×10^6 nm
微波	具有昼夜工作能力，能提供高分辨率图像；不受日照、云层遮挡影响，有一定穿透能力	合成孔径雷达	1.0×10^6～1.0×10^9nm

遥感几乎使用了所有的电磁波谱(图 2.3)。遥感图像是在预定的波段(波长)上获得的。遥感工作的一个重要内容是通过选择波段或建立波段组合将特定的地物与其他地物分离开来。

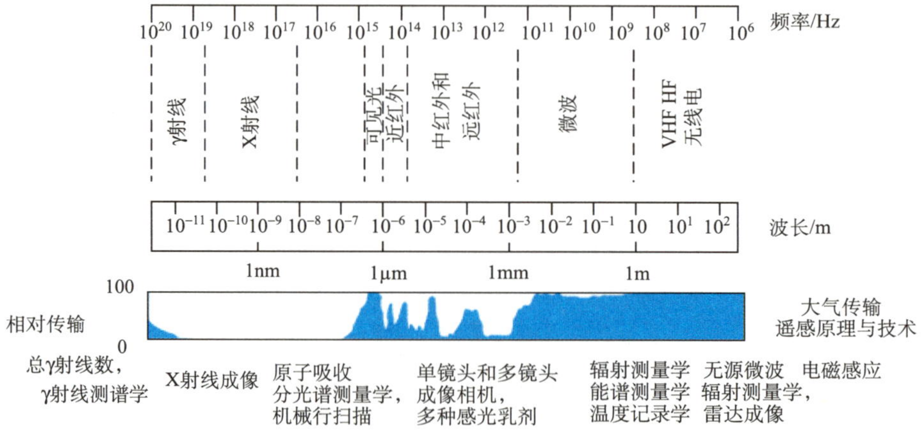

图 2.3　电磁波谱示意图(Gert and Edwin，2006)

用来说明波长和频率，以及各波长范围的相对大气传输

可见光和近红外光谱波段(光学遥感)常常用来增强或者分离特定的地物，如植被和水域。图 2.4 是典型地物目标在可见光和近红外光谱间的反射率。在近红外波段，水体的反射

率小于 1%，而绿色植被反射率常大于 40%，显然，在此波段容易区分开水体和植被覆盖。清水与浑浊水在近红外波段的差异要大于在可见光波段的差异。随着波长增加，新雪的反射率降低，而干土的反射率增加。

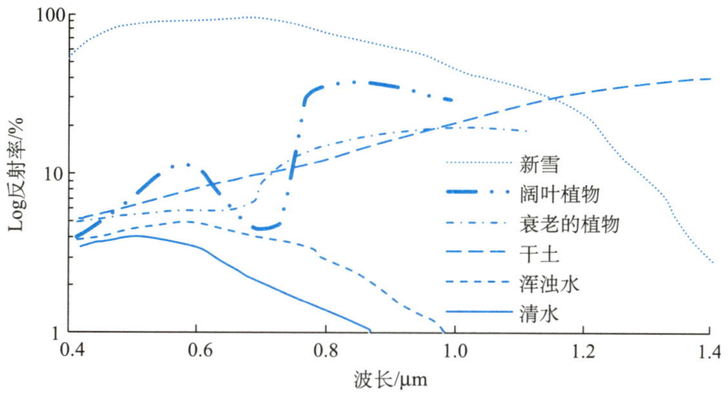

图 2.4 典型地物的反射率光谱曲线

在很多情况下，人们会对热红外波段的数据感兴趣，因为热红外能够用来测量表面温度，而且能在夜间获取数据。微波数据(有源和无源)与某些水文变量，如土壤含水量和降水量有很高的相关性。表 2.2 列出了典型电磁波波段的主要用途。

表 2.2 典型电磁波波段的遥感应用

波段/nm	应用领域
蓝色(450～500)	水体，土地利用，植被，泥沙
绿色(500～600)	健康植被
红色(600～700)	红色，叶绿素吸收的植被判别
全色(500～750)	制图，土地利用，立体相片
反射红外(750～900)	生物量，作物判别，土壤和作物，陆地和水域的边界
中红外(1.5×10^3～1.75×10^3)	植物，干旱，云，雪和冰的识别
中红外(2.0×10^3～2.35×10^3)	地质学应用，岩石
热红外(1.0×10^4～1.25×10^4)	相对温度，热流量，植被分类，含水量研究，热惯量
微波—短波(1.0×10^6～5.0×10^7)	积雪，雪深，植物含水量
微波—长波(5.0×10^7～2.4×10^8)	融雪，土壤含水量，水域和陆地的边界，穿透植被

2.1.4 遥感传感器的分辨力

在遥感应用中，遥感传感器的分辨力指标是选择遥感图像数据的重要依据。

传感器的分辨力指传感器区分自然特征相似或光谱特征相似的相邻地物的能力。高分辨力意味着区分能力强，能够区分小的相邻地物。低分辨力意味着能够获取大范围的平均辐亮度，但地物对象及其边界较难辨认。

对于给定的传感器，当前很难做到各项分辨力指标均较高。工作中要根据具体的要求和传感器的分辨力特征，综合应用一个或多个传感器图像才能解决问题。

光学传感器所获取的图像中，最重要的是辐射度量、波谱和几何特征。辐射度量特征决定了目标物的物理量通过光学系统后所发生的变化，主要指标有灵敏度、动态范围、信噪比、噪声等。波谱特征包括能够测量的电磁波的波长范围、不同波段的中心波长、波段宽度等。几何特征是图像几何学特征的物理量，包括视场角、瞬时视场等。

遥感传感器分辨力指标有四个：辐射分辨力、谱分辨力、空间分辨力和时间分辨力。

1. 辐射分辨力

辐射分辨力是传感器区分所接收到的电磁波辐射强度差异的能力。高的辐射分辨力可以区分信号强度中的微小差异。辐射分辨力在可见光、近红外波段用噪声等效反射率表示，在热红外波段用噪声等效温差、最小可探测温差和最小可分辨温差表示。

在遥感图像中，图像的量化位数可以看做是辐射分辨力的近似表述。例如，MSS 传感器图像的量化等级为 6 位，TM 传感器图像的量化等级为 8 位，产生的图像分别具有 2^6 和 2^8 灰度级。

2. 谱分辨力

严格地讲，在电磁波谱中，波长小于 10nm 且能量大于 10^2eV 电磁波的粒子性明显，称为能谱，如 X 射线。波长大于 1mm 且能量小于 10^{-3}eV 电磁波的波动性明显，称为波谱，如微波。波长和能量介于二者之间的电磁波称为光谱，对光谱进行分析的方法则称为光谱分析法。

谱分辨力是传感器记录的电磁波谱的波长范围和数量，波长范围越窄，波段数越多，谱分辨力越高。根据谱分辨力的大小，光学遥感图像可分为全色图像、多光谱图像和高光谱图像。全色图像在可见光范围内仅有一个波段；多光谱图像一般具有三到十个左右波段，光谱范围覆盖紫外、可见光、近红外和红外范围；高光谱图像具有数十到数百个波段，光谱范围多在可见光和近红外范围。

按照电磁波的波段范围，遥感可分为三类(图 2.5)：可见光-反射红外遥感(简称为可见光遥感或光学遥感)、热红外遥感和微波遥感。本书内容以可见光遥感为主，部分知识可用于热红外遥感和微波遥感。对于光学遥感，谱分辨力指光谱分辨力。

传感器图像的波段名称用数字或字母来表示。例如，在 Landsat7 的 ETM+数据中，B1 波段为 450～520nm。在微波波长范围内，1.5×10^8～3.0×10^8nm 称为 L 波段。

不同遥感图像的相同波段编号并不意味着具有相同的波长范围。例如，SPOT HRV 的 B1 波段与 Landsat7 ETM+的 B1 波段波长范围完全不同。

波段数与传感器和遥感平台编号的含意不同。例如，Landsat4 表示的是遥感平台陆地资源卫星的第四颗卫星，不代表 B4 波段，也不代表有 4 个波段。即使是同一空间计划的不同卫星，同一波段名称的波长范围也可能不同。因此，了解卫星的传感器特征是非常重要的。

多光谱扫描仪的波段数一般为 5 个，波段宽度约为 100～200nm；高光谱成像光谱仪的波段数可达到数十甚至数百个，波段宽度为 5～10nm 。一般来说，传感器的波段数越多，则波段宽度越窄，地物越容易区分和识别。

成像光谱仪图像对地表植被和岩石的化学成分分析具有重要意义，因为高光谱遥感能提供丰富的光谱信息，高的光谱分辨力有助于区分出那些具有诊断性光谱特征的地表物质。然而，对于特定的目标，并非传感器波段越多、光谱分辨力越高，效果就越好。工作中要根据目标的光谱特性和空间分布特性综合考虑。在某些情况下，传感器的波段太多、分辨力太高，产生的图像数据量会太大，反而“掩盖”地物辐射特性，不利于快速探测和识别地物，所以要根据工作要求恰当地选择传感器的谱分辨力。

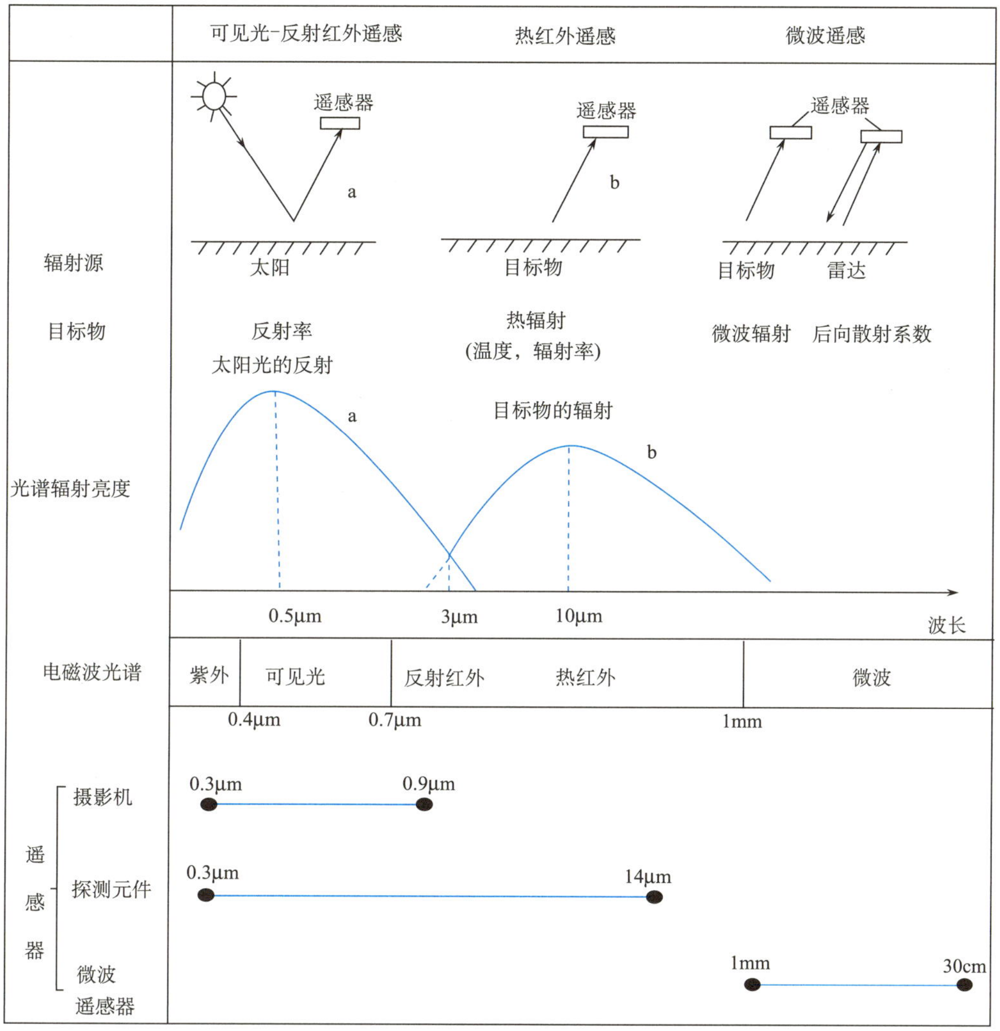

图 2.5　遥感类型与波段范围

曲线 a 把太阳看做绝对温度为 6000K 的黑体，并假定目标物的光谱反射率不依波长变化。曲线 b 把目标物看做绝对温度为 300K 的黑体。两曲线都忽略了大气的影响。

3. 空间分辨力

空间分辨力是传感器能把两个目标物作为清晰的实体记录下来的两个目标物之间最小的距离，它是表征图像分辨地面目标细节能力的指标。在遥感图像中，是指能够详细区分的最小单元的尺寸或大小。

空间分辨力通常用像素大小或视场角来表示。

像素(pixel)是将地面信息空间离散化而形成的格网单元，在遥感图像中，像素为正方形，像素大小的单位为米，反映了遥感传感器的空间分辨力的高低。遥感传感器的空间分辨力越高，产生图像的像素所代表的空间范围越小。

视场角(field of view，FOV)是传感器的受光范围，也叫做立体角，它与摄影机的视角和扫描仪的扫描宽度含义相同。

瞬时视场角(IFOV)是某一瞬间传感器对应的瞬时视场，又称为传感器的角分辨率(单位：毫弧度，mrad)，它与遥感平台高度 H 共同决定了地面分辨力 P：

$$P=2H\tan(\mathrm{IFOV}/2)$$

空间分辨力也可用地面分辨力来表示。地面分辨力定义为像素所代表的地面实际大小。对于指定的 IFOV，传感器的地面分辨力是固定的值。

地面分辨力、视场角和瞬时视场角的关系如图 2.6 所示。

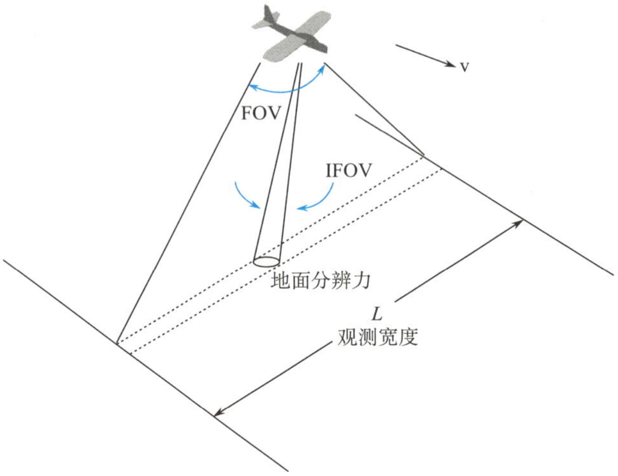

图 2.6　FOV、IFOV 和地面分辨力(v 为飞行方向)

按照 0.1mm/像素打印计算，典型传感器图像的像素大小对应的比例尺如表 2.3 所示。

表 2.3　像素边长大小与比例尺

比例尺	像素大小/m	遥感平台和传感器
1∶10000	1	IKONOS 的全色传感器
1∶50000	5	Aircraft 的 MSS，IKONOS 的 XS
1∶100000	10	SPOT5 的 HRG
1∶250000	25	SPOT4 的 HRVIR，Landsat 的 TM
1∶500000	50	Landsat 的 TM，MSS
1∶5000000	500	OCTS，OCM
1∶10000000	1000	NOAA 的 AVHRR，Terra 和 Aqua 的 MODIS
1∶50000000	5000	GMS，IR 波段

根据传感器的空间分辨力不同，遥感图像分为高空间分辨率图像、中空间分辨率图像、低空间分辨率图像，图像实例见图 2.7。

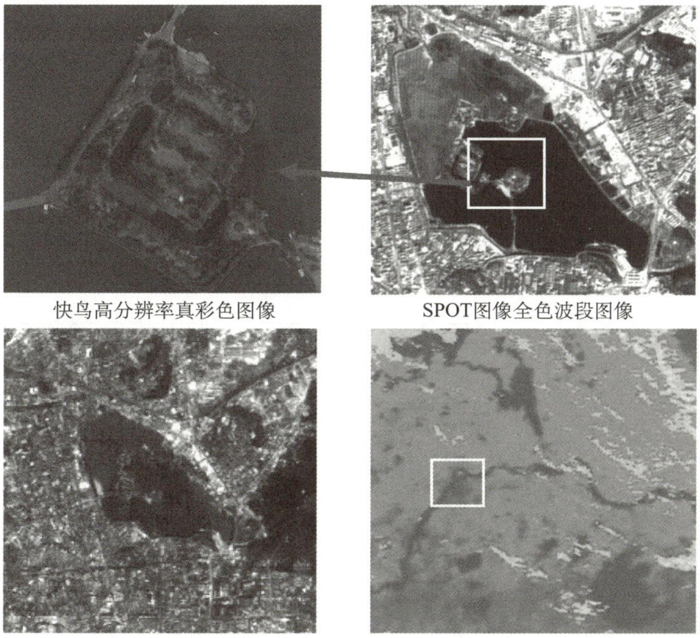

快鸟高分辨率真彩色图像　　SPOT图像全色波段图像

TM图像4波段，南京玄武湖　　NOAA图像，框内为南京

图 2.7　不同空间分辨率遥感图像实例

高空间分辨率图像：传感器空间分辨力小于 10m。常用的传感器有 SPOT 的 HRG，快鸟(QuickBird)和 IKONOS 的全色传感器等。这些传感器往往具有较高的重访周期(数天)，能够反映明确的地物几何信息，适用于对特定地区进行定点监测，主要应用于数字城市和工程制图。

中空间分辨率图像：传感器空间分辨力 10～100m，如 ASTER，TM 等。重访周期为数周。具有较多的光谱信息，便于进行土地利用和土地覆盖、资源、地表景观等方面的研究。

低空间分辨率图像：传感器空间分辨力大于 100m，如 NOAA 的 AVHRR，MODIS 等。这些传感器往往具有较高的重访周期(数小时)，适用于进行大范围的环境遥感监测，如洪水、火灾、云和沙尘暴等。

遥感对象具有不同的空间尺度，在应用中需要采用传感器空间分辨力不同的遥感图像(表 2.4)。例如，全球性的酸雨、温室效应、海面升降等，主要利用静止气象卫星图像；大河流域范围的水土流失、沙化和绿化、洪水灾情、林火等，可兼用气象卫星和陆地卫星图像；局部地区的，如熊猫保护区、血吸虫寄主钉螺孳生地、工厂污染、海湾赤潮、地震灾情等，可用卫星与航空遥感图像。

表 2.4　不同环境特征与传感器的空间分辨力

环境特征	地面分辨力要求	环境特征	地面分辨力要求
Ⅰ.巨型环境特征		水土保持	50m
地壳	10km	植物群落	50m
成矿带	2km	土种识别	20m
大陆架	2km	洪水灾害	50m

续表

环境特征	地面分辨力要求	环境特征	地面分辨力要求
洋流	5km	径流模式	50m
自然地带	2km	水库水面监测	50m
生长季节	2km	城市、工业用水	20m
		地热开发	50m
II.大型环境特征		地球化学性质、过程	50m
区域地理	400m	森林火灾预报	50m
矿产资源	100m	森林病害探测	50m
海洋地质	100m	港湾悬浮质运动	50m
石油普查	1km	污染监测	50m
地热资源	1krn	城区地质研究	50m
环境质量评价	100m	交通道路规划	50m
土壤识别	75m		
土壤水分	140m	IV.小型环境特征	
土壤保护	75m	污染源识别	10m
灌溉计划	100m	海洋化学	10m
森林清查	400m	水污染控制	10～20m
山区植被	200m	港湾动态	10m
山区土地类型	200m	水库建设	10～50m
海岸带变化	100m	航行设计	5m
渔业资源管理与保护	100m	港口工程	10m
		渔群分布与迁移	10m
III.中型环境特征		城市工业发展规划	10m
作物估产	50m	城市居住密度分析	10m
作物长势	25m	城市交通密度分析	5m
天气状况	20m		

4. 时间分辨力

传感器对同一空间区域进行重复探测时，相邻两次探测的时间间隔称为时间分辨力。

不同时间的遥感图像能提供地物动态变化的信息，可用来监测地物变化，也可以为某些专题要素的精确分类提供附加信息。

时间分辨力指标包括两个：一个是传感器本身设计的时间分辨力，受卫星运行规律影响，不能改变；另一个是根据应用要求人为设计的时间分辨力，它等于或小于卫星传感器本身的时间分辨力。由此而有两个概念：重复周期和重访周期。

重复周期，又称回归周期，是卫星经过同一个星下点的时间间隔，是卫星图像再次覆盖完全相同的区域所经过的时间，也是卫星不经过侧摆再次拍摄同一地点所经过的时间。它由飞行器的轨道高度、轨道倾角、运行周期、轨道间隔、偏移系数等参数所决定。

重访周期指首次拍摄某地后依然能够利用传感器上的侧摆角拍摄到此地的影像所需要的时间间隔，即利用卫星的侧摆快速拍摄同一地点图像所需要的最短时间。

假如某个时刻卫星在地面 A 点的正上方经过（此时 A 点称为星下点），如果地球没有自转，那么卫星在一个轨道周期之后会再次经过 A 点正上方，其时间间隔就等于卫星的重复周期，也等于重访时间。但是由于地球自转，卫星经过同一个星下点的时间（即重访时间）不再等于其重复周期，重访周期往往小于重复周期。

重访周期较短，重复周期较长。在重访周期中，两次覆盖的区域可能是相交的，但不一定重合。

如果传感器不能侧摆（垂直观测），那么仅有重复周期的概念，如 Landsat 和 SPOT 卫星的传感器。如果传感器具有侧视功能，则具有重访周期的概念，如 OrbView 和 QuickBird（快鸟）的传感器等。从大的方面区分，中低分辨力卫星传感器使用重复周期概念，高分辨力卫星传感器同时具有重访周期概念。例如，Landsat 卫星的重复周期为 16 天。中国的环境一号卫星 HJ1A 卫星，重访周期为 4 天，回归周期为 31 天（表 2.5）。

表 2.5 典型遥感系统的时间分辨力

遥感系统	重访/重复周期	白天穿过赤道的时间
AVHRR	1d（单系统）	7:30 A.M.
	7h（双系统）	2:30 P.M.
GOES	30min	—
IKONOS	几分钟（相同轨道）；1～3d（指向）	10:30 A.M.
IRS-1A，B	22 天	10:30 A.M.
Landsat	18d（L-1，2，3）/16d（L-4，5，7）	9:30 A.M./10:15 A.M.
MODIS	3h～1d	10:30 A.M.下降（Terra）
		1:30 P.M.上升（Aqua）
QuickBird	数分钟；1～3d	10:30 A.M.
SPOT	26d（仅星下点）；1d 或 4～5d（指向）	10:30 A.M.

根据重访时间长短，时间分辨力分为三种：

(1) 超短（短）周期时间分辨力，可以观测到一天之内的变化，以小时为单位。

(2) 中周期时间分辨力，可以观测到一年内的变化，以天为单位。

(3) 长周期时间分辨力，一般以年为单位。

气象预报所需资料以小时为单位，所以气象卫星的回归周期为超短（短）周期。对大气、海洋物理变化进行监测的卫星，以及人为设计的对自然灾害进行监测的卫星，一般也是超短（短）周期卫星。在观测植被动态变化规律时，卫星的观测周期是根据生物变化规律制定的，一般是中周期的，若周期变短则投入过多，使投入与产出不成比例。有些航空像片、卫星图像用来研究自然界现象演化，数据资料以年为单位就可以满足需要，故为长周期。陆地资源卫星以天为单位，重复周期为 16 天，可以满足人类对资源环境遥感信息的需要。

遥感传感器的时间分辨力在遥感图像应用中意义重大。利用时间分辨力可以进行动态监测和预报，如植被动态监测、土地利用/覆盖变化（LUCC）的动态监测；进行自然历史变迁和动力学分析，如河口三角洲、城市变迁的趋势，并进一步研究为什么这样变化以及有什么动力学机制等问题。此外，利用时间分辨力信息还可以提高成像率和解像力，通过对历次获取的遥感图像进行叠加分析，可以提高地物的识别精度。

2.1.5 采样和量化

通过成像方式获取的图像数据是连续的，无法直接进行计算机处理。此外，有些遥感图像是通过摄影方式获取的，保存在胶片上。只有对这些数据(或模拟图像)进行数字化后，才能产生数字图像。数字化包括两个过程：采样和量化。

采样和量化属于传感器模型的内容。传感器模型描述了地表大气系统的光谱辐亮度转化到数字值的过程。遥感传感器必须对地物及其能量进行离散化后才能产生遥感数字图像，才能被计算机处理。地物能量的离散化包括两个概念：光谱响应和量化。地物所在空间的离散化称为空间采样，它确定了图像的空间分辨率。量化后的数字值(DN)就是用户拿到的初始图像中的像素值。

1. 采样

采样(sampling)涉及两个内容：与地物能量相关的波谱采样和与地物分布有关的空间采样。与前者有关的概念是波谱响应，涉及光学遥感和微波遥感；与后者有关的概念是空间响应。通过波谱采样产生图像的波段和辐射强度，即像素值。通过空间采样，空间上连续的图像变换成离散点(即像素)。

1)地物能量的离散化

以光学遥感的光谱测量和光谱成像为例，地物能量的离散化涉及如下概念。

光谱响应：将地物能量转换为传感器的信号值的过程，基于光谱响应函数进行转换。

光谱响应函数：又称传感器响应函数，描述了波段与连续波谱之间的关系，其中波段值是波段范围内光谱响应函数的积分。实际应用中，光谱响应函数表现为波长-辐亮度数值表。

传感器上任意位置(x, y)的某个波段b的能量$L_b(\mathrm{W \cdot m^{-2}})$与测量得到的连续光谱$L$和光谱响应函数$W$的关系如下：

$$L_b(x,y)=\sum_{i=\lambda_1}^{\lambda_2}(L_i \cdot W_i)$$

利用光谱响应函数可以进行光谱采样，将高光谱转变为多光谱。设响应函数 W，高光谱数据L，多光谱波段L_b。则在L_b的波长范围$\lambda_1 \sim \lambda_2$ 内：

$$L_b=\frac{\sum_{i=\lambda_1}^{\lambda_2}(L_i \cdot W_i)}{\sum_{i=\lambda_1}^{\lambda_2} W_i}$$

其中，W是L_b的波谱响应函数；b为波段编号。

多光谱波段的波长范围，实际上是光谱响应函数最大响应值 1/2 处所对应的波长值。光谱响应函数中最大响应值对应的波长是中心波长。波段范围的最大波长与最小波长之差称为有效波段宽度(FWHM)。

2)地物分布的离散化

与地物实际所在的物理空间相比，遥感图像在空间上具有两个特点：①模糊化，由于传感器的硬件导致较小空间上的地物在图像中被模糊化，需要进行必要的遥感图像恢复处理。

②几何变形，地物在较大空间上会被拉伸、旋转和不规则的扭曲，需要进行几何纠正。

地物分布的离散化即空间采样，形成图像的像素。

空间采样：将地物映射为图像中的像素的过程。基于空间响应函数进行空间采样。

在图像的单个像素空间内，较小的地物或地物细节消失了或被模糊化。模糊化的过程可以使用遥感传感器的点扩散函数(PSF)来描述。PSF 即传感器的空间响应函数，表示特定像素对理想点光源的响应，定义了坐标(x，y)周围的整合信息。不同的遥感传感器，PSF 不同。利用 PSF，可以进行遥感图像的恢复。

波段 b 像素的能量 E 与光谱能量 L 间的关系为

$$E_b(x,y)=\int_{\alpha_{\min}}^{\alpha_{\max}}\int_{\beta_{\min}}^{\beta_{\max}} L_b(\alpha,\beta)\mathrm{PSF}(x-\alpha,y-\beta)\mathrm{d}\alpha\mathrm{d}\beta$$

在空间采样中，采样间隔和采样孔径的大小是两个很重要的参数。采样间隔影响着图像表示地物的真实性，间隔越小，图像越接近于真实。但采样成本及后处理的成本也越高，图像的存储空间也越大。

因为图像是二维分布的信息，所以采样在 X 轴和 Y 轴两个方向进行。一般情况下，两个方向的采样间隔相同。

在图像处理中，常用的另外一个概念是“空间重采样”，简称为重采样。

空间重采样：获得图像后，按照特定规则根据需要对图像进行重新采样以设定新的图像空间分辨率、改变图像大小或在几何纠正后进行采样以适应参照空间大小(地图或具有坐标投影的图像)的过程，常用于图像的几何纠正、不同空间分辨率图像的匹配、图像分割等。

2. 量化

采样后图像被分割成空间上离散的像素，但其灰度值没有改变。量化(quantization)是将像素连续的灰度值(地物能量)转换成整数灰度级的过程，可用量化位数定量描述。若给定量化位数 8，则数字图像灰度级为 2 的量化位数的整数幂，即 2^8。设图像数据为 N 列，M 行，量化位数为 g，则图像所需的存储空间为 $M\times N\times g/8$ 字节。量化位数越高，量化后图像的灰度级越多，细节越多，越接近于“真实”，但占用的存储空间也越大。

一幅数字图像为 8 位量化，意味着地物能量量化后的灰度级为 $255=2^8-1$，量化后的像素灰度级取值范围是 1～255 的整数。大于或等于 8 位量化的灰度图像可以满足一般的视觉效果要求。

量化后，图像像素的原有灰度值转换为灰度级。通常我们拿到的图像都是量化后的遥感图像，图像中的像素值为灰度级，往往也被称为数字值(DN)、灰度级或亮度值(图 2.8，表 2.6)。

在图像的元文件中，例如 Landsat 的*_MTL.txt 文件，通过 QUANTIZE_CAL_MIN_BAND_i 和 QUANTIZE_CAL_MAX_BAND_i 可以查看图像 i 波段量化后的最小灰度值和最大灰度值。

不同传感器有不同的设计应用目标，其遥感图像的光谱辐亮度具有不同的量化位数。例如，对于 ASTER 图像，VNIR 和 SWIR 传感器为 8 位量化，TIR 为 12 位量化。陆地资源卫星 Landsat5 和 SPOT5 的传感器为 8 位量化，IKONOS 卫星的传感器为 11 位量化，MODIS 传感器为 12 位量化，2013 年发射的 Landsat8 的 OLI 传感器为 16 位量化。一般来说，用于测量地表热量的传感器具有更高的量化位数。

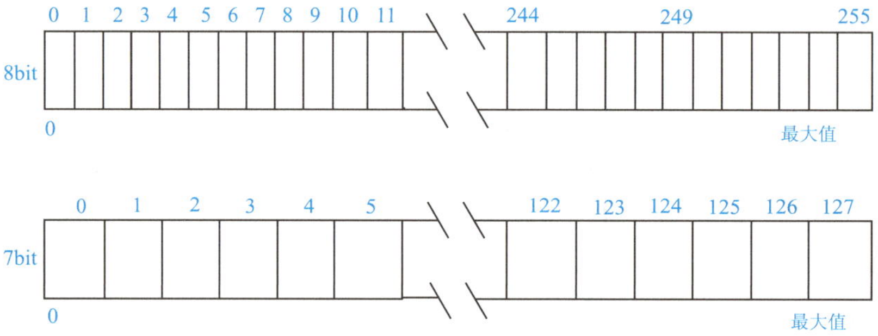

图 2.8　8 位量化（上）和 7 位量化（下）的像素值

实际图像的 DN 值从 1 开始，0 作为背景值

表 2.6　量化前后图像数值的变化（按照 8 位量化）

量化前的像素值	1.2	10	20	22.2	25
量化后的灰度级	0	94	201	225	255

空间采样影响着图像细节的再现程度，间隔越大，细节损失越多，图像的棋盘化效果越明显（图 2.9）。量化影响着图像细节的可分辨程度，量化位数越高，细节的可分辨程度越高；保持图像大小不变，降低量化位数会减少灰度级并导致出现假的轮廓（图 2.10）。

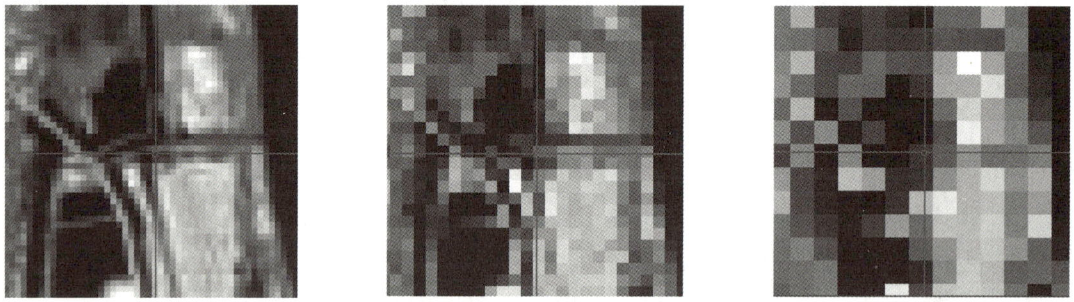

原始图像　　间隔 2　　间隔 4

图 2.9　采样间隔对图像的影响

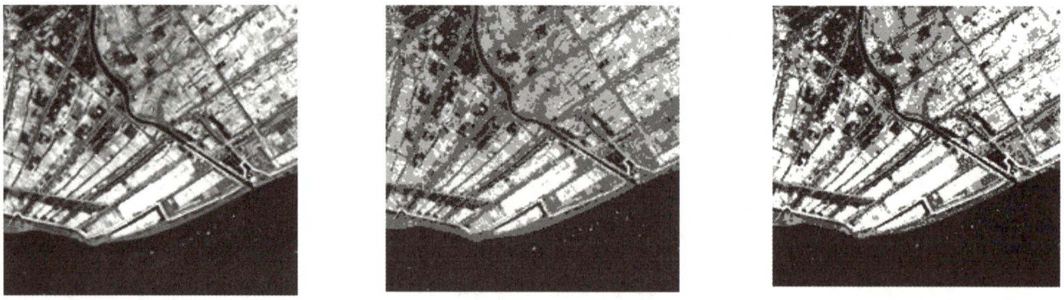

原始图像（8 位量化，256 色）　　4 位量化，16 色　　2 位量化，4 色

图 2.10　量化位数对图像的影响

2.2　遥感图像类型

根据传感器选用的电磁波范围，遥感图像可以划分为两类：不相干图像和相干图像。

1. 不相干图像

不相干图像是光学遥感所产生的图像，通过自然光源或者通过非相干辐射源得到，包括多光谱图像、高光谱图像和高空间分辨率图像。在该类图像中，像素记录的是物体的辐射能量之和。

(1) 多光谱图像：也称多波段图像。在每个采样位置包括多个波段的值。陆地资源卫星的 TM 传感器获取的图像和 SPOT 的 HRV 图像都属于多光谱图像。

(2) 高光谱图像：每个采样位置具有数十甚至数百个波段，远远超出人眼的分辨能力，具有很高的地物识别能力，适合于进行地物的遥感反演研究。高光谱图像的空间分辨率可能很低，如 MODIS 图像，像元对应的地面大小为 250～1000m；也可能较高，如欧洲空间局(ESA)的高分辨力成像光谱仪(CHRIS)，模式 1 有 62 个波段，其星下点的空间分辨力为 34m，模式 5 有 34 个波段，其星下点的空间分辨力为 17m。

光学遥感属于被动遥感，图像受大气状况影响很大，这在一定程度上限制了应用，特别是多云多雨地区的遥感应用。

2. 相干图像

相干图像指微波遥感图像，图像中的像素值是一些相关物体辐射的复振幅总和。这些辐射根据其同相或异相产生一个明亮的或灰暗的像素，其变化较少依赖于组成像素的物质，而更多地取决于传播的条件，其相位尤其取决于观测几何。通常，表面的状态相对于入射波长的尺寸是比较粗糙的，所以这些图像往往会有非常严重的噪声(图 2.11)，在英语中称为“speckle”。这种噪声在雷达领域称为“闪烁”，天文学上称为“斑点”，光学上称为“颗粒”。

图 2.11　图像噪声

微波图像属于主动遥感，其穿透能力强，不受天气的影响，可以全天时全天候工作。

2.3　遥感数据的级别和数据格式

2.3.1　遥感数据与遥感数字图像

需要明确区分遥感数据与遥感数字图像。遥感数字图像是个小概念，仅仅指图像本身，包括一个波段或多个波段，有多种文件格式；遥感数据是个大概念，包括了遥感数字图像和相关的对于遥感数字图像的说明信息(主要是元数据)。在数据文件的组织上，遥感数据包括多个文件，一些文件是说明文件，一些文件是数字图像文件。提供商不同，数字图像文件也会不同，一个文件中可以包括多个波段的数据(如 BSQ 格式的文件)，也可以仅包括一个波段的数据(如 Landsat8 的 GeoTIFF 文件)。如果一个文件中包括了遥感图像数据和其他相关的数据(如 HDF 格式)，则该文件属于复杂格式。

2.3.2 元 数 据

元数据是关于图像数据特征的表述，是关于数据的数据。元数据描述了与图像获取有关的参数和获取后所进行的处理。例如，Landsat、SPOT 等图像的元数据中包括了图像获取的日期、时间、投影参数、几何纠正精度、图像分辨率、辐射校正参数等。

元数据是重要的信息源。没有元数据，图像就没有使用价值。例如，对于变化探测工作，不知道图像的日期就无法进行变化分析。有很多机构进行文档的标准化工作，建立元数据，以便进一步简化用户的处理过程。

元数据与图像数据同时分发，或者嵌入到图像文件中，或者是单独的文件。在某些传感器的图像分发中，元数据又称为头文件(如早期 Landsat5 的 TM 图像光盘中的 header.dat 文件)。

多数遥感图像的元数据文件为文本格式(如 Landsat7 的 ETM+，SPOT 的 HRV)；部分图像为二进制格式或随机文件格式，需要使用特定的工具软件才能阅读。

数据提供商随时间进展可能会改变元数据的格式和版本，在使用长序列遥感数据时要特别注意。

2.3.3 数据产品的级别

在遥感图像的生产过程中，根据用户的要求对原始图像数据进行不同的处理，从而构成不同级别的数据产品。根据中国科学院遥感卫星地面站的资料，遥感数据级别划分如下：

0 级产品：未经过任何校正的原始图像数据。

1 级产品：经过初步辐射校正的图像数据。

2 级产品：经过系统级的几何校正，即利用卫星的轨道和姿态等参数，以及地面系统中的有关参数对原始数据进行几何校正。产品的几何精度由这些参数和处理模型决定。

3 级产品：经过几何精校正，即利用地面控制点对图像进行了校正，使之具有了更精确的地理坐标信息。产品的几何精度要求在亚像素量级上。

0～2 级产品由图像分发部门生产。3 级产品可由图像分发部门按照精度要求生产，但大多由用户自己来生产。

对于一般的应用来说，2 级产品已能够满足用户的需要。对于几何位置要求较高的应用，则必须使用几何精校正后的 3 级产品。

部分传感器图像的产品级别定义可能会与此不同，实际使用时要咨询该图像的分发部门(公司)。表 2.7 和表 2.8 给出了常用的图像传感器的数据级别。

表 2.7 典型图像传感器的数据级别

遥感系统	数据级别	描述
NASA EOS (Asrar and Greenstone，1995)	0	重构的、未经处理的仪器/载荷全分辨率数据，去除了全部的通信信息(如帧同步、通信文件头)
	1A	重构的、未经处理的仪器/载荷全分辨率数据，在 0 级数据之上有时间参考并注解了辅助数据，包括计算和添加的辐射定标系数、几何定标系数及地理参考参数(即平台星历)，但没有应用这些参数处理(即使进行了处理，也是按照能够完全恢复 0 级数据的方式进行处理的)

续表

遥感系统	数据级别	描述
NASA EOS（Asrar and Greenstone，1995）	1B	将 1A 级数据处理成定标的遥感器单位（并不是所有的设备都有 1B 级别，不能从 1B 数据恢复到 0 级）
	2	在相同分辨率上反演的地球物理变量
	3	1 级和 2 级数据或者其他参量被映射到统一的空时网格尺度，通常具有一定的完整性和连续性
	4	根据低级别数据分析得到的模型输出或结果，如根据多个测量值反演的参量
EOSAT TM（EOSAT，1993）	系统	采用星历数据和系统误差模型进行几何校正并投影，而且旋转到指北方向。在非热波段上进行探测器相对定标。采用 UTM 和 SOM 或两级立体投影，残留变形在 200～300m（轨道定向产品）
	精处理	采用地面控制点（GCP）进行地图投影
	地形级	采用 DEM 进行正射投影
ETM+（USGS，2000）	0R	没有辐射和几何校正，但是包含了辐射和几何校正所需的各种数据
	1R	对探测器增益和偏置进行的辐射校正
	1G	辐射校正和几何校正的重采样，并配准到地图投影上。包括了卫星、遥感器扫描及地球的几何校正，但没有进行地形校正
IKONOS（Space Imaging，2004）	Geo	几何校正到某个地图投影
	Standard Ortho	几何校正到某个地图投影，并且正射校正满足 1∶100000（美国）国家制图精度标准
	Reference	几何校正到某个地图投影，并且正射校正满足 1∶50000（美国）国家制图精度标准。获取时的高度角在 60°～90°
	Pro	几何校正到某个地图投影，并且正射校正满足 1∶12000（美国）国家制图精度标准。获取时的高度角在 66°～90°
	Precision	几何校正到某个地图投影，并且正射校正满足 1∶4800（美国）国家制图精度标准。获取时的高度角在 72°～90°
OrbView（Orbimage，2005）	OrbView BASIC	进行辐射校正，利用地面控制点进行地理定位是可选项
	OrbView GEO	进行辐射校正，利用地面控制点进行地理定位是可选项
	OrbView ORTHO	进行辐射校正，正射校正到满足 1∶5000 或 1∶24000（美国）国家制图精度标准
QuickBird（Digital Globe，2005）	Basic	进行了辐射校正、遥感器校正、几何校正
	Standard	进行了辐射校正、遥感器校正、几何校正，并映射到某个制图投影
	Orthorectified	进行了辐射校正、遥感器校正和几何校正，映射到某个制图投影且正射校正满足 1∶50000、1∶12000，1∶5000 或 1∶4800（美国）国家制图精度标准
SPOT（SPOT Image，2003）	SPOT Scene 1A	进行了探测器归一化的辐射校正
	SPOT Scene 1B	对地球自转和斜视角的全景变形进行几何校正
	SPOT Scene 2A	没有 GCP 情况下映射到 UTM WGS 84 地图投影
	SPOTView 2B（精确）	利用地图、全球定位系统（GPS）点或卫星星历数据进行地图投影
	SPOTView 3（正射）	用 3 角秒的数字高程模型（DEM）或其他模型进行正射校正

表 2.8 MODIS 图像的数据级别

产品识别号	数据集	级别
MOD03	地理位置	1B
MOD06	云特征	2
MOD09	表面反射率，大气校正算法产品	2
MOD13	植被指数	3
MOD14	不规则的热源：火	2，3
MOD15	叶面指数(leaf area index，LAI)和光合有效辐射分量(fraction of photosynthetically active radiation，FPAR)	4
MOD16	土壤水分蒸发蒸腾损失总量	4
MOD35	云掩膜	2
MOD43	表面反射 BRDF/反照率参数	3

2.3.4 遥感图像的通用数据格式

数字图像数据主要是二进制的文件，保存在光盘、磁盘和磁带中。遥感图像包括多个波段，有多种存储格式，但基本的通用格式有三种，即 BSQ、BIL 和 BIP 格式(图 2.12)。通过这三种格式，遥感图像处理系统可以对不同传感器获取的图像数据进行转换。

设图像数据为 N 列，M 行，K 个波段。

1. BSQ 格式

BSQ(band sequential)是像素按波段顺序依次排列的数据格式。即先按照波段顺序分块排列，在每个波段块内，再按照行列顺序排列。同一波段的像素保存在一个块中，这保证了像素空间位置的连续性。

BSQ 数据排列遵循以下规律：第一波段为第一块，第二波段为第二块，…，第 K 波段为第 K 块。每个波段块中，像素按行列顺序存储。ENVI 和 ER Mapper 遥感软件使用 BSQ 格式保存图像数据。

2. BIL 格式

BIL(band interleaved by line)格式中，像素先以行为单位分块，在每个块内，按照波段顺序排列像素。同一行不同波段的数据保存在一个数据块中。像素的空间位置在列的方向上是连续的。

数据排列遵循以下规律：第一行第一波段，第一行第二波段，第一行第 K 波段，…，第 m 行第一波段，第 m 行第二波段，…，第 m 行第 K 波段。

3. BIP 格式

BIP(band interleaved by pixel)格式中，以像素为核心，同一像素不同波段数据保存在一起，打破了像素空间位置的连续性。每个块内为当前像素不同波段的像素值。

数据排序遵循以下规律：第一个像素第一波段第一行，第一个像素第二波段第一行，以此类推。

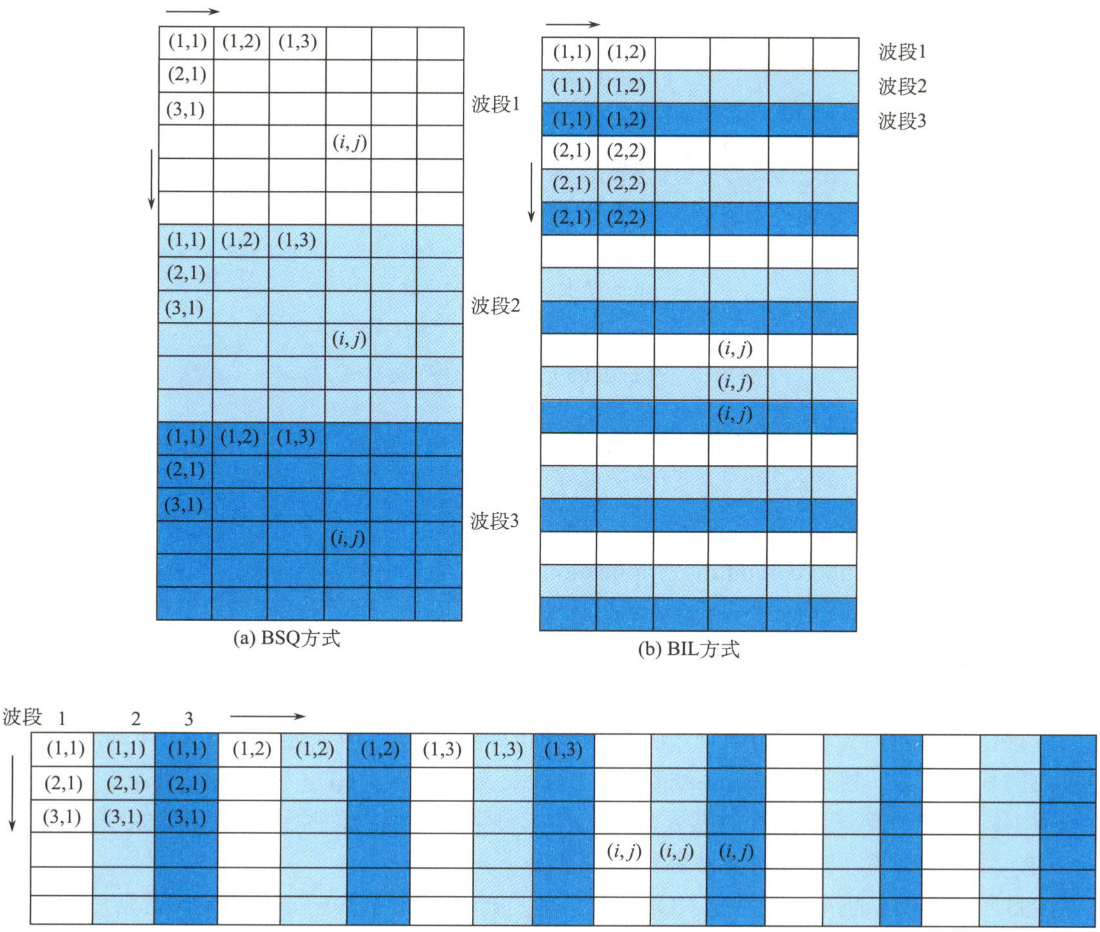

(a) BSQ方式

(b) BIL方式

(c) BIP方式

图 2.12 遥感图像格式示意图

2.3.5 遥感图像专用数据格式

遥感图像的格式往往与传感器类型有关。除了通用的格式外，典型的遥感图像格式有以下几种。

1. 陆地资源卫星 L5 的数据格式

陆地资源卫星 L5(5 号星)的 TM 数据具有比较好的数据质量而且提供数据的时间长，应用较广。下面是该传感器图像数据的基本格式。

图像数据包括 7 个波段。每个波段的数据保存在一个二进制文件中，文件名为 Band*x*。其中，*x* 为波段的编号。

因为按照 8 位进行量化，所以数据类型为字节型。设图像为 1 个波段，*n* 列，*m* 行，那么，文件的大小为：$n \times m$ 字节。

图 2.13 所示为早期 L5 的 TM 图像数据目录列表，其中 header.dat 是头文件，给出了该图像数据的成像日期、太阳高度角等信息。

band1.dat	38161 KB
band2.dat	38161 KB
band3.dat	38161 KB
band4.dat	38161 KB
band5.dat	38161 KB
band6.dat	38161 KB
band7.dat	38161 KB
header.dat	2 KB

图 2.13　Landsat5 的图像文件列表实例

在 USGS 网站提供的 Landsat 数据中，*_MTL.txt 为元数据文件。

2. 层次数据格式

层次数据格式(hierarchy data format，HDF)是美国伊利诺大学的国家超级计算应用中心(National Central for Supercomputing Applications，NCSA)于 1987 年研制开发的一种软件和函数库，主要用来存储不同计算机平台(操作系统)产生的各类科学数据，适用于多种计算机平台，易于扩展。它的主要目的是帮助 NCSA 的科学家在不同计算机平台上实现数据共享和互操作。HDF 数据结构综合管理 2D、3D、矢量、属性、文本等多种信息，能够帮助人们摆脱不同数据格式之间相互转换的烦琐，而将更多的时间和精力用于数据分析。HDF 能够存储不同种类的科学数据，包括图像、多维数组、指针及文本数据。HDF 格式还提供命令方式，分析现存 HDF 文件的结构，并即时显示图像内容。科学家可以用这种标准数据格式快速熟悉文件结构，并能立即着手对数据文件进行管理和分析。

1993 年美国国家航空航天局把 HDF 格式作为存储和发布 EOS(Earth Observation System)数据的标准格式。在 HDF 标准基础上，开发了另一种 HDF 格式即 HDF-EOS 专门用于处理 EOS 产品，使用标准 HDF 数据类型定义了点、条带、栅格三种特殊数据类型，并引入了元数据(Meta data)。

HDF 文件通常将相关的数据作为数据对象分为一组。这些数据对象组称为数据集。例如，一套 8bit 的图像数据集一般有三个数据对象：一组对象用来描述这个数据集的成员，即有哪些数据对象，一组对象是图像数据，另一组对象则用来描述图像的尺度大小。这三个数据对象都有各自的数据描述符和数据元素。一个数据对象可以同时属于多个数据集，例如，包含在一个栅格图像中的调色板对象，如果它的标识号和参照值也同时包含在另一个数据集描述符中，那么可以被另一个栅格图像调用。

一个 HDF 文件应包括一个文件头(file header)、一个或多个描述块(data descriptor block)、若干个数据对象(data object)。详细的内容请参考 http://www.hdfgroup.org/。

HDF 文件格式的优势在于：①独立于操作平台的可移植性；②超文本；③自我描述性；④可扩展性。

由于 HDF 的诸多优点，这种格式广泛应用于多种卫星传感器的遥感数据的存储，包括 Aster、MODIS、MISR 等。在影像数据库多源数据管理中，HDF 格式发挥了很好的作用，如利用 HDF 数据结构建立图像工程，并与数据库进行交互；影像解译，统计分析；影像运算、信息挖掘、影像分类；综合处理影像、矢量、高程数据，三维显示等。

HDF 文件的免费工具 HDF Explorer 可从 http://www.space-research.org/下载。

常用的 MODIS 图像和中国环境 1 号卫星的高光谱图像的数据文件均为 HDF 格式。

3. GeoTIFF 图像格式

GeoTIFF(geographically registered tagged image file format)是在 TIFF 格式上发展起来的图像格式。

标记图像文件格式(tag image file format)是在 Mac 中广泛使用的图像格式，由 Aldus 和微软联合开发，最初是出于跨平台存储扫描图像的需要而设计的，其特点是图像格式复杂、存储信息多。因为它存储的图像细微层次的信息非常多，图像的质量也得以提高，故而非常有利于原稿的复制。

TIFF 是一种通用的位映射图像格式，可以支持从单色到 24bit 真彩色的任何图像，其特点是扩展性好，移植方便，可改性强。它可以在不影响老的应用程序读取图像文件的同时让图像支持新的信息域，也可以在不违反老的格式的前提下支持新的图像类型。对于不同版本的 TIFF，都可以在不同的平台下方便使用，它与电脑、操作系统和图形处理的硬件没有关系。

TIFF 由于采用了指针的方式来存储信息和数据，其存储方式是多种多样的，不存在一种软件可以读取所有的 TIFF。在同一个 TIFF 文件中，存放的图像可能不止一幅而是多幅。图像数据可以存储在文件的任何地方，也可以是任意的长度。

因为 TIFF 文件支持不同的平台和不同的软件，所以它的结构是多种的、可变的。TIFF 文件有多种压缩存储方式，常用的有三种，即不压缩、LAW 压缩方式、PackBits 压缩方式。新的压缩方式可以方便地加入到其中，因此 TIFF 格式是一种永不过时的图像文件格式。

随着地理信息系统的广泛应用和遥感技术的日渐成熟，遥感影像及数据的获取正在向多传感器、多分辨力方向发展，这就迫切需要一种标准的遥感卫星数字影像格式，GeoTIFF 应运而生。Aldus-Adobe 公司的 TIFF 格式是当今应用最广泛的栅格图像格式之一，具有独立性和扩展性。GeoTIFF 利用了 TIFF 的可扩展性，在其基础上加了一系列标志地理信息的标签(Tag)，来描述卫星成像系统、航空摄影、地图信息和 DEM 等。一个 GeoTIFF 文件其实也就是一个 TIFF6.0 文件，它的结构继承了 TIFF6.0 标准，所以其结构严格符合 TIFF 的要求。所有的 GeoTIFF 特有的信息都编码在 TIFF 的一些预留 Tag 中，它没有自己的 IFD(图像文件目录)、二进制结构以及其他一些对 TIFF 来说不可见的信息。

GeoTIFF 设计使得标准的地图坐标系定义可以随意存储为单一的注册标签。GeoTIFF 也支持非标准坐标系的描述，不同的坐标系间转换可以通过 3～4 个另设的 TIFF 标签来实现。然而，为了在各种不同的客户端和 GeoTIFF 提供者间正确交换数据，最好建立一个通用的系统来描述地图投影。

GeoTIFF 目前支持三种坐标空间：栅格空间(raster space)、设备空间(device space)和模型空间(model space)。栅格空间和设备空间是 TIFF 定义的，实现了图像的设备无关性及其在栅格空间内的定位。为了支持影像和 DEM 数据的存储，GeoTIFF 又将栅格空间细分为描述“面像元”和“点像元”的两类坐标系统；设备空间通常在数据输入/输出时发挥作用，与 GeoTIFF 的解析无关；GeoTIFF 增加了一个模型坐标空间，准确实现了对地理坐标的描述，根据不同需要可选用地理坐标系、地心坐标系、投影坐标系和垂直坐标系(涉及高度或深度时)。

GeoTIFF 描述地理信息条理清晰、结构严谨，而且容易实现与其他遥感影像格式的转换。因此，GeoTIFF 图像格式应用十分广泛，绝大多数遥感和 GIS 软件都支持读写 GeoTIFF 格式的图像，比如 ArcGIS，ERDAS IMAGINE 和 ENVI 等。在图像处理中，将经过几何纠正的图像保存为 GeoTIFF，可以方便地在 GIS 软件中打开，并与已有的矢量图进行叠加显示。

自 2013 年后，USGS 网站提供的 Landsat 系列图像均为 GeoTIFF 格式。

2.4 遥感数据的查询和检索

遥感卫星的观测数据通常可通过该卫星的机构或世界各地的接收站、数据分发中心等有偿或无偿的获得，主要的数据分发机构见表 2.9。这些机构中都配备有检索系统，如果用户指定了所要求的数据的遥感器名称、观测年月日(或期间)、目标区的经纬度或轨迹号和行号(在极轨卫星的轨道上所给出的号为轨迹号，在轨迹上一景图像的中央部分所给出的号为行号)、所希望的云量(例如，如果指定“30%”，就会检索景内云量为 30%以下的数据)等，检索系统就会从数据库中自动查找出满足要求的数据。

在已有的检索系统中，CEOS-PID(prototype international directory)是由与地球观测有关的国际委员会 CEOS(Committee on Earth Observation Satellite)提议的国际性数据库系统，它以 NASA 开发的主目录系统为基础，包括了以世界遥感数据为主的各种观测数据和相关的信息(卫星、遥感器参数、观测范围、数据所在地、联络地址等)。

CEOS-PID 是世界性的观测数据的主目录系统，用户通过该系统检索目录信息就可以知道满足自己要求的数据有多少，也可以知道从世界上哪个数据中心可以获得。对于部分可以获得的数据，该系统可自动联机到数据中心的数据清单上。

在中国，中国科学院遥感与数字地球研究所提供遥感数据查询和下载服务(http://eds.ceode.ac.cn/sjglb/dataservice.htm)。一些商业化的代理公司提供高空间分辨力遥感图像，如 http://www.godeyes.cn。

在美国，国家航空航天局启动了 EOSDIS 计划(The Earth Observing System Data and Information System)，提供了众多的遥感数据服务，其中部分数据可免费下载。网址为 https://earthdata.nasa.gov/earth-observation-data/tools。

在欧洲，欧洲空间局(ESA)的哨兵系列数据可免费下载。哨兵 1A(Sentinel-1)提供了 InSAR 数据，哨兵 2A(Sentinel-2A)提供了 10 米等不同空间分辨率的 12 个波段的多光谱数据。

表 2.9 典型遥感数据的检索网址

遥感数据	机构和地址
高空间分辨率遥感图像	https://www.satimagingcorp.com/satellite-sensors/
Terra/Aqua(MODIS)	MODIS Data Support http://modis.gsfc.nasa.gov/
ADEOS(AVNIR，OCTS，NSCAT，TOMS)，TRMM(PR，TMI，VIRS)，Aqua(AIRS，AMSU-A，HSB，AMSR-EMODIS)，Terra(ASTER，MODIS，CERES，MISR，MOPITT)，ICESat(GLAS)，Meteor-3M(SAGE)，Landsat(MSS，TM，ETM+)，NOVV(AVHRR)，ERS(SAR)，JERS-1(SAR)，RADASAT(SAR)，DMSP(SSM/I)，Seasat(SeaWiFS)，UARS(CLAES，HALOE，HRDI，ISAMS，MLS，PEM，WINDII)	EOS Data Gateway https://eospso.nasa.gov/

续表

遥感数据	机构和地址
Terra(ASTER)，Landsat(TM，ETM+, OLI)， Terra(MODIS，ASTER) Landsat(MSS，TM，ETM+)，EO-1(Hyperion，AL1)，NOAA(AVHRR)，CORONA，AGGON，LANYARD，KH-7，KH-9	USGS Global Visualization Viewer http://glovis.usgs.gov/ Earth Explorer http://earthexplorer.usgs.gov/
Landsat，NOAA，Terra，EO-1，CORONA，ARGON，LANYARD，KH-7，KH-9，Space shuttle	USGS/EROS Data Center http://eros.usgs.gov/
SPOT，QuickBird，EROS，IKONOS，KVR-1000，ERS，Landsat，Envisat，RADARSAT	https://www.intelligence-airbusds.com/
Landsat，Envisat，ERS，IRS，RADARSAT，NOAA，IKONOS，QuickBird	EURIMAGE http://www.coe.int/t/dg4/eurimages/default_en.asp
哨兵 1A 的 InSAR 数据 哨兵 2A 的多光谱数据	https://qc.sentinel1.eo.esa.int https://scihub.copernicus.eu/s2
共享数据 Landsat5，Landsat7，IRS-P6、ERS-2、ENVISAT-1 中国科学院对地观测与数字地球科学中心存档卫星遥感数据目录服务系统	中国科学院对地观测与数字地球科学中心： http://ids.ceode.ac.cn/ 中国资源卫星应用中心： http://www.cresda.com/CN/index.shtml CBERS-01/02/02B 星的 2 级产品，网上免费分发 http://www.csdb.cn/ http://eds.ceode.ac.cn/sjglb/dataservice.htm

注：上述网址可能会随时发生更改，如果无效请使用公司或机构的名称进行查找。

在日本，原宇宙开发事业团(NASDA，现为 JAXA)的地球观测中心(Earth Observation Center，EOC)通过地球观测信息系统的用户界面(EOIS user interface service，EUS)提供检索服务。利用 EUS，通过万维网自动检索就可以使用 EOC 的地球观测信息系统(earth observation information system，EOIS)及 NASA 服务器(earth observation system data information system，EOSDIS)所提供的各种服务。

2.5 图像的基本参数

2.5.1 像 素 坐 标

像素坐标指像素在图像中的位置。对于任一波段图像，坐标总是从左上角像素开始。初始的坐标为(0，0)或(1，1)(与使用的开发语言和处理软件有关)，向右向下按整数递增(图 2.14)。

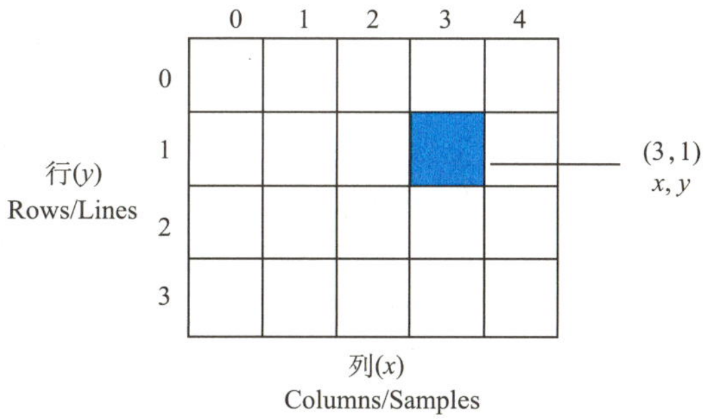

图 2.14 图像坐标

经过几何纠正后，图像坐标用地图坐标来表示，按照选用的投影和坐标系不同，表示方法不同。以我国常用的高斯-克吕格投影为例，地图坐标使用直角坐标系表示，单位为米。最小值在图像左下角，且不为 0，向东向北递增，其间隔可以不是整数。

2.5.2 图像文件大小

遥感数字图像文件的大小(字节)按照下面的公式计算：

图像文件大小=图像行数×图像列数×每个像素的字节数×波段数×辅助参数

式中，辅助参数一般为 1。一些遥感系统如 ERDAS 在图像文件中加入了图像金字塔索引等信息，该值一般为 1.4。像素值的字节数与存储有关，8 位为 1 个字节。以 8 位量化产生的图像为例，每个像素值在 1～255 之间，占用一个字节。16 位量化的最大值为 65536，超过整数的值域，需要使用长整数来表达，占用 4 个字节。量化位数影响着值域，其数据类型影响着存储文件的大小。

2.5.3 图像分辨率

对于图像打印和图像显示，图像分辨率指图像上的点被映射或指定到给定空间里的数量。图像分辨率常用单位长度所表达像素(比率值)或获取的像素数量来表示。

对于所获取的数字图像，图像分辨率指图像的长和宽(像素数)。

数字图像由像素组成，每一个像素就是图像的一个采样点。像素多少是衡量图像信息量的标准。单位距离内图像的采样点(即像素)越多，图像中包含的信息量就越大；图像的尺寸越大，像素就越多。

实际应用中，打印机的点、屏幕上的像素、扫描仪上 CCD 的点等分别定义为点(dot)、复合点(spot)、像素(pixel)和采样点(sample)。

点(dot)，用于量度打印机的分辨率，用 dpi(每英寸[①]点数)表示。点是由打印机或照排机创建的真实的点。

样本点(sample)，扫描图像或位图图像的分辨率，用 spi(每英寸样本点数)表示。样本点是给定位置、色调或颜色的点。在图像中，sample 常常用来表示图像的列。

像素(pixel)，显示器用的分辨率，用 ppi(每英寸像素数)表示。像素是显示器上用坐标$(x，y)$表示的单个点。

复合点(spot)，由创建半色调图像的四色网点组成的点，用 lpi(每英寸线数)表示。

分辨率(res)，扫描图像的分辨率。是表示每毫米样本点数的另一个术语。res12 表示每毫米 12 个样本点或 305 spi。

解像力(photograghic resolution，又称解像率)用单位距离内能分辨的线宽或间隔相等的平行线的条数来表示，单位为线/毫米或线对/毫米。

与数字图像不同，印刷品上的图像是由网点组成的不连续的图像，图像的颜色是靠网点的大小或疏密变化来实现的。组成图像的网点与形成图像的像素点的作用相同，网点越密集，形成的印刷图像就越细腻。印刷品网点是以一定的密集度和角度排列在直线上，因此印刷品中图像的分辨率用每英寸的网线数 lpi 或每厘米的网线数 lpc 来表示。

彩色和灰度图像有颜色和层次的变化，因此分辨率关系到图像的层次和细腻程度。对于

① 1 英寸=25.4 毫米，后同。

二值图像，虽然没有颜色和层次的变化，但图像的分辨率关系到图像边缘的光滑程度，所以图像的分辨率和印刷后的图像质量密切相关。

根据采样定律，图像的 4 个像素点组成一个印刷网点，故彩色图像和灰度图像的分辨率与印刷的网线数之间的关系是：

$$图像的分辨率 = 印刷的网线数 \times 2$$

这个公式主要是考虑到图像分辨率占用计算机资源的大小以及印刷图像质量优劣的折中方案。如果进一步加大图像的分辨率，印刷的图像质量肯定会有所提高，但幅度不大，视觉效果并不明显，而占用的存储空间则会明显增加。但是，如果图像分辨率低于公式的计算值，就会明显降低印刷图像的质量。

印刷图像的大小、印刷图像的分辨率、图像模式和数字图像文件大小之间的关系是：

$$数字图像文件(字节) = 图像长度(英寸) \times 图像分辨率(ppi) \times 图像宽度(英寸) \times 图像分辨率(ppi) \times 色彩位数$$

式中，二值图像的色彩位数为 1/8(1 位量化)，单色灰度图的色彩位数为 1(8 位量化)，RGB 模式图像色彩位数为 3，CMYK 模式图像的色彩位数为 4。

通过公式可以看出，数字图像占据的空间大小与印刷图像的尺寸成正比，与印刷图像的分辨率的平方成正比。当印刷图像的分辨率增大 1 倍时，数字图像的数据量增大到 4 倍。在对模拟图像(如照片)进行量化时(如扫描为数字文件)，一定要合理地选择图像分辨率。

2.5.4 图像信息量

传感器获得的图像信息量，可用如下公式表示(陈述彭和赵英时，1990)：

$$传感器图像信息量=波段数 \times 图像覆盖的面积 \times \log_2^{量化级} / 图像像元大小^2$$

传感器的最大信息容量与其空间分辨力、谱分辨力、时间分辨力、辐射分辨力有关，在进行图像分析处理时，它通过研究对象的三个地学属性(空间、波谱和辐射、时相)来体现对图像的具体要求。而这种要求必须与遥感系统的信息能力，即可能性一致起来。遥感不是万能的，我们所做的工作必须根据条件，根据任务来决定和选择相应的遥感资料，超越这种条件就不行。

2.6 本书图像数据说明

本书使用 Landsat5 的 TM 数据产生图像实例，部分章节使用了 IKONOS、SPOT 和 Landsat7 图像。根据内容需要，穿插了部分数码照片。

数据文件和彩图请自行从网上下载，以便对照和练习。作者编写的《遥感数字图像处理实验教程》(科学出版社，2018 年第二版)可以作为本书的实验教材配套使用，所附的光盘提供了更多的实验数据。

本书的计算实例(图 2.15)主要来自于 Landsat5 的 TM 图像，path/row 为 120/38，日期为 1997/10/18。从 TM 图像的玄武湖中裁剪了 9×9 的数据，用来说明相关的计算。数据文件在“data\计算用数据”中。部分实例图像来自于 ETM+，path/row 为 120/38，日期为 2000 年 6 月 12 日。

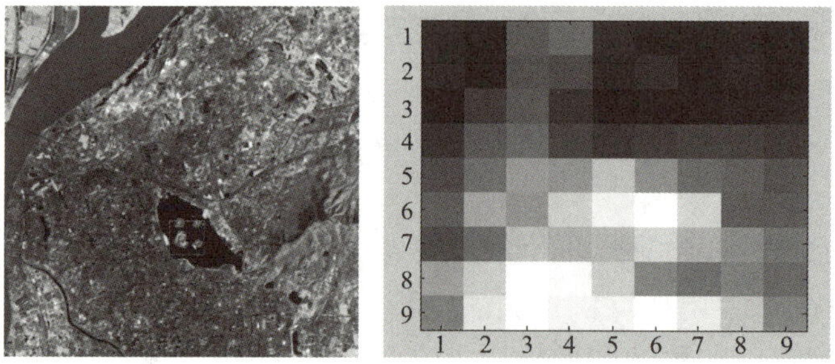

22	17	31	35	21	20	19	20	20
22	21	30	28	22	24	21	22	19
19	24	31	23	19	19	21	22	22
24	36	38	27	25	27	30	30	27
29	40	46	45	52	46	42	40	37
37	47	45	54	63	67	59	40	37
33	40	52	50	49	53	50	46	44
49	54	64	64	53	44	43	44	41
44	62	72	65	69	71	63	53	44

TM图像（5，4，3）合成　　局部图像，9×9　　第四波段数据

蓝色字体为3×3矩阵的数据

图 2.15　图像数据实例

更多的遥感图像数据可从国家地球系统科学数据共享服务平台(http://www.geodata.cn/)和国际科学数据服务平台(http://www.cnic.cas.cn/zcfw/sjfw/sjzyzx/)下载。

思　考　题

1. 遥感系统的主要构成有哪些？遥感平台和传感器的联系和区别是什么？举例说明。

2. 区别光谱、能谱和波谱的概念。

3. 什么是图像的采样和量化？量化级别有什么意义？不同的采样和量化对图像的影响是什么？

4. 什么是波谱响应函数？有什么用途？使用所附数据第二章中的“典型光谱数据.txt”，上网查找TM和MODIS的光谱响应函数，利用光谱响应计算公式，计算对应的波段值，并与遥感图像中同类地物的波段值进行对比。

5. 当前常用的传感器有哪些？2000 年以来我国主要的卫星遥感数据有哪些？图像发行机构和网址是什么？

6. 什么是传感器的分辨力？如何理解遥感传感器的辐射分辨力、谱分辨力、空间分辨力和时间分辨力？

7. 对于微波图像，传感器指标有哪些？

8. 卫星的重访周期和重复周期有什么区别？

9. 遥感图像的主要类型有哪些？各有什么特点？

10. 遥感数据产品有哪些数据级别？各个级别的主要特征是什么？

11. 什么是遥感图像的元数据，包括哪些主要的参数？下载一景 TM 图像，确定其元数据文件及其中的参数含义。

12. 从概念和应用两个方面，区分“遥感传感器分辨力”和“遥感图像分辨率”。

13. 以 TM 图像为例，编写程序实现图像在 BSQ、BIL 和 BIP 之间的转换。

14. HDF 图像格式的优点是什么？MODIS 图像的存储格式与 Landsat OLI 图像的存储格式有什么区别？

15. GeoTIFF 图像格式的特点是什么？有哪些典型的应用？

16. 怎么计算遥感图像的数据文件的大小？

17. 监测中国东北地区的火灾，应该使用什么遥感数据？为什么？

18. 利用遥感解译中国西北地区的地貌状况，应该使用什么遥感数据？为什么？

19. 对于特定区域的洪涝灾害进行监测，怎么选择遥感数据？

20. 分别对中国西北地区、西南地区、东南地区进行地表覆盖分类，遥感数据选择的差异是什么？

21. 光学遥感有哪些优点和不足？针对其不足，可选择的遥感手段有哪些？

22. 假设遥感图像大小为 3000×4000 像素，7 个波段，8 位量化，二进制存储下其文件大小是多少？如果假设一个像素为一个点，打印设备为 300dpi，任意一个波段图像输出的纸张高和宽分别是多少厘米？

23. 图像的分辨率可用哪些指标来描述？

24. 遥感图像像素的属性特征有哪些？

25. 怎么计算遥感图像的信息量？

26. 近三年来的新闻中，哪些国内外重要的环境事件使用了遥感图像作为证据？请查找资料，总结分析遥感数据在国土安全中的作用和影响。

27. 遥感数字图像有哪些不同于其他数字图像的特点？

28. 典型的遥感传感器有哪些？分别按照辐射、谱、空间和时间分辨力列出近 10 年来常用的遥感传感器及其特征。

29. 遥感数据与遥感数字图像的区别和联系是什么？

30. 高空间分辨率图像与多光谱图像在波段设置上的差异有哪些？产生这种差异的可能原因是什么？

第3章 遥感数字图像的表示和度量

遥感图像模型从理论上对遥感图像的像素值的意义进行了解释。在数学上，遥感数字图像有确定性表示和统计性表示。单波段图像可以表示为一个函数。统计特征是关于遥感图像整体的特征，通过多波段统计特征分析和纹理分析，可以快速地提取图像中的信息。图像特征是图像处理和分析的基础，通过特征提取和特征选择，获得图像分析使用的特征集。图像处理在三个视角上进行，分别是：图像空间、光谱空间和特征空间。图像处理的对象包括四级，分别为：像素、结构、对象和图像。默认情况下，处理的对象为像素。

3.1 遥感图像模型

遥感图像是传感器探测地物电磁波辐射能量所得到的图像，反映的是连续变化的物理场。虽然波段不同，记录的辐射能量、成像的方式以及成像系统等也有差异，但可以归纳出一个具有普遍意义的模型。

不同遥感应用使用不同的遥感图像模型。典型的遥感应用包括：

(1) 陆地遥感。陆地植被、土壤、地质地貌、矿物、地表覆盖等，图像的识别、分类和生化成分的反演。

(2) 水色遥感。水体中光学活性物质的反演计算。

(3) 大气遥感。大气中气体成分浓度的反演计算。

本书主要面向陆地遥感的图像处理。对于大气遥感和水色遥感图像的处理，在涉及时会着重指明。

1. 陆地遥感图像模型

从理论上讲，遥感图像可以表示为某一时刻t，在不同波长λ和不同极化(偏振)方向ρ上所收集到的位于坐标(x,y)目标物的电磁波辐射能量：

$$L(x,y,t,\lambda,\rho)=[1-\beta(x,y,t,\lambda,\rho)]E(\lambda)+\beta(x,y,t,\lambda,\rho)I(x,y,t,\lambda)$$

式中，$\beta(x,y,t,\lambda,\rho)$为目标的反射率；$E(\lambda)$是黑体的电磁波发射能力；$I(x,y,t,\lambda)$为入射的辐射量；$\rho$表示极化方向，主要用于微波成像；$\lambda$代表波长；$t$为成像时间。

上式等号右侧加号连接的前后两项分别代表目标发射的电磁波辐射量和反射的电磁波辐射量。当然除了以上因素外，L还与太阳高度角和观测角度有关，若考虑这些附加因素，就需要用更复杂的遥感图像模型来表达。

在可见光和近红外波段，白天物体自身发射的辐射量可忽略不计，上式可简化为

$$L(x,y,t,\lambda,\rho)=\beta(x,y,t,\lambda,\rho)I(x,y,t,\lambda)$$

式中，$I(x,y,t,\lambda)$取决于光照条件及传感器的几何特征，而$\beta(x,y,t,\lambda,\rho)$反映目标物的特性。在热红外波段，反射和发射都需要考虑。成像时间是一个重要因素，夜晚获取的主要是地物的热辐射；白天的反射部分分散于不同的波长范围，可通过设计不同的传感器来获取。

2. 水色遥感图像模型

正常水体的反射率低于5%。在陆地遥感中，水体内部的差异一般被忽略而不考虑。

在水色遥感中，图像记录的是水体中光学活性物质的后向散射信息和吸收信息的综合。这些物质包括：可溶性有机物CDOM；悬浮物，包括泥沙碎屑和生物体碎屑；浮游植物，主要是藻类颗粒物等。

水色遥感中与遥感图像反射率对应的概念是遥感反射率或遥感反射比R_{rs}（remote sensing reflectance），表达式为

$$R_{rs} = Qf\frac{b_b}{a + b_b}$$

式中，Q、f分别为与现场环境有关的因素值；a是水体中光学活性物质的总吸收；b_b是水体中光学活性物质的总后向散射。

3. 大气遥感图像模型

大气遥感主要利用图像的吸收光谱特性来研究大气性质和大气廓线。这是一个专业领域，详细的内容建议参阅由王桥等编著的《大气环境卫星遥感技术及其应用》（科学出版社，2011）。

水蒸气、二氧化碳、臭氧、甲烷等微量气体成分具有各自分子所固有的辐射和吸收光谱。因此，通过测量穿过大气层的太阳（月亮、星星）的直射光、来自大气和云的散射光、来自地表的反射光，以及来自大气和地表的热辐射等的光谱特性就可以求出气体分子的密度。此时可用吸收光谱分析（absorption spectroscopy）或发射光谱分析（emission spectroscopy）方法测量它们的光谱特性。从地表测量上层大气的成分，长时间以来采用的就是这种吸收光谱方法。

2000年以来，以飞机、平流层气球、卫星为平台的测量方法得到了更广泛的应用，以多波长或波长可变的激光为光源的雷达观测（激光雷达）方法已实际应用，它们在气体成分的空间分布测量中发挥了重要作用。

红外区是分子固有的振动、旋转带光谱呈现的区域，而微波区是分子固有的旋转线呈现的区域，因此，利用红外和微波可以测量微量气体成分。

在卫星观测时，求出微量气体含量沿高度分布的方法有：测量日出、日落时太阳（月亮、星星）光的减光的掩星法（occultation）和临边扫描法（limb scan）。此外，在对下方大气（地心方向）进行观测时，由于吸收系数（absorption coefficient）的差异，不同高度对辐射的影响程度随波长而异，据此可以用反演法（inversion）求出微量气体的高度分布。

对于地心方向的观测，在红外区，二氧化碳及水蒸气的测量已实用化（对二氧化碳而言，与其说是求出成分的浓度，不如说是求出气温），在紫外区，臭氧的测量已实用化。

大气遥感器（atmospheric sensor）除了测量气温、水蒸气、大气中的微量成分气体、气溶胶等的三维分布以外，还用来进行风的测量及地球辐射收支（earth radiation budget）的测量等。

通常，大气遥感测量的物理量不可能用遥感手段直接测量，所以实际上是通过测量大气的散射、吸收及辐射的光谱后推算出来的。测量利用的电磁波谱范围很宽，从紫外、可见、红外等光学领域一直扩展到微波、毫米波等无线电波领域。

测量方法大致分为两种。第一种方法类似于对地观测用的遥感器，从飞行平台垂直向下观测（称直下观测或天底观测），其水平方向的分辨力好，而垂直方向的分辨力较低。测量区

域主要是对流层，在气体密度较低的平流层测量较困难。另一种方法是对地球的临边观测(limb observation)，包括测量大气辐射的方法和测量来自太阳、月亮、恒星等光源的光吸收方法(称为掩星测量)。与第一种方法相比，水平方向的分辨力低，而垂直方向的分辨力较高，同时也可用于平流层的观测，但由于云等的影响，较难观测对流层下部。吸收测量型的遥感器信噪比较高，以恒星作为光源，观测范围受到限制。例如，以太阳作为光源时，1 天内只能观测到环绕圈数(通常 14 圈左右)2 倍的地点。

从飞行平台上看，这些遥感器可归为两种方式：仅对固定方向进行观测的仪器和进行扫描的仪器。前者一般称为探测器(sounder)。因为光学领域的遥感器是进行光谱测量的，所以其主要构成部分是分光器，与地面测量用的遥感器相比具有很高的光谱分辨力。

4. 遥感图像模型的意义

图像模型 $L(x,y,t,\lambda,\rho)$ 表明，除了空间位置 (x,y) 外，图像表示的地物辐射量受波长、时间和极化方向三个参数的影响。同一个空间位置可以有不同波段、不同时间和不同极化方向的图像。这种覆盖同一地区的不同时间、波段和极化方向的图像叫做多源图像。

多源遥感图像中，第一类是多波段图像(多光谱图像)，如反束光导管摄像仪(RBV)图像和专题制图仪(TM)图像等。传感器产生的图像的波段数多大于三个，如 TM 有七个波段，有些航空扫描系统包括更多的波段(如成像光谱仪)。多光谱图像可以充分显示不同地物的光谱特征，更有助于识别岩石、土壤、植被、水体及其他地物类型和形态。第二类是多时相图像，指不同时间在一个特定的波段上获取的图像，主要用于研究和监测地物或环境因素的动态变化，其中某些变化揭示了地物的性质。遥感卫星的轨道特征和重复覆盖能力为多时相图像的广泛应用提供了方便，如气象和环境监测要求在较短时间内重复观测；农业上主要要求在不同农时及农作物不同生长阶段的多时相图像；地质应用主要需要不同季节、不同太阳高度角的代表性图像。热红外遥感可在白天和晚上两次成像。第三类是多极化图像，其代表是侧视雷达图像，若发射的雷达波是水平极化波(H)，则返回波中既有水平极化又有垂直极化(V)，因而可以分别获得两种极化性质的图像，即水平极化(HH)图像和交叉极化(HV)图像。

在遥感应用中，遥感图像可以认为是五个参数 x,y,t,λ,ρ 的函数。在遥感图像的获取中，一幅图像总是在特定的波段和特定的极化方向上，而且几乎是在同一时刻完成的，因此，对于获取后的图像，五个参数可以简化为两个参数，即用 $f(x,y)$ 代替 $L(x,y,t,\lambda,\rho)$。

图像函数 $f(x,y)$ 实际上代表了二维空间内物体的辐射能量的分布。我们所得到的图像数据总是与地物的“真实图像”有不同程度的差异(如大气的影响)，它们之间存在着一个对应变换关系。设 $g(x,y)$ 表示二维空间的图像函数，则对应关系可表示为

$$g(x,y)=T\{f(x,y)\}$$

式中，T 表示某种图像变换处理方式；$g(x,y)$ 是变换处理后的图像函数，受变换处理方式的影响，g 有不同的含意。

$g(x,y)$ 具有以下特点。

(1)连续性：就所观测的地物对象而言，它在空间上的分布是连续的，同时灰度也是连续分布的，因此图像函数在几何空间和灰度空间上的记录本质上都是连续的。但是，获取的遥感图像由于经过了采样和量化，像素值是不连续的。

(2)定义域：每一种传感器都有一定的视域，因而遥感图像的大小是有限的，即图像函

数只在实际图像范围内有效，函数 $g(x,y)$ 通常被定义在一个矩形范围 $R=\{(x,y)\mid 0\leqslant x\leqslant X_m, 0\leqslant y\leqslant Y_n\}$ 上，坐标 (x,y) 处的 g 值称为图像上该点的灰度值。

(3) 值域：地物的能量函数是非负的，但是图像函数值是有界的，且仅出现在某一范围之中，即 $L_{\min}\leqslant g(x,y)\leqslant L_{\max}$，间隔 $[L_{\min}, L_{\max}]$ 称为灰度空间。实际应用上，这一区间为 $[1,L]$ 之间的灰度级。

(4) 物理意义：遥感图像函数值是地物电磁波辐射的一种量度表示，其大小取决于传感器的工作波段、地物类型以及成像方式等。在不同的图像处理阶段，其物理意义不同。

3.2　遥感图像的数字表示

在图像处理中，为了便于问题的分析，需要用数学方式来表达图像。基本方法有两类，即确定的与统计的。确定的表示法是写出图像函数表达式，对于数字图像，则表示成矩阵或向量形式。统计的表示法则是用一种平均特征来表示图像。

3.2.1　图像的确定性表示

一幅图像记录的是地物辐射能量的空间分布。

对于多光谱图像(如彩色图像或遥感图像)，观察到的像场(图像函数)是对光谱响应的加权积分的模拟，因而对第 i 个波段来说，图像函数可简化表示成空间坐标 (x,y) 与时间 t 的函数。

对单波段图像来说，$f(x,y,t)$ 表示与空间坐标和时间有关的图像。对于已经获取的单个时段的图像，时间是个常量，可以从图像函数中排除，这样，变量由三个减少为两个，即图像是关于空间坐标点的函数 $f(x,y)$。经采样和量化后，连续的像场被离散化。

主要图像类别的确定性表示方式如表 3.1 所示。

表 3.1　图像类别及其确定性表示方式

图像类别	表示方式	说明
二值图像	$f(x,y)=0,1$	文字、线图形、指纹等
灰度图像	$0\leqslant f(x,y)\leqslant 2^n-1$	普通照片。量化位数 $n=6,\cdots,24$，一般为 8 位
彩色图像	$\{f_i(x,y)\}, i=$R、G、B	用彩色三原色表示
多光谱图像	$\{f_i(x,y)\}, i=1,\cdots,K$	遥感图像，K 为波段数
立体图像	f_L, f_R	用于摄影测量和计算机视觉分析等。L 和 R 分别为左右图像
运动图像	$\{f_i(x,y)\}, i=1,\cdots,t$	动态分析，视频制作。t 为时间

1. 图像的矩阵表示

离散化后的数字图像是一个整数阵列，可表示为数学矩阵 $\boldsymbol{F}$。数字图像中的每一个像素就是矩阵中相应的元素。这样表示的优点是便于应用矩阵理论进行图像处理。

设图像数据为 n 列，m 行，K 个波段。对于任一波段的数据，可以表示为包括 $m\times n$ 个元素的矩阵：

$$
\boldsymbol{F}=\begin{bmatrix} f(0,0) & f(0,1) & \cdots & f(0,n-1) \\ f(1,0) & f(1,1) & \cdots & f(1,n-1) \\ \vdots & \vdots & & \vdots \\ f(m-1,0) & f(m-1,1) & \cdots & f(m-1,n-1) \end{bmatrix}
$$

数据满足有界非负的约束条件，即$0 \leqslant f(i,j) \leqslant L_m$。有$K$个波段，则有$K$个这样的矩阵。

每个像素的取值为 0 或 1 的图像称为二值图像(图 3.1)。二值图像中没有颜色的概念，数值仅包括 0 和 1。在遥感数字图像处理中，二值图像是逻辑运算后的结果，0 用来表示背景(假)，1 用来表示前景目标(真)。在印刷品中，背景常用白色表示，前景用黑色表示。图像显示时，1 为白色，0 为黑色。

灰度图像是每个像素由一个量化的灰度值(灰度级)来描述的图像(图 3.2)。单波段图像为灰度图像。对于 8 位量化而言，灰度值 0 为黑色，255 为白色。

$\rightarrow \begin{bmatrix} 0 & 1 & 0 \\ 1 & 1 & 1 \\ 0 & 1 & 0 \end{bmatrix}$

图 3.1 二值图像的矩阵表示

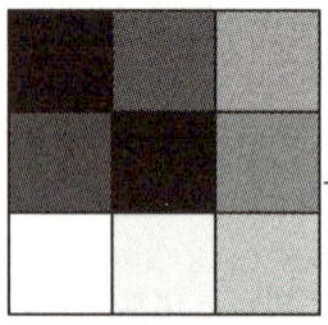

$\rightarrow \begin{bmatrix} 0 & 100 & 150 \\ 90 & 50 & 130 \\ 250 & 220 & 180 \end{bmatrix}$

图 3.2 灰度图像的矩阵表示

彩色图像指每个像素由红、绿、蓝(分别用 R,G,B 表示)三原色构成的图像，其中 R,G,B 由不同的灰度级分别描述(图 3.3)。对于多光谱遥感图像，可通过 R,G,B 合成产生彩色图像。

$$
\mathrm{R}=\begin{bmatrix} 255 & 240 & 240 \\ 255 & 0 & 80 \\ 255 & 0 & 0 \end{bmatrix} \quad \mathrm{G}=\begin{bmatrix} 0 & 160 & 80 \\ 255 & 255 & 160 \\ 0 & 255 & 0 \end{bmatrix} \quad \mathrm{B}=\begin{bmatrix} 0 & 80 & 160 \\ 0 & 0 & 240 \\ 255 & 255 & 255 \end{bmatrix}
$$

图 3.3 彩色图像的矩阵表示

然而，有些分析中用矩阵表示不方便，需使用图像的向量表示方式。例如，对于数字图像的能量等特征，用图像的向量表示会比矩阵表示更方便。

2. 图像的向量表示

对于图像$f(m,n)$，按行的顺序排列像素，使图像下一行第一个像素紧接上一行最后一个像素，n'个图像可以表示为$n' \times (m \times n)$的列图像向量$\boldsymbol{f}$:

$$
\boldsymbol{f}=[f_0, f_1, \cdots, f_{n-1}]^{\mathrm{T}}
$$

式中，$f_i=[f(i,0), f(i,1), \cdots, f(i,n-1)]^{\mathrm{T}}(i=0,\ 1,\ \cdots,\ m-1)$。这种表示方法的优点在于可以直接利用向量分析的有关理论和方法。

向量可以按行或列来构造，选定一种顺序后，后面的数字排列要与之保持一致。

3.2.2 图像的统计表示

由于测量上的误差以及各种干扰因素存在，图像的像素值变化具有随机性的特点。多数人认为，遥感图像中某一灰度级内像素出现的频率是符合高斯分布的，即密度函数是正态的。

一般来说，像素值的概率分布难以用某一分析式来表达，但通过分析直方图，各个灰度级内的像素频数总是可以找出来。从统计学角度来说，图像的数字特征可作为区分或识别图像中地物的依据。因此，图像处理中普遍将图像的灰度级看作随机变量。

把像素值作为一个随机向量 $\boldsymbol{X}$，按照概率论可以有两种方法来表示。一种用密度函数来表示(或用分布函数来表示)；另一种用统计特征参数来表示，如均值、方差、协方差等，这是在密度函数不可知条件下的表示。

将图像的像素值看做服从正态分布的数据，则可以使用统计学方法对图像进行统计描述。使用的统计特征可以用来对不同的图像或图像的处理效果进行比较。统计的图像范围根据需要确定，或者是整景图像，或者是某个局部，或者是指定的地物类型。

需要特别注意的是：遥感图像中某些像素值是不应该参与统计计算的，如像素值 0 或无穷大。像素值 0 可能是人为产生的值，例如，进行图像运算或图像掩膜产生的值，它没有任何含义。无穷大是由于除以 0 产生的。统计计算中包括这些值会产生错误的结果。

3.3　单波段图像的统计

如果没有特殊的说明，设数字图像为 $f(i,j)$，大小为 $M\times N$，N 为图像的列数，M 为图像的行数，$i=0,\cdots,N-1$，$j=0,\cdots,M-1$。

3.3.1　基本的统计量

1. 反映图像平均信息的统计参数

1) 均值

像素值的算术平均值，反映的是图像中地物的平均反射强度，大小由图像中的主体地物的波谱信息决定。计算公式为

$$\bar{f}=\frac{\sum_{j=0}^{m-1}\sum_{i=0}^{n-1}f(i,j)}{mn}$$

2) 中值

指图像所有灰度级按高低顺序排列后处于中间的值，当灰度级数为偶数时，则取中间两灰度值的平均值。一般遥感图像的灰度级都是连续变化的，因而大多数情况下，中值可通过最大灰度值和最小灰度值来计算：

$$f_{\text{med}}(i,j)=\frac{f_{\max}(i,j)+f_{\min}(i,j)}{2}$$

3) 众数

图像中出现次数最多的灰度值，反映了图像中分布较广的地物的能量。

4) 矩

统计概念中的“矩”(moment)来自于力学，用来表示随机变量的某种分布特征。常用的

矩有两种：原点矩和中心矩。原点矩就是统计均值，中心矩是统计方差。

不变矩特征是图像的一种统计特征，是具有平移、缩放和旋转不变性的数学性质的特征。数字图像 $f(x,y)$ 的几何矩定义为

$$m_{pq}=\sum_x\sum_y x^p y^q f(x,y)$$

式中，p 为图像 x 方向的阶数；q 为图像 y 方向的阶数。m_{pq} 由 $f(x,y)$ 唯一确定，反之 $f(x,y)$ 也由 m_{pq} 唯一确定。

对于只有(0，1)值的二值图像，0 阶矩（$p=0$，$q=0$）就是图像 $f(x,y)$ 的总和，即面积。

图像 $f(x,y)$ 的中心矩定义为

$$\mu_{pq}=\sum_x\sum_y (x-x_0)^p(y-y_0)^q f(x,y)$$

其中，x_0、y_0 为图像的重心坐标，其计算公式为

$$\begin{cases} x_0=\dfrac{m_{10}}{m_{00}} \\ y_0=\dfrac{m_{01}}{m_{00}} \end{cases}$$

式中，m_{10}、m_{01} 是图像的 1 阶矩；m_{00} 是图像的 0 阶矩。

由上面三个公式可以得到图像不大于 3 阶的中心矩分别为 μ_{00}，μ_{01}，μ_{10}，μ_{11}，μ_{20}，μ_{02}，μ_{12}，μ_{21}，μ_{30}，μ_{03}。对于一般的灰度图像而言，中心矩有以下规律：

(1) μ_{20} 和 μ_{02} 是区域灰度分别围绕通过灰度中心的垂直轴线和水平轴线的惯性矩。若 $\mu_{20}>\mu_{02}$，则说明图像在水平方向上拉长；反之，则说明图像在垂直方向上拉长。

(2) μ_{30} 和 μ_{03} 的值可以用来度量物体分别对于垂直轴线和水平轴线的对称性。若 $\mu_{03}=0$，则物体对于垂直轴线是对称的；若 $\mu_{30}=0$，则物体对于水平轴线是对称的。

对于旋转和尺度敏感，可通过归一化得到尺度不变性，归一化中心矩定义为

$$\eta_{pq}=\mu_{pq}/\mu_{pq}^r$$

式中，$r=(p+q)/2+1 \quad (p+q=2,3,\cdots)$。

利用 2 阶和 3 阶中心矩可以导出如下 7 个具有平移、缩放和旋转不变性的特征集合。

$$\Phi_1=\eta_{20}+\eta_{02}$$

$$\Phi_2=(\eta_{20}-\eta_{02})^2+4\eta_{11}^2$$

$$\Phi_3=(\eta_{30}-3\eta_{12})^2+(3\eta_{21}-\eta_{03})^2$$

$$\Phi_4=(\eta_{30}+\eta_{12})^2+(\eta_{21}-\eta_{03})^2$$

$$\begin{aligned}\Phi_5=&(\eta_{30}-3\eta_{12})(\eta_{30}+\eta_{12})[(\eta_{30}+\eta_{12})^2-(3\eta_{21}+\eta_{03})^2]\\&+(3\eta_{21}+\eta_{03})(\eta_{03}+\eta_{21})[3(\eta_{30}+\eta_{12})^2-(\eta_{21}+\eta_{03})^2]\end{aligned}$$

$$\Phi_6=(\eta_{20}-\eta_{02})^2[(\eta_{30}+\eta_{12})^2-(\eta_{21}+\eta_{03})^2]+4\eta_{11}(\eta_{30}+\eta_{12})(\eta_{21}+\eta_{03})$$

$$\begin{aligned}\Phi_7=&(3\eta_{21}-3\eta_{03})(\eta_{30}+\eta_{12})[(\eta_{30}+\eta_{12})^2-3(\eta_{21}+\eta_{03})^2]+(3\eta_{12}-\eta_{30})(\eta_{21}+\eta_{03})[3(\eta_{30}+\eta_{12})^2\\&-(\eta_{21}+\eta_{03})^2]\end{aligned}$$

2. 反映图像变化信息的统计参数

1) 方差

方差是像素值与平均值差异的平方和，表示像素值的离散程度，用来衡量图像的信息量大小。计算公式为

$$\sigma^2 = \frac{\sum_{j=0}^{M-1}\sum_{i=0}^{N-1}[f(i,j)-\bar{f}]^2}{MN}$$

式中，σ^2 是方差，σ 是标准差。

2) 变差

变差是像素最大值与最小值的差，即

$$f_{\text{range}}(i,j) = f_{\max}(i,j) - f_{\min}(i,j)$$

变差反映灰度值的变化程度，间接地反映了图像的信息量。

3) 反差

反差反映图像的显示效果和可分辨性，可用像素值的最大值/最小值、最大值–最小值、标准差等来表示。反差小，地物之间的可分辨性小。因此，图像处理的一个基本目的是提高图像的反差。

$$C_1 = f_{\max} / f_{\min}$$
$$C_2 = f_{\text{range}}$$
$$C_3 = \sigma$$

图 3.4 给出了一个 TM 图像的统计特征实例。

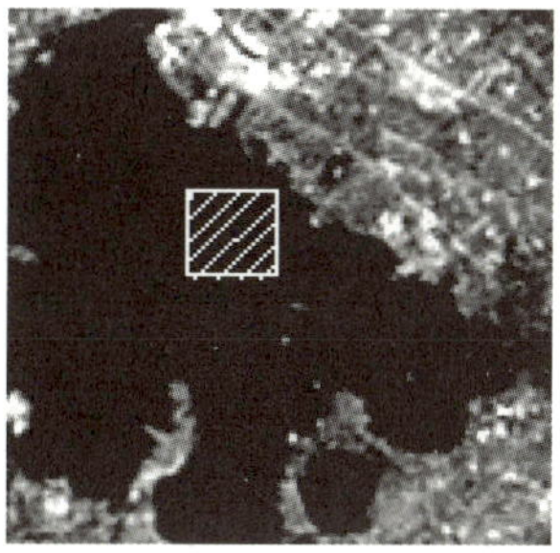

2001 年 7 月 2 日

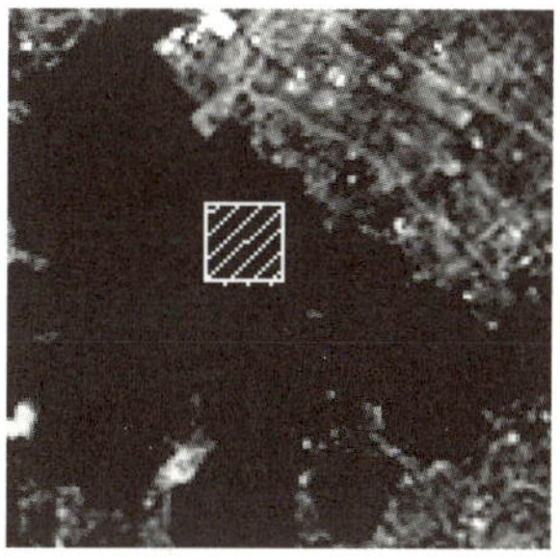

2004 年 8 月 28 日

波段	min	max	mean	σ	C_1
B1	71	81	75.3	1.7	1.1
B2	30	37	32.2	1.3	1.2
B3	29	46	33.6	2.2	1.6
B4	65	121	85.9	9.7	1.9
B5	59	106	81.9	9.9	1.8
B6	130	133	132.1	0.6	1.0
B7	16	33	22.9	3.1	2.1

波段	min	max	mean	σ	C_1
B1	57	73	63.8	2.3	1.3
B2	22	33	25.5	1.8	1.5
B3	16	33	20.9	1.9	2.1
B4	46	104	67.0	10.0	2.3
B5	42	87	61.0	9.4	2.1
B6	140	144	141.5	0.9	1.0
B7	12	28	20.1	3.3	2.3

图 3.4　不同日期植被的统计特征比较

Landsat 5 的 TM 图像，(3，2，1)合成显示

3. 对比度

图像对比度是一个单波段图像中明暗区域最亮的白和最暗的黑之间不同灰度级的测量，指一幅图像灰度反差的大小，常用来表述图像灰度值的总体变化情况。实际使用时，往往又称为亮度对比度。对比度高，图像看起来比较清晰。反之，图像则比较模糊。

对比度可用图像方差、最大值与最小值之差，最大值与最小值之比来表示，或用对比度公式来计算。常用的表示方式如下。

1) 相对亮度对比度

$$C = \frac{L_{\max} - L_{\min}}{L_{\max} + L_{\min}}$$

2) 灰阶水平对比度

$$C = \frac{L_{\max} - L_{\min} + 1}{L_d}$$

式中，$L_{\max}$ 为图像中的最大像素值；$L_{\min}$ 为图像中的最小像素值；L_d 是图像的灰度级数。例如，8 位量化图像的灰度级是 256。

3) 对比度 C

$$C = \sum d(i,j)^2 p(i,j)$$

式中，$d(i,j)$ 为相邻像素 i 与 j 的灰度值差；$p(i,j)$ 是该灰度值差出现的概率。该公式计算比较复杂，主要用于图像的对比分析研究中。对于每个像素，d 和 p 值都是可变的。实际计算时，上式可简化为

$$C = \frac{\sum d(i,j)^2}{NN}$$

式中，NN 是总的相邻像素的个数。

4) 图像对比度 C 计算实例

表 3.2 是对比度 C 的计算实例。其中，像素编号按照从左向右、从上向下的顺序进行。差值计算按照左—上—右—下的顺序计算，仅考虑横向和竖向的直接相邻(4 相邻)。

表 3.2 图像对比度的计算

数据			编号	相邻像素的差				相邻个数
1	2	4	1	1	3			2
4	3	5	2	1	2	1		3
5	3	6	3	2	1			2
			4	3	1	1		3
			5	1	1	2	0	4
			6	2	1	1		3
			7	1	2			2
			8	2	0	3		3
			9	3	1			2
$C = 3$			相邻差值平方和=72					$NN = 24$

对于彩色图像，对比度的定义比较复杂，一般情况下可简单地理解为亮度对比度。更深入的研究中，需要考虑彩色图像对比度与色彩感知的关系才能定义适合彩色图像的对比度。

3.3.2 直　方　图

直方图是灰度级的函数，描述的是图像中各个灰度级的像素个数。对于数字图像来说，直方图实际就是图像像素值的概率密度函数的离散化图形。

根据图像像素的灰度级范围，以横轴为灰度级，以纵轴表示每一灰度级具有的像素数或该像素数占总像素数的比例值，做出的统计图即为灰度直方图。各个灰度级 i 的像素比例使用下面的公式计算：

$$H(i)=\frac{n_i}{N} \qquad (i=0,1,\cdots,L-1)$$

式中，N 为图像中像素总个数；L 为最大的灰度级；n_i 为灰度级 i 中的像素数。如果 N 取 1，则纵轴表示频数，否则表示频率。

从统计学角度看，图像的灰度值是离散变量，直方图表示的是离散的概率分布。若将直方图中各个灰度级的像素数连成一条线，纵坐标的比例值即为某灰度级出现的概率密度，该线可近似看成连续函数的概率分布曲线。

1. 直方图的性质

(1) 直方图反映了图像中的灰度分布规律。直方图描述了每个灰度级具有的像素个数(概率密度)，但不包括这些像素在图像中的位置信息。在遥感数字图像处理中，可通过修改图像的直方图来改变图像的反差。

(2) 任何图像都有唯一的直方图与之对应，但不同的图像可以有相同的直方图。

(3) 如果一幅图像仅包括两个不相连通的区域，并且每个区域的直方图已知，则整幅图像的直方图是这两个区域的直方图之和。

(4) 由于遥感图像数据的随机性，在图像像素数足够多且地物类型差异不是非常悬殊的情况下，遥感图像数据服从或接近于正态分布，即

$$f(x)=\frac{1}{\sqrt{2\pi\sigma}}\exp\left[-\frac{(x-\mu)^2}{2\sigma^2}\right]$$

式中，σ 为标准差，μ 为均值。也就是说，直方图的形态与数学上的正态分布的曲线形态　类似。

如果遥感图像数据不完全服从正态分布，即遥感图像直方图分布曲线与正态分布曲线存在差异，那么，图像灰度值均值与众数和中值将明显不一致。图像偏斜程度可用下面的公式来表示：

$$S_K=\frac{\bar{f}-f_{\text{mode}}}{\sigma}$$

式中，f_{mode} 为图像灰度众数；$\bar{f}$ 为图像灰度均值；σ 为图像灰度标准差。

2. 直方图的应用

根据直方图的形态可以大致推断图像的反差，然后可有目的地改变直方图形态来改善图像的对比度。

一般来说，如果图像的直方图形态接近正态分布，则图像反差适中；如果直方图峰值位置偏向灰度值大的一边，图像偏亮；如果峰值位置偏向灰度值小的一边，图像偏暗；峰值变化过陡、过窄，则说明图像的灰度值过于集中，反差小(图 3.5)。

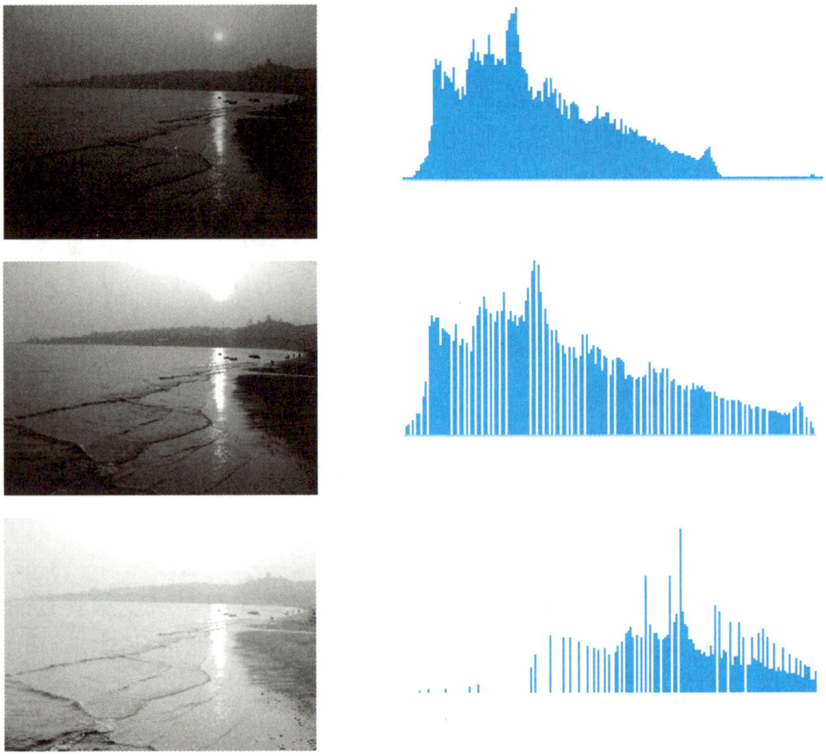

不同亮度的图像　　直方图

图 3.5　直方图与图像亮度实例

3. 累积直方图

以横轴表示灰度级，以纵轴表示每一灰度级及其以下灰度级的像素个数(频数)或像素个数占总像素数的比值(频率)，做出的直方图即为累积直方图。累积直方图可以看成是累积离散概率分布。计算公式为

$$I(i)=\sum_{j=0}^{i}\frac{n_j}{N}\qquad(i=0,1,\cdots,L-1)$$

式中，$I(i)$为概率密度分布；i为灰度级；n_j和N的含义同前。

图像直方图的快速计算

设图像$f(x,y)$为 8 位量化，则其频数直方图$h(i)$为

$$h(f(x,y))=h(f(x,y))+1$$

h除以图像的像素数量n为频率直方图：

$$h(i)=h(i)/n\qquad(i=1,\cdots,255)$$

累积直方图 I 的计算公式为

$$I(0)=0$$
$$I(i)=I(i-1)+h(i)$$

3.3.3　基于直方图的统计参数

令 z 为灰度级的随机变量（$z=f(x,y)$，f 为图像），$H(z_i)$ 为对应的直方图，取值区间为(0，1]。

1. 矩

定义关于 z 均值的第 n 阶矩为

$$\mu_n(z)=\sum_{i=0}^{L-1}(z_i-m)^n H(z_i)$$

式中，m 是 z 的均值：$m=\sum_{i=0}^{L-1}z_i H(z_i)$。

注意：$\mu_0=1,\mu_1=0$。二阶矩 $\mu_2(z)=\sigma^2(z)$ 表示灰度级的对比度，可以作为纹理描述的指标(有关纹理的概念见本章 3.6 节)。进一步，可以定义平滑度指标 R：

$$R=1-\frac{1}{1+\sigma^2(z)}$$

在使用该指标前，需要将方差归一化到区间(0，1]。

三阶矩 $\mu_3(z)=\sum_{i=0}^{L-1}(z_i-m)^3 H(z_i)$ 表示直方图的偏斜度，四阶矩表示直方图的峰度。

2. 纹理指标

1) 纹理的一致性

$$U=\sum H^2(z_i)$$

2) 纹理的可变性

$$e=-\sum I(z_i)\log_2 H(z_i)$$

如果图像中没有变化，那么图像的 e 为 0。

3. 互信息

互信息(mutual information)是信息理论中的一个基本概念，用于描述两个系统之间的相关性，或者是一个系统中包含另一个系统的信息量，其公式为

$$I(A,B)=H(A)+H(B)-H(A,B)=H(A)-H(A|B)=H(B)-H(B|A)$$

式中，$H(A)$ 和 $H(B)$ 分别是系统 A 和 B 的熵；$H(A,B)$ 是它们的联合熵；$H(A|B)$ 和 $H(B|A)$ 分别表示已知系统 B 时 A 的条件熵和已知系统 A 时 B 的条件熵。在图像处理中，互信息主要用于图像的匹配。

信息熵可以用来度量某系统包含的信息量，实际上是系统信息的概率分布。当所有事件

同等概率发生时，熵取得最大值，不确定性相应地达到最大；当某事件比其他事件有更大的可能性发生时，熵变小，不确定性也随之降低。

常用 Shannon 熵来度量信息熵。假设某一随机现象共有 n 种可能，它们发生的概率分别是 p_1，p_2，…，p_n，则 Shannon 熵的定义为

$$H=\sum_{p_i\in p} p_i \log_2 \frac{1}{p_i}=-\sum_{p_i\in p} p_i \log_2 p_i$$

Shannon 熵 H 可用于对概率分布的分散性度量：集中的分布对应着低熵值，而分散的分布对应着高熵值。利用此特性，可以计算图像所包含的信息量。p 是图像灰度值的概率分布。如果两幅图像对应的区域可以配准，则它们的互信息达到极大值。

根据 Shannon 熵的定义，对于两个图像 A 和 B，有

$$H(A)=-\sum_a p_A(a)\log_2 p_A(a)$$

$$H(B)=-\sum_b p_B(b)\log_2 p_B(b)$$

$$H(A,B)=-\sum_{a,b} p_{AB}(a,b)\log_2 p_{AB}(a,b)$$

互信息 I 为

$$I(A,B)=-\sum_a p_A(a)\log_2 p_A(a)-\sum_b p_B(b)\log_2 p_B(b)+\sum_{a,b} p_{AB}(a,b)\log_2 p_{AB}(a,b)$$

假设参考图像 A 的概率分布函数为 $p_A(a)$，图像 B 的概率分布函数为 $p_B(b)$，图像 A 和 B 的联合概率分布函数为 $p_{AB}(a,b)$，则它们的互信息 $I(A,B)$ 由 $H(A,B)$ 决定。如果图像 A 保持不变，$p_A(a)$ 也保持不变；图像 B 变化，$p_B(b)$ 也随之变化，但由于图像 B 像素数量不变，灰度级值仅有少量变化，故 $p_B(b)$ 将在较小的范围内变化，而 $p_{AB}(a,b)$ 的值却在较大的范围内变化。因此，图像互信息的大小主要取决于它的联合概率分布函数 $p_{AB}(a,b)$，即联合熵。当模板图像和搜索区域子图像匹配对准时，它们的联合熵达到极小值，互信息达到极大值。

利用图像直方图计算互信息

设数字图像 $f(x,y)$ 的灰度等级为 $[0,\ L-1]$，灰度级 i 的像素个数为 n_i，则 $f(x,y)$ 的直方图可用离散函数 $h(r_i)$ 来表示：

$$h(r_i)=n_i \qquad (i=0,\ 1,\ 2,\ \cdots,L-1)$$

归一化直方图 $p(r_i)$ 为

$$h(r_i)=\frac{h(r_i)}{n}=\frac{n_i}{n} \qquad (i=0,\ 1,\ 2,\ \cdots,L-1)$$

设图像 A 和 B 的大小均为 $M\times N$，则其联合直方图函数 h_{AB} 可以表示为

$$h_{AB}[a(i,j),b(i,j)]=n[a(i,j),b(i,j)] \qquad (i=0,\ 1,\ \cdots,M-1;\ j=0,\ 1,\ \cdots,N-1)$$

式中，$a(i,j)$ 和 $b(i,j)$ 表示在两幅图像相同位置 (i,j) 的一对灰度级值；$n[a(i,j),b(i,j)]$ 表示同一灰度级值对出现的次数，联合直方图即为统计两幅图像对应点的灰度级值对出现次数的函数。与归一化直方图类似，对上式两边同除以全部灰度级值对出现的次数和 n，即可得归一化的联合直方图函数 p_{AB}：

$$p_{AB}[a(i,j),b(i,j)]=\frac{h_{AB}[a(i,j),b(i,j)]}{\sum_{i,j}h_{AB}[a(i,j),b(i,j)]}$$

$$(i=0,\ 1,\ \cdots,\ M-1;\ j=0,\ 1,\ \cdots,\ N-1)$$

从以上定义不难看出，图像 A 和 B 的概率分布函数 $p_A(a)$、$p_B(b)$ 以及它们的联合概率分布函数 p_{AB} 满足下列关系：

$$p_A(a)=\sum_b p_{AB}(a,b),\quad p_B(b)=\sum_a p_{AB}(a,b)$$

将该式代入互信息 $I(A,B)$ 式中，整理后得

$$I(A,B)=\sum[p_{AB}(a,b)\log_2\frac{p_{AB}(a,b)}{\sum_b p_{AB}(a,b)\times\sum_a p_{AB}(a,b)}]$$

3.4　多波段图像的统计

遥感图像处理往往是多波段数据的处理，处理中不仅要考虑单个波段图像的统计特征，也要考虑波段间存在的关联。多波段图像之间的统计特征不仅是图像分析的重要参数，而且也是图像合成方案的主要依据之一。

如果各个波段或多幅图像的空间位置可以相互比较，那么，可以计算它们之间的统计特征。协方差和相关系数是两个基本的统计量，表明了两个波段图像之间的关系(图 3.6)。在使用的遥感图像中，高光谱数据波段之间的相关性尤其显著。

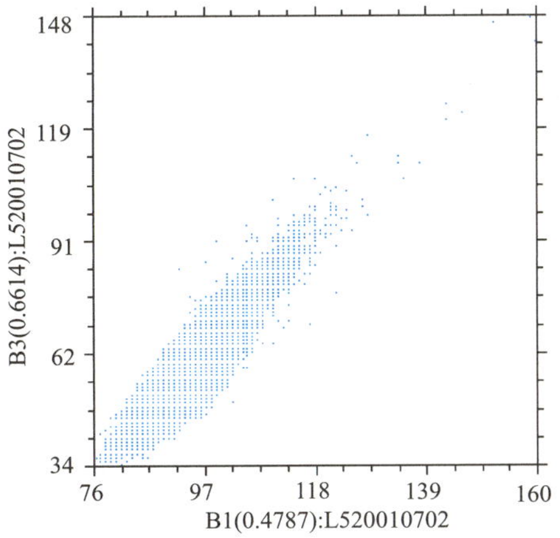

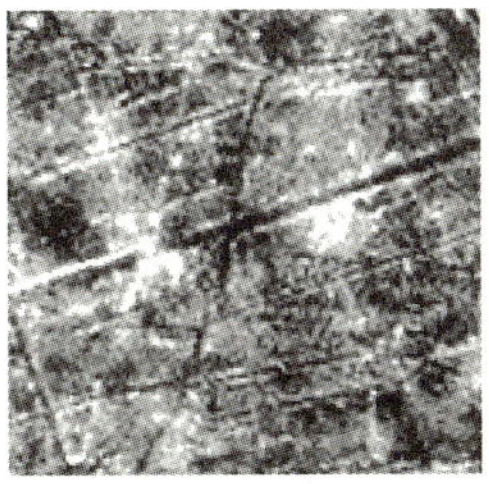

B1

B3

图 3.6　Landsat5 的 TM 图像 B1 和 B3 图像和散点图

图中的散点表明这两个波段具有明显的线性相关

利用图像波段之间的协方差，可以实现图像的压缩处理(如 K-L 变换方法)。利用波段之间的相关性，可以提取特定图像信息，对图像信息进行复原。

3.4.1 协方差系数

协方差系数定义了变量之间的协变关系。

对于具有 n 个样本，m 个变量的数组 $x(n,m)$，任意两个变量 j，k 间的协方差为

$$S_{jk} = \frac{1}{n-1}\sum_{i=1}^{n}(x_{ij}-\mu_j)(x_{ik}-\mu_k)$$

设 $f(i,j)$ 和 $g(i,j)$ 是大小为 $M\times N$ 的两个波段的图像，则两个波段的协方差 S_{gf} 为

$$S_{gf} = S_{fg} = \frac{1}{MN}\sum_{j=0}^{M-1}\sum_{i=0}^{N-1}\left[f(i,j)-\bar{f}\right]\left[g(i,j)-\bar{g}\right]$$

式中，$\bar{f}$ 和 $\bar{g}$ 分别为图像 $f(i,j)$ 和 $g(i,j)$ 的均值。

将 K 个波段间的协方差排列在一起所组成的矩阵称为波段的协方差矩阵 Σ，即

$$\Sigma = \begin{bmatrix} S_{11} & S_{12} & \cdots & S_{1K} \\ S_{21} & S_{22} & \cdots & S_{2K} \\ \vdots & \vdots & & \vdots \\ S_{K1} & S_{K2} & \cdots & S_{KK} \end{bmatrix}$$

3.4.2 相 关 系 数

相关系数是描述各个波段相关程度的统计量，反映了两个波段图像中信息的重叠程度。线性相关系数的定义为

$$r_{fg} = \frac{S_{fg}}{\sigma_{ff}\sigma_{gg}}$$

式中，σ_{ff} 和 σ_{gg} 分别为图像 $f(i,j)$ 和 $g(i,j)$ 的标准差。

将 K 个波段间的相关系数排列在一起组成的矩阵称为相关系数矩阵 r，即

$$\boldsymbol{r} = \begin{bmatrix} 1 & r_{12} & \cdots & r_{1K} \\ r_{21} & 1 & \cdots & r_{2K} \\ \vdots & \vdots & & \vdots \\ r_{K1} & r_{K2} & \cdots & 1 \end{bmatrix}$$

协方差和相关系数是两个不同的统计量。协方差强调绝对的差异性、偏离均值的程度，相关系数强调相对的相关性。

3.4.3 两图像的直方图

设 $H_Q(i)$ 和 $H_D(i)$ 分别为两幅图像某一特征的直方图，则图像间的匹配程度 $P(Q,D)$ 可借助直方图相交来实现，即

$$P(Q,D)=\frac{\sum_{i=0}^{L-1}\min[H_Q(i),H_D(i)]}{\sum_{i=0}^{L-1}H_Q(i)}$$

直方图间的距离可使用一般的欧氏距离函数 $M_E(Q,D)$ 来衡量：

$$M_E(Q,D)=\sqrt{\sum_{i=0}^{L-1}[H_Q(i)-H_D(i)]^2}$$

3.5　像素的空间关系和计算

3.5.1　窗口和邻域

对于图像中的任一像素 (x,y)，以此为中心，按上下左右对称所设定的像素范围，称为窗口。窗口可为矩形或正方形，行列数为奇数，并按照行数×列数的方式来命名。例如，3×3 窗口，5×5 窗口等。3×3 表示由 3 行和 3 列像素构成的范围。窗口中，参与运算的位置有不同的数值，不参与运算的位置，值为 0。

图 3.7 列出了典型的窗口。从经验来看，方形或圆形的窗口适宜于地物轮廓较长的图像，十字窗口适宜于有尖角物体的图像。注意，其空白之处的像素为 0。对于上左二，实际上是 5×5 的窗口。

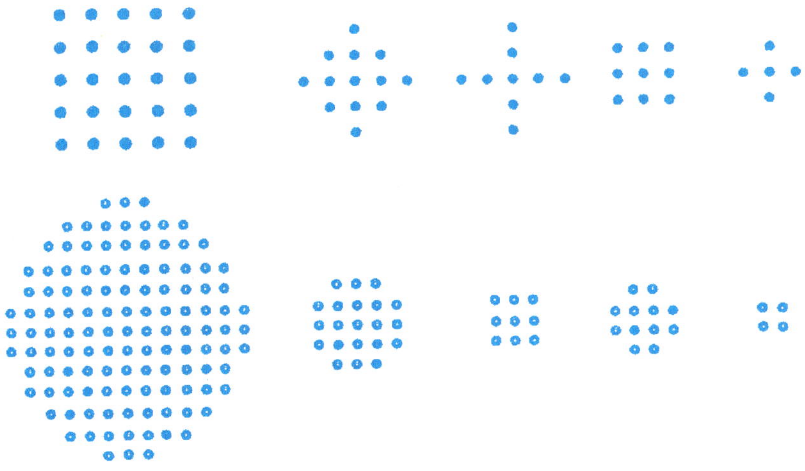

图 3.7　滤波常用的窗口

中心像素周围的像素称为该像素的邻域。邻域按与中心像素不同方向上相邻的像素的数量来命名。例如，对于 3×3 窗口而言，如果考虑中心像素周围的各个方向的所有像素，那么相邻的总像素数为 8，称为 8 邻域。如果认为上下左右的像素是相邻像素，那么相邻的像素数为 4，则称为 4 邻域(图 3.8)。

(a) 4邻域　　(b) 8邻域

图 3.8　像素的邻域

邻域运算：对于中心像素 (x,y)，其值用 $f(x,y)$ 表示，周围像素对中心像素的影响可按照邻接性规则和梯度原则计算产生，然后，通过卷积计算获得总的影响结果。

3.5.2　像素的空间关系①

1. 距离

像素之间基本关系是距离。给定 3 个像素 p、q、r，坐标分别为 (x,y)、(s,t)、(u,v)，如果满足下列条件的话，称函数 D 是距离量度函数。

(1) $D(p,q)\geqslant 0$（$D(p,q)=0$ 当且仅当 $p=q$）。

(2) $D(p,q)=D(q,p)$。

(3) $D(p,r)\leqslant D(p,q)+D(q,r)$。

上述三个条件中，第一个条件表明两个像素之间的距离总是正的(两个像素空间位置相同时，其间的距离为零)；第二个条件表明两个像素之间的距离与起点终点的选择无关；第三个条件表明两个像素之间的最短距离是沿直线的。

在数字图像中，距离有不同的量度方法。点 p 和 q 之间的欧氏距离(也是范数为 2 的距离)定义为

$$D_E(p,q)=[(x-s)^2+(y-t)^2]^{1/2}$$

根据这个距离量度，与 (x,y) 的距离小于或等于某个值 d 的像素都包括在以 (x,y) 为中心以 d 为半径的圆中。在数字图像中，对圆只能近似的表示，例如，与 (x,y) 的 D_E 距离小于或等于 3 的像素组成如图 3.9(a)所示的区域(图中距离值已四舍五入)。

点 p 和 q 之间的 D_4 距离(也是范数为 1 的距离)，也称为城区距离，定义为

$$D_4(p,q)=|x-s|+|y-t|$$

根据这个距离量度，与 (x,y) 的 D_4 距离小于或等于某个值 d 的像素组成以 (x,y) 为中心的菱形。例如，与 (x,y) 的 D_4 距离小于或等于 3 的像素组成如图 3.9(b)所示的区域。$D_4=1$ 的像素就是 (x,y) 的 4 近邻像素。

点 p 和 q 之间的 D_8 距离(也是范数为∞的距离)，也称为棋盘距离，定义为

$$D_8(p,q)=\max(|x-s|,|y-t|)$$

根据这个距离量度，与 (x,y) 的 D_8 距离小于或等于某个值 d 的像素组成以 (x,y) 为中心的正方形。例如，与 (x,y) 的 D_8 距离小于或等于 3 的像素组成如图 3.9(c)所示区域。$D_8=1$ 的

① 本节内容在一些教材和著作中称为“图像的度量”，现根据国外教材的内容改为当前的名称。

像素就是 (x,y) 的 8 近邻像素。

			3			
	3	2	2	2	3	
	2	1	1	1	2	
3	2	1	0	1	2	3
	2	1	1	1	2	
	3	2	2	2	3	
			3			

(a)

			3			
		3	2	3		
	3	2	1	2	3	
3	2	1	0	1	2	3
	3	2	1	2	3	
		3	2	3		
			3			

(b) D_4

3	3	3	3	3	3	3
3	2	2	2	2	2	3
3	2	1	1	1	2	3
3	2	1	0	1	2	3
3	2	1	1	1	2	3
3	2	2	2	2	2	3
3	3	3	3	3	3	3

(c) D_8

图 3.9　等距离的数字表示

图中，0 处为 (x,y)，蓝色表示的是距离为 1 的像素

欧氏距离给出的结果准确，但需要进行平方及开方运算，计算量大。城区距离和棋盘距离均为非欧氏距离，计算量小，但有一定误差。注意距离的计算只考虑图像中两个像素位置而不考虑这两个像素的灰度值。

不同的公式，计算的像素间距离不同。对于像素 $p(1,5)$ 和 $q(6,1)$，欧氏距离四舍五入后为 6，D_4 距离为 9，D_8 距离为 5。

像素间的距离也可用来定义像素的邻域，如 $D_4=1$ 的像素就是 (x,y) 的 4 邻域像素。换句话说，像素 p 的 4 邻域也可以定义为

$$N_4(p)=\{r \mid D_4(p,r)=1\}$$

$D_8=1$ 的像素就是 (x,y) 的 8 邻域像素。这样，像素 p 的 8 邻域也可以定义为

$$N_8(p)=\{r \mid D_8(p,r)=1\}$$

2. 邻域

对于任意两个像素 p 和 q，如果 q 与 p 在空间上是相邻的（上下左右四个方向或增加对角的八个方向上），或者在到 p 的指定距离内，则认为 q 在 p 的邻域。

3. 梯度

像素的梯度为相邻像素的差异，用一阶微分计算梯度。指定的邻域不同，计算结果也不相同。该概念在图像滤波中使用。

4. 邻接性

对于两个像素 p 和 q，如果 q 在 p 的邻域，那么 q 与 p 满足邻接性（contiguity）关系。

5. 连通性

如果两个像素之间存在一条路径，那么，这两个像素是连通（contiguous）的，具有连通性（connectivity）。两个像素连通的必要条件：①像素的位置是邻接的；②像素值满足所定义的相似性准则，只有相似才能连通。

6. 边和区域

边（edge）和区域（region）的概念主要在图像滤波和图像分割中使用。

边是一个像素与其直接邻域的局部形式，具有大小和方向。边用图像的梯度来计算，其方向与梯度的方向垂直，或通过二阶微分来计算。

区域是彼此邻接而且连通的像素集合，在图像分割中，区域就是分割产生的相对独立的图斑。

邻域的定义影响着像素的连通性，进而影响区域的标识。图 3.10 中，左图是按照 4 邻域标识的区域，共 7 个区域。右图是按照 8 邻域标识的区域，共 4 个。图中的数字为区域的编号。

0	0	0	0	0	0	3	3	0	0	0	0	0
0	0	0	0	0	0	0	3	0	0	0	0	0
0	0	0	0	0	0	0	0	4	0	0	0	0
1	1	0	0	0	0	0	0	0	5	0	0	0
1	0	0	2	0	0	0	0	0	5	0	0	0
0	0	0	2	2	2	0	0	0	0	6	0	0
0	0	2	2	2	2	0	0	0	0	6	0	0
0	0	2	2	2	2	0	0	0	0	0	0	0
0	0	0	2	2	2	0	0	0	0	0	7	0
0	0	0	2	2	2	0	0	0	0	0	0	0
0	0	0	2	2	2	0	0	0	0	0	0	0
0	0	0	0	2	2	2	0	0	0	0	0	0
0	0	0	0	0	0	0	0	0	0	0	0	0

(a) 4邻域

0	0	0	0	0	0	3	3	0	0	0	0	0
0	0	0	0	0	0	0	3	0	0	0	0	0
0	0	0	0	0	0	0	0	3	0	0	0	0
1	1	0	0	0	0	0	0	0	3	0	0	0
1	0	0	2	0	0	0	0	0	3	0	0	0
0	0	0	2	2	2	0	0	0	0	3	0	0
0	0	2	2	2	2	0	0	0	0	3	0	0
0	0	2	2	2	2	0	0	0	0	0	0	0
0	0	0	2	2	2	0	0	0	0	0	4	0
0	0	0	2	2	2	0	0	0	0	0	0	0
0	0	0	2	2	2	0	0	0	0	0	0	0
0	0	0	0	2	2	2	0	0	0	0	0	0
0	0	0	0	0	0	0	0	0	0	0	0	0

(b) 8邻域

图 3.10　邻域与区域

3.5.3　卷　　积

卷积(convolution)是空间域上针对特定窗口进行的运算，是图像平滑、锐化中使用的基本计算方法。

设窗口大小为 $m \times n$，(i,j) 是中心像素，$f(x,y)$ 是图像像素值，$g(i,j)$ 是运算结果，$h(x,y)$ 是卷积模板(或称为卷积核，kernel)，那么，卷积计算的公式为

$$g(i,j)=\sum_{y=1}^{m}\sum_{x=1}^{n}(f(x,y)\cdot h(x,y))$$

卷积模板是相邻像素对中心像素影响程度的表述，根据工作的目的来选择，也可以根据问题的要求来创建。模板内像素值可以是固定的，也可以是随着窗口变化的。像素值的总和为 0 或 1，或根据需要来确定。

整个图像卷积计算，从左上角开始，由左到右、由上到下按照窗口大小顺序进行遍历，即可完成(图 3.11 和图 3.12)。注意，图 3.12 中的数值是整个图像的一部分，不需要考虑图像边缘的处理问题。

在无法满足窗口对中心像素的要求时，如图像边缘，窗口外部的像素值可以用如下任意一种规则来处理：①设为 0 值。②按对称原则从图像中取值(以当前像素为中心做镜像，产生图像外的像素值)。③保留原值，不进行计算。也就是说，如果窗口内包括了没有值的像素，那么中心像素保留原值，不进行卷积计算。④不进行初始计算，卷积计算后用相邻像素值替代。

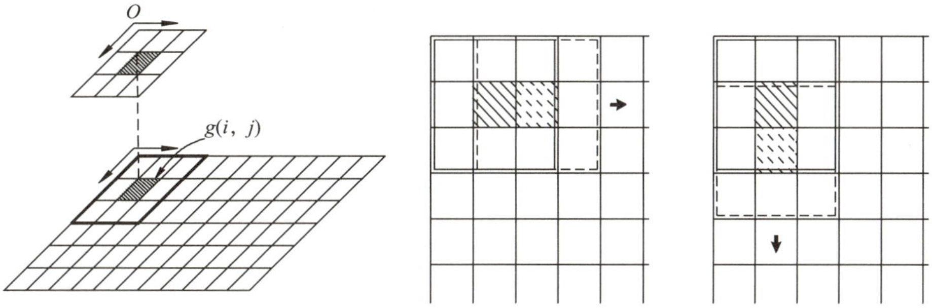

图 3.11　卷积计算示意图

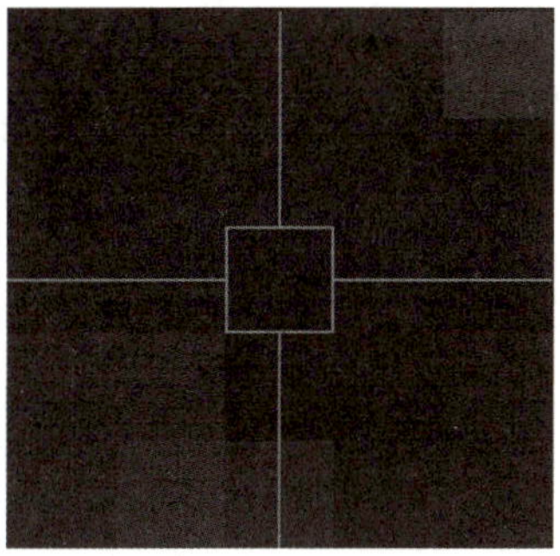

原始图像（局部）

模板

−1	−1	−1
−1	8	−1
−1	−1	−1

图像数据

86	85	87	88	90
86	87	87	87	85
88	87	85	86	83
89	89	86	86	87
89	90	89	87	87

卷积计算后的图像数值

1	−8	5	4	11
−3	5	4	5	−19
8	−1	−15	2	−32
10	9	−11	−2	−4
1	7	4	−5	−10

卷积计算后的图像

中心像素值 85 的卷积计算：

87*−1+87*−1+87*−1+87*−1+85*8+86*−1+89*−1+86*−1+86*−1＝−15

图 3.12　卷积计算实例

深度学习中的卷积计算

深度学习是人工智能的重要构成部分，语言识别、面部识别都离不开深度学习。在图像的智能识别中，卷积神经网络是其中重要的方法之一。可以利用卷积来获得图像的感知域，此时，卷积范围不会超过图像本身。以 3×3 的卷积为例，从图像(2,2)开始计算，卷积处理后，图像的四个边各损失一个像素。

3.5.4　滤　　波

滤波是从含有干扰的接收信号中提取有用信号的一种技术。“接收信号”相当于被观测的随机过程，“有用信号”相当于被估计的随机过程。历史上最早使用的是维纳滤波，后来 R.E.卡尔曼和 R.S.布西于 20 世纪 60 年代提出了卡尔曼滤波。滤波被广泛应用于与通信有关的电子技术、航天科学、控制工程中。

在现代汉语词典里，“信号”是用来传递消息或命令的光、电波、声音、动作等。信号通常不用文字来表示，而是携带信息的一元或多元函数。在这样的函数中，自变量如果是连续的，则称为连续信号，通常又称为模拟信号；如果是离散的，则称为离散信号。使用计算机对信号进行处理，称为数字信号处理。

狭义地说，滤波是改变信号中各个频率分量的相对大小、或者分离出来加以抑制、甚至全部滤除某些频率分量的过程。广义地说，滤波是把某种信号处理成为另一种信号的过程。

注意，滤波中的频率与直方图计算产生的频率不同。后者是统计学上的概念，指的是个体数目占总数的比例。前者是物理学上的概念，指的是单位时间(或空间)中出现的次数。

滤波 $Y(f)$ 是频率函数 $H(f)$ 与信号 $x(t)$ 的频谱 $X(f)$ 之间的乘积：

$$Y(f)=X(f)H(f)$$

滤波的概念主要应用在频率域图像处理中。空间域滤波使用的是卷积运算，频率域滤波使用的是傅里叶变换，主要内容见第 7 章。

3.6 纹　　理

纹理通常被定义为图像的某种局部性质，或是对局部区域中像素之间关系的一种度量。通常认为，纹理是由纹理基元按某种确定性的规律或只是按某种统计规律重复排列组成的。但学术界至今还没有一个统一的关于纹理的确切定义。霍金斯认为纹理的标志有三要素：一是某种局部的序列性，在该序列更大的区域内不断重复；二是序列是由基本部分非随机排列组成的；三是各部分大致都是均匀的统一体，纹理区域内任何地方都有大致相同的结构尺寸。

归纳起来，对纹理有两种看法，一是人们的直观印象，二是图像本身的结构。从直观印象出发包含有心理学因素，由此会产生多种不同的统计纹理特性，纹理计算采用统计方法。从图像结构观点出发，认为纹理是结构，纹理计算采用句法结构方法。

遥感图像中，像素值仅提供了强度信息，纹理则提供了强度值的局部变异信息，即结构信息。例如，如果区域是平滑的，相邻像素值的变化就比较小。与其他参数的计算相比，纹理参数的计算强度高，属于密集计算类型。

纹理可分为人工纹理和自然纹理。人工纹理是由自然背景上的符号排列组成，这些符号可以是线条、点、字母、数字等。自然纹理是具有重复排列现象的自然景物，如森林、草地之类的照片。人工纹理往往是有规则的，而自然纹理往往是不规则的，自然纹理和人工纹理的例子如 3.13 所示。

一般来说，纹理在局部区域内呈现不规则性，而在宏观上又表现出某种规律，这是一种与图像空间区域有关的特征，只有在图像的某个区域上才能反映和测量出来。这种复杂性使纹理的表述比较困难。正因如此，对纹理的研究方法也是多种多样的。

人们可用来描述纹理的性质有均匀性(uniformity)、对比度(contrast)、密度(density)、粗细度(coarseness)、粗糙度(roughness)、规律性(regularity)、线性度(linearity)、定向性(directionality)、方向性(direction)、频率(frequency)和相位(phase)。而常用的特性主要包括粗细度、方向性、对比度这三种性质。

纹理特征用来对纹理的性质进行定量描述。传统的纹理特征描述方法则主要包括统计方法和结构方法两类。

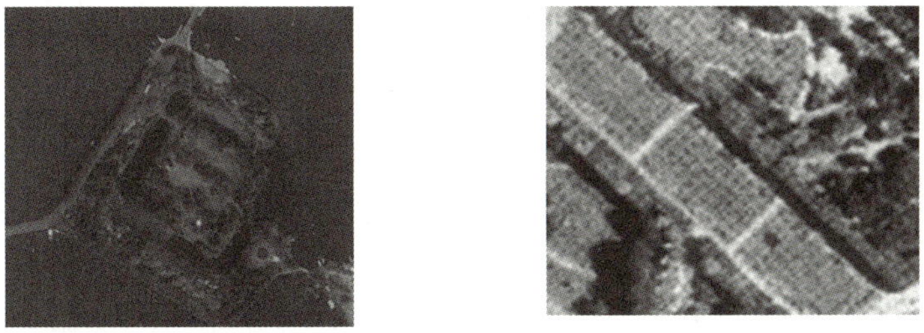

(a) 自然纹理

(b) 人工纹理

图 3.13　自然纹理和人工纹理

1) 统计方法

统计方法是目前研究较多、较成熟、占有主导地位的一种方法，它利用图像的统计特性求出特征值，实现对纹理特征的描述。主要包括自相关函数、灰度共生矩阵、灰度级行程长、滤波模板、随机模型(Markov 随机场模型、Gibbs 随机场模型)、分形模型等方法。

2) 结构方法

假设纹理是由一系列纹理基元有规律地排列组成，且纹理基元可以分离出来。结构方法力图找到纹理基元，并以基元的特征和其排列规则作为纹理描述的特征进行纹理分割，一般只适用于规则性较强的人工纹理，在遥感图像处理中的应用受到很大程度的限制。

3.6.1　空间自相关函数

粗糙度是纹理的一个重要特征。空间自相关函数可用来对纹理的粗糙程度进行描述。

对于图像 f，其自相关函数 r 定义为

$$r(x,y)=\frac{\sum_{j=0}^{m-1}\sum_{i=0}^{n-1}f(i,j)f(i+x,j+y)}{\sum_{j=0}^{m-1}\sum_{i=0}^{n-1}f(i,j)^2}$$

式中，x，y 分别为在 x 和 y 方向上移动的步长。如果坐标超过了原始图像的范围，取 0 值。

计算产生的自相关函数是取值在 0～1 的图像。随着 x，y 的变化，可以绘制 r-d 曲线，其中，距离 $d=\sqrt{x^2+y^2}$，用它来描述图像粗糙程度。一般地，粗纹理的自相关函数随 d 的变化比较缓慢，细纹理则变化比较快。如果 d 固定，那么，粗纹理具有较高的自相关函数值。

自相关函数可用于图像的识别，步骤为：

(1) 计算典型地物的自相关函数。

(2) 计算图像的自相关函数，并与(1)的结果进行比较，如果相近，则归于一类。

d 固定时，自相关函数在窗口内计算，这种自相关函数称为局部自相关函数。此时，如果纹理的粗糙度发生变化，那么随着窗口的移动，产生的自相关函数值必然发生变化。

d 值大小的确定，可以通过计算从小到大不同的 d 对应的自相关函数来完成。比较清晰的图像对应的 d 往往就是最佳的值。

如果将遥感图像看做是空间平稳的区域化变量，那么可以通过克里格插值方法计算半方差函数来确定 d。按照不同的方向计算不同空间滞后距离对应的半方差并绘制经验半方差函数，其中的变程值可作为确定 x，y 方向移动步长的参考。

窗口的移动分为两种：非重叠窗口和重叠窗口。非重叠窗口是窗口在图像中移动时，相邻的窗口不重叠。重叠窗口则是相邻的窗口有部分重叠。遥感图像的自相关函数计算多采用重叠窗口方法。

3.6.2 共生矩阵

灰度共生(co-occurrence)矩阵(GLCM，又称灰度联合概率矩阵法)描述了图像中灰度为 Ik 的像素从 (i,j) 沿指定方向和距离 d 移动到 (i',j') 处的灰度为 Ie 的概率。通过统计图像中的所有像元，可以描述灰度的分布。应用表明，GLCM 是性能很好的方法，不但适用于纹理识别，而且用于图像分割时的效果也很好。

图像中任意一点 (x,y) 与偏离它的另一点 $(x+a,y+b)$ (其中，a，b 为整数，人为指定)构成点对。设该点对的灰度值为 $(f1,f2)$，令点 (x,y) 在整幅图像上移动，则会得到不同的 $(f1,f2)$ 值。

设图像的最大灰度级为 L，则 $f1$ 与 $f2$ 的组合共有 L^2 种。对于整幅图像，统计出每一种 $(f1,f2)$ 值出现的次数，然后排列成一个方阵，再用 $(f1,f2)$ 出现的总次数将它们归一化为出现的概率 $P(f1,f2)$，由此产生的矩阵为灰度共生矩阵。

图 3.14 为一个计算实例，图(a)为原图像。为降低计算量，将灰度级数减小到了 4 级，图(a)变为图(b)的形式。这样，$(f1,f2)$ 取值范围便为 [0，3]。取不同的间隔，将 $(f1,f2)$ 各

2	6	10	14	2	6	10
6	10	14	2	6	10	14
10	14	2	6	10	14	2
14	2	6	10	14	2	6
2	6	10	14	2	6	10
6	10	14	2	6	10	14
10	14	2	6	10	14	2

(a)

0	1	2	3	0	1	2
1	2	3	0	1	2	3
2	3	0	1	2	3	0
3	0	1	2	3	0	1
0	1	2	3	0	1	2
1	2	3	0	1	2	3
2	3	0	1	2	3	0

(b)

$f1$ \ $f2$	0	1	2	3
0	0	10	0	0
1	0	0	11	0
2	0	0	0	11
3	10	0	0	0

(a=1,b=0)

(c)

$f1$ \ $f2$	0	1	2	3
0	8	0	0	0
1	0	9	0	0
2	0	0	10	0
3	0	0	0	9

(a=−1,b=−1)

(d)

$f1$ \ $f2$	0	1	2	3
0	0	0	9	0
1	0	0	0	9
2	9	0	0	0
3	0	8	0	0

(a=2,b=0)

(e)

图 3.14 共生矩阵的计算

种组合出现的次数排列起来，就可得到图(c)～(e)所示的灰度共生矩阵。例如，对于 $a=1$，$b=0$，点对中(0，1)的组合共出现了 10 次。对比可以看出，(0，1)，(1，2)，(2，3)和(3，0)均有较高的出现频数。图(b)表明，图像中存在明显的左上右下方向的纹理。

距离 (a,b) 的取值不同，灰度共生矩阵中的值不同。a 和 b 的取值要根据纹理周期分布的特性来选择，对于较细的纹理，选取(1，0)，(1，1)，(2，0)这样的值是有必要的。a，b 取值较小对应于变化缓慢的纹理图像，其灰度共生矩阵对角线上的数值较大。纹理的变化越快，则对角线上的数值越小，而对角线两侧的值增大。

共生矩阵实际上是两个像素点的联合直方图。对于图像中细而规则的纹理，成对像素点的二维直方图倾向于均匀分布，对于粗而规则的纹理，则倾向于作对角分布。

共生矩阵是用来描述纹理中灰度基元之间空间联系的基础，反映了纹理中灰度分布的性质。基于共生矩阵，可定义许多基于统计法的纹理特性。

为通用起见，共生矩阵的统计特性不一定限于图像的灰度。设 $Y(i,j)$ 是所计算的纹理基元的某项特性，并且它只能在整数集合 $\{yl,yr,ys,yt\}$ 中取值，此时共生矩阵描述的二阶统计特性反映的是，特征 $Y(i,j)$ 在相对位置满足特定空间约束条件的两个像素处取某两个特定值，如 yr 和 ys 的概率大小，说明两个像素相对位置的空间约束条件可用逻辑谓词 Ω 来表示。

理论和实验研究的结果表明，在纹理识别和分割中基于二阶统计量的纹理测量比其他方法优越。但它的一个主要缺点是计算量大且需要计算的指标数量多，而且还需要在不同的位移大小和方向下计算。在某些情况下，为减小计算量，可假设纹理是各向同性的，这时可把固定位移大小条件下各方向的共生矩阵作平均，然后再用这个综合的矩阵来计算各指标。

下面列举了基于共生矩阵的常用纹理指标(设共生矩阵为 $p(i,j)$)。

基本的定义为

$$\mu_y=\sum_i i\sum_j p(i,j) \qquad \text{行平均}$$

$$\mu_x=\sum_j j\sum_i p(i,j) \qquad \text{列平均}$$

$$\sigma_y=\sum_i (i-\mu_i)^2\sum_j p(i,j) \qquad \text{行标准差}$$

$$\sigma_x=\sum_j (j-\mu_j)^2\sum_i p(i,j) \qquad \text{列标准差}$$

常用纹理指标如表 3.3 所示。

表 3.3　纹理指标列表

角惯量	$\sum_{i,j} p(i,j)^2$
熵(Entropy)	$-\sum_{i,j} p(i,j)^2\log p(i,j)$
差分惯量	$\sum_{i,j}(i-j)^2 p(i,j)$
差分惯量倒数	$\sum_{i,j}\frac{1}{1+(i-j)^2}p(i,j)$

续表

相关性	$\dfrac{\sum_{i,j}((i-\mu_y)(j-\mu_x))p(i,j)}{\sigma_y \cdot \sigma_x}$
聚类	$\sum_{i,j}((i-\mu_y)+(j-\mu_x))^3 p(i,j)$
凸聚类	$\sum_{i,j}((i-\mu_y)+(j-\mu_x))^4 p(i,j)$
均值总和	$\sum_k k \sum_{i+j=k} p(i,j)$
熵总和	$-\sum_k \sum_{i+j=k} p(i,j) \cdot \log\left[\sum_{i+j=k} p(i,j)\right]$
方差差分	$\sum_k (k-\mu_d)^2 \sum_{i+j=k} p(i,j)$， μ_d 是均值差分

在遥感图像中，与多光谱遥感图像相比，高光谱遥感图像中纹理的数量和种类都会明显增加。虽然部分纹理指标在图像处理中获得了成功，但在具体的工作中往往还需要进行验证。由于自然地物的尺度不同，特定空间分辨率下的遥感图像只适用于探测特定尺度的地物，而不同地物的纹理是复杂的。试图用一种方法来表达或描述所有的纹理是不切实际的，也是不可能的。不同地物的纹理表达还需要进一步的研究，以适应不同地学研究的需要①。

3.7 图像特征

3.7.1 概　　述

图像包括有太多的信息，对于特定的目标而言，这些信息并不集中，有些则显得没有用途。因此，往往使用“图像特征”对图像进行描述和信息提取。

图像特征(feature)是图像的测度，是图像的像素具有的属性值的概括，从不同的角度描述了图像的性质。特征的值是计算或提取的图像像素值，特征的名称是这些值的含义或定义。基本的图像特征包括灰度级、梯度、颜色、纹理等。用来构建图像特征的数据包括光谱数据、几何形态数据、纹理数据和它们的综合。利用图像特征，可以进行光谱对比分析、图像分割分类和遥感信息提取。

按照图像特征与图像处理的关系划分，没有经过图像处理的图像特征为原生特征，图像的各个波段属于原生特征。经过了图像处理，如图像变换(第 6 章)和图像滤波(第 7 章)等处理后的产生的特征为次生特征。图像处理的步骤越多，次生特征的信息量越集中，与原生特征的含义差异越大。

在统计学上，特征名称与变量是一个含义。对于图像而言，特征的值是图像波段值和处理后的其他度量值。一个波段是一个特征，经过图像变换，如 K-T 变换后的亮度、绿度和湿

① 周成虎，骆剑承，等. 2009. 高分辨率卫星遥感影像地学计算. 北京：科学出版社，173.

度是三个特征；K-L 变换后的各个主成分是特征，图像滤波产生的梯度也是特征。对于同一景图像，每个特征具有相同的样本数，即像素数。

遥感图像的波段是最基本的原始图像特征。经过加、减、乘、除等波段运算以及一些变换处理，如 K-L 变换、比值变换等，可以生成新的特征，如归一化植被指数 NDVI 为次生特征，是原生特征图像波段通过波段运算构建的遥感指数。非遥感图像经过归一化与几何配准等处理，其坐标与遥感图像坐标一致后，也可以作为图像特征使用。

3.7.2　特 征 提 取

特征提取(feature extraction)是针对特定的工作目的，使用一组算法基于图像的原生特征计算或构造新特征的过程。本书第 6 章和第 7 章的内容是特征提取的基本方法。

在数字图像处理中，提取图像的边、区域等处理过程也被称为特征提取，这里的特征指边或区域。例如，第 7 章中，拉普拉斯算子可以作为一个特征，因为增强了图像中边的信息，所以也称为边特征。更多的内容建议阅读 Nixon 编写的《特征提取与图像处理》一书[①]。

从数学的角度看，特征提取是根据一定的目标，将数据集合映射到一个空间，并将这个空间的基作为被抽取的特征，然后以此作为从数据集合建立模型的变量[②]。被提取或通过特征提取产生的新的特征没有显式的存在于原始数据的集合中。图像的原生特征具有通用性，提取产生的特征具有特定的针对性。

3.7.3　特 征 选 择

特征选择(feature selection)是按照某些原则从众多候选特征中挑选出有效特征的过程，其目的是提高特征的质量、降低数据冗余、提高图像处理和分析的效率。从数学的角度看，特征选择是在一定的目标函数下，选择一个特征集合的子集，并将其作为建立模型的变量。

原始遥感图像的特征之间往往存在较强的相关性，不加选择地直接使用这些特征会增加多余的运算，并影响结果的准确性。因此，针对特定的工作目的，往往从候选的图像特征中依据某种原则选择更少的特征用于图像处理，这个过程就是特征选择。例如，K-L 变换使图像信息集中在彼此独立的主成分上，使用这些主成分能达到较好的效果。

通过特征选择，可以压缩数据，可以提高不同类别间的可分性。实际应用中，特征选择往往是先测试一组合理的特征，然后将其减少到数目合适的最佳特征集。通常，符合要求的理想特征很少甚至可能没有，或者需要使用特征提取的方法单独构建。

几乎没有解析方法能够指导特征选择。很多情况下往往凭经验先列出一些可能有用的特征，然后用排序方法计算不同特征的相对效用，根据排序结果删除效用低的特征，选出若干最好的特征。在遥感图像中，地物光谱与图像亮度的先验关系有助于特征选择。

选择后的图像特征应该具有如下性质：

---

① Nixon M S, Aguado A S. 2010. 特征提取与图像处理. 李实英，杨高波译. 北京：电子工业出版社.

② 王珏，韩素青，梁洪力. 2007. Rashomon 特征选择，机器学习及其应用//周志华，王珏主编. 北京：清华大学出版社，12.

(1) 可分性。对属于不同类别的图像中的地物来说，选择的图像特征应具有明显的差异。

(2) 可靠性。对同类地物，特征值应比较相近，且容易测量。例如，对农田作物和林地植被，颜色是一个不好的特征，二者在特定的物候期都是绿色；一些纹理与植被指数特征则更为有效。

(3) 独立性。特征之间应彼此不相关。水果的直径和重量为高相关的特征，因为重量大致与直径的三次方成正比，所以，这两个特征反映的是相同的属性，即水果的大小。相关性高的特征不要作为单独特征使用，但它们可以组合起来(如取均值)以减少噪声干扰。对于遥感图像而言，这一点尤其重要。

(4) 数量少。随着特征数量的增加，地物分类的复杂度迅速增长。使用带噪声的或与现存特征相关性高的特征实际上会降低处理能力和处理结果的准确性，特别是在样本有限的情况下。

3.7.4 图像特征的类型和构成

图像特征中有些是本质特征，能够从视觉上分辨出来，有些是变换后产生的人为特征。一些特征在第 3 章图像的统计描述中已经给出。就基本类型而言，特征包括光谱特征(如亮度值)、几何特征(边、面等)和结构特征。图像特征的具体内容与处理对象有关。

1. 光谱特征

图像的光谱特征描述了单个像素随波长变化而具有的幅度值，包括图像的灰度值、颜色和频谱等。直方图的形状为描述图像的特征提供了线索。

相关的指标包括：图像的波段及其波段组合、RGB 颜色、HSI 颜色、K-L 变换结果、K-T 变换结果、梯度等。

变换系数可以看成用于标记一个特定亮度模式和图像区域的一致性程度。傅里叶变换系数(频率域图像)也可以作为特征。

2. 几何特征

几何特征是分割后的图斑的几何信息的描述。利用分割方法对图像进行分割后，可以对分割结果(图斑)进行形态描述，这些描述即几何特征。包括：大小、面积、周长、曲率、长度、圆度等。描述几何关系的拓扑参数，如岛、洞、连接数也属于此。

3. 结构特征

结构特征反映了对象之间的联系，通过图像的纹理来描述，相关的指标包括傅里叶频谱、自相关函数、共生矩阵等以及由此产生的多个特征指标。

具体使用的图像特征与图像处理的对象有关。如果是在像素级进行图像处理，则图像特征是每个像素都具有的特征。

随着计算机性能的提高，考虑所处理问题的复杂性和数据的多样性，发展产生了许多机器学习的算法，由此产生了如下两个新的概念。

1. 特征工程

特征工程指一项工程活动，目的是最大限度地从原始数据中提取特征以供算法和模型使用，是使用专业背景知识和技巧处理数据，进行特征提取和特征选择，使特征能在机器学习算法上发挥更好作用的过程。

在大规模的图像处理中，特征工程是比较难、比较耗时的一个过程，需要较强的领域知识。

2. 特征学习

特征学习是通过机器学习算法来学习和提取特征的过程，包括监督特征学习和无监督特征学习两部分。在现实世界的大数据处理分析中，有关的数据通常是多类、复杂、多变，人工选取特征依赖于人力和专业知识，效率低，借助计算机的强大数据处理功能则可以帮助探索发现数据中的有效特征，从而提高信息提取的效率。

3.8 遥感数字图像处理的视角和对象

3.8.1 从图像到信息

在统计学意义上，目标对象的识别以及遥感信息的提取是基于特征来进行的，通过测量获得关于对象的特征，然后利用特征建立模式用于区别对象。在遥感数字图像中，这些对象为地物类或地物，这些特征即图像特征。

遥感数字图像是对物理的自然世界的能量分布的测量结果，测量的地物或对象不同，使用的图像模型不同。为了区分不同的地物对象，往往需要较多的图像特征。直接测量的特征是原生特征，通过原生特征可以构建次生特征。但是，更多的测量和特征会引入误差，因此，需要按照模型简约性原则进行特征选择，获得关键的有效的图像特征。

利用有效的图像特征，包括统计特征等进行数字图像处理，建立信息提取的模式和分析模型，然后结合人的经验知识从图像中提取信息，以解决物理世界中的应用问题。在这个过程中，遥感数字图像处理是图像解译中不可或缺的环节，覆盖了图像增强、误差消除、特征提取和选择、构建遥感信息提取模型等内容(图3.15)。

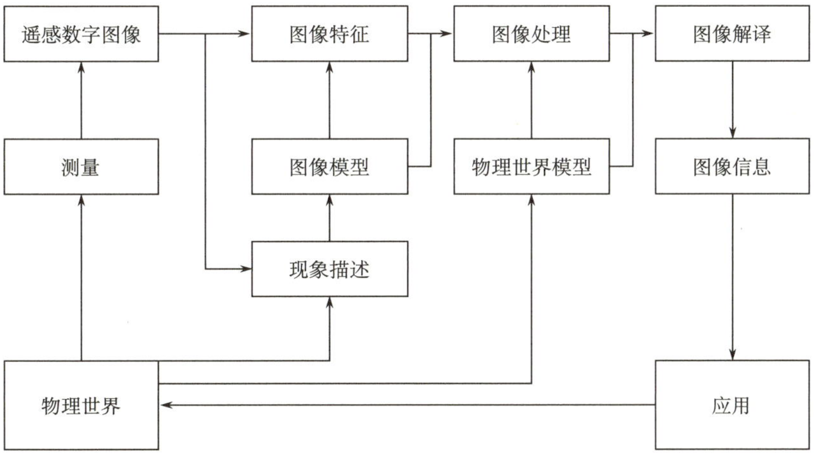

图3.15 物理世界、图像、图像模型和图像特征间的关系

3.8.2 图像处理的视角

一般意义上，图像处理中的图像空间是几何的二维空间的概念。在数学上也具有空间的概念，如欧氏空间。遥感数字图像处理在三个视角上进行①，每个视角构成了一个数学空间。

1) 图像空间

图像本身即图像空间(image space)，具有二维坐标，是数字的直观表述。图像空间的坐标为行列或地理坐标(几何纠正后)，由像素构成，像素值可以是特定的波段(单色)或多个波段彩色合成、变换后的结果。

图像空间便于表达不同像素在几何上或地理上的空间关系，如近邻、聚集、连通关系，便于进行视觉对比。一个特征即构成了一个图像空间，不同的图像空间构成了多个视角，这些视角联合起来，有助于从多个角度形成对图像的完整认识。

2) 光谱空间

每个图像的像素具有其特定的属性，即灰度值。灰度值可以是原始的数字值、处理校正后的辐亮度或反射率。不同波段的灰度值构成了光谱，不同的地物具有不同的光谱。

光谱空间(spectral space)表达了波长(或波段)与像素值(原始 DN 值或反射率等)之间的关系。光谱空间中，横坐标是波长或波段，纵坐标为像素值。

光谱是区分、识别地物的基本依据。光谱空间是地物光谱曲线的模拟，表达了像素值与波段或波长之间关系，可用来分析当前像素的光谱，对比不同像素、不同地物间的光谱，为特征提取和特征选择提供辅助依据。

3) 特征空间

任意 2 个或多个特征所构成的像素空间即为特征空间(feature space)，用来表达像素与特征的关系。特征空间一般为 2 维平面图，少数为 3 维。使用可视化方法，可以表达最多 5 维，即 5 个特征。特征空间的每个轴为一个特征，空间内的点为像素。同类的像素点往往聚集在一起。不同的特征空间表达了像素间不同的关系。利用特征空间可以有效地进行遥感信息提取、遥感图像分类和模式识别。

在图像处理中，联合使用图像空间、光谱空间和特征空间可以有效地提高处理分析的效率(图 3.16)。以图像空间为主体，用于视觉探测，通过光谱空间比较不同地物的光谱差异，通过特征空间确定区分地物的有效特征，进而进行特征提取和选择，选择或建立遥感信息提取模型。

3.8.3 图像处理的对象

遥感数字图像处理的对象，从低到高划分如下。

(1) 像素。像素是图像的基本构成，也是图像处理的基本单位。像素表达了个体信息。

(2) 结构。结构表达了像素间的关系，利用邻域和纹理研究像素之间所包含的结构。邻域是影响中心像素的周围像素，反映了周围像素对中心像素的影响。利用邻域可以对图像进

---

① Landgrebe D A. 1999. Some fundamentals and methods for hyperspectral image data analysis. SPIE International Symposium on Biomedical Optics (Photonics West), San Jose, California, January 23-29. In Proc. of SPIE, Vol. 3603.

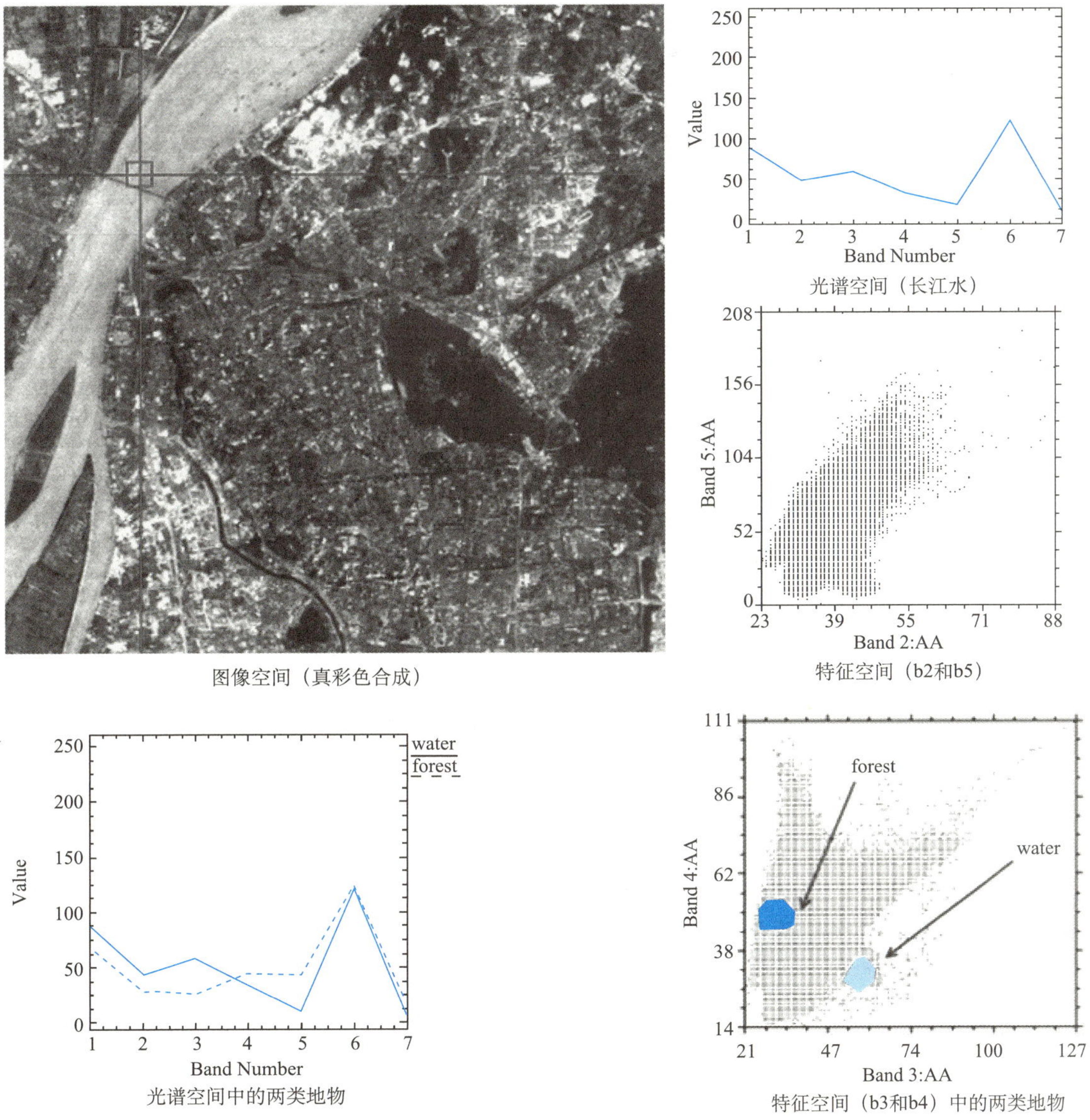

图 3.16　图像空间、光谱空间和特征空间的关系

TM 图像，Band 4 和 b4 均表示 4 波段

右上的光谱空间是当前光标位置的光谱，左下的光谱空间对比了水体和森林的光谱差异。右中的特征空间反映了所有像素在 b2～b5 特征上的分布，右下的特征空间区分了水体与森林在 b3～b4 特征上的不同

行平滑、锐化等滤波操作。纹理是特定图像范围内（或地物类）像素间关系的度量，可以表达像素的空间关系和结构。

(3) 图斑。图斑表达了相对独立的像素集合的信息，即区域信息；图斑是相对独立的具有相同或相似特征的像素集合（区域），虽然它不等同于地物类。以图斑为处理单元更能够保持地物的完整性。面向对象的图像处理是高空间分辨率图像处理的基本方法。利用图像分割获得图像中的图斑。在一些文献中，图斑称为“基元”或“对象”。

(4) 图像。图像表达了含有特定主体信息的整体。图像本身作为一个完整的处理对象，研究不同图像之间的相似性和差异性。例如，图像查询和目标识别。

根据处理对象的不同，具体的图像特征指像素，或结构，或图斑，或图像的特征。例如，在像素的层次，使用的图像特征实际上是与像素相关的特征，即每个像素所具有的特征。高一级的特征总是可以应用到下一级的处理中，反之亦然。默认情况下，本书中的图像特征指像素的图像特征。

思考题

1. 遥感图像模型是什么，有什么意义？不同遥感应用使用的模型有什么差异？
2. 遥感数字图像有哪些表示方式？
3. 图像的统计特征有什么用途？
4. 单波段的统计特征有哪些？常用的多波段的统计特征有哪些？
5. 图像的相关矩阵和协方差矩阵有什么区别？
6. 图像直方图有什么用？可以通过直方图计算哪些图像参数？
7. 图像处理使用的空间包括哪些概念？各有什么用途？
8. 窗口与邻域有什么区别？
9. 如何计算像素之间的距离？
10. 什么是互信息？主要用途是什么？
11. 图像度量涉及哪些基本概念？各有什么用途？图像边与区域的关系是什么？
12. 什么是卷积计算？试举例说明。
13. 什么是滤波？
14. 什么是纹理？包括哪些基本类型？
15. 什么是空间自相关？空间自相关度量的指标有哪些？空间插值的假设条件是什么？
16. 举例说明什么是共生矩阵？常用的基于共生矩阵的纹理参数有哪些？
17. 对于本书的实例图像，编写程序计算对比度和相关性两个纹理指标。
18. 什么是图像特征？如何区分原生特征和次生特征？特征提取与特征选择有什么区别和联系？图像特征的基本性质是什么？有哪些典型的特征提取和选择方法？
19. 举例说明图像空间、光谱空间、特征空间在遥感中的应用。
20. 遥感图像处理的基本单位从低到高包括了哪些内容，各有什么特点？图像特征与图像的处理单元有什么关系？
21. 图 3.5 中，按照从上到下的顺序，直方图发生了变化，这种变化反映了什么问题？产生这种变化的可能原因是什么？如何避免？
22. 根据两期遥感数字图像，计算基本的统计量和波段间的统计量，解释统计量差异的原因。使用图像 DN 直接计算的结果，哪些统计量是有意义的？哪些统计量可用于进行对比分析？
23. 以相似性为例，讨论像素相似性、结构相似性、图斑相似性、图像相似性所关注的问题和可能的图像特征。

第 4 章　图像的显示和拉伸

数字是抽象的，显示为图像后才能形成具体的视觉形象，进而被人们所认识。因此，图像处理首先需要理解图像中的数字与显示之间的关系，建立显示图像与数字之间的关联，然后才能有效地利用数字进行图像处理。

图像显示与图像增强密切相关。图像增强用来改善图像的视觉质量，从而更便于利用视觉探测图像中的地物性质，或突出感兴趣的地物信息，提高图像的目视解译效果。从一般意义上看，图像增强是使图像看起来更好的图像处理方法，是连接数字与视觉的桥梁。本章的图像合成、拉伸以及后面的图像变换和图像滤波处理的目的都可以认为是图像增强。

数字图像通过显示器显示，通过人的视觉感受后进行分析处理。为了保证图像显示的一致性和客观性，显示器需要进行色彩校正。

本章主要讨论图像显示和与之密切相关的增强处理方法：增加可视化信息的彩色合成方法和改善图像对比度的图像拉伸方法。图像彩色合成增加了图像的可视化程度；图像拉伸突出了地物之间的差异，进一步增强显示感兴趣的地物信息。

本章涉及的方法属于全局性图像增强处理。局部图像增强处理的内容将在图像滤波一章介绍。

遥感图像包括了多个波段。选择必要的波段进行彩色合成后，往往还需要对每个波段进行单独的拉伸处理，以进一步改善彩色图像的显示效果。

4.1　数字图像的显示

数字图像是数字存储的，具有不可视性。图像的内容和含意只有通过可视化方式表示出来，才能为人们所感知、处理和分析。

对于遥感数字图像处理来说，图像显示非常重要。这是因为，遥感图像具有的信息远远多于人眼观察到的内容，计算机还无法智能的获取这些信息。只有把原始的、正在处理中的和处理后的数字图像变成模拟图像显示出来，才能利用视觉去感受、探知、检查图像处理效果，发现感兴趣的地物，分析处理过程中存在的问题。所以，图像显示在图像处理中是必不可少的中心环节。

图像显示的过程是将数字图像从一组离散数据转换为一幅可见图像的过程。图像处理和分析都是基于数据的运算，并以数字或决策的形式给出结果，其中间过程不可视。通过图像的显示，用户可以监视图像处理过程中的变化细节，与处理软件进行交互控制，对比不同的处理方案，检验处理结果。

人眼是探知数字图像内容的基本工具。图像显示的内容通过人眼进入大脑后才能进行分析、判断。

在人类视觉系统中，人眼是重要的组成部分。人眼由晶状体和视网膜组成。如果使用照相系统来比喻，那么晶状体相当于光学镜头(但是要灵活得多)，视网膜相当于胶片(或数码照相机的传感器)。视网膜表面分布着许多光接收细胞，这些细胞负责接收光的能量并形成视觉图案。光接收细胞有两种：锥细胞和柱细胞。锥细胞是明视器官，在亮度较高时活跃，可以分辨光的颜色，将电磁波谱的可见光光谱(360～830nm)[①]分为红、绿、蓝。柱细胞对低亮度较为敏感，不感受颜色，只提供视野的整体信息。人眼在天色较暗时看到的物体都是黑白剪影，就是柱细胞的作用效果。研究表明，女性眼睛的锥细胞更为丰富，对颜色更为敏感。

4.1.1 色　　彩

色彩是物体的性质，是光的性质，色彩与观察有关，是外界光刺激作用于人的视觉器官而产生的主观感觉。色彩的三个主要相关要素是：光源-物体-观察者。物体改变了光源的能量分布，使观察者看到了不同的色彩。

色彩是一种复杂的现象。与色彩密切相关的是物理学、化学和生物学。物理学使我们理解了光是如何影响颜色的，化学则使我们理解了物体是如何改变光的，如分子和原子吸收光的能量；生物学则帮助我们理解了观察者的性质，如眼睛和大脑。

色彩分为两大类：非彩色(消色)和彩色。

非彩色(消色)就是黑、白以及从黑过渡到白的一系列的灰色，它们对光谱上各个波长的反射是没有选择性的，称为中性色。黑白系列的非彩色只能反映物质的光反射率的变化，其在视觉上的感觉是亮度的变化，用一条灰色色带表示，一端是纯黑色，另一端是纯白色，称为灰色梯尺或灰阶，如图 4.1 所示。纯黑色指该物质对一切光线都吸收，其反射率为 0；纯白色是指该物质对一切光线都反射，其反射率为 1。纯白和纯黑是理论上的定义，实际上是没有的。我们接触的物质中，氧化镁接近纯白色，黑绒接近纯黑色。地面光谱测量中使用的纯白漫反射标准板，其反射率可达到 0.9999。

图 4.1　灰阶

彩色是指非彩色以外的颜色。

色彩分为两个系统：显色系统(color appearance system)和混色系统。

显色系统研究的是色彩学，关注的是颜色再现，涉及反射光，如绘画、印刷等；三原色是红、黄、蓝，主要是颜料。混色系统研究的是色度学，关注的是颜色的混合。混色系统在显色系统上发展而来，基本的标准是 CIE 色度学；三原色是红、绿、蓝。遥感图像的合成显示属于混色过程。

按照物体表面的颜色，三个颜色要素是色相、明度和纯度。它们彼此互不联系，可以单独用其中一个或两个或三个特征来区分色彩的差异。

色相(hue)又称色调，是色彩最重要、最基本的特征，是物体颜色在“质”上的特征。人们根据色相来称呼某种颜色为红色、黄色、绿色等。色相是由物体表面反射(或透射)后到达

---

① 可见光的波长范围有不同的表达，如 400～700nm，380～700 nm，380～760 nm，380～480nm。常见的 380～780nm 是 1931 年 CIE 定义的等色函数的波长范围，这个值在 1971 年修订为 360～830nm。

视神经的色光确定的。单色光的色相可以用其波长来确定；混合光组成的色彩的色相可以用构成混合光的各波长的量度比例来确定。

标准色相的计量用主波长来表示。在标准计量中，色相用分光反射率曲线来表示。例如，如果曲线的峰值在550nm处，则说明该颜色的色相是绿色。但是在实际工作中，色相的绝对标准并不具有特殊的意义。人们对不同色相的评估往往带有主观性，总是相对地对色相进行评估，在比较中去认识、区分色相。

明度(lightness)：投射在物体上的光被漫反射(或漫透射)的程度；在相同照明条件下，以白板为标准测量的物体表面从黑到白的程度。明度是相对的亮度(brightness)。

纯度(chroma)：原色在色彩中所占的比例，原色的纯度最高。它不同于色彩的饱和度。饱和度是具有相同明度值的颜色离开中性灰的程度，用来估计彩色的浓淡，与无彩色量的视觉属性无关，描述了特定光照条件下的色彩感觉。同一色相的彩色光，饱和度越高，颜色越纯。纯白光的色彩饱和度为0，纯彩色光的饱和度为100①。可以这样认为，纯色具有最高的纯度和饱和度。纯色中混入其他颜色会降低饱和度。

关于颜色

1. 颜色的表现模式

颜色的本质是心理现象，所以，物理上相同的颜色，也会随着其所处位置的状态、观察者的心理状况等产生不同的变化。

为了定量表现颜色，有必要将视觉系统对物理刺激光的反应进行模型化后进行计算，由该模型表现的颜色被称为心理物理色(psychophysical colour)。使视觉产生的刺激为色刺激，色刺激在包括大脑在内的视觉系统中所感觉到的颜色称为知觉色(colour perception)。通常人感觉到的颜色就是知觉色。

心理物理色可以客观的测定，但知觉色会随着色刺激面的大小、质地、环境背景等，以及观察者自身的状况有所不同。

颜色的表现模式有多个种类，常见的为光源色模式和物体色模式。

(1)光源色模式。光源辐射的光的颜色为光源色，指作为光源色表现的颜色模式。

(2)物体色模式。反射、透射光的物体的颜色为物体色，包括两类：①表面色模式，不透明物体表面色表现的颜色模式，如岩石。②体色模式，半透明物体表现的颜色模式，如水体。

知觉色具有三个属性。对于光源色模式三个属性为：色相，亮度，饱和度；对于表面色模式三个属性为：色相，明度和色度。

2. 光的强度、亮度、明度

应该区分光的强度和亮度两个概念。在严格意义上，强度(intensity)是到达眼睛的光子的数量；亮度(brightness)是主观上感觉到的光子的数量，依赖于对于强度的感知②。

强度与亮度是非线性关系。亮度总是从“暗”到“亮”，没有限制。

---

① 参阅：色彩术语，http://www.colorcube.com/articles/theory/glossary.htm.

② Bruce Fraser, Chris Murphy, Fred Bunting. 2005. Real world color management, Peachpit Press, Berkeley, CA94710, USA, 31-45.

明度用来描述物体相对于绝对白参考所具有的亮度，是相对的，分布从“黑”到“白”，具有值域，可以测量。

光源色的三个基本属性是：色相、亮度和饱和度。其中，亮度描述了光子的数量(是多少)，色相和饱和度描述了光子的性质(哪一种，有多纯)。

色彩不能真正的测量，但是光可以被测量。

光的测量方法包括：①光密度测量。测量反射、透射或吸收光的程度。②色度(colormetric value)测量：使用色度计测量颜色的三个刺激值 R、G、B。③光谱光度测量：利用光谱仪测量物体表面的光谱性质，即物体反射、透射或吸收的光的功率或数量。

遥感数字图像处理中，光学遥感图像可以看做是光谱仪测量地物的结果，反映的是物体色，光源是太阳。图像显示与色度、光密度相关(混色)，图像打印输出与光密度相关(显色)。brightness 是颜色的亮度在人们视觉上的反映，它从人的感觉上来描述颜色的性质。亮度与强度(intensity)是有区别的。在光度学中，强度是与人的视觉无关的“客观亮度”，用光度计测量，描述的是物体反射的光量、光子的数目(或光的能量)。在视觉感受上，不同颜色光的能量大小与感受程度不一定是成比例的；混合颜色光的能量问题和视觉的判断亦不符合光度学的测定。彩色物体表面的光反射率(或透射率)高，亮度高。

4.1.2 色彩模型和色彩空间

根据人眼结构，所有颜色都可看做是三种基本颜色 R、G、B(red、green、blue，分别表示红、绿、蓝)按照不同比例组合而成。为了建立标准，国际照明委员会(CIE)在 1931 年规定三种基本色的中心波长分别为 R：700 nm，G：546.1 nm，B：435.8 nm。

色彩模型(color model)是将数字分配给色彩的系统，目的是按照某种标准利用基色来表示颜色。数字图像以亮度点集合的形式显示，因而眼睛区分不同亮度的能力在显示图像时非常重要。为了正确使用颜色并建立统一的标准，需要建立合理的色彩模型。

常用的色彩模型有：RGB(红/绿/蓝)模型，CMYK(青/品红/黄/黑)模型，HSI(色调/饱和度/强度)模型，LAB(也称 CIE LAB，1976 年国际照明委员会确定的标准)模型。光学遥感中使用的是 RGB 模型和 HSI 模型。

色彩空间(color space)又称色域，是面向特定目标的颜色范围的描述。色彩空间是色彩模型的实例，其中，颜色用一个三维坐标系统及这个系统中的子空间来表示，每个颜色在系统中由一个单点表示。一个色彩模型可以有多个色彩空间。

不同的色彩空间，其色彩再现范围不同。将一个色彩空间的颜色坐标值转换为另一个色彩空间中的颜色坐标值称为色彩空间转换。转换后的颜色坐标会发生漂移，利用这种特性可以增强图像显示的效果。

4.1.3 常用的色彩模型

色彩模型或者是面向硬件设备(如彩色监视器或打印机)，或者是面向应用。与硬件设备有关的模型有：①RGB 模型，应用在彩色监视器和彩色摄像机等领域，用于图像的显示。

②CMY 模型，应用在彩色打印机上，用于图像的打印输出。③YIQ 模型，用于彩色电视广播。④HSI 模型，用于图像的显示和处理。独立于硬件设备的模型是 CIE LAB 模型，其中，CIE 是国际光照组织的简称。L 是光度值，A 是红-绿组分，B 是蓝-黄组分。

数字图像处理中最常用的模型是 RGB、HSI 模型。CMY 模型用于打印，对于获得高质量的图像硬拷贝输出很重要。

1. RGB 模型

在 RGB 模型中，每种颜色的主要光谱中都有红（R）、绿（G）、蓝（B）成分。这种模型基于 Cartesian（笛卡儿）坐标系统，使用空间立方体表示（图 4.2）。

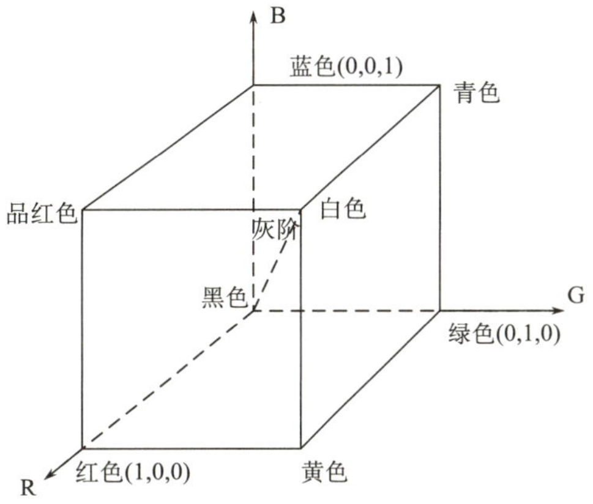

图 4.2　R、G、B 彩色单位立方体

在图 4.2 中，RGB 值在 3 个顶角上，青色、品红和黄色在另三个顶角上，黑色在原点，白色在离原点最远的角上。在这个模型中，灰度级沿着黑白两点的连线从黑延伸到白，其他各种颜色由位于立方体内或立方体上的点来表示，同时由原点延伸的向量决定。为了方便，假定所有的颜色值都已标准化，即，所有 R、G、B 的值都被假定在[0，1]范围内。

RGB 色彩模型是根据人眼锥体接收光线的方法构造的模型，是红、绿、蓝三原色混合得到的颜色集合所构成的色彩。三种颜色中的任意一颜色均有 256 个等级，因此三色叠加可生成 256×256×256=16M 种色彩，能满足视觉彩色世界。

RGB 色彩模型中的图像由 RGB 三个独立的图像平面构成，每个平面代表一种原色。三个图像在屏幕上组合产生合成的彩色图像。当图像本身用三原色来描述时，在图像处理中运用 RGB 模型就很有意义，相应地，大多数用来获取数字图像的彩色摄像机都使用 RGB 模型。计算机是采用 RGB 模型来显示图像的。

RGB 色彩模型用于图像的显示，与显示器和扫描仪等设备紧密相关，因此 RGB 色彩空间是一个与设备相关的色彩空间，产生的颜色与具体使用的扫描仪的感光元件或显示器的荧光粉发光特性相关。不同的设备所选定的三原色是不同的，混合出的颜色效果也不会完全相同，因此不同的显示器和扫描仪显示的颜色效果和扫描得到的颜色也会产生差异。

在图像显示上，使用 RGB 色彩模型的色彩空间有 AdobeRGB 和 sRGB，前者具有更大的色彩空间，在专业图像处理软件和数码照相机中使用，后者常用于一般的图像显示。Windows 操作系统常用 sRGB 来显示图像。

2. CMY 模型

CMY 模型为青/品红/黄模型。

光的颜色是合成性的，如青色、品红和黄色都是光的合成色（或二次色）。当用白光照青色的表面时没有红光从这个表面反射出来。也就是说，青色从反射的白光中除去了红光。多数在纸上堆叠颜色的设备，如彩色打印机、复印机，要求 CMY 数据输入或进行一次 RGB 到 CMY 的变换。

$$\begin{bmatrix} C \\ M \\ Y \end{bmatrix} = \begin{bmatrix} 1 \\ 1 \\ 1 \end{bmatrix} - \begin{bmatrix} R \\ G \\ B \end{bmatrix}$$

这里假定所有的颜色值都已标准化到[0，1]范围内。上式表明，从一个纯蓝绿色表面反射的光线中不包括红色(即 $C=1-R$)。类似地，纯红紫色不反射绿色，纯黄色不反射蓝色。上式揭示了 RGB 值可以很容易地用 1 减 CMY 单个值的方法获得。如前所述，CMY 模型用于图像处理结果的硬拷贝输出上，因此，从 CMY 到 RGB 的逆变换操作通常没有实际意义。

由于黑色比较重要，而且难以通过合成的方式产生，实际工作中使用的是 CMYK 模型，单独增加了黑色 K。一般所说的四色印刷，即 CMYK 四种颜色的组合。

CMYK 色彩空间是彩色胶片的染料和印刷油墨所使用的色彩空间，用于图像的打印输出。对于油墨和染料来说，不同的一组原色(CMYK)可以得到不同的颜色复制范围。同样的一组原色，对于染料和油墨来说，得到的颜色也会不同。因此，CMYK 色彩空间也是与设备相关的色彩空间。CMYK 色彩空间的颜色覆盖范围比 RGB 色彩空间要小些，但也有一些颜色超出 RGB 色彩空间。这意味着有一些颜色可以在显示器上显示出来，但不能印刷出来。胶片的颜色再现范围比印刷的颜色再现范围要大一些。

3. HSI 模型

色相 H 是描述纯色(纯红、纯绿等)的颜色属性，饱和度 S 是白光冲淡纯色程度的量度，I 是光的强度。HSI 模型的重要性在于，第一，强度成分(I)在图像中与颜色信息无关；第二，色相和饱和度成分与人们获得颜色的方式密切相关。这些特征使 HSI 模型成为一个理想的研究图像处理运算法则的工具，是彩色图像处理中最常用的色彩模型。本模型在图像变换一章有更详细的说明。

4.1.4 图像显示

图像可以单色显示，也可以彩色显示。单色显示的是灰阶(灰度级)。彩色是单色图像的合成结果，彩色显示可以表达更多的信息。

1. 显示过程

图像显示过程是：首先 CPU 从存储介质中读取数据，转换为颜色查找表(LUT)值域内的值，并以位的形式保存在图像处理器(GPU)的缓冲存储器(图像存储器)内。读数器读取存储器里的位数据，然后将此值赋给彩色查找表(CLUT)中的 RGB。数模转换器(D/A)将 R、G、B 数据值变为适当的模拟信号(连续的电信号)。对于 CRT(阴极摄像管)显示器，模拟信号调整着 RGB 电子枪的强度，控制着每个像素在视频 CRT 屏幕显示的亮度①。

图 4.3 是图像显示过程示意图。

屏幕上的图像实际上是图像显示装置中数值的视频显示。由于屏幕更新速率快(1/30s)，人们几乎感觉不出屏幕的闪烁。

---

① 对于液晶显示，建议阅读：黄子强. 2008. 液晶显示原理. 北京：国防工业出版社，或上网查阅相关内容。

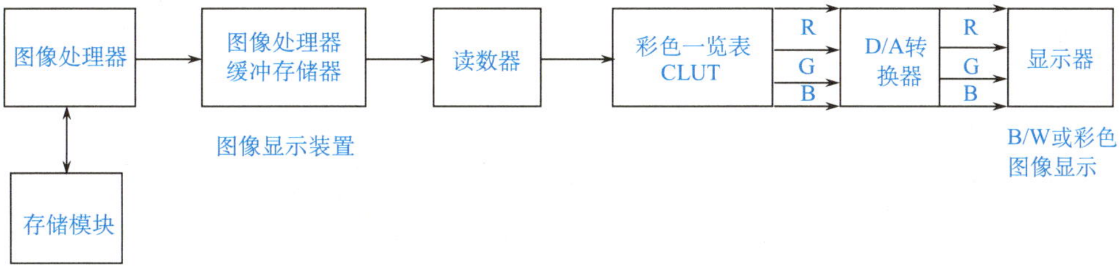

图 4.3　图像显示过程

2. 单色显示

利用灰阶进行显示，一般是 256 级灰阶。

8 位图像处理器有一个 8 位(256 个元素)的查找表(LUT)。LUT 是一维线性表，给出了显示的颜色与图像数字之间的对应关系。查找表由系统定义或用户定义，利用查找表，可快速进行图像像素值到颜色的映射。

将 R、G、B 分别按 0～255 顺序排列，如果 LUT 的每个元素对应相同的 R、G、B 值，如 R、G、B(0、0、0)呈黑色，(127、127、127)呈灰色，(255、255、255)呈白色，则为灰阶查找表。若某单波段图像的一个像素值为 127，则 R、G、B 值位于 LUT 表的 127 处，通过 8 位数模转换器，在 CRT 屏幕上显示出一个中灰色像素。图像的显示值在 0～255 之间，最后生成一幅单色灰阶图像。

如果查找表中的每个(R，G，B)的值各不相同，则为彩色查找表(CLUT)。

3. 彩色显示

利用 RGB 合成进行彩色显示。RGB 来源于指定的波段，RGB 值的灰度级范围为 0～255。

图像彩色显示主要有两种方法，一种是电子显示法，也就是用彩色监视器显示，有时称这种显示为软拷贝。另一种方法用彩色硬拷贝设备进行彩色显示。

数字图像处理通过彩色显像管显示彩色图像，用相加混色法产生各种颜色。相加混色的基本规律是：

红色＋绿色＝黄色

红色＋蓝色＝品红

蓝色＋绿色＝青色

红色＋蓝色＋绿色＝白色

这里的三原色是红色、绿色、蓝色。青色、品红、黄色称为它们的补色。

彩色硬拷贝设备用相减混色原理显示彩色图像，使用的是 CMYK 色彩空间。

相减混色有下列规律：

黄色＝白色-蓝色

品红＝白色-绿色

青色＝白色-红色

黄色＋紫色＝白色-蓝色-绿色＝红色

黄色＋青色＝白色-蓝色-红色＝绿色

品红＋青色＝白色-绿色-红色＝蓝色

黄色＋品红＋青色＝白色-蓝色-绿色-红色＝黑色

人眼只能区分二十余种不同等级的灰度，却可辨别几千种不同的色度，把单色显示变换为彩色显示可以明显的提高图像的识别度(图 4.4)。

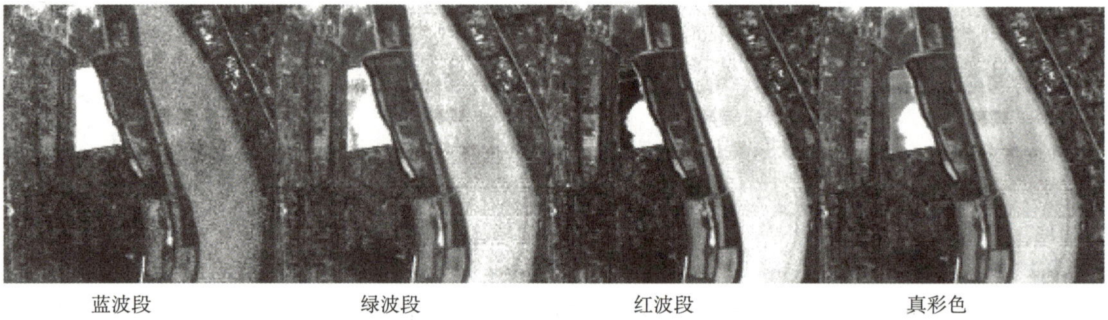

图 4.4　单色图像与彩色图像对比

Landsat5 的 TM 图像，水塘

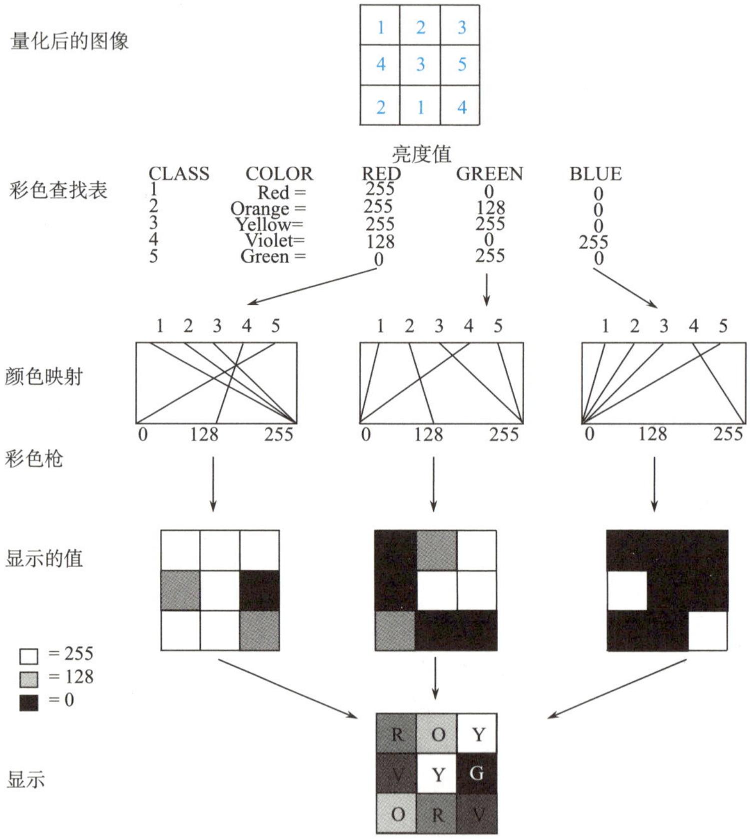

图 4.5　图像数据的灰度值到彩色显示值

(来源：ERDAS 文档 FieldGuide.pdf)

如果指定波段的波长范围与 RGB 的波长范围是相对应的，可产生真彩色显示效果。真彩色显示效果类似于人眼睛所看到的自然色效果，更便于进行图像对比分析。如果输入的波长与 RGB 是不对应的，产生的是假彩色效果，即图像上的颜色与人眼睛在生活中所看到的实际颜色是不同的。将遥感图像中不同的波段作为 RGB 三个通道进行合成显示，可以产生不同的颜色组合，从而达到突出地物信息的目的。

在显示的时候，数据文件中的图像灰度值需要按照显示的设置进行量化。以真彩色显示为例，其红绿蓝的颜色值均为 [0，255]。浮点数存储的图像数据，在显示前首先按照线性关系被转换为 0～255 的整数(图 4.5)，然后才能进行 RGB 合成显示。

4.1.5　显示设备的选择和色彩校正

显示设备是图像处理必不可少的设备，其中，设备的构造和特性是决定图像显示质量的重要因素。正如图像处理不应降低图像质量一样，同样要求显示设备能够清晰地显示数字图像。在实际工作中，要根据工作的目标认真的选择设备并校正色彩，切不可随意处之。

显示器为分析人员提供了变换图像比例、选择彩色设置和观察范围等能力，同时提供了探测图像变化的能力，这些都是胶片图像所不具备的。

CRT 和 LCD 显示器

CRT(阴极射线管，cathode ray tube)显示器：图像显示通过发光物体——磷来实现，光线从磷的涂层向各个方向发射，只是强弱稍有不同而已。因此，你可以在一个很大的视角范围来观看屏幕，无论从哪个角度去观察，显示的亮度、色彩都和正视效果相近。CRT 显示器能表现出的色彩几乎是无穷的，因为它是模拟设备。只需改变红绿蓝三种模拟信号的强度，就可以得到不同的色彩。CRT 显示器往往比较笨重。

LCD (液晶显示器，liquid crystal display)：1888 年，一位奥地利植物学家 F. Renitzer 发现了液晶特殊的物理特性。 85 年后，这一发现产生了商业价值。1973 年日本夏普公司首次将它用于制作电子计算器的数字显示。

LCD 需要强的背景光线穿过液晶层或者其他显示层来形成图像，从而完成图像的传递过程。 LCD 的特性决定了它所需要的背景光是定向的。LCD 显示的可视角度不同，在不同角度观察图像，色彩差异明显。LCD 技术根据电压的大小来改变亮度，但是只有主动矩阵 LCD 可以单独控制每个像素，被动矩阵 LCD 每次都要驱动整行或整列像素，其灰阶表现能力很差。每个 LCD 子像素显示的颜色取决于色彩过滤器。主动矩阵式 LCD 显示器比 CRT 小，需要很少的电量。但是，如果希望在户外强光环境下图像更明亮，就需要一个更亮的背景光源，这将需要更多的电力。

同样的显示效果，CRT 价格低，但笨重、费电，LCD 价格高，但轻便。达到同样的图像处理和出版制作效果，LCD 需要更高的价格。

---

1. 显示设备的选择

(1)选择合适的计算机以及输出设备。计算机显示器的选择尤为重要，专业显示器与非专业显示器在价格上会有很大的差别。对于图像处理来说，如果显示器是非专业的，其分辨率较低，色彩再现性较差，在屏幕上进行图像处理时会面临许多困难。在显示器的性能指标中，要求较高的分辨率、较高的色彩位数、较小的点距和较高的刷新频率。

(2)固定计算机操作的工作环境(照明条件、显示器位置等)。计算机的工作环境往往容易让人忽视，而环境对于图像的色彩有很大的影响。第一，要求工作环境的照明光源为标准光源，光源若带有色彩倾向，必然影响我们对色彩的判断。第二，要求工作环境无环境色影响，周围最好为白色或中性色。显示器应置于水平看书时大致相同的视角位置，不要摆放在过亮或过暗的位置。

(3)对显示器进行校正，使屏幕显示达到工作要求，并建立和调用显示器相应的配置文件(Profile 文件)。

(4)对打印机进行校准，建立并调用其 profile 文件。打印机的调节和校准主要是对标准色块的打印结果进行色度测量，并将测量数据输入到相应的 profile 文件中，生成相应的 profile 文件。

2. 显示器的色彩校正

显示器色彩校正目标有两个：不同显示器间显示效果的比较；显示结果与打印结果的比较。前者用于图像处理过程，后者用于图像处理结果的输出。

图像显示和打印使用的色彩空间不同，显示器的色彩再现范围一般要大于打印和印刷的色彩再现范围。为此，需要对显示器进行调节和校准。

对于印刷企业以及印前制作中心来说，颜色的准确还原是非常重要的，因此，常通过相应的软件工具和显示器色彩测试仪器来测定显示器的色彩特性，并生成相应的 Profile 文件。对一般工作者来说，显示器色彩测试仪器价格昂贵，相关的软件工具也不易获得，可以通过免费软件对显示器进行调校，比如使用 Photoshop 提供的工具。

下面是用 Photoshop 工具进行显示器屏幕校准的基本流程。

Photoshop 软件的屏幕校准是通过 Adobe Gamma 程序来进行的，主要校准显示器的亮度、对比度、中间调、白场及色彩平衡。也就是说，它能校准显示器的偏色，使灰色在显示器上显示为中性灰。Adobe Gamma 程序能为不同的显示器设定标准，并将这些标准设定存储为显示器的 profile 文件，以备调用。

校正步骤：

(1)准备工作。先将显示器设定为稳定的工作状态，保证显示器正常开机半小时以上。然后调节环境的光照亮度和色彩，并保持工作环境的稳定。将操作系统桌面设定为灰色，以防止在显示器调节时背景色对颜色视觉的干扰。

(2)导入一个已有的 profile 文件(文件扩展名为“.icc”)作为屏幕校正的基础，一般推荐导入的是“sRGB Color Space Profile”。

(3)运行软件进行校正。在软件的指导下将显示器的对比度调到最大，并调节屏幕亮度，以便系统测试显示器的对比度。接着选择显示器所使用的荧光粉的类型，然后选择所需要的显示器的 Gamma 值，一般选择 Windows Default 2.2。如果使用的是苹果计算机，则选用 Macintosh Default 1.8，并调节显示器上显示的中性灰色块，以确定屏幕中间调的亮度，同时系统自动测试屏幕的亮度。在这一过程中还可以查看红、绿、蓝三色的偏色情况。然后选择显示器的白场，可以选择 6500K(日光)或 9300K(冷白)，并进行测试。进入测试界面后有三个色块，中间色块为屏幕当前的颜色，通过点击左面偏冷的色块或右面偏暖的色块，以使中间色块达到中性灰。测试完毕后，整个校准工作便告完成，将测试完的文件存储到操作系统的色彩文件夹下。此时生成的 Profile 文件自动被系统调用。

网络上有许多色彩校正的实例，建议大家查阅参考①。

图像显示的色彩管理

从文件中的数字到显示图像的数字之间需要一个转换(合成)才能产生彩色图像。这个转换过程可以是线性的，也可以是非线性的。通过转换将数字翻译为不同的显示效果。

当前，存在多种转换方案。对于色彩转换方案的管理称为色彩管理，是图像处理和印刷中的重要内容。每个转换方案表现为一个配置文件(profile)或嵌入到图像中的相关的配置信息。

即使是相同的图像数据、相同的原始图像，不同显示器上显示的图像看起来可能不同，打印的图像看起来与在显示器上看到的也可能不同。此情况的产生是因为输入设备(如扫描仪和数码照相机)以电子数据捕获的颜色与输出设备(如显示屏幕和打印机)根据彩色数据再生的颜色具有不同的特性。色彩管理系统用来调整输入和输出设备之间色彩特性的差别。

在色彩管理系统中，一个称为“特性”的色彩定义文件用于执行两个设备之间的色彩匹配(此文件称为 ICC 特性)。输入设备的特性称为输入特性(或源特性)，输出设备(如打印机)称为打印机特性(或输出特性)。

输入设备的色彩变化范围和输出设备的色彩再现范围不同。其结果是，即使使用特性文件执行色彩匹配，色彩范围也不匹配。除指定特性以外，色彩管理系统还要按“着色意图”指定色彩匹配失效区域的转换条件。色彩管理系统不同，着色意图的名称和类型不同。

输入设备和打印机之间的色彩管理不能让打印输出结果和显示器的色彩匹配。要使两者间的色彩匹配，最好执行输入设备与显示器之间的色彩管理。

为了保证不同设备上看到相同的显示效果，各设备使用的配置文件需要遵循相同的标准。sRGB 是一种通用的色彩空间，其中 s 是小的意思，其色彩空间范围(色域)小于标准的 RGB 范围，常用于图像的显示和打印。Windows 浏览器显示图像使用的是 sRGB。AdobeRGB 是另一种色彩空间，在高端数码照相机中经常使用，其色彩范围大于标准的 RGB 范围。CMYK 是用于图像印刷的色彩空间，其色彩范围小于 sRGB。

常用的桌面图像处理软件中(如 Photoshop)，处理后的图像一般包含了色彩配置信息。其他的软件如果要显示这些图像，必须具有或支持相关的色彩配置，否则显示会不正常(当然，利用这种不正常可以产生特殊的效果)。例如，AdobeRGB 的图像在 sRGB 中显示就会变得比较苍白。

幸运的是，专业遥感图像处理软件中保存的是图像数据，也就是说，显示仅仅是数据的可视化，软件保存的是处理后数据，从而减少了复杂性。然而，如果需要保存屏幕上的处理效果图像，然后在其他软件如桌面图像处理软件中显示，或者打印遥感图像时，那么你就要关注彩色管理的问题。如果图像要进行高质量的彩色打印，就需要深入研究不同色彩空间的差异，以保证打印出来的就是屏幕上所看到的内容。

---

①在浏览器中搜索关键词“校正显示器颜色”或“色彩校正”，然后查阅相关的内容。PCHOME 提供了一个比较完整的实例：“龙生九子各有不同 屏幕色彩校正入门篇”，网址为：http://article.pchome.net/content-1163582.html。

色影无忌网站的"慎之"对色彩管理给出了一个比较完整的总结，数码摄影色彩管理ABC可供参考。网址：http://forum.xitek.com/thread-306019-1-1-1.html。

4.2 图像的彩色合成

人眼对黑白密度的分辨能力有限，大致只有 10 个灰度级，对彩色图像的分辨力则要高得多。如果以平均分辨力 3nm 计算，人眼可察觉出数百种颜色差别。这还仅仅是色相一个要素，如果加上颜色的其他两个要素：饱和度和亮度，人眼能够辨别彩色差异的级数要远远大于黑白差异的级数。为了充分利用色彩在遥感图像判读中的优势，常常需要先对多波段图像进行彩色合成得到彩色图像，然后再进行其他处理。

彩色图像可以分为真彩色图像和假彩色图像。真彩色图像上的颜色与人眼视觉所看到的真实地物的自然颜色基本一致。假彩色图像是图像上的色相与实际地物色相不一致的图像。

彩色合成包括伪彩色合成、真彩色合成、假彩色合成和模拟真彩色合成四种方法。其中，伪彩色合成是将单波段灰度图像转变为彩色图像的方法，真彩色和假彩色合成是彩色合成方法，模拟真彩色合成是通过模拟产生近似真彩色的彩色合成方法。这些彩色合成方法往往又被称为彩色增强。

4.2.1 伪彩色合成

伪彩色(pseudo-color)合成是按特定的数学关系把单波段灰度图像的灰度级变换成彩色，然后进行彩色显示的方法，其目的是通过数据的彩色表达来增强区分地物的能力。将单色映射为彩色有多种方法，对于指定的数据，最佳的映射方法需要通过试验来确定。

通过密度分割(density slice)方法进行伪彩色合成。

密度分割是将单波段遥感图像按灰度分级，对每级赋予不同的色彩，使之变为彩色图像的处理方法。级别和色彩之间有多种映射关系可供选择。

图4.6是图像密度分割示意图。首先将单波段图像的灰度范围划分成 N 级 I_i (i=1，2，3，…，N) 并赋值。例如，灰度范围 0～15 为 I_1，赋值为 1；灰度范围 15～20 为 I_2，赋值为 2；灰度范

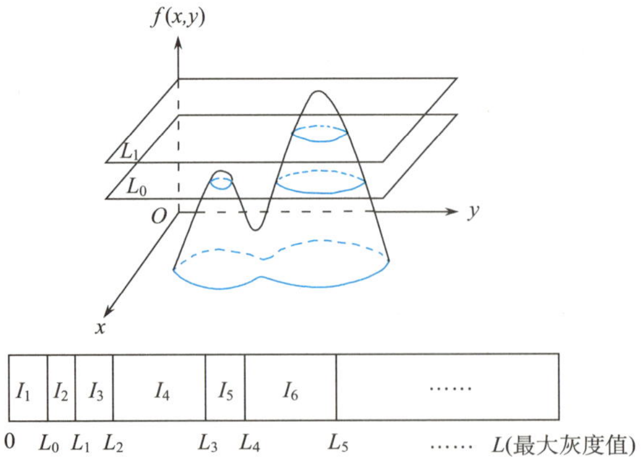

图 4.6 图像密度分割原理图

围 20～66 为 I_3，赋值为 3 等。然后，对每个赋值区赋予不同的颜色 C_1、C_2、C_3。依次类推产生彩色图像。计算机显示器的色彩显示能力很强，在理论上完全可以将每个灰度级映射为单独的颜色(图 4.7)。

密度分割中的彩色是人为赋予的，与地物的真实颜色无关，因此称为伪彩色。

原始图像，第4波段

下限	上限	红	绿	蓝
14	31	255	0	0
32	49	146	91	29
50	68	0	0	255
69	86	255	255	0
87	104	0	255	255
105	123	255	0	255
124	141	176	48	96
142	160	46	139	87

密度分割后的图像

图 4.7　灰度级图像与密度分割图像的比较

TM 图像，南京北部

密度分割可以改善图像的可识别性。如果分级与地物的光谱特征差异相对应，分割结果就可以较准确的区分出地物类别。例如，水体在近红外波段的吸收强，图像色调近于黑色，若取低灰度值为分割点即可分出水体。

图像处理中，密度分割是常用的而且有效的方法。利用密度分割快速获得灰度值的空间分布，结合已有的光谱知识和地物的空间分布知识，可以获得地物与光谱特征间的关系。图像分割(第 8 章)或分类(第 9 章)后，利用密度分割可以快速可视化处理结果，便于从空间上分析处理结果是否合适，是否符合地理规律。

4.2.2　真彩色合成

如果彩色合成中选择的波段的波长与红绿蓝的波长相同或近似，那么合成后的图像颜色就会与真彩色近似，这种合成方式称为真彩色合成。使用真彩色合成的优点是合成后图像的颜色更接近于自然色，与人对地物的视觉感觉相一致，更容易对地物进行识别。

例如，将 TM 图像的 3、2、1 波段分别赋予红、绿、蓝三色，由于赋予的颜色与原波段的色调相同，可以得到近似的真彩色图像。真彩色图像接近于彩色照片，在多波段图像显示处理中经常使用(图 4.8)。

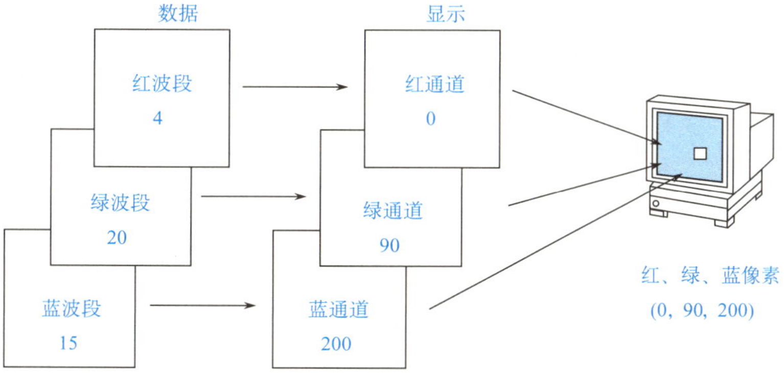

图 4.8　真彩色合成的数据值和显示值

表 4.1 是常用遥感传感器的真彩色合成波段表。

表 4.1　典型传感器彩色合成常用的波段组合

遥感器	合成类型	
	真彩色/彩红外(CIR)	
	红：绿：蓝	NIR：红：绿
ALI	4：3：2	5：4：2
ASTER	无	3：2：1
AVIRIS	30：20：9	45：30：20
Hyperion	30：21：10	43：30：21
MODIS	13：12：9	16：13：12
MSS	无	4：2：1
SPOT/HRV	无	3：2：1
TM，ETM+	3：2：1	4：3：2

4.2.3　假彩色合成

假彩色(false color)是人工合成的非物体原有天然颜色的颜色，假彩色合成是最常用的一种图像合成方法，用来提高图像对特定对象类型的显示效果。与伪彩色不同之处在于，假彩色合成使用的数据来自于多个波段。

计算机显示器的彩色显示系统是根据三原色加色法合成原理，分别在屏幕上形成红、绿、蓝三个原色像来合成彩色图像。因此，对于多波段遥感图像，选择其中的任意三个波段，分别赋予红、绿、蓝三种原色，即可在屏幕上合成彩色图像(图 4.9)。因为三个波段原色的选择是根据增强目的确定的，与原来波段的真实颜色不同，所合成的彩色图像并不表示地物真实的颜色，所以，这种合成方法称为假彩色合成，在图像增强上称为假彩色增强。

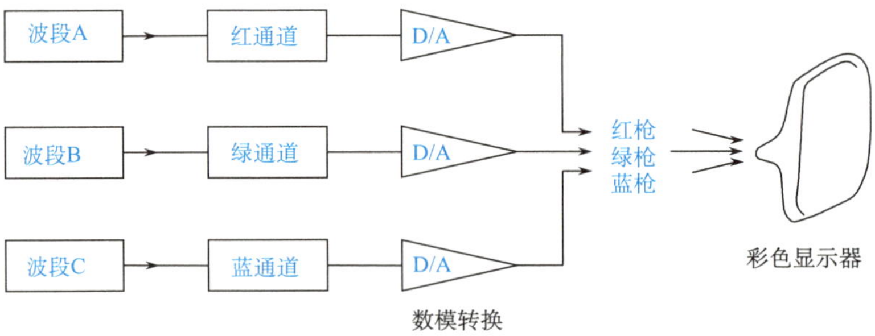

图 4.9　图像彩色合成原理

图 4.10 是 TM 图像假彩色合成结果，水塘的信息得到了增强。

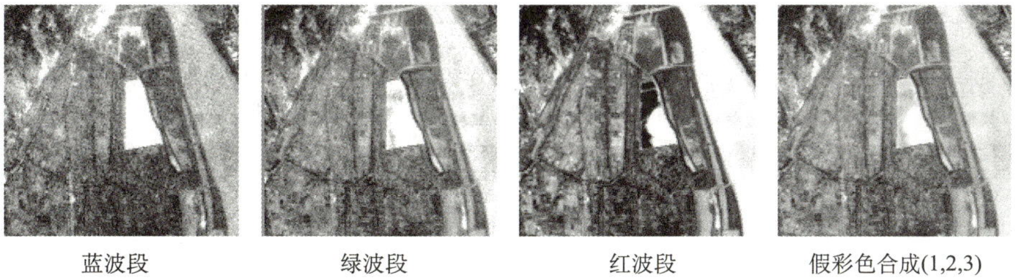

图 4.10　TM 图像的假彩色图像合成

图像中的梯形部分是水塘

任意三个波段 B1，B2，B3 进行的 RGB 彩色合成，使用(B1，B2，B3)的方式来表达。

假彩色合成选用的波段应该以地物的光谱特征作为出发点，通过不同的波段合成方式来突出不同的地物信息。图 4.11 是植被的光谱曲线。植被在近红外波段有较高的反射率，其次是在绿色波段。按上述方法进行真彩色合成时，绿色分量(对应于植被在绿色波段的反射)在整个像素的三个分量中占的比例最大，所以该像素表现为绿色；而进行假彩色图像合成时，红色分量(对应于植被在近红外波段的反射)在整个像素的三个分量中占的比例最大，所以该像素表现为红色。此时，进行假彩色增强图像可以有效地突出植被要素，有利于植被的判读。

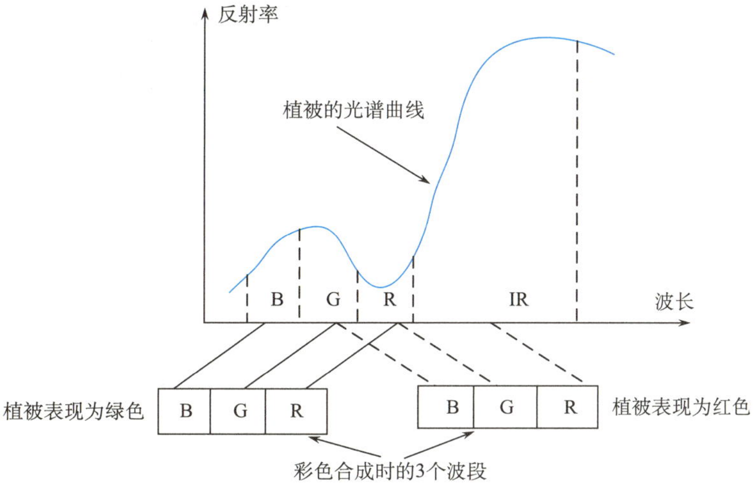

图 4.11　真彩色和假彩色合成时三个波段的分配

在 Landsat 的 TM 图像中，波段 2 绿波段(0.52～0.60μm)，波段 3 红波段(0.63～0.69μm)，波段 4 近红外波段(0.76～0.90μm)，对 4、3、2 波段分别赋予红、绿、蓝色合成的假彩色图像称为标准假彩色图像。这一合成方案称为标准假彩色合成，是实践中最常用的一种方案。类似地，对于 MSS 图像，选择波段 4、2、1 分别赋予红、绿、蓝颜色合成可得到标准假彩色图像；SPOT/HRV 图像的标准假彩色合成方案为 3(红)、2(绿)、1(蓝)。标准假彩色图像突出了植被、水体、城乡、山区、平原等特征，植被为红色、水体为黑色或蓝色、城镇为深色，地物类型信息丰富。

在实际工作中，为了突出某一方面的信息或显示丰富的地物信息，获得最好的目视效果，需要根据不同的研究目的进行反复实验分析，寻找最佳合成方案。合成后的图像应具有最大信息量，而波段间的相关性最小。例如，TM4(R)、5(G)、3(B)波段组合能够突出植被信息，在研究地表的植被信息时，有时甚至优于(4，3，2)的标准假彩色合成图像。

图 4.12 为南京市紫金山 TM 假彩色合成图像，使用 TM 的 B5、B4、B3 进行假彩色合成。图像显示的区域大约为 9km×9km。在该图像中，不同深浅的浅绿色 A 表示植被，玄武湖水表现为黑色，南京城镇为紫色，新开工建设的道路 B 为白色。

不同的地表覆盖由于含水量和粗糙度等不同，在雷达图像上也会反映出较显著的波谱差异。图 4.13 是由 SIR-C 雷达获得的加拿大寒带森林不同季节的多波段合成图像。

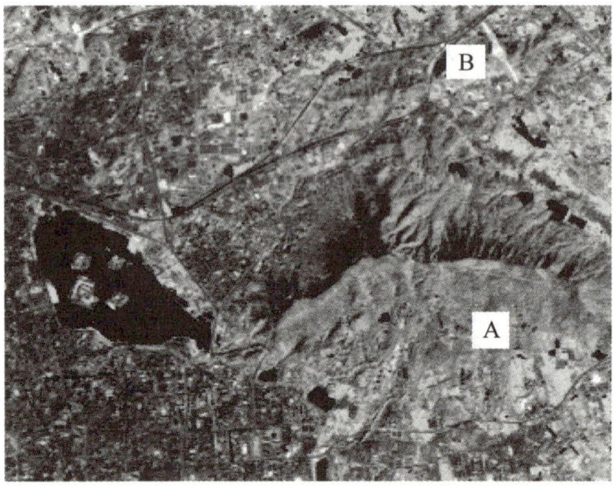

图 4.12 南京市紫金山 TM 的(5，4，3)假彩色合成图像

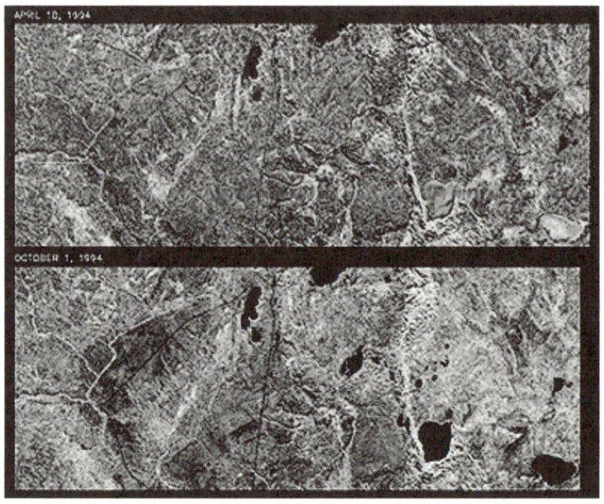

图4.13 加拿大寒带森林不同季节的SIR-C雷达多波段合成图像

由图 4.13 可见，同一年份不同季节(4 月—上部图像和 10 月—下部图像)的合成图像上色调存在显著的变化，在 4 月 Old Jack 松为紫色，但在 10 月为红色，而云杉和白杨在这两个月份分别为绿色和蓝色。夏季遭遇大规模砍伐的一小块区域在 10 月的图像上也显示蓝色。除热带地区外，世界上的大多数地区许多植物在冬季会落叶，所以对比冬夏两季的图像，可以较容易地区分落叶林、常绿林和常落混交林。因为落叶植物所占比例不同，冬季的近红外波段反射率会有不同程度的下降。研究这种不同季节或时相中地物分布变化的遥感技术称为变化检测(change detection)，更多的内容请参阅本书第 10 章。

图 4.14 是 7 号资源卫星数据通过不同合成方案产生的图像。合成方法不同，地物之间的对比度不同，突出的地物信息不同。

真彩色合成（3，2，1） 假彩色合成（4，3，2） 假彩色合成（5，4，3）

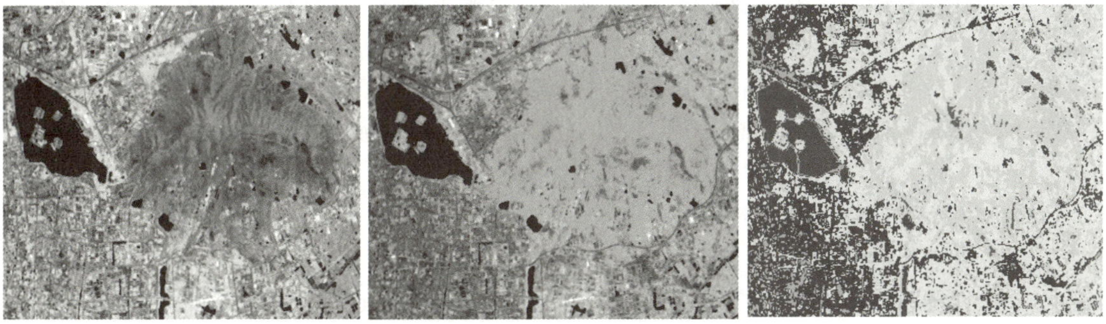

假彩色合成（4，5，3） 假彩色合成（7，4，3） 伪彩色（4波段密度分割）

图 4.14 不同彩色合成效果的比较

Landsat7 的 ETM+图像，南京紫金山和玄武湖，2000 年 6 月 12 日

4.2.4 模拟真彩色合成

蓝光容易受大气中气溶胶的影响而使图像质量较差，有些传感器舍弃了蓝波段，因此无法得到真彩色图像。这时，可通过某种形式的运算得到模拟的红、绿、蓝三个通道，然后通过彩色合成产生近似的真彩色图像。

下面介绍用 SPOT 多光谱数据来模拟真彩色的三种方法。

在用遥感数据合成真彩色影像时，一般采用 Landsat 数据，这是因为 Landsat 的 TM 或 ETM+传感器提供了 R，G，B 以及 IR 等 6 个波段(1，2，3，4，5 和 7 波段)的多光谱数据，不足之处是图像的空间分辨率稍低。法国 SPOT 图像不仅空间分辨率较高，而且具有立体测图能力，使用 SPOT 多光谱波段图像的用户多，但是 SPOT 数据产品没有蓝色波段的通道(表 4.2)，所以无法合成真彩色图像。针对这一需求，可采用下面三种实用方法来模拟产生真彩色。

表 4.2 SPOT5 多光谱波段的波长范围

波段编号(波段名称)	波长范围/μm	说明
Band1(XS1)	0.50～0.59	绿波段
Band2(XS2)	0.61～0.68	红波段
Band3(XS3)	0.79～0.89	近红外
Band4(SWIR)	1.58～1.75	短波红外

1. SPOT IMAGE 公司的方法

红色用 XS2 表示，绿色用 (XS1 + XS2 + XS3) / 3 的波段运算来实现，蓝色采用 XS1 波段代替。该方法实际上是将原来的绿波段(0.50～0.59μm)当做蓝波段(该波段靠近蓝波段的光谱范围)，红波段(0.61～0.68μm)仍采用原来的波段，绿波段用绿波段、红波段、红外波段的算术平均值来代替。

2. ERDAS IMAGING 中的方法

红色用 XS2 来表示，绿色用 (XS1 * 3 + XS3) / 4 波段算法来实现，蓝色用 XS1 波段代替。此法将原来的绿波段(0.50～0.59 μm)当做蓝波段，红波段(0.61～0.68 μm)仍采用原来的波段，绿波段用绿波段、近红外波段按 3∶1 的加权算术平均值来代替。

3. 参数法

参数法引入了全色波段(Panchromatic 用 P 表示)，红色用 (aP + (1 − a)XS3) 来表示，绿色用 2P*XS2 / (XS1+XS2) 表示，蓝色用 2P*XS1 / (XS1+XS2) 表示。为了防止出现过饱和现象，系数 a 根据遥感影像景观取值介于 0.1 到 0.5 之间。

这种方法的最大特点是引入了全色波段，因为全色波段的空间分辨力更高，所以在使用此算法前需要进行影像的配准处理。

该方法的问题是，如果波段 XS1 和 XS2 的像素值大都为 0，则合成效果会很差。

图 4.15 是用不同方法产生的模拟真彩色合成图像。

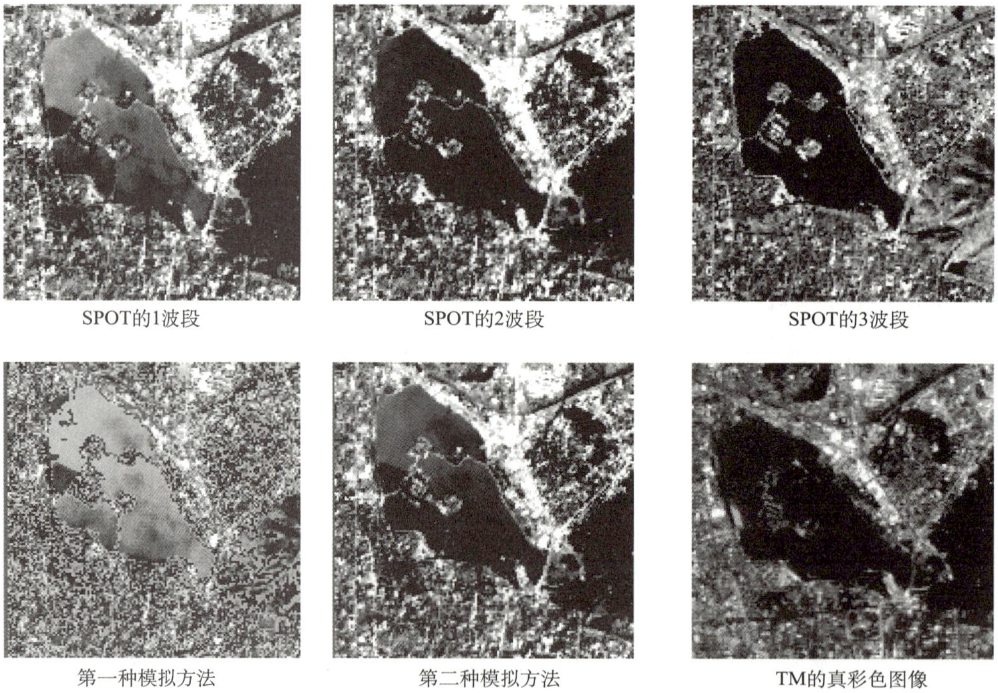

图 4.15　不同方法产生的模拟真彩色图像比较

对比表明，第一种方法和第二种方法虽然算法比较相近，但生成图像的色彩效果会有较大的差异，第二种方法更接近于 Landsat 图像真彩色增强的结果。这两种方法比较简单，处理效率高；第三种方法由于参数要求用户自定，遥感影像的景观地物不同，所选参数也应做出相应调整。同时，为了使用全色波段，需要对全色波段图像进行重新采样，使得图像具有相同的大小，从而增加了处理的复杂性。

4.2.5　最佳图像合成指数

美国查维茨等(Chavez et al.，1982)建议使用最佳指数(optimum index factor，OIF)来比较图像合成的信息量，然后确定合成使用的波段：

$$\mathrm{OIF}=\frac{\sum_{i=1}^{3}\sigma_i}{\sum_{i=1}^{2}\sum_{j=i+1}^{3}|r_{ij}|}$$

其中，σ_i 是第 i 波段的标准差，值越大，该波段图像的信息量越大；r_{ij} 表示第 i 波段与第 j 波段之间的相关系数。OIF 值越高，合成后图像提供的信息量越大。但是，最高的 OIF 值并不意味着图像具有最优的合成效果，仅表示具有最大的信息量。波段之间的相关性越弱，波段内的标准差越大，OIF 越高。

表 4.3 是一个 ETM+图像的 OIF 计算结果，按照该值，使用(5，6，7)进行的 RGB 合成的图像是最佳的。

表 4.3　ETM+图像的 OIF 实例

波段组合			OIF	光谱范围
5	6	7	45.65	SWIR+TIR
5	6	8	39.25	SWIR+TIR+Panchromatic
3	6	8	32.64	VNIR+SWIR+Panchromatic
3	4	6	32.55	VNIR+TIR
1	5	7	32.02	VNIR+SWIR
5	7	8	31.35	SWIR+Panchromatic
3	5	8	29.45	VNIR+SWIR+Panchromatic
1	3	8	23.35	VNIR+panchromatic
1	2	3	20.94	VNIR

4.3　图像拉伸

图像拉伸是最基本的处理方法，主要用来改善图像显示的对比度。如果对比度比较低，那么就无法清楚地表现出图像中地物之间的差异，因此，就需要在显示的时候进行拉伸处理。

图像拉伸按照波段进行，通过改变波段中单个像素值的显示范围来实现增强显示的效果。在此过程中，图像直方图是选择拉伸方法的基本依据。

对于多波段图像，需要对每个波段分别拉伸后再进行彩色合成显示。

因为显示器按照 RGB 显示，在真彩色显示的情况下，每个通道的值为[0，255]，所以，图像拉伸后的输出值限制在 0 到 255 之间。

4.3.1 灰度拉伸

成像系统只能获取一定的亮度范围内的值。由于成像系统的量化级数有限，常出现对比度不足的弊病，图像看起来比较模糊、暗淡。通过灰度拉伸可加大图像的对比度，使图像变得更加清晰。

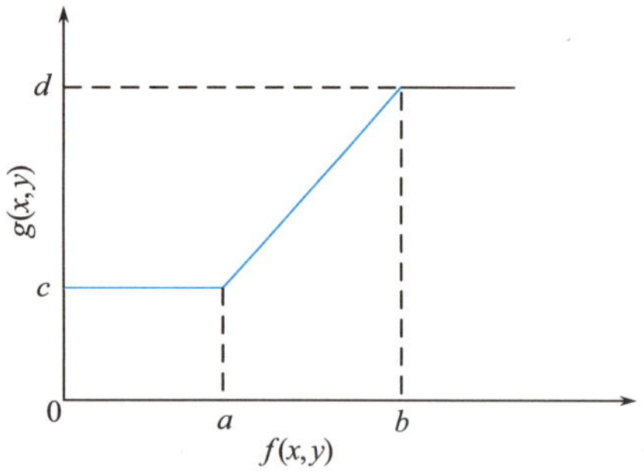

图 4.16 线性拉伸

灰度拉伸分为线性拉伸和非线性拉伸两种方法。

1. 线性拉伸

线性拉伸对像素值进行线性比例变化。

1) 全域线性拉伸

假定图像 $f(x,y)$ 中待拉伸的图像灰度范围为 $[a,b]$，希望拉伸后图像 $g(x,y)$ 中其对应的灰度范围扩展到 $[c,d]$，则线性拉伸的基本公式为

$$g(x,y)=(d-c)(f(x,y)-a)/(b-a)+c$$

此式可用图 4.16 和图 4.17 表示。

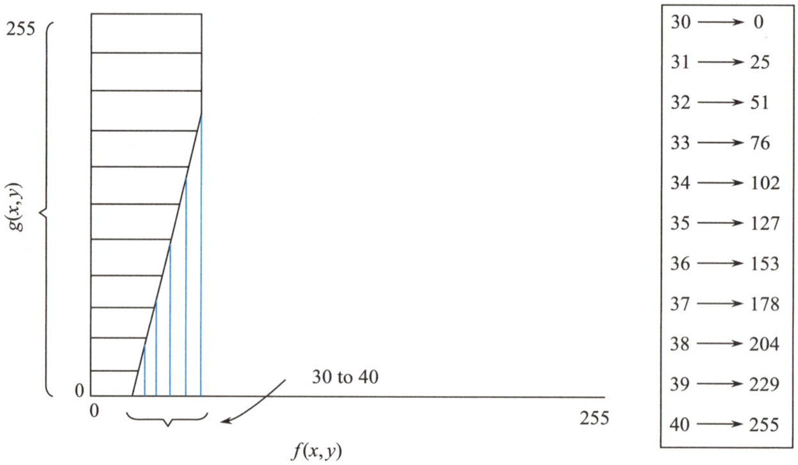

图 4.17 线性拉伸中的输入和输出实例

如果图像中大部分像素的灰度级分布在 $[a,b]$，小部分灰度级超出了此范围，可以用如下公式将灰度拉伸到 $[c,d]$：

$$g(x,y)=\begin{cases} c & f(x,y)<a \\ \dfrac{d-c}{b-a}(f(x,y)-a)+c & a\leqslant f(x,y)\leqslant b \\ d & f(x,y)>b \end{cases}$$

在遥感图像处理软件中，常用 2%拉伸方法来增强图像的显示效果。如果图像直方图在低灰度级和高灰度级端具有明显的“拖尾”（图 4.18，造成此现象的可能是噪声或某种异常），该方法可以产生显著的显示增强效果。在 2%拉伸中，累计直方图中累计频率的 2%和 98%所

对应的灰度级为拉伸的输入，即上式中的$[a,b]$。

在显示拉伸中，输出范围$[c,d]$默认为[0,255]。

2%线性拉伸

(1)计算图像直方图，得到各灰度级对应的像素数。

(2)将(1)的结果按照灰度级从低到高的顺序累加，得到累计直方图，每个灰度级对应的频数除以总像素数后乘以100%，得到累计频率，即概率密度，其值在0%到100%之间。

(3)取累计频率2%和98%对应的灰度级作为拉伸的输入参数。

(4)设定拉伸后的灰度级参数，默认为[0，255]，使用全域线性拉伸公式进行线性拉伸。

图4.18是2%线性拉伸前后效果的显示比较，由于像素出现在不同的灰度级，图像的对比度得到了明显的改善。

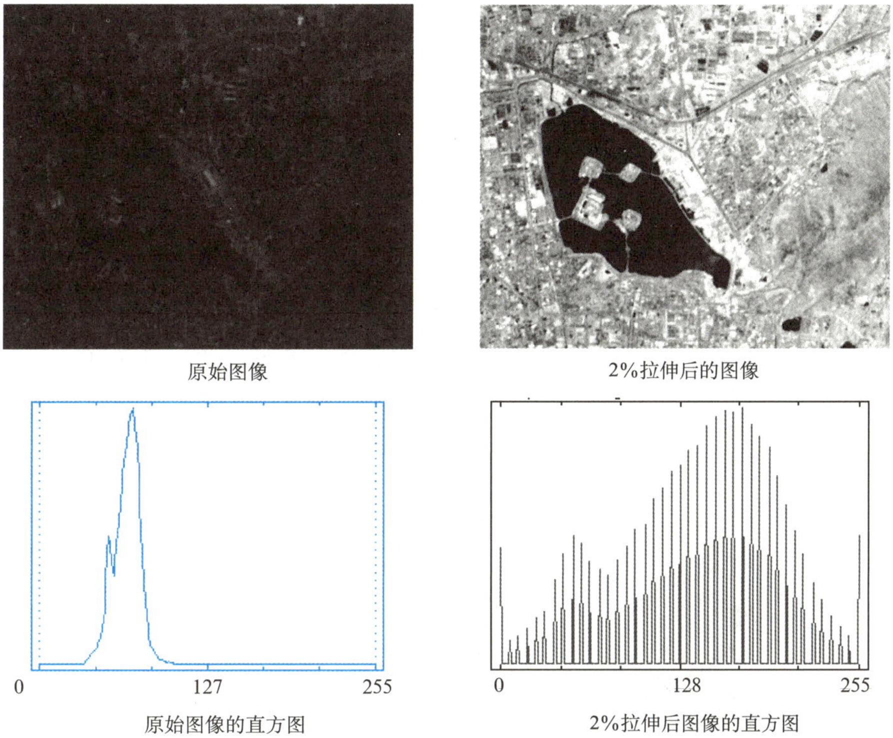

图4.18　2%线性拉伸后图像及其直方图

图像的反色变换是线性拉伸的特殊情况。对图像反色是将原图灰度值翻转，简单地说就是将黑变成白，将白变成黑。普通黑白照片和底片就是这种关系。

反色变换的关系也可用计算“图像的最大值－图像值”得到(图4.19)。

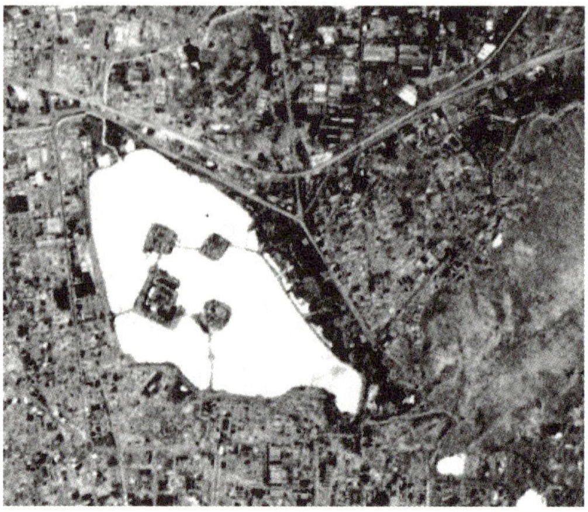

图 4.19　图像的反色变换

请与图 4.18 进行对比

2) 分段线性拉伸

如果已知地物的灰度范围，那么通过分段线性拉伸可以突出该地物的细节信息。

设输入的灰度级别阈值为 0，a，b，M_f，对应的输出为 0，c，d，M_g，常用的三段线性拉伸公式为

$$g(x,y)=\begin{cases}(c/a)f(x,y) & 0\leqslant f(x,y)<a\\ [(d-c)/(b-a)][f(x,y)-a]+c & a\leqslant f(x,y)<b\\ [(M_g-d)/(M_f-b)][f(x,y)-b]+d & b\leqslant f(x,y)<M_f\end{cases}$$

通过细心调整拉伸点的位置及控制分段直线的斜率，可对任意灰度区间进行扩展或压缩（图 4.20）。

分段拉伸后的图像

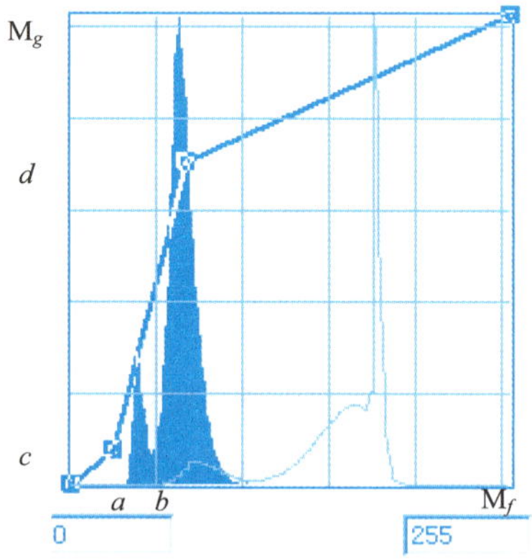

直方图变化(黑色部分为原始直方图)

图 4.20　分段拉伸后图像及其直方图

使用 ER Mapper 软件

实际应用中，a，b，c，d 可取不同的值进行组合，从而得到不同的效果。如果 $a=c$，$b=d$，则曲线为一条斜率为 1 的直线，图像没有变化。

3) 灰度窗口切片

灰度窗口切片(slicing)是为了将某一区间的灰度级和其他部分(背景)分开。

灰度窗口切片有两种，一种是清除背景，一种是保留背景。前者把不在灰度窗口范围内的像素都赋值为最小灰度级，在灰度窗口范围内的像素都赋值为最大灰度级，这实际是一种窗口图像二值化处理，其关系如图4.21所示。后者是把不在窗口范围内的像素保留原灰度值，而在灰度窗口范围内的像素都赋值为最大灰度级，其关系如图4.22所示。

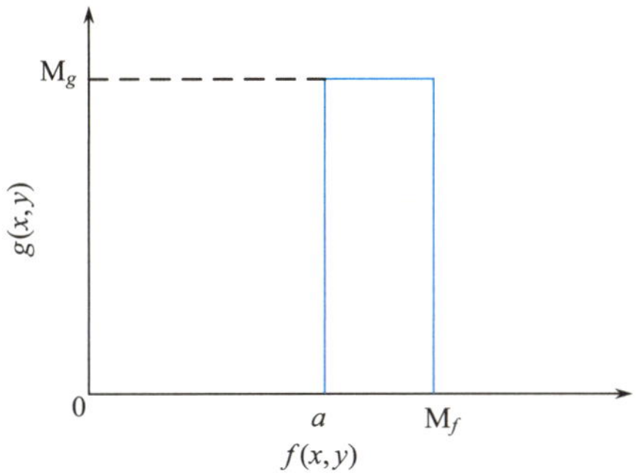

图4.21 清除背景的灰度窗口切片

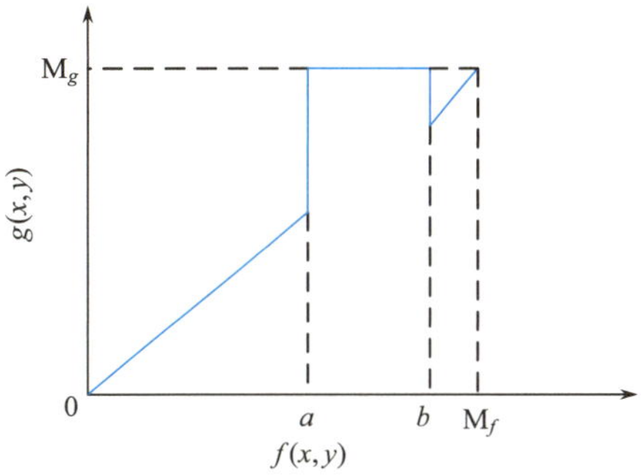

图4.22 保留背景的灰度窗口切片

图4.23是一个应用实例。将水体作为拉伸的最小灰度级，其余部分做了线性拉伸。

抑制水体信息后的图像

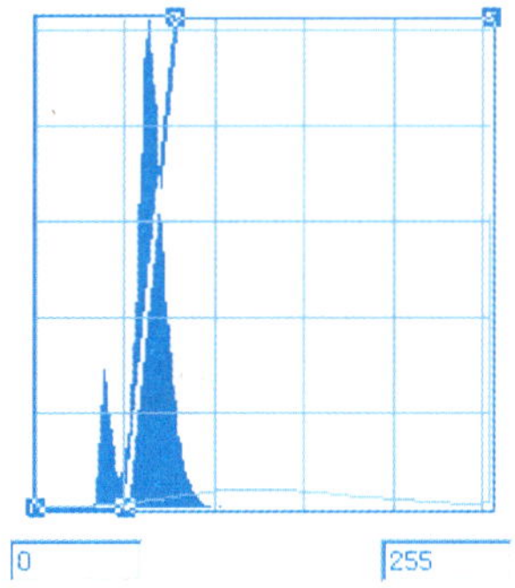

直方图变化(黑色部分为原始直方图)

图4.23 抑制水体后的图像及其直方图

使用ER Mapper软件

2. 非线性拉伸

使用非线性拉伸函数对图像进行拉伸变化，即为非线性拉伸。常用的非线性函数有指数函数、对数函数、平方根、高斯函数等。

1) 指数变换

对于图像中亮的部分，指数变换扩大了灰度间隔，突出了细节；对于暗的部分，缩小了灰度间隔，弱化了细节。指数函数的数学表达式为

$$g(x,y)=be^{af(x,y)}+c$$

式中，a，b，c是为了调整函数曲线的位置和形态而引入的参数，通过参数调整可实现不

同的拉伸或压缩比例。

2) 对数变换

与指数变换相反，对数变换主要用于拉伸图像中暗的部分，而压缩亮的部分。对数函数的数学表达式为

$$g(x,y)=b\log(af(x,y)+1)+c$$

式中，a，b，c 的含义与上面相同。因为图像 $f(x,y)$ 的值可能为 0，所以计算中加上了常数 1。

3. 多波段拉伸

在图像进行彩色合成显示后，可以对各个波段分别进行线性或非线性拉伸处理，以便综合增强图像中的地物信息(图 4.24)。

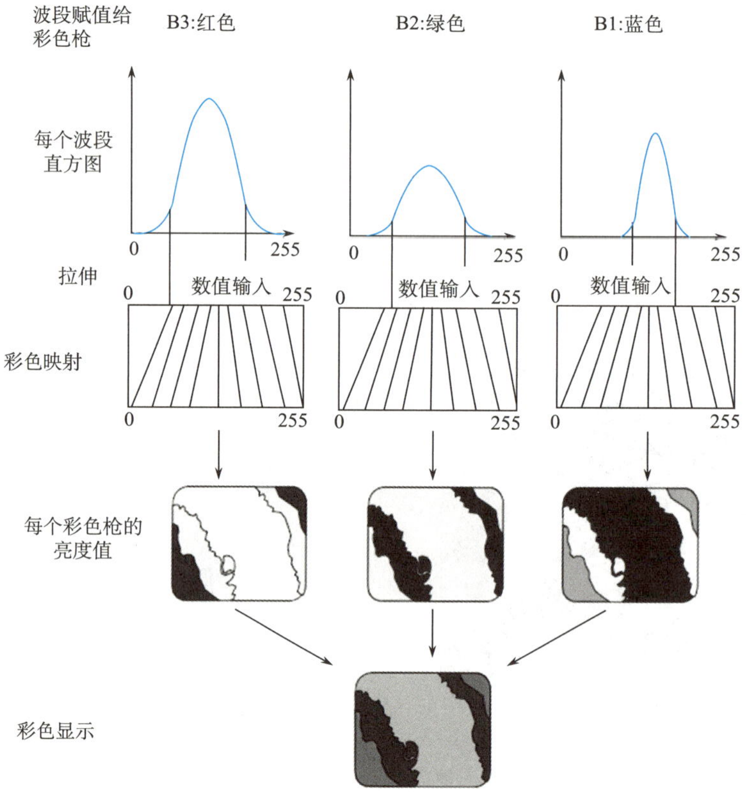

图 4.24　TM 多波段图像拉伸

(来源：ERDAS 软件文档 FieldGuide.pdf)

遥感软件系统中的图像显示

为了获得合适的显示效果，遥感图像软件在显示图像前可能会进行默认的显示拉伸。例如，ENVI 软件默认在显示前自动对图像进行 2%拉伸。其他软件也有一些默认的设置。所以，我们在不同的软件中看到的图像显示效果可能不会完全相同。在进行图像对比时，要特别注意显示设置的一致性。

4.3.2 直方图均衡化

直方图均衡化(histogram equalization)是使变换后图像灰度值的概率密度为均匀分布的映射变换方法。通过直方图均衡化处理，图像对比度得到了提高。

例如，对比度较小的图像，其像素值分布一定集中在某一比较小的灰度级范围之内，反映在直方图上就是其直方图所占据的灰度值范围比较窄。经过均衡化处理后的图像，像素将分布在比较大的灰度范围内。图 4.25 是图像拉伸后的效果及其对应的直方图。经直方图均衡化处理后，直方图占据了整个图像灰度值的范围，增加了图像对比度，反映在图像上就是图像的许多细节看得比较清楚。

如果要显示的图像中有隐藏在阴影中的地物，直方图均衡化是个理想的显示增强方法。

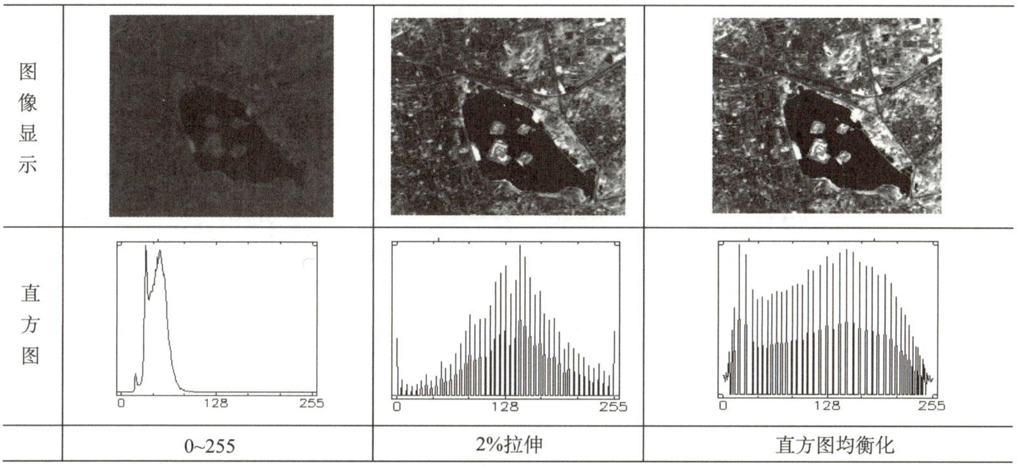

图 4.25 图像拉伸显示及其直方图变化

实验图像的 4 波段

直方图均衡化改变了：①图像的灰度级；②原有灰度级中的像素比例。

均衡化的基本步骤如下：

(1)统计图像中各灰度级的频数和频率。

(2)计算均衡化后的理论概率密度，将图像频率对其进行映射，得到新灰度级。

(3)以新值替代原值，形成均衡化后的新图像。

计算实例：

(1)均衡化前后图像数值及其直方图(图 4.26)。

原图像	22	17	31	35	21	20	19	20	20
	22	21	30	28	22	24	21	22	19
均衡化后图像	29	17	33	35	25	21	19	21	21
	29	25	33	31	29	31	25	29	19

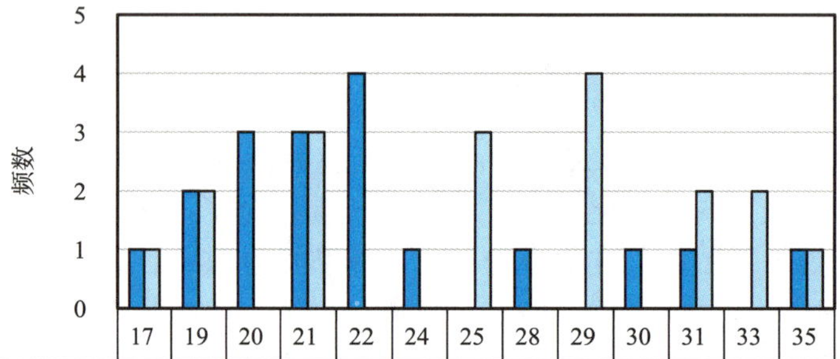

	17	19	20	21	22	24	25	28	29	30	31	33	35
原图像	1	2	3	3	4	1	0	1	0	1	1	0	1
变化后	1	2	0	3	0	0	3	0	4	0	2	2	1

图 4.26　均衡化前后直方图比较

表中数字为图像中各灰度级的频数

(2) 计算过程表。表 4.4 是详细的图像均衡化计算步骤，从开始到完成编号为 1 到 11 列，其中列 3 到列 9 为灰度级映射过程。

表 4.4　图像均衡化计算表

1	2	3	4	5	6	7	8	9	10	11
原像素值	像素值排序	灰度级	像素数	累计像素数	图像频率	理论灰度级	理论概率密度	频率映射	新像素值	对应原像素值
22	17	17	1	1	0.0556	1	0.1	1	7	29
17	19	19	2	3	0.1667	2	0.2	2	1	17
31	19	20	3	6	0.3333	3	0.3	3	9	33
35	20	21	3	9	0.5	4	0.4	5	10	35
21	20	22	4	13	0.7222	5	0.5	7	5	25
20	20	24	1	14	0.7778	6	0.6	8	3	21
19	21	28	1	15	0.8333	7	0.7	8	2	19
20	21	30	1	16	0.8889	8	0.8	9	3	21
20	21	31	1	17	0.9444	9	0.9	9	3	21
22	22	35	1	18	1	10	1	10	7	29
21	22								5	25
30	22								9	33
28	22								8	31
22	24								7	29
24	28								8	31
21	30								5	25
22	31								7	29
19	35								2	19

原图像10个灰度级，最小值17，最大值35
18个像素

计算说明：像素值先行后列排列到一起，然后排序，以便直观的得到像素的灰度级、频数和频率。注意：实际图像处理中，频数和频率是直接计算的。由于是均衡化处理，理论灰度级和概率密度为均匀的，顺序增加。然后将图像频率映射到相近或相同的理论概率密度(列 10)，取理论的灰度级为均衡化后的灰度级(根据列 3 和列 9 的关系，将列 1 映射为表中的新像素值，列 10)。最后，将得到的值映射到原图像的灰度级(列 11，本步骤为可选)。计算公式如下：

均衡化后的灰度级=原图像最小灰度级+(原图像最大灰度级−原图像最小灰度级)×(映射后的灰度级−映射后最小灰度级)/(映射后最大灰度级−映射后最小灰度级)

以像素值 22(列 3)为例，对应频率为 0.7222(列 6)，接近于理论概率密度 0.7(列 8)、灰度级 7(列 7)，因此，映射后的灰度级为 7，对应的原图像的灰度级=17+(35−17)×(7−1)/(10−1)= 29。

直方图均衡化的快速计算

计算出图像的累积频数后，对于表 4.4 中的 6 到 8 列，可直接使用下面公式计算，然后四舍五入后得到第 9 列的频率映射结果：

频率映射=映射后的灰度级×原图像的累积频数/原图像的像素数=映射后的灰度级×原图像的频率

例如，对于像素值 22，频率映射后的值=10×13/18=7.222，四舍五入后为 7。

思考：为什么均衡化后的灰度级最大设为 255？

对于 8 位量化的数字图像和显示的图像，如果均衡化前后图像的灰度级均为 255(0 到 255)，那么上述计算过程要更为简单一些。

直方图均衡化的基本原理和显示图像的快速均衡化

(1) 直方图均衡化的基本原理。

设输入图像的像素数量为 n，频数直方图为 h，当前灰度级为 p；输出图像的频数直方图为 o，对应的灰度级为 q。输入图像与输出图像的累积直方图存在如下关系：

$$\sum_{i=1}^{p} h_i = \sum_{j=1}^{q} o_j$$

设变换后图像的灰度级范围为 $[q1,q2]$。按照均衡化的要求每个灰度级的像素数量相等，即

$$o_j = \frac{n}{q2 - q1}$$

因此，灰度级 q 对应的累积频数直方图为

$$\sum_{j=1}^{q} o_j = q\frac{n}{q2 - q1}$$

因为变换前后频数累积直方图相等，则有

$$\sum_{i=1}^{p} h_i = q\frac{n}{q2 - q1}$$

所以，变换后的灰度级q为

$$q=\frac{q2-q1}{n}\sum_{i=1}^{p}h_i$$

(2) 显示图像的快速均衡化。

设输入图像f和输出图像g的灰度级范围为[0，255]，整数，图像像素数为n。

根据第三章的公式，可以快速计算f的累积频数直方图I_i。均衡化后的灰度级为$Q_i=255\times I_i/n$，其中，$i\in[0,255]$。图像g的灰度级为

$$g(x,y)=Q(f(x,y))$$

理论上，直方图均衡化后各灰度级的像素频率应相等，其直方图顶部形态应为理想的直线，但实际上并非如此。这是因为图像是离散函数，各灰度级的像素个数有限，在一些灰度级处可能没有像素，在另外一些灰度级处则像素很多，所以，只能是近似的结果。

直方图均衡化的特点：

(1) 不同灰度级中像素出现的频率近似相等。

(2) 原图像上频率低的灰度级被合并，模糊了差异；像素出现频率高的灰度级被分解，突出了细节。

4.3.3 直方图规定化

直方图规定化(histogram specification)又称直方图匹配(histogram matching)，是以指定图像的或理论的直方图为参照，进行的图像直方图变换，目的是增强或对比图像显示，匀化图像镶嵌后的颜色。

直方图规定化计算过程与均衡化相同，差异是理论的灰度级和概率密度来自于参照图像或理论函数。因此，一旦确定了指定的参照图像或直方图函数，就可以使用均衡化的计算过程进行图像的规定化。

同样，因为图像是离散函数，同时存在运算误差，所以规定化变换后图像直方图只是接近参考图像的直方图。

直方图规定化常用于图像对比显示、图像镶嵌或图像的动态变化分析，使用的参照函数(直方图)取决于具体的应用，在一定意义上是“试凑”的过程。只有在已知物理意义的基础上定义了参考函数后，规定化才会有明确的意义。但无论如何，规定化增强总是来自于实际应用，并应用于实际工作。

实例：以一景图像作为参照，通过直方图规定化对比显示图像。

使用 TM 图像，轨道号为 119/38，日期分别为 1997 年 1 月 12 日和 1997 年 5 月 4 日。由于日期不同，在没有经过大气校正前，图像不能进行直接比较。以 5 月图像作为参考，对 1 月图像进行规定化后，其结果对比显示如下(图 4.27)。

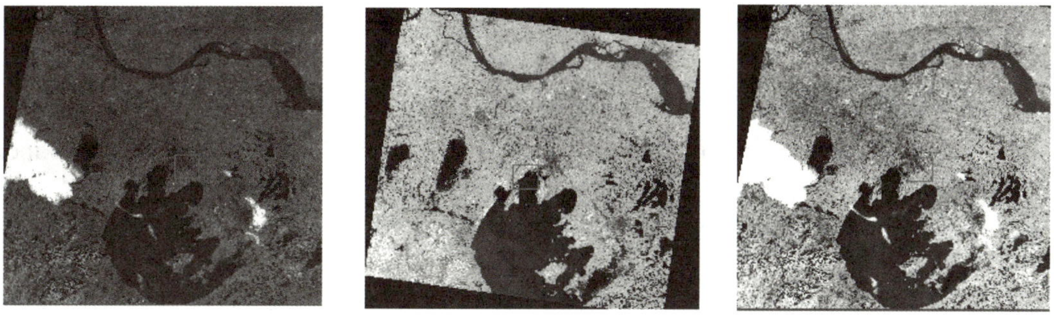

图 4.27　直方图规定化的效果

在规定化之前，两个时段的图像差异明显，不太容易觉察图像中地物的季相变化。进行规定化处理后，图像中颜色具有了可比性，从 1 月到 5 月的颜色变化可以反映太湖西部和西北部作物生长的变化。

思　考　题

1. 为什么要进行数字图像的显示？显示的值与图像文件中存储的值相同吗？二者有什么关系？

2. 怎么理解色彩？数字图像显示与水彩画使用的色彩标准是一致的吗？

3. 对于数字图像显示，色彩如何度量？

4. 什么是色彩模型和色彩空间？常用的色彩模型有哪些，各有什么特点？

5. 图像处理对显示设备有什么要求？

6. 图像的液晶显示与 CRT 显示有什么区别？常用的液晶显示面板有哪些？什么类型的液晶色彩真实性最好？

7. 为什么要进行显示器的色彩校正？

8. 为什么要进行彩色合成？有哪些主要的合成方法？

9. 假彩色合成与伪彩色合成的差异是什么？

10. 什么是密度分割，主要应用有哪些？

11. 彩色合成中数据发生了什么变化？

12. SPOT 多光谱数据如何模拟真彩色图像的显示？

13. 图像拉伸有哪些方法，这些方法的特点是什么？

14. 多波段图像线性拉伸的步骤和操作要点是什么？

15. 遥感图像的直方图均衡化处理采用什么转换函数？图像直方图在图像显示增强中的作用有哪些？

16. 直方图规定化的基本原理是什么？试举例说明。

17. 以[128, 255]作为输出的灰度范围，对实验图像数据(参考 2.6 节内容)进行直方图均衡化计算。

18. 同一地区不同日期的图像，能否直接进行显示对比？为什么？经过哪些处理后才能进行对比？

19. 基于实验图像数据，计算并对比 4 个不同彩色合成方案的 OIF。

20. 阅读理解英文维基百科中关于“色彩校正”的内容，网址：https://en.wikipedia.org/wiki/Color_correction。

第5章 图像校正

图像校正包括两部分内容：图像像素位置的校正和图像像素值的校正。

遥感图像在成像过程中，受地球自转、遥感系统、电磁波等影响会不可避免地产生定位误差。像素空间位置的变形误差称为几何误差，需要进行几何纠正和精纠正。

利用传感器观测目标的反射或辐射能量时，测量中包含了太阳、大气、传感器的性能不完备等引起的失真，测量值与目标的光谱反射率或光谱辐亮度等物理量并不一致。为了正确评价目标的反射或辐射特性，必须消除像素值的失真。消除图像数据中依附在辐亮度中的各种失真的过程称为辐射校正(radiometric calibration)。一般购买到的遥感图像都经过了系统辐射校正，但某些引起图像失真的辐射量仍会存在，在实际问题中，应视具体需要进行处理。

辐射校正的目的是：尽可能消除传感器自身、大气、太阳及某些不可避免的噪声引起的传感器的测量值与目标物的光谱反射率或光谱辐亮度等物理量之间的差异，尽可能恢复图像的本来信息，为遥感图像分割、分类、解译等后续工作提供更好质量的图像。

辐射校正包括系统辐射校正和用户实施的辐射校正，后者又包括三部分内容：传感器端的辐射校正、大气校正和地表辐射校正。

5.1 辐射传输

在可见光遥感和红外遥感中，传感器接收到的地物辐射来自于地表，因此，有必要了解基本的辐射传输过程(图 5.1)。

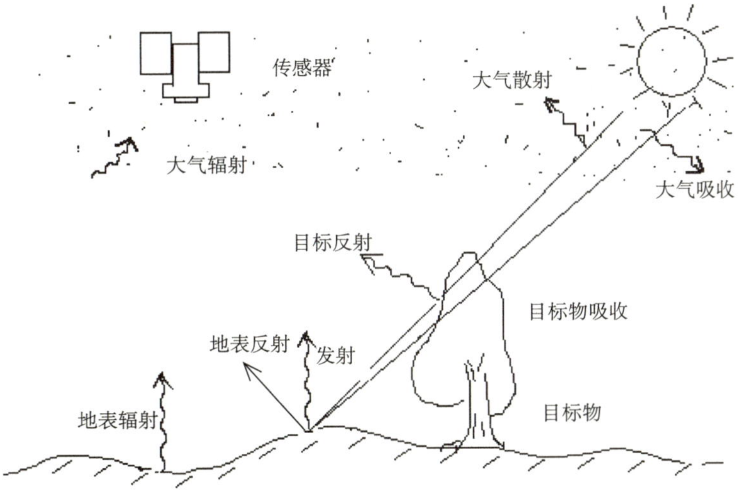

图 5.1 辐射传输

除了地表反射和辐射外，传感器测量的光谱辐射还依赖于入射光(太阳)的光谱、能量通过大气层向下和向上传输过程中的相互作用、地面上的单独区域的光照几何条件、传感系统的性质。这些附加的因素不仅影响着获取地物精确光谱值的能力，而且带来了额外的变异，阻碍了不同图像或图像内像素值之间的直接比较。

5.1.1 基本概念

1. 立体角

点状物体辐射通常是以球面波的形式向外均匀传播能量的。立体角用来度量一个方向上某个面接受的辐射量的大小。

一个锥面所围成的空间部分称为立体角。立体角是以锥的顶点为心、半径为 1 的球面被锥面所截得的面积 s 来度量的，度量单位称为“立体弧度”。

设 r 为截面到点源的距离，那么立体角为 s/r^2 。

2. 辐射通量

单位时间内通过某一表面的辐射能量称为辐射通量(radiant flux)，单位为 W。

3. 辐照度、辐亮度和辐射度

辐照度 E 指单位时间内单位面积上接受的辐射能量，单位为 $\mathrm{W \cdot m^{-2}}$ 。

辐亮度 L 和辐射度两个概念含义相同，是辐射校正中使用的基本单位，指的是沿辐射方向的、单位面积、单位立体角上的辐射通量，单位为 $\mathrm{W \cdot m^{-2} \cdot sr^{-1}}$ 。

辐照度 E 是辐亮度 L 在半球空间上总立体角的积分。如果 L 各向同性，则 $E=\pi L$ 。

对于特定波段的值，上述指标的单位需要乘以 μm^{-1} 。

4. 反射率、吸收率和透射率

反射率是反射能量与入射能量的比值。吸收率是吸收能量与入射能量的比值，透射率是透射能量与入射能量的比值。在介质内部，反射率、吸收率和透射率的和为 1。

反射率(reflectance)是指一表面上反射光通量与入射光通量的比率(图 5.2)。反射率用 0 到 1 之间的值表示。单就反射率而言，光谱及入射、反射的方向往往是不明确的，所以往往考虑的是白色光的半球全方向的入射及反射。类似的术语还有反照率(albedo)，反照率把太阳光作为入射光。

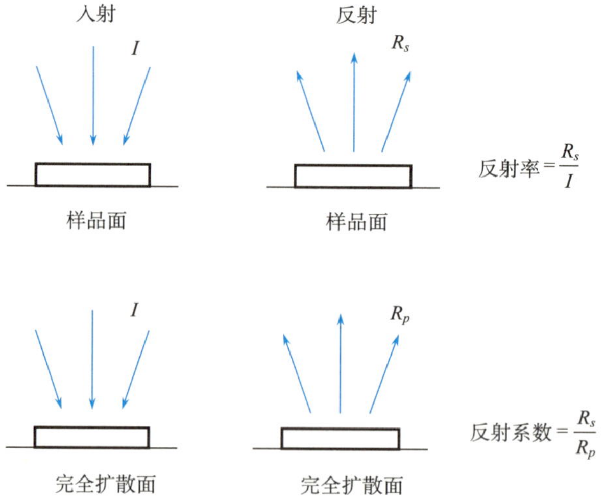

图 5.2 反射率和反射系数

反射因数(reflectance factor)是当样品表面与完全漫反射面都接受到相同的入射光时，样品表面的反射光通量与完全漫反射面的反射光通量之比(图 5.2)。

对应电磁波波长的反射率叫做光谱反射率(spectral reflectance)或反射光谱(图 2.4)。可见光和近红外区的多光谱遥感器能够进行物体识别的原理就是因为每一物体的光谱反射率不同。

严格地说，按照光(电磁波)的入射及反射方向严格定义的反射率叫做方向反射率(directional reflectance)。入射和反射方向的确定分别有微小立体角、任意立体角、半球全方向三种，共有九种组合的方向性反射率。例如，入射为微小立体角、反射为任意立体角时的反射率，英文称“directional-conical reflectance”，而入射、反射都为微小立体角时的反射率就是双向反射率。

假设在某一微小面上，由某一方向 D_1 的入射光 I 引起了某一方向(θ_r, Φ_r)的反射光 R，那么就把该方向的入射光所引起的面上照度 $dE_I(\theta_i, \Phi_i)$ 与方向(θ_r, Φ_r)的反射光的亮度 $dL_i(\theta_r,\Phi_i,\theta_r, E_I)$ 之比称为双向反射率分布函数(bidirectional reflectance distribution function，BRDF)，表示为 $f_r(\theta_i,\Phi_i,\theta_r, \Phi_r)$。BRDF 在定义方向反射率时使用，其角度 θ_i，Φ_i，θ_r，Φ_r 如图 5.3 所示。

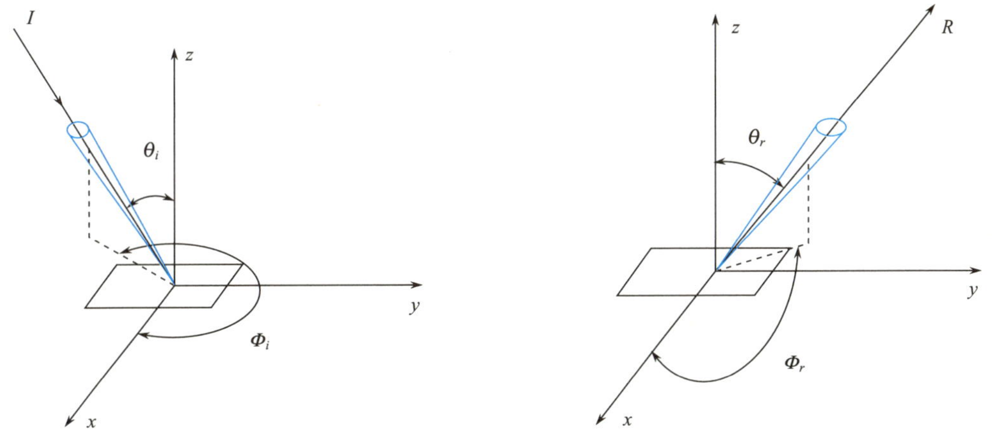

图 5.3 双向反射

5. 反照率

反照率不同于反射率，指的是界面反射的辐照度加内部反射的辐照度与入射的辐照度的比值。

在遥感图像的辐射校正中要进行一些计算，并涉及不同的量纲(表 5.1)。

表 5.1 遥感图像处理中与辐射相关的计量单位

符号	说明	定义	单位	单位缩写
Q	辐射能 radiant energy		Joules	J
Φ	辐射通量(功率) radiant flux(power)	$\frac{dQ}{dt}$	Watts	W

续表

符号	说明	定义	单位	单位缩写
E	辐照度 irradiance	$\frac{d\Phi}{dA}(\text{in})$	Watts per square meter	W/m^2
M	辐射出射度 radiant exitance	$\frac{d\Phi}{dA}(\text{out})$	Watts per square meter	W/m^2
L	辐亮度 radiance	$\frac{d^2\Phi}{\cos\theta dA d\omega}(\text{out})$	Watts per square meter per steradian	$\frac{W}{m^2 \cdot sr}$
E_λ	光谱辐照度 spectral irradiance	$\frac{dE}{d\lambda}(\text{in})$	Watts per square meter per micrometer	$\frac{W}{m^2 \cdot \mu m}$
M_λ	光谱辐射出射度 spectral radiant exitance	$\frac{dM}{d\lambda}(\text{out})$	Watts per square meter per micrometer	$\frac{W}{m^2 \cdot \mu m}$
L_λ	光谱辐亮度 spectral radiance	$\frac{dL}{d\lambda}$	Watts per square meter per micrometer	$\frac{W}{m^2 \cdot sr \cdot \mu m}$

5.1.2 电磁波的大气传输

太阳能随波长的不同变化很大，在可见光范围内出现峰值。在获取一幅图像时，为了将图像的辐亮度值转成反射率，入射的太阳能光谱必须是已知的、假设的或间接地来自于其他测量。

电磁辐射在大气层中传输时由于吸收和散射而被削弱。同时，热量的发散和其他方向的散射对观测的电磁辐射也有影响。为了从卫星遥感图像上获得地球表面的发射或反射情况，必须排除大气的影响。

1. 可见光和红外的辐射传输

由于空气分子和悬浮颗粒的散射，可见光在大气中传输时会被削弱。传感器接收的由大气散射产生的电磁波称为程辐射，或路径辐射(path radiance)。

影响大气透射的物质包括以下两种。①大气分子：二氧化碳、臭氧、水蒸气等气体分子。这些成分导致的散射称为瑞利散射。②气溶胶：雾霭、水滴、烟尘等粒径较大的悬浮颗粒。这些成分导致的散射称为米氏散射。

根据瑞利(Rayleigh)散射理论，大气的光学厚度τ_λ与波长的四次方(λ^4)成反比，大气中的分子散射对波长较短的电磁波(紫外和可见蓝光)影响强，红外影响弱。

悬浮颗粒散射量的大小和角度的变化取决于悬浮颗粒的总容量、粒径分布、介电常数和微粒的形状等参数。由于参数可变性，悬浮颗粒散射的影响很难校正。此外悬浮颗粒的大小比空气分子大得多，所以悬浮颗粒散射量对波长λ的依赖性不大。

在红外光谱，各种气体(主要是水蒸气和CO_2)吸收的电磁波超过散射。图 5.4 是大气对地球表面接收的太阳辐射的影响。这是在假定标准大气和洁净的空气(对流层)的基础上用程序 LOWTRAN7 计算的结果。在红外光谱区，受吸收的影响，地球表面观测使用的大气窗口主要有：$\lambda < 1.1\mu m$， $1.2 \leqslant \lambda < 1.3\mu m$， $1.5 \leqslant \lambda < 1.7\mu m$， $2.0 \leqslant \lambda < 2.3\mu m$。

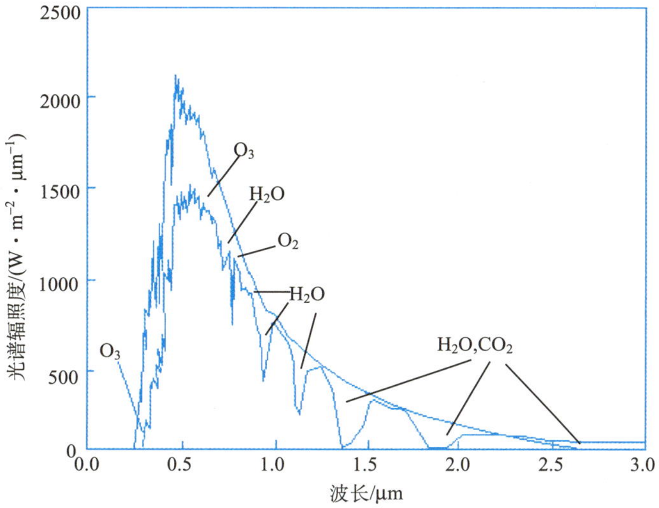

图 5.4 大气对太阳辐射的影响

上面曲线为大气顶面的光谱，下面曲线为地表海平面上的光谱

即使是相对清洁的大气也会与入射的和反射的电磁波相互作用。对于某些波长，这些相互作用减少了到达地面的入射能量，并进一步减少了到达传感器的能量。因为某些气体的吸收以及气体分子和微粒的散射，大气的透射度降低。这些作用结合在一起产生了如图 5.5 中所示的透射曲线。由于水汽和二氧化碳的影响，1.4 μm 和 1.9 μm 附近入射和反射能量几乎全部减少，出现了明显的吸收特征，在这些波段几乎无法获得有用的地物信息。图中没有显示出来的还有大气向上的散射作用，即路径辐射。如果大气条件在空间上是变化的或地面相对高差较大，图像内不同区域的大气影响也可能有明显的差异。

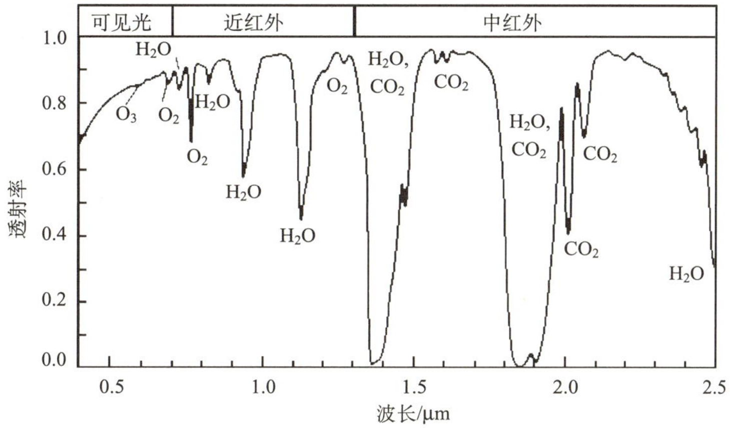

图 5.5 典型的大气透射率曲线

透射率是到达地表的入射太阳能的比例。气体的吸收导致了低透射率，散射导致了近红外到可见光波段透射率平缓的减少。

使用辐射传输程序 6S 可以通过卫星图像数据计算地表反射率①。如果没有大气参数，可用那些反射率已知的相对稳定的地物或经验性的大气数据作为参照进行计算。

2. 热红外辐射传输

红外波段(3～20 μm)大气的透射率如图 5.6 所示，这是标准大气条件下用 LOWTRAN7 软件计算出来的结果，CO_2、H_2O、N_2O 和 O_3 是主要的吸收气体。在 4.3 μm (CO_2)、4.5 μm (N_2O) 和 13～15 μm (CO_2) 附近的光谱区可用来探测大气温度廓线，6～7 μm 可用来探测水蒸气。以 3.8 μm 为中心的窄窗和 8.5～12.5 μm 的宽窗可用来对地球表面进行观测。但即使在这些大气窗口区，地球表面的辐射也会受大气(主要是 H_2O 和 CO_2 气体)吸收和散射的影响。为了得到地球表面的辐射率和温度，应排除大气的影响。常用的方法是利用软件 LOWTRAN②或 MODTRAN③来计算辐射值，需要输入的数据是垂直剖面的温度和水蒸气等参数。

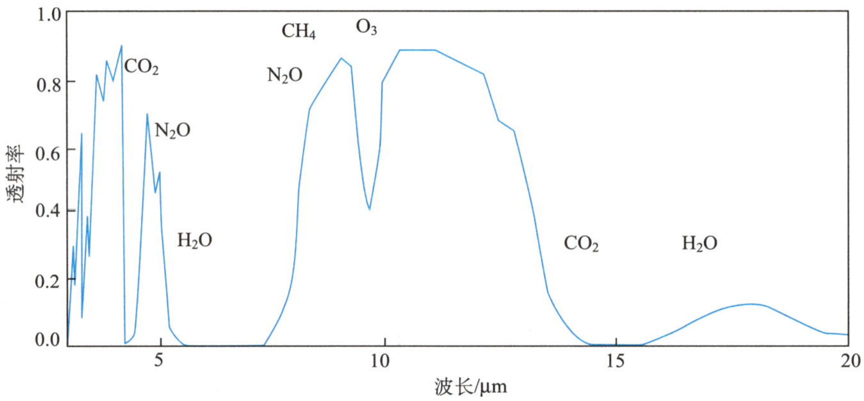

图 5.6　垂直入射通过标准大气时红外波段的大气透射率

获得地球表面温度和辐射率的一种方法是分离窗口技术(又称为劈窗方法)，它利用具有不同透射率的大气窗口来进行计算，NOAA 先进的高精度辐射计(AVHRR)图像可以用来反演地表温度。更深入的内容建议参阅覃志豪的相关论文。

5.1.3　辐射传输理论

辐射传输(radiative transfer)是指电磁波在受到大气影响的同时在大气中传播的过程。在辐射传输过程中，大气的影响如表 5.2 所示。对大气入射的影响可以分为乘法性因子影响和加法性因子影响。乘法性影响是由消光(extinction)引起的，大气的吸收及散射使目标物(地球表面)传到遥感器的能量逐渐减少。加法性的影响是由发射(emission)引起的，传感器也接收了大气热辐射及散射。

---

① http://6s.ltdri.org 提供了免费的程序；http://en.wikipedia.org/wiki/6S_radiative_transfer_code，提供了许多有用的信息.Vermote E F, Tanre D, Deuze J L. 1997. 6S user guide. pdf, version2.

② Users Guide to LOWTRAN 7，www.dtic.mil/dtic/tr/fulltext/u2/a206773.pdf。Hirsch, Michael, LOWTRAN: Python module for atmospheric absorption modeling，https://zenodo.org/record/213475。 2018 年 8 月访问。

③ Modtran, http://modtran.spectral.com/.MODTRAN: A Moderate Resolution Model for LOWTRAN 7, https://www.researchgate.net/publication/235203858_User_guide_to_LOWTRAN_7。2018 年 5 月访问。

从目标物辐射或目标物反射的电磁波在到达遥感器之前被大气等吸收和散射。吸收在特定波长产生，使电磁波能量转换为吸收物质的能量。散射在短波长区非常显著，它不进行能量的转换，只是引起电磁波方向的变化。

在遥感器的瞬时视场中，包括了发射引起的目标物以外的电磁波。大气的热辐射是物质具有的热能转换为电磁能产生的，其特性由普朗克辐射定律确定。由热辐射引起发射的电磁波能量在任何方向上都是相等的。此外，目标物和遥感器方向以外的电磁波也会通过散射传到遥感器方向上来，从而形成由散射引起的发射，散射的电磁波能量由散射体的大小、入射方向和散射方向决定。热辐射在长波(热红外区)是主导性的，随着波长变短其作用变小。而散射与此相反，在长波长范围影响很小，在短波长范围影响大。

因为消光和发射同时发生，所以在考虑辐射传输时必须把两者同时考虑进去，表达这一机理的是辐射传输方程(radiative transfer equation)。

传感器接收目标物辐射或反射的电磁波，由此而形成的遥感原始图像与目标相比是失真的，这是因为在太阳—大气—目标—大气—传感器的辐射传输过程中存在许多干扰因素，使得接收的信号不能准确地反映地表物理特征(光谱反射率、光谱辐射亮度等)。Vermote[①]将这些因素归结为以下四个方面。

(1)大气分子瑞利散射及气溶胶的米氏散射，分子及气溶胶的吸收、散射以及散射吸收的耦合作用。大气的存在导致程辐射及吸收，这是两个对立的作用，一个增加辐射量，一个减少辐射量。

表 5.2 大气对辐射传输的影响

大气影响	原因	波段范围	影响的物理量
乘法性因子(消光)	吸收	全波段	吸收系数，吸收物理量，温度，压力
	散射	可见光、近红外	散射系数，散射物理量，相位函数
加法性因子(发射)	热辐射	热红外	吸收系数，吸收物理量，温度，压力
	散射	可见光、近红外	散射系数，散射物理量，相位函数

(2)地球表面因素的贡献。在一般的遥感应用中，认为地球表面为朗伯体，反射与方向无关，这个假设是一种近似。事实上任何表面在物理特性与物质结构上都不是理想朗伯体，因此认为地面是朗伯体会带来误差。另外一个因素是，由于大气散射的存在，邻近像素的反射也会进入目标视场从而影响辐射量，这部分贡献被称为交叉辐射。

对于高度较低的传感器(如航空遥感、高空间分辨力的航天遥感)，表面因素的贡献不可忽略。

(3)地形因素的贡献。目标高度与坡向也会对辐射造成影响。

(4)太阳辐射光谱的影响。太阳本身是一个黑体，其光谱辐射遵循普朗克定律，这个因素在反射率反演中需要予以考虑。

因此，为了正确反映目标物的反射和辐射特性，必须消除图像记录值中的各种干扰项，这就是辐射校正的主要内容。

① Vermote E F, Tanre D, Deuze J L. 1997. 6S user guide. pdf, version2.

辐射校正的基本流程见图 5.7。

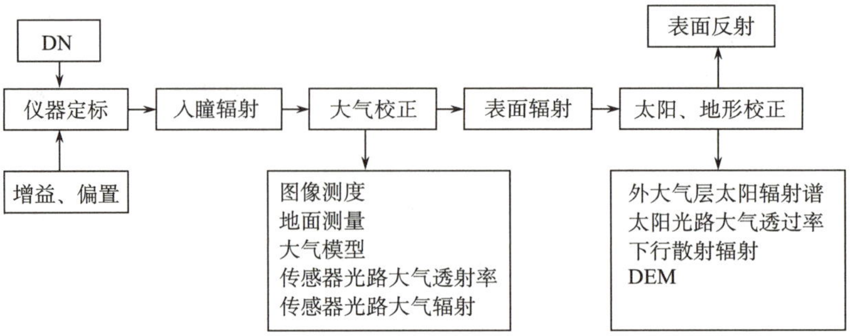

图 5.7 辐射校正流程示意图

在各种因素中，首先要考虑大气的影响。大气散射与吸收对太阳的下行辐射和传感器接收的上行辐射的光谱特性影响大，而且其中的气溶胶和分子的影响行为是不相同的。大气的散射与辐射光波长有密切的关系，对短波长的散射比长波长的散射要强得多。分子散射的强度与波长的四次方成反比。气溶胶的散射强度随波长的变化与粒子尺度有关。大气影响使图像表面的细节变模糊，大气辐射校正的目的是要消除这些影响，提高对表面反射率反演的准确性。

在可见光-短红外光谱区(0.4～2.5 μm)，地球本身的辐射可以忽略，所以只考虑太阳光的辐射传输。传感器接收的太阳辐射包括太阳光直射到地表后地表的反射辐射、被大气散射辐射的太阳光在地表的反射辐射、大气的上行散射辐射(程辐射，也称为路径辐射)三部分(图 5.8)。

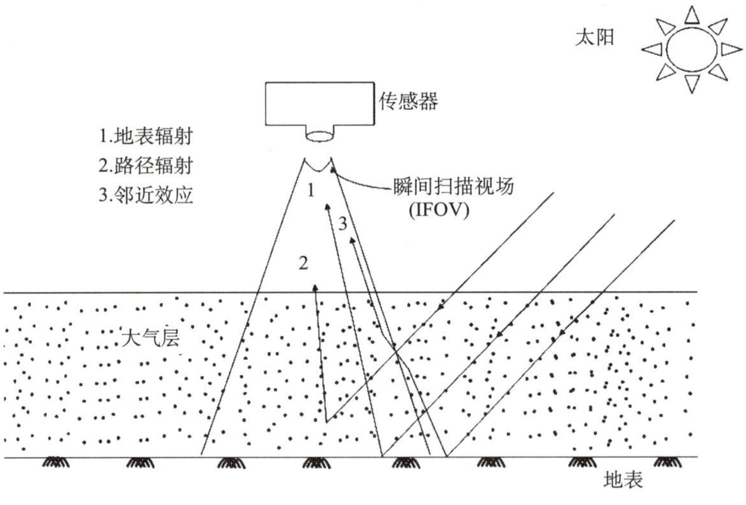

图 5.8 有光照情况下传感器接收的辐射

传感器处总的上行辐射量(upwelling radiance)为

$$L_\lambda^s = L_\lambda^{su} + L_\lambda^{sd} + L_\lambda^{sp}$$

式中，L_λ^s 为传感器处总的上行辐射，即传感器接收到的辐射；L_λ^{su} 为地表对太阳光的反射辐射；L_λ^{sd} 为地表对天空光的反射；L_λ^{sp} 为大气向上散射的程辐射。

在中红外和热红外，传感器接收的能量主要来源于地球的热辐射，其能量包括三个部分：

地表热发射辐射 L_λ^{eu} 、大气下行热发射辐射被地表反射后的辐射 L_λ^{ed} 、大气上行热发射辐射 L_λ^{ep} 。传感器接收的热辐射总量 L_λ^e 为

$$L_\lambda^e = L_\lambda^{eu} + L_\lambda^{ed} + L_\lambda^{ep}$$

电磁辐射在散射、吸收介质中的传输可用辐射传输方程来描述。在介质中的某特定点，当电磁波沿方向 (θ,φ) 越过距离 dz 时，强度 $I(z,\theta,\varphi)$ 的变化包括以下基本内容：

(1) 由于气体及悬浮粒子吸收引起的衰减，对应电磁波的能量转换为热量，导致辐射强度损失。

(2) 部分电磁波的能量被粒子散射，总能量不变，但沿 (θ,φ) 方向有强度损失。

(3) 介质热辐射的能量增加到电磁波上。

(4) 由于其他方向入射波的散射，在 (θ,φ) 方向上能量增加(大气程辐射效应)。

大气辐射传输方程较合理的描述了大气散射、大气吸收、发散等过程，而且可以产生连续光谱，避免光谱反演的较大误差，因而得到了广泛的应用。通常可以从大气辐射传输方程中反演出被探测参数的数值或沿路径的分布。但是，它需要对一系列的大气环境参数(如大气光学厚度、温度、气压、湿度、大气分布状况等)进行测量，而且校正模式的准确性取决于输入的大气参数的准确性。

应用大气辐射传输模型进行遥感图像的大气校正需要解决两个关键问题：①有关大气介质特征参数的获取；②具体实用的大气辐射传输模型。

在遥感应用中，常进行很多的简化，如假设地面为朗伯体(完全漫反射)、排除云的存在、采用有关标准大气模式及大气气溶胶模式等。因此也产生和发展了许多不同类型的大气辐射传输模型，主要分为两种类型：①采用大气光学参数，如 RADFIELD 辐射传输计算模型、参数化的向上亮度模式等；②直接采用大气物理参数，如 LOWTRAN、MODTRAN 等大气辐射近似计算模型，而且还增加了多次散射计算。

因为电磁波的传输过程包含了与大气和地面的相互作用，所以在进行遥感图像的大气影响校正时，有必要考虑地表特性，即地表空间分布特性和地表方向反射特性的影响。

5.2 图像的辐射误差

传感器所得到的目标测量值与目标的光谱反射率或光谱辐亮度等物理量之间的差值称为辐射误差。辐射误差造成了遥感图像的失真，影响人们对遥感图像的判读、解译，因此必须进行消除。

辐射误差产生的原因有两种：传感器本身的响应特性和传感器外界(自然)环境的影响，包括大气(雾和云)和太阳照射等。对前者的校正为系统辐射校正，主要由传感器发射单位完成。对后者的校正为用户辐射校正，由用户完成。

1. 传感器的响应特性

1) 光学摄影机引起的辐射误差

主要是由光学镜头中心和边缘的透射强度不一致造成的，它使同一类地物在图像上不同位置有不同的灰度值。

2) 光电扫描仪引起的辐射误差

主要包括两类：一类是光电转换误差，即在扫描方式的传感器中，传感器收集到的电磁

波信号经光电转换系统转换为电信号过程所引起的辐射量误差；另一类是探测器增益变化引起的误差。

2. 大气

电磁波在大气中传输时，受到大气中分子和微小粒子的作用。这些分子和颗粒对光波多次作用的结果即散射，它随电磁波波长和散射体的大小不同而不同。

散射分为选择性散射和非选择性散射(表 5.3)。这里的“选择”指的是对波长的选择，波长越短，散射越强。典型的例子是地面上看到的太阳颜色在早、中、晚的变化。中午，太阳当头，穿过的大气层厚度小，选择性散射相对较弱，较多的短波长光通过，于是人们看到太阳是白色；早晚太阳光斜照，穿过的大气层较中午要厚得多，选择性散射相对较强，较短波长的光都被散射，因此人们看到太阳呈红色。

在选择性散射中，按颗粒大小不同，散射分为瑞利散射和米氏散射。瑞利散射由远小于入射波长的气体分子引起，散射程度与波长的四次方成反比；米氏散射由直径与波长相当的颗粒(气溶胶：如烟、水蒸气和霾)引起，也称为气溶胶散射，散射程度与波长成反比。

非选择性散射由尘埃、雾、云以及直径超过入射波长 10 倍的颗粒引起，在各个波长均会发生；天上的云呈白色就是这个道理。

表 5.3　颗粒种类与波长的关系

散射类型		颗粒种类	颗粒直径(μm)与 λ 之比	与波长的关系(正比)
选择性	瑞利	气体分子	≪0.1	λ^{-4}
	米氏	气溶胶(烟、水蒸气、霾)	0.1～10	$\lambda^{-2} \sim \lambda^{-4}$
非选择性		尘埃、雾、云	>10	/

散射增加了到达卫星传感器的能量，从而降低了遥感图像的对比度和反差。

如果将反差定义为$C_r = B_{\max}/B_{\min}$（$B_{\max}$、$B_{\min}$为图像上最大亮度值和最小亮度值，C_r为反差)，且设两类地物的像素值分别为 2 和 5。假设散射使亮度增加了 5 个单位。那么，无散射时，

$$C_r = 5/2 = 2.5$$

有散射时，

$$C_r = (5+5)/)(2+5) = 1.4$$

散射增加的亮度值不含有地面信息，但降低了图像的反差。反差降低则降低了图像的可分辨性，因此必须进行图像的显示增强。

低空间分辨率图像由于所覆盖的空间范围大，散射在图像中的分布是不均匀的，图像中各像素的大气散射程度不同，往往需要进行分区校正。

3. 太阳辐射

由于太阳高度角和方位角的变化和地形部位的变化，不同地表位置接收的太阳辐射是不同的。

1) 太阳位置

太阳位置主要指太阳高度角和方位角。太阳高度角和方位角不同，则地物入射照度也会

发生变化(图 5.9)，地物的反射率也就随之改变。

$$E_{\tau(\theta,\lambda)}=E_{\tau(\lambda)}\cdot\sin\theta$$

式中，$E_{\tau(\theta,\lambda)}$为地面接收的照度；$E_{\tau(\lambda)}$为太阳透过大气后的垂直太阳光的照度；θ是太阳高度角。

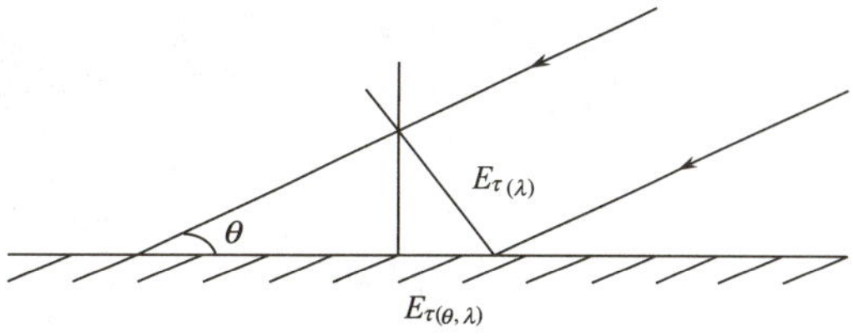

图 5.9 地面照度与太阳高度角关系

总照度为

$$E_{\tau(\theta)}=\int_0^\infty E_{\tau(\theta,\lambda)}\mathrm{d}\lambda$$

太阳高度角较低时，图像上会产生阴影压盖在其他地物上，造成同物异谱问题，影响遥感图像的定量分析和自动识别。

太阳方位角的变化也会改变光照条件，所引起的误差通常只对图像细部特征产生影响，对高空间分辨率的图像影响更大。

为了尽量减少太阳高度角和方位角引起的辐射误差，遥感卫星大多设计在同一个地方时间通过当地上空。但由于季节变化和地理经纬度的差异，太阳高度角和方位角的变化是不可避免的。

2) 地形起伏

传感器接收的辐亮度和地面坡度有关。太阳光线垂直入射到水平地表和坡面上所产生的辐亮度是不同的。由于地形起伏的变化，在遥感图像上会造成同类地物灰度不一致的现象。

4. 其他误差

遥感图像中有时因各传感器特性的差别、干扰、故障等原因引起不正常的条纹和斑点，这些错误信息影响图像的统计计算，必须在工作前予以消除。

5.3 系统辐射校正

1. 边缘减光现象

在使用透镜的光学系统中，由于透镜光学的非均匀性，在成像平面上边缘部分比中间部分暗，即边缘减光。对于这种问题，如果光线以平行于主光轴的方向通过透镜到达像平面的光强度为E_0，以与主光轴成θ角度的方向通过镜头到达像平面 p 点的光强度为E_p，则$E_p=E_0\cos^4\theta$。据此可以对边缘减光现象进行辐射校正。

另外，机载成像光谱图像的边缘辐射畸变与仪器的大视场角有关，主要由大气效应、地物反射的非朗伯特性、仪器-太阳-目标相对几何关系等因素综合作用引起。遥感器的扫描角较大时，光线路径长，大气衰减严重；星(机)下点位置的地物辐射信息的光线路径最短，大气衰减的影响也最小。该问题在图像上表现为沿扫描方向的辐亮度不均匀变化，会直接影响基于光谱特征的地物定量或半定量分析和识别。

2. 条纹

遥感图像中的条纹主要是由检测器引起的。条纹误差判定和消除的常用方法有：平均值法、直方图法及在垂直扫描线方向上采用最近邻点法或三次褶积法等。图 5.10 是采用三次褶积法进行条纹误差校正的效果图。

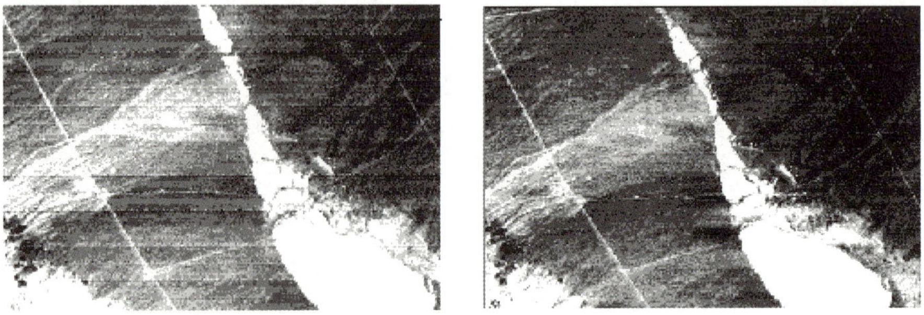

(a) 扫描线去除前的TM图像　　(b) 扫描线去除后的TM图像

图 5.10　条纹误差校正效果

3. 斑点

斑点误差主要由噪声或磁带的误码率等造成，在图像中的分布往往是分散的和孤立的。

(1) 斑点的判定。当像素亮度值与周围相邻像素亮度平均值之差超过给定阈值 ε_1，或像素及其周围像素亮度值的方差 σ^2 减去图像亮度值的平均方差 $\bar{\sigma}^2$ 大于给定阈值 ε_2，则认为该像素是斑点。

(2) 斑点的校正。校正后的斑点亮度值取其邻域像素亮度值的平均值或用三次褶积法进行修正。应注意将斑点与图像本身的边缘信息区分开来。通常边缘附近和图像四周的像素不进行斑点消除。

4. 灰度匹配

不同的图像，由于其获取时的天气、植被、日照条件均会发生变化，会存在灰度状况(大小、分布)不一致的问题，在图像拼接前和拼接后需要进行亮度值的修正。可使用直方图匹配(直方图规定化)等方法进行处理。

5.4　传感器端的辐射校正

传感器端的辐射校正又称传感器校正(sensor calibration)，对于卫星遥感图像来说，又称为大气顶面辐射校正、辐射定标或大气上界(TOA)辐射校正。

在扫描方式的传感器中，传感器收集到的电磁波信号需经光电转换系统变成电信号记录下来。该信号量化后成为离散的灰度级别，仅在图像中具有相对大小的意义，没有物理意义。经过辐射校正后，灰度级别值转换为辐亮度或反射率，才会具有物理意义。

传感器将在每个波段探测到的辐射转化为电子信号，然后按比例量化成表示辐射值级别的离散整数值。不同的传感器间、或同一传感器不同日期产生的图像中会存在偏差，需要进行定标校正后才能相互比较。

辐射校正利用已经建立的地物反射率与遥感图像像素值之间的关系，通过像素值计算传感器端的像素反射率。这种关系往往需要通过辐射定标来确定。

辐射校正后的数据，可以是辐亮度，也可以是反射率。前者有量纲，后者是相对的百分比。如果还需要进行其他校正，则往往计算辐亮度。

1. 可见光和近红外波段的辐射定标

辐射定标是在卫星飞越试验场地上空同时，在若干选好的像素内测定探测器对应波段内

的地物反射率 ρ_t，同时测出气象要素和大气光学特性。再根据卫星过顶时太阳几何位置、仪器视场角、探测器光谱响应函数等，通过大气辐射传输模式正演出到达传感器入瞳处各光谱通道的辐亮度 L_t。

对于朗伯体：

$$L_t = \rho \times E \times \tau / \pi + L_p$$

式中，E 是太阳直射光与天空散射光在地面上的辐照度；τ 为大气透射率，在进行辐射定标时可以假定为1(即大气是透明的)；ρ是反射率；L_p 为大气散射产生的程辐射。

对于非朗伯体，上述公式可修改为

$$L_t = \mathrm{BRF} \times E \times \tau / \pi + L_p$$

式中，BRF 为双向反射比因子。

按线性模型处理则为

$$L_t = A \times C$$

式中，A 为辐射校正系数。

2. 红外波段的辐射校正

对于红外波段来说，尤其是热红外波段，星上传感器入瞳处接收的总辐射由三部分组成：

(1)通过大气向上传输的直接地面辐射。

(2)由大气自身向上传输的辐射。

(3)大气向下辐射到达地面再经地面反射后通过大气向上传输的辐射。

如选择清洁水面为目标，那么按线性模型处理为

$$I_{\Delta\lambda} = A^* \times C$$

式中，A^* 为红外波段辐射校正系数。

3. 图像的灰度级和辐亮度

图像上的像素值为灰度级。实际的电磁波辐射强度为辐亮度。在图像数字化的时候，电磁波辐亮度被量化为灰度级。在实际应用时，特别是在不同日期图像的对比和遥感定量反演时，则需要将灰度级转换为辐亮度。

灰度级是相对的，仅仅在当前的图像中具有意义，不能用于进行图像之间的比较。如果要进行不同传感器或不同日期图像的比较，则必须将图像的灰度级转换为辐亮度。

不同的传感器有不同的校验参数，通常通过线性方程将传感器的最小和最大辐亮度与图像的灰度级联系起来，并进行转换。波段不同，传感器可以探测的最小和最大的辐亮度值不同。

有关辐亮度的参数可以在图像的元数据文件中找到。对于 8 位量化的图像，一个基本的转换方程为 $L = (L_{\max} - L_{\min}) / 255 \times \mathrm{DN} + L_{\min}$。其中，$L$ 为图像的辐亮度，单位为 $\mathrm{W \cdot m^{-2} \cdot sr^{-1}}$；$L_{\min}$ 为与最小灰度级对应的辐亮度；$L_{\max}$ 为与最大灰度级对应的辐亮度；DN 为图像中像素的灰度级。

将灰度级转换为辐亮度对灰度级进行重新分配，可以起到一定的图像增强效果。

4. Landsat5 的 TM 图像的辐射校正

Landsat5 是质量高且非常成功的卫星，为地面环境遥感提供了大量的数据。对于 TM 传

感器，卫星接收的辐亮度与图像亮度 DN 之间的关系为

$$L_\lambda = \text{Gain} \times \text{DN} + \text{Bias}$$

式中，DN 为图像亮度值。传感器的特性影响到 DN 值的正确性和均一性；L 为辐亮度，单位为 $W \cdot m^{-2} \cdot sr^{-1} \cdot \mu m^{-1}$。Gain 为增益，单位为 $W \cdot m^{-2} \cdot sr^{-1} \cdot \mu m^{-1}$；增益=$(L_{max} - L_{min})/255$，$L_{max}$ 和 L_{min} 分别是最大和最小光谱辐射值，可从元数据文件中获得，单位与增益相同；255 是 8 位量化图像的最大灰度级，其灰度级范围为[1，255]。Bias 为偏置，单位为 $W \cdot m^{-2} \cdot sr^{-1} \cdot \mu m^{-1}$；偏置= L_{min}。

随着时间的变换，传感器的校正参数误差也会发生变化。表 5.4 是增益和偏置的取值。

表 5.4 Landsat5 的增益和偏置取值

波段	1984 年 3 月 1 日～2003 年 5 月 4 日		2003 年 5 月 4 日后	
	增益	偏置	增益	偏置
1	0.6024	–1.52	0.7628	–1.52
2	1.1751	–2.84	1.4425	–2.84
3	0.8058	–1.17	1.0399	–1.17
4	0.8145	–1.51	0.8726	–1.51
5	0.1081	–0.37	0.1199	–0.37
6	0.0551	1.2378	0.0551	1.2378
7	0.0570	–0.15	0.0653	–0.15

计算辐亮度后，通过下面的公式计算大气上界的反射率值：

$$\rho = \frac{\pi \cdot L_\lambda \cdot d^2}{\text{ESUN}_\lambda \cdot \cos(\theta)}$$

式中，ρ 为反射率，无量纲，又称为空间反射率（space reflectance）、行星反射率（planetary reflectance）或大气顶面反射率（TOA）。d 为日地距离参数，无量纲。USGS 给出的日地距离参数如表 5.5 所示。ESUN 为太阳光谱辐照度，单位为 $W \cdot m^{-2} \cdot \mu m^{-1}$。USGS 给出了 TM 使用的两种太阳光谱辐照度的取值，推荐使用表 5.6 中右列值。θ 为太阳天顶角，单位为度，θ =90–太阳高度角。太阳高度角从图像数据的头文件中读取或根据卫星的过境时间计算。

表 5.5 日地距离参数查找表

日数	距离	日数	距离	日数	距离
1	0.9832	121	1.0076	242	1.0092
15	0.9836	135	1.0109	258	1.0057
32	0.9853	152	1.0140	274	1.0011
46	0.9878	166	1.0158	288	0.9972
60	0.9909	182	1.0167	305	0.9925
74	0.9945	196	1.0165	319	0.9892
91	0.9993	213	1.0149	335	0.9860
106	1.0033	227	1.0128	349	0.9843
日数是儒略日				365	0.9833

表 5.6 太阳光谱辐照度

波段	Neckel 和 Labs	CHKUR
1	1957	1957
2	1829	1826
3	1557	1554
4	1047	1036
5	219.3	215.0
7	74.52	80.67

注意：由于波段宽度和响应函数的差异，不同传感器的各个波段的太阳光谱辐照度取值并不相同！更多的关于该参数的数据建议参阅参考文献中梁顺林(2009，P6)的附书光盘。

计算完成后，就可以进行大气校正等工作了。

TM 中的 B6 常用来计算地面的亮温，并进而可用于提取图像中的云(亮温低)。利用前面的公式计算 B6 的 $L6$ 后，使用如下公式计算亮温：

$$T=K2/\ln((K1/L6)+1)$$

对于 $L5$ 的 TM 图像，$K1$ 和 $K2$ 的值分别为 607.76 和 1260.56，量纲为 $W\cdot m^{-2}\cdot sr^{-1}\cdot \mu m^{-1}$。对于 ETM+图像，这两个值分别为 666.09 和 1282.71[①]。

Landsat 提供了历史最长的卫星数据，从 MSS 到 ETM+传感器的相关应用最多，相关内容建议参阅 https://www.usgs.gov/core-science-systems/nli/landsat/landsat-7-data-users-handbook(2020 年访问有效)。对于 OLI 传感器，网址为 https://www.usgs.gov/core-science-systems/nli/landsat/landsat-8-data-users-handbook(2020 年访问有效)。

更多卫星传感器图像辐射校正的内容，建议参阅梁顺林编写的《定量遥感》一书(2009，134-137)。

5.5 大气校正

消除由大气散射引起的辐射误差的处理过程称为大气校正。在遥感图像中，卫星遥感图像需要进行大气校正。航空摄影获取的图像，根据飞行高度的情况，可以选择不进行大气校正。大气校正后，可以得到更精确的地物辐射值。

按照校正的方式，大气校正包括：①相对大气校正；②基于模型大气校正；③绝对大气校正。

为了直接比较高光谱图像的光谱和参照反射光谱，图像中的灰度级必须转换为反射率。一个综合转换必须包括太阳源光谱、太阳高度角和地形的光照影响、大气透射率、传感器增益。从数学角度看，地面反射光谱和这些影响因素相乘得到了所测得的辐射光谱；传感器偏差(内部的仪器噪声)和大气散射的路径辐射对辐射光谱的贡献则是加性的。

5.5.1 相对大气校正

主要有内部平均法和平场域法。校正后图像的像素值是相对值。

1. 内部平均法

校正后为相对的反射率值。这是基于图像本身的方法，主要考虑了各种因素的乘性贡献。

内部平均法假定一幅图像内部的地物充分混杂，整幅图像的平均光谱基本代表了大气影响下的太阳光谱信息。因而，把图像 DN 值与整幅图像的平均辐射光谱值的比值作为相对反射率，即

$$\rho_\lambda = R_\lambda / F_\lambda$$

式中，ρ_λ 为相对反射率；R_λ 为像素值；F_λ 为整幅图像的平均值。

---

① Chander G, Markham B L, Helder D L. 2009. Summary of current radiometric calibration coefficients for Landsat MSS, TM, ETM+, and EO-1 ALI sensors. Remote Sensing of Environment, 113, 893-903.

王艳梅,杨世植，等. 2010. 基于 Landsat5 TM 数据反演地表温度.大气与环境光学学报,5(4)：293-298.

内部平均法可以消除地形阴影和整体亮度的差异。但是，该方法假设地面变化是充分异构的，光谱反射特性的空间变化会相互抵消。如果这个假设不成立，得到的反射光谱会有虚假性。

2. 平场域法

校正后为相对的反射率值。这是基于图像本身的方法，主要考虑的是各种因素的乘性贡献。

平场域(flat field)方法要求图像中具有一个光谱反射率曲线变化相对平坦的比较均一的地表区域，且该区域的平均光谱受太阳辐射、大气散射和吸收影响的共同控制。该方法有两个重要的假设条件：①区域的平均光谱没有明显的吸收特征；②区域辐射光谱主要反映的是当时大气条件下的太阳光谱。

作为平场的是图像中一块面积大、亮度高、光谱响应曲线变化平缓的区域。将每个像素值与该区域平均值的比值作为地表反射率，以此来消除大气的影响，即为平场域校正。计算公式为

$$\rho_\lambda = R_\lambda / F_\lambda$$

式中，ρ_λ 为相对反射率；R_λ 为像素值；F_λ 为定标点(平场域)的平均值。

平场域通常通过人机交互来选择，但对高光谱图像来说有两个缺陷：①不适合大量多条带高光谱数据的处理，因为对于条带很长、很多的高光谱数据，如果每个条带都需要查找适合的平场域(太长的条带，一个平场域不够)，工作量太大；②人工查找的方法有一定的随意性。

因为在自然景观中的具有完全平的反射光谱的物质很少，所以，从图像中选择一个合适的“平场”较为困难。对包括沙漠的图像来说，结盐的干湖床呈现出相对平的光谱，在城市中，明亮的人造材料如混凝土可作为平场。平场光谱中的任何显著的光谱吸收特征将造成相对反射率计算结果的虚假性。如果地区存在显著的海拔变化，转换的结果包括了地形阴影和大气路径辐射差异的残余影响。

5.5.2 基于模型的大气校正

辐射传输模型从一个模拟的太阳辐射光谱开始，然后计算太阳高度的辐射影响(根据成像时间计算)以及大气散射和吸收。在缺乏实际大气条件测量资料的情况下，使用者必须估计一些输入的参数，如散射媒介的总数和分布。充分混合的气体(CO_2和O_2)导致的吸收被认为是均匀的，但由水汽引起的吸收通常是空间变化的。利用包含水汽吸收波段的光谱部分可以估计水汽吸收的影响，并对每个像素进行校正。然而，最终的表观反射率值仍可能包含地形阴影的影响。

若地面目标的辐射能量为E_0，它通过高度为H的大气后，传感器收集到的电磁波能量为E，则由辐射传输方程可得

$$E = E_0 \cdot e^{-T(0,H)}$$

式中，$e^{-T(0,H)}$称为大气的衰减系数。如果上式给出适当的近似解，就可以求出地面目标的真实辐射能量E_0。

在可见光和近红外，大气的影响主要来自于气溶胶引起的散射；在热红外，大气的影响主要来自于水蒸气的吸收。为了消除大气的影响，需要测定可见光和近红外区的气溶胶的密度以及热红外区的水蒸气浓度，但是从图像中很难正确获得这些数据。

专业的遥感图像处理系统多提供了大气校正模型。例如，ERDAS 和 Geomatica 软件中的 ATCOR 模型，ENVI 软件中的 Flaash 模型，免费的 6S(second simulation of the satellite signal in the solar spectrum radiative code)模型。

6S 模型是目前世界上发展比较完善的大气辐射校正模型之一，从 Tanre 等人提出的 5S(the simulation of the satellite signal in the solar spectrum)模型改进而来，适合于可见光—近红外(0.25～4μm)的多角度数据。该模型考虑了地表非朗伯体情况，解决了地表 BRDF 与大气相互耦合的问题，通过使用较为精确的近似方程以及称之为“successive order of scattering”(SOS)的算法，提高了瑞利散射和气溶胶散射的计算精度，将大气由原来 5S 所考虑的 26 层、24 个高斯离散角缩减为 13 层、12 个离散角，显著简化了计算，此外，该模型支持的光谱分辨力可达 2.5nm。许多研究表明该模型的计算精度和计算效率比其他模型高。

利用辐射传输方程通常只能得到近似解，改进的方法是在获取图像的同时，利用搭载在同一平台上的其他传感器获取气溶胶和水蒸气的浓度数据，然后利用这些数据进行大气校正。

需要注意的是：在基于模型的大气校正中，存在着诸多的假设条件。只有在理想的天气条件下(晴天，无云，高透明度)或具有现场实测大气参数的条件下，其校正的结果才具有较高的可靠性。校正后图像的像素值为绝对值，如辐亮度或反射率。

5.5.3 绝对大气校正

主要有两种方法：①基于地面真实数据的经验方程方法；②基于图像暗像元的方法。校正后图像的像素值为绝对值、辐亮度或反射率。

1. 经验方程法

校正后为绝对的反射率值，主要考虑的是大气的加性贡献。

本方法需要图像中具有两个以上光谱均一、有一定面积大小的目标，它们分别作为暗目标和亮目标的定标点。假定图像 DN 值与反射率 r 之间存在线性关系：

$$\mathrm{DN} = kr + b$$

实测两个定标点的地面反射率，然后，利用线性回归分析确定反射率与像素值间的关系，求出系数 k、b，最后借此关系式计算像素的反射率(图 5.11)。

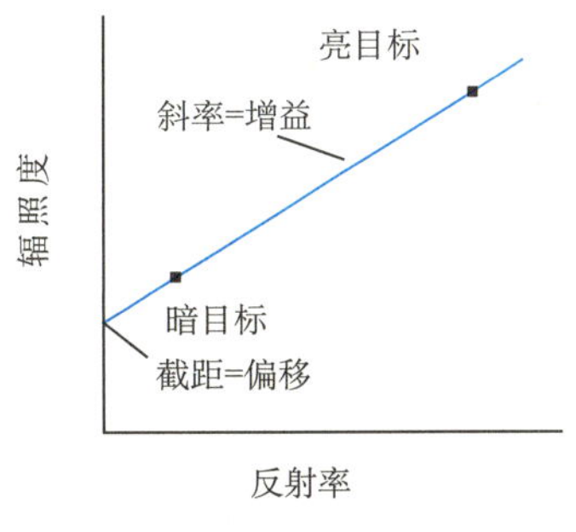

图 5.11　利用已知目标反射率的值进行转换

在使用过程中，对定标点有如下要求：

(1)要选择尽可能各向同性的均一地物，且面积足够大。

(2)地物在光谱上要跨越尽可能宽的反射光谱段，明暗目标之间要有足够的差异。

(3)要尽可能与研究区域保持同一海拔高度。

类似地，野外光谱测量也可以与卫星成像同步进行。通常选用同类仪器测量，将地面测量结果与卫星图像中对应像素亮度值进行回归分析。

在获取地面目标图像的同时，也可预先在地面设置反射率已知的标志，或事先测出若干地面目标的反射率，把由此得到的地面实况数据和传感器的输出值进行比较，以消除大气的影响。因为遥感过程是动态的，在地面特定地区、特定条件和一定时间段内测定的地面目标反射率不具有普遍性，所以该方法仅适用于包含地面实测数据的图像。

该方法的转换结果是地表平均表面的反射率，因为这个转换没有包括可能的地形影响。

2. 暗像元法

暗像元是图像中最暗的像元，也就是 DN 或反射率最低的像元。利用暗像元可以进行大气校正。

暗像元大气校正方法的理论依据在于大气散射的选择性，即大气散射对短波影响大，对长波影响小。以陆地资源卫星 TM 图像为例，1 波段受散射影响最严重，其次为 2 波段、3 波段，而 7 波段受散射影响最小。对于陆地遥感，可以假设 7 波段中最暗的像元是没有信号的，即理论上像元值为 0。如果该值不为 0，则该值来自于大气的散射贡献。

为处理方便，陆地遥感把红外和近红外图像中的最暗的像元看作无散射影响，通过不同波段的对比分析计算出大气散射的干扰值。一般通过两种方法进行计算：回归分析法和直方图法。

1）通过回归分析确定校正参数

在不受大气影响的波段和待校正的某一波段图像中，选择最黑区域（通常为高山阴影、深的清洁的水体、茂密的森林）中的一系列目标，将每一目标的两个待比较的波段亮度值提取出来进行回归分析。例如，在 TM 图像中，蓝光波段的 B1 大气散射最大，红外波段的 B7 散射最小。图像中的深的大面积水体与地形阴影在 B7 中是黑的，如果不存在附加的辐射，这些水体与阴影在其他波段也应该是黑的，B1 与 B7 应该具有比例关系。如果受到影响，那么，在其他波段会产生偏移。

若对 B1 进行校正，首先在 B1 上的最黑区域中选择一系列目标（如地形阴影区），再找出 B7 上对应的目标，以这两个波段做散点图，并作回归分析，以确定偏移量。回归方程为

$$B_1 = b_0 B_7 + a_0$$

式中，B_1 和 B_7 为遥感图像 1 波段和 7 波段目标的灰度值；b_0和a_0 为直线的斜率和截距。

校正后的 B_1 的值为

$$B_1' = B_1 - a_0$$

式中，B_1 为图像 1 波段的灰度值；a_0 是上述方程的截距，即偏移量。

同理，用上述方法可以对 TM 图像的其他波段分别作校正。

注意：作为暗像元的区域一定是类似于高山阴影区的在所有波段反射率低的区域。因为地物的波谱响应在各波段是不同的，一个波段反射率低并不意味着在另一个波段的反射率也低。如果不是在各个波段全黑，回归分析得到的拟合曲线就加进了地物波谱特性因素而不全是散射的影响，结果是无意义的。

有关暗像元大气校正的更多内容，建议阅读 Chavez(1988)的论文①。

2)通过直方图确定校正参数

遥感图像的光谱包括了可见光和近红外范围，路径辐射影响不能被忽略。如果图像内包括暗色地物或地形阴影，可从各个波段中减去其最小的亮度值(或一个阴暗地区的平均亮度值)来进行校正。

如果在图像中存在亮度值为零的目标，如深海水体、高山背阴处等，各个波段的亮度值都应为零。但实际上只有不受大气影响的波段才为零，其他波段由于受大气中的水汽散射等的影响(路径辐射)而使目标亮度值不为零。

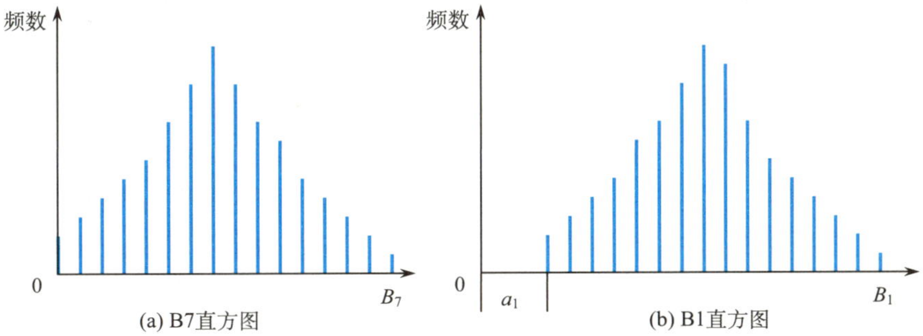

图 5.12 TM 图像的 1、7 波段直方图

图 5.12 是陆地资源卫星 1、7 波段的直方图。从 B7 的直方图来看，图像中存在最黑的目标。从 B1 的直方图来看，最小的像素值不是 0，而是 a_1。因此，假设 a_1 就是大气散射的影响，将 B1 的图像像素值减去 a_1 就实现了对 B1 图像的大气校正。其他波段可以用类似的方法进行校正。

应注意的是，如果图像内找不到暗像元区域(阴影、茂密的植被、干净的深水等)，暗像元大气校正就不能使用了。

5.6 地面辐射校正

5.6.1 太阳辐射校正

地表一个区域反射的能量取决于照射这个区域的太阳能和其他能量的入射角。入射角是入射能量的方向与地表法线间的夹角。特别地，每个波长获得的能量(E_g)随入射角(θ)的余弦变化：$E_g = E_0 \times \cos\theta$，其中 E_0 是入射的能量。因此，任何地表获得的能量都随太阳高度变化，而不同时间和季节太阳高度是不同的。

太阳辐射校正，主要校正由太阳高度角(sun elevation)导致的辐射误差，即将太阳光线倾斜照射时获取的图像校正为太阳光线垂直照射时获取的图像。

太阳的高度角 θ 可在图像的元数据中找到，也可以根据成像时刻的时间、季节和地理位

① Chavez P S.1988. An improved dark-object subtraction technique for atmospheric scattering correction of multispectral data. Remote sensing of environment, 24:459-479.

置来确定。

$$\sin\theta = \sin\varphi \cdot \sin\delta \pm \cos\varphi \cdot \cos\delta \cdot \cos t$$

式中，φ为图像地区的地理纬度；δ为太阳赤纬(成像时太阳直射点的地理纬度)；t为时角(地区经度与成像时太阳直射点地区经度的经差)。

太阳高度角的校正通过调整一幅图像内的平均灰度来实现。在求出太阳高度角后，以高度角θ斜射时得到的图像$g(x,y)$与直射时的图像$f(x,y)$有如下关系：

$$g(x,y) = \frac{f(x,y)}{\sin\theta}$$

如果不考虑天空光的影响，各波段图像可采用相同的θ角进行校正，或者用下面的公式进行校正：

$$\mathrm{DN}' = \mathrm{DN} \times \cos i$$

式中，i为太阳天顶角，即 90° 减去太阳高度角；DN′为校正后的亮度值；DN为原来的亮度值。这种校正或补偿，主要应用于比较不同太阳高度角(不同季节)的多日期图像。

对于相邻地区不同时期的图像，为了使图像便于衔接或镶嵌，也需要进行太阳高度角校正。校正的方法是以其中一景图像为标准(或称为参考图像)来校正另一景图像，使之与参考图像相近似。若参考图像的太阳天顶角为i_1，要校正的图像的太阳天顶角为i_2，其亮度值用DN表示，则校正后的亮度值DN′为

$$\mathrm{DN}' = \mathrm{DN} \times \frac{\cos i_1}{\cos i_2}$$

5.6.2　地形校正

如果地形不平坦，受坡度和坡向的影响，传感器获得的能量也会变化。校正由地形因素如坡度和坡向导致的图像辐亮度的变化称为地形校正。

一个区域所获得的能量会因阴影而有所减少。由地形或云投射的阴影影响着成片的连续的像素。树、作物行、岩石露头或其他小物体也能产生阴影，但仅影响单独的像素。这两种类型的阴影会降低各个波长的亮度值(图 5.13)。

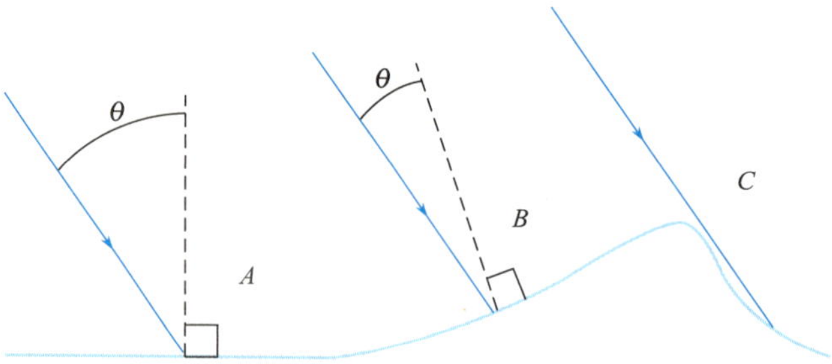

图 5.13　坡地入射角(*A*，*B*)和阴影 *C* 导致的光照差异

地表反射到传感器的太阳辐亮度和地表坡度有关。对由此产生的辐射误差，可以利用地表法线向量与太阳入射向量之间的夹角来校正。对于多个波段图像，利用波段比值也可以消

除地表坡度的影响。

简单的地形辐射校正可使用余弦法①。

设太阳天顶角为 s，入射角为 i，遥感图像上的辐射值为 L_T，则校正后水平面上的辐射值 L_H 为(图 5.14)

$$L_H = L_T\left(\frac{\cos(s)}{\cos(i)}\right)^k$$

式中，k 为各向异性指数，对于朗伯体表面，$k=1$；非朗伯体表面，$k<1$。入射角的函数值可通过下述公式计算：

$$\cos(i)=\cos(s)\times\cos(s_1)+\sin(s)\times\sin(s_1)\times\cos(f-a)$$

式中，s_1 为坡度；a 为坡向；f 为太阳方位角。

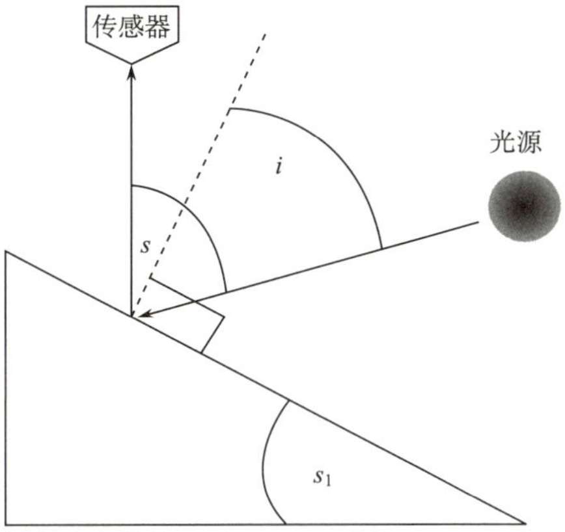

图 5.14　地面辐射的余弦校正

这种校正方法计算简单，但由于仅仅考虑了直射光，没有考虑天空的漫射光和邻域的影响(如周围山顶的影响)，如果 i 过小，则可能出现过度校正。更多的内容建议参阅：Smith J A，Lin T L，Ranson K. The lambertian assumption and landsat data. Photogrammetric Engineering and Remote Sensing，46:1183-1189。

5.7 辐射定标和验证

遥感数据中除了由遥感器的灵敏度特性引起的偏差外，还有大气及遥感器测量系统等混入的失真。辐射定标(calibration)是将得到的测量值变换为绝对辐亮度的操作。为了校正大气引起的失真而对地表反射率及表面温度等物理量进行相关处理的过程称为辐射验证(validation)。

定标用的数据有地面定标数据和轨道定标数据(表 5.7)。前者是在卫星发射前，使用地面校准装置得到的数据，多刊载于用户手册中。后者是在卫星发射后，在卫星内部测量标准光源等已知目标而得到的数据，并从卫星上传送下来，其内容可分为三类，见表 5.8。

① Paul M Mather. 2004. Computer Processing of Remotely-Sensed Images: An Introduction. 3rd. Hoboken: Wiley, 118.

表 5.7 定标数据的类型

类型	数据取得时期	内容
地面定标	卫星发射前	用传感器观测辐亮度已知的标准辐射源(通常在可见光、反射红外区是卤素灯，在热红外区是黑体辐射源)获得校正数据
轨道定标	卫星发射后	在可见光、反射红外区，通常使用卫星搭载的电光源及太阳光作为高档的辐射源，使用地表的阴影作为低档的标准辐射；在热红外区通常使用卫星搭载的标准黑体作为高档的标准辐射源，使用宇宙空间作为低档的标准辐射源

表 5.8 定标类别

类别	内容
波段内定标	在用多个探测元件进行观测的传感器中(如 Landsat TM)，确定同一波段内每个元件的灵敏度之比
波段间定标	确定不同波段间每个探测元件的灵敏度之比
绝对定标	确定各探测元件的灵敏度的绝对值

可见光近红外区的地面定标主要采用标准灯和积分球。这种方法的定标精度根据波长而定，一般在 2%～5%。因为这些定标值在卫星发射后变化较大，所以必须使用卫星上的校正源进行监测。校正源多使用电灯、太阳光扩散板等，通过对月球的观测数据进行高精度定标的方法也已经开始采用了。因为电灯、扩散板等数据会随时间变化，而月球不会变化，所以在轨道上可以得到 2%左右的定标精度。

热红外区使用黑体进行定标。在地面上通过采用辐射率为 99.9%以上的空洞黑体可以进行高精度的定标，在轨道上也可以利用搭载较高辐射率的黑体和宇宙深空的两点进行定标，定标精度可达 0.1～0.2K。搭载的标准黑体的温度通常用白金电阻温度计测定。

与在轨定标相对应，使用地面上的测量数据进行遥感器的定标称为替代定标(vicarious calibration)。替代定标在地面或飞机上测量来自地表的辐射量，同时测定上空的大气(在可见光近红外区主要是气溶胶)，使用测量值和大气辐射传输方程，估算应该到达遥感器的辐射量从而实现校正。以测定海水中叶绿素含量为目的的遥感器等往往采用替代定标方法。

验证的主要目的是评估从卫星数据中得到的海面温度等物理量的准确程度。验证方法根据物理量而有所不同，不能一概而论。

以海面温度为例，目前最广泛使用的海面温度来自 NOAA 卫星搭载的 AVHRR 数据。为了验证数据的准确性，NOAA 主要采用了浮标数据。通过使用包括固定浮标和漂流浮标在内共计约 3000 个浮标数据，可以保证约 0.5K 的精度。然而实际上浮标测量的温度是海面下 1m 一个位置的温度，而卫星观测是表面 1mm 以下、水平空间约 $1km^2$ 的平均温度，所以通常验证数据测量值和卫星遥感器测量值是不同的。

在验证中，除了验证海面温度物理量外，还有检验观测仪器性能的仪器验证和检验实际应用效果的应用验证(表 5.9)。无论哪种验证，为了采集验证数据都必须进行现场调查。

表 5.9 辐射验证的种类

类别	内容
仪器验证	验证卫星发射后仪器性能是否与设计指标相符(如信噪比，动态范围，分辨力，配准，噪声电平等)
物理量验证	验证从卫星数据中得到的各种物理量的精度(反射系数，海面温度等)
应用验证	使用从卫星数据中获得的各种物理量，验证实际应用的有效性(地图制作，气象预报，灾害调查等)

中国的高分系列、资源三号 01a、资源一号 02c 等卫星图像，其定标系数可在中国资源卫星应用中心的网站下载：http://www.cresda.com/CN/Downloads/dbcs/index.shtml。

国外卫星图像的定标系数，如果没有在数据包的元数据文件中，可咨询数据提供商。

5.8 辐射校正的软件工具

专业的辐射校正工具有：①ENVI 系统中的工具，快速的辐射校正的 QUAC 工具，专业的 Flaash 工具；②ERDAS IMAGINE 中的附加模块 ATCOR；③PCI Geomatic 中的工具 ATCOR，可以直接使用；④免费的 6S 校正工具，可以直接下载使用①。Satellite Imaging 公司的大气补偿的图像自动化预处理工具 ACOMP②，主要用于高空间分辨率遥感图像的辐射校正，如 WorldView，GeoEye 图像等。水色遥感中，大气校正一直属于研究的热点。Masek 等在 2013 年构建了一个 LEDAPS 大气校正方案③，能更好地突出水体中的信息。

5.9 图像的几何误差

遥感图像的几何误差可分为静态误差和动态误差两大类。静态误差是指成像过程中，传感器相对于地球表面呈静止状态时所具有的各种误差；动态误差则主要是由于成像过程中地球的旋转所造成的图像误差。

按照来源可分为内部误差和外部误差两类。内部误差主要是由于传感器自身的性能、技术指标偏离标称数值造成的。例如，对于框幅式航空摄影机，有透镜焦距变动、像主点偏移、镜头光学畸变等误差；对于多光谱扫描仪，有扫描线首末点成像时间差、不同波段相同扫描线的成像时间差、扫描镜旋转速度不均匀、扫描线的非直线性和非平行性、光电检测器的非对中等误差。静态误差随传感器的结构不同而异，本书不作讨论。

外部误差指的是传感器本身处在正常工作的条件下，由传感器以外的各因素所造成的误差。例如，传感器的外方位(位置、姿态)变化、传感介质的不均匀、地球曲率、地形起伏、地球旋转等因素所引起的变形误差等。这些误差往往在获取图像后进行了系统的校正。

5.10 几何纠正的概念和内容

来自于相同平台位置和传感器的多光谱图像容易纠正。当图像来自于不同的传感器、平台、高度或视角的时候，就会产生一些问题。在这种情况下，如果简单地将各个图像叠加在

① http://6s.ltdri.org，2019 年 5 月访问有效。

② http://www.satimagingcorp.com/services/atmospheric-compensation/.

③ http://daac.ornl.gov/MODELS/guides/LEDAPS_V2.html.

一起，因为变形、比例变化、几何、阴影、平台的稳定性等均会产生错误的匹配。所以，需要有一种方法，能够将这些图像在一定的几何精度上叠加起来，这就是几何纠正。

几何纠正必须在遥感图像信息提取之前进行。只有把所提取的图像信息表达在某一个规定的空间投影参照系统中，才能进行图像的几何量测、相互比较以及图像叠加分析。

5.10.1 基本概念

图像配准(image registration)：指两幅图像之间的对准(image to image)，以一幅图像作为参考，利用特征寻找两幅图像中相同地物点，然后将待处理图像的坐标变换到参考图像上，体现了同一空间位置的两个不同传感器图像或不同波段图像间的采样关系。这个过程是相对的，又称为相对几何纠正或图像匹配(image matching)。

图像纠正(image rectification)：将图像与参考对象平面(一般是地图，或具有精确投影和地理坐标的图像，或测量的点)的同名地物点对准(image to map)后进行变换处理，使图像与参考对象具有相同的投影和坐标系，又称为绝对几何纠正。

地理参考(georeference)：这个概念常出现在地理信息系统中，指通过投影变换把图像与自然空间(来自于地图或具有投影和地理坐标的图像，或测量的点)的地理位置相关联的过程。图像纠正中如果使用了地理坐标系，那么就是地理参考。

正射校正(orthorectification)：对图像逐像素进行地形校正的过程，其结果为正射图像(orthophoto)，相关的产品称为DOM(digital orthophoto map)。具体的方法请参阅《摄影测量学》。对于建筑密集的城区，正射校正后图像中的高层建筑仍然是倾斜的。经过正射校正后，图像上任何点的定位精度独立于地形和卫星的倾角。

真正射校正(true-orthorectification)：基于数字表面模型(digital surface model，DSM)①，利用数字微分纠正技术，改正图像的几何变形的过程，校正后，每个像素具有垂直视角，称为真正射图像(true ortho)。按照国家规定，真正射图像的来源图像的航向重叠或旁向重叠至少达到68%和75%，高于正射校正需要的60%和25%。具体的方法请参阅《摄影测量学》。

地理编码(geocoding)：在图像中，指对校正后图像的像素与具体的地理位置，主要是门牌号等进行编码匹配，以便与其他数据进行叠加分析。在地理信息系统中，则是将点位数据与门牌号等进行编码匹配的过程。

对于空间分辨率大于10m的图像，特别是亚米级图像，受遥感器成像的影响，地物在图像中并非是垂直视角的，例如，高大的建筑物是倾斜的，必须进行正射校正。低于该分辨率的图像，根据需要和数据情况选择进行正射校正。真正射校正的成本高，多用于制作大比例尺地图。

5.10.2 纠正模型

卫星图像几何纠正模型有：非参数模型和参数模型。非参数模型包括：多项式和有理函数模型(rational function model)，适用于中、小面积的经过系统几何纠正的图像，如IKONOS

---

① 数字表面模型DSM：包含了地表建筑、桥梁、树木等附着物高度信息的地表面高程模型。不同于DEM，DEM仅包括了地形的高程信息，没有包括地面上附着物的高程信息。

Geo 级产品，QuickBird 正射标准图像产品。参数模型又称为严格物理模型，适用于任何类型、任何大小的图像数据。

研究表明，严格物理模型最稳定，整景图像精度一致性好。非参数模型只纠正了控制点附近的误差，没有控制点的地方会产生新的误差，模型稳定性、一致性不好，精度高低依赖于控制点的数量和分布。

1. 多项式模型和有理函数模型

多项式和有理函数模型在无法获得传感器参数的情况下使用，需要较多的控制点，只能纠正控制点处的误差，没有消除控制点之间的变形，其精度极大地受地面控制点(ground control point，GCP)分布的影响。大的图像必须分块纠正，每一块图像使用单独的模型。多项式模型常用于中分辨率如Landsat图像的几何精纠正。如果图像的元数据中包括了RPC(rational polynomial coefficients)数据，则在多项式纠正的基础上可以再使用RPC做正射纠正。

多项式模型最简单，常用来纠正控制点处的平面变形，不考虑地面高差，适用于小范围平坦地区。模型通过建立原始图像坐标与地理参考坐标之间的数学关系，来实现图像几何变形的校正，没有考虑传感器模型；通常在原始遥感图像物理模型不可知的情况下使用。

多项式模型包括两种：2D 多项式模型和 3D 多项式模型。

(1)2D 多项式模型，最先出现，主要应用于系统误差已经校正的图像，不能反映各种误差来源，也不考虑地形高差引起的畸变，只限于小范围、高差较小的区域，变形较小的如星下点获取的或经过系统几何纠正的数据，对输入误差敏感。2D 多项式模型不适于区域高差明显的遥感图像和高分辨率遥感图像的精校正。

(2)3D 多项式模型，是 2D 多项式模型的扩展，适用于小范围的图像数据、需要大量的高精度的、分布良好的 GCP，对输入误差敏感。只有在无法获取成像系统的相关参数或没有可用的参数模型的条件下使用，不需要成像系统的先验知识，没有明确的物理意义。

有理函数模型在 20 世纪 80 年代开始使用。随着高分辨率遥感图像的使用，RPC 有理函数模型引起了人们的高度关注，主要原因是图像供应商不提供卫星和传感器参数而仅提供了RPC，在没有参数模型可用的情况下，有理函数模型是最佳选择。有理函数模型与多项式模型类似，不同之处在于采用多项式系数时，考虑了地面高程信息，适用于地形高差变化较小的区域。

有理函数模型对应用完全透明(不需要了解有理函数的细节就可以应用)，任何传感器都可以采用，具体的模型因图像不同而异，纠正需要的相关数据容易获得，比参数模型更便于操作。采用有理函数模型加 GCP，最终产品的绝对定位精度取决于 DEM、GCP 和图像本身的相对定位精度。大多数的商业图像处理软件和摄影测量软件都支持有理函数模型，可以用来处理单片和立体像对。用户可以用有理函数模型进行正射校正、3D 特征提取、DEM 生成和区域平差。局限性：处理的图像大小受限，为了达到较高的精度，需要大量的规则分布的GCP，只能校正控制点处的误差，控制点之间的误差并不能消除；由于没有严格的物理意义，难以解释多项式函数之间潜在的相关性等。

2. 参数模型

参数模型即严格物理模型(卫星轨道模型)，被认为是最佳的图像正射校正方法，能很好地反映图像获取时的几何关系(卫星平台+传感器+地球+地图)，可以校正由卫星平台、传感器、地球以及地图投影引起的各种误差。与上述两种方法相比，该方法精度高、稳健、一致性好，需要的 GCP 少。对于一些没有传感器信息的数据如 IKONOS Geo 级产品，传感器几何参数可以通过采集高度角、沿轨和跨轨的地面采样间隔进行估算，以便采用严格参数模型进行校正。

严格物理模型基于卫星轨道、摄影测量、测地学和地图学，模型反映了图像获取时的几何物理状态，由于基于共线方程，可以较好地表示像方空间和物方空间的转换关系，常用来纠正由于卫星、传感器、地球和地图投影等引起的变形。与非参数模型相比较，严格物理模型需要的控制点少，一般情况下为 3～6 个，精度更高，对于高分辨率卫星数据可以获得一两个像素的精度。PCI 软件中包括了该模型。

如果仅仅处理原始图像的一部分，或图像已经经过几何纠正，或者无法获取卫星轨道信息，都不能采用严格物理模型。

5.10.3 工作内容和纠正方式

按照先后顺序，几何纠正工作包括两部分内容：系统几何纠正和用户几何精纠正。前者往往由遥感数据分发部门完成，用户购买的二级产品中往往已经进行了系统纠正。用户的几何精纠正按顺序包括三部分：利用同名地物点进行的几何纠正（即一般意义上的几何精纠正），利用 DEM 进行的正射纠正，利用 DSM 进行的真正射纠正。根据图像空间分辨率和工作目的选择不同的校正内容。

从纠正的方式上看，可分为三部分。

(1) 系统性纠正。已知消除图像几何畸变的理论校正公式时，可把该式中所含的与遥感器构造有关的校准数据（焦距等）及遥感器的位置、姿态等的测量值代入到理论校正公式中进行几何校正。中心投影型遥感器中的共线条件式就是理论校正公式的典型，该方法对遥感器的内部畸变大多是有效的。可是在很多情况下，遥感器位置及姿态的测量值精度不高，所以外部畸变的校正精度也不高。

(2) 非系统性纠正。利用带地面控制点的图像坐标和地图坐标的对应关系，近似地确定所给的图像坐标系和应输出的地图坐标系之间的坐标变换公式。坐标变换公式经常采用一次、二次等角变换式，二次、三次投影变换式或高次多项式。坐标变换公式的系数可从地面控制点的图像坐标值和地图坐标值中根据最小二乘法求出。

(3) 复合纠正。把理论纠正与利用控制点确定的纠正组合起来进行几何纠正：①分阶段纠正的方法，即首先根据理论纠正公式消除几何畸变（如内部畸变等），然后利用少数的控制点，用低阶次纠正公式消除残余的畸变（外部畸变等）；②提高几何纠正精度的方法，即利用控制点以较高的精度推算理论纠正公式中所含的遥感器参数及遥感器的位置及姿态参数。

5.10.4 正射纠正

高空间分辨率图像必须进行正射纠正。

如果从空间中的一点（视点）观测地表，则地表上各点随着地形起伏会在图像上产生几何学失真。这种现象在光学遥感图像上表现为，远离视点且高程较高的地点，会倒向视点的相反一侧，在雷达图像上主要表现为透视收缩。把校正这种地表面起伏引起的失真，使其与地图重合的精密几何校正处理称为正射纠正。

利用计算机数字处理进行正射纠正都必须有表示地表起伏状况的 DEM 数据。

对于光学遥感图像，通过将地表上空无限远处作为视点进行投影就可以进行纠正。

正射纠正方法包括三种。

1. 视线矢量与 DEM 交点

如果知道遥感器的光学系统及某一时刻卫星的位置、姿态，就可以确定该时刻的视线矢量。将该视线矢量的延长线和地表面的交点作为观测点。如果地表面使用平面(一般为准椭球体)就是普通的几何校正，使用 DEM 就可以进行正射校正。该方法被用于 MODIS 等图像的校正。

2. 预先求出由起伏引起的图像失真

首先，从遥感器的视线矢量和 DEM 中预先计算图像内各像素点的图像失真。然后，进行普通的几何纠正，对于得到的图像坐标进行与图像失真相当程度的纠正而实现正射纠正。该方法被用于 ETM+等图像。

3. 共线条件方程式

中心投影的摄影几何学可以用共线条件方程式表示。如果把地表面的三维坐标代入共线条件方程式中，就可以得到对应的图像坐标。该方法用于数字摄影测量等领域，适用于高空间分辨率图像。

单景图像的正射纠正是一次纠正一景图像，不考虑图像块内部相邻图像之间的内部关系的平差处理，纠正处理后的图像镶嵌效果往往不是很理想。

区域三角测量是建立传感器模型、项目图像数据以及地面三者之间数学关系的过程。测量结果用来对图像作正射纠正以消除因传感器位置和姿态变化造成的图像畸变。当处理对象为航空像片时，称为空中三角测量；当处理对象为卫星图像时，则称为区域三角测量，简称区域平差。区域平差用于对图像块的快速、高效处理，由于它对整个图像块一起处理，比单景图像的处理要快得多，大大减少了所需 GCP 的数目。

高空间分辨率遥感图像的正射纠正，需要具备以下三个条件。

(1) 高分辨率卫星图像产品：如 QuickBird 卫星提供的基础图像产品和预备正射标准产品。

(2) 软件：如 ERDAS IMAGINE、PCI、ENVI，图像的调色可以使用 Photoshop 软件。

(3) 亚米级的 GCP 和高精度的 DEM。

高空间分辨率遥感图像的几何纠正，首先是图像方位参数的解算，然后是根据数字地面模型进行正射纠正。但是，由于遥感图像的拍摄高度大，摄影视场角小，传统的图像方位参数之间存在很强的相关性，其解算仍需要更深入的研究。

5.11 几何精纠正

几何精纠正又称为几何配准(registration)，是指把不同传感器获取的具有几何精度的图像、地图或数据集中的相同地物元素精确地彼此匹配、叠加在一起的过程。精纠正由用户进行。在很多情况下，具有多种传感器、多时段、多平台、甚至多学科的数据，需要进行集成处理，如模式识别、变化监测等，各种图像数据集在空间上必须彼此匹配，因此，必须进行图像的几何精纠正。

几何精纠正以基础数据集作为参照(BASE，或称为 fixing)。如果基础数据集是图像，该过程称为相对纠正，即以一景图像作为基础，纠正其他的图像，这是图像-图像的纠正，纠正过程中不涉及地理投影转换；如果基础数据是标准的地图，则称为绝对纠正，即以地图作为基础，纠正图像，这是图像-地图的纠正，涉及地理投影和坐标转换，常用于 GIS 的应用。

遥感图像的几何精纠正解决遥感图像与地图投影的匹配问题，其重要性主要体现在以下三个方面：第一，只有在进行纠正后，才能对图像信息进行各种分析，制作满足量测和定位要求的各类遥感专题图。第二，在同一地域，应用不同传感器、不同光谱范围以及不同成像时间的各种图像数据进行计算机自动分类、地物特征的变化监测或其他应用处理时，必须进行图像间的空间配准，保证不同图像间的几何一致性。第三，利用遥感图像进行地形图测图更新要求遥感图像具有较高的地理坐标精度。

5.11.1 基本原理

遥感图像纠正通过计算机对图像每个像素逐个地解析纠正处理，能够较精确地改正线性和非线性变形误差。

几何精纠正的基本原理是回避成像的空间几何过程，直接利用地面控制点数据对遥感图像的几何畸变本身进行数学模拟，并且认为遥感图像的总体畸变可以看做是偏移、缩放、旋转、透视变形、挤压等基本变形综合作用的结果。因此，校正前后图像相应点的坐标关系可以用一个适当的数学模型来表示。

几何精纠正具体的实现是：首先，利用具有大地坐标和投影信息的地面控制点数据确定一个模拟几何畸变的数学模型，以此来建立原始图像空间与标准空间的某种对应关系；其次，利用这种对应关系，把畸变图像空间中的全部像素变换到标准空间中，从而实现图像的几何精纠正。

几何精纠正的基本技术是同名坐标变换方法，即通过在基础数据和图像中分别寻找地面控制点(GCP)的同名坐标并借此建立变换关系来进行几何精纠正。

设 I_1 和 I_2 分别为待纠正图像和纠正图像所依赖的参考地图(或图像)，那么，几何纠正可以表示为 $I_2 = g(f(I_1))$，这里 g 和 f 分别为变换函数。在下面的内容中会看到，f 是利用地面控制点和图像对应点建立的空间变换函数，如多项式纠正方程，g 是重采样参数。

5.11.2 处理流程

遥感图像几何精纠正的流程如图 5.15 所示。

1. 确定工作范围

准备包括图像数据、地形图、大地测量成果、航天器轨道参数和传感器姿态等参数的收集与分析。如果图像为胶片，需通过扫描转为数字图像。

根据工作要求，确定工作范围，然后对遥感图像进行剪裁。考虑纠正和制图的要求，剪裁的图像范围要适当的大于工作范围。图像范围定义不恰当时，会造成纠正后的图像范围不全，而且会产生过多的空白区。

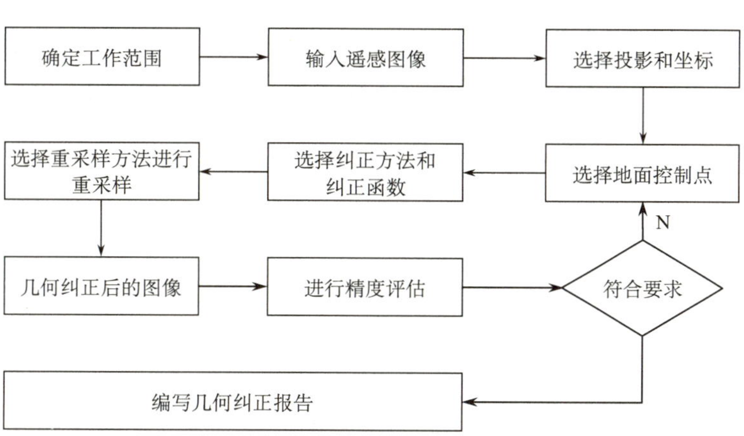

图 5.15　几何精纠正的步骤

2. 输入遥感图像

按规定的图像格式或遥感传感器的类型读入遥感数字图像。

3. 选择投影和坐标

根据工作要求和参考地图或图像的投影信息，选择投影和坐标系，确定相关的投影参数。如果使用的投影和坐标系不在软件的列表中，则需要先自定义投影和坐标。坐标的单位为米。

4. 选择地面控制点

根据图像特征和地区情况，结合野外调查和地形图选择地面控制点(GCP)。本步骤直接影响着图像最后的纠正精度。

地面控制点和相应的像素为同名地物点，应该清晰无误地进行匹配。条件合适，可以借助于一些特定的算法进行半自动的匹配。

在使用遥感软件进行几何精纠正的过程中，可以预测每个控制点可能产生的误差和总的平均误差。如果点的误差很大，则需要慎重选择是否将该点作为控制点。但是，误差很小的点，也有可能是不匹配的点。因此，需要使用多种图像增强的方法，如对比度拉伸、彩色合成、主成分变换等从多个角度对控制点进行检查确认。

对于中低空间分辨率图像，纠正精度往往以像素为单位。例如，对于 Landsat 图像，一般要求纠正后的平均精度在 1 个像素内。对于高空间分辨率图像，纠正精度往往以米为单位。例如，对于 SPOT 图像，可能会要求纠正精度小于 3m。

为便于了解图像纠正的精度，建议在纠正后给出纠正的平均误差(平均误差平方和的平方根，即 RMSE)和 GCP 中的最大误差。在 GCP 较多而且图像的纠正精度是关键指标的时候，应该给出精度的统计分析结果。

5. 选择纠正方法和纠正函数

以控制点为基础，通过不同的数学模型来建立图像坐标和地面(或地图)坐标间的纠正方程，然后使用该方程进行坐标变换。常用的模型有多项式法、共线方程法、随机场内插值法等。某些传感器的图像数据(如 MODIS 图像)中已经嵌入了坐标信息，可以直接用来建立纠正方程。

6. 图像重采样

待纠正的数字图像本身属于规则的离散采样，非采样点上的灰度值需要通过采样点(已知像素)内插来获取，即重采样。重采样时，附近若干像素(采样点)的灰度值对被采样点的影响的大小(权重)可以用重采样函数来表达。重采样完成，就得到了纠正后的图像。如果是同一区域的图像-图像纠正，为便于对比应用，重采样的起点坐标应与参考图像相同。

7. 输出纠正后图像

将图像数据按需要的格式写入到新的图像文件中。

8. 精度评估

在参考地图/图像和纠正后的图像中重新选择若干同名点，评估纠正误差。如果误差不符合要求，则调整或增加控制点。

对于高空间分辨率遥感图像的几何纠正，在 3 和 4 之间增加“选择传感器纠正模型”的步骤，在 5 和 6 之间增加“利用 DEM 纠正地面变形”的步骤，进行正射校正。

5.11.3 地面调查和地面控制点

地面实况调查(ground truth)是指为了检验遥感数据与观测目标物的对应关系而对地面实况信息进行观测、测量、收集的工作。海上调查称为与地面调查相区别的海面实况调查(sea truth)。通常，地面实况调查必须在与遥感观测时间和环境一致的情况下进行。

地面实况数据的应用目的可分为遥感器设计、定标、验证、辅助分析。在设计遥感器时，为了确定最适于目标物分析的波长范围及带宽，必须通过地面实况调查进行目标物的光谱特性测量。

辅助分析可以进一步分为两种方法，即以分析为目的的应用方法和为进行分析而做的数据校正方法。前者如图像分类中训练区的地面实况调查，后者如为进行图像几何校正的地面控制点测量。

在地面实况调查中，对目标的观测、测量项目如下。

(1)目标物的信息：种类、状况、光谱特性、周围环境、表面温度等。

(2)观测时的环境信息：太阳位置和照度、大气的混浊状态、气温、湿度、风向、风速、地表的状态等。

按照调查目的，必须预先选定测量项目及测量时刻等。

作为调查方法，主要是在现场的目视观测及通过光谱仪等各种装置进行测量。从广义上讲，航空像片的观测与判读，现有资料(文献、专题图、地形图等)的搜集，也包括在地面实况调查中。

因为地面实况调查既花费时间也花费经费，所以不适用于调查区域经常变更的地区。因此，在遥感器设计、定标及验证那些不需要特定的调查区域的情况下，可以预先设置地面试验场，在试验场内进行详细的调查。地面试验场要选择具有地面作业方便，观测目标丰富，天气状况良好等条件的场所。

地面控制点是几何纠正中用来建立纠正方程的基础，是最关键的数据。GCP 的数量、质量和分布等直接影响着图像几何精纠正的精度。为了达到一定的几何纠正精度，GCP 必须满足一定的位置和分布。GCP 来源包括：数字栅格地图、数字正射图像、数字线划地图或者 GPS 外业测量等，采用哪种方式取决于对产品精度的要求。GCP 的类型包括：平高点(可以做平面控制和高程控制的控制点)、平面点、高程点、检查点、连接点。

1. 控制点数目

实际工作中，GCP 的数量取决于：①图像校正采用的数学模型；②GCP 采集方式或来源；③区域地形条件；④图像类型和处理级别；⑤成图精度要求；⑥软件平台。

非参数模型不能反映图像获取时的几何关系，也不能过滤 GCP 误差，需要比参数模型多的 GCP 数目，才能达到纠正效果。如果想达到与图像分辨率同一量级的制图或定位精度，需要的实际 GCP 数目是模型要求最少控制点数目的两倍。对于 1 阶 3D 有理函数模型，采用数据自带的 RPC 参数时，1～10 个 GCP 就够了。当处理的图像多于一景时，每景都需要提供模型要求数量的 GCP。非参数模型对 GCP 的分布、数量非常敏感，同时要考虑 GCP 的水平和垂直分布。对于 3D 参数模型，每景需要 1～6 个 GCP。GCP 最好分布在图像的边缘避免平面外插，在不同的高程上，特别是最高点和最低点最好有 GCP。

对于常用的多项式方法而言，一阶多项式有 6 个系数，需要 6 个方程才能求解，故需 3 个控制点的 3 对坐标值，即 6 个坐标数。二阶多项式有 12 个系数，需要 12 个方程(6 个控制点)。依次类推，三阶多项式至少需要 10 个控制点。k 阶多项式控制点的最少数目为 $(k+1)(k+2)/2$。

实际工作表明，使用控制点的最少数目来校正图像，效果往往不好。控制点数的选取数量要大于纠正方程求解需要的最低数量(有时为 6 倍)。一般而言，需要多选取 20～30 个控制点。

2. 控制点的分布

控制点在工作范围内应该均匀分布，并且图像的四角附近均要有一个 GCP，才能充分控制成图区域的精度。对于地形高差较大的区域，GCP 的垂直分布也非常重要，在最高和最低点或其附近需要有 GCP。在变化不明显的大面积区域(如沙漠)，控制点可以少一些。在特征变化大而且对精度要求高的区域，应该多布点。但是，要尽可能避免控制点之间构成直线关系，避免控制点仅分布在狭长的范围里。

在图像边缘处、在地面特征变化大的地区如河流拐弯处等，没有控制点而靠计算推导出对应点会产生较大的变形误差。

3. 控制点的确定

先在图像上确定控制点，然后确定对应的坐标位置。

受图像空间分辨率的影响，控制点在图像上可能比较模糊。因此，在选择前需要对图像进行必要的增强处理，如图像锐化、降噪和彩色合成等，以进一步突出控制点信息。彩色合成方法中，真彩色合成产生的图像与人眼视觉效果比较相近，有助于利用已有的知识进行分析判断，应该优先使用。

GCP 应选择可以精确定位的像素点，与背景反差要大，最好是直角转弯处，定位相对容易。理想的 GCP 可以是水泥人行道交叉处或水泥地的角，特别是与周围地物反差较大的点。主路的交叉路口，没有树、建筑和电线且分布在公共场地。次之是与相邻道路相连的行车路，院子里的人行路和与柏油马路上的水泥排水沟，交叉的人行路或停车场的角。如果在乡村采集控制点，可用篱笆和小路的交叉口。GCP 要位于近地平面，不受阴影和透视对 GCP 位置测量的影响，在图像中必须是恒久地物，选定后详细描述以免类似特征混淆。

按照优先顺序，可用做 GCP 的特征地物有：①道路上的斑马线交点；②人行道交叉点；③运动场地；④游泳池；⑤车道和人行道的交叉；⑥道路和铁轨的交叉；⑦车道和一般道路的 T 形交叉；⑧道路交叉；⑨大水池；⑩桥；⑪自然特征(形状不规则的不用)；⑫停车场(标识线模糊的不用)；⑬建筑(垂直高度和透视差的不用)。

4. 控制点坐标的确定

地面控制点的坐标可以通过地形图或现场实测来获取。地形图年代与图像的年代应尽可能接近。

受成像日期的影响，图像或地形图可能与当前实际的地面信息差异较大。在这种情况下，如果没有可供参考的地形图，就需要根据现场情况对图像中初步确定的控制点进行调整。

大比例尺地形图可以提供精确的坐标信息，是获取控制点地理坐标的主要数据来源。对于现势性要求比较高的数据，可以通过现场 GPS 测量获取控制点坐标。

目前，手持 GPS 的坐标精度在 10～20m，可以用于 TM 图像的几何纠正。沿海信标 GPS 的精度可以达到亚米级，可以用于 SPOT 图像的几何纠正。更高的纠正精度要求，可以通过差分 GPS 来获取坐标。

使用 GPS 测量的数据要注意投影问题。GPS 使用的是 WGS84 的经纬度投影，可能与几何纠正需要的投影不同，在使用前要进行投影转换。

5.11.4 地图投影

控制点的地理坐标与地图投影的要求必须保持一致。有些图像在到达用户手中之前就已经做了初步的几何纠正，具有了精度不高的地图投影，此时，精纠正选择的地图投影应该与图像保持一致或接近。地面控制点的地理坐标必须与投影要求一致，否则会带来较大的误差。例如，国内大比例尺地形图使用的是高斯-克吕格投影，坐标单位为米，如果使用经纬度的“度”作为坐标单位或选用经纬度作为投影类型，就会产生错误的几何纠正结果。类似地，如果投影类型都是经纬度，但没有使用相同的参考椭球体，也会带来一定的误差。

5.11.5 纠正方程

常用的纠正方程有多项式和共线方程两种，后者虽然方法严密又比较精确，但计算比较复杂，且需要控制点具有高程值，多用于高空间分辨率图像的几何纠正。

多项式纠正方程在实践中经常使用，因为它的原理直观、计算简单，特别是对地面相对平坦的图像具有足够好的纠正精度。该方程对各种类型传感器的纠正都是普遍适用的，不仅可用于图像-地图的纠正，还常用于不同类型遥感图像之间的几何配准，以满足计算机分类、地物变化监测等处理的需要。

对于简单的旋转、偏移和缩放变形，可以使用最基本的仿射变换公式进行纠正：

$$x = a_0 + a_1 X + a_2 Y$$
$$y = b_0 + b_1 X + b_2 Y$$

复杂的变形可以使用多项式纠正方程。3 阶多项式纠正方程为

$$\begin{cases} x = a_0 + (a_1 X + a_2 Y) + (a_3 X^2 + a_4 XY + a_5 Y^2) + (a_6 X^3 + a_7 X^2 Y + a_8 XY^2 + a_9 Y^3) \\ y = b_0 + (b_1 X + b_2 Y) + (b_3 X^2 + b_4 XY + b_5 Y^2) + (b_6 X^3 + b_7 X^2 Y + b_8 XY^2 + b_9 Y^3) \end{cases}$$

式中，x、y 为像素的图像坐标；X、Y 为同名地物点的地面(或地图)坐标；a_i、b_i 为多项

式系数。

使用中应注意以下问题：

(1) 多项式纠正的精度与地面控制点的精度、分布和数量及纠正的范围有关。地面控制点的精度越高、分布越均匀、数量越多，则几何纠正的精度就越高。

(2) 采用多项式纠正时，在 GCP 处的拟合较好，但在其他点的误差可能会较大。平均误差小，并不能保证图像各点的误差都小。

(3) 多项式阶数的确定，取决于对图像中几何变形程度的认识。如果变形不复杂，那么 1 阶多项式就可以满足要求。并非多项式的阶数越高，纠正的精度越高。

为了克服控制点数据选择可能产生的一些问题，可用勒让德正交多项式(Legendre polynomials)代替一般多项式进行计算。

此外，Delaunay 三角网通过对不规则的 GCP 进行三角网插值来产生输出的网格。如果多项式纠正结果的误差较大而且具有足够多的控制点，可以考虑使用此方法。

5.11.6 重 采 样

图像重采样(image resampling)：对离散数据组成的数字图像按所需的像元位置或像元间距进行插值计算，以构成新图像的过程，如图 5.16 所示。

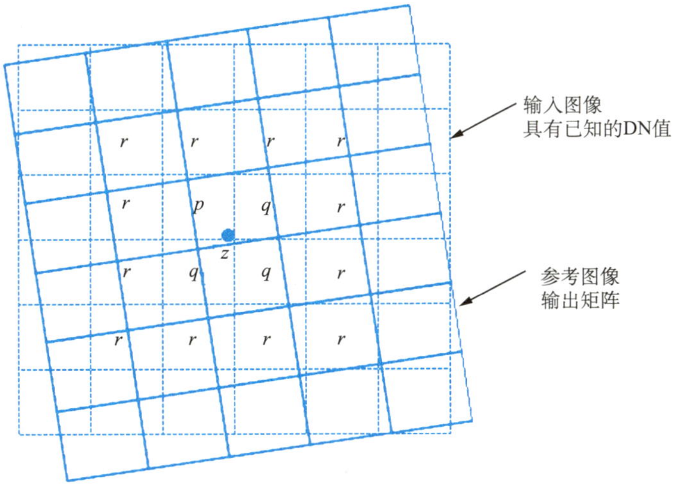

图 5.16 图像重采样方法

像素位置 z 处的值通过最近邻的 p 产生。在双线性重采样中，z 的值通过 p 和 q 产生。在三次卷积重采样中，z 的值通过 p、q 和 r 产生

重采样包括两步：像素位置变换和像素值变换。纠正后的图像大小可以不同于原有的图像，没有数据的部分一般赋 0 值。

1. 像素位置变换

像素位置变换是按选定的纠正方程把原始图像中的各个像素变换到输出图像相应的位置上去，变换方法分直接成图法和间接成图法(或称正解法与反解法)，如图 5.17 所示。

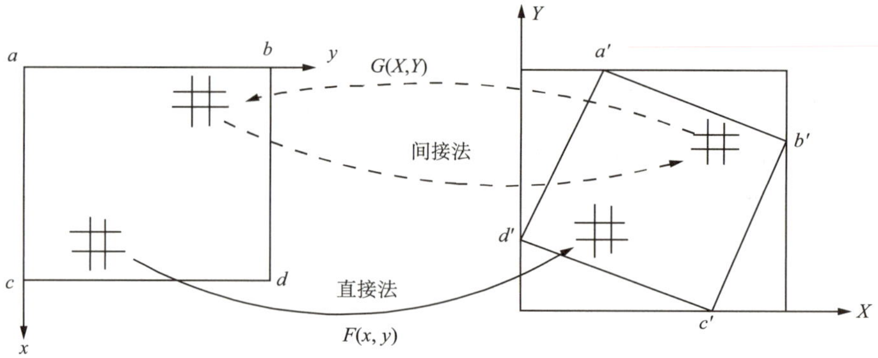

图 5.17　直接成图法和间接成图法

1) 直接成图法

纠正过程是从原始图像出发，利用纠正方程将图像中的行列转换为新图像的坐标，即

$$\begin{cases} X = f(x,y) \\ Y = f(x,y) \end{cases}$$

式中，x,y 为原始图像中行列坐标；X,Y 为新图像中对应的坐标；(x,y) 的灰度值直接写到新的 (X,Y) 位置。

2) 间接成图法

以具有地理坐标的空白图像阵列为基础，根据纠正公式计算规则网的地理坐标 (X,Y) 在原始图像中对应的位置 (x,y)；根据 (x,y) 与周围像素之间的关系内插产生新的像素值，然后把像素值写到 (X,Y)。纠正方程的一般形式为

$$\begin{cases} x = f(X,Y) \\ y = f(X,Y) \end{cases}$$

重采样指的就是内插计算像素值的过程。

在直接法中，像素的坐标位置发生了变化，但是像素值不变，所得到的数据无法用规则矩阵表示。间接法又称为重采样方法，得到的数据可以用规则矩阵表示，便于进行处理，在实践中经常采用。

2. 图像重采样方法

常用的重采样方法有最近邻方法、双线性内插方法和三次卷积内插方法，其中，最近邻法最简单，计算速度快。三次卷积法采样中的误差约为双线性内插的1/3，产生的图像比较平滑，但计算工作量大，较费时。

1) 最近邻重采样

在待纠正的图像中直接取距离 (x,y) 最近的像素值为重采样值。实际操作中，往往取 $x = \text{INT}(x+0.5)$，$y = \text{INT}(y+0.5)$ 处的像素值作为重采样值。

最近邻重采样算法简单，最大的优点是保持像素值不变。但是，纠正后的图像可能具有不连续性，会影响制图效果。当相邻像素的灰度值差异较大时，可能会产生较大的误差。

2) 双线性内插重采样

任意位于四个像素 $f_{i,j}$，$f_{i,j+1}$，$f_{i+1,j}$，$f_{i+1,j+1}$ 之间的像素 $p(x,y)$，由双线性插值得到为

$$p = (1-\mathrm{d}x)(1-\mathrm{d}y)f_{i,j} + \mathrm{d}x(1-\mathrm{d}y)f_{i,j+1} + \mathrm{d}y(1-\mathrm{d}x)f_{i+1,j} + \mathrm{d}x\mathrm{d}yf_{i+1,j+1}$$

式中， $dx = x - INT(x), dy = y - INT(y)$, INT 为取整函数。

该方法的优点是简单且具有一定的精度，一般能得到满意的插值效果。缺点是具有低通滤波的性质，会损失图像中的一些边缘或线性信息，导致图像模糊。

3) 三次卷积内插重采样

理论上的最佳插值函数是辛克函数。三次卷积插值是利用多项式来逼近该函数：

$$w(x) = \begin{cases} 1-(a+3)x^2+(a+2)|x|^3 & |x|<1 \\ a(|x|-1)(|x|-2)^2 & 1\leqslant|x|<2 \\ 0 & \text{其他} \end{cases}$$

式中，a 取值为–1 或–0.5，其中取值–0.5 被认为对直线的插值更好一些。

三次卷积内插需要 16 个原始像素参加计算(图 5.18)。

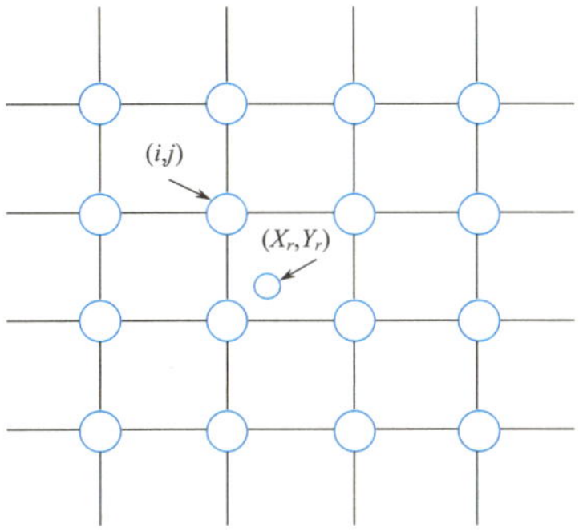

图 5.18　三次卷积内插

在 ERDAS 中，点 (x,y) 的插值结果为

$$\begin{aligned}&\sum_{n=1}^{4}(V(i-1,j+n-2)\times w(d(i-1,j+n-2)+1)\\&+V(i,j+n-2)\times w(d(i,j+n-2))\\&+V(i+1,j+n-2)\times w(d(i+1,j+n-2)-1)\\&+V(i+2,j+n-2)\times w(d(i+2,j+n-2)-2))\end{aligned}$$

式中，i，j 是地理坐标 x 和 y 的整数值，即 $i = INT(x)$，$j = INT(j)$；d 是 (i,j) 与 (x,y) 的距离；V 是像素值；w 是上面的权重函数。

该方法产生的图像比较平滑，缺点是计算量很大。

图 5.19 是 Landsat5 图像最近邻重采样与三次卷积内插重采样结果的比较。从图(a)和(b)来看，三次卷积内插重采样的结果有些模糊。波段不同，重采样的结果不同。从重采样后两个图像的 B4 波段差值来看，差异主要出现在图像灰度梯度变化大的部位。图中的实例统计表明，在 B4 波段，两种方法的最大灰度值差异为 108，最小差异为–79，平均差异为 0.38。

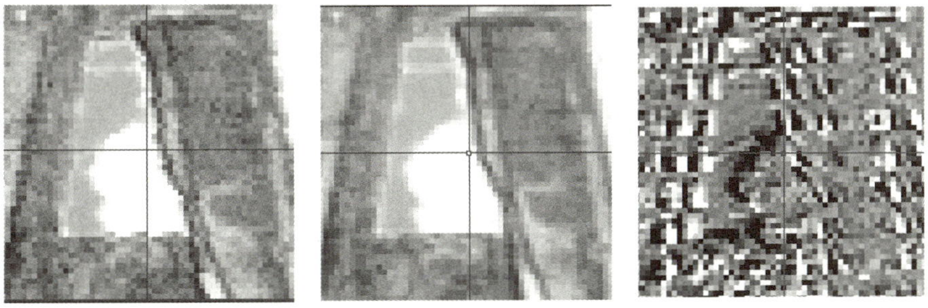

(a) 最近邻重采样
(3,2,1) 彩色合成

(b) 三次卷积内插重采样
(3,2,1) 彩色合成

(a) – (b)的结果
4波段的差异，差异越大越亮

图 5.19　TM 图像不同重采样结果的比较

5.12　图 像 配 准

图像配准又称图像–图像纠正，它将多图像中的同名地物通过几何变换实现重叠，其中一幅图像为参考图像，一幅图像为待纠正图像，参考图像可以没有投影。

使用不同的传感器可获得同一地区不同时刻的图像(多时相图像)，利用这些图像进行图像分类或变化检测。可以使用上述几何精纠正相同的方法进行图像匹配，也可利用计算机算法进行图像的自动匹配。由于图像的复杂性，自动匹配并不总能获得良好的精度。

图像匹配的基本假设是相同的地物具有相似的光谱特征。通过对两个图像做相对移动，找出其相似性量度值最大、或差别最小的位置作为匹配位置。如图 5.20 中，如果以(a)图像作为参考图像或标准图像，以(b)图像作为要纠正并与(a)配准的图像，则可在(a)图像中选择几个包含未变化的图像特征的小块 $m \times n$ 作为模板或窗口 T_i；在(b)图像中对应于每个模块的位置上划定一个 $j \times k$ 的子区 S_i 作为搜索区窗口，并使 $S_i > T_i$，即 $j > m$ 、 $k > n$ 。然后把每个模块 T_i 放在与 i 对应的搜索区 S_i 中，通过两者的相对移动，在逐行逐列的每个位置上，计算 T_i 与其所覆盖的那部分 S_i（$m \times n$ 个像素）的某个反映其相似性的函数值，该值最大的位置（m, n）就是(b)图像与(a)图像匹配的位置。

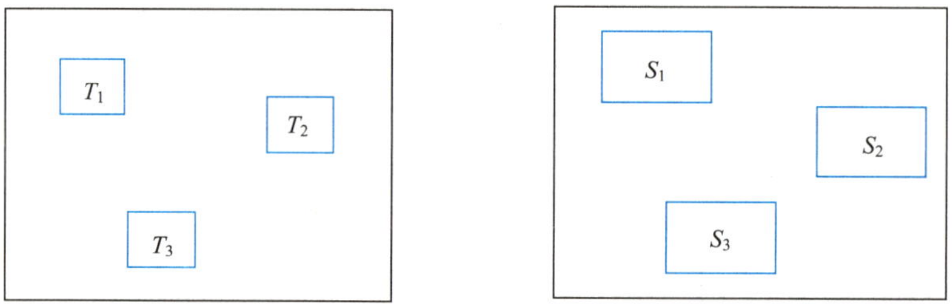

(a) 参考图像　　(b) 待配准图像

图 5.20　图像匹配基本原理

图像匹配的关键是寻找同名地物点，过程的自动化是当前研究的热点。图像匹配方法从简单到复杂，包括：归一化互相关(normalized cross correlation)、互信息、傅里叶变换、Fourier Mellin 变换、SIFT 变换等。对于一般的图像，Fourier Mellin 变换具有较好的稳定性，对于高空间分辨率图像，SIFT 变换的结果更为精确。

获得同名地物点的方法划分为两类。

1) 基于强度的方法

目的是尽可能的匹配多数像素的值。它具有不同的判别准则，如差异平方的均值、互信息等，又称为基于相关的方法。其中，对于严格变换，傅里叶方法非常有效，包括相位相关、交叉功率谱、功率谱倒数。

2) 基于特征的方法

获得图像的定位特征(控制点或兴趣点)，这是遥感图像几何纠正常用的方法。特征点包括固有的(intrinsic，图像内部的标志点)或外在的(extrinsic，人工或自动选择的)两种。常用的特征包括角点、边等。

计算特征点的方法有很多，如速度比较慢的 Ransac(随机样本 consensus 方法)，交叉相关，凸包边(convex hull edges)，SIFT(scale-invariant feature transform, 尺度不变的特征变换)等。

5.13 误差评估

几何纠正过程中GCP的误差不代表纠正后图像的误差。图像几何纠正误差需要利用参考图坐标与纠正后图像的坐标来计算。

完成图像纠正后，均匀的从纠正后图像上选择若干坐标(x_i, y_i)，并从参考图上获得对应的坐标(x_m, y_m)，然后计算这些坐标间的误差即几何纠正的误差，具体的指标包括RMS，x和y方向上距离的最大误差、最小误差、平均误差和标准差。其中，同名地物点间的距离$\mathrm{RMS}=\sqrt{(x_i-x_m)^2+(y_i-y_m)^2}$。

误差的统计指标应该尽可能的小，并且在图像上分布比较均匀。

5.14 几何精纠正实例

图5.21是使用不同控制点产生的Landsat5图像纠正结果，均使用1阶多项式和最近邻重采样。从图中可以看出，①在选择4个控制点，而且控制点集中分布时，虽然软件系统标明误差为0像素(这是求解多项式方程的误差)，但是，纠正点范围外的纠正结果产生了明显的变形。②选择11个控制点，而且分布比较均匀时，误差仍然较大。这是由于控制点越多，不能准确定位的控制点也越多。但纠正结果比①有明显的改善。③慎重地选择了5个控制点，而且分布在该图像范围内，平均误差为0.8个像素，然后进行纠正，基本得到了可以满足要求的图像。④增加到9个控制点后，平均误差减小，但纠正结果没有显著差异。

本例表明，控制点的数目不如控制点的分布对纠正结果的影响大。只有在符合空间均匀分布要求的情况下，增加控制点的数目才可能提高纠正精度。同时要注意的是，软件系统提供的纠正误差仅仅是纠正过程中的GCP的平均误差，只能供参考，不能由此认为纠正后的每个像素的误差都小于该误差值。某些部位纠正后的误差可能远远高于这个平均误差！

必须对纠正的结果进行精度评估和检验。在图5.22的图像–图像纠正中，利用13个GCP进行纠正后(2阶多项式，最近邻重采样法)，误差在1个像素内，但是某些区域纠正结果较差。将纠正后的图像与参考图像剪裁为相同的大小进行图像合成显示，可以明显地看到，误差大的无区域有类似于“双眼皮”的现象。因此，在图像匹配差的区域增加控制点。最后使用18个控制点，图像的匹配精度有了明显的改进。

设R为参考图像，Z为待纠正图像，进行RGB彩色合成($Z3$，$R3$，$Z2$)(其中的编号为波段序号)。

5.15 图像校正的软件工具

典型的商业遥感数字图像处理软件中均提供了图像校正工具，如表5.10所示，供应用时参考。

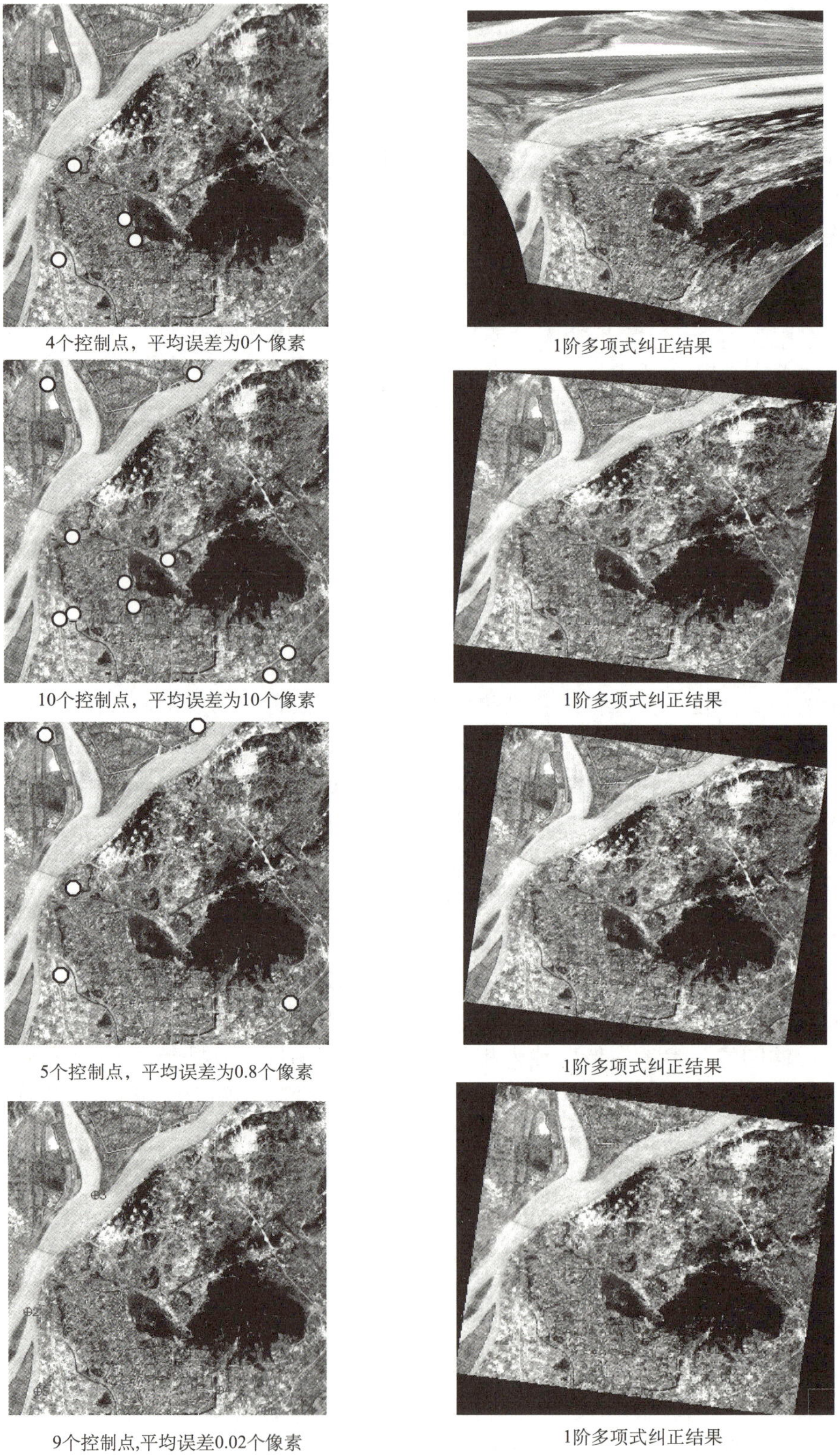

图 5.21　控制点数目和分布对图像几何纠正的影响

Landsat5 的 TM 图像，南京。图像中的控制点使用圆进行了放大表示，红色十字为实际的位置

(a) 图像中匹配差的局部区域，其中绿色为参考图像

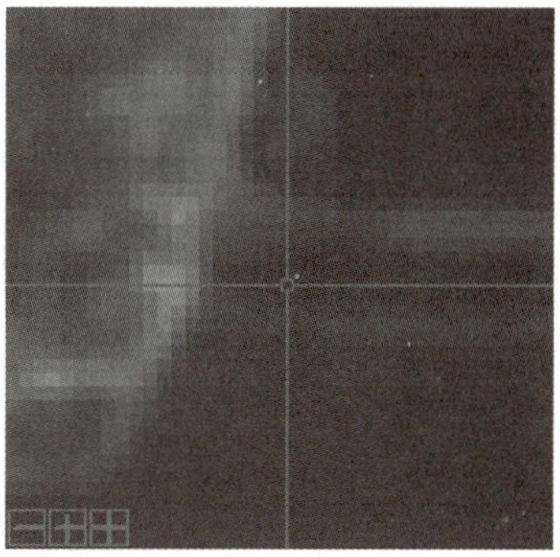

(b) 局部区域放大显示，表明具有明显的匹配误差

(c) 图像中匹配精度高的局部区域

(d) 增加控制点后的纠正结果，匹配精度明显提高，图像没有明显的匹配误差（与图(a)对比）

(e) 整景图像中的控制点分布。红色是第一次纠正使用的控制点，绿色是第二次纠正增加的控制点

图 5.22　通过增加控制点改进图像匹配的精度

高分 1 号多光谱图像，以 2015 年 2 月图像为参考，纠正 2016 年 3 月图像

表 5.10 典型遥感软件中的图像校正

软件	辐射校正	几何纠正	说明
ENVI	专业的 Flaash 模块; 通用的快速校正 QUAC 方法; 各种相对校正方法	多项式几何纠正; 附加的正射纠正模块(单独购买)	速度慢; 便于通过 IDL 计算
ERDAS IMAGINE	附加的专业 ATCOR 模块(单独购买); 典型的相对校正方法	典型传感器图像的几何纠正模型; 灵活的几何纠正流程	几何纠正模块有较好的可用性
PCI Geomatica	专业的 ATCOR 模块; 算法库提供了更多的选项	多种传感器的几何纠正模型; 灵活的几何纠正流程; 较高精度的自动 GCP 提取算法	速度快，功能强大

思考题

1. 辐射校正的主要内容是什么？哪些是由用户实施的？
2. 辐射误差产生的主要原因有哪些？
3. 简述大气中的颗粒种类与波长的关系。
4. 对于大气和太阳辐射引起的遥感图像辐射误差，相应的校正方法有哪些？
5. 在各种影响辐射校正的因素中，哪些是乘法性的，哪些是加法性的？
6. 以 Landsat5 的 TM 传感器为例，下载图像并计算大气顶面反射率。
7. 地面辐射校正的主要内容是什么？
8. 可见光波段和红外波段的辐射校正有什么区别？
9. 简单大气校正方法有哪些？基本的假设是什么？
10. 常用的大气校正软件有哪些？各有什么特点？
11. 以 TM 图像为例，给出辐射校正的基本工作流程。
12. 简述遥感图像几何误差的主要来源和特点。
13. 什么是图像的正射校正，主要方法有哪些？
14. 遥感图像几何精纠正的目的和原理是什么？
15. 试述用多项式方法纠正 TM 图像的主要步骤和应注意的问题。
16. 怎么从图像中有效地选择地面控制点？
17. 什么是图像的重采样？常用的重采样方法有哪些？各有什么特点？
18. 几何纠正中，直接成图法和间接成图法有什么区别？
19. 如何评价几何纠正的精度？
20. 多图像的几何配准有哪些方法？
21. 同一区域不同传感器的图像，不同日期的图像能否直接进行显示对比？为什么？
22. 下载所在区域的 Landsat8 的 OLI 图像，对图像进行大气校正。结合地面调查数据，选择合适的校正方法，并评估校正结果。
23. 下载所在区域的遥感图像，结合地形图或其他地面数据进行几何精纠正，评估纠正结果。
24. 真正射影像、正射影像、TM 传感器图像的差异是什么？获得真正射影像的技术难点有哪些？

25. 网上搜索下载 6S 大气校正软件。根据软件文档，对图像进行大气校正，将校正结果与 ENVI 中的 Flaash 和 QUAK 校正结果进行对比。设计并编写程序，调用 6S 软件进行多期图像的大气校正。

26. 下载 Landsat8 的 OLI 图像，投影变换到高斯-克吕格投影，6 度分带，使用 WGS84 作为基准面。然后，对图像进行大气校正，可选择对比使用的方法包括：大气顶面反射率、暗像元、Flaash 大气校正等。①对比分析不同大气校正结果的差异，评价校正结果的正确性。②基于大气校正后的图像，使用软件或编写程序进行统计，计算图像特征，对比从 3 月到 6 月地表覆盖的变化。

27. 国家测绘地理信息局 2011 年颁布的《遥感影像公开使用管理规定(试行)》(国测成发(2011)9 号)中，与遥感图像几何精纠正有关的内容是什么？对于几何精纠正后的遥感图像，进行哪些处理后才能不违反该项规定？

28. 查找并阅读 2006 年以来的《中国测绘学科发展蓝皮书》。

推荐阅读

本章的几何纠正的内容涉及“摄影测量学”中的内容，如果没有开设这类课，建议阅读如下内容：

1)期刊论文

张过，李扬，祝小勇，唐新明. 有理函数模型在光学卫星图像几何纠正中的应用. 航天返回与遥感. 2010,31(4): 51-57。

朱倩，李霞，李少峰. 基于有理函数模型和多项式模型的天绘一号图像几何纠正精度评估。中国科学技术大学学报. 2013，43(02): 110-114。

2)硕士论文

常军. 基于严格物理成像模型的卫星影像纠正. 昆明理工大学，2009。

栾庆祖. 高分辨率遥感影像几何校正方法实验研究. 北京师范大学，2009。

储洁琪. 对未知轨道参数遥感图像的几何纠正模型的研究. 南京理工大学，2011。

3)博士论文

张过. 缺少控制点的高分辨率卫星遥感影像几何纠正. 武汉大学, 2005。

4)著作

张过. 线阵推扫式光学卫星几何高精度处理. 北京：科学出版社，2016。

关元秀，程晓阳. 高分辨率卫星影像处理指南. 北京：科学出版社，2008。

5)其他

吕晓琪. 医学图像配准技术与应用. 北京：科学出版社，2015。给出了更多的具体的图像配准方法，推荐阅读 2-6 章。

刘朝霞. 航空遥感图像配准技术. 北京：科学出版社，2014。推荐阅读 2-5 章，相关的方法可相互参照。

李俊山，张姣，杨威. 基于特征的红外图像目标匹配与跟踪技术. 北京：科学出版社，2014。

杨华超. 图像局部不变性特征及其匹配问题研究与应用. 北京：测绘出版社，2013。

第6章 图像变换

本章图像变换指光谱变换，是利用单波段或多波段中的相关信息对像素值进行的数学变换。

从初等数学到高等数学实际上已经学过不少的变换“技巧”，变换(transform)的目的是使问题的求解变得简单。例如，通过对数变换，可快速求取两个数的商。

在图像处理中，图像变换是为达到某种图像处理目的而使用的数学变换方法，变换后进行图像处理较变换前更加方便和简单。因为这种变换方法是针对图像函数而言，所以称为图像变换。图像变换可以在图像校正前进行，也可以在图像校正后进行。

图像变换的目的是：①简化图像处理；②进行图像特征提取；③图像压缩；④从概念上增强对图像信息的理解。在数字图像处理中，图像变换是一种常用的、有效的分析手段。

图像变换往往包括两个过程：正变换和逆变换。正变换将图像变换为新的图像，然后进行处理。逆变换将处理后的图像还原为原始形式的图像，以便与原始图像进行对比。

表面上看来，图像变换是对原图像函数寻找一个合适的变换核的数学问题，事实上它有深刻的物理背景。例如，将图像看作二维函数所进行的傅里叶变换(傅里叶正变换)结果反映了地物信息在频谱上的频率分布。如果在频谱上做某些处理(如滤波)，再做第二次傅里叶变换(傅里叶逆变换)，就能改变图像函数的某些特征。从图像函数变换(如经傅里叶变换、余弦变换等)后的频谱函数的统计特征看，其能量 85%以上都集中在低频段。这表明图像中的高频信号很弱，去掉他们仅对图像的细节部分有影响。因此，可用图像变换进行图像压缩。

本章主要介绍遥感图像处理中常用的五种图像变换方法：①傅里叶变换，针对特定波段图像的频率特征进行分析处理，常用于去除图像中的周期性噪声；②波段运算，通过波段间的运算产生新的“波段”，以增强特定的地物信息；③K-L 变换，针对多波段图像进行的数学变换方法，常用于数据的压缩或噪声的去除；④缨帽变换，适用于 Landsat 图像的多波段经验变换方法，变换结果可以较好的突出主体地物特征；⑤彩色变换，将图像从 RGB 色彩空间变换到其他色彩空间显示，以突出 RGB 色彩空间难以表示的内容。

6.1 傅里叶变换

傅里叶变换(Fourier transform)是图像处理中一种有效而重要的方法，应用十分广泛，如图像特征提取、频率域滤波、周期性噪声的去除、图像恢复、纹理分析等。把傅里叶变换的理论与遥感图像的物理解释相结合，可以解决很多遥感图像处理问题。

傅里叶是一位法国数学家和物理学家的名字，英语原名是 Jean Baptiste Joseph Fourier(1768—1830)。Fourier 对热传递很感兴趣，于 1807 年在法国科学学会上发表了一篇论文，运用正弦曲线来描述温度分布，论文里有个在当时具有争议性的论断：任何连续周期信号可以由一组适当的正弦曲线组合而成。

审查论文的人，其中有两位是历史上著名的数学家拉格朗日(Joseph Louis Lagrange，1736—1813)和拉普拉斯(Pierre Simon de Laplace， 1749—1827)，当拉普拉斯和其他审查者投票通过并要发表这个论文时，拉格朗日坚决反对，认为傅里叶的方法无法表示带有棱角的信号，如在方波中出现非连续变化斜率。法国科学学会屈服于拉格朗日的威望，否决了傅里叶的论文，幸运的是，傅里叶还有其他事情可忙，他参加了政治运动，且随拿破仑远征埃及。拉格朗日死后15年这篇论文才被发表出来。

傅里叶变换是一种线性积分变换，将满足一定条件的函数使用三角函数(正弦或余弦)或其积分的线性组合来表示，其研究与应用已有100多年历史，但仅在1965年快速傅里叶变换(FFT)算法出现后才得到了大规模的应用。数字图像处理中所用的傅里叶变换均属于 FFT，有关的算法在各类有关书籍中均有论述，在这里不再重复。

傅里叶变换分为连续傅里叶变换和离散傅里叶变换，在数字图像处理中使用的是二维离散傅里叶变换。

6.1.1 基本概念

傅里叶变换最早应用在数字信号处理中，用来处理非周期性的信号。

1. 傅里叶变换和频谱

设$x(t)$为$(-\infty,+\infty)$上的连续函数，在一定条件下，有如下关系：

$$X(f)=\int_{-\infty}^{+\infty} x(t)\mathrm{e}^{-j2\pi ft}\,\mathrm{d}t \tag{6-1}$$

$$x(t)=\int_{-\infty}^{+\infty} X(f)\mathrm{e}^{j2\pi ft}\,\mathrm{d}f \tag{6-2}$$

式(6-1)称为傅里叶变换，式(6-2)称为傅里叶逆变换。由式(6-1)和式(6-2)可知，$x(t)$与$X(f)$一一对应。我们称$X(f)$为$x(t)$的连续频谱，通常简称为频谱。

根据式(6-1)，可以由信号$x(t)$求出相应的频谱$X(f)$，这个过程称为频谱分析。在图像处理中，该过程称为傅里叶正变换。

通过传感器接收到的信号$x(t)$，一般都包含两个成分：①有效信号$s(t)$，它是我们所需要的，使我们能够了解研究对象的性质；②干扰信号$n(t)$，它不是我们需要的，对研究对象的性质起破坏作用。这两种成分合在一起就是实际得到的信号：

$$x(t)=s(t)+n(t)$$

信号处理的一个主要目的就是削弱干扰$n(t)$，保持或增强信号$s(t)$。

实际工作表明，在许多情况下，干扰信号$n(t)$的频谱$N(f)$与有效信号$s(t)$的频谱$S(f)$是不同的。因此，可以有针对性地设计不同的频率函数$H(f)$(即滤波器)对信号$x(t)$进行滤波，以削弱干扰增强信号。

2. 图像的傅里叶变换

图像理论把通信中的一维问题推广到了二维空间上。通信研究的是一维时间信息，图像研究的是二维空间信息；通信研究的是时间域和频率域的问题，图像理论研究的是空间域和频率域之间的关系。通信理论认为：任何一个随时间变化的波形都是由许多频率不同、振幅不同的正弦波组合而成的；图像理论认为：平面图像是由许多相位、振幅不同的 x-y 方向的空间频率叠加的结果，空间上的高频率波决定图像的细节，空间上的低频率波决定图像的背景和动态范围。

对于图像 $f(x,y)$，它的傅里叶变换 $F(u,v)$ 定义为(其中的 j 为虚数单位)

$$F(u,v)=\iint_{-\infty}^{\infty} f(x,y)\mathrm{e}^{\left[-j2\pi(ux+vy)\right]}\,\mathrm{d}x\mathrm{d}y \tag{6-3}$$

$F(u,v)$ 的傅里叶逆变换为

$$f(x,y)=\iint_{-\infty}^{\infty} F(u,v)\mathrm{e}^{\left[j2\pi(ux+vy)\right]}\,\mathrm{d}u\mathrm{d}v \tag{6-4}$$

式(6-3)和式(6-4)组成一个傅里叶变换对，称 $F(u,v)$ 为 $f(x,y)$ 的频谱。

卷积定理是频率域分析的基础。假设 $f(x,y)$ 代表原始图像，$g(x,y)$ 代表处理后的图像，那么有

$$g(x,y)=h(x,y)\times f(x,y) \tag{6-5}$$

式中，$h(x,y)$ 是响应函数。如果 $G(u,v),H(u,v)$ 和 $F(u,v)$ 分别是 $g(x,y),h(x,y)$ 和 $f(x,y)$ 的傅里叶变换，由卷积定理可知，上式的卷积关系可表示为频率域的乘积关系：

$$G(u,v)=H(u,v)\times F(u,v) \tag{6-6}$$

式中，$H(u,v)$ 称为传递函数(或滤波函数、滤波器)，直接影响着变换的结果。

在图像处理中，经过快速傅里叶变换后在频率域中求离散卷积常常更加有效，所以人们更多地把注意力集中在式(6-6)。给定了原始图像 $f(x,y)$，计算得到 $F(u,v)$ 之后，目的是要选择 $H(u,v)$，然后通过下式：

$$g(x,y)=F^{-1}\{H(u,v)\times F(u,v)\}$$

计算得到所需的图像效果。符号 F^{-1} 表示傅里叶逆变换。结果图像 g 具有 $f(x,y)$ 的某些鲜明特性，因而更加易于识别和解释。例如，利用函数 $H(u,v)$ 强调 $F(u,v)$ 的高频分量，使 $f(x,y)$ 的边缘得到增强，也可以强调 $F(u,v)$ 的低频分量，使图像颗粒噪声得到消除。因此式(6-3)到式(6-6)就是频率域滤波的基本原理。

3. 傅里叶变换的基本性质

傅里叶变换在图像处理中有着广泛的应用(详细描述可参考有关信号处理方面的书籍，如王桥编著的由科学出版社 2009 年出版的《数字图像处理》)，其重要性质如下。

(1) 对称性：函数的偶函数分量将对应于傅里叶变换后的偶函数分量，奇函数分量也对应于奇函数分量，但是要引入系数 j。

(2) 加法定理：时域中的加法对应于频域内的加法。

(3) 位移定理：函数位移的变化不会改变其傅里叶变换的幅值，但会产生一个相位变化。

(4) 相似性定理：“窄”函数对应于一个“宽”傅里叶变换，“宽”函数对应于一个“窄”

傅里叶变换(所谓的宽、窄是指函数在坐标轴方向上的延伸情况)。

(5)卷积定理：时间域中的函数卷积对应于频域中的函数乘积；或者说，两个函数卷积的傅里叶变换等于它们各自傅里叶变换的乘积。如果函数是在有限维空间中定义的图像，只有假设每个图像在各个方向上都有周期性的重复，卷积定理才成立。

(6)共轭性：将函数的傅里叶变换的共轭输入傅里叶变换程序得到该函数的共轭，也就是说，完全可以利用傅里叶变换程序计算傅里叶逆变换而无须重新编写逆变换程序。

(7)Rayleigh 定理：傅里叶变换前、后的函数具有相同的能量。

对于二维傅里叶变换而言，以下是两个特殊的重要性质。

(1)可分离性：如果二维函数可以分解为两个一维分量函数，那么傅里叶变换后的函数也可以分解为两个一维分量函数，这也就是说，对二维函数作傅里叶变换可以分为两步进行；首先视某一个方向变量为常数，对另一个方向作一维傅里叶变换，再对得到的变换结果作另一个方向上的一维傅里叶变换。

(2)旋转：如果函数在时域中旋转一个角度，那么其傅里叶变换也会旋转相同的角度。

6.1.2 二维离散傅里叶变换

N 列 M 行的图像 $f(x,y)$ 的二维离散傅里叶变换可以表示为

$$F(u,v)=\sum_{x=0}^{N-1}\sum_{y=0}^{M-1}f(x,y)\mathrm{e}^{-j2\pi(ux/N+vy/M)}$$

$$(u=0，1，2，\cdots，N-1；v=0，1，2，\cdots，M-1)$$

其逆变换为

$$f(x,y)=\frac{1}{NM}\sum_{u=0}^{N-1}\sum_{v=0}^{M-1}F(u,v)\mathrm{e}^{j2\pi(ux/N+vy/M)}$$

$$(x=0，1，2，\cdots，N-1，y=0，1，2，\cdots，M-1)$$

$F(u,v)$ 为频谱，可以进一步表示为

$$F(u,v)=|F(u,v)|\mathrm{e}^{j\Phi(u,v)}$$

式中，$|F(u,v)|$ 是振幅(或称为模，其平方为功率谱)；Φ 是相位(或称为幅角)：

$$|F(u,v)|=\sqrt{R^2(u,v)+I^2(u,v)} \qquad \varphi(u,v)=\arctan\frac{I(u,v)}{R(u,v)}$$

式中，x 和 y 代表图像的空间坐标；u 和 v 分别代表 x 和 y 轴方向的空间频率分量；R 和 I 为实部和虚部。

$\mathrm{e}^{j2\pi(ux+vy)}$ 的实部和虚部分别为 $\cos 2\pi(ux+vy)$ 和 $\sin 2\pi(ux+vy)$。图 6.1 给出了 $\cos 2\pi(ux+vy)$ 所在位置的轨迹图，它是根据关系式：

$$ux+vy=n \qquad (n=0,\pm1,\pm2,\cdots)$$

得出的，所以是无限条平行直线。此函数最小值轨迹位于两平行线的中间。由于相邻两平行线在 x 轴上的截距等于 $1/u$，在 y 轴上的截距等于 $1/v$，则根据图形的几何关系得知，线与线之间相隔的距离为 $1/\sqrt{u^2+v^2}$。

从物理意义上来说，此间距即空间周期，其倒数就是空间频率。空间周期在 x 轴和 y 轴

方向的分量分别等于 $1/u$ 和 $1/v$。于是，u 和 v 就分别代表沿 x 轴和沿 y 轴方向的空间频率分量。从信号的角度来看，空间频率是单位长度内亮度周期性变化的数量，单位为周/毫米。空间频率向量的方向与 x 轴的夹角等于 $\arctan(v/u)$，显然，从 u 和 v 可得任意方向且周期从 0 到 ∞ 变化的二维余弦图形。

根据上面讨论并对照一维信号中傅里叶变换的意义，可以看出，逆变换式意味着 $f(x,y)$ 是由各种空间频率的二维正弦及余弦图形线性组合而成。$F(u,v)$ 代表加权因子，是上述各种正弦及余弦图形对 $f(x,y)$ 提供的相对贡献，因此称 $F(u,v)$ 为 $f(x,y)$ 的频谱。

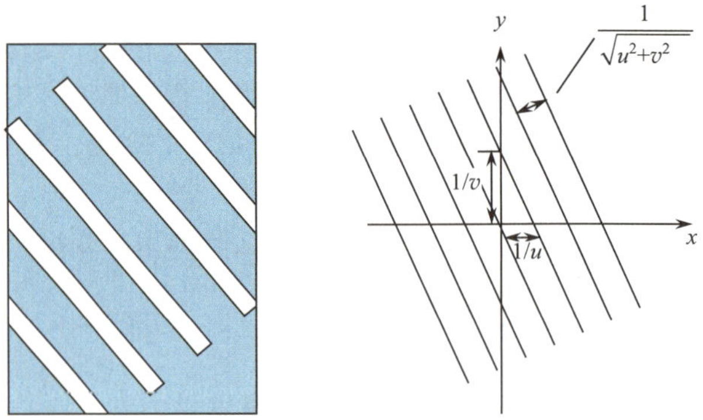

图 6.1 空间域到频率域

傅里叶变换计算的是频率分量，位置表示频率。最低的频率表示图像的平均值，从低频到高频是离开原点的方向。

初始的傅里叶变换后，低频位于变换后图像的四个边缘，不便于可视化。因此，实际应用中，往往对图像进行重组，即计算 $F(u,v)$ 时乘以 $(-1)^{(x+y)}$。这样，中心原点是低频，从中心向外，频率增高。滤波后，计算 $f(x,y)$ 时要做同样的处理，以还原图像的显示。

图 6.2(a)为某指纹的原始图像，图(b)为该图像的离散傅里叶频谱。图(b)中图像的低频能量都集中在中心部分，而高频能量集中在四周，这样更便于对频谱进行各种处理(如滤波、降噪等)。

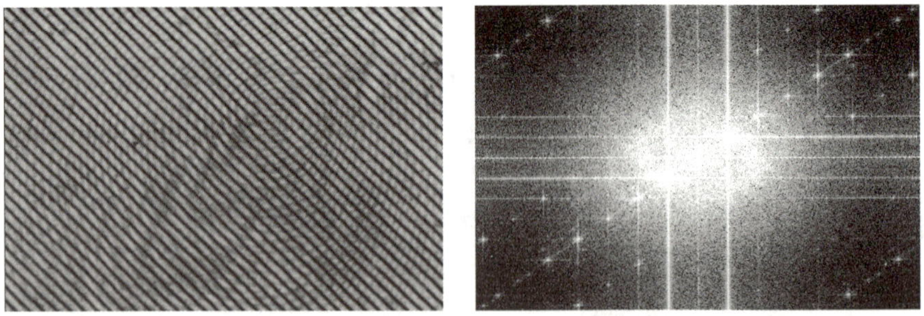

(a) 原始图像　　(b) 离散傅里叶变换后的频谱

图 6.2 二维图像及其离散傅里叶变换后的频谱

注意：频谱是图像的综合性质，频谱图上的各点与空间域图像上各点不存在一一对应的关系！

为了减少运算步骤和节省时间，提高计算速度，遥感图像处理系统采用快速傅里叶变换(FFT)方法，用两次一维的 FFT 进行快速运算处理，把遥感图像转换为一系列不同频率的二维的正弦/余弦波。快速傅里叶变换有专门的软件包，使用非常方便。

进行傅里叶变换的数字图像的行数和列数应该为 2 的倍数。在可能的情况下，应该扩展到 2 的幂次，多余的部分补零。由于进行复数运算，傅里叶变换需要较高的内存，其大小为字节类型的 8 倍。

6.1.3 频率域图像

在空间域图像中，线性地物为高频成分，大块面状地物为低频成分。图像经过傅里叶变换后产生频率域图像，这些空间频率信息以另外一种方式被突出出来(图 6.3)。

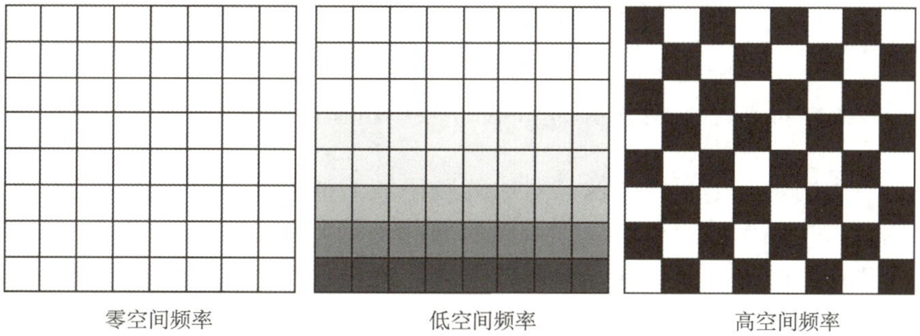

图 6.3 图像的空间频率

考虑到傅里叶变换具有的对称性，为便于显示，频率域图像往往以图像中心为坐标原点，左上－右下、右上－左下对称。图像中心为原始图像的平均亮度值，频率为 0。从图像中心向外，频率增高。图像中的高亮度表明该处频率特征明显。此外，频率域图像中明显的频率变化方向与原始图像中的地物分布方向相垂直。也就是说，如果原始图像中有多种水平分布的地物，那么频率域图像中在垂直方向的频率变化比较明显。如果原始图像中地物左下－右上分布，那么频率域图像中在左上－右下方向频率变化比较明显(图 6.4 和图 6.5 中左图和右图对比)，反之亦然。频率域图像中暗的越多，表明原图像中面越多；亮点或亮条带越多，则表明原图像中边比较多。

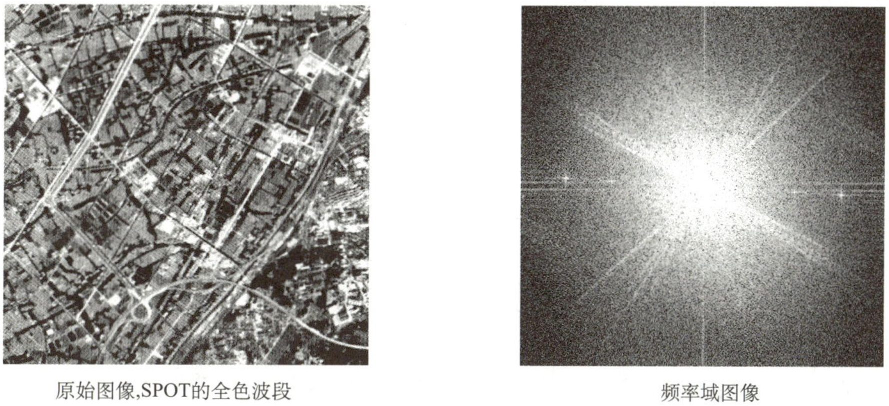

图 6.4 SPOT 图像及其频率域图像

总体来看，原始图像中西南－东北方向分布的地物较多

原始图像，IKONOS图像全色波段

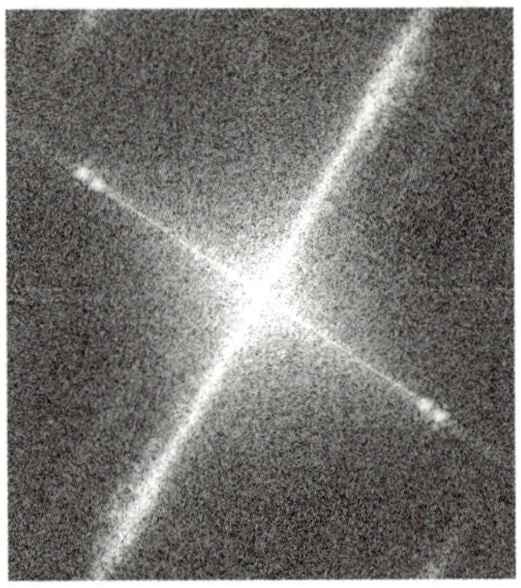

频率域图像

图 6.5　IKONOS 图像及其频率域图像

原始图像中地物多西北－东南方向分布，因此，频率域图像中右上－左下方向的频率更明显

需要特别注意的是：空间域图像与对应的频率域的傅里叶谱有一基本的对偶性质，空间域的局部变化会影响频率域的全局，频率域的局部变化会反过来影响空间域的全局。从另一个角度来说，要获得频率域的任何一个局部信息，都需要空间域的全部信息，而要获得空间域上任何一个局部信息，都需要频率域的全部信息。这两个域之间不存在局部的对应关系。

傅里叶变换是图像的一种整体性表示，图像任何一点的局部若有剧烈的变化，都会给频率域带来整体的影响，这是傅里叶变换的优点，但也是它的主要缺陷。通过频率域可以判断空间域出现了变化，但是难以在频率域直接判断变化出现的具体空间位置。要解决这一问题，需要进行空间域的局部化处理，然后再采用傅里叶变换，这就要引出空间频率同时局部化的思想，如小波分析。

如果空间域中地物的幅度不变，但尺寸变小，则在频率域引起的响应是高频衰减更慢。

利用频率域中的低频分量足以近似的重构空间域图像。高频分量削减越多，越能增加图像的压缩比。但是，舍弃高频后，重构的图像在边缘会出现环状效应。高频分量舍弃的越多，环状效应越明显。更详细的内容请参阅王桥编著的《数字图像处理》（科学出版社，2009）。

基于频率域图像可以进行频率域滤波，详细内容见下一章。

6.2　波段运算

对于多波段遥感图像和经过空间配准的两幅或多幅单波段遥感图像，可以通过波段运算（band math）来突出特定的地物信息，从而达到某种增强的目的。

波段运算是根据地物本身在不同波段的灰度差异，通过不同波段之间运算产生的结果为新的图像“特征”或遥感指数（指数的具体名称由计算结果的物理意义确定），来达到突出感兴趣的地物信息、压抑不感兴趣的地物信息的图像增强方法。进行波段运算后，图像的数值范围可能超过了显示设备的数据范围，因此，在显示前往往需要进行灰度拉伸。遥感图像处理软件在图像显示的时候往往会自动进行灰度拉伸，以满足显示的要求。

波段运算在遥感图像处理中具有重要的意义。遥感图像数据量大，常规的统计方法往往无法使用，即使能使用也需要计算机具有很高的内存（如 64G 内存）。因此，为了提高信息提取效率，往往根据不同地物的光谱特征的差异，利用波段运算来构建不同的波段指数，将复杂的统计运算转变为单纯的代数运算。一些波段指数如本节的植被指数和本章中的缨帽变换已经获得了广泛的应用。

6.2.1 代数运算

波段运算对每个像素进行计算，因此，参加运算的图像其空间坐标和大小必须完全相同。参与运算的数据，可以是单个波段，多个图像波段、常数(至少一个是波段)或文件。如果是两个图像文件间的运算，图像文件中的波段数目和顺序必须相同。

在下面的表达式中，设 $B1$ 与 $B2$ 为参与运算的波段或图像，B 为运算后产生的新的图像。

1. 加法运算

基本公式为 $B = B1 + B2$。

加法运算主要用于对同一区域的不同时段图像求平均，这样可以减少图像的加性随机噪声，或者获取特定时段的平均统计特征。进行加法运算的图像的成像日期不应相差太大。例如，使用 NOAA 或者 MODIS 图像研究地表植被的季节变化，往往将相邻 5 天的图像数据进行平均处理。

对于上述公式，可以加入一个常数：$B = (1-a)B1 + aB2$，其中 a 为 0～1 的值，这样可以产生过渡效果。恰当的选择 a，$B1$ 和 $B2$，可以达到特定的显示增强目的。

2. 差值运算

基本公式为 $B=B1-B2$。

差值图像提供了不同波段或不同时相图像间的差异信息，在变化探测、动态监测、运动目标检测与跟踪、图像背景消除、不同图像处理效果的比较及目标识别等工作中应用较多。

差值运算后的图像反映了同一地物在这两个波段上的差异。地物的反射率在不同的波段上特征不同，差值运算后图像上差异大的地物得到突出，从而容易识别出来。例如，健康的植被在 0.65μm 附近有一个明显的吸收谷，反射率很低；在 0.7～0.8μm 处是一个陡坡，反射率急剧上升，并在 0.8～1.3μm 形成一个高的、反射率可达 40%或更大的反射峰，这种反射光谱曲线是含有叶绿素植物的共同特点(叶绿素反射特征)。红外波段植被与浅色土壤、红波段的植被与深色土壤及水体反射率接近，无法分开。当用红外波段减红波段时，由于植被在这两个波段的反射率差异很大，相减后植被具有很高的差值；而土壤和水体在这两个波段的反射率差异很小，差值很小，因此在差值图像中植被信息得到突出，很容易确定其分布区域。

差值运算还可以监测同一区域在一段时间内的动态变化。例如，用森林火灾发生前后的图像作差值运算，在差值图像上，火灾地区由于变化明显而高亮显示，其他地区则变化不大，因而过火区域得到了突出，据此可以精确计算过火面积。差值运算还可以监测洪水灾情变化、监测河口、河岸的泥沙淤积及河湖、海岸的污染、监测城市的扩展等。

差值同样可用来进行图像的拉伸。例如，图像拉伸和显示一张中的图像反色可通过如下运算完成：

$$\max(B1) - B1$$

式中，max 是函数，取 $B1$ 图像的最大值。

3. 乘法运算

基本公式为 $B = B1 \times B2$。

乘法运算可用来遮掉图像的某些部分。例如，使用一个二值图像 f_1(图像上需要完整保留区域的像素值为1，被抑制掉区域的像素值为0)乘以图像 f_2，可抹去图像 f_2 的某些部分。图像处理中，这个操作称为图像掩膜。

4. 比值运算

基本公式为 $B = B1 / B2$。

比值运算是两个不同波段图像对应像素的灰度值相除(除数不能为 0)，是遥感图像处理中常用的方法。比值运算可以降低传感器灵敏度随空间变化造成的影响，增强图像中特定的区域；降低地形导致的阴影影响，突出季节的差异。

不同的软件，对于比值运算可能会有不同的结果。如果原始图像的数据是单精度的，那么，比值运算的结果是单精度的。但是，如果原始图像的数据是整数，那么，比值运算的结果可能还是整数！例如，对于 ENVI 软件，正确的比值运算表达式为 float($B1$) / float($B2$)，其中 $B1$ 和 $B2$ 为图像中两个波段。

作为比值运算的分母，可以是其他的图像波段，也可以是当前波段中的某个常数，例如，最大值、最小值、最大值－最小值、平均值、方差等。

在比值图像上，像素的亮度反映了光谱比值的差异。因此，这种算法对于增强和区分在不同波段差异较大的地物有明显的效果。例如，在地质探测中，地质学家常用 TM 的某种组合解译矿石类型：$B3/B1$ 突出铁氧化物，$B5/B7$ 突出黏土矿物，$B5/B7$ 突出铁矿石，$B5/B7$ 突出大片白陶土蚀变区域，$B4/B3$ 突出植被信息，$B5/B2$ 分离陆地和水体，等等。

由于地形起伏以及太阳斜射等因素的影响，不同的地形部位，如阳坡和阴坡的辐射量有很大的不同。一般地，阴坡的太阳辐射低，会形成阴影。在山区，阴影的面积会很大，会造成同一地物在不同地形部位的电磁波辐射有很大的差异。这种差异，在图像上即同物异谱现象。比值运算能去除地形坡度和坡向引起的辐射量变化，在一定程度上可消除同物异谱现象，是图像自动分类前常采用的预处理方法之一。

图 6.6 是不同坡向辐射差异示意图。由于阴坡反射率比阳坡低，在 $B1$ 和 $B2$ 两个波段图像上亮度值不同，若不进行处理而直接进行分类，很可能造成错误。但若用 $B1/B2$ 比值处理，产生的比值图像上阴坡、阳坡的亮度值则趋于一致(表 6.1)。

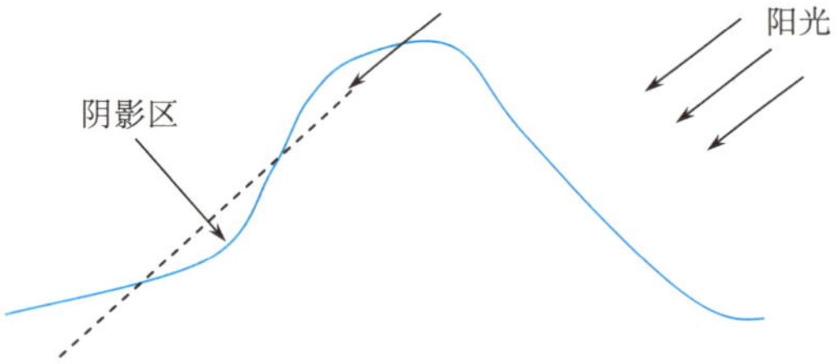

图 6.6 阴坡和阳坡的阴影

表 6.1 不同坡向的比值运算结果

地形部位	波段		
	$B1$	$B2$	$B1/B2$
阳坡	28	43	0.65
阴坡	22	34	0.65

波段比值运算还可以用来探测地物随着季节变化的信息。例如，如果需要监测地区植被的变化，可以使用不同季节的第 3 波段的比值，新建立的波段可能是：20060810$B3$/20040810$B3$。图像的时段可以是不同年的同一个月，或同一年的不同月。新产生的波段将突

出变化信息：变化的像素具有较高的亮度值。没有变化的像素值较低，在图像中比较暗。

此外，在一天内的不同时间太阳高度角不同。对于指定的传感器来说，不同图像中的太阳高度角是变化的，比值运算可以降低太阳高度角对图像带来的影响。

需要注意的是，如果比值运算中作为分母的波段的值很小，比值运算可能会增加图像中的噪声。为此，如果有必要，可以在计算前先对图像进行滤波处理。

使用图像 DN 值和图像大气校正后的反射率进行比值计算，其结果有所不同。为了压抑地形阴影的影响，应该使用大气校正后的反射率进行比值计算。

5. 归一化指数

归一化指数是比较特殊的比值运算方式。公式为

$$B=(B1-B2)/(B1+B2)$$

在基本的比值运算中，如果分母中的波段 $B2$ 的值比较小(特别是小于 1 的情况下)，那么，比值的结果将夸大差异，使用归一化指数可以避免这个问题。此外，与比值运算不同的是，归一化指数具有明确的值域。

6.2.2 逻辑运算

逻辑运算是把图像间的逻辑和、逻辑积等逻辑运算组合起来提取出逻辑特征的方法。多用于把社会经济数据及地图数据等图像以外的数据组合起来进行分析。例如，在用 0、1 的整数数据表示行政区域的掩膜图像和遥感图像之间，通过逻辑积的运算可以提取出作为目标的行政区域所对应的图像数据。下面的操作也经常使用，其中 $v1$ 、$v2$ 、$v3$ 是用户指定的数值：

$$(B1>v1)\text{and}((B2<v2)\text{or}(B3>v3))$$

逻辑运算可以与基本的运算结合起来进行有效的处理。例如，在比值运算中，为了避免背景 0 值的影响，可以使用如下表达式(min 为函数，计算波段图像的最小值)：

$$(B3\times(B3>0)-\min(B3\times(B3>0)))/(B2\times(B2>0)-\min(B2\times(B2>0)))$$

6.2.3 植被指数

植被指数(vegetation index，VI)是对地表绿色植物生长状况和分布特征的简单、有效和经验型的度量，是两个或多个光谱波段的线性或非线性的组合。植被指数的重要特点是起着中间变量的作用，可以转换为植物叶冠的生物物理参数，例如，生物量、叶面指数、光合作用有效吸收辐射等。MODIS 提供有地表植被指数产品，可从相关网站下载(http://modis.gsfc.nasa.gov/)。植被指数的应用极为广泛，如利用植被指数监测某一区域农作物长势，并在此基础上建立农作物估产模型从而进行大面积的农作物估产。

植被指数是波段运算的典型应用，通常用红色波段(600～700nm)和近红外波段(700～1100nm)的组合来计算。

绿色植物叶子的细胞结构在近红外具有高反射，其叶绿素在红光波段具有强吸收。因此，在多波段图像中，用近红外与红波段图像作比值运算后，结果图像上植被区域具有高亮度值，甚至在绿色生物量很高时达到饱和，从而突出了植被信息(图 6.7)。

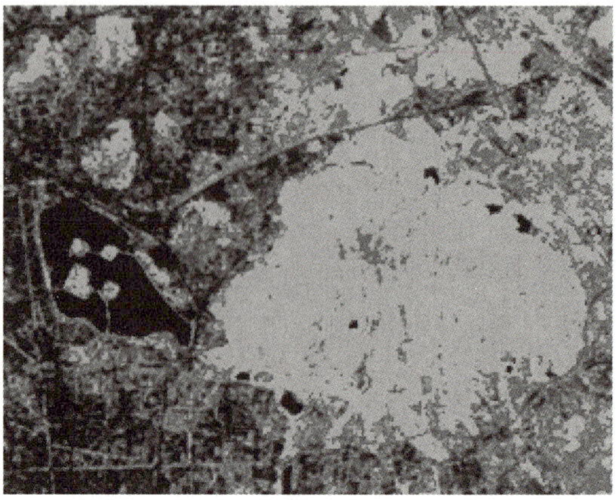

图 6.7 南京紫金山和玄武湖的 NDVI 分布

Landsat 7 的 ETM+图像，2000 年 6 月。对 NDVI 大于 0 的数据进行了密度分割

常用的植被指数如下。

1) 比值植被指数(ratio vegetation index，RVI)

$$RVI=\frac{NIR}{R}$$

式中，NIR 为遥感多波段图像中的近红外(near infrared)波段；R 为红波段。

2) 归一化植被指数(normalized vegetation index，NDVI)

$$NDVI=\frac{NIR-R}{NIR+R}$$

NDVI 在高生物量时会达到饱和。

3) 差值植被指数(difference vegetation index，DVI)

$$DVI=NIR-R$$

4) 土壤调整植被指数(SAVI)

$$SAVI=\frac{(1+L)(NIR-R)}{NIR+R+L}$$

式中，L 为冠层背景调整因子。L=0.5 时，可将土壤亮度差异减小到最低。研究表明，利用 SAVI 可将 NDVI 中的土壤影响减到最低。

5) 增强植被指数(EVI)

EVI 主要用于 MODIS 图像，对高生物量比较敏感。通过分离植被冠层背景信号和降低大气影响来提高植被的监测能力。

$$EVI=2.5\frac{NIR-R}{NIR+6R-7.5B+1}$$

式中，B 是蓝波段(MODIS 的 3 波段)。关于本指数更多的内容，建议阅读：http://www.ctahr.hawaii.edu/grem/mod13ug/sect0001.html,http://modis.gsfc.nasa.gov/data/atbd/atbd_mod13.pdf。

典型传感器的近红外(NIR)与红(R)波段见表 6.2。

表 6.2 常用传感器的近红外(NIR)与红(R)波段

传感器	NIR 波段	R 波段
Landsat 5/ TM	4	3
Landsat 1-3/ MSS	6	5
Landsat 4-5/ MSS	3	2
SPOT/XS	3	2
NOAA/ AVHRR	2	1
TERRA/MODIS	2	1

注：Landsat 1-3 的 MSS 数据波段编号是 4，5，6，7，其中 4 是绿波段，对应于 Landsat4-5 的传感器 MSS 的 1 波段。

6) 大气影响植被指数值的机制

根据不同的需要，植被指数计算可以或不进行辐射校正。如果试图使用植被指数对比评估不同时期的植被状况，则进行合适的辐射校正十分必要。曾志远总结了如下大气对植被指数的影响机制，并进一步给出了修正的方案，详细内容请参阅(曾志远. 2004. 卫星遥感图像计算机分类与地学应用研究. 科学出版社，P334-381)。

(1) 大气对图像发生影响时，红外波段和可见光波段的辐射均发生变化，但变化的幅度是不同的，由此使得植被指数比正常值升高或降低。

(2) 如果大气的影响降低了卫星接收到的地表辐射，则可见光比红外波段降低更多，导致植被指数升高。

(3) 如果大气的影响提高了卫星接收到的地表辐射，红外波段升高幅度低于可见光波段，导致植被指数降低。

6.2.4 其他应用

波段运算可以灵活应用，是图像处理的常用工具。下面是几个典型实例，其中，$B1$，$B2$，$B3$ 为波段或图像文件，min，max，mean 分别是计算图像最小值、最大值和均值的函数。

1) 替换图像中特定的像素值

将图像中的 0 值替换为–9999。图像中的 0 值往往是背景像素值，但可能会在波段运算结果的值域内，因此，某些情况下需要进行变换。

$$-9999\times(B1=0)+B1\times(B1\neq 0)$$

2) 图像数值标准化

$$(B1-\min(B1))/(\max(B1)-\min(B1))\text{或 } B1-\mathrm{mean}(B1)$$

3) 图像掩膜

$$B3+B2\times(B1>0)\text{ 或 } B2\times(B1=0)$$

6.3 K-L 变换

K-L 变换(Karhunen-Loeve transform)有多种称呼，如 K-L 变换、霍特林(Hotelling)变换、主成分分析等，它是建立在图像协方差矩阵基础上的线性正交变换，用来进行图像降维和噪声去除。

K-L 变换首先由 Karhunen 和 Loeve 引入，用来处理随机过程中连续信号的去相关问题。霍特林也提出了离散信号的去相关线性变换，但实际上，它是 K-L 展开的离散等效方法。在图像处理中，往往认为 K-L 变换与霍特林变换是同义语。

主成分分析(principal component analysis， PCA，有的文献称为 PCT，principal component transformation)是统计分析中常用的方法，其求解过程与 K-L 变换有所不同：K-L 变换是基于图像协方差矩阵进行的计算，而 PCA 不限于协方差矩阵(也可以是相关矩阵等)。遥感图像处理软件中的 PCA 有选项供选择，默认时使用协方差矩阵进行计算，结果就是 K-L 变换。也就是说，PCA 中包括了 K-L 变换。

K-L 变换的目的是去除图像中的噪声和干扰，进行数据压缩和信息增强。

6.3.1 基 本 概 念

设图像 $\{X = X_i, i=1,2,\cdots,k\}$ (k 为波段数)，$E(X)$ 为 X 的数学期望。X 的协方差矩阵为 $\boldsymbol{C}$，$\boldsymbol{U}$ 是 $\boldsymbol{C}$ 的特征向量矩阵。主成分为

$$\boldsymbol{Y}_i = \boldsymbol{U}\boldsymbol{X}_i$$

式中，$\boldsymbol{Y} = \{Y_i, i=1,2,\cdots,k\}$。

变换的原理如图 6.8 所示[①]。设图像只有两个波段 $B3$ 和 $B1$，并且二者之间存在相关性，具有如图 6.8 所示的分布。通过投影，各数据可以表示为 y_1 轴上的一维点数据(图中的横轴)。

从二维空间中的数据变成一维空间中的数据会产生信息损失，为了使信息损失最小，必须使一维数据的信息量(方差)最大，以此确定 y_1 轴的取向，新轴 y_1 称作第一主成分 PC1。为了进一步汇集剩余的信息，可求出与第一轴 y_1 正交、且尽可能多地汇集剩余信息的第二个轴 y_2，新轴 y_2 称作第二主成分 PC2。

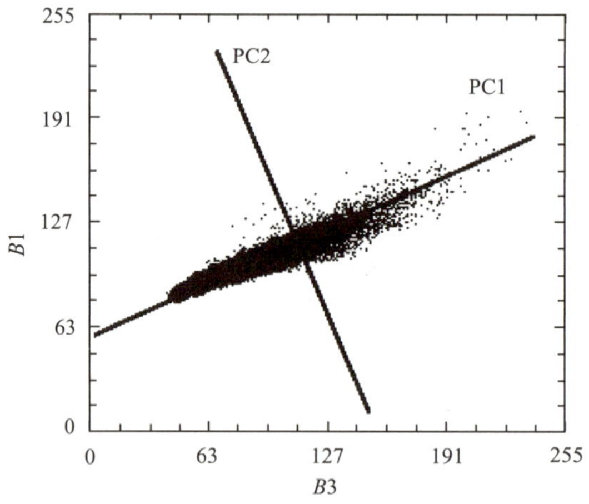

图 6.8 主成分与波段

①推荐阅读：张洋. 2013. PCA 的数学原理. http://blog.codinglabs.org/articles/pca-tutorial.html.

本变换的缺点是：当 X_k 维数 k 很大时，协方差阵对应的特征向量的计算量较大。即使已得到变换矩阵，要实施正、逆变换计算量也很大，且没有快速算法的支持，这就限制了该方法的应用。

K-L 变换的基本性质如下：

(1) 总方差的不变性。当主成分个数与原始数据的维数相等时，变换前后总方差保持不变，变换只是把原有的方差在新的主成分上重新进行了分配。

(2) 正交性。变换得到的主成分之间不相关。

(3) 从主成分向量 $\boldsymbol{Y}_i$ 中删除后面的 $(k-p)$ 个成分只保留前 $p(p \leqslant k)$ 个成分时所产生的误差满足平方误差最小的准则。换句话说，前面的 p 个主成分包含了总方差的大部分。

变换以后保留的主成分个数通常可用指标 V 进行衡量：

$$V = \sum_{i=1}^{p} \lambda_i \Big/ \sum_{i=1}^{k} \lambda_i$$

式中，λ 是特征值；V 表示选用的主成分的方差总和占原始数据中总方差的比例，一般要求 V 大于 85%。

在给出 V 值的情况下可确定 p 的大小。

6.3.2 工作流程

K-L 变换的流程为：计算图像协方差矩阵—主成分正变换—主成分逆变换。

1) 图像协方差矩阵

使用协方差矩阵表示不同波段之间的协变关系。

2) 正变换

一般意义上的 K-L 变换指正变换。该过程通过对图像进行统计分析，在波段协方差矩阵的基础上计算特征值和特征向量，利用特征值选择主成分的个数，利用特征向量构造主成分。根据需要，可以选择少数的主成分作为输出结果。

正变换，每一个主成分是原图像波段值的加权和，权值 w 可以直接使用特征向量，或特征向量的标准化形式，或基于特征向量的变化形式：

$$PC_i = \sum_{j=1}^{k} w_{ij} \times X_{ij} \qquad (i = 1, \cdots, k)$$

图 6.9 是 2000 年 Landsat 的 ETM+图像中的南京市玄武湖部分 K-L 变换的结果，使用的图像波段为 1～5，7。各成分的特征值见图 6.10。对于本图像，选择 3 个成分已经包括了原始图像中的绝大多数信息(方差累计贡献率 V=98.9%)。从图 6.9 主成分 1～6 的图像也可以看到，自第 4 主成分起，图像中出现了明显的噪声。

3) 逆变换

如果在正变换中选择的主成分数目与波段/变量数目相同，那么逆变换结果将完全等同于原始图像。如果选择的主成分数目少于波段数，逆变换结果相当于压抑了图像中的噪声。受选择的主成分数目的影响，逆变换结果图像的各个“波段”与原图像波段可能会有较大的差异而不再具有原始图像波段的物理意义。

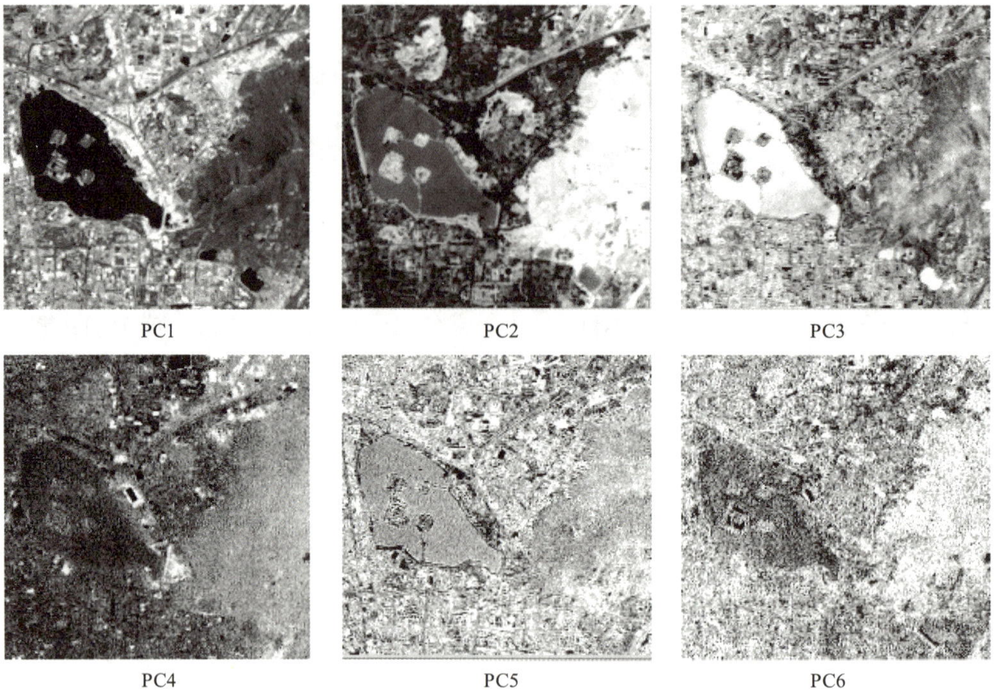

图 6.9　ETM+图像 K-L 变换结果（2000 年 6 月 12 日，path/row 为 120/38）

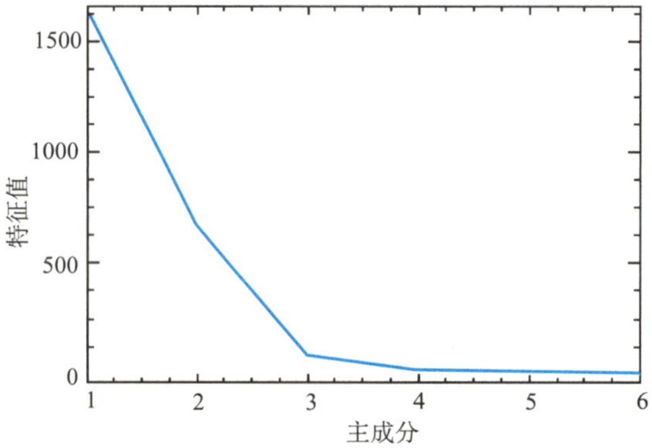

图 6.10　主成分的特征值变化

6.3.3　主成分分析和因子分析

标准的 K-L 变换使用协方差矩阵作为出发点，目标是数据的压缩。如果对图像进行 PCA，而且计算的出发点是波段的相关矩阵，那么结果就会有较大的不同。有的图像处理文献中，将使用相关矩阵进行 PCA 计算的称为标准 PCA。

如果偏重于图像分析，试图通过重新组合波段挖掘出新的信息，那么，建议使用相关矩阵进行计算。这种计算能够更有效地把原始波段信息规则化到方差向量中，所产生的主成分具有更好的可解释性。当然，在这种情况下，也失去了 K-L 变换具有的数据压缩的优势。

因子分析是统计学中的多元统计分析方法，默认的计算出发点是相关矩阵。主成分分析是因子分析中的一个因子求解方法。

为了探讨更有意义的波段组合，使用因子分析进行图像的处理是必要的。但是，目前主流的遥感图像处理软件中没有包括这些方法。单独使用这类方法处理遥感图像需要计算机具有足够的内存和速度。

6.3.4 典型应用

在遥感图像处理软件中，K-L 变换包括在 PCA 中。图像处理常常利用主成分方法来消除波段之间的相关性以进行特征选择，此外，主成分分析还可以用来对图像进行压缩和信息融合。例如，对 Landsat 的 TM 的 6 个波段的多光谱图像(热红外波段除外)进行主成分分析，然后把得到的第 1，2，3 主成分图像进行彩色合成，可以获得信息量非常丰富的彩色图像。

1) 数据压缩

在 PCA 计算过程中，如果选择协方差矩阵为出发点，则计算结果就是数据压缩和噪声去除。后面的主成分往往具有较大的噪声，可以舍弃。然后通过逆变换来复原图像。在这种情况下，往往不解释主成分与波段之间的关系。

2) 信息提取

在 PCA 计算中，如果选择相关矩阵为出发点，则计算结果更便于进行信息提取。

在这种情况下，需要解释主成分与波段之间的关系。通过仔细分析各个波段权重 w 的正负组合关系，可以确定主成分的含义，从而有助于进一步的解释分析。有时候，主成分具有很好的可解释性，可用来进行地物的分类和定量分析。例如，黄照强等[①]将岩石矿物的光谱特征与主成分的结果相结合，利用 ASTER 和 ETM+数据提取了西藏泽当矿田的含三价铁离子和黏土矿物的蚀变信息。

需要注意的是，变换结果是数据依赖的。不同的图像数据，结果差异可能很大，需要有针对性的、具体地进行解释分析。

3) 对比度增强

选择相关矩阵作为运算的出发点，可以进行图像的对比度增强。如果图像各个波段之间的相关性强，利用去相关拉伸(decorrelation stretched)来增强图像的对比度，该方法可以增强图像的饱和度而不改变图像的色调值。主要的步骤为：选择三个波段进行图像合成；对合成的图像进行去相关变换，进行主成分逆变换并且显示图像。在软件操作中，输入是选择的三个波段，输出是去相关后的图像(图 6.11)。

4) 图像融合

图像融合是提高图像信息表现的一种变换方法。首先对图像进行 K-L 变换，产生主成分图像。然后使用高空间分辨率的全色图像替换第一主成分(注意：全色图像要先进行标准化变换，使其值域与第一主成分相同)，进行逆变换，产生融合图像。融合图像有较高的空间分辨

① 黄照强，李详强.2009.基于 ASTER 和 ETM+数据的蚀变信息提取比较研究——以西藏泽当矿田为例. 地质与勘探，45(5)：606-611.

率，同时保留了原图像的光谱特征。

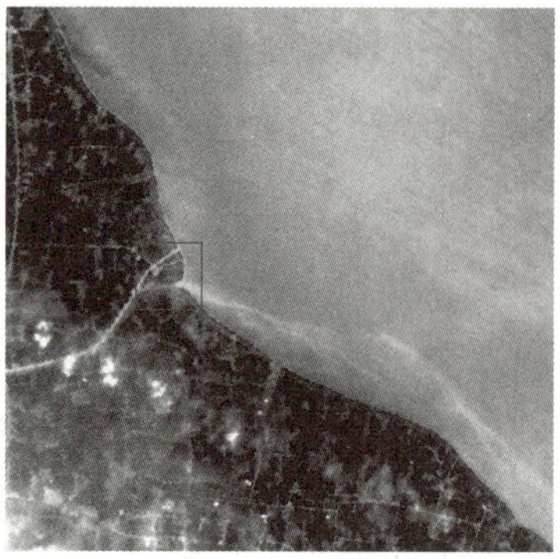

图像 (3,2,1) 合成，太湖西南侧

(3,2,1) 合成图像去相关后的图像
(注意：绿色信息得到了很好的增强)

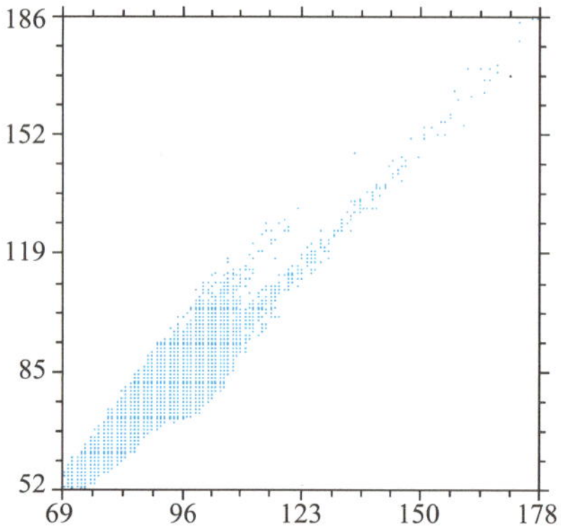

原始图像的$B2$~$B3$波段散点图
(表明两个波段具有强相关)

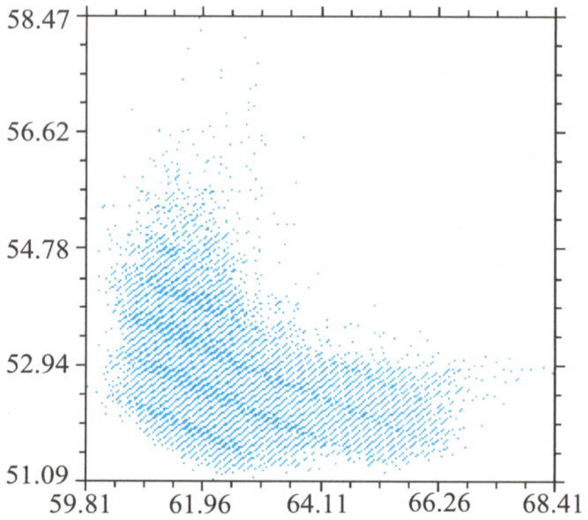

去相关后的$B2$~$B3$散点图像
(波段间的相关性已经减弱)

图 6.11　L5 的 TM 图像去相关前后显示对比

5) 其他应用

PCA 变换后，可以选择不同的图像进行彩色合成，或对特定成分的图像进行增强处理，以突出地物信息。

6) 相关算法

与 K-L 密切相关的方法包括去相关拉伸和最小噪声分离(minimum noise fraction rotation，MNF)方法。MNF 用来判定图像数据的内在维数，分离数据中的噪声，以减少后继处理中的计算量。MNF 本质上是两次主成分变换；第一次变换(基于估计的噪声协方差矩阵)用于分离和重新调节数据中的噪声，使变换后的噪声数据只有最小的方差且没有波段间的相关。第二步是对噪声白化数据(noise-whitened)的标准主成分变换。变换后的图像可被分为两部分：特征图像和噪声图像。通过检查最终特征值和变换后的图像来判定数据的内在维数。

6.4　缨帽变换

1976年，Kauth和Thomas构造了一种新的线性变换方法——Kauth-Thomas变换①，简称K-T变换，形象地称为“缨帽变换”。缨帽变换旋转光谱的坐标空间，旋转后的坐标轴不是指到主成分的方向，而是指到另外的方向，而这些方向与地物类型和变化有密切的关系，特别是与植物生长过程和土壤有关。缨帽变换既可以实现信息压缩，又可以帮助解译分析农作物特征，因此有很大的实际应用价值，属于图像变换中的经典算法。目前这个变换主要用于陆地资源卫星数据，包括MSS、TM和ETM+传感器的图像。

6.4.1　基本原理

K-T变换最初是从研究MSS遥感数据产生的。以MSS的2波段(红波段)和MSS的3波段(近红外)为例(图6.12)，选择两种不同的土壤样本，一种深色土壤，光谱特性是暗的，另一种浅色土壤是亮的。在这两种不同土壤上种植小麦，选择小麦不同生长期的图像，把图像中的像元放在二维光谱空间相应的位置上，于是形成了两条农作物小麦的生命发展线，构成一个三角形的形状，如图6.12所示。从暗土生长线可以看出，由于叶绿素在植物生长过程中的增加，覆盖度加大，土壤较暗，表现为第3波段亮度加大而第2波段亮度减小(即近红外反射强而红光反射低的规律)。到了4的位置便是绿色小麦生长的顶峰，小麦光谱占上风，土壤被覆盖，因此，4A和4B交合到一点，然后一起变黄和衰老。

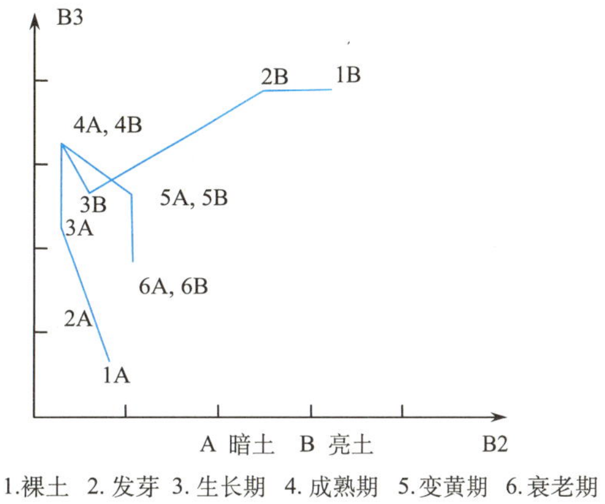

图6.12　MSS图像中小麦生长线实例

将这个例子推广，对于一般农作物的生长过程有如图6.13所示的规律。首先，在第2波段(红波段)和第3波段(近红外波段)组成的特征空间中(如(a)所示)，当植物还没发芽时，各种裸露的土壤，由深色土壤逐步过渡到浅色土壤形成一条土壤线，由土壤线上各点作起始点都能勾绘出一条农作物的生长线(图中只画出了从最深和最浅的两点开始的生长线)。1处为裸土，只反映了土壤本身的光谱特性；2处为农作物破土出露，随着农作物生长，植被覆盖面也越来越大。与此同时，由于太阳光从偏东方向入射时，使得植物阴影的影响增加，像素的光谱值是作物、阴影和土壤的综合反映，这时，对于深色土壤，阴影影响不大，所以随着作物覆盖的增加，波段3上绿色植物近红外的反射急剧增大，生长线上升；对于浅色土壤，阴影影响较大，减少了原像素中高亮度的土壤光谱的影响，所以尽管绿色作物近红外光谱反

① Kauth R J,Thomas G S.1976. The tasseled cap – a graphic description of the spectral-temporal development of agricultural crops as seen by Landsat, proceedings, machine processing of remotely sensed data, West Lafayette. Laboratory for the Applications of Remote Sensing,41-51.

射随着覆盖的增加而增加，但综合效应并没有使这条生长线升高。直到农作物成熟期的到来(图中标号 4 处)，绿色覆盖达到高峰，几乎不能得到土壤的信息，也没有明显的阴影区，两条生长线才合为一点，不再有区别。可以推理，其他土壤类型的生长线也必定到达这里，汇合后一起继续发展。

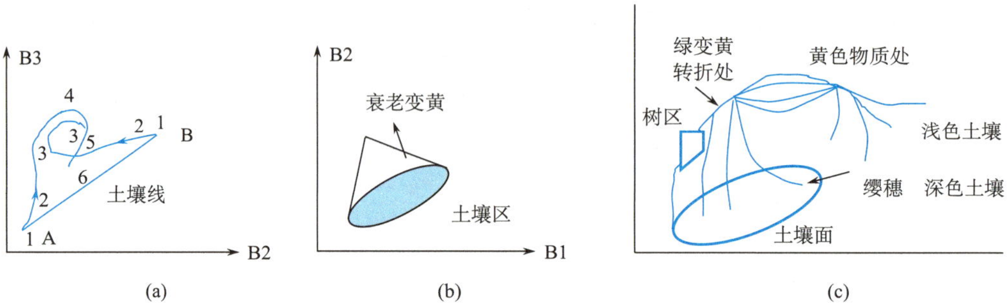

图 6.13 缨帽与波段的关系

图(a)中，1～6 含义同图 6.12

当农作物成熟变黄时，生长线向回折返，离开绿色生物量点，经过标号 5 处后光谱特性继续变化，直到农作物衰老死亡到达标号 6 处。待农作物全部收获完毕，地面状态恢复，从标号 6 处应该各自回到土壤线上的起点位置(深色土壤 1A 处或浅色土壤 1B)。这种发展变化的过程如果表示在波段 1(绿波段)和波段 2(红波段)所构成的特征空间，则形态发生变化，土壤线变成了土壤区，而且农作物从生长到成熟前的过程也发生在同一区内，只有变黄以后才离开这个区向外发展，如图 6.13(b)所示把土壤和农作物生长过程在 MSS2～MSS3 和 MSSl～MSS2 两个平面的投影综合并画到三维空间便形成了图 6.13(c)所描绘的形态。这里土壤反射光谱形成土壤面，农作物则从土壤面开始生长，几乎沿着垂直于土壤面的方向沿不同路线，形成绿色植物区，到交汇处开始折返，并汇聚于黄色植物区，最后又回到它原来出发的土壤面起点处。这样的三维立体形态看起来很像一顶戴着缨穗的帽子，衰老处像一束缨子，土壤面就像帽口，由这一外观的想象形成了另一个名字“缨帽变换”。

缨帽变换的帽子前部有一特殊的树区，这是由于树冠的光谱特性决定的缨帽在三维空间中的位置不是完全不变的。首先在生长过程中，由于作物种植的密度和叶子覆盖的多寡影响阴影的大小，变化路径有所不同；另外大气中的雾霾、水蒸气、云层都不同程度地影响缨帽，造成土壤面的位移和旋转以及整体形态的变化；不同地区的资料以及不同的农作物也会产生差异，但无论怎样不同，缨帽形态的规律是相同的。

为了最大限度地观察上述规律，并用这种规律进行土壤和农作物的判断，必须对坐标空间做一变换使坐标系实现平移和旋转。通俗地说，变换后我们能够看到缨帽的最大剖面，而不是只看到某一方向或某平面上的较小投影。这一变换是线性变换，变换后新的坐标轴将代表明确的景观意义，可以与地物直接联系。变换公式为

$$\boldsymbol{U}=\boldsymbol{R}_1\cdot\boldsymbol{X}+r$$

式中，$\boldsymbol{X}$ 为像素的光谱向量；$\boldsymbol{U}$ 为变换后新空间的像素向量，其各分量表示变换后每一通道的像素亮度值；r 为避免出现负值而加的常数，一般为 0。$\boldsymbol{R}_1$ 为一变换矩阵，行与行之间相

互正交。研究表明，MSS 传感器的缨帽变换系数矩阵为

$$
\boldsymbol{R}_1=\begin{bmatrix} 0.433 & 0.632 & 0.586 & 0.264 \\ -0.290 & -0.562 & 0.600 & 0.491 \\ -0.829 & 0.522 & -0.039 & 0.194 \\ 0.223 & 0.012 & -0.543 & 0.810 \end{bmatrix}
$$

变换后 $\boldsymbol{U}=(u_1,u_2,u_3,u_4)^{\mathrm{T}}$ 中的前 3 个分量有明确的物理意义。u_1 叫做亮度分量，主要反映了土壤信息，是土壤反射率变化的方向；u_2 叫做绿色物质分量，u_3 叫做黄色物质分量，它们分别反映了植物的绿度和黄度，绿度说明了植物的生物量状况，黄度说明了植物的枯萎程度；u_4 没有什么意义，在几何坐标中是一个无意义轴。

K-T 变换的分量之间相互正交。地物信息在 K-T 变换后的数据里更加清楚，分布面加大。此外，利用 K-T 变换可研究大气散射等影响。因此，K-T 变换有很大的实际应用价值。

6.4.2 变换系数

1984 年，Crist 和 Cicone 提出了用于 Landsat4 的 TM 图像的 K-T 变换公式，如下：

$$
\boldsymbol{U}=\boldsymbol{R}_2\cdot\boldsymbol{X}+r
$$

$$
\boldsymbol{R}_2=\begin{bmatrix} 0.3037 & 0.2793 & 0.4743 & 0.5585 & 0.5082 & 0.1863 \\ -0.2848 & -0.2435 & -0.5436 & 0.7243 & 0.0840 & -0.1800 \\ 0.1509 & 0.1973 & 0.3279 & 0.3406 & -0.7112 & -0.4573 \\ -0.8242 & -0.0849 & 0.4392 & -0.0580 & 0.2012 & -0.2768 \\ -0.3280 & -0.0549 & 0.1075 & 0.1855 & -0.4357 & 0.8085 \\ 0.1084 & -0.9022 & 0.4120 & 0.0573 & -0.0251 & 0.0238 \end{bmatrix}
$$

式中，$\boldsymbol{X}=(x_1,x_2,x_3,x_4,x_5,x_6)^{\mathrm{T}}$ 是 TM 的第 1，2，3，4，5，7 波段图像上的灰度值(DN 值)组成的光谱向量；$\boldsymbol{U}=(u_1,u_2,u_3,u_4,u_5,u_6)^{\mathrm{T}}$ 是变换后的光谱向量，前三个分量依次代表亮度、绿度和湿度。第四个分量较好的突出了图像中的霾信息。后两个分量 u_5,u_6 还没发现与地物有明确关系，没有明确的定义。采用 K-T 变换可以将 TM 的 6 个波段(热红外波段除外)压缩成 3 个分量。

上述变换在遥感软件中广泛使用。常用的如 ERDAS 和 ENVI 的 TM 图像均使用上述变换系数。

Landsat5 的 TM 图像和 Landsat7 的 ETM+图像的 K-T 变换系数如表 6.3 所示(分别由 Crist 于 1984 年，Huang 于 2002 年提出①)。

对于 TM 和 ETM+图像，K-T 变换的前三个分量的实际物理意义如下。

(1)亮度。第一分量实际是 TM 的 6 个波段的加权和，反映了总体的反射值。由于中红外波段的影响，TM 的亮度值与 MSS 的亮度值不完全相等，但两者有很大的相关性。TM 的亮度不等于土壤变化的主要方向，这一点与 MSS 数据不同。

---

① Huang C, Wylie B, Yang L, Homer C. 2002. Derivation of a tasselled cap transformation based on Landsat 7 at satellite reflectance. International Journal of Remote Sensing,23(8):1741-1748.

表 6.3　Landsat5 的 TM 和 Landsat7 的 ETM+图像的 K-T 变换系数

Landsat5							
波段	1	2	3	4	5	7	常数项
亮度	0.2909	0.2493	0.4806	0.5568	0.4438	0.1706	10.3695
绿度	–0.2728	–0.2174	–0.5508	0.7221	0.0733	–0.1648	–0.7310
湿度	0.1446	0.1761	0.3322	0.3396	–0.6210	–0.4186	–3.3828
霾	0.8461	–0.0731	–0.4640	–0.0032	–0.0492	0.0119	0.7879
Landsat7							
亮度	0.3561	0.3972	0.3904	0.6966	0.2286	0.1596	/
绿度	–0.3344	–0.3544	–0.4556	0.6966	–0.0242	–0.2630	/
湿度	0.2626	0.2141	0.0926	0.0656	–0.7629	–0.5388	/
第 4 分量	0.0805	–0.0498	0.1950	–0.1327	0.5752	–0.7775	/
第 5 分量	–0.7252	–0.0202	0.6683	0.0631	–0.1494	–0.0274	/
第 6 分量	0.4000	–0.8172	0.3832	0.0602	–0.1095	0.0985	/

注：上表 Landsat5 的 TM 图像 K-T 指数计算中，输入数据是图像 DN 值；ETM+图像的 K-T 指数计算中，输入数据是大气顶面反射率。

(2) 绿度。第二分量。TM 的绿度与 MSS 的绿色物质分量很相近，甚至几乎相同。因为从变换矩阵 $\boldsymbol{R}_2$ 中第二行系数看，红外波段 5 和 7 有很大抵消，剩下是近红外与可见光部分的差值，反映了绿色生物量的特征。用亮度和绿度 2 个分量组成的二维平面可叫做“植被”。

(3) 第三分量。对变换矩阵中第三行数据分析可知，这个分量反映了可见光和近红外(1～4 波段)与较长的红外(第 5，7 波段)的差值，定义为湿度的根据是第 5，7 两个波段对土壤湿度和植物湿度最为敏感。湿度和亮度 2 个分量值组成的二维平面可定义为“土壤”，湿度与绿度组成的第三个面称为“过渡区”。这样的三维空间就是 TM 数据进行 K-T 变换后的新空间，可用于对植被、土壤、水体等地物作更为细致、准确的分析。

K-T 变换只能用于 MSS 数据和 Landsat4、5 的 TM 图像、Landsat7 的 ETM+图像，这是该方法的一个限制。有研究者给出了其他的传感器，如 IKONOS 等类似的缨帽变换系数，但应用范围没有 K-T 变换广。

K-T 变换与 K-L 变换不同。前者对于图像中各个组分的分离，特别是土壤和植被的分离，更具有优越性，变换系数与具体的图像无关。K-L 变换中各成分的系数与具体的图像有关：图像不同，系数不同。

关于 TM 图像 K-T 变换系数的问题

(1) 不同软件中使用的 K-T 变换系数不同。

ENVI 中指明可以对 MSS，TM5 和 ETM+图像做 K-T 变换。

对于 TM5 计算使用的系数，帮助文档中给出了如下参考文献：

Jensen J R. 1986. Introductory Digital Image Processing，Prentice-Hall，New Jersey，379.

Crist E P, Cicone R C.1984. Application of the Tasseled Cap Concept to Simulated Thematic Mapper Data，Photogrammetric Engineering and Remote Sensing，Vol.50，343-352.

ERDAS IMAGINE 2011 中，根据其算法文件“Landsat_TM_Tasseled_Cap_In_RGB.alg”中的内容，进行参数比较后，可以确认其中的参数为 Landsat4 的 TM 图像 K-T 变换系数。

(2) 网页和文档中的资料。

网址“http://www.sjsu.edu/faculty/watkins/tassel.htm”中提供了一套 TM 的 K-T 系数(Thayer Watkins，The tasseled cap transformation in remote sensing)，经过比较可以确认，其中有些系数错误，与 Crist 的论文不一致。

TM 图像的 K-T 变换至少有两套系数，其中，用于 Landsat4 的 TM 图像 DN 的比较常用，例如“Tasseled cap transformation ncrste_tg002-9.pdf(2000)”使用的是此套参数，来自于文献 Crist E P, Cicone R C. 1984. A physically-based transformation of thematic mapper data—The TM tasseled cap，IEEE Transactions on Geoscience and Remote Sensing，Vol. 22，No. 3，1984，256-263。Crist 的这篇文献很重要，给出了各种说明。因为其使用的图像数据是 1982 年的，所以可以断定为 Landsat4 图像。因此，虽然该论文没有明确传感器，但后来其他论文的引文中均作为 TM4 的系数来引用。Crist(1986) 对此进行了明确说明，这套系数基于 Landsat4 TM 图像 DN。系数如下：

Brightness=0.3037(TM1)+0.2793(TM2)+0.4743(TM3)+0.5585(TM4)+0.5082(TM5)+0.1863(TM7)

Greenness=–0.2848(TM1)–0.2435(TM2)–0.5436(TM3)+0.7243(TM4)+0.0840(TM5)–0.1800(TM7)

Wetness=0.1509(TM1)+0.1973(TM2)+0.3279(TM3)+0.3406(TM4)–0.7112(TM5)–0.4572(TM7)

ERDAS Field Guild(2013，495) 中明确的给出了此系数值。

对于 Landsat5 的 TM 图像 K-T 使用的系数，部分著作引文有误，包括“陈晓玲等，John R Jensen，Introductory Digital Image Processing(3rd). 科学出版社，2007，315”，该书中认为 Crist(1986) 建立了 TM5 的系数。给出的文献为“Crist E P and R J Kauth. 1986. The tasseled cap de-mystified. Photogrammetric Engineering&Remote Sensing，52(1):81-86”。实际上，该文献并没有给出变换系数矩阵。

Crist 在 1984 年有两篇论文，其中一篇是 TM4 的，上面已经明确。另一篇是 ENVI 中给出的文献。

1986 年，Crist(1986) 还有另外一篇文章，在网络上可以搜索下载，“Crist E P，Laurin R，Cicone E C. 1986. Vegetation and Soils Information Contained in Transformed Thematic Mapper Data，proc. Igarss'86，Zurich，ESA Publications Division，1465-1470”(http://www.ciesin.org/docs/005-419/005-419.html)。这是一篇关键的文献，推荐阅读。在这篇文献中，作者给出了 TM 图像 K-T 变换系数和参考文献。指明，Landsat5 的 TM 图像 K-T 变换系数是根据文献“Metzler M D，Malila W A. 1985. Characterization and comparison of Landsat-4and-5 thematic mapper data. Photogrammetric Eng.Remote Sens.,Vol.51(9)：1315-1330.”通过矩阵转换得到。作者特别说明，对于 Landsat5 的 TM 图像，如果不使用常数项，那么，K-T 的各个分量在技术上是非正交的。没有常数项，分量可用来指明变化的方向。

根据 Crist(1986)论文，可确认 ENVI 中使用的 Landsat5 的 TM 图像变换系数来自于如下参考文献：Crist E P, Cicone R C. 1984. Application of the tasseled cap concept to simulated thematic mapper data. Photogrammetric Eng.Remote Sens.,Vol.50(3): 343-352。但是，这篇 Crist(1984)文献中的图像实际上是 Landsat4 TM 图像反射率使用的系数，其对应的值如下：

亮度(Brightness)=0.33183B1+0.33121B2+0.55177B3+0.42514B4+0.48087B5+0.25252B7

绿度(Greenness)=–0.24717B1–0.16263B2–0.40639B3+0.85469B4+0.05493B5–0.11749B7

第三分量(Third)=0.13929B1+0.22490B2+0.40359B3+0.25178B4–0.70133B5–0.45732B7

梁顺林(梁顺林. 定量遥感. 科学出版社，2009: 189-190)完整的给出了 K-T 变换的系数矩阵。

对于 Landsat4 的 TM 图像，Crist(1985)给出了使用反射率数据作为输入的 K-T 变换系数矩阵(Crist E P. 1985. A TM tasseled cap equivalent transformation for reflectance factor data. Remote Sensing of Environment, 17: 301-306)。

归纳来说，Landsat4 TM 图像的 K-T 变换有两套系数：一个用于图像的 DN 值；一个用于图像反射率，如上面的系数。Landsat5 TM 图像只有一套变换系数，是利用变换关系推导出来的，用于图像 DN 值，如本节正文表 6.3 中的系数。

广泛使用的 K-T 变换系数是基于图像 DN 值的 Landsat4 TM 图像的变换系数。

结论：ENVI 软件中 Landsat5 TM 图像的 K-T 变换系数实际上是 Landsat4 的 TM 图像反射率的变换系数(见下图对话框)。截至到 ENVI5.31，ENVI 中对于 TM 图像 K-T 变换的传感器类型指定是错误的。

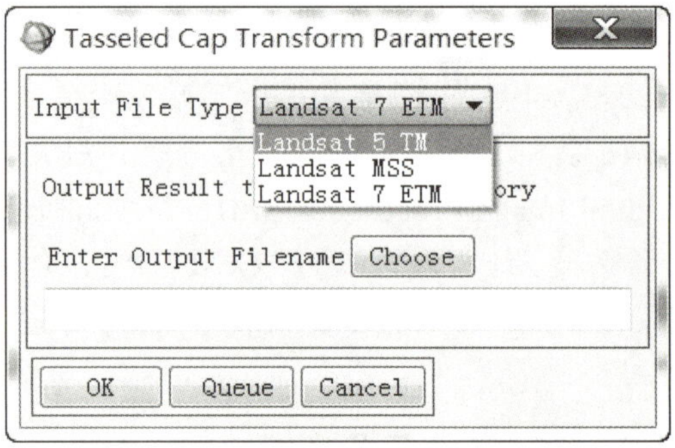

6.4.3 缨帽变换应用

1. 显示增强

K-T 变换后的分量具有明确的物理意义，与地物具有很好的相关性。图 6.14 是南京市 Landsat5 的 TM 图像的真彩色图像与 K-T 变换后图像的对比。在 K-T 变换后的图像中，水体信息和植被信息得到了明显的增强。

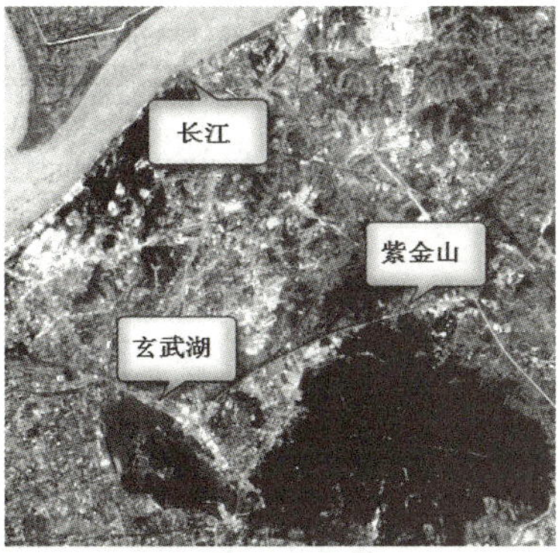

原始的遥感图像,(3,2,1)合成显示

K-T变换后的亮度成分

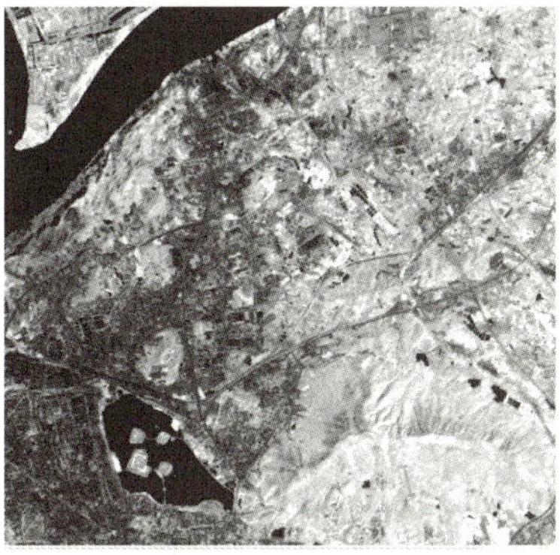

K-T变换后的绿度成分

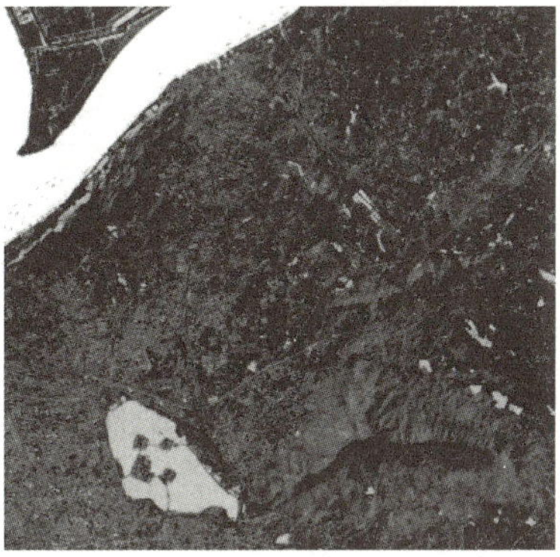

K-T变换后的湿度成分

图 6.14 TM 图像真彩色合成显示与 K-T 变换后 1，2，3 三个分量假彩色合成显示的比较

2. 信息提取

因为 K-T 变换的三个分量具有明确的物理意义，所以，利用第二和第三分量可以提取图像中的植被和水体信息。在图像分类中，加入 K-T 变换分量可以提高分类精度。

3. 雾霾去除

K-T 变换的逆变换可用来去除 TM 图像中的霾(haze)，有关这方面的内容，请参阅 ERDAS IMAGINE 软件的相关内容。

6.5 彩色变换

6.5.1 HSI 彩色变换基本原理

亮度值的变化可以改善图像的质量，但就人眼对图像的观察能力而言，正常人眼能分辨的亮度级为 20 级左右，而对彩色的分辨能力则可大于 100，彩色变换可大大增强图像的可读性。

遥感图像处理系统中经常会采用 HSI 模型，色调(hue)、饱和度(saturation)、强度(intensity)称为色彩的三要素， H(色调)、S(饱和度)、I(强度)模型不是基于三色光混合来再现颜色的，它表示的彩色与人眼看到的更为接近。

强度与物体反射的光量有关。饱和度是颜色的纯度。可见光中的各种单色光是最饱和的。

光谱色中掺入白光的成分越多，就越不饱和。反射光谱的选择性可导致高的饱和度。

RGB 和 HSI 两种色彩模型可以相互转换，有些处理在某个彩色系统中可能更方便。RGB 系统从物理的角度出发描述颜色，HSI 系统从人眼的主观感觉出发描述颜色。RGB 系统比较简单而常用，但是，当彩色合成图像的各个波段之间的相关性很高时，会使得合成图像的饱和度偏低，色调变化不大，图像的视觉效果差。

把 RGB 系统变换为 HSI 系统称为 HSI 正变换；HSI 系统变换为 RGB 系统称为 HSI 逆变换。RGB 到 HSI 变换有多种变换算法，不同软件系统使用的变换算法不同，名称不同。

在遥感图像处理系统中，ERDAS IMAGINE 中使用 HSI 变换，算法来自于 Conrac 公司①。ENVI 更强调色彩的表达，使用的变换为 HSV 和 HLS，算法来自于 Kruse②。不同的算法在 H、S、I(或 V，L)的值域和计算公式不同。HSI、HSV 和 HSL 变换的伪码，建议访问 Adrian Ford(1996)的网站③。

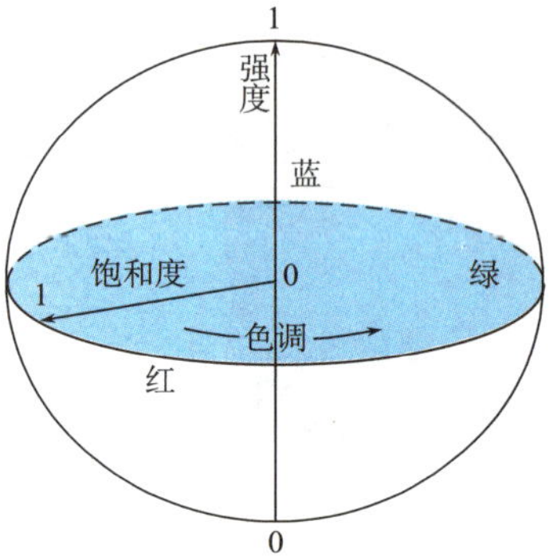

图 6.15 基于球体的 HSI 色彩空间

以下球体变换和圆柱体变换方法是 ERDAS 软件中使用的算法，HSI 又被称为 IHS。

1. 球体变换

在 HSI 色彩系统中，强度、色度、饱和度的含义如下：

(1) 强度 I 指图像的亮度，从 0(黑)到 1(白)变化。

(2) 饱和度 S 代表颜色的纯度，从 0 到 1 线性变化。

(3) 色调表示颜色，变化范围[0，360]。从红色的 0 度经过绿色(120 度)和蓝色(240 度)回到红色，共 360 度，形成一个圆周(图 6.15)。饱和度为 0 时产生非彩色，亮度由 I 决定。S 为 1，I 为 1，则产生纯色。

下面给出的是 ERDAS IMAGINE 软件使用的算法④，根据开源软件 GRASS 的文档⑤和《图像处理技术手册》⑥进行了算法的修订。这在 ERDAS 中称为 IHS，在 GRASS 中称为 HIS。在 PCI Geomatica 中的双六角锥(Hexcone)的 ISH 变换与此有相似之处(I 和 S 的计算有所不同)⑦。

设彩色图像(R，G，B)，通过除以图像的最大值，转为值域[0，1]。然后，进行如下变换：

①Buchanan M D. 1979. Effective Utilization of Color in Multidimensional Data Presentation. Paper presented at the Society of Photo-Optical Engineers, 199:9-19. 1980 Conrac Corporation. 1980. Raster Graphics Handbook. New York: Van Nostrand Reinhold.

②Kruse and Raines， A technique for enhancing digital color images by contrast stretching in Munsell color space，in Proceedings of the ERIM Third Thematic Conference，Environmental Research Institute of Michigan，Ann Arbor， MI， 1994，755-760.

③http://www5.informatik.tu-muenchen.de/lehre/vorlesungen/graphik/info/csc/COL_23.htm#topic22，2019 年 5 月访问有效.

④Intergraph，ERDAS Field Guild, 2013, 495-498.

⑤https://trac.osgeo.org/grass/browser/grass/branches/releasebranch_7_0/imagery/i.rgb.his/rgb2his.c; https://trac.osgeo.org/grass/browser/grass/branches/releasebranch_7_0/imagery/i.his.rgb/his2rgb.c.

⑥[日]高木干雄，下田阳久. 图像处理技术手册. 孙卫东，等译. 北京：科学出版社. 2007, 956-959.

⑦http://www.pcigeomatics.com/geomatica-help/references/pciFunction_r/python/P_ihs.html.

$$r = \frac{M - R}{M - m}$$

$$g = \frac{M - G}{M - m}$$

$$b = \frac{M - B}{M - m}$$

其中，M 是每个像素(R, G, B)的最大值，m 是每个像素(R, G, B)的最小值。r、g、$b \in [0, 1]$，至少有一个为 0，至少有一个为 1。

(1) 正变换。

强度 I:

$$I = \frac{M + m}{2}$$

I 的取值范围为[0，1]。

饱和度 S:

$$\text{如果} M = m, S = 0\text{，否则：}$$

$$\text{如果} I \leqslant 0.5, S = \frac{M - m}{M + m}$$

$$\text{如果} I > 0.5, S = \frac{M - m}{2 - M - m}$$

S 的取值范围为[0，1]。

在 PCI 的双六角锥 ISH 变换中，$I=M$；如果 $M=0$ 则 $S=0$；如果 $M<>0$ 则 $S=(M-m)/m$。

色调 H:

$$\text{如果} M=m\text{，}H=0\text{，否则：}$$

$$\text{如果} R=M\text{，}H=b-g$$

$$\text{如果} G=M\text{，}H=2+r-b$$

$$\text{如果} B=M\text{，}H=4+g-r$$

然后，$H=H\times 60$。如果 $H<0$，则 $H=H+360$。如果 $H \geqslant 360$，则 $H=H-360$。最后，H 的取值范围为[0，360]。

(2) 逆变换。

由 HIS 逆变换后的(R, G, B)的值域为[0,1]。

如果 $S=0$，则 $R=G=B=I$。

计算中间变量 m:

$$\text{如果} I \leqslant 0.5, M = I(1+S)$$

$$\text{如果} I > 0.5, M = I + S(1 - I)$$

$$m = 2I - M$$

红色 R:

$H1=H+120$，$R=m$

如果 $H1<240$，$R=m+(M-m)\times(240-H1)/60$

如果 $H1<180$，$R=M$

如果 $H1<60$，$R=m+(M-m)\times H1/60$

绿色 G：

$H1=H$，$G=m$

如果 $H1<240$，$G=m+(M-m)\times(240-H1)/60$

如果 $H1<180$，$G=M$

如果 $H1<60$，$G=m+(M-m)\times H1/60$

蓝色 B：

$H=H-120$，$B=m$

如果 $H1<240$，$B=m+(M-m)\times(240-H1)/60$

如果 $H1<180$，$B=M$

如果 $H1<60$，$B=m+(M-m)\times H1/60$

PCI 的双六角锥(Hexcone)ISH 变换的逆变换，请参阅脚注中的算法①。

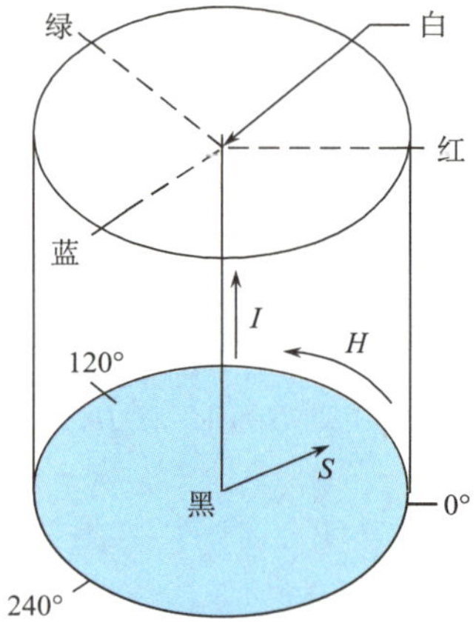

图 6.16 柱体色彩空间

2. 圆柱体变换

H、S、I 三个色彩参数也可以定义在一个圆柱体彩色空间中，强度 I 沿着垂直轴线从底部黑 0 变到顶部的白 1。H 沿圆弧分布，圆的中心是白。从圆弧到中心，饱和度 S 降低。具有最高强度、最大饱和度的颜色位于圆柱面的圆周上(图 6.16)。

下面给出的是 PCI Geomatica 中基于圆柱体(Cylinder)的 IHS 彩色变换。注意，变换的定义不同，H 与颜色对应关系不同。

根据 PCI 文档，RGB 到 IHS 的变换定义如下。这是的值域分别为：$I[0,1]$，$S[0,1]$，$H[0,360]$。其中，H 是以 240 度为参考点的。也就是说，$H=0$ 对应于的蓝色，120 对应于绿色，240 对应于红色。输入的 R、G、B 除以图像最大值，转为[0,1]之间。

(1) 正变换。

计算 I 和 S：

$$I=(R+G+B)/3$$

$$S=\frac{3}{\sqrt{6}}\sqrt{\frac{(2B-R-G)^2}{6}+\frac{(G-R)^2}{2}}$$

计算 H：

如果 $2\times B-R-G=0$，则：

如果 $R\leqslant G$，$H=90$

如果 $R>G$，$H=270$

否则：

$$H=\left(a\tan\frac{(G-R)/\sqrt{2}}{(2B-R-G)/\sqrt{6}}\right)\frac{180}{\pi}$$

① http://www.pcigeomatics.com/geomatica-help/references/pciFunction_r/python/P_rgb.html.

如果 $G>R$ 而且 $H<0$，$H=H+180$

如果 $G<R$ 而且 $H>0$，$H=H+180$

如果 $G=R$ 而且 $R>B$，$H=180$

进一步处理：如果 $H<0$，$H=H+360$。如果 $H \geqslant 360$，$H=H-360$。

(2)逆变换。

输入的 HSI 值域分别为[0,360],[0,1],[0,1]，计算产生的 R,G,B 值在 0~1 之间。

设：$K2=1/\sqrt{2}$, $K3=1/\sqrt{3}$, $K6=1/\sqrt{6}$,

$I=I\times 255/K3$，$S=S\times 255/(K6\times 3)$

$B1=S\times\cos(H\times\pi/180)$，$X1=S\times\sin(H\times\pi/180)$

$R=(K3\times I)-(K6\times B1)-(K2\times X1)$

$G=(K3\times I)-(K6\times B1)+(K2\times X1)$

$B=(K3\times I)+(2\times K6\times B1)$

ENVI 软件菜单中的彩色变换包括了 HSV、HLS 和蒙赛尔的 HSV①，以及冈萨雷斯著作中的 HSI 算法(见 5.3 版本后的任务函数 ENVI RGB To HIS Raster)②，软件帮助文档中没有提供明确的算法描述。实际使用中需要注意的是，ENVI 彩色变换的逆变换输出的 RGB 图像的数据类型是字节，而非像 PCI 那样可以选择不同的数据类型(如浮点数或字节等)来输出。不同的数据类型，其正逆变换可能会导致数据精度的损失。

表 6.4 是一个比较实用的由 Haydn 定义的 HIS-RGB 变换公式③，其中，RGB 是图像显示值，值域为[0，1]；H，S，I 的取值范围分别为[0，3]，[0，1]，[0，I_{max}]。

表 6.4 HIS-RGB 变换公式

正变换		逆变换	
$R>B$ $G\geqslant B$	$I=(R+G+B)/3$ $H=\dfrac{(G-B)}{3(I-B)}$ $S=1-B/I$	$R=I(1+2S-3SH)$ $G=I(1-S+3SH)$ $B=I(1-S)$	$0\leqslant H<1$
$G>R$ $B\geqslant R$	$I=(R+G+B)/3$ $H=\dfrac{(B-R)}{3(I-R)+1}$ $S=1-R/I$	$R=I(1-S)$ $G=I(1+5S-3SH)$ $B=I(1-4S+3SH)$	$1\leqslant H<2$
$R\geqslant G$ $B>G$	$I=(R+G+B)/3$ $H=\dfrac{(R-G)}{3(I-G)+2}$ $S=1-G/I$	$R=I(1-7S+3SH)$ $G=I(1-S)$ $B=I(1+8S-3SH)$	$2\leqslant H\leqslant 3$

① Kruse, Raines. 1994. A technique for enhancing digital color images by contrast stretching in Munsell color space. Proceedings of the ERIM Third Thematic Conference. Environmental Research Institute of Michigan, Ann Arbor, MI, 755-760.

② Gonzalez R C, Woods R E. 2008. Color Image Processing. In Digital Image Processing, Third Edition. Pearson Prentice Hall.

③ Haydn R, et al. 1982. Application of the IHS color transform to the processing of multisensor data and image enhancement. Proc. of 16th Intl. ERIM Symp. On Remote Sensing of Arid and Semi. Arid Lands.

刘华波在《中国科技论文在线》的论文“RGB 与 HSI 颜色模型的转换方法对比研究”总结了几种 RGB 与 HSI 转换的算法，建议阅读参考。

对于表 6.4 的计算结果，显示的时候，可把 H 和 S 值分别从 0～3 和 0～1 线性拉伸到 0～255。

图 6.17 是 ENVI 中 TM 图像真彩色合成结果与 HSV 合成结果的比较。HSV 合成的图像颜色更为浓重，进一步突出了地物之间的差异。注意：不同图像处理系统由于算法差异，显示结果不会完全相同。

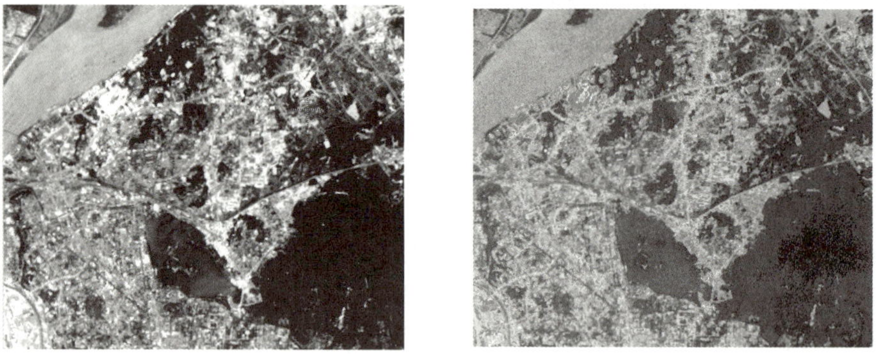

原始图像，(3，2，1)彩色合成显示　　HSV变换图像，按(H,V,S)彩色合成显示

图 6.17　HSV 变换图像与原始图像的对比

ENVI 中的彩色变换 HSV

6.5.2　彩色变换的应用

彩色变换的一般工作流程：选择波段进行 RGB 合成显示→进行彩色变换→进行其他的图像处理→进行彩色逆变换→RGB 合成显示。

1. 不同空间分辨率图像的融合

HSI 中，I 成分控制着图像的亮度。将低分辨率图像变换到 HSI 彩色空间，将 I 成分用高分辨率图像中的某个波段替换，然后进行彩色逆变换，可以达到数据融合的目的(图 6.18)。

在进行处理前，要将低分辨的图像重采样到高分辨的图像，并使图像的大小和空间投影完全相同。同时，请注意 HSI 的值域，否则逆变换后的结果是错误的。

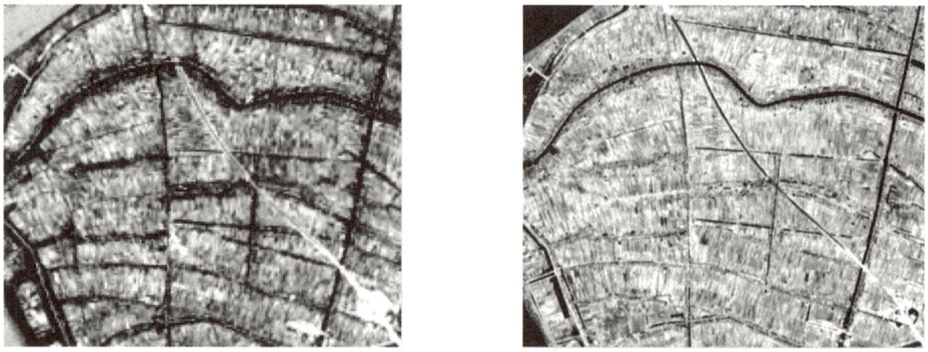

原始图像，(3，2，1) 彩色合成显示　　使用全色波段为高分辨图像进行锐化后的图像

图 6.18　通过 HSV 对 Landsat7 的 ETM+图像进行锐化

ENVI，使用全色波段替换 V 成分

2. 增强合成的图像的饱和度

图像的饱和度不足，图像不鲜艳，不容易区分图像中的细节。将数据从 RGB 色彩空间变换到 HSI 色彩空间，然后对 S 成分进行拉伸增强后，再变换到 RGB 色彩空间显示，可以提高图像的饱和度(图 6.19)。

原始图像,(3,2,1) 彩色合成显示

使用HSV进行饱和度拉伸的结果

图 6.19　使用 ENVI 中的 HSV 对 Landsat7 的 ETM+图像进行饱和度拉伸

3. 通过对强度 I 成分的处理进行图像的增强

强度 I 成分集中了图像中的一些信息，单独对此成分进行增强，再做逆变换，可以获得其他方法无法达到的效果，例如，对于云或雾的去除等。

4. 多源数据的综合显示

随着工作的积累，在同一地区往往积累了不同传感器的遥感数据。通过将这些数据的波段分别赋予 HSI，然后逆变换作彩色显示，可以获得较好的效果。

5. 其他应用

(1) 对色调进行分段扩展，以突出某一色调或加大某一范围内的色调之间的差异。

(2) 色调不变，将亮度和饱和度置为常数，以突出地物色调在空间上的分布。

(3) 将强度置为常数，色调和饱和度不变，可以减少地形起伏的影响，突出阴影部分的地物信息。

6.6　数字图像融合

图像融合(image fusion)是数据融合的一部分，是各种图像变换方法的综合应用，用来增强图像的空间分辨率或光谱分辨率。

数据融合是指在一定准则下利用计算机对观测信息加以分析、综合，以完成决策和评估任务的信息处理技术。该概念始于 20 世纪 70 年代初期，80 年代后有了快速的发展，并引起了世界范围内的普遍关注，成为处理复杂数据的常用手段。20 世纪 90 年代后，出现了信息融合的概念。当前，数据融合和信息融合两个概念常常混合使用。

在遥感图像中，图像融合指多传感器、多时段、多分辨率图像的融合，主要内容包括：①定性和定量数据的融合。②相同分辨率的不同平台测量数据的融合。③不同分辨率不同平台测量数据的融合。从地学空间数据特点来看，基于影像色觉原理的融合在多源地学数据融合中有较大潜力。数据融合后的图像常用于显示、图像解译或图像信息提取。

数字图像融合的主要方法如表 6.5 所示。

表 6.5 图像融合的层次和主要方法

像素级融合	特征级	决策级
加权法	贝叶斯方法	基于知识
乘积法	Dempser Shafer 证据理论	Dempser Shafer 证据理论
比值法	熵法	模糊集理论
高通滤波	加权平均	可靠性理论
小波变换	神经网络	贝叶斯方法
彩色变换	聚类分析	神经网络
K-L 变换	表决法	逻辑模板

表中，①像素级图像融合将各传感器的数据融合后进行特征提取和属性判决而得到目标的类型和类别。②特征级融合是对多个传感器所观测的目标进行统一的特征提取，形成需要的关键信息，再经数据联合获得同一目标的不同测度指标，从而进行联合特征矢量的属性判决，获得目标的更高层次的认识。③决策级融合是最高水平的融合。融合的结果为指挥、控制、决策提供了依据。在这一级别中，首先对每一数据进行属性说明，然后对其结果加以融合，得到目标或环境的融合属性说明。决策级融合的优点是具有很强的容错性，很好的开放性，处理时间短、数据要求低、分析能力强。而因为对预处理及特征提取有较高要求，所以决策级融合的代价较高。更深入的内容，请阅读相关文献和著作(如敬忠良. 图像融合：理论与应用. 高等教育出版社，2007)。

与本章有关的两个数字图像融合方法是 K-L 变换融合和彩色变换融合。注意：进行融合的输入图像在空间上必须精确配准，值域与融合算法的要求一致。

1) K-L 变换融合

先对图像进行 K-L 正变换，然后用高空间分辨率图像替换第一主成分，再进行图像逆变换即得到融合后的图像。优点是可以对多个波段进行融合增强，空间信息较好，缺点是被替换掉的第一主成分包含最大的信息，使得全色波段的信息被最大化，弱化了色彩信息。

2) 彩色变换融合

选择三个波段进行 RGB 合成，然后进行彩色变换为 HSI，用高空间分辨率图像替换 I 成分，再进行彩色逆变换即得到融合后的图像。缺点是只能对三个波段进行融合增强，且容易导致色彩失真。在融合前可先对全色波段和 I 图像进行直方图匹配，对色调 H 和饱和度 S 进行必要的拉伸增强。

思 考 题

1. 傅里叶变换的基本性质有哪些？

2. 傅里叶变换的基本工作流程是什么？怎么解释频率域图像？在图像处理中，傅里叶变换的主要应用是什么？

3. 波段运算的目的是什么？主要应用有哪些？

4. 加法运算、差值运算、乘法运算、比值运算在遥感图像处理中各有什么作用？

5. 什么是植被指数？有哪些基本的表达方式？

6. 典型的遥感指数有哪些？

7. K-L 变换的性质有哪些？工作流程是什么？怎么确定主成分的个数，怎么解释主成分？

8. K-L 变换中，特征值与方差累计贡献率之间是什么关系？方差累计贡献率提供了什么信息？

9. 使用协方差矩阵或相关系数矩阵计算的主成分有什么差异？

10. 与 K-L 变换相关的图像处理方法有哪些，主要用途是什么？

11. 缨帽变换的基本原理是什么？有什么优缺点？缨帽变换的结果怎么解释？

12. 典型传感器的 K-T 变换系数有什么差异？对输入图像有什么要求？

13. 图像处理中常用的色彩模型有哪些？

14. 如何由 RGB 模型转换为 HSI 模型？变换中应该注意哪些问题？

15. 不同的彩色模型，如 HSI，HSV，HSL，其差异是什么？变换结果的解释上有什么区别？如何利用变换产生的图像？

16. 怎么应用彩色变换进行不同分辨率图像的融合？

17. 什么是图像融合？有哪些基本的方法，举例说明图像融合的工作流程。

18. 编写程序，分别使用 RGB 方式和 HSI 方式显示遥感图像。

第7章 图像滤波

图像滤波是基于像素的空间邻域关系，使用卷积计算或频率解析的方法进行计算，以达到抑制图像噪声、增加图像对比度、增强图像边缘的图像处理方法。

图像滤波用于特征提取或强化空间尺度信息，突出图像的细节或主体特征，压抑其他无关信息，或者去除图像的某些信息，恢复其他信息。因此，图像滤波也是一种图像增强方法。

图像滤波可分为空间域滤波和频率域滤波两种方法。空间域滤波通过窗口的卷积核进行卷积计算，它参照相邻像素来改变单个像素的灰度值。频率域滤波是将图像变换为频率后(例如傅里叶变换)，使用滤波器对频率域图像中的频谱进行滤波。

在前面的图像增强中(拉伸、彩色合成和波段运算)，仅仅考虑了当前的像素点，没有考虑周围像素对当前像素的影响。图像滤波不仅考虑当前像素的值，而且还考虑了当前像素与邻域像素之间的关系。邻域像素对当前像素的影响定义为权重矩阵(也称为模板、卷积核或滤波器)。如果考虑的邻域较小，在空间域进行滤波效率更高一些，否则，应该在频率域进行图像滤波。例如，去除图像的周期性条带噪声，在空间域进行难以达到预期效果，往往需要在频率域进行。

图像滤波每次对一个波段的图像进行处理。不同波段的图像特征不同，往往需要不同的滤波处理。

7.1 滤波和卷积

1) 空间域滤波

空间域图像滤波是在图像空间 (x,y) 对输入图像应用滤波函数(又称为核、模板、卷积核)来改进输出图像的处理方法，主要包括平滑和锐化处理，强调像素与其周围相邻像素的关系，常用的计算是卷积。

空间域图像滤波属于局部运算。随着采用的模板窗口的扩大，空间域滤波的运算量会越来越大。例如，采用 7×7 的模板对图像做均值平滑，每一个像素需要周围 48 个像素值参与运算，非常烦琐且运算速度慢。实际上，大的空间域卷积可以在频率域中通过简单的乘法计算来快速实现。

对于图像 $f(x,y)$ 的任意一个像素 (x,y)，设窗口大小为 n 列，m 行，滤波模板(又称为卷积核)为 h，其大小与窗口相同(图 7.1)。多数情况下，窗口的行列数相等，而且都为奇数以保证对称性，(x,y) 在窗口的中心，空间域滤波的公式为

$$g(x,y)=\sum_{k=-(n-1)/2}^{(n-1)/2}\ \sum_{l=-(m-1)/2}^{(m-1)/2}[f(x+k,y+l)\cdot h(k,l)]$$

如果 (x,y) 在窗口的左上角，或者行列为偶数(对于本章中的图像锐化处理)，那么，可以使用下面的公式：

$$g(x,y)=\sum_{k=0}^{n-1}\sum_{l=0}^{m-1}[f(x+k,y+l)\cdot h(k,l)]$$

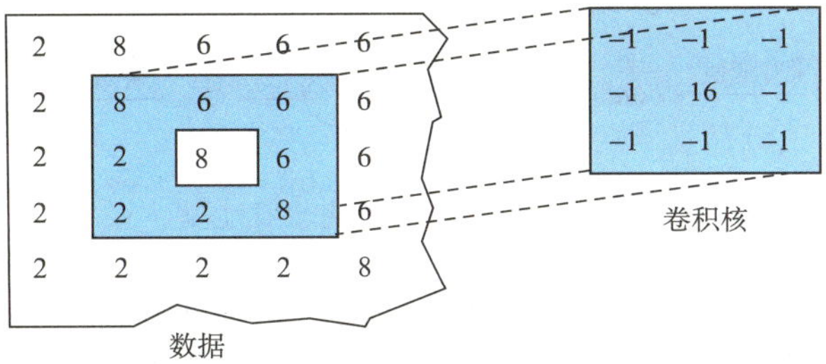

图 7.1 窗口和模板

如果窗口的行列数不等，滤波处理可以增强图像中特定方向的线性特征。

2) 频率域滤波

图像中像素值随位置的变化可以用频率来描述，即空间频率。边缘、线条、噪声等特征，如河流、湖泊的边界、道路、差异较大的地表交界处等具有高的空间频率，即在较短的像素距离内灰度值重现的频率大。均匀分布的地物或大面积的稳定结构，如植被类型一致的平原、沙漠、海面等具有低的空间频率，即在较长的像素距离内灰度值重现的频率小。或者说，图像中的高频变化对应于局部变化——从像素到像素的变化，低频变化对应于区域变化——从图像的一部分到另一部分的变化(图 7.2)。

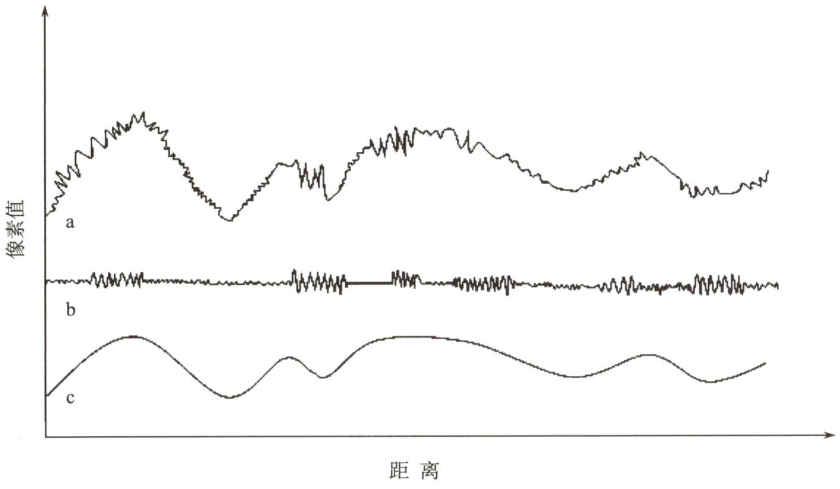

图 7.2 图像中的高频和低频组分

a 表示图像中复杂地物的光谱剖面，包括了高频成分 b 和低频成分 c

频率域滤波是在频率域中对输入图像应用滤波函数(滤波器)来改进输出图像的处理方法。在频率域滤波中，保留图像的低频部分抑制高频部分的处理称为低通滤波，起到平滑的作用。保留图像的高频部分而削弱低频部分的处理称为高通滤波，起到锐化的作用。

频率域滤波过程如图 7.3 所示。首先将空间域图像 $G(u,v)$ 通过傅里叶变换为频率域图像 $F(u,v)$，然后选择合适的滤波器 $H(u,v)$ 对 $F(u,v)$ 的频谱成分进行滤波得到图像 $G(u,v)$，再经

过傅里叶逆变换将 $G(u,v)$ 转变回空间域，得到图像 $g(x,y)$ 。有关的内容可参考图像变换一章中的傅里叶变换部分。在频率域图像处理中，滤波器又称为传递函数。

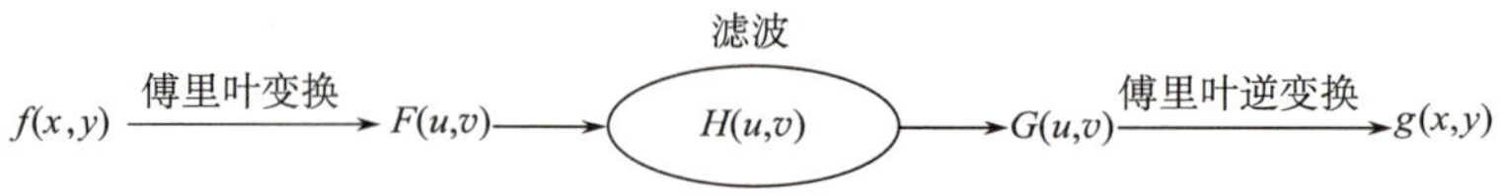

图 7.3　频率域滤波的一般过程

本章中，空间域滤波介绍图像平滑和锐化算法，频率域滤波介绍常用的滤波器和同态滤波方法。

7.2　图像噪声

噪声是影响人的视觉器官对图像信息理解或分析的干扰。一般噪声是不可预测的随机信号，只能用概率统计的方法去认识。因为噪声影响图像的输入、采集、处理的各个环节以及输出的全过程，尤其是图像输入、采集的噪声必然影响处理全过程以及最终结果，所以抑制噪声已成为图像处理中极重要的组成内容。

1. 图像噪声种类

图像噪声按其产生的原因可分为外部噪声和内部噪声。外部噪声是指图像处理系统外部产生的噪声，如天体放电干扰、电磁波从电源线窜入系统等产生的噪声。内部噪声是指系统内部产生的噪声。

根据统计理论，噪声可分为平稳噪声和非平稳噪声。统计特征不随时间变化的噪声称为平稳噪声；统计特征随时间变化的噪声称为非平稳噪声。从噪声幅度的分布形态看，噪声可分为高斯和瑞利噪声。按频谱分布形状进行分类，均匀分布的噪声称为白噪声。按产生过程进行分类，噪声可分为量化噪声和椒盐噪声等。

2. 噪声特征

单波段的图像 $f(x,y)$ 是二维亮度分布，噪声是对亮度的干扰，用 $n(x,y)$ 来表示。噪声是随机性的，因而需要用随机过程来描述，即要求知道其分布函数或密度函数。但在许多情况下这些函数很难测出或描述，甚至不可能得到，所以常用统计特征来描述噪声，如均值、方差(交流功率)、总功率等。

3. 噪声的模型

按噪声对图像的影响可分为加性噪声模型和乘性噪声模型两大类。设 $f(x,y)$ 为理想图像， $n(x,y)$ 为噪声，输出图像为 $g(x,y)$ 。对于加性噪声而言， $n(x,y)$ 和图像光强大小无关。即有

$$g(x,y)=f(x,y)+n(x,y)$$

加性噪声通常表现为高斯噪声或脉冲噪声。

对于乘性噪声而言， $n(x,y)$ 与图像光强大小相关，随亮度的大小变化而变化。即有

$$g(x,y)=f(x,y)[1+n(x,y)]=f(x,y)+f(x,y)n(x,y)$$

乘性噪声或许是图像中最普遍的噪声，其模型和分析计算都比较复杂。通常总是假定信

号和噪声互相独立，然后做图像对数变换，将乘性噪声转为加性噪声来处理。

4. 遥感图像中常见的噪声

1）高斯噪声

高斯噪声的像素在空间分布上是随机的，但像素值的数学统计特性可以使用高斯分布来描述。0 均值的高斯噪声指每个像素值中附加了 0 均值的，服从高斯分布的函数值[图 7.4(a)]。

通常假设图像含有高斯噪声。

2）脉冲噪声

脉冲噪声又称椒盐噪声，构成噪声的像素在空间分布上是随机的，但像素值是固定的。脉冲噪声随机改变一些像素值，在二值图像上表现为使一些像素点变白(用 b 表示)，一些像素点变黑(用 a 表示)[图 7.4(b)]。

脉冲噪声的概率密度函数可表示为

$$p(z)=\begin{cases} p_a & z=a \\ p_b & z=b \\ 0 & \text{其他} \end{cases}$$

若 p_a 或 p_b 为零，则脉冲噪声称为单极脉冲。如果 p_a 和 p_b 均不可能为零，尤其是它们近似相等时，脉冲噪声值将类似于随机分布在图像上的胡椒和盐粉微粒。由于这个原因，双极脉冲噪声也称为椒盐噪声。同时，它们有时也称为散粒和尖峰噪声。本书中将交替使用脉冲噪声和椒盐噪声这两个术语。

噪声脉冲可以是正的，也可以是负的。因为脉冲干扰通常与图像信号的强度相比较大，所以，在一幅图像中，脉冲噪声总是数字化为最大值(纯黑或纯白)。这样，通常假设 a，b 是饱和值，从某种意义上看，在数字化图像中，它们等于所允许的最小值和最大值。由于这一结果，负脉冲以一个黑点(胡椒点)出现在图像中，正脉冲以白点(盐点)出现在图像中。对于一个 8 位图像，这意味着 a=0(黑)，b=255(白)。

(a) 高斯噪声(均值=0,方差=0.05)

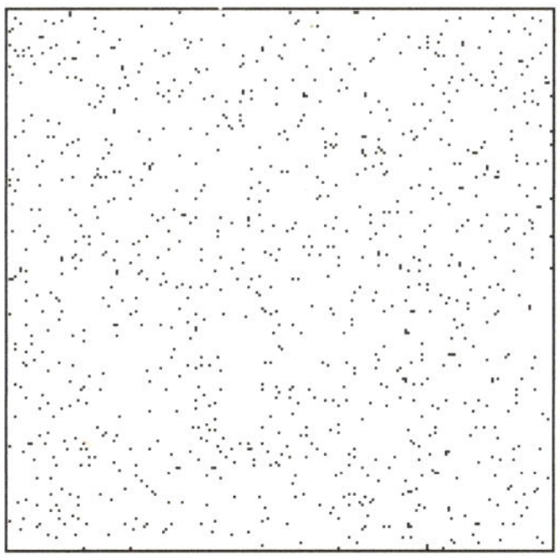

(b) 椒盐噪声

图 7.4　纯高斯噪声和椒盐噪声的图像

3）周期噪声

图像的周期噪声是获取过程中受成像设备影响产生的，构成噪声的像素在空间分布上具有周期性。这是唯一的一种空间依赖型噪声。周期噪声可通过频率域滤波进行压抑或去除。

7.3 空间域图像平滑

图像在获取和传输的过程中，受传感器和大气等因素的影响会产生噪声。在图像上，这些噪声表现为一些亮点或亮度过大的区域。为了抑制噪声、改善图像质量所做的处理称为图像平滑。

7.3.1 均 值 滤 波

均值滤波是最常用的线性低通滤波器，它均等地对待邻域中的每个像素。对于每个像素，取邻域像素值的平均作为该像素的新值。从频率域的角度看，相当于进行了低通滤波。

均值滤波对高斯噪声比较有效。常用的邻域有 4 邻域和 8 邻域。

假定窗口大小为$n \times m$，则对于图像f的任意一个像素$g = f \times h$，均值滤波的计算公式为

$$g(x,y)=\sum_{k=1}^{n}\sum_{l=1}^{m}(f(k,l)\cdot h(k,l))$$

对于 3×3 的窗口，对应的模板 $h(k,l)$ 如图 7.5(a)所示。为了避免中心像素值过高影响平均值升高，在运算时可不取中心值，用周围的八个像素进行计算，如图 7.5(b)所示。使用最简单模板的[图 7.5(a)]又称为盒子(box)滤波。

(a) $\frac{1}{9}\times$

1	1	1
1	1	1
1	1	1

(b) $\frac{1}{8}\times$

1	1	1
1	0	1
1	1	1

图 7.5 均值滤波的基本模板

根据需要，也可以选用下面的模板：

$\frac{1}{5}\times$

0	1	0
1	1	1
0	1	0

$\frac{1}{4}\times$

0	1	0
1	0	1
0	1	0

$\frac{1}{10}\times$

1	1	1
1	2	1
1	1	1

均值滤波算法简单，计算速度快，但在去掉尖锐噪声的同时会造成图像模糊，特别是对图像的边缘和细节削弱很多。随着邻域范围的扩大，去噪能力增强的同时模糊程度越加严重(图 7.6)。

为了保留一些细节信息，可对上述算法进行改进，引入阈值 T。即将原图像灰度值 $f(x,y)$ 与滤波结果值 $g(x,y)$ 之差的绝对值与选定的阈值进行比较，根据比较结果确定像素 (x,y) 的最后值。当差异小于阈值时取原值 f，差异大于阈值时取新值 g。表达式为

$$g(x,y)=\begin{cases} g(x,y), & \text{当}\left|f(x,y)-g(x,y)\right|>T \\ f(x,y), & \text{当}\left|f(x,y)-g(x,y)\right|\leqslant T \end{cases}$$

图 7.6 电视图像的图像平滑

左图，电视截屏图像，受电视扫描条带的影响。右图，均值滤波的结果

7.3.2 中值滤波

中值滤波是一种最常用的非线性平滑滤波器，它将窗口内的所有像素值按高低排序后，取中间值作为中心像素的新值。窗口的行列数一般取奇数。由于用中值替代了平均值，中值滤波在抑制噪声的同时能够有效地保留边缘，减少模糊。

下例表示一幅 3×3 的图像，采用 1×3 的模板做中值滤波的结果(图像外的像素值使用 0 填补)。例如，对于第 1 行第 1 列的中心滤波，像素值为 0，21，30，滤波后的中心像素值为 21。对于第 1 行第 2 列的中心滤波，像素值为 21，30，28，中值为 28，滤波后为 28，高值 30 被压抑。

21	30	28
24	31	23
36	38	27

原始图像

0	21	28	28	0
0	24	24	23	0
0	36	36	27	0

中值滤波后图像

中值滤波与均值滤波的目的都是为了去除图像上的尖锐“噪声”，平滑图像，但两者之间又有区别，选用哪一种方法要根据图像特点和处理的目的来确定(图 7.7)。

1) 中值滤波的不变性

对于一维的某些特定的输入信号，中值滤波的输出可以保持输入信号值不变。例如，在 $2n+1$ 内单调增加或单调减少的信号序列。

对于二维信号，中值滤波不变性要复杂得多，不仅与输入信号有关，还与窗口的形状有关。

一维的周期性二值序列，如$\{x_n\}=\cdots，+1，+1，-1，-1，+1，+1，-1，-1，\cdots$，当滤波窗口长度为 9 时，经过中值滤波此序列将保持不变。对于一个二维序列，这一类不变性更为复杂，但它们一般也是二值的周期性结构，即周期性网格结构的图像。

2) 中值滤波的去噪声性能

中值滤波可用来减弱随机干扰和脉冲干扰。因为中值滤波是非线性的，所以对随机输入信号数学分析比较复杂。中值滤波的输出与输入噪声的概率密度分布有关，而均值滤波的输出则与之无关。中值滤波对于随机噪声的抑制比均值滤波差一些，但对于脉冲噪声干扰的椒盐噪声(特别是脉冲宽度小于窗口宽度/2 且相距较远的窄脉冲干扰)，中值滤波是非常有效的(图 7.8)。

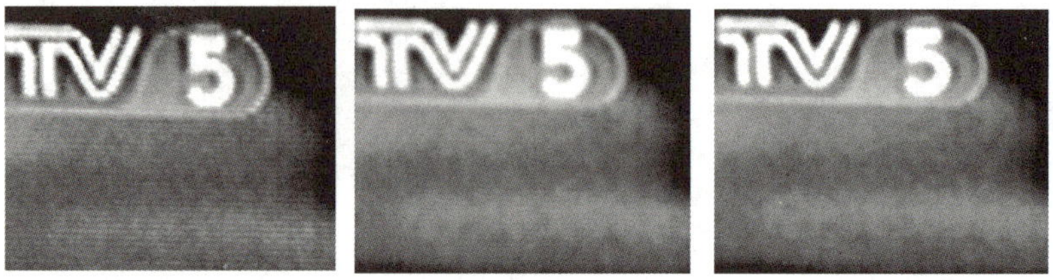

混有周期噪声的原始图像　　均值滤波　　中值滤波

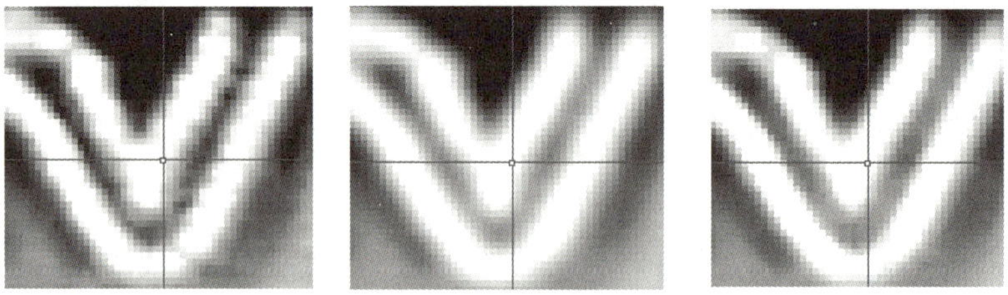

上面图像的局部放大显示

图 7.7　不同平滑方法的比较

原始图像为电视截屏，窗口大小为 5×5

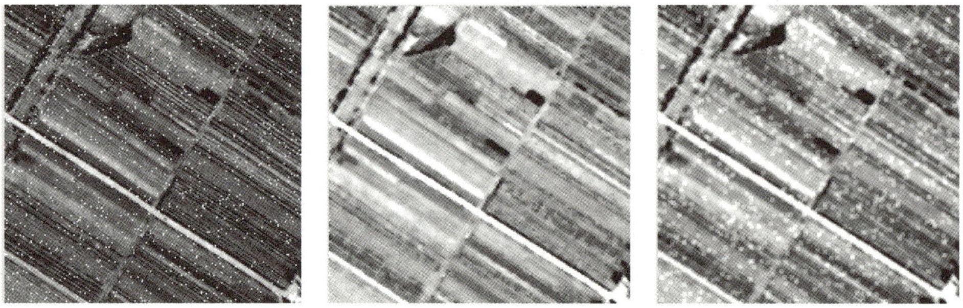

混有椒盐噪声的IKONOS图像　　中值滤波后的图像　　均值滤波后的图像

图 7.8　中值滤波与均值滤波结果的比较

7.3.3　高斯低通滤波

高斯低通滤波是基于高斯滤波器的低通滤波，对于图像平滑处理，高斯低通滤波被认为是最优的。

在一个二维空间，高斯分布的函数定义为

$$f(x,y)=\frac{1}{2\pi\sigma^2}\mathrm{e}^{-\frac{x^2+y^2}{2\sigma^2}}$$

按照 Matlab 软件中的文档，空间域的高斯低通滤波器定义为[①]

$$h_g(x,y)=\mathrm{e}^{-\frac{x^2+y^2}{2\sigma^2}}$$

归一化后为

$$H(x,y)=\frac{h_g(x,y)}{\sum h_g(x,y)}$$

例如，对于 5×5 的高斯滤波器，取方差 σ^2 为 1，计算得到的 $h_g(x,y)$ 为（x,y 取值均为 –2，–1，0，1，2）：

y/x	–2	–1	0	1	2
–2	0.0183	0.0821	0.1353	0.0821	0.0183
–1	0.0821	0.3679	0.6065	0.3679	0.0821
0	0.1353	0.6065	1.0000	0.6065	0.1353
1	0.0821	0.3679	0.6065	0.3679	0.0821
2	0.0183	0.0821	0.1353	0.0821	0.0183

归一化后的滤波模板为：

y/x	–2	–1	0	1	2
–2	0.0030	0.0133	0.0219	0.0133	0.0030
–1	0.0133	0.0596	0.0983	0.0596	0.0133
0	0.0219	0.0983	0.1621	0.0983	0.0219
1	0.0133	0.0596	0.0983	0.0596	0.0133
2	0.0030	0.0133	0.0219	0.0133	0.0030

高斯滤波器对于高斯噪声的滤除非常有效，平滑程度由 σ 来控制，σ 值越大，平滑程度越高，滤波后的图像越模糊。

图 7.9 是窗口大小为 11×11，方差分别为 1 和 10 的高斯低通模板的三维图。高的标准差 σ 值，产生的模板中周围像素对当前像素影响大，系数从中心向外变化慢。

图 7.10 是使用不同方差的高斯低通滤波模板对图像进行滤波的结果。高标准差更多地考虑了像素邻域的影响，滤波后的图像更为平滑。

将两个具有不同方差的高斯低通滤波结合起来，可以计算图像的梯度。即梯度=低方差的高斯滤波结果–高方差的高斯滤波结果。这个方法被称为 DOG 算子（高斯滤波的差值）。

7.3.4 梯度倒数加权平滑

梯度倒数加权平滑的思路如下：在离散图像中，相邻区域的变化大于区域内部的变化，同一区域内中间像素的变化小于边沿像素的变化。梯度值正比于相邻像素灰度级的差值，即

① 对于窗口 5，方差 1， Matlab 中产生滤波模板的语句为 h1 = fspecial('gaussian', 5, 1)。

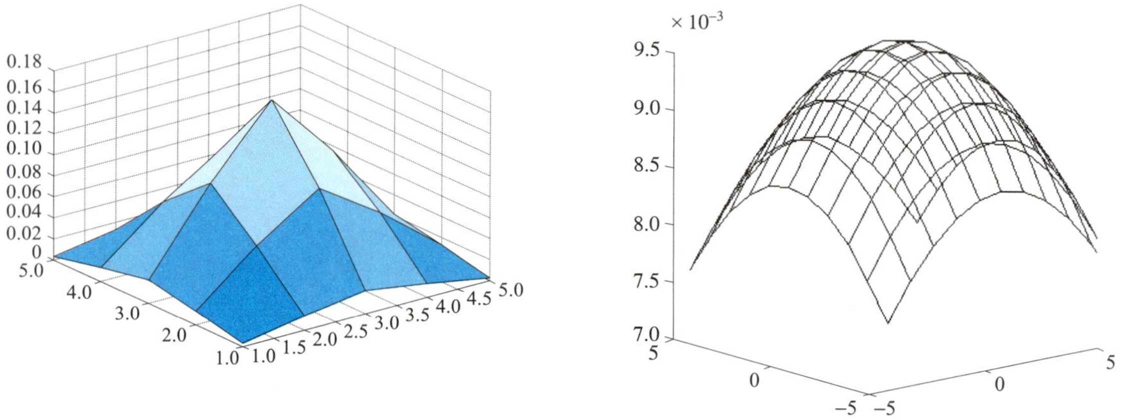

(a) 标准差为1

(b) 标准差为10

图 7.9 方差大小对高斯低通滤波模板的影响

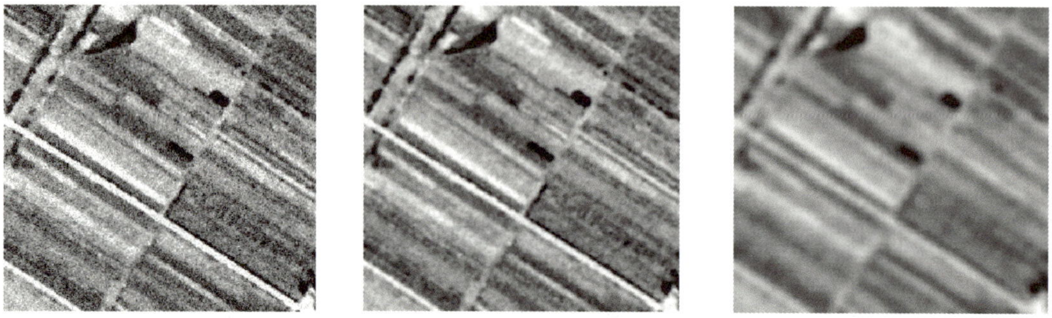

混有高斯噪声的IKONOS图像　　方差为1的高斯滤波后图像　　方差为10的高斯滤波后图像

图 7.10 方差值对高斯低通滤波结果的影响

在图像变化缓慢区域，梯度值小，反之则大。取梯度倒数，以梯度倒数作权重因子，则区域内部的邻点权重就大于边沿或区域外邻点权重。也就是说，对平滑的贡献主要来自区域内部的像素，平滑后的图像边沿和细节不会受到明显损害。

在梯度倒数加权平滑中，第一步是建立归一化的权重矩阵作为模板。对 3×3 窗口，其模板组成为

$$h=\begin{bmatrix} w(k-1,l-1) & w(k-1,l) & w(k-1,l+1) \\ w(k,l-1) & w(k,l) & w(k,l+1) \\ w(k+1,l-1) & w(k+1,l) & w(k+1,l+1) \end{bmatrix}$$

规定，$w(k,l)=\dfrac{1}{2}$，其余系数之和为$\dfrac{1}{2}$。

权重矩阵中，定义除中心像素外的其他系数为

$$w(k,l)=\frac{1}{|f(x+k,y+l)-f(x,y)|}$$

对于中心像素与其他像素的差值为 0 的情况，可设其权重为 0(即不参与运算)，也可使用如下公式：

$$w(k,l)=\frac{1}{1+|f(x+k,y+l)-f(x,y)|}$$

通过下面的公式将 w 总和归一化为 1/2：

$$w(k,l)=\frac{w(k,l)}{2\sum_{k=-1}^{1}\sum_{l=-1}^{1}w(k,l)}$$

最后，通过卷积公式计算中心像素的新值 g。

例 7.1

原始图像

21	30	28
24	31	23
36	38	27

平滑后图像

20	29	26
24	30	24
33	34	24

原始图像的梯度倒数

1/10	1/1	1/3
1/7	0	1/8
1/5	1/7	1/4

根据上面公式计算得到归一化后的梯度为

$$\boldsymbol{W}=\begin{bmatrix}0.022 & 0.218 & 0.073\\ 0.031 & 0.500 & 0.027\\ 0.044 & 0.031 & 0.054\end{bmatrix}$$

$$\begin{aligned}g(x,y)&=0.022\times21+0.218\times30+0.073\times28+0.031\times24\\&\quad+0.5\times31+0.027\times23+0.044\times36+0.031\times38+0.054\times27\\&\approx30\end{aligned}$$

7.3.5 选择式掩膜平滑

均值滤波在消除噪声的同时，不可避免地带来平滑的缺憾，致使变化的边缘线变得模糊。选择式掩膜平滑基于中心像素与邻域像素的差异性进行图像平滑，目的是在尽可能不破坏区域边界细节的情况下进行平滑处理。但是，由于使用了比较多的掩膜，对于大图像而言，本方法的处理速度较慢。

选择式掩膜平滑的思路是：如果周围像素与中心像素属于相同的区域，那么，它们将具有最小的方差。

取 5×5 窗口，在窗口内以中心像素 $f(i,j)$ 为基准点，那么，周围像素与中心像素共有 9 种关系，即 4 个五边形、4 个六边形、1 个边长为 3 的正方形共 9 个掩膜(图 7.11)。

计算掩膜的均值(a_i)及方差(k_i)：

$$a_i=\left[\sum_{j=1}^{Q}f_j(x+k,y+l)\right]/Q$$

$$k_i=\sum_{j=1}^{Q}\{[f_j(x+k,y+l)-a_i]^2\}\ /Q$$

式中，$i=1,2,\cdots,9$；Q为掩膜模板中的像素个数；k，l为掩膜内像素相对于中心像素(x,y)的位移量。

对 k_i 排序，最小方差 $k_{\min}$ 对应掩膜的均值 a_i 就是图像 f 的平滑输出 g。

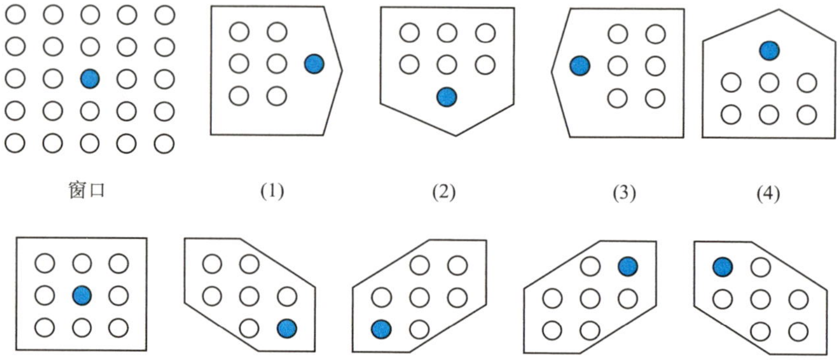

图 7.11 5×5 窗口及 9 个掩膜(●为中心像素)

用同样的方法处理每一像素(因窗口是 5×5，边缘两行两列如不作延伸，将处理不到)，即可完成整个图像的平滑。

例 7.2

已知某窗口的灰度分布如下：

$$\begin{matrix} 3 & 6 & 4 & 2 & 1 \\ 4 & 7 & 3 & 2 & 4 \\ 8 & 4 & \underline{\mathbf{1}} & 4 & 3 \\ 4 & 2 & 1 & 5 & 3 \\ 4 & 3 & 2 & 1 & 6 \end{matrix}$$

对中心像素值 1 做掩膜平滑计算，方差最小的是第 4 个(下面计算结果中，方差值已经四舍五入)，对应的平均值是 2.1。

$$a_i = \{4.3, 3.6, 3.1, 2.1, 3.2, 4.0, 2.4, 2.7, 3.0\}$$

$$k_i = \{5.3, 4.2, 1.6, 1.8, 3.5, 3.4, 1.4, 1.6, 3.7\}$$

$$k_{\min} = k_7$$

$$g(x, y) = 2.4$$

线性滤波器：原始图像与滤波后图像之间为算术运算的滤波器，可用加减乘除等运算实现，有固定的卷积模板。输出值是输入值的线性加权和。

非线性滤波器：原始图像与滤波后图像之间为逻辑关系的滤波器，可用逻辑运算(如最大、最小、排序等)实现，没有固定的卷积模板。中值滤波是非线性滤波。

7.4 空间域图像锐化

图像模糊的实质是图像受到平均或积分运算造成的，所以为了把图像中任何方向伸展的边缘和模糊的轮廓变得清晰，可以对图像进行逆运算如微分运算，从而使图像清晰化，这个过程称为图像锐化。

图像锐化突出了图像中的地物边缘、轮廓或线状目标，提高了边缘与周围像素之间的反差，因此也被称为边缘增强。平滑通过积分过程使得图像中的边缘变得模糊，图像锐化则通过微分使图像中的边缘突出[①]。

原始图像使用梯度算子经过卷积计算后产生的是梯度图像（又称边缘图像，像素值可以大于 0，也可以小于 0），锐化后的图像是原始图像与梯度图像之和。

位于图像外的像素，可以使用相邻像素的锐化结果作为近似。

7.4.1 线性锐化滤波器

线性高通滤波器是最常用的线性锐化滤波器，其中心系数为正数，其他系数为负数。该滤波器有时会导致输出的像素值为负数，因此，还需要进行灰度变换，使得结果保持在正数范围内。

线性高通滤波可以通过原始图像减去低通图像得到。例如，原始图像减去均值滤波的图像，结果就是高通滤波的图像。

7.4.2 梯　　度

梯度是非线性的锐化滤波器，是一个向量算子（又称为 Hamilton 算子）。梯度对噪声敏感。图像 $f(x,y)$ 在像素点 (x,y) 处的梯度定义为 x 和 y 方向的一阶微分：

$$\operatorname{grad} f(x,y)=\begin{bmatrix} f'_x \\ f'_y \end{bmatrix}=\begin{bmatrix} \dfrac{\partial f(x,y)}{\partial x} \\ \dfrac{\partial f(x,y)}{\partial y} \end{bmatrix}$$

梯度的模为各分量平方和的平方根，即

$$\left|\operatorname{grad} f(x,y)\right|=\sqrt{\left(\frac{\partial(x,y)}{\partial x}\right)^2+\left(\frac{\partial(x,y)}{\partial y}\right)^2}$$

梯度的方向为

$$\Delta\operatorname{grad} f(x,y)=\tan^{-1}\left(\frac{\partial(x,y)}{\partial y}\right)\Big/\left(\frac{\partial(x,y)}{\partial x}\right)$$

从梯度的定义可知，梯度实际上是灰度值的一阶微分，反映了 x 方向和 y 方向相邻像素之间灰度的变化率。图像中的边缘，如河流、湖泊的边界、道路等处灰度的变化率较大，在边缘处一定有较大的梯度值；大面积的平原、海面灰度变化较小，具有较小的梯度值；灰度级为常数的区域，梯度值为 0。因此，以梯度值替代像素的原灰度值生成梯度图像，在梯度图像上梯度值较大的像素就是边缘。设

$$t_1=\frac{\partial f(x,y)}{\partial x} \qquad t_2=\frac{\partial f(x,y)}{\partial y}$$

---

① 更多的英文解释，建议参阅：锐化和边缘检测，http://fourier.eng.hmc.edu/e161/lectures/gradient/gradient.html.

则

$$\left|\operatorname{grad} f(x,y)\right| = \sqrt{t_1^2 + t_2^2}$$

用绝对值可得到以下近似的结果：

$$\left|\operatorname{grad} f(x,y)\right| \cong |t_1| + |t_2|$$

对于数字图像，由于其数值是离散的，连续导数形式可以用差分表示，即

$$t_1 = f(x,y) - f(x+1,y)$$

$$t_2 = f(x,y) - f(x,y+1)$$

则

$$|\operatorname{gradf}(x,y)| \cong |f(x,y) - f(x+1,y)| + |f(x,y) - f(x,y+1)|$$

梯度对应的模板如下，利用卷积公式 $g = f \times h$ 直接得到对应的梯度图像。图像的梯度为 h_1 和 h_2 模板计算的梯度的加和。

$$h_1=\begin{bmatrix}1 & 0\\ -1 & 0\end{bmatrix}\qquad h_2=\begin{bmatrix}1 & -1\\ 0 & 0\end{bmatrix}$$

x方向模板　　y方向模板

7.4.3　罗伯特梯度

罗伯特(Roberts)梯度采用交叉差分的方法。设

$$t_1 = f(x,y) - f(x+1,y+1)$$

$$t_2 = f(x+1,y) - f(x,y+1)$$

其表达式为

$$|\operatorname{grad} f(x,y)| \cong |f(x,y) - f(x+1,y+1)| + |f(x+1,y) - f(x,y+1)|$$

用模板表示为

$$h_1=\begin{bmatrix}1 & 0\\ 0 & -1\end{bmatrix}\qquad h_2=\begin{bmatrix}0 & 1\\ -1 & 0\end{bmatrix}$$

对角方向1模板　　对角方向2模板

Roberts 梯度相当于在图像上开一个 2×2 的窗口，用模板 h_1 计算后取绝对值再加上模板 h_2 计算后取绝对值。

将计算值作为中心像素 (x,y) 的梯度值，如下所示。

$f(x,y)$	$f(x+1,y)$
$f(x,y+1)$	$f(x+1,y+1)$

Roberts 梯度的意义在于用交叉的方法检测出像素与其在上下之间或左右之间或斜方向之间的差异。采用 Roberts 梯度对图像中的每一个像素计算其梯度值，最终产生一个梯度图

像，达到突出边缘的目的(图 7.12)。该梯度的优点是计算简单，缺点是对噪声比较敏感。

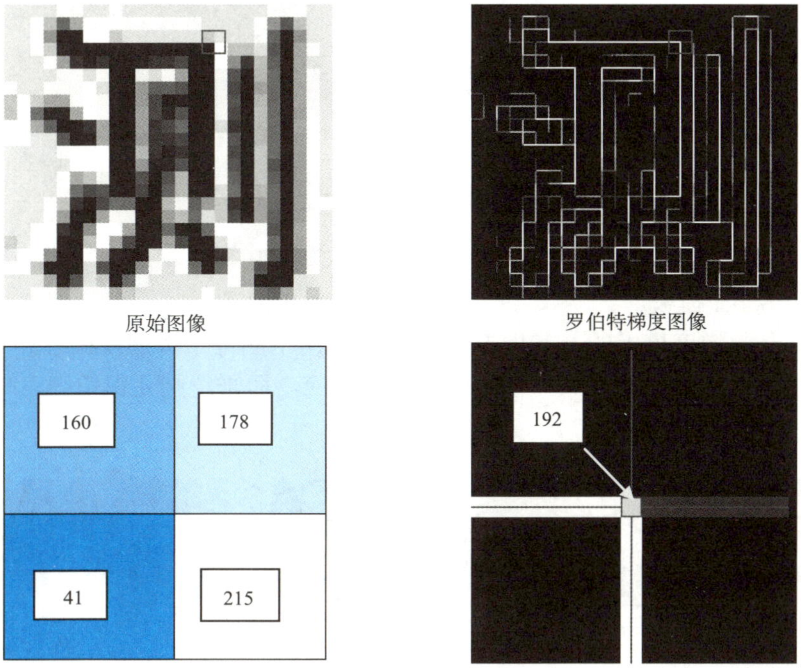

原始图像　　罗伯特梯度图像

原始图像的局部放大，方框内是像素值　　锐化后的局部放大，中间是中心像素的位置

图 7.12　Roberts 梯度的计算结果

7.4.4　Prewitt 和 Sobel 梯度

Roberts 梯度使用了四个像素，考虑了相邻信息，但没有考虑像素周围的信息。Prewitt 和 Sobel 梯度是另外两个用于锐化的算子。与 Roberts 梯度相比，它们较多地考虑了邻域间的关系，模板从 2×2 扩大到了 3×3。以(x, y)为中心像素，则有以下模板。

$f(x-1, y-1)$	$f(x, y-1)$	$f(x+1, y-1)$
$f(x-1, y)$	$f(x, y)$	$f(x+1, y)$
$f(x-1, y+1)$	$f(x, y+1)$	$f(x+1, y+1)$

其模板为

$$h_1=\begin{array}{|c|c|c|}\hline -1 & -1 & -1 \\ \hline 0 & 0 & 0 \\ \hline 1 & 1 & 1 \\ \hline \end{array} \qquad h_2=\begin{array}{|c|c|c|}\hline -1 & 0 & 1 \\ \hline -1 & 0 & 1 \\ \hline -1 & 0 & 1 \\ \hline \end{array}$$

x方向　　y方向

Sobel 梯度是在 Prewitt 算子的基础上，对 4 邻域采用加权方法进行差分，因而对边缘的检测更加精确，常用的模板如下：

$$h_1=\begin{array}{|c|c|c|}\hline -1 & -2 & -1 \\ \hline 0 & 0 & 0 \\ \hline 1 & 2 & 1 \\ \hline \end{array} \qquad h_2=\begin{array}{|c|c|c|}\hline -1 & 0 & 1 \\ \hline -2 & 0 & 2 \\ \hline -1 & 0 & 1 \\ \hline \end{array}$$

x方向　　　　y方向

$$\text{梯度图像}\ g=|f h_1|+|f h_2|$$

在 Prewitt 和 Sobel 模板中，h_1突出水平方向的地物，h_2突出垂直方向的地物。在图像分割中，经常使用 Sobel 模板。

需要注意的是，梯度模板的总和为 0 值，而前面用于图像平滑的模板总和不为 0。这是因为对于图像像素值为常数的区域，梯度应该是 0 响应，而平滑则要保留亮度均匀的区域。

Sobel 模板锐化效果见图 7.13。

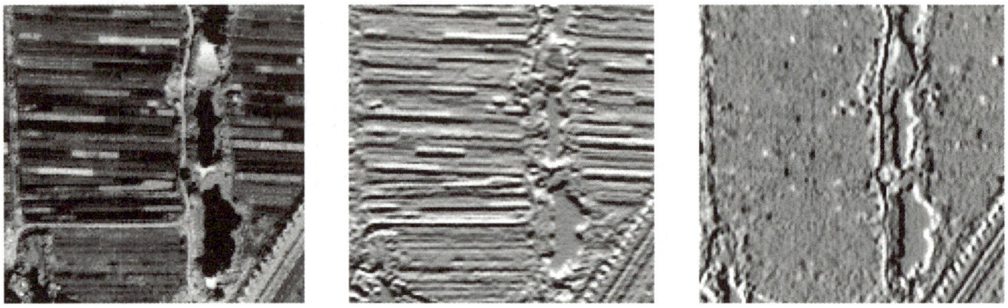

原始图像　　使用h_1模板锐化　　使用h_2模板锐化

图 7.13　Sobel 不同模板的梯度结果

IKONOS 图像，全色波段。黑色的是河流，右下角是公路

在应用中需要注意的是，上述模板不适用于含有大量噪声的图像。

图 7.14(a)是一个 7×7 的数字图像，在图像中存在边界。对该图像分别用 Roberts 和 Sobel 梯度算子进行计算得到的梯度图像如图 7.14(b)和(c)所示。

6	6	6	12	12	12	12
6	6	6	12	12	12	12
6	6	6	12	12	12	12
6	6	6	12	12	12	12
6	6	6	6	6	6	6
6	6	8	6	6	6	6
6	6	8	6	6	6	6

(a) 原始图像

0	0	12	0	0	0	0
0	0	12	0	0	0	0
0	0	12	0	0	0	0
0	0	6	12	12	12	12
0	0	0	0	0	0	0
0	0	0	0	0	0	0
0	0	0	0	0	0	0

(b) Roberts算子

0	0	24	24	0	0	0
0	0	24	24	0	0	0
0	0	24	24	0	0	0
0	0	24	36	24	24	24
0	0	12	24	24	24	24
0	0	0	0	0	0	0
0	0	0	0	0	0	0

(c) Sobel算子

图 7.14　Roberts 和 Sobel 梯度结果比较

图 7.14(b)和(c)显示了两种算子结果的差异，(b)中提取的边界是边缘处的一边；(c)则提取了边缘处的双边，即两个像素的宽度。因此，在处理一个或两个像素宽度的线性目标时，要根据具体情况来选择。

图 7.15 是 IKONOS 图像用 Roberts 和 Sobel 算子计算的梯度结果。

(a) 原始图像　　(b) Roberts算子　　(c) Sobel算子

图 7.15　Roberts 与 Sobel 算子的结果比较

IKONOS 图像全色波段，农田。对于具有明显分布方向的地物，Sobel 算子的梯度效果更好一些

Roberts 梯度与 Prewitt 和 Sobel 梯度各有自己的特点。概括起来，Roberts 梯度边缘定位准，但是对噪声敏感，边缘不是很平滑，适用于边缘明显且噪声较少的图像。Prewitt 梯度对噪声有抑制作用，对边缘的定位不如 Roberts 梯度。Sobel 梯度中，邻域的像素对当前像素的影响不是相同的，距离不同的像素具有不同的权值，对结果的影响也不同，距离越远，产生的影响越小，因此具有更好的效果。与下面的拉普拉斯算子相比，Prewitt 和 Sobel 梯度是基于一阶微分①导出的算子。

7.4.5　拉普拉斯算子

拉普拉斯(Laplacian)算子是一个二阶微分边缘检测技术，它采用空间二阶微分的形式来增强图像中的边缘信息。

1. 拉普拉斯算子

图像函数 $f(x,y)$ 的拉普拉斯算子定义为

$$\nabla^2 f = \frac{\partial^2 f}{\partial x^2} + \frac{\partial^2 f}{\partial y^2}$$

如果 $f(x,y)$ 的值为常数或者呈线性变化，则拉普拉斯算子的值为零。如果 $f(x,y)$ 的变化率较高，则计算结果就会在 $f(x,y)$ 的弯曲点上产生符号改变。

在离散区域中，对连续拉普拉斯算子的最简单的近似是计算差值：

$$\nabla^2 f(x,y) = f(x+1,y) + f(x-1,y) + f(x,y+1) + f(x,y-1) - 4f(x,y)$$

即取某像素的上下左右四个相邻像素的值相加的和减去该像素的四倍，作为该像素新的

① 差分用于离散的数值，微分用于连续的数值。连续的数据通过求导可获得微分表达式。对于遥感数字图像，使用差分进行实际的计算。

灰度值，计算结果称为拉普拉斯算子，或拉普拉斯梯度。对应的卷积模板表示为

$h=$

0	1	0
1	–4	1
0	1	0

这个模板 h 是标准的拉普拉斯算子。

使用 4 邻域，中心点拉普拉斯算子也可以通过如下卷积运算生成：

$$g(j,k)=f(j,k)\times h(j,k)$$

式中

$$h=\begin{bmatrix}0&0&0\\-1&2&-1\\0&0&0\end{bmatrix}+\begin{bmatrix}0&-1&0\\0&2&0\\0&-1&0\end{bmatrix} \text{ 或 } h=\begin{bmatrix}0&-1&0\\-1&4&-1\\0&-1&0\end{bmatrix}$$

上式中，两个数组分别对应于沿图像行和列的二次微分。

4 邻域中心点拉普拉斯算子经常被标准化而应用于 3×3 像素邻域内，相应的模板定义为

$$h=\frac{1}{4}\begin{bmatrix}0&-1&0\\-1&4&-1\\0&-1&0\end{bmatrix}$$

Prewitt 提出了一个 8 邻域的中心点拉普拉斯算子，公式为

$$h=\frac{1}{8}\begin{bmatrix}-1&-1&-1\\-1&8&-1\\-1&-1&-1\end{bmatrix}$$

通过下式获得可分离的 8 邻域拉普拉斯算子为

$$h=\begin{bmatrix}-1&2&-1\\-1&2&-1\\-1&2&-1\end{bmatrix}+\begin{bmatrix}-1&-1&-1\\2&2&2\\-1&-1&-1\end{bmatrix}$$

其标准化形式为

$$h=\frac{1}{8}\begin{bmatrix}-2&1&-2\\1&4&1\\-2&1&-2\end{bmatrix}$$

除了上述算法外，拉普拉斯算子还有一些其他的算子，模板为

1	1	1
1	–8	1
1	1	1

0	–1	0
–1	5	–1
0	–1	0

图 7.16 是不同灰度截面的梯度和拉普拉斯算子的结果。其中，梯度实际上是一阶微分。尖顶形边界的一阶微分的结果为负阶跃边界，所以，对这种边界的提取用二阶微分比较有效。

二阶微分可检测不连续(图 7.17 中的突变处)。二阶微分具有和一阶微分同样的方向性；相同的边界，方向不同则微分值(差分值)也不同。拉普拉斯算子是不依赖于方向性的(各向同性)差分运算中最简单也是最常用的算子。

阶跃形边界拉普拉斯算子处理后的梯度如图 7.16(a)和图 7.17(b)所示，是一条由正(负)到负(正)变化的曲线，在阶跃处形成了零点交叉。阶跃越是理想，这个零点交叉处的倾斜程度则是越陡峭。根据梯度(gradient)来求边界，对于如图 7.16(a)所示的输出，必须要先找到山顶(谷底)，然后还要进行滤波处理或者阈值处理。拉普拉斯算子可以理想地判断像素值是否为 0，也可以判断像素值有正负变化的点，所以是一种很好的方法。因为实际的图像用离散数字化处理时，零交点处像素值不一定为 0，所以可以求其符号的变化。零点交叉(zero crossing)法在物体识别等领域中是常用的一种方法(所谓的零点交叉，是指函数的值由正变负时的界面处)。

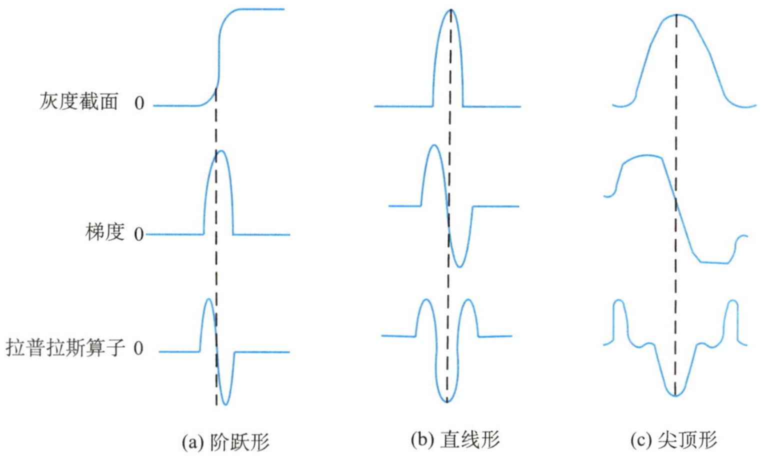

图 7.16　拉普拉斯算子与图像灰度截面变化

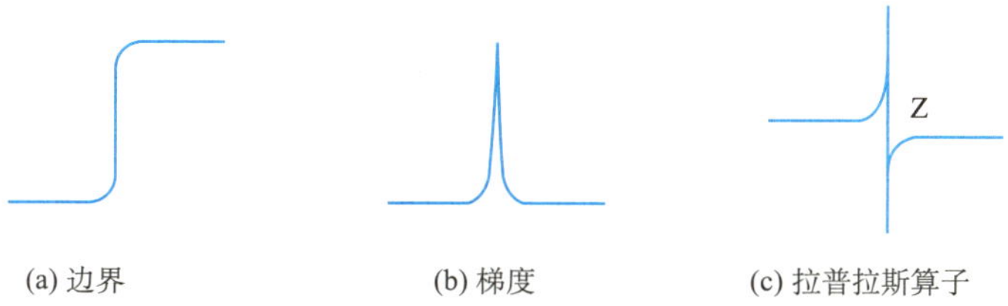

图 7.17　零点交叉的拉普拉斯算子提取

因为仅用拉普拉斯算子进行处理，会把图像中的噪声放大，所以，通常是先将图像用高斯函数进行平滑处理后，再进行拉普拉斯滤波。这样处理符合了人类视觉的生理特性。这种滤波器称为**高斯-拉普拉斯滤波器(LOG)**，由 Marr 和 Hildrith 提出，如图 7.18 所示。

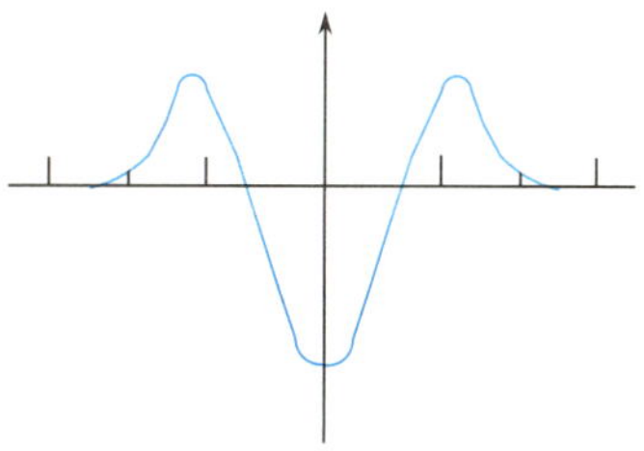

图 7.18　高斯型拉普拉斯滤波器的一维表示

高斯-拉普拉斯滤波器像反过来的墨西哥牛仔

帽。二维的高斯分布函数 $G(x,y)$ 由下式来定义，式中 $\nabla^2 G$ 为拉普拉斯算子。

$$G(x,y)=\frac{1}{2\pi\sigma^2}e^{-(x^2+y^2)/2\sigma^2}$$

$$\nabla^2 G(x,y)=\frac{-1}{2\pi\sigma^4}(2-\frac{x^2+y^2}{\sigma^2})e^{-\frac{(x^2+y^2)}{\sigma^2}}$$

式中，σ 是表示平滑程度的常数。σ 值的大小影响着图像上的平滑作用范围内的像素个数，是由希望检测出的空间频率决定的。σ 值越大，均值化的范围也就越大。

梯度运算检测了图像的空间灰度变化率，因此，图像上只要有灰度变化就有变化率。拉普拉斯算子检测的是变化率的变化率，是二阶微分。在图像上灰度均匀和变化均匀的部分，根据拉普拉斯算子计算出的值 $\nabla^2 f(x,y)$ 为 0。因此，它不检测均匀的灰度变化，产生的图像更加突出灰度值突变的部分。

2. 图像输出

直接使用拉普拉斯算子作为输出。如果用原始图像的值减去拉普拉斯的计算结果的整数倍作为输出，则 g 是锐化后图像。

$$g(x,y)=f(x,y)-k\nabla^2 f(x,y)$$

式中，k 为正整数；$f(x,y)$ 为原图像；$\nabla^2 f(x,y)$ 为标准的拉普拉斯算子；$g(x,y)$ 为最后计算结果。

图 7.19 给出了一个计算实例，其中 k=1。

8	9	10	11	12	12	12
8	9	10	11	12	12	12
8	9	10	11	12	12	12
8	9	10	11	12	12	12
8	8	8	8	8	8	8
8	8	8	8	8	8	8
8	8	8	8	8	8	8

(a) 原始图像

0	0	0	0	−1	0	0
0	0	0	0	−1	0	0
0	0	0	0	−1	0	0
−1	−1	−2	−3	−5	−4	−4
1	1	2	3	4	4	4
0	0	0	0	0	0	0
0	0	0	0	0	0	0

(b) 拉普拉斯梯度图像

8	9	10	11	13	12	12
8	8	10	11	13	12	12
8	9	10	11	13	12	12
9	10	12	14	17	16	16
7	8	6	5	4	4	4
8	8	8	8	8	8	8
8	8	8	8	8	8	8

(c) 锐化结果

图 7.19 拉普拉斯算例

应用中要注意的是，某些软件中的拉普拉斯模板符号与标准拉普拉斯算子相反，也就是说，模板的中心的值为 4，四周相邻的值为－1(如 ENVI 软件中使用的模板)。此时，

锐化后图像＝原始图像＋拉普拉斯算子图像

窗口大小影响着锐化的结果。窗口越大，越突出主要地物的边缘(图 7.20)。

使用上述梯度算子进行图像锐化容易受图像中噪声的影响。因此，在实际应用中，经常先进行平滑滤波，然后才进行锐化。考虑到各向同性的性质和平滑的特点，常选择高斯函数作为平滑滤波核(即先进行高斯低通滤波)。

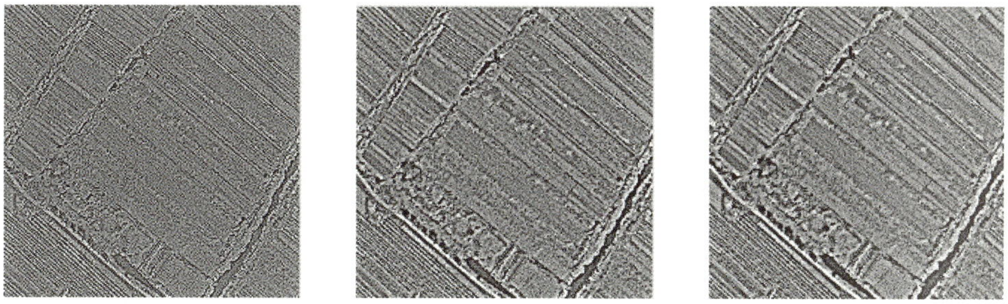

图 7.20　不同窗口拉普拉斯算子的结果比较

原始图像参见图 7.15。窗口大小不同，突出的梯度细节不同。较大的窗口突出了主体地物的边缘信息

图 7.21 是按照该思路进行的图像锐化，使用 ENVI 软件进行处理。原始图像中混有噪声，使用 3×3 窗口的模板进行拉普拉斯锐化后，锐化的效果并不明显。但是，将原始图像使用 5×5 的窗口进行高斯低通滤波，然后以此数据为基础进行拉普拉斯锐化操作，则具有明显的锐化效果。使用这个思路进行图像锐化的算子称为 LOG 算子。

因此，只有选择合适的窗口大小，并综合应用不同的处理方法，才能得到较好的锐化效果。

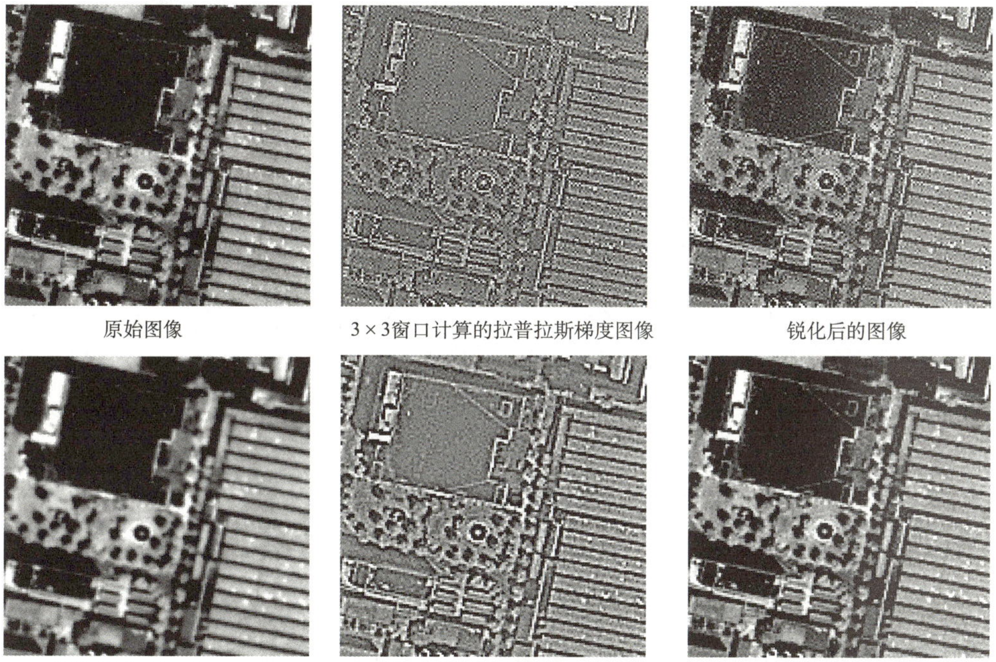

图 7.21　拉普拉斯不同滤波效果比较

IKONOS 图像，全色波段。使用 ENVI 软件

7.4.6 Canny 算 子

边缘是图像的重要特征，基于梯度可以提取图像的边缘信息。Canny 算子对于受白噪声影响的阶跃型边缘是最优的，是当前影响最大的图像边缘检测方法。该算子的设计目标为：①不丢失重要的边缘，不产生虚假的边缘，减少噪声的影响。②检测到的边与实际的边具有最小的偏差，强调结果的正确性。③将多个响应降低为单边缘的响应，限制单个边缘点对亮度变化的定位。

Canny 算子的表达方式比较复杂，这里不再叙述。图 7.22 给出了该算子的滤波结果。对比图 7.21 可以看到，它能够很好地提取图像中的边缘信息。

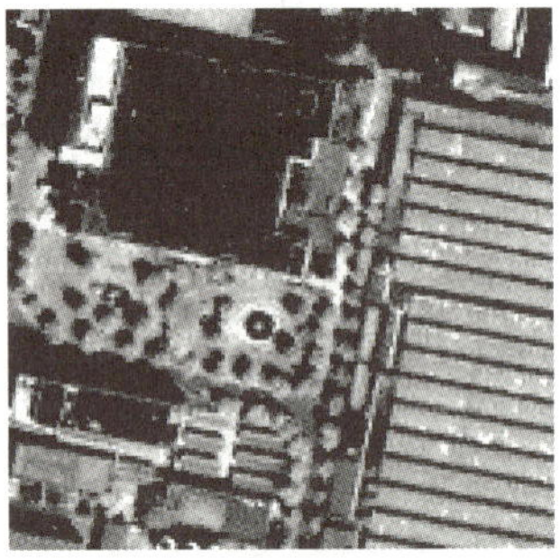

原始图像

Canny边缘

锐化后的图像=原始图像+边缘

图 7.22 Canny 边缘提取效果

IKONOS 图像，全色波段

更多 Canny 算子的内容，建议阅读：

(1) Canny J. A computational approach to edge detection. IEEE Transactions on Pattern Analysis and Machine Intelligence. 1986, 8(6):679-698.

(2) Milan Sonka et al. 图像处理、分析与机器视觉(第三版). 北京：清华大学出版社. 2011, 100-102.

(3) Mark S Nixon et al. 特征提取与图像处理(第二版). 北京：电子工业出版社. 2011, 103-109.

(4) http://homepages.inf.ed.ac.uk/rbf/HIPR2/canny.htm#1.

算子(operator)

算子是为方便计算而使用的符号(运算符)，指从一个函数空间到另一个函数空间(或它自身)的映射。算子接受一个函数并按照特定的规则得到另一个函数。

常用的算子符号：D，微分算子；grad，梯度算子；∇^2，拉普拉斯算子。

算子的使用：例如，$g(x, y)=\nabla^2 f(x, y)$，指图像 f 的拉普拉斯算子，即使用拉普拉斯的卷积核对 $f(x, y)$ 进行卷积计算，其结果是图像 $g(x, y)$。

7.4.7　定 向 检 测

定向检测是基于特定模板提取某一特定方向的边缘或线性特征的方法。常用的模板有以下几种，其检测效果如图 7.23 所示。

1) 检测垂直线

$h=$

−1	0	1
−1	0	1
−1	0	1

或

−1	2	−1
−1	2	−1
−1	2	−1

2) 检测水平线

$h=$

−1	−1	−1
0	0	0
1	1	1

或

−1	−1	−1
2	2	2
−1	−1	−1

3) 检测对角线

$h=$

0	1	1
−1	0	1
−1	−1	0

或

1	1	0
1	0	−1
0	−1	−1

或

−1	−1	2
−1	2	−1
2	−1	−1

或

2	−1	−1
−1	2	−1
−1	−1	2

原始图像

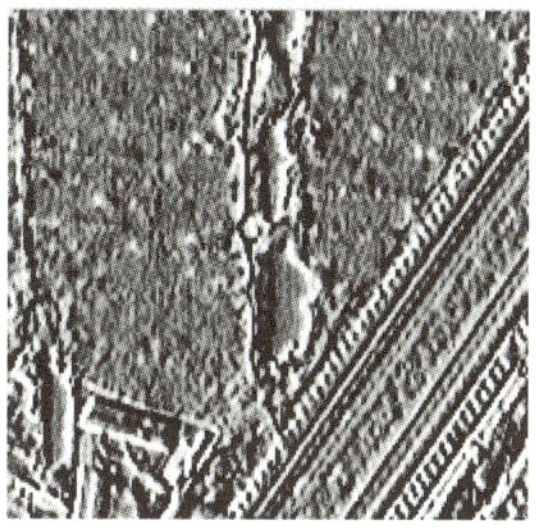
垂直检测

水平检测

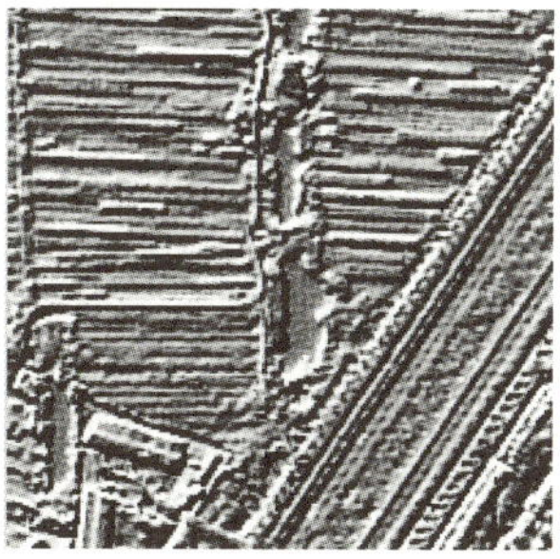
60°

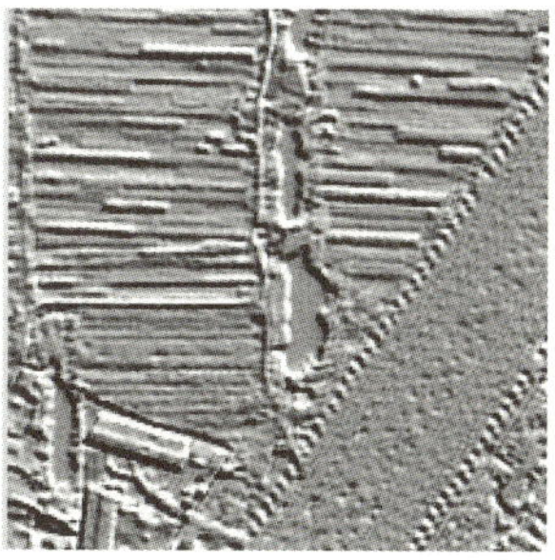
120°

图 7.23　定向滤波结果比较

IKONOS 图像，使用 3×3 窗口。图像中公路角度大约为 60°

上述典型的梯度计算的卷积核总结如表 7.1 所示，以便于应用和对比。

表 7.1 常用的梯度卷积核

	h_1	h_2
Roberts 左上角作为中心像素	$\begin{bmatrix} 0 & 1 \\ -1 & 0 \end{bmatrix}$	$\begin{bmatrix} 1 & 0 \\ 0 & -1 \end{bmatrix}$
Prewitt	$\begin{bmatrix} -1 & 0 & 1 \\ -1 & 0 & 1 \\ -1 & 0 & 1 \end{bmatrix}$	$\begin{bmatrix} -1 & -1 & -1 \\ 0 & 0 & 0 \\ 1 & 1 & 1 \end{bmatrix}$
Sobel	$\begin{bmatrix} -1 & 0 & 1 \\ -2 & 0 & 2 \\ -1 & 0 & 1 \end{bmatrix}$	$\begin{bmatrix} -1 & -2 & -1 \\ 0 & 0 & 0 \\ 1 & 2 & 1 \end{bmatrix}$
各向同性算子	$\begin{bmatrix} -1 & 0 & 1 \\ -\sqrt{2} & 0 & \sqrt{2} \\ -1 & 0 & 1 \end{bmatrix}$	$\begin{bmatrix} -1 & -\sqrt{2} & -1 \\ 0 & 0 & 0 \\ 1 & \sqrt{2} & 1 \end{bmatrix}$
Compass 梯度	$\begin{bmatrix} 1 & 1 & 1 \\ 1 & -2 & 1 \\ -1 & -1 & -1 \end{bmatrix}$ $\begin{bmatrix} 5 & 5 & 5 \\ -3 & 0 & -3 \\ -3 & -3 & -3 \end{bmatrix}$ (Kirsch)	$\begin{bmatrix} 1 & 1 & 1 \\ 0 & 0 & 0 \\ -1 & -1 & -1 \end{bmatrix}$ $\begin{bmatrix} 1 & 2 & 1 \\ 0 & 0 & 0 \\ -1 & -2 & -1 \end{bmatrix}$
拉普拉斯算子	$\begin{bmatrix} 0 & -1 & 0 \\ -1 & 4 & -1 \\ 0 & -1 & 0 \end{bmatrix}$ $\begin{bmatrix} -1 & -1 & -1 \\ -1 & 8 & -1 \\ -1 & -1 & -1 \end{bmatrix}$	$\begin{bmatrix} 1 & -2 & 1 \\ -2 & 4 & -2 \\ 1 & -2 & 1 \end{bmatrix}$
不同方向的 线性检测算子	$\begin{bmatrix} -1 & -1 & -1 \\ 2 & 2 & 2 \\ -1 & -1 & -1 \end{bmatrix}$ (a) E-W $\begin{bmatrix} -1 & 2 & -1 \\ -1 & 2 & -1 \\ -1 & 2 & -1 \end{bmatrix}$ (c) N-S	$\begin{bmatrix} -1 & -1 & 2 \\ -1 & 2 & -1 \\ 2 & -1 & -1 \end{bmatrix}$ (b) NE-SW $\begin{bmatrix} 2 & -1 & -1 \\ -1 & 2 & -1 \\ -1 & -1 & -1 \end{bmatrix}$ (d) NW-SE

注：中间为中心像素。Kirsch 是由 R.Kirsch 提出来的边缘检测算子，这是 8 个卷积核中的一个。

7.4.8 多光谱图像的梯度

在遥感的多光谱图像中，每个像素包括了多个波段的值。对于这种图像，梯度的计算可以有如下方案：①计算每个波段的梯度，然后取各波段的最大梯度为最后的梯度图像。②人为组合各个波段的梯度作为最后的梯度图像。③使用两个波段的差值或比值作为梯度。④联合多个波段的不同类型的梯度。

Cervenka 等(1987)提出了一个使用多个波段进行梯度联合检测的方法。邻域大小为

$2\times2\times k$，其中，k 为波段数。像素 (i,j) 处的梯度计算公式为

$$G=\frac{\sum_{r=1}^{k}d(i,j)\bullet d(i+1,j+1)\sum_{r=1}^{k}d(i+1,j)\bullet d(i,j+1)}{\sqrt{\sum_{r=1}^{k}d(i,j)^2\sum_{r=1}^{k}d(i+1,j+1)^2}\sqrt{\sum_{r=1}^{k}d(i+1,j)^2\sum_{r=1}^{k}d(i,j+1)^2}}$$

式中，$d(i,j)=f_r(i,j)-\overline{f(i,j)}$，$\bar{f}$ 是该像素位置各个波段的均值①。

7.4.9 锐化的图像与梯度图像

计算出梯度图像后，可以根据需要使用下面的方法生成不同的锐化图像。一般公式为

$$锐化后图像=原始图像+c\times梯度$$

式中，系数 c 控制着锐化程度。也可以组合使用不同的规则产生锐化后图像。下文中，grad 是梯度算子。

(1) 以梯度值代替其原灰度值，即

$$g(x,y)=|\mathrm{grad}\,f(x,y)|$$

用此方法得到的图像完全失去了原图像的面目而成为一幅边缘图像，梯度值大的边缘轮廓被突出显示，而灰度变化比较平缓或均匀的区域则几乎是黑色。由于图像包含大量信息，像素的灰度值差异普遍存在，为了在突出主要边缘信息的同时保留图像背景，设定一个非负阈值 T 进行处理。

(2) 适当选取 T，使梯度值≥T 的各点的灰度等于该点的梯度值，其他则保留原灰度值，形成背景，即

$$g(x,y)=\begin{cases}|\mathrm{grad}\,f(x,y)| & \mathrm{grad}\,f(x,y)\geqslant T\\ f(x,y) & 其他\end{cases}$$

(3) 根据需要指定一个灰度级 L_G，例如，令 $L_G=255$。以 L_G 表示边缘，其他保留原背景值，即

$$g(x,y)=\begin{cases}L_G & |\mathrm{grad}\,f(x,y)|\geqslant T\\ f(x,y) & 其他\end{cases}$$

(4) 指定一个灰度级 L_B 表示背景，例如，令 $L_B=0$，形成黑背景，保留边缘梯度变化，即

$$g(x,y)=\begin{cases}|\mathrm{grad}\,f(x,y)|+c & \mathrm{grad}\,f(x,y)\geqslant T\\ L_B & 其他\end{cases}$$

式中，c 为常数，取 0 或更大的值，用于更好的区分梯度和背景。

(5) 将梯度与灰度图像分别以灰度级 L_G 和 L_B 表示，例如，255 表示边缘，0 表示背景，形成二值图像，即

① Cervenka V, Charvat K. 1987. Survey of the image processing research applicable to the thematic mapping based on aerocosmic data. Technical report, Geodetic and Cartographic Institute, Prague, Czechoslovakia. Technical Report A 12-346-811.参见 Milan Sonka 等. 图像处理、分析与机器视觉(第三版). 清华大学出版社. 2011. 103.

$$g(x,y)=\begin{cases}L_G & |\mathrm{grad}\,f(x,y)|\geqslant T\\ L_B & 其他\end{cases}$$

7.5 频率域滤波

7.5.1 滤 波 方 法

按照信号处理理论，根据待滤除的频率的特征，滤波有三种：①低通滤波。低通滤波是对频率域的图像通过滤波器$H(u,v)$削弱或抑制高频部分而保留低频部分的滤波方法。因为图像上的噪声主要集中在高频部分，所以，低通滤波可以起到压抑噪声的作用。同时，由于强调了低频成分，图像会变得比较平滑。②高通滤波。高通滤波是对频率域的图像通过滤波器来突出图像的边缘和轮廓，进行图像锐化的方法。③带通滤波。仅仅保留指定频率范围的滤波，范围外的频率被阻止。

频率域滤波的基本工作流程为：空间域图像的傅里叶变换→频率域图像→设计滤波器→傅里叶逆变换→其他应用。其中，滤波器选择和设计是关键，如果有偏差或错误，就不会得到合适的结果。一般情况下，需要进行多次的尝试比较才能最后确定需要的滤波器。按照滤波的方式，滤波有“通”和“阻”两种。高通滤波意味着低阻滤波，低通滤波意味着高阻滤波，带通滤波对其他的频率则意味着带阻。

滤波的关键是正确选择了滤波器并且确定了合适的通或阻的频率。与滤波类型相比，选择合适的截止频率更难一些。遥感图像与物理信号不同，是不同频率地物的混杂，分离出特定地物的频率并据此进行滤波，往往需要多次的实验才能得到满意的结果。但是，对于图像中的周期性信号(主要是图像扫描产生的噪声)的去除，频率域滤波更容易得到满意的结果。

常用的滤波器类型有五种(图 7.24)：①低通滤波器，用来保留图像中的低频成分，滤除图像中的高频成分。由于噪声多是高频成分，低通滤波应用较多。②高通滤波器，与低通滤波器相反，用来保留高频成分。③带通滤波器，用来保留特定频率范围的信息。④带阻滤波器，用来阻止特定频率范围的信息。⑤自定义滤波器，根据频率域图像中的频率分布人为定义，应用比较灵活。在实际工作中，最常用的是用户定义滤波器，可以根据频率的分布灵活选择滤波的频率范围，包括线、矩形、椭圆、多边形等。

7.5.2 滤波器及其传递函数

频率域的滤波器很多，这里只介绍常用的低通和高通滤波器。

1. 理想的滤波器

1) 理想低通滤波器

设在频率域平面内，理想低通滤波器距原点的截止频率为D_0，某一点到原点的距离为

$$D(u,v)=\left[u^2+v^2\right]^{1/2}$$

则理想低通滤波器的传递函数为

$$H(u,v)=\begin{cases}1 & D(u,v)\leqslant D_0\\ 0 & D(u,v)>D_0\end{cases}\quad (D_0\geqslant 0)$$

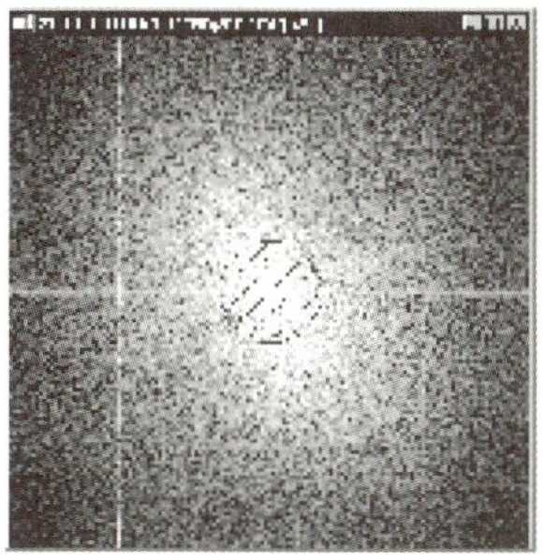

(a) 低通滤波器

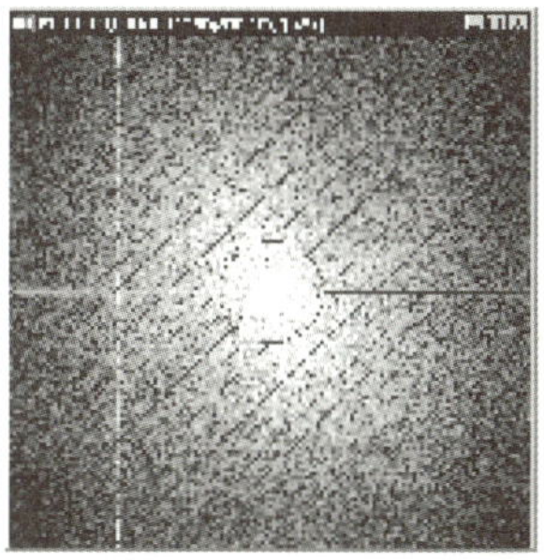

(b) 高通滤波器

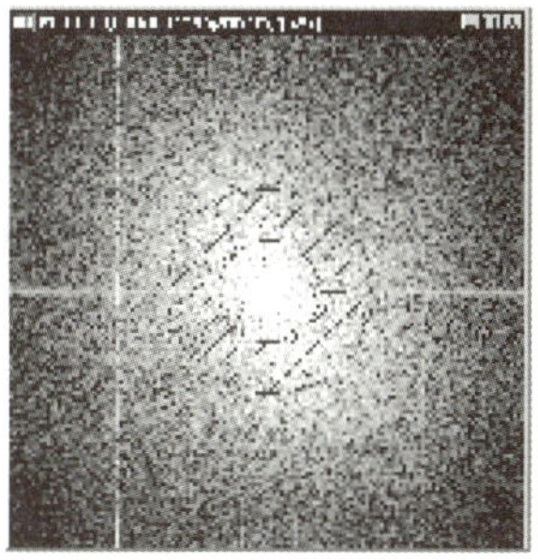

(c) 带通滤波器

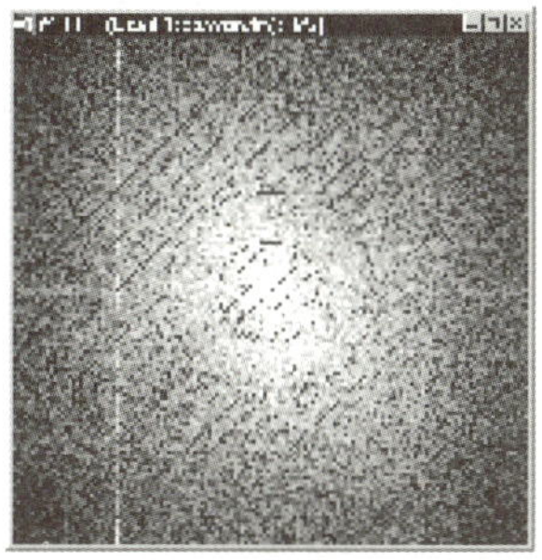

(d) 带阻滤波器

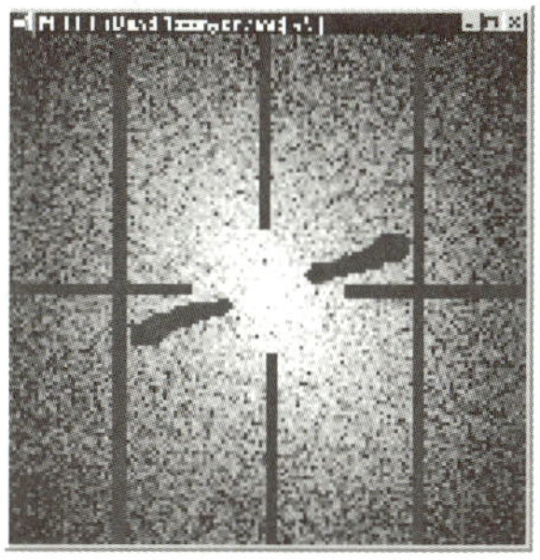

(e) 自定义滤波器

图 7.24 ENVI 软件中频率域图像处理使用的滤波器

理想低通滤波器的传递函数剖面图如图 7.25(a)所示。D_0 的大小根据需要确定。理论上，$D \leqslant D_0$ 的低频分量全部无损通过，$D > D_0$ 的高频分量则全部去除，然后经傅里叶逆变换得到空间域图像。因为高频部分包含大量边缘信息，所以用此滤波器处理后会导致边缘损失、图像边缘模糊。

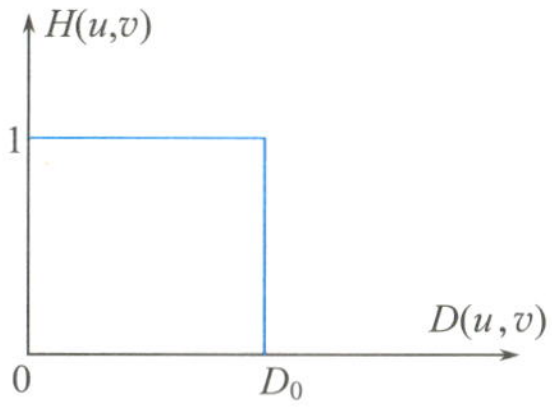

(a) 理想低通滤波器

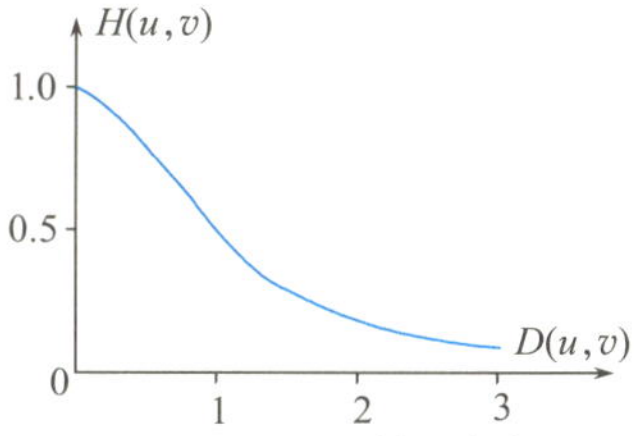

(b) Butterworth低通滤波器

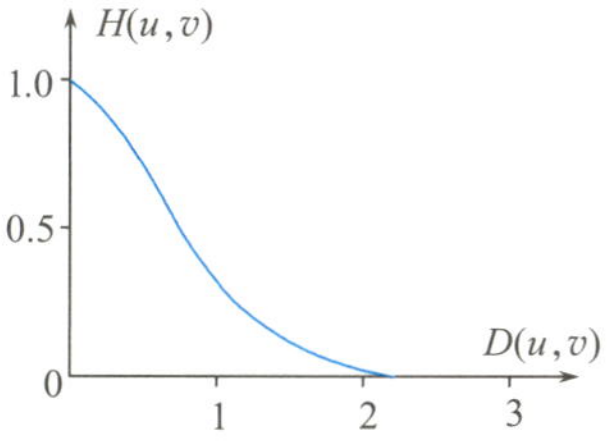

(c) 指数低通滤波器

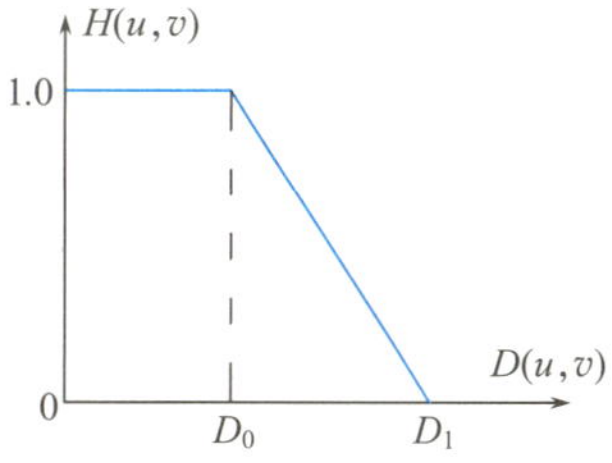

(d) 梯形低通滤波器

图 7.25 低通滤波器剖面示意图

2) 理想高通滤波器

传递函数为

$$H(u,v)=\begin{cases}0 & D(u,v)\leqslant D_0\\ 1 & D(u,v)>D_0\end{cases}\quad (D_0\geqslant 0)$$

其剖面图如图 7.26(a)所示，D_0 可根据需要来确定。该滤波器与理想低通滤波器相反，$D>D_0$ 的高频频率全部通过，$D\leqslant D_0$ 的低频频率全部去除。理想高通滤波器处理后的图像边缘有抖动现象。

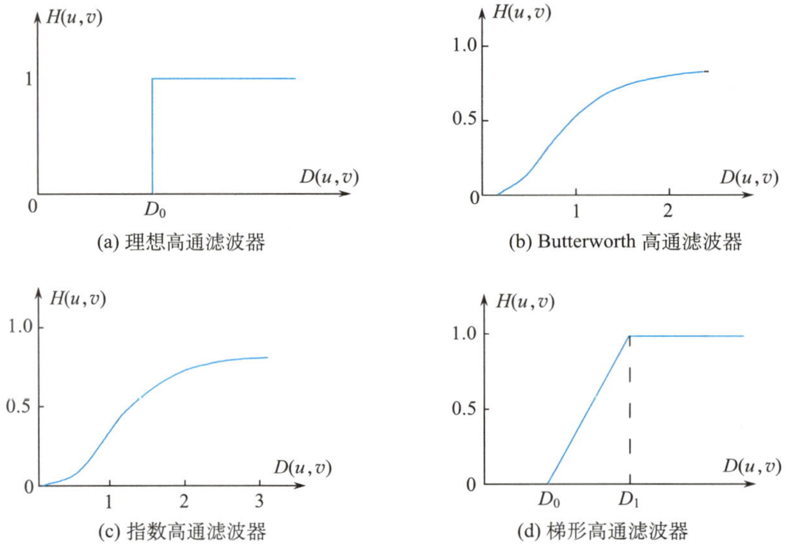

图 7.26　高通滤波器剖面示意图

2. Butterworth 滤波器

1) Butterworth 低通滤波器

传递函数为

$$H(u,v)=\frac{1}{1+\left[\dfrac{D(u,v)}{D_0}\right]^{2n}}\qquad (n=1,2,3,\cdots)$$

式中，n 是阶数。

Butterworth 低通滤波器的传递函数的剖面图如图 7.25(b)所示，它的特点是连续衰减，不像理想低通滤波器那样具有明显的不连续性。因此，用此滤波器处理后图像边缘的模糊程度大大降低。

2) Butterworth 高通滤波器

传递函数为

$$H(u,v)=\frac{1}{1+\left[\dfrac{D_0}{D(u,v)}\right]^{2n}}\qquad (n=1,2,3,\cdots)$$

它的剖面图见图 7.26(b)。Butterworth 锐化效果较好，边缘抖动现象不明显，但计算比较复杂。

3. 指数滤波器

1) 指数低通滤波器

传递函数为

$$H(u,v)=\mathrm{e}^{-\left[\frac{D(u,v)}{D_0}\right]^n} \quad (n=1,2,3,\cdots)$$

指数低通滤波器传递函数的剖面图如图 7.25(c)所示，此滤波器在抑制噪声的同时，图像边缘的模糊程度比 Butterworth 滤波器大。

2) 指数高通滤波器

传递函数为

$$H(u,v)=\mathrm{e}^{-\left[\frac{D_0}{D(u,v)}\right]^n} \quad (n=1,2,3,\cdots)$$

它的剖面图见图 7.26(c)。指数高通滤波器比 Butterworth 效果差些，边缘抖动现象不明显。

4. 梯形滤波器

1) 梯形低通滤波器

设 D_0 为截止频率，再设定 D_1，令 $D_1>D_0$，则传递函数为

$$H(u,v)=\begin{cases}1 & D(u,v)<D_0\\ \dfrac{D(u,v)-D_1}{D_0-D_1} & D_0\leqslant D(u,v)\leqslant D_1\\ 0 & D(u,v)>D_1\end{cases}$$

梯形低通滤波器传递函数的剖面图如图 7.25(d)所示，它介于理想低通滤波器和指数低通滤波器之间，处理后的图像有一定的模糊。

2) 梯形高通滤波器

传递函数为

$$H(u,v)=\begin{cases}0 & D(u,v)<D_1\\ \dfrac{D(u,v)-D_1}{D_0-D_1} & D_1\leqslant D(u,v)\leqslant D_0\\ 1 & D(u,v)>D_0\end{cases}$$

式中，$D_0>D_1\geqslant 0$，D_0、D_1 均为规定值。其剖面图如图 7.26(d)所示。

梯形高通滤波器会产生轻微抖动现象，但因计算简单而经常被使用。

5. 高斯滤波器

1) 高斯低通滤波器

滤波器的函数为 $H(u)=Ae^{-u^2/\sigma^2}$，其中，高斯函数的傅里叶变换就是其本身 $H(u)=Ae^{-u^2/\sigma^2}$。

二维高斯低通滤波器(GLPF)定义为 $H(u,v)=\mathrm{e}^{-D(u,v)^2/2\sigma^2}$，$D(u,v)$ 是点 (u,v) 距原点的距离，使 $\sigma=D_0$，则 $H(u,v)=\mathrm{e}^{-D(u,v)^2/2D_0{}^2}$。当 $D(u,v)=D_0$ 时，滤波器下降到它最大值的 0.667 处(图 7.27)。

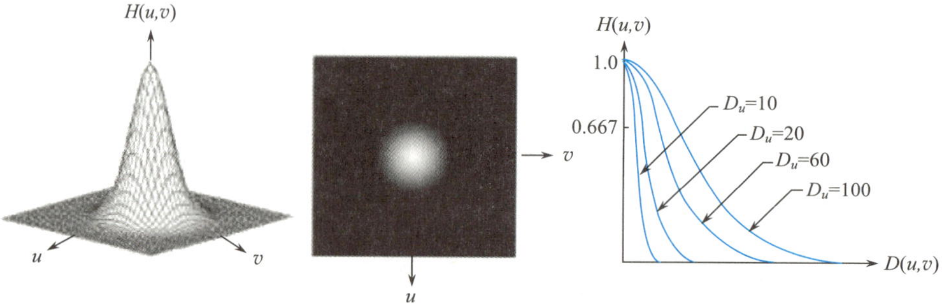

(a) 透视图　(b) 滤波器　(c) 各种D_0值的滤波器横截面

图 7.27　高斯低通滤波器

2) 高斯高通滤波器

滤波器的函数式为$H(u)=Ae^{-u^2/2\sigma_1^2}-Be^{-u^2/2\sigma_2^2}$, $A\geqslant B,\sigma_1>\sigma_2$，其中，$\sigma$为标准差。

7.5.3　基于 FFT 的频率域滤波

傅里叶变换是基本的频率域滤波方法，基本流程为：正向 FFT→频率域滤波→逆向 FFT。

1) 正向 FFT

指定图像的一个波段，按照计算公式进行 FFT，产生频率域图像。

2) 频率域滤波

以频率域图像为参照，定义滤波器。常用的滤波器有低通、高通、带通、带阻、用户自定义。波段不同，频率域图像不同，需要定义不同的滤波器。

3) 逆向 FFT

将滤波后的频率域图像进行逆变换得到空间域图像，进行显示。

图 7.28 是 SPOT 图像的傅里叶变换处理，图中所示是长江和南京长江大桥。图像的噪声在水体中表现明显，在垂直方向上表现更为突出。在频率域图像中，噪声表现在水平方向上，并且显示为高亮度。使用自定义滤波器对频率域图像进行自定义阻断滤波后，进行逆向变换，得到新的空间域图像(下面的图像中，除注明外，均按比例进行了缩小)，从而消除了条带噪声。

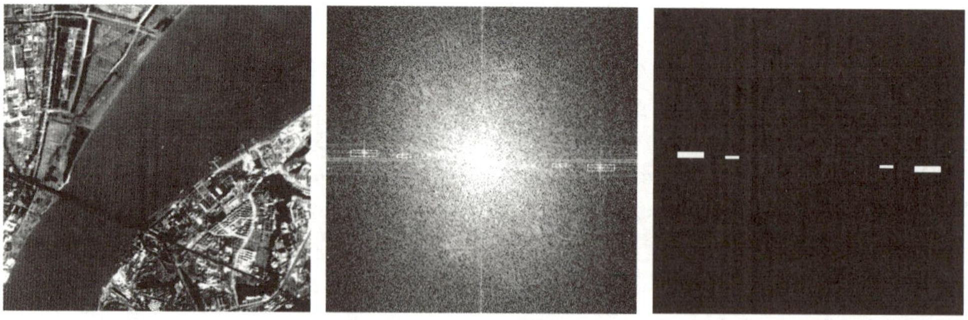

原始图像　FFT的频率域图像　自定义的滤波器

图 7.28　傅里叶变换和滤波处理前后图像的对比

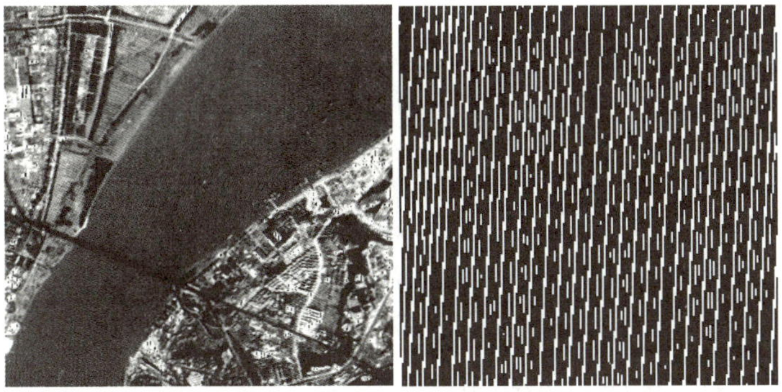

FFT逆变换后的图像　　滤波去除的噪声成分(1∶1显示)

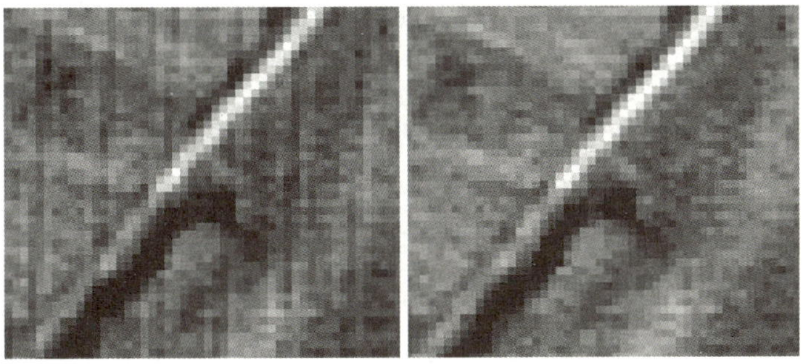

原始图像放大显示　　滤波后图像放大显示

图 7.28(续)

傅里叶变换不具有局部性，这是该方法的缺点。针对这个问题，1946 年，Dennis Gabor 提出了“窗口 Fourier 变换”的概念，即 Gabor 变换。而为了解决 Gabor 变换的缺陷，又产生了小波(wavelet)变换。Gabor 变换和小波变换在图像滤波中也有着广泛的应用，其中，小波变换主要用来进行多尺度图像滤波，Gabor 变换主要用来提取高分辨率图像中的各种频率特征。

7.5.4 同态滤波

同态滤波(homomorphic filtering)是减少低频增加高频，从而减少光照变化并锐化边缘或细节的图像滤波方法。

一幅图像 $f(x,y)$ 可以用照射分量和反射分量来模拟，即

$$f(x,y)=i(x,y)\times r(x,y)$$

式中，$f(x,y)$ 为图像；$i(x,y)$ 为照射分量；$r(x,y)$ 为反射分量。

图像的照射分量是光照条件、阴影等的函数，在空间上变化缓慢。反射分量是目标物体的函数，常常引起突变，特别是在不同地物的连接处。这些特性使得可以将频率域的低频成分与照射分量相联系，将高频成分与反射分量相联系。虽然这种联系仅仅是近似，但是，对于图像的增强是很有帮助的。

同态滤波的基本操作步骤如下(图 7.29 和图 7.30)。

(1) 取对数

$$\ln f(x,y)=\ln i(x,y)+\ln r(x,y)$$

这使图像运算从乘法变为加法，分开照射分量和反射分量。然后，可以在频率域进行图像的处理。

(2) 对 (1) 的结果进行傅里叶变换

$$F(u,v) = I(u,v) + R(u,v)$$

(3) 选取滤波器函数 $H(u,v)$ 对 $F(u,v)$ 进行滤波处理

$$G(x,y) = H(u,v)F(u,v) = H(u,v)I(u,v) + H(u,v)R(u,v)$$

在这里，$H(u,v)$ 称为同态滤波函数，它可以分别作用于照射分量和反射分量上。同态滤波函数的类型和参数的选择对滤波的结果影响很大。

(4) 应用傅里叶逆变换将图像转换到空间域

$$h_f(x,y) = h_i(x,y) + h_r(x,y)$$

(5) 再对上式进行指数变换

$$g(x,y) = \exp|h_f(x,y)|$$

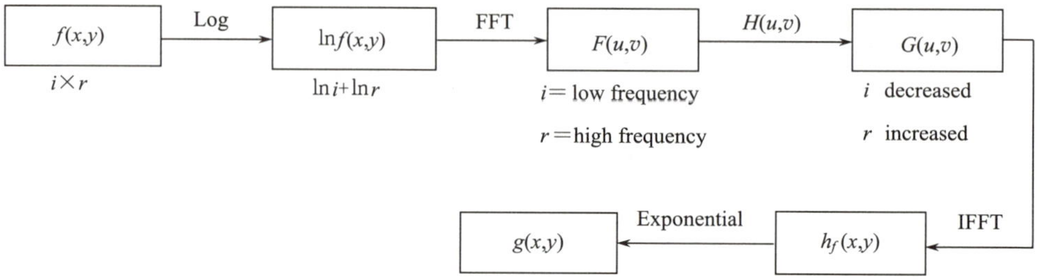

图 7.29 同态滤波的一般流程图

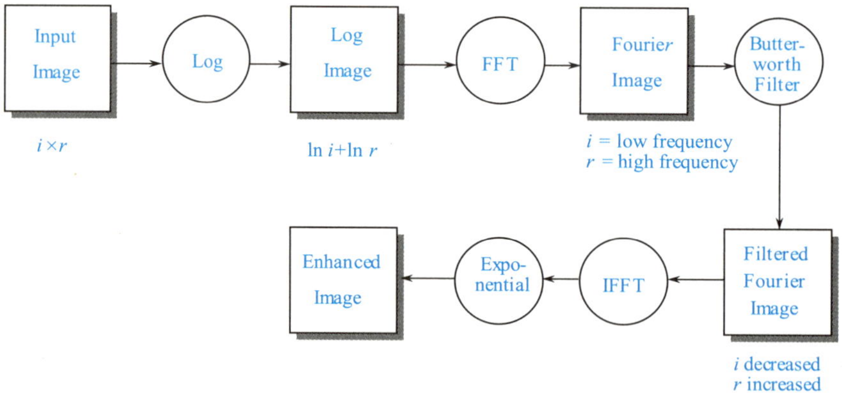

图 7.30 ERDAS 软件中的同态滤波流程图

不同空间分辨率的遥感图像，使用同态滤波的效果不同。如果图像中的光照可以认为是均匀的，那么，进行同态滤波产生的效果不大。但是，如果光照明显是不均匀的，那么同态滤波有助于表现出图像中暗处的细节(图 7.31)。

Landsat7的ETM+图像，
(3,2,1)真彩色合成

同态滤波后图像

图 7.31　同态滤波前后图像效果比较

同态滤波使用高斯滤波器。注意比较框内部分，同态滤波后的图像提供了更多的细节。使用 ENVI 软件

7.6　空间域滤波与频率域滤波的对比

在空间域滤波中，滤波结果为输入图像与滤波模板的卷积，窗口需要逐像素遍历整个图像，因此，如果滤波中使用的窗口较大，且图像的行列数较多，则计算速度较慢。优点是，滤波模板的意义清晰，便于设计，计算过程容易理解。

在频率域滤波中，滤波结果是频率域图像与滤波器的点积(频率域图像和滤波器均为二维矩阵)，滤波器的数据组织方式与空间域滤波中的滤波模板相似，是与输入图像大小相等的离散的矩阵，滤波器中的数值利用传递函数计算产生，因此计算速度快。对于一维的信号，周期和频率的概念容易理解。但是，二维图像的频率域与空间域图像中的像素并非是一一对应关系，这使得具体频率数值的解释较难，往往无法直接利用频率信息来确定传递函数中的参数。快速的有针对性的设计滤波器并非易事，这是图像频率域滤波的一个问题。

在实际的图像处理中，频率域滤波的工作流程与傅里叶变换的图像处理流程是相同的，即首先将数字图像变换到频率域，然后根据频率域中的频率分布特征定义使用的滤波器进行图像滤波，最后进行逆变换到空间域，并与滤波前的图像进行对比。为了方便，往往参考频率域图像中的频率分布，使用可视化的方式通过人机交互来确定滤波器，避免了数学上的复杂性。频率域滤波适用于去除周期性的噪声，也可以进行图像的平滑(低通滤波)和图像的锐化(高通滤波)。

思　考　题

1. 怎么理解图像中的频率信息?
2. 图像滤波的主要目的是什么? 主要方法有哪些?
3. 图像噪声有哪些主要类型，其特点是什么?
4. 什么是图像平滑? 图像平滑的基本原理是什么? 试述均值滤波与中值滤波的区别。
5. 对下图作 3×3 的中值滤波处理，写出处理结果。

1	7	1	8	1	7	1	1
1	1	1	5	1	1	1	1
1	1	5	5	5	1	1	7
1	1	2	2	2	1	8	1
8	1	1	5	1	1	1	1
8	1	1	5	1	1	8	1
1	1	1	5	1	1	1	1
1	7	1	8	1	7	1	1

6. 对上图作 3×3 的均值滤波，并比较均值滤波与中值滤波的差异。
7. 离散的高斯低通滤波器模板是怎么产生的？简述其计算过程。
8. 如何使用 3×3 的窗口进行选择式掩膜平滑？
9. 图像平滑使用的各个卷积模板有哪些差异？设计这些模板的思路是什么？
10. 什么是图像锐化？图像锐化的基本原理是什么？图像锐化有几种方法？
11. 拉普拉斯算子的特点是什么？为何能突出图像边缘？如果图像中有噪声，如何应用拉普拉斯算子？
12. Roberts 梯度与 Sobel 梯度有什么区别？
13. 锐化后的图像与梯度图像有什么区别？
14. 图像的梯度、拉普拉斯算子与图像的微分、导数有什么关系？
15. 图像锐化和图像平滑的处理流程有什么区别？
16. 定向检测常用的模板有哪几种？如何进行水平方向、垂直方向边缘的检测？
17. 什么是梯度？多光谱图像的梯度如何计算？
18. 线性锐化滤波器与非线性锐化滤波器有什么区别？分别在什么情况下使用？
19. 图像中的边、区域与一般意义上的线、面有什么区别？
20. 频率域滤波的主要滤波器有哪些？各有什么特点？
21. 结合第 6 章内容，不同类型的图像噪声有哪些处理方法？叙述其理由。
22. 编写程序，进行图像的选择式掩膜平滑和梯度倒数加权平滑，窗口大小可以自定义。
23. 什么是同态滤波？其基本原理和操作步骤是什么？
24. 下载或编写同态滤波程序，对实验图像进行同态滤波，并将结果与高通和低通滤波结果进行对比。
25. 编写程序，对比空间域的均值滤波与频率域的理想低通滤波结果。
26. 对比总结空间域滤波与频率域滤波的原理和方法。
27. 对于多噪声的图像的锐化，哪些梯度算子比较合适？需要进行哪些必要的处理？
28. 使用阈值改进均值滤波的基本原理是什么？

第8章 图像分割

图像分割是按照特定的原则根据图像特征对图像像素进行划分标记的过程。分割后的图像区域与真实的物体或地物具有强相关，可以做进一步分析与处理，如测量和描述等。通过图像分割，原始图像转化为更抽象、更紧凑的形式，使得更高层次的图像分析与理解成为可能。图像分割是图像智能化处理的重要发展方向，应用前景广泛。

在传统的数字图像处理中，图像分割对象大多是图像中的人工物品，单色。遥感数字图像面向自然地物，具有多个光谱波段和不同的空间分辨率，图像分割更为复杂。

遥感图像的空间分辨率越高，图像分割的效果越好。从图像识别角度来看，图像分割更适合处理高空间分辨率的遥感图像，如 SPOT、QuickBird、IKONOS、WorldView、GeoEye 等。

图像分割可以作为图像信息提取和分类的前处理，用来帮助确定典型的地物区域，获取这些典型区域的图像特征；也可以作为图像信息提取和分类的后处理，用来进一步分离细小的分类斑块，并进行区域标识。

8.1 图像分割方法和流程

多数情况下，我们可能只对图像中的某些部分感兴趣。例如，一幅遥感图像，从军事的角度看，可能比较关心机场、导弹基地等军事目标；从环境生态方面考虑，可能比较关心森林、湿地、草场等地表覆盖的分布和构成比例。这些目标在图像中具有独特性质，为了对其进行识别和分析，需要先将其与背景分离出来，然后提取其特有特征，进行识别分类。

8.1.1 定 义

图像分割(segmentation)是把图像分成各具特性的区域并提取感兴趣目标的技术和过程，是按照特定的原则对图像像素进行划分标记的过程。

从数学角度来看，图像分割是将数字图像划分成互不相交区域的过程。图像分割的过程是一个标记过程，即将属于同一区域的像素赋予相同编号的过程。

从应用角度看，图像分割是遥感信息提取方法。利用图像分割，可以提取感兴趣的目标对象。

在图像处理中，图像分割的目的是将一幅图像分为若干区域，这些区域具有不同的属性值，同一区域中各像素具有相同的性质。对于分割依据和分割出来的区域性质的解释，需要借助于专业知识来完成。

图像分割的数学定义如下：

令集合 R 代表整个图像区域，对 R 的分割可看作将 R 分成 N 个满足以下五个条件的非空子集(子区域) $R_1, R_2, \cdots, R_N$：

(1) $\bigcup_{i=1}^{N} R_i = R$；

(2) 对所有的 i 和 j，$i \neq j$，有 $R_i \cap R_j = \varnothing$；

(3) 对 $i = 1,2,\cdots,N$，有 $p(R_i) = \text{true}$；

(4) 对 $i \neq j$，有 $p(R_i \cup R_j) = \text{false}$；

(5) 对 $i = 1,2,\cdots,N$，R_i 是连通的区域。

其中，$p(R_i)$ 是集合 R_i 中元素的某种性质，$\varnothing$ 代表空集。

上述定义对如何使用分割方法提供了指导。实际应用中，分割不仅要把图像分成满足上述五个条件的各具特性的区域，而且要把其中感兴趣的目标区域进行标识和提取。

在上述定义中，注意条件(5)，如果取消这个条件，那么对像素集合的划分就称为分类(classification)。

8.1.2 图像特征与图像分割

利用图像特征进行图像分割。图像分割后，区域内特定的特征值变化具有一致性。

图像的波段是最基本的图像特征，通过图像变换可构造新的图像特征。对于特定目标的分割而言，所构造的特征应该能最大限度地突出目标与其他地物之间的差异，并且具有稳定性。

8.1.3 图像分割原则

由于图像的复杂性和应用的多样性，图像分割尚没有统一的标准和方法，但是许多方法在一定程度上已经广泛使用。

一般依据以下两个原则对图像进行分割。

(1) 依据像素值的不连续性进行分割。假定不同区域的像素值具有不连续性，因而可以对图像进行分割。

(2) 依据区域内部像素值具有最大相似性的原则进行分割。假定同一区域内像素值具有最大的相似性，区域之间的值差异最大。这种方法一般从一个像素(种子)出发，逐渐将其邻域中满足相似性测量准则的像素进行合并，最后完成分割。

8.1.4 图像分割方法

图像分割将数字图像分割成互不相交(不重叠)的区域。在这里，区域(region)是像素的连通集，是相邻像素的集合。

连通性(connectedness)：在一个连通集中的任意两个像素之间，都存在一条完全由集合中的元素构成的连通路径。连通路径是一条可在相邻像素间移动的路径。在一个连通集中，可以跟踪任意两个像素间的连通路径而不离开这个集合。

连通准则：①如果只依据旁侧相邻的像素(上、下、左、右)确定连通，称为 4 连通(four-connectivity)，目标就被称为是 4 连通的。任意一个像素只与 4 个像素相连通。②在①的基础上，如果对角相邻的(45 度邻点)像素也被认为是连通的，那么，就称为 8 连通。任意像素与周围 8 个像素相连通。这两个准则都可用，通常 8 连通的结果与人的感觉更接近。

观察景物时，人眼通过视觉系统对景物进行分割。这个过程非常有效，以至于人所看到的并不是混杂的景物，而是多种目标的集合体。在图像处理中，这个过程就是设法分离图像中的目标，把图像分割成像素集合，并使得每个集合代表一个特定的目标图像。尽管数字图像分割的任务要求与人类视觉感受相似，但这不是一个轻而易举的任务。

图像分割包括以下三类：①基于像素的分割。利用阈值直接把像素值划分为不同的类。②基于边界的分割。首先标识图像中像素值变化明显的点作为边缘，然后将边缘连接起来作为区域边界。利用图像梯度来确定边界。③基于区域的分割。首先确定区域，然后把像素划归到各个区域中，包括区域生长、区域分裂、分水岭等方法。这些方法可以简称为：灰度阈值方法、梯度方法和区域方法，属于经典的图像分割方法。

除上述方法外，还有活动轮廓模型(active contour models，又称主动轮廓模型)、水平集(level set)、图割(graph cut)等算法，在不同的领域有较好的应用。其中，活动轮廓模型法是通过曲线在能量梯度压力下的进化找到对象的边界，具有计算高效、简单，易于提取任意形状边缘的优点。基于图论的算法属于一种数据聚类与影像分割方法，其基本思路是将影像映射为带权的无向图，然后通过寻找最小切割代价(即集合之间的相似度最小、集合内部的相似度最大)完成图像的划分，可以很好地区分数据在特征空间中的不同密度分布。但是，遥感图像的数据量较大，往往只能分块使用这些方法进行分割，还需要有针对性的解决这些新算法在遥感图像中的计算效率问题。

8.1.5　图像分割的评价标准

图像分割的主要特点是：

(1) 分割算法面向具体的图像和目标，往往没有通用的方法。

(2) 多种分割算法的结合更为有效。

(3) 分割需要利用地学领域的相关知识和地物光谱知识。

对于图像分割效果，目前没有定量的评价标准。Haralick 和 Shapiro 给出的一个定性标准可供参考[①]：图像分割产生的区域对于某些特征(如灰度、纹理等)应该一致；区域内部特征单一而没有空洞；区域内的特征值应与区域间的特征值明显不同；每个分割区域的边缘应该平滑、无毛刺而且精确。

成功的图像分割算法有两个必要前提：①处理必须是自动的，不需要人为干预，只有这样才能保证运算速度，处理结果才能再利用。②算法不能只对特定图像的特定案例有效，必须具有一定的适用性。

8.1.6　工　作　流　程

图像分割的工作流程如下：

(1) 确定待分割的对象。待分割的对象称为目标，它可以是图像中特定的一个目标、图像中的多个目标或图像本身。目标外的对象称为背景。

(2) 特征选择。按照工作目的，选择或构建合适的图像特征作为输入。图像特征可以

① Willian K Pratt. 2005. 数字图像处理. 邓鲁华，张延恒，等译. 北京：机械工业出版社，375.

是基本图像特征的组合。选定的图像特征一般与待分割目标的性质密切相关，以提高分割的有效性。

(3)选择分割方法进行分割。

(4)分割后处理。利用图像的数学形态学方法进行图像后处理，消除孤立像素等。

(5)检查确认分割结果，进行区域标识。最简单的情况是输出 0-1 图像，1 是分割的结果，0 是背景。复杂的情况是分割形成多个区域，每个区域具有唯一的标识码。

(6)分析统计各个区域的图像特征，用于分类或其他分析。

(7)将区域图像转为矢量图或专题图像。

8.2 灰度阈值法

灰度阈值法是一种基于像素的分割方法，利用不同的阈值实现图像的分割，特别适用于目标与背景之间对比强烈的图像。该方法计算简单，应用广泛，总能用封闭而且连通的边界定义不交叠的区域。

本方法的假设：目标和背景之间虽然相邻像素的灰度值相似，但目标与背景的像素值总体上有差异。在图像的直方图上，目标和背景对应于不同的峰。分割阈值位于两峰之间的谷底，能够将峰分开。

如果目标在其内部具有均匀一致的灰度值并分布在另一个灰度值均匀的背景上，使用阈值方法会取得很好的效果。如果目标与背景的差异表现为某些特征(如纹理等)而不是灰度值上，可以先把那个特征转化为灰度，然后利用灰度阈值方法进行分割。

使用阈值进行图像分割时，灰度值落在指定阈值范围内的像素被判属于目标，其他被排除在目标之外。边界是目标的集合，其中至少有一个邻点不属于目标。

图像的阈值有两种：①全局阈值(global threshold)。使用一个灰度阈值进行图像分割。如果背景在整个图像中可合理地看为恒定，而且所有目标与背景都具有几乎相同的差异，或者两类地物明显可分，那么，使用一个固定的全局阈值会有较好的分割效果。②局部阈值(local threshold)。在图像的多个局部使用不同的分割阈值。在很多情况下，背景并不是常数，目标和背景的差异在图像中也有变化，图像某一区域分割效果良好的阈值在其他区域的应用效果可能很差。在这种情况下，可把灰度阈值作为随位置缓慢变化的函数值，不同的区域(局部)使用不同的阈值。

除非目标有明显的边界，否则灰度阈值的大小对分割目标的边界定位和整体尺寸有很大的影响。这意味着尺寸(特别是面积)的测量对于灰度阈值的选择很敏感。因此，我们需要一个最佳的，或至少是具有一致性的方法来确定阈值。常用的方法有直方图法、自适应阈值法等。自动聚类(cluster)技术也常用于确定分割阈值，有关内容可参阅第 9 章遥感图像分类。

8.2.1 直方图方法

直方图反映了图像中大类的构成，每个明显的峰对应一个主要的类别，峰之间的谷可以作为分割阈值。直方图方法确定的是全局阈值，是最典型的也是最常用的方法[①]，这里仅介绍基本原理和方法。更多的最佳阈值分割方法的详细内容，请参阅所附资料的文档“图像直方图最佳阈值分割方法.pdf”。

对于目标与背景对比明显图像，其直方图往往是双峰的(图 8.1)。两个尖峰分别对应于目标和背景。两峰间的谷对应于目标边缘附近相对较少数目的点。此时，使用直方图来确定灰度阈值效果较好。

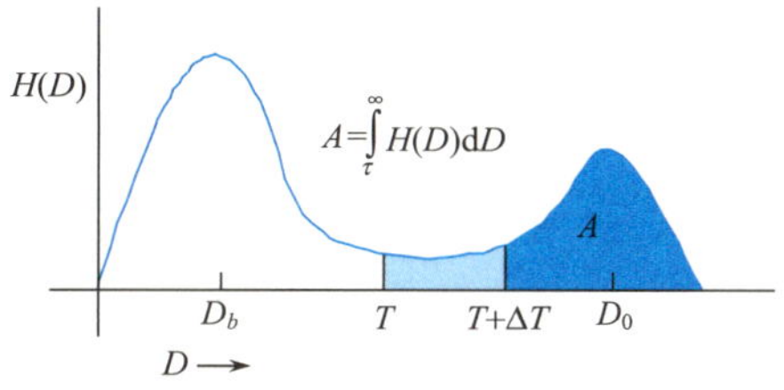

图 8.1　双峰直方图

在双峰直方图中，阈值 T 对应于直方图的谷，从 T 增加到 $T+\Delta T$ 只会引起面积略微变化。因此，把阈值设在直方图的谷底，可以把阈值选择中的小错误对分割结果的影响降到最低。

直方图会受到图像噪声的影响，在一定范围内，直方图会发生较大的变化，而不是非常的平滑(图 8.2)。除了凹谷特别尖锐的情况外，噪声会使谷的定位难以辨认，导致同一分割阈值在不同图像中难以对比。这个问题在一定程度上可以通过直方图平滑来克服。如果两峰大小不一样，那么，这种平滑可能会导致最小值的位置发生移动。但是，在平滑程度适当的情况下，峰值容易定位并且也是相对稳定的。更可靠的方法是把阈值设在相对于两峰顶的某个固定位置，如中间位置上，这两个峰分别代表目标内部和外部点典型(出现最频繁)的灰度值。一般情况下，对峰值参数的估计比对最少出现的灰度值即直方图的谷的估计要更为可靠。

可以构造一个只包含较高梯度值的直方图，如取最高频数的 10%。这种方法排除了大量的内部和外部像素，而且可能会使直方图的谷点更易检测。还可以通过梯度值的直方图频率与原图像直方图频率两者的比值或差值来增强谷的信息，或利用高梯度像素的灰度平均值来确定阈值。

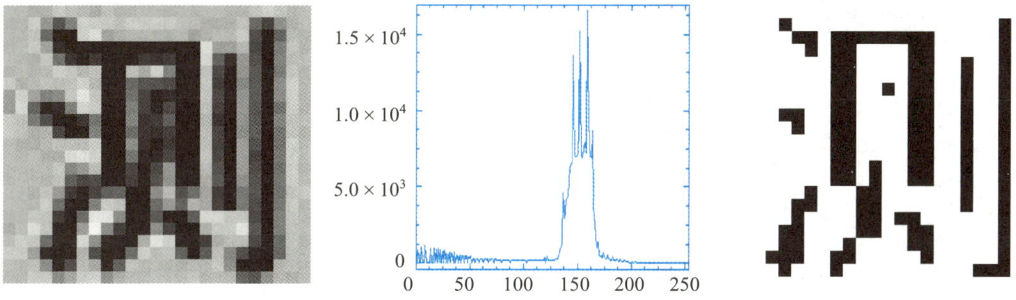

图 8.2　使用直方图法确定分割阈值

阈值为 50。文字部分的图像具有较大的背景噪声，小于 50 的灰度作为噪声处理

当目标和背景间灰度值差异达到一定程度的时候，可以使用最大类间方差法进行图像分割。这个方法是日本学者大津于 1979 提出，又称为 OTSU 方法。

---

① Sahoo P K,Soltani S, Wong A K C, Chen Y. 1988. A survey of thresholding techniques. Comput. Graph. Image Process, 41: 233-260.

在最大方差比阈值方法中，设将图像分成 C1 和 C2 两个类，分离度$\eta(T)$最大的T即为最佳阈值。

$$\eta(T)=\left[\frac{\sigma_B^2(T)}{\sigma_W^2(T)}\right]_{\max}$$

式中，$\sigma_B^2(T)$是类间方差(interclass variance)；$\sigma_W^2(T)$是类内方差(intraclass variance)，它们由下式得到。

类内方差：$\sigma_W{}^2=\omega_1\sigma_1^2+\omega_2\sigma_2^2=\dfrac{1}{N}\{\sum\limits_{i\in S_1}(i-\mu_1)^2 n_i+\sum\limits_{i\in S_2}(i-\mu_2)^2 n_i\}$

类间方差：$\sigma_B^2=\omega_1(\mu_1-\mu_T)^2+\omega_2(\mu_2-\mu_T)^2=\dfrac{1}{N}\{\sum\limits_{i\in S_1}(\mu_1-\mu_T)^2 n_i+\sum\limits_{i\in S_2}(\mu_2-\mu_T)^2 n_i\}$

这里，$\sigma_W^2+\sigma_B^2=\sigma_T^2$（$\sigma_T^2$为全局方差），$\omega_1$和$\omega_2$分别是类 C1 和类 C2 的发生概率(标准化后的像素数，频率)，μ_1、μ_2以及$\sigma_1{}^2$、$\sigma_2{}^2$分别是 C1 和 C2 中像素值的平均值和方差。

需要注意的是：当图像灰度形成的簇只有两个时，其灰度直方图中两峰之间的可能间隔很大，如果其间分布很平坦(不等于 0)，所求的阈值就不是最佳阈值。

应用图像直方图进行图像分割的一个实例如图 8.3 所示。图 8.3 上部是原始图像及其直方图，下部是分割后图像及其直方图。可以看出，灰度阈值法达到了将云与背景分离的目的。

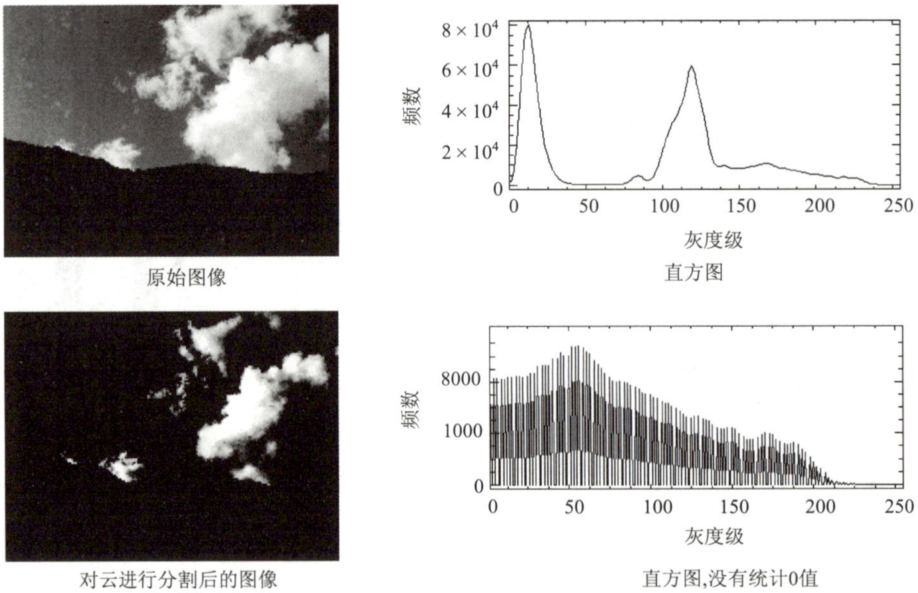

图 8.3 应用灰度阈值法进行图像分割

灰度值阈值为 150；大于 150 的值拉伸到 1～255，否则为 0 值

由原始图像直方图可以看出，图像具有双峰的特点，其中，在高亮度峰的右侧具有一个弱峰。如果要将云从天空和陆地的背景中分离出来，就需要设定一个阈值 T。T 可以将直方图分为 A 和 B 两个部分。A 部分包含与背景相关联的所有灰度级，B 部分包含所有与目标(前景)相关联的灰度级。确定阈值 T 后，可以用下述公式逐点处理图像得到分割结果：

$$g(x,y)=\begin{cases}1 & f(x,y)\geqslant T\\ 0 & f(x,y)<T\end{cases}$$

上述分割只有一个全局阈值 T。分割后图像为二值图像。

实际应用中，也可以对图像进行多阈值分割，公式如下：

$$g(x,y)=k \qquad (T_{k-1}\leqslant f(x,y)<T_k, k=1,2,\cdots,N)$$

式中，T_k 为各个分割阈值，假定分割图像为 $N+1$ 个区域(N 个对象，1 个背景)。

如果图像的噪声较大，导致图像直方图变化剧烈，可以先对直方图的频数/频率数据进行平滑；或先对图像平滑，然后重新产生直方图，这样更便于识别峰谷信息。对直方图的频数/频率平滑后进行差分也有助于获取峰谷位置信息。

实例：利用直方图进行彩色图像分割

图像："图像分割 ps E3__20101120__B201571.jpg"(见附录 4)

软件：ENVI

实验图像是在南京紫金山拍摄的秋天红叶。要求通过分割提取图像中的红叶，并且保留原始的灰度信息。

工作目标是提取红叶，由于红色在红通道具有最大的信息量，选择红通道进行分割。

以 RGB 方式打开图像，窗口#1。以灰阶的方式在窗口#2 中显示红通道，连接两个窗口，并查看图像的直方图。可以看到，在红通道中，直方图明显的分为左右两部分。

彩色图像(#1)

红通道图像(#2)

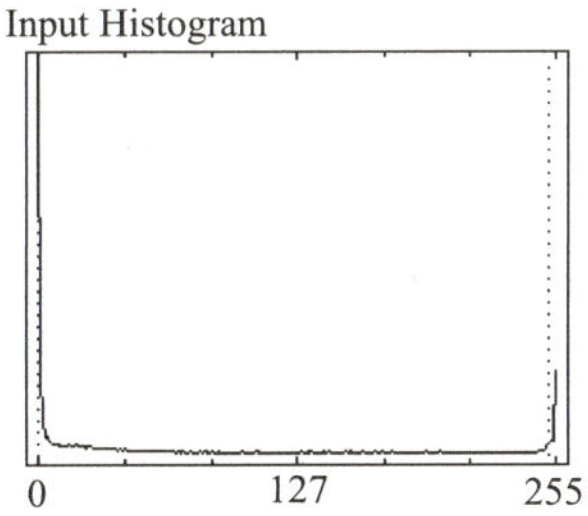

红通道的直方图

(1) 使用阈值 127 对红通道进行分割，波段运算表达式为(ge: great and equal，大于等于)：

b1 ge 127

分割结果保存在内存中，并在窗口#3 中显示。表达式的含意是：如果像素值大于等于 127，那么结果为 1，否则为 0。127 是中性灰的值。彩色图像中越红，红通道中的值越高。

将分割结果做红色通道，与原图像的 G、B 通道进行 RGB 合成显示，窗口为#4。

(2) 使用如下表达式进行分割：

(b1 ge 127) *b2

其中，b1 为红通道，b2 为图像文件。然后使用与(1)相同的彩色合成显示，窗口为#5。表达式的含义是：如果红通道的像素值大于等于 127，那么结果为原图像的像素值，否则为 0。

连接#1 到#5 的各个窗口，比较图像的差异。

第一种分割（#4）

第二种分割（#5）

两种分割的彩色合成结果

在上面两个分割中，设原始图像的红通道为f，则分割公式可分别表达为(其中T为阈值)

$$g=\begin{cases}1, f \geqslant T \\ 0, 其他\end{cases}, \quad g=\begin{cases}f, f \geqslant T \\ 0, 其他\end{cases}$$

8.2.2 自适应阈值方法

自适应阈值(adaptive thresholding)方法确定的是局部阈值。如果目标与背景的差异在图像内不同区域明显不同，单一的全局阈值可能无法得到预期的效果，此时，需要自动检测每个局部差异，并使用这种差异作为阈值，这就是自适应阈值方法。光照差异明显或者图像内阴影明显时，自适应阈值方法会有比较好的效果。

方法的假设是：较小的区域更可能具有均匀的光照。主要有两种：①图像分块。把图像划分为若干相互重叠的子图像，然后基于直方图或其他方法寻找每个子图像的阈值。每个像素使用的阈值来自于子图像阈值的插值。缺点是计算量大，不适合实时计算。②邻域比较。统计当前像素与邻域像素的差异度量指标，然后设定一个区域差异的方法。

下面是一个自适应阈值的思路。在第一次处理前，先根据目标大小将图像划分成大小固定的块(如每块大小为100×100像素)，然后根据各个块的灰度直方图确定阈值，其值应该在背景峰值与目标峰值的中间。直方图是单峰的块则不予考虑。

在第一次处理时，各块目标的边界分别用上面确定的阈值，不同的块阈值不同。基于该阈值分割作为掩膜，计算每个目标内部的平均灰度值。

在第二次处理时，每个目标使用各自的阈值进行分割，该阈值由目标内部灰度值和它的主背景灰度值之间的值来定义。

8.3 梯度方法

梯度方法指使用图像锐化中的梯度算法进行图像分割的方法。图像中灰度变化较大的区域梯度大，变化平缓的区域梯度较小，灰度均匀的区域梯度为零。

使用梯度方法进行分割包括两个主要步骤：①边缘检测，获取图像中的边缘、边界信息。

②边缘连接，将获得的边缘、边界连接起来，作为图像分割区域的边界。

该方法存在的问题是，由于图像中存在的噪声，可能会在没有边界的地方检测出边缘或在有边界的地方没有检测到。

拉普拉斯滤波是一个二阶导数算子。图像使用拉普拉斯滤波后进行平滑，并将阈值设在灰度值 0 或略偏正，可以在二阶导数的过零点(零交叉)处分割目标，这些过零点对应于目标边缘上的拐点。由灰度-梯度组成的二维直方图也可以用来确定分割准则。

8.3.1 边缘检测

边缘检测是通过检测每个像素与其邻域的状态，以决定该像素是否位于一个目标的边界上。如果像素位于目标的边界上，则其与邻域像素灰度值的差异就比较大。假如可以应用某种算法检测出这种变化并进行量化表示，那么就可以确定目标边界。边缘检测算子可以通过检查每个像素的邻域并对其灰度变化进行量化达到边界提取的目的，而且大部分的检测算子还可以确定变化(边界)的方向。

使用梯度算子进行边缘检测，常用的有 Sobel 算子、拉普拉斯算子、Canny 等。其中，拉普拉斯算子在边确定后用来确定边的像素所在的区域，即在高值侧还是低值侧。

8.3.2 边缘连接

边缘连接是将邻近的边缘点连接起来产生一条闭合的连通边界的过程，这个过程填补了噪声和阴影影响所产生的间隙。边缘检测出的边缘点勾画出了目标的轮廓，但很少能形成图像分割需要的闭合且连通的边界。因此，还需要本步骤才能完成目标检测过程。

如果边缘很明显，而且噪声极低，那么可以将边缘图像二值化，并将其细化为单像素宽的闭合连通边界图。然而，在非理想条件下，这种边缘图像有间隙出现，需要加以填充。

填充小的间隙可以简单地实现，即通过搜索一个以某端点为中心的 5×5 或更大的邻域，在邻域中找出其他端点并填充上必要的边界像素，从而将它们连接起来。但对具有许多边缘的复杂场景，这种方法可能会对图像过度分割。为了避免过度分割，可以规定两个端点只有在边缘强度和走向相近的情况下才能连接。

1. 启发式搜索

假定在一幅边缘图像的某条边界上有缺口，但是这个缺口太长而不能仅用一条直线填充，它还可能不是同一条边界上的缺口，可能在两条边界上。作为质量的度量，可以建立在任意连接两端点(称为 A，B)的路径上进行计算的函数。这个边缘质量函数可以包括各点边缘强度的平均值，也可能会减去反映它们在方向角上的差值的某个度量。

首先要对 A 的邻域点进行评估，衡量哪个点可作为第一步走向 B 的候选。通常只考虑位于通向 B 的大致方向上的邻点。选择点的原则是使 A 点到该点的边缘质量函数最大，然后该点成为下一次迭代的起点。当最后连接到 B 时，将新建路径的边缘质量函数与一个阈值比较。如果新建边缘不满足阈值条件，则被舍弃。

如果边缘质量函数很复杂而且要评估的缺口既多又长，启发式搜索技术的计算会很复杂。这样的技术在相对简单的图像中性能很好，但不一定能找出两端点间的全局最佳路径。

2. 曲线拟合

如果边缘点很稀疏，可能需要用分段线性或高阶样条曲线来拟合这些点，从而形成一条为目标适用的边界。这里介绍一种迭代端点拟合的分段线性方法。

假定有一组散布在两个特定边缘点 A 和 B 之间的边缘点，希望从中选取一个子集作为从 A 到 B 分段线性路径上的结点集。首先从 A 到 B 引一条直线，接着计算其他的每个边缘点到给定直线的垂直距离。其中最远的点成为所求路径上的另一个结点，这样一来这条路径有 2 个分支。对路径上的每条新分支重复这个过程，直到剩下的边缘点与其最近分支的距离都不大于某固定距离时为止。对所有围绕目标的点对(A，B)施行此过程会产生边界的一个多边形近似。

3. 边界跟踪

假定从一个梯度幅值图像着手进行处理，图像中的目标比较单一，而且目标与背景的反差大。因为灰度级最高的点(即在原始图像中梯度值最高的点)必然在边界上，所以可以把这一点作为边界跟踪的起始点。如果有几个点都具有最高灰度级，则可以任选一个。

接着，搜索以边界起始点为中心的 3×3 邻域，找出具有最大灰度级的邻域点作为第 2 个边界点。如果有两个邻域点具有相同的最大灰度级，就任选一个。从这一点开始，开始一个在给定当前和前一个边界点的条件下寻找下一个边界点的迭代过程。在以当前边界点为中心的 3×3 邻域内，考察前一个边界点位置相对的邻点和这个邻点两旁的两个点(图 8.4)。下一个边界点就是上述三点中具有最高灰度级的那个点。如果所有三个或两个相邻边界点具有同样的最高灰度级，就选择中间的那个点。如果两个非邻接点具有同样的最高灰度级，则可以任选其一。

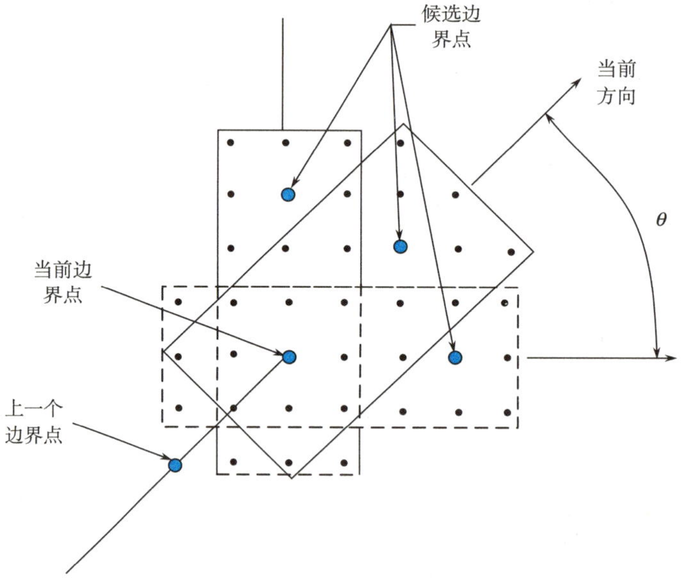

图 8.4　边界跟踪虫

在一个无噪声的单调点状物图像中，这个算法将描画出最大梯度边界；但是，即使少量的噪声也可能使跟踪暂时或永远偏离边界。噪声的影响可以通过跟踪前对梯度图像进行平滑或采用“跟踪虫”(tracking bug)的方法来降低。即使这样，边界跟踪也不能保证产生闭合的边界，并且算法可能失控并偏离图像边界。

跟踪虫是按下述方式工作的算法“昆虫”。

首先，我们定义一个矩形平均窗口(“虫”)，通常整个窗口具有相同的权值(图 8.4)。最近两个或几个边界点定义了当前的边界方向。虫的背部则以当前边界为中心，以当前的边界方向为轴。随后跟踪虫可向任一边转一个θ角。

在虫的每一个位置，对虫覆盖区域的平均梯度进行计算。当虫位于最高平均梯度位置时，可以从虫的前部选择一个点作为下一个边界点。显然，跟踪虫是在一个更大的空间执行先前描述过的边界跟踪过程。大尺寸的跟踪虫可以完成梯度图像的平滑，从而降低了它对噪声的敏感性。它也限制了边界方向的急剧改变。

虫的大小和形状可以改变以求达到最佳性能。可通过减小旁视角θ增大虫的“惯性”。实际上，虫的确切形状对其性能影响似乎并不明显。梯度跟踪虫通常在噪声很低的图像或人工干预能防止灾害性的偏差情况下才有用。

8.3.3 梯度图像的阈值化

用适中的阈值对一幅梯度图像进行阈值化，其结果是目标和背景内部的点低于阈值，而大多数边缘点高于它(图 8.5)。Kirsch(1971)的分割法利用了这种思路。这种技术首先用一个中偏低的灰度阈值对梯度图像进行阈值化从而检测出目标和背景，目标与背景被处于阈值之上的边界点带分开。随着阈值逐渐增加，目标和背景的区域同时增长。当目标与背景相互接触而没有合并时，可用接触点来定义边界。

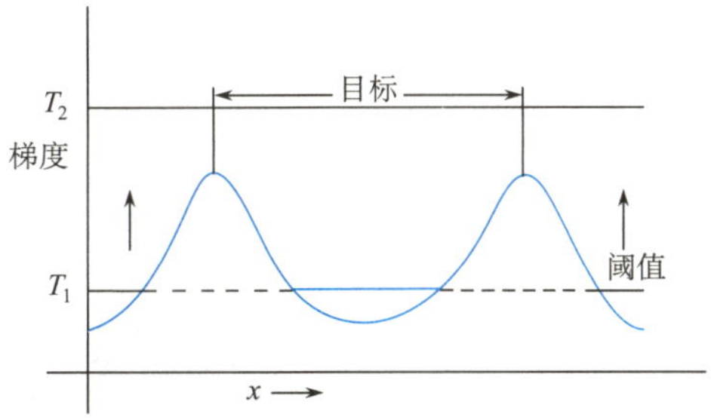

图 8.5 Kirsch 的分割算法

虽然 Kirsch 方法的计算开销大，但它可以产生最大梯度边界，并且避免了使用梯度跟踪虫时存在的许多麻烦。对包含多个目标的图像来说，只有初始阈值化步骤分割正确，才能保证该分割的正确性。预先对梯度图像进行平滑处理会产生较平滑的边界。

图 8.6(a)是一幅二值图像，(b)为经过梯度运算后的图像。可以看到，图像经过梯度运算后只留下了灰度值急剧变化的边缘点。

(a) 原始图像

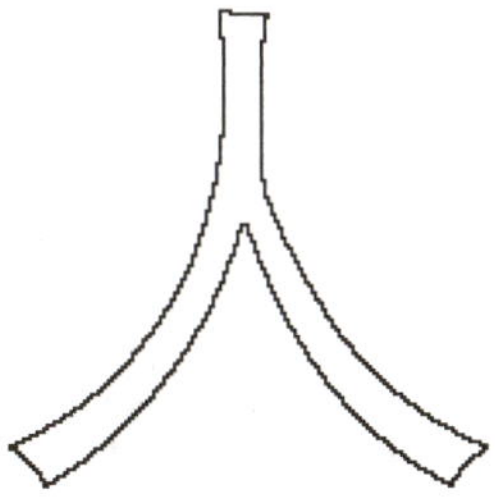

(b) Roberts算子结果

图 8.6 图像及其梯度变化

计算梯度后，可采用下面的方法来突出图像的轮廓。

(1)梯度图像直接输出。输出图像的灰度等于梯度幅度，即

$$g(x,y) = |\nabla f(x,y)|$$

这种方法直接、简单，结果图像仅显示灰度变化比较陡的边缘轮廓，灰度变化平缓的区域呈暗色。

(2)加阈值的梯度输出。表达式为

$$g(x,y)=\begin{cases}|\nabla f(x,y)| & |\nabla f(x,y)| \geqslant T \\ f(x,y) & \text{其他}\end{cases}$$

式中，T 是一个非负的阈值，适当选取 T，既可突出明显的边缘轮廓，又不会破坏原来灰度变化比较平缓的背景。

(3)指定边缘为特定的灰度级，表达式为

$$g(x,y)=\begin{cases}L_G & \nabla f(x,y) \geqslant T \\ f(x,y) & \text{其他}\end{cases}$$

式中，T 是根据需要指定的一个灰度级，它将明显的边缘用一个固定的灰度级 L_G 来表现，其他非边缘区域的灰度级保持不变。

(4)将背景设为特定的灰度级，表达式为

$$g(x,y)=\begin{cases}|\nabla f(x,y)| & |\nabla f(x,y)| \geqslant T \\ L_G & \text{其他}\end{cases}$$

指定阈值 T，用来突出明显的梯度。背景用一个固定的灰度级 L_G 来表现，便于研究边缘灰度的变化。

图 8.7 是不同输出结果的实例。

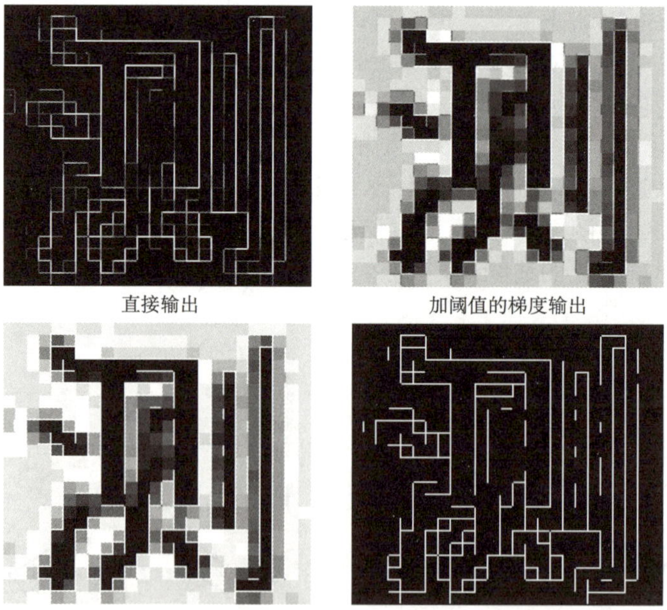

直接输出　　加阈值的梯度输出

指定边缘为灰度级255后的输出　　背景设为灰度级0后的输出

图 8.7　梯度图像输出效果比较

阈值梯度取 100

8.3.4 利用梯度确定分割阈值

梯度图像阈值化后可转为二值图像，使得梯度处的像素值为 1，其余的像素值为 0。提取边界上的像素值，基于特定的规则即可对图像进行分割。

设图像 $f(x,y)$，阈值化后的梯度图像为 f'，一个确定阈值 T 的方法为

$$T = 均值(f' \times f)$$

对应的图像分割为

$$g(x,y)=\begin{cases}1 & f(x,y)\geqslant T\\ 0 & f(x,y)<T\end{cases}$$

8.4 区域方法

区域方法基于像素的相似性进行图像分割，包括区域生长和区域分裂-合并两个方法。区域生长方法从给定的初始值(种子)开始，采用不同的策略连接相似的相邻接的像素。分裂-合并方法从不相似性开始，对图像进行分裂图像直到满足特定的准则(找到最不相似的像素)，然后再进行合并。

8.4.1 区域生长方法

1. 原理

区域生长(region grow)方法是基于相似性准则建立的一种图像分割方法，其基本思想是将图像中满足某种相似性准则的像素集合起来构成区域。

区域生长的基本过程是：首先在每个需要分割的目标区域找一个种子像素作为生长点，然后将种子像素周围邻域中与种子像素性质相同或相似的像素(根据某种事先确定的生长或相似准则来判定)合并到种子像素所在的区域中。再将这些像素当做新的种子像素继续进行上述过程，直到再没有能满足条件的像素可被包括进来，这样一个区域就生成了。

实际应用时需要注意三个问题：①选择一组能正确代表区域的种子像素；②确定生长过程中能将相邻像素包括进来的规则；③制定生长停止的条件或准则。

种子像素的选取常借助先验知识。在缺乏先验知识的情况下，则可先借助生长准则对每个像素进行聚类计算。如果计算结果呈现聚集的情况，则接近聚集重心的像素可取为种子像素。

生长准则的选取不仅依赖于具体问题，还和所用图像数据有关。此外还需考虑像素间的连通性和邻近性，否则有时会出现无意义的分割结果。

生长过程进行到再没有满足生长准则的像素时停止。常用的基于灰度、纹理、彩色的准则大都基于图像中的局部性质，并没有充分考虑生长的“历史”。为增加区域生长的能力，常需考虑一些与尺寸、性质等全局性质有关的准则。

2. 实例

区域生长法分割图像的例子如图 8.8 所示。图(a)是输入图像，图(b)是第 1 步得到的区域生长区域，图(c)是第 2 步得到的生长区域，图(d)是另一个区域生长的第 1 步所得到的生长区域。

5	5	8	6
4	8	**9**	7
2	2	8	3
3	3	3	3

(a)

5	5	**8**	6
4	**8**	**9**	7
2	2	**8**	3
3	3	3	3

(b)

5	5	**8**	6
4	**8**	**9**	**7**
2	2	**8**	3
3	3	3	3

(c)

5	5	8	**6**
4	8	9	**7**
2	2	8	3
3	3	3	3

(d)

图 8.8　区域生长法示例

下面结合图 8.8 说明区域生长法的具体过程。

首先从一个像素(种子点)开始，在各个方向上(4 邻域或 8 邻域)向外扩展以生成区域，当某一邻接像素满足相似性指标时就将其并入以种子点为中心所形成的区域，当新的像素被合并后，再用新的区域重复上面的过程，直到没有满足相似性条件的像素被包括进来，生成过程终止。

在上图中，种子像素和被合并的像素均用下划线标出。图 a 中的像素 9 作为种子像素，相似性准则是种子像素与邻接像素的灰度值的差小于等于 1，据此得到图(b)。图(c)是第 2 步所生成的生长区域,其种子像素的灰度值是图(b)中所得到的生长区域的灰度平均值。图(d)是另一个区域从 6 开始生长所得到的结果。

实际应用中，需要注意以下两个问题。

(1)确定图像中待分割区域的数目并确定每一区域的种子像素，种子像素的选取一般可以根据具体的问题和专家经验进行选取，没有一个统一的准则。

(2)相似性度量准则的确定。度量准则的确定是区域生长的关键，既可以选取灰度级为度量准则，也可以选取图像的纹理等非灰度级准则，其选取一般依赖于具体的分割目的。

8.4.2　区域分裂-合并方法

图像分裂首先将图像作为一个区域，然后按照特定的准则进行分裂。区域合并从区域的种子点开始合并像素。区域分裂-合并(split-merge)方法兼具有分裂和合并方法的优点。

1. 简单区域扩张法

通常利用这种方法将图像分割成不同的小区域，再研究与其相邻的各个小区域的特征，把具有类似特征的小区域依次合并起来。简单区域扩张法一般从单个像素开始进行，其步骤如下：

(1)对图像进行扫描，求出不属于任何区域的像素。

(2)把该像素的灰度与其周围的 4 邻域或 8 邻域内不属于任何一个区域的像素的灰度相比较，如果其差值在某一阈值以下，就把它作为同一区域加以合并。

(3) 对于那些新合并的像素反复进行(2)的操作。

(4) 反复进行(2)、(3)步，直至区域不能扩张为止。

(5) 返回到(1)，寻找能成为新区域出发点的像素。

对于图 8.9(a)中区域间边缘灰度变化很平缓的情况以及图(b)中对比度弱的边缘相交的情况，这种简单的方法会将两个区域合并起来。为了消除这一缺点，在上述第(2)步中可以比较已经存在区域的平均灰度与该区域邻接像素的灰度值的差值。但是这样做就会产生问题：以不同的像素作为起始点进行区域扩张，最后的分割结果会不同。

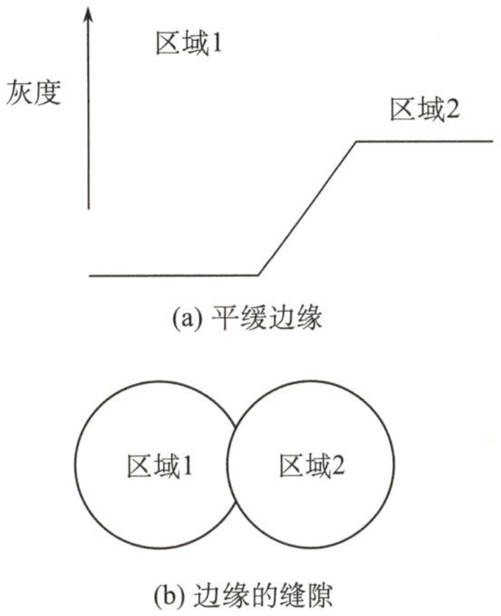

图 8.9 边缘对区域扩张的影响

不依赖于起始点的区域扩张方法如下：

(1) 设灰度差的阈值为 0(合并具有同一灰度值的相邻像素)，用前面第(1)～(5)步进行区域扩张。

(2) 求出所有邻接区域的平均灰度差，并合并具有最小灰度差的邻接区域组。

(3) 通过反复进行第(2)步，依次把区域合并。

如果不在适当的阶段停止区域合并，这种方法会将整个图像最终合并成为一个区域。

2. 统计假说检测法

统计假说检测法根据小区域内的灰度分布的相似性进行区域合并。步骤如下：

(1) 把图像分成稀疏的、大小为 $n \times n$ 的矩形区域。

(2) 比较邻接区域的灰度直方图，如果灰度分布相似就合并成一个区域。

(3) 反复进行第(2)步，直至区域完成合并为止。

灰度分布的相似性计算可采用下面的方法。设 $h_1(x)$、$h_2(x)$ 为相邻两个区域的灰度直方图，从中求出累积灰度直方图 $H_1(X)$ 和 $H_2(X)$，然后计算统计量：

(1) Kolmogorov-Smirnov 检测，即 $\max|H_1(X)-H_2(X)|$。

(2) Smoothed-Difference 检测，即 $\sum_X |H_1(X)-H_2(X)|$。

如果两个区域的上述任一指标或两个指标的差值小于某个阈值，就将两个区域合并。

本方法不仅能用于分割灰度相同的区域，而且还能分割纹理特征明显的区域。但是，在这种方法中，如何确定最初的矩形区域大小是个问题。如果 n 大了则区域的形状变得不自然，小对象就会漏掉；如果 n 小了，可靠性就会减弱。通常将 n 取 5～10 的值。

3. 试探法

试探法将区域的形状作为判断标准，即首先把图像分割成灰度固定的区域，然后根据相关的评价标准进行区域合并。这些标准为：①把任意的邻域 R_1、R_2 的周长设为 P_1、P_2，把在两个区域共同边界两侧的灰度差在某一阈值 α 值以下的那部分长度设为 W。如果 $W/\min\{P_1,P_2\}>\theta_1$ (θ_1 为阈值)则合并 R_1、R_2。②把 R_1、R_2 的共同边界的长度设为 B，如果 $W/B>\theta_2$ (θ_2 为阈值)则合并 R_1、R_2。

上述①是为了合并得到一致的理想形状，R_1、R_2 的共同边界在凸凹的情况下也易于合并。②用来合并共同边界中低对比度比较多的区域。

8.4.3 分水岭方法

分水岭(watershed)分割方法是一种基于拓扑理论的数学形态学的方法，其基本思想是把图像看做是测地学上的拓扑地貌，图像中每一点像素的灰度值表示该点的海拔高度，每一个局部极小值及其影响区域称为集水盆，而集水盆的边界为分水岭。

想象有山有水的景象，水绕山，山围水。山的最高点就是分水岭，山与山之间是集水盆。为了得到一个相对集中的集水盆，需要将水涨到周围最高的山顶。在每一个最低点(局部极小值)滴水，随着水量的增加，每一个局部极小值的水向外扩展并升高，最终在最高处汇合，最高处就是分水岭。

分水岭算法的结果是输入图像的集水盆图像，集水盆之间的边界点即为分水岭。分水岭表示的是输入图像的极大值点。因此，为得到图像的边缘信息，通常把梯度图像作为输入图像，即

$$g(x,y)=\mathrm{grad}(f(x,y))=\mathrm{sqrt}\left\{\left[f(x,y)-f(x-1,y)\right]^2+\left[f(x,y)-f(x,y-1)\right]^2\right\}$$

式中，$f(x,y)$ 表示原始图像；$\mathrm{grad}\{.\}$ 表示梯度运算。可使用 Sobel 算子计算，可以使用 8 邻域方法进行扩展。

分水岭计算是一个迭代标注过程，比较经典的计算方法是 Vincent L(1991)提出的(论文同时提供了算法的伪码，可供程序设计参考)。在该算法中，分水岭计算分两个步骤，一个是排序过程，一个是淹没过程。首先对每个像素的灰度级从低到高排序，然后在从低到高的淹没过程中，对每一个局部极小值在 h 阶高度的影响域采用先进先出(FIFO)结构进行判断及标记①。

Vincent 经典分水岭算法

(1) 根据像素值将像素位置写入到对应的数组中，使得相同值的像素存储在同一个数组中。同时，创建一个指向上述数据的指针表，以便直接存取任意灰度值的所有像素，创建一个矩阵存储分割结果。

(2) 以最低值为“起始水位”，按一个灰度级的增幅渐次提高“水位”，直到最大值为止。

(3) 假设已经处理到了 k 级(像素值等于 k)。此时，每一个小于或等于 k 的像素被分配唯一的集水盆地标号。

i) 取出灰度为 k+1 的所有像素，将被标记为邻域的像素写入到一个队列中。

ii) 对于队列中的一个像素，考察其 4 邻域。若 4 邻域中已具有两个或两个以上标号，则将该像素标记为分水岭；若 4 邻域中只有一个邻域像素有标号，则将其作为该像素标记。从队列中剔除当前像素，将具有同一灰度值的邻域像素加入到队列的最后。重复上述过程直到队列为空。

iii) 以值为 k+1 但未被标记的像素为基础形成新的集水盆地，并赋以新的标记。

---

① Vincent L, Soille P. 1991. Watershed in digital space: An efficient algorithm based on immersion simulation. IEEE Transactions on Pattern Analysis and Machine Intelligence, (13): 583- 598.

分水岭算法对微弱边缘具有良好的响应，图像中的噪声、物体表面细微的灰度变化，都会产生过度分割的现象，因此，该方法常用于平滑处理后的梯度图像。但同时应当看到，分水岭算法对微弱边缘具有良好的响应，能得到封闭连续边缘。另外，分水岭算法得到的封闭集水盆为图像区域特征提取提供了参考。

为消除分水岭算法中的过度分割，可以采用两种处理方法：一是利用先验知识去除无关边缘信息；二是修改梯度函数使得集水盆只响应要探测的目标。

要降低分水岭算法产生的过度分割，通常要修改梯度函数，一个方法是对梯度图像进行阈值处理，以消除灰度微小变化产生的过度分割。即 $g(x,y)=\max(\mathrm{grad}(f(x,y)),g_1)$， g_1 为阈值。

分水岭算法常常与数学形态学处理结合起来完成图像的分割。

基于分水岭的概念，发展产生了最大稳定极值区域(maximally stable extremal regions，MSER)算法[①]。在分水岭计算中，重点在于区域合并以及分水岭盆接触的阈值，这种阈值非常不稳定，在一次合并后，区域的面积会突然变化。在MSER检测中，找到一组阈值，可使得分水岭盆有效地保持不变。如果图像中区域内部灰度几乎不变，且在多重阈值下保持形状不变但与背景对比强烈，MSER对这类区域具有较好的提取效果。此外，MSER也常用于图像的自动匹配。

MSER基于分水岭的概念，一幅灰度图像(灰度值为0～255)取阈值进行二值化处理，阈值从0到255依次递增。阈值的递增类似于分水岭算法中的水面的上升，随着水面的上升，有一些较矮的丘陵会被淹没，如果从天空往下看，则大地分为陆地和水域两个部分。二值化产生图像经历了一个从全黑到全白的过程。在得到的所有二值图像中，图像中的某些连通区域变化很小，甚至没有变化，则该区域就被称为最大稳定极值区域。这类似于当水面持续上升的时候，有些被水淹没的地方的面积没有变化。数学定义为

$$q(i)=\left|Q_i+\Delta-Q_i-\Delta\right|/\left|Q_i\right|$$

式中，Q_i 表示阈值为 i 时的某一连通区域；Δ 为灰度阈值的微小变化量；$q(i)$ 为阈值是 i 时的区域 Q_i 的变化率。当 $q(i)$ 为局部极小值时，则 Q_i 为最大稳定极值区域。需要说明的是，上述做法只能检测出灰度图像的黑色区域，不能检测出白色区域，因此还需要对原图进行反转，然后再进行阈值从0～255的二值化处理。这两种操作又分别称为MSER+和MSER–。

MSER具有以下特点：

(1)具有仿射不变性，这是该算法的最大特点，也是与Harris角点检测算法、具有不变性的局部图像特征提取算法如SIFT、SURF及 ORB等的主要区别。

(2)稳定性，相同阈值范围内的区域才会被选择。

(3)无需任何平滑处理就可以实现多尺度检测，即小的和大的结构都可以被检测到。

---

① Matas J, Chum O, Urban M, Pajdla T. 2002. Robust wide baseline stereo from maximally stable extremal regions. Proc. of British Machine Vision Conference, 384-396.

8.5 数学形态学方法

数学形态学是分析形状和结构的数学方法，其基础是集合代数，是用集合论方法定量描述目标几何结构的学科。

最初，形态学是生物学中研究动物和植物结构的一个分支，后来用数学形态学(mathematical morphology)来表示以形态为基础的图像分析数学工具。在图像处理中，一般认为数学形态学产成于1964年，是法国巴黎矿业学院Matheron G.及其学生Serra J.在进行定量岩石学分析中提出的。数学形态学基本思想和方法对图像处理理论和技术产生了重大的影响，并成为图像处理中的一个主要研究领域，在噪声去除、图像分割、地物识别、结构提取、图像分析、机器人视觉中都有很成功的应用。

在遥感图像处理中，数学形态学主要用来从高空间分辨率图像中提取几何信息，常用于图像分割和图像分类结果的后处理。或者，先对图像进行数学形态学处理，然后进行图像分割，以加强图像分割的效果。

数学形态学的基本思想是使用具有一定形态的结构元素(类似于模板)来度量和提取图像中的对应形状，从而达到对图像进行分析和识别的目的。数学形态学可以用来简化图像数据，保持图像的基本形状特性，同时去掉图像中与研究目的无关的部分。使用形态学操作可以增强图像的对比度，消除噪声，对图像进行细化、骨架化、填充和分割等。

通常情况下，数学形态学图像处理是在图像中移动一个结构元素并进行一种类似于卷积的操作。结构元素类似于卷积核，可以具有任意的大小，也可以包含任意的0与1的组合。构造不同的结构元素，通过不同的计算，便可得到不同的结果。图像的每个像素与结构元素核(值为1的位置)进行一种特定的运算，运算结果作为图像中对应于结构元素原点位置的像素值，处理效果取决于结构元素的大小、内容以及使用的运算。

数学形态学的数学基础和语言是集合论，其基本运算有四种：腐蚀、膨胀、开运算和闭运算，相关的算法为击中-击不中变换(hit-or-miss)，它与前面四种基本运算相结合，产生了区域凸包、细化、粗化和剪切等组合运算。

数学形态学中， 待处理的图像可以是二值图像，也可以是灰度图像。结构元素(B本身也是一个图像集合)是一个仅由0和1组成的矩阵，定义了操作中所用到的邻域的形状和大小，该矩阵可以具有任意的大小和维数，数值1代表邻域内的像素。形态学运算使用结构元素中数值为1的位置对图像进行运算。基于基本的运算可以推导和组合成各种数学形态学运算方法，实现复杂图像的处理。并且，这些运算方法适合于用硬件来构造查找表，从而实现快速的流水线处理。形态学运算简化了图像，量化并保持了地物分布的主要形态特征。

基本的数学形态学处理过程如图8.10所示。

数学形态学方法通常用于二值图像，但也可以扩展应用到灰度级图像。下面的内容中，首先介绍二值图像的数学形态学处理方法，包括腐蚀、膨胀、开运算、闭运算和相关的变种方法，然后介绍灰度图像的腐蚀和膨胀方法。灰度图像数学形态学处理更多的内容，建议参阅《图像处理、分析与机器视觉》一书[①]。

---

① Milan Sonka, Vaclav Hlavac, Boger Boyle. 2011. 图像处理、分析与机器视觉(第3版). 史海舟，苏延超，等译. 北京：清华大学出版社，477-480.

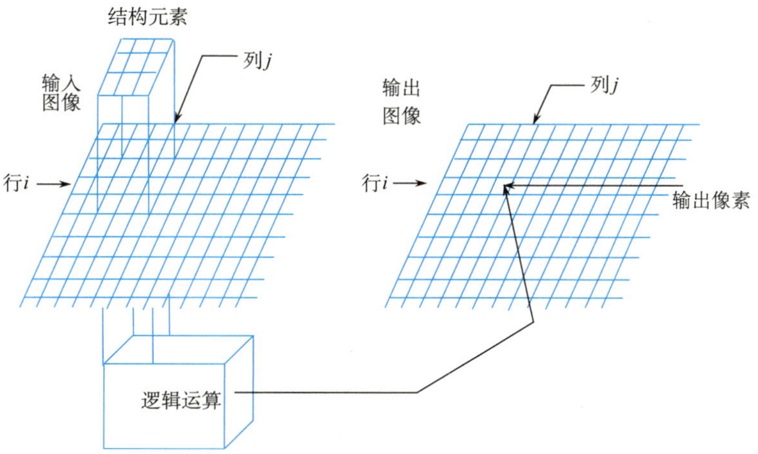

图 8.10 数学形态学图像处理

需要注意的是，不同软件中图像形态学处理使用的规则可能并不完全一致，其计算结果可能不会完全相同。

8.5.1 基本概念

集合论是图像数学形态学处理的基础。

令 Z 为整数集合。产生数字图像的采样过程可看作是将 xy 平面划分成网格，使每个网格的中心坐标与笛卡儿坐标系中的元素相对应。在集合论的概念中，如果 (x,y) 是 Z 中的坐标，并且函数 f 是亮度值(实数)到坐标 (x,y) 的映射，那么 $f(x,y)$ 可看做数字图像。如果 f 中的元素是整型，一幅数字图像就是一个坐标和亮度值为整型的二维函数。

令 A 是 Z 中的一个集合，其构成元素是像素坐标 (x,y)。如果 $w=(x,y)$ 是 A 中的一个元素，则可以表示为

$$w \in A$$

同样，如果 $w=(x,y)$ 不是 A 的元素，则写成：

$$w \notin A$$

满足指定条件的像素坐标的集合 B 写为

$$B=\{w \mid 条件\}$$

不属于集合 A 的像素坐标的集合，记做 A^c：

$$A^c=\{w \mid w \notin A\}$$

该集合称为 A 的补集(complement of A)。

两个集合的并集表示为

$$C=A \cup B$$

C 包含了集合 A 和 B 的所有元素。

两个集合 A 和 B 的交集为

$$C=A \cap B$$

C 包含的元素同时属于 A 和 B 。

集合 A 和 B 的差记作 $A-B$ ，是属于 A 但是不属于 B 的元素的集合：

$$A-B=\{w\mid w\in A,w\notin B\}$$

上述概念可用图 8.11 来说明，其中，集合运算的结果用蓝色表示。

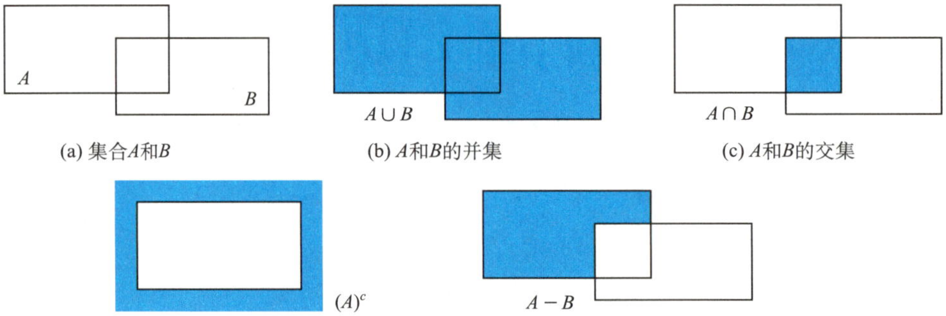

(a) 集合A和B　(b) A和B的并集　(c) A和B的交集　(d) A的补集　(e) A和B的差

图 8.11　集合 A 与 B 的运算

除了上面的基本操作外，形态学操作通常还需要下面的反射和平移两个操作。注意：集合中的元素是像素坐标。

原点：数学形态学操作和结构元素使用的参照点，可以是结构元素的构成元素，也可以不是。其位置的设定直接影响着形态学操作的结果。

反射：集合 B 的反射，用 $\hat{B}$ 表示，定义为

$$\hat{B}=\{w|w=-b,\text{如果}b\in B\}$$

如果 B 为图像，那么 $\hat{B}$ 为 B 的反射图像，又称为映像，或对称集。反射依赖于原点，反射的结果可以认为是 B 相对于原点转 180°后的集合。旋转后，(x,y) 变为 $(-x,-y)$ 。

平移：通过点 $z=(z_1,z_2)$ 进行集合 A 的平移，记作 $(A)_z$ ，定义为

$$(A)_z=\{c\mid c=a+z,\text{如果}a\notin A\}$$

反射和平移的定义可用图 8.12 来说明。圆圈为集合原点。

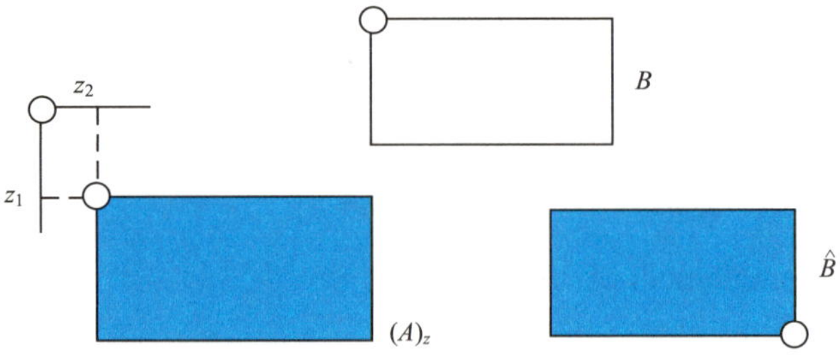

(a) 集合A通过z进行平移　(b) 集合B的反射

图 8.12　反射和平移

二值图像可以看成是坐标 x 和 y 只有两个灰度值(0 和 1)的函数(数学形态学的观点)，也可以看成是前景像素值为 1 的集合，其中的元素都属于 Z(集合论的观点)。集合操作如并、交运算可直接用于二值图像。

例如，假设 A 和 B 都是二值图像，那么 $C = A \cup B$ 也是一幅二值图像，集合 C 中的像素值是对应于 A 或者 B 前景中的像素值。从数学形态学角度看，C 是一个函数，可写为

$$C(x,y)=\begin{cases}1 & A\text{或}B\text{中为1，或}A\text{和}B\text{都为1}\\0 & \text{其他}\end{cases}$$

从集合论角度看，C 可写为

$$C = \{(x,y)\,|\,(x,y)\in A \text{ or } (x,y)\in B \text{ or } (x,y)\in(A\text{和}B)\}$$

图 8.11 中集合的定义可以用二值图像中的逻辑运算 OR、AND、NOT 来表示，如表 8.1 所示。

表 8.1　集合运算和逻辑运算

集合运算	逻辑运算
$A\cap B$	AND
$A\cup B$	OR
A^c	NOT
$A-B$	DIFFERENCE

将形态学运算用于图像 A 就是用 B 扫描整个图像。图像中对应于结构元素原点的位置为当前像素，A 与 B 在当前位置的关系运算的结果输出到新图像的当前像素位置。最基本的形态学操作为腐蚀和膨胀，基于二者可以定义更多的运算，如开运算和闭运算等。

8.5.2　腐蚀和膨胀

腐蚀和膨胀是最基本的形态学运算，腐蚀使得图像缩小，膨胀使得图像扩大，如图 8.13 所示。

1. 腐蚀

腐蚀(erosion)是消除目标所有边界点的一种过程，其结果是目标沿其周边比原目标小一个像素。对于圆目标，其直径在每次腐蚀后减少 2 个像素。如果目标任一点的宽度少于三个像素，那么该点将变为非连通的(变为两个目标)。任意方向上宽度小于等于 2 个像素的目标将被除去。

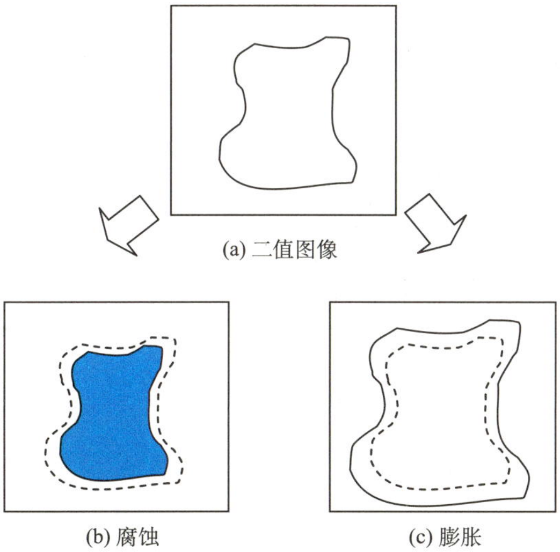

图 8.13　腐蚀和膨胀

腐蚀常用于去除图像中小且无意义的目标。

腐蚀的运算符是“$\ominus$”，A 被 B 腐蚀记作 $A\ominus B$，其定义为

$$A\ominus B=\{x\,|\,(B)\subseteq A\}$$

在这里，B 是结构元素图像。A 被 B 腐蚀的结果是 B 全部包含在 A 中的原点组成的集合。也就是说，用 B 对 A 腐蚀是：B 按照原点顺序平移到 A 中的点 (x,y)，如果 B 完全包含在 A 中，那么原点的集合就是腐蚀的结果。使用 3×3 结构元素时为简单腐蚀。

图 8.14 为一个腐蚀运算的示意图。

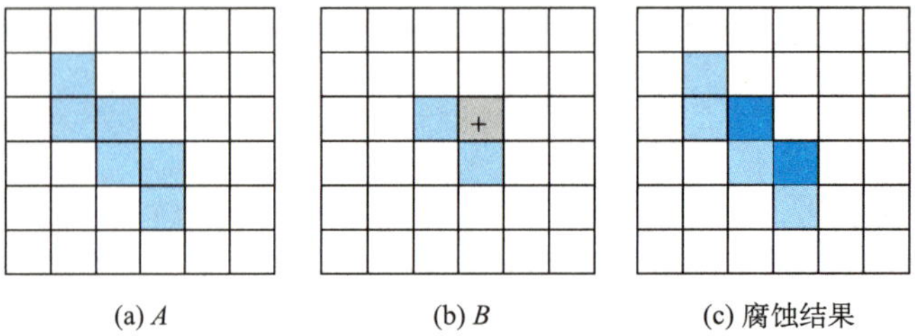

图 8.14 腐蚀运算示意图

图 8.14(a) 中的阴影部分为 A；图(b) 中的阴影部分为 B，右上角为原点；图(c) 中的黑色部分表示腐蚀结果 $A\ominus B$，即输出的结果。

如果使用矩阵的方式，上述操作结果如图 8.15(x 表示原点的位置，值为 1) 所示：

图 8.15 使用矩阵表示的腐蚀运算

在腐蚀运算中，如果原点不包括在结构元素中，那么会有两种可能，一种为

$$A\ominus B\subseteq A$$

另一种为

$$A\ominus B\not\subset A$$

图 8.16 和图 8.17 给出了原点不包括在结构元素中的腐蚀运算，蓝色部分表示腐蚀结果。

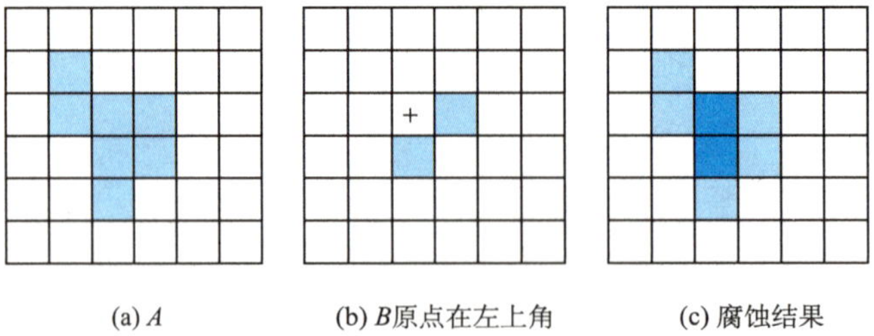

图 8.16 原点不包含在结构元素中的腐蚀运算 1

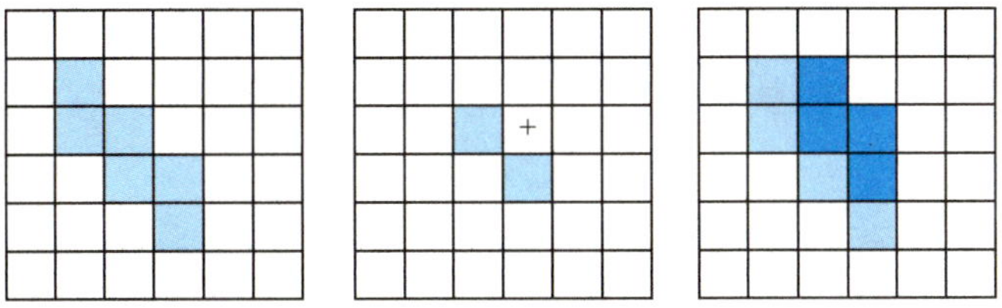

(a) A　　(b) B　　(c) 腐蚀结果

图 8.17　原点不包含在结构元素中的腐蚀运算 2

腐蚀可分为两步，以免分裂目标。第一步是一个正常的腐蚀，但它是有条件的，也就是说，那些被标为可除去的像素点并不立即消去。第二步中，只将那些消除后并不破坏连通性的点消除，否则保留。以上每一步都是一个 3×3 邻域运算，可用查表运算实现。

利用原图像与腐蚀后图像的差值，可以提取图像的边缘(轮廓)信息。较复杂的图像，腐蚀后会成为简单的几个构成部分。

2. 膨胀

膨胀(dilation)是将与目标接触的所有背景点合并到该目标中的过程，结果是使目标增大了相应数量的点。对于圆目标，其直径在每次膨胀后增大 2 个像素。如果两个目标在某一点相隔少于三个像素，它们将在该点连通起来(合并成一个目标)。膨胀常用于填补分割后目标内的空洞。

膨胀的运算符为“⊕”，图像集合 A 用结构元素 B 来膨胀，记作 $A \oplus B$，其定义为

$$A \oplus B = \{x \mid [(\hat{B})_x \cap A] \neq \varnothing\}$$

式中，$\hat{B}$ 表示 B 的映像，即与 B 原点对称的集合。上式表明，用 B 对 A 进行膨胀的过程是：先对 B 作关于原点的反射产生映像，再将映像平移 x，当 A 与 B 映像的交集不为空集时，B 的原点就是膨胀集合的像素。也就是说，用 B 来膨胀 A 得到的集合是 $\hat{B}$ 的位移与 A 至少有一个非零元素相交时 B 的原点位置的集合。因而上式可以写为

$$A \oplus B = \{x \mid [(\hat{B})_x \cap A] \subseteq A\}$$

更简单地，膨胀可以理解为集合 A 与结构元素 B 中的原点相交时，结构元素所构成的集合。

如果将 B 看成是一个卷积模板，膨胀就是对 B 作关于原点的映像，然后再将映像连续地在 A 上移动而实现的。图 8.18 给出了膨胀运算的一个示意图，其中“+”号表示原点。

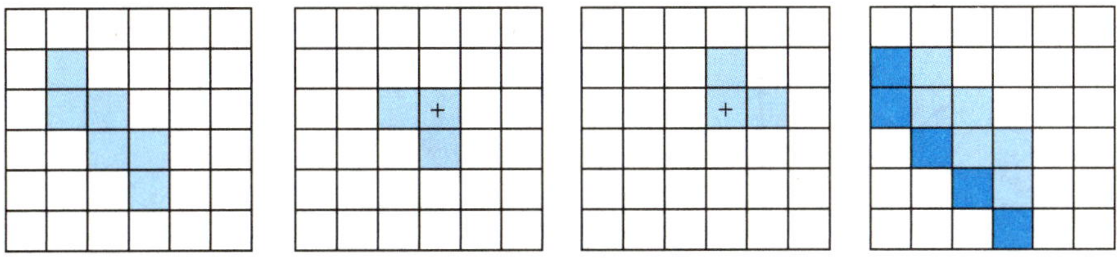

(a) A　　(b) B　　(c) B的映像　　(d) 膨胀结果

图 8.18　膨胀运算示意图

图 8.18(a)中的浅蓝色阴影部分为 A，图(b)中的浅蓝色阴影部分为 B，图(c)中的浅蓝色

阴影部分为 B 的映像，图(d)中蓝色表示图像膨胀后扩张的部分。

以上讨论都假设原点位于结构元素之中。对于膨胀运算来说，总有

$$A \subseteq A \oplus B$$

而对于腐蚀运算来说，总有

$$A \ominus B \subseteq A$$

如果原点不在结构元素中，那么结果将有所变化。对于膨胀元素来说，总有

$$A \not\subset A \oplus B$$

图 8.19 为原点不包含在结构元素中的膨胀运算示意图，其中(d)的所有阴影表示膨胀结果。从图中可以看出，标有*号的点原来属于 A，但是现在并不属于膨胀结果。

如果原点不包含在结构元素中，膨胀可能会破坏图像原有的连通性。

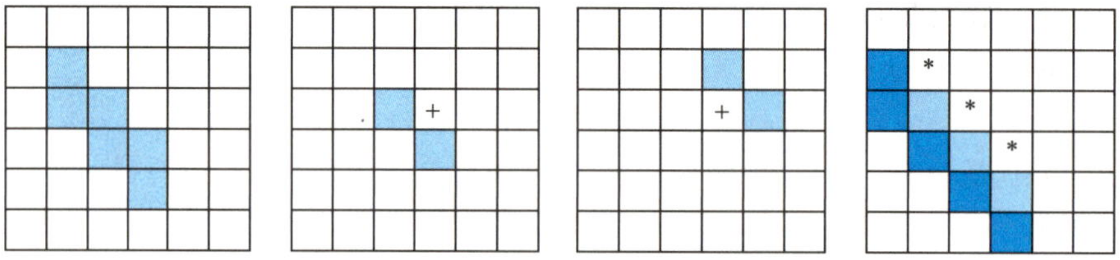

(a) A　　(b) B　　(c) B的映像　　(d) 膨胀结果

图 8.19　原点不包含在结构元素中的膨胀运算示意图

3. 膨胀和腐蚀的对偶性

膨胀和腐蚀这两种操作有着密切的关系：使用结构元素对图像进行腐蚀操作相当于使用该结构元素的映像对图像背景进行膨胀操作，反之亦然。

$$(A \oplus B)^c = A^c \ominus \hat{B}$$

$$(A \ominus B)^c = A \oplus \hat{B}$$

注意：腐蚀和膨胀不是互逆变换。先对图像进行腐蚀，然后进行膨胀，得到的不是原始图像。结果图像会比原始图像更为简单，因为一些细节被去掉了。

原始图像，IKONOS全色波段二值化　　腐蚀后的图像　　膨胀后的图像

图 8.20　IKONOS 图像腐蚀与膨胀结果

结构元素大小为 3×3，元素值为 1。处理的是白色部分

图 8.20 是 IKONOS 全色波段二值化后的局部图像进行两种运算效果的比较。由于白色值 1 是待处理对象，腐蚀运算后，黑色的圆形地物被扩充，膨胀运算后，这些圆形地物则被压缩。

8.5.3　开运算和闭运算

1. 开运算

使用同一个结构元素对图像先腐蚀后膨胀的运算称为开运算(open)，又称开启，它具有消除图像中小于结构元素的细小目标、在纤细点处分离目标、平滑较大目标的边界而且不明显改变其面积的作用。

开运算符为“∘”，A 用 B 来开启记为 $A \circ B$ ，其定义为

$$A \circ B = (A \ominus B) \oplus B$$

与开运算密切相关的一个运算称为顶帽变换(Top-HAT)，指原图像与开运算图像的差，用来从较暗(或较亮)且变换平缓的背景中提取较亮(或较暗)的对象。提取的结果可作为图像匹配和信息提取的输入。

2. 闭运算

先膨胀后腐蚀的过程称为闭运算(close)，又称闭合，它具有填充目标内细小空洞、连接邻近目标、在不明显改变目标面积的情况下平滑其边缘的作用。

闭运算符为“•”，A 用 B 来闭合记为 $A \bullet B$ ，其定义为

$$A \bullet B = (A \oplus B) \ominus B$$

与闭运算密切相关的一个运算称为底帽变换(Bottom-HAT)，指闭运算图像与原图像的差，包括的是用来填充“洞”或“空隙”的像素。适当的选择结构元素的大小，可突出图像中的线性地物。

一般认为，开运算可以滤除背景噪声，闭运算可以滤除前景噪声。先进行开运算，后进行闭运算，对于噪声的去除效果较好。

开启和闭合不受原点位置的影响。根据膨胀和腐蚀的对偶性可知，开启与闭合运算也具有对偶性。

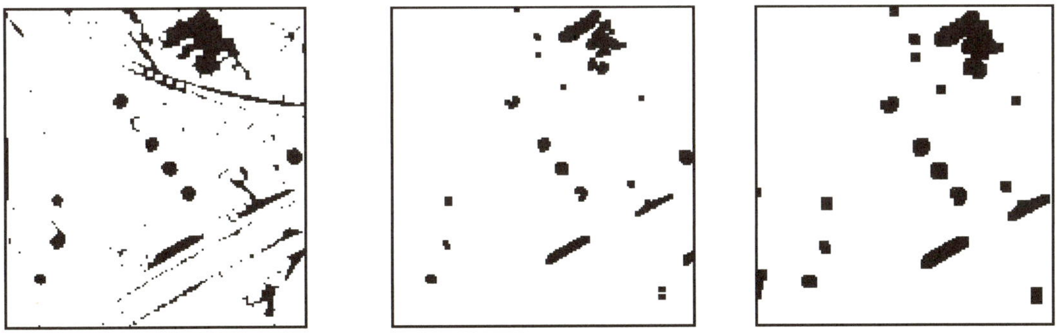

开运算后的图像　　闭运算后的图像　　先闭运算后腐蚀运算的结果

图 8.21　IKONOS 图像开运算与闭运算结果

原始图像同前图，结构元素大小为 3×3，元素值为 1。处理的是白色部分

通常，当用阈值来分割含有噪声的图像时，所得到的边界往往不平滑，目标区域具有一些错判的孔，背景区域上则散布着一些小的噪声目标，连续的开和闭运算可以显著地改善这种情况。有时连续几次腐蚀后，再进行相同次数的膨胀，才可以产生期望的效果。

从图 8.21 来看，开运算对于圆形地物的效果较好，而闭运算对于封闭矩形地物的效果较好。如果闭运算后进行腐蚀运算，效果会更好一些。所以，根据地物的形态特征进行多次的运算十分必要。

8.5.4 腐蚀和膨胀的计算实例和变种算法

实例数据来自于所附数据中的 TM 图像 AA，对 4 波段图像进行分割以产生二值图像(图 8.22)。图像范围是玄武湖中的一个小岛，分割的公式为：b3>60 and b4<175，目标对象是小岛上的植被。

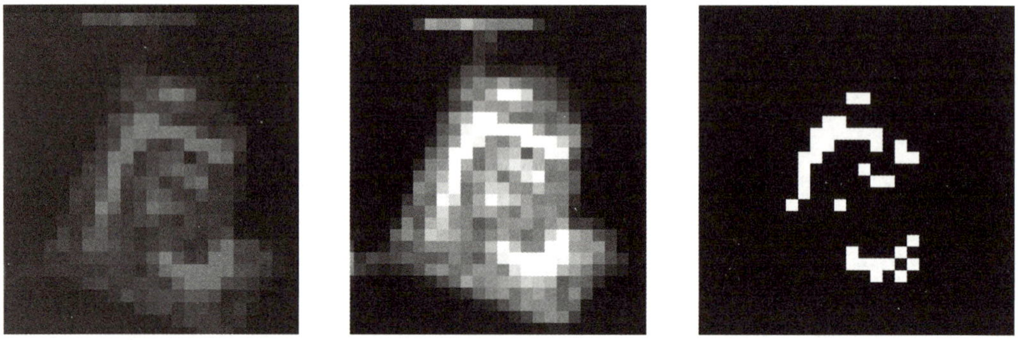

(4,3,2) 合成　　4波段　　阈值化后的图像

图 8.22　彩色图像及其二值化图像实例

二值化后图像数据是图 8.23 中的蓝色部分，作为本部分的处理对象。为便于印刷，后面显示使用了反色，所有的 1 值为黑色，0 值为白色。实际计算时，范围外的值设置为 0。

0	0	0	0	0	1	1	0	0	0	0
0	0	0	0	0	0	0	0	0	0	0
0	0	0	1	1	0	0	0	0	0	0
0	0	1	1	1	1	1	1	0	0	0
0	0	1	1	0	0	0	1	0	1	0
0	1	1	0	0	0	0	0	0	1	1
0	1	0	0	0	0	1	0	0	0	0
0	1	0	0	0	0	0	1	1	0	0
0	1	0	0	0	0	0	0	0	0	0
1	0	0	0	1	0	0	0	0	0	0
0	0	0	0	0	0	0	0	0	0	0
0	0	0	0	0	0	0	0	0	0	0
0	0	0	0	0	0	0	0	0	0	1
0	0	0	0	0	1	0	0	0	1	0
0	0	0	0	0	1	1	1	1	0	1
0	0	0	0	0	0	0	1	0	1	0

图 8.23　二值图像数据

1. 腐蚀

运算过程如图 8.24 所示，其中图(a)中阴影部分是待处理的目标集合 A，图(b)阴影部分为结构元素 B，标有“+”为原点，图(c)为 $A \ominus B$ 的运算过程示意图。例如，从标记“1”的像元开始遍历，因为在“1”处不能满足 $A \ominus B = \{x \mid (B)_x \subseteq A\}$，故在“1”处还是原来的背景像素，在“2”处也不能满足 $A \ominus B = \{x \mid (B)_x \subseteq A\}$，则“2”处的像元被腐蚀掉。继续对图像其他像元进行是否符合膨胀条件的判断，最终完成对集合 A 的腐蚀，浅蓝色阴影部分为集合 A 被腐蚀掉的部分，图(d)为 $A \ominus B$ 的运算结果。

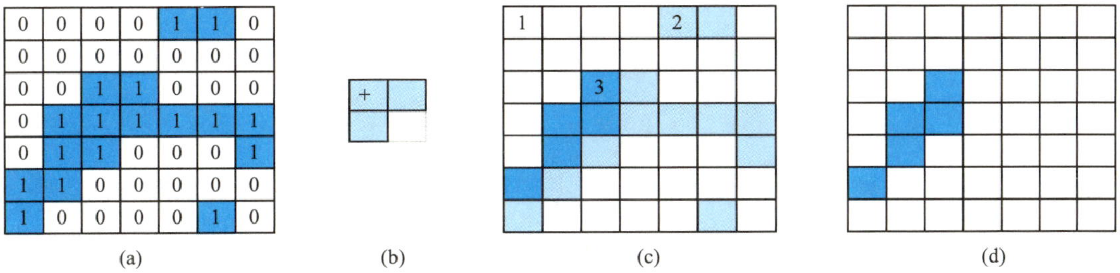

图 8.24 腐蚀运算过程

2. 膨胀

运算过程如图 8.25 所示，其中图(a)中阴影部分是待处理的目标集合 A，图(b)阴影部分为结构元素 B，标有“+”为原点，图(c)为 B 的映像，图(d)为膨胀对 A 进行膨胀运算的过程。在进行膨胀处理时，用结构元素的映像对整个图像进行遍历，例如，从标记“1”的像元开始遍历，因为在“1”处不能满足 $A \oplus B = \left\{x \mid (\hat{B})_x \cap A \neq \varnothing\right\}$，故在“1”处不膨胀，在“2”处能满足 $A \oplus B = \left\{x \mid (\hat{B})_x \cap A \neq \varnothing\right\}$，则进行膨胀。继续对图像其他像元进行是否符合膨胀条件的判断，最终完成对集合 A 的膨胀，蓝色的部分是原始集合，浅蓝色的是扩大的部分，其并集为 $A \oplus B$，图(e)为对集合 A 膨胀的结果。

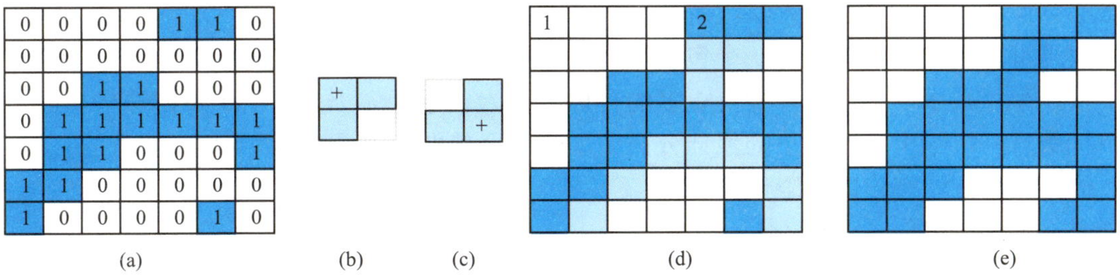

图 8.25 膨胀运算过程

3. 开运算

图 8.26 是开运算的计算过程示意图， 其中图(a)中阴影部分是待处理的目标集合 A，图(b)阴影部分为结构元素 B，标有“+”为原点，图(c)为结构元素 B 的映像。对图(a)中集合 A 先进行腐蚀处理(结果如图(d))，再对腐蚀处理的结果进行膨胀处理便得到用结构元素 B 对

A 进行开启运算的结果 $A \circ B$ ，如图(e)，其中蓝色部分为在腐蚀的结果基础上膨胀出来的部分，浅蓝色部分和蓝色部分的并集即为开启的结果。

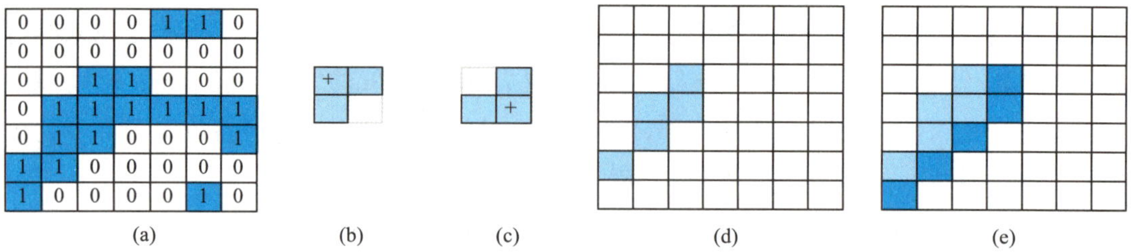

图 8.26　开运算过程

4. 闭运算

图 8.27 是闭合运算的计算过程示意图，其中图(a)中阴影部分是待处理的目标集合 A ，图(b)阴影部分为结构元素 B ，标有“+”为原点，图(c)为结构元素 B 的映像。对图(a)中集合 A 先进行膨胀运算，结果如图(d)，其中蓝色代表原集合 A ，浅蓝色像元代表膨胀出来的部分，两者的并集为膨胀结果，再对膨胀结果进行腐蚀操作，就可得到图(e)。

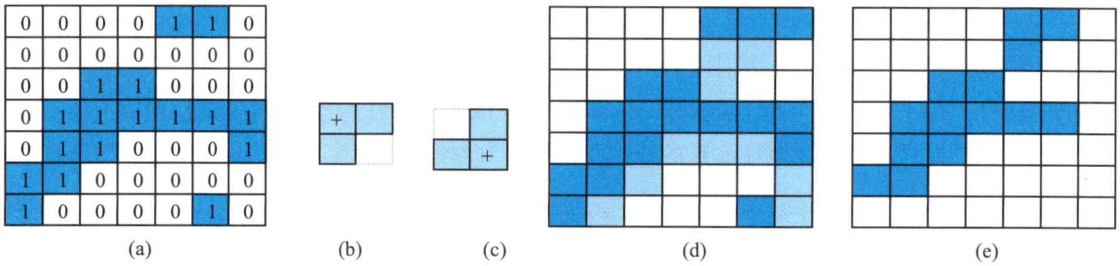

图 8.27　闭运算过程

5. 收缩

当腐蚀以一种不触及单像素目标的方式执行时，这个过程称为收缩(shrinking)。当目标总数必须保持不变时，这种方法很有用。

收缩可以通过迭代方式为一个包含近似圆形目标的二值图像生成目标尺寸的分布。每运行一次，半径减少一个像素，并有更多的目标收缩为单像素大小。记录下每次迭代中的单像素目标数目，可给出目标大小的累计分布。但收缩会使非常不圆的目标(如哑铃状的目标)分解，因此这种方法有它的局限性。

6. 击中-击不中变换

击中-击不中变换是检测形态的基本工具，指使用两个互不相交的结构元素分别对图像及其补集进行腐蚀操作，并计算其交集的图像形态学方法。

在击中-击不中变换中，结构元素有两个，用于击中的结构元素 E 和用于击不中的结构元素 F，且 $E \cap F = \varnothing$ 。对于图像 A，其变换结果为

$$A \Uparrow (E,F) = (A \ominus E) \cap (A^c \ominus F)$$

即使用 E 对 A 进行腐蚀，使用 F 对 A 的补集进行腐蚀，然后计算二者的交集。

击中-击不中变换成功的关键是结构元素的设计。一般地，结构元素 E 等同于要查找的对象，结构元素 F 与 E 不相交。

基于击中-击不中变换可以计算图像中区域的凸包，进行图像的细化、粗化和剪切。

击中-击不中变换中的任意像素 z 都满足：

$$E + z \subseteq A$$

$$F + z \subseteq A^{c}$$

反之，满足上述两个条件的像素 z 一定在击中-击不中变换的结果中。

下面利用击中-击不中运算来检测孤立像元。如图 8.28 所示，图(a)中蓝色像元部分为集合 A，图(b)中 B_1 和 B_2 分别为击中结构元素和击不中结构元素，图(c)是用击中元素 B_1 对 A 进行腐蚀的结果，图(d)是用击不中结构元素 B_2 对集合 A 的补集进行腐蚀的结果，再对图(c)与图(d)求交集，则可得 $A \Uparrow (E,F) = (A \ominus E) \bigcap (A^{c} \ominus F)$，如图(e)所示。

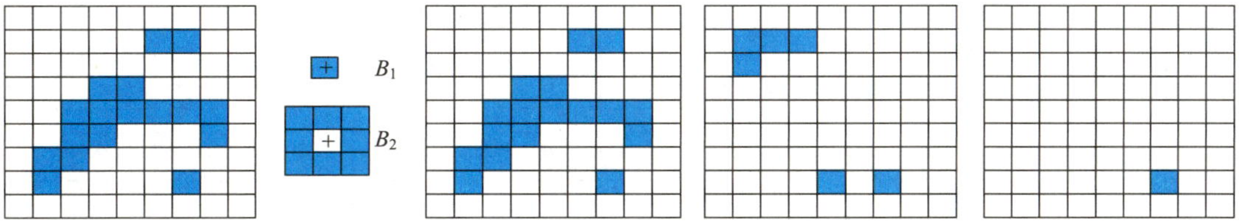

(a)　(b)　(c)　(d)　(e)

图 8.28　击中-击不中运算过程

击中-击不中变换相当于条件比较严格的模板匹配，它不仅指出被匹配点所应满足的性质，即模板的形状，同时也指出这些点所不应满足的性质，即对背景的要求。通过击中结构元素对图像进行腐蚀，可以保留等于或大于待检测目标的区域；通过击不中结构元素对图像背景进行腐蚀，可保留等于或小于待检测目标的区域。将击中结构元素腐蚀的图像与击不中结构元素腐蚀的图像求交集运算后，就是包含目标的结果图像，如图 8.29 所示。

图 8.29(a)是原始图像，要从其中检测水平方向上仅包含三个像素的线段；图(b)是用与检测目标对应的 1×3 的模板 $M_1 = \begin{bmatrix}1 & 1 & 1\end{bmatrix}$ 进行腐蚀的结果，保留了图像中等于或大于待检测目标的区域；图(c)是用 3×5 的模板：

$$M_2 = \begin{bmatrix} 1 & 1 & 1 & 1 & 1 \\ 1 & 0 & 0 & 0 & 1 \\ 1 & 1 & 1 & 1 & 1 \end{bmatrix}$$

对图像背景进行腐蚀的结果，保留了等于或小于待检测目标的区域；图(d)是图(b)和图(c)的交集，给出了水平方向上仅包含三个像素的点，即击中-击不中变换处理后的结果。

因为击中-击不中变换中的击中结构元素与击不中结构元素是不重合的，这两个元素可以结合为一个模板，其中 1 对应击中，决定了提取的目标；0 对应击不中，× 代表不确定。

例如，检测水平方向有连续 3 到 5 个目标的击中-击不中模板为

$$M_2 = \begin{bmatrix} 0 & 0 & 0 & 0 & 0 & 0 & 0 \\ 0 & \times & 1 & 1 & 1 & \times & 0 \\ 0 & 0 & 0 & 0 & 0 & 0 & 0 \end{bmatrix}$$

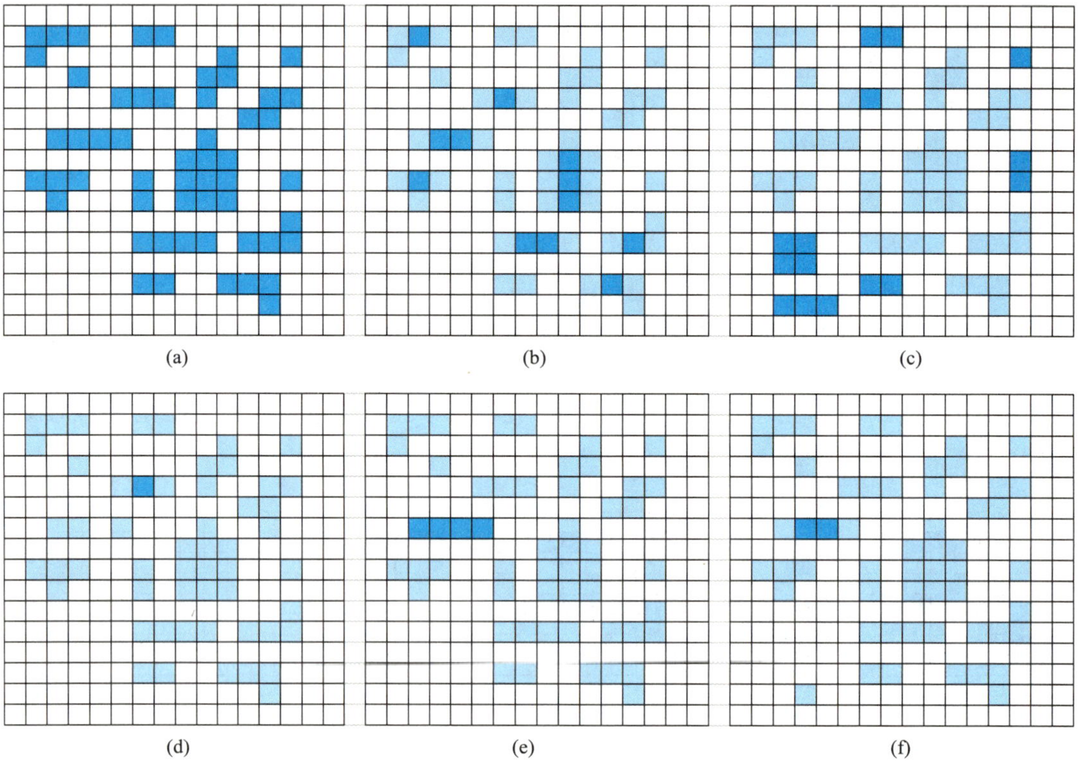

图 8.29　击中-击不中变换

如果模板中有不确定的像素，那么模板中为 1 的像素给出可检测的最小目标，为 1 的像素和不确定的像素的并集给出了可检测的最大目标。表 8.2 给出了击中-击不中模板的典型组合。

表 8.2　击中-击不中模板

类型	模板	说明
中心像素为 1	$M=\begin{bmatrix}0&0&0\\0&1&0\\0&0&0\end{bmatrix}$	用于检测孤立像素，二值图像与经过该模板进行击中-击不中变换的结果进行差运算能消除二值图像中的孤立元素
击不中模板包围击中模板	$M=\begin{bmatrix}0&0&0&0\\0&1&1&0\\0&0&0&0\end{bmatrix}$	只有击不中模板包围击中模板时击中-击不中才能检测目标
击中模板与击中-击不中模板的边缘相切	$M=\begin{bmatrix}\times&1&0\\1&1&0\\0&0&0\end{bmatrix}$	只检测目标的右下角
	$M=\begin{bmatrix}0&1&\times\\0&1&1\\0&0&0\end{bmatrix}$	只检测目标的左下角
	$M=\begin{bmatrix}0&0&0\\0&1&1\\0&1&\times\end{bmatrix}$	只检测目标的左上角
	$M=\begin{bmatrix}0&0&0\\1&1&0\\\times&1&0\end{bmatrix}$	只检测目标的右上角

7. 区域凸包

包含多边形的最小凸形称为凸包。对于任意的集合 S，如果 H 是 S 的凸包，则 $H–S$ 为 S 的凸残差。

对于任意的集合 S，它的凸包 $C(S)$ 定义为

$$C(S)=\bigcup_{i=1}^{4}\left[(X_i^{k-1}\Uparrow B_i)\cup S\right]\qquad (i=1,2,3,4;k=1,2,\cdots)$$

令 $X_i^k=(X_i^{k-1}\Uparrow B_i)\cup S$， X_i^k 在 $X_i^k=K_i^{k-1}$ 意义下收敛； B_i (i=1，2，3，4)表示四个结构元素。

构造集合凸包的过程就是运用结构元素对集合迭代地进行击中–击不中变换的结果。

如图 8.30 所示，其中图中 B_1 到 B_8 为一组细化的结构元素，图(a)为待处理的图像，蓝色像元为集合 A；图(b)到图(i)分别为运用结构元素 B_1 到 B_8 对待处理图像进行击中–击不中运算且将得到的结果与 A 求并集的结果；图(j)为图(b)到图(i)的并集，其结果即为凸包运算的结果，浅蓝色部分代表各个结构元素对凸包的贡献。

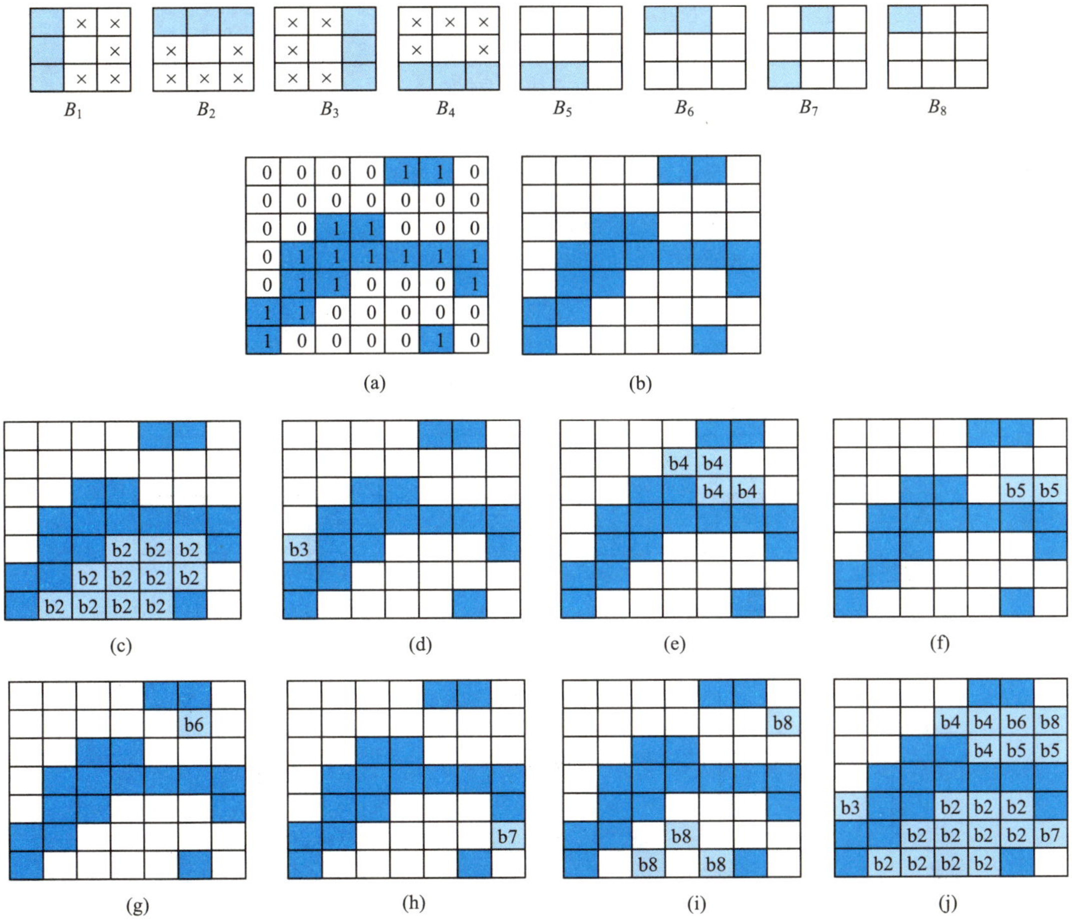

图 8.30　凸包运算过程

8. 细化

细化(thinning)是将区域抽取为一条(或一组)曲线(或细线)的图像操作。细化操作的目标是腐蚀目标的边缘，剥离目标区域的边界像素，但保持目标区域的连通性，不使目标区域分裂成多个子区域，最终使目标区域成为单像素骨架。

细化将一个曲线形目标细化为一条单像素宽的线，从而图形化地显示出其拓扑性质。这种方法可用于分割相互接触的目标。

细化的操作为“⊗”，用结构元素 B 细化集合 A 记作 $A \otimes B$ ：

$$A \otimes B = A - (A \Uparrow B) = A \cap (A \Uparrow B)^c$$

其计算为：用击中-击不中变换在 A 中找出细化的目标像素，然后从 A 中减去这些像素。

这一过程可以进行扩展：设 $\{B_i\} = \{B_1, B_2, \cdots, B_n\}$ 为一组结构元素，其中 B_{i+1} 是 B_i 旋转结果，$\{B_i\}$ 中的各个结构元素不相交，对应的细化可定义为

$$A \otimes \{B\} = A - ((\cdots((A \otimes B_1) \otimes B_2)\cdots) \otimes B_n)$$

其计算为：对集合 A 用 B_1 细化，将得到的结果再用 B_2 细化，如此继续直到用 B_n 细化一遍，重复整个过程直到没有变化产生为止。

细化的过程如图 8.31 所示，其中图(a)中蓝色像元为待处理集合 A，其原点设在左上角；图(b)为细化的结构元素 B_1 和 B_2，“×”表示其值可任意，“+”表示原点；图(c)表示用结构元素 B_1 细化集合 A，细化时从 A 的左上角开始遍历，当遍历到“p1”时，B_1 的原点与“p1”像素的中心重合，且在该像元处被击中-击不中运算探测为要细化掉的元素，同样用 B_1 可将“p2”确定为要细化掉的元素，根据细化的原理 $A \otimes B = A - (A \Uparrow B) = A \cap (A \Uparrow B)^c$，将“p1”“p2”两个像元除去，继续完成遍历整个图像直到没有变化为止，结果如图(d)。再对用 B_1 细化后的结果运用结构元素 B_2 进行以上的细化操作，可以除去像素“p3”，最终集合 A 细化的结果如图(f)所示。

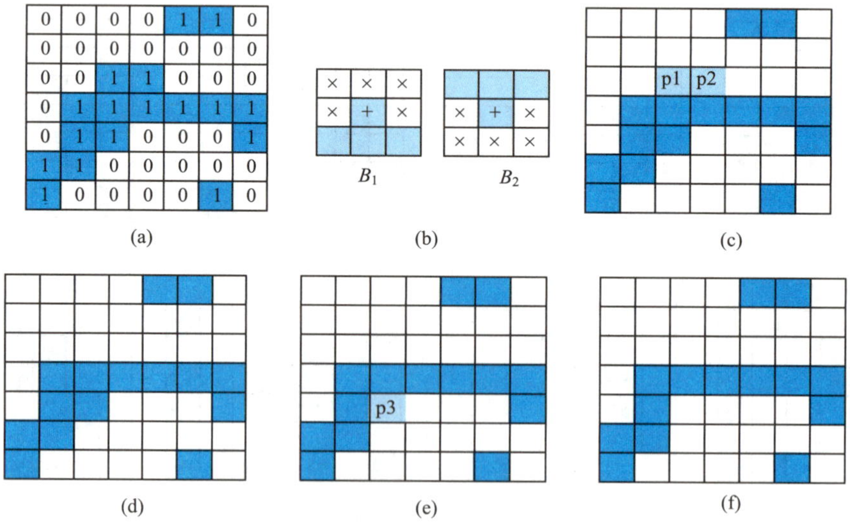

图 8.31 细化运算过程

图像细化后，原有对象的骨架不能变，这是它与腐蚀的最大区别。具体的判据是：①内部点不能删除；②孤立点不能删除；③直线端点不能删除；④如果 p 是边界点，去掉 p 后，如果连通分量不增加，则 p 可以删除。

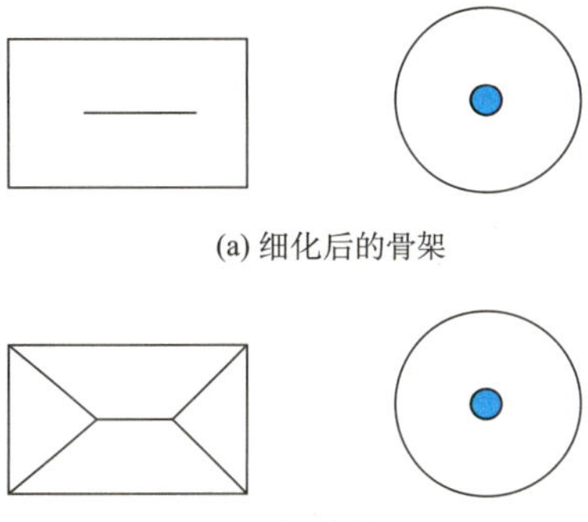

(a) 细化后的骨架

(b) 中轴

图 8.32 细化和骨架

一个与细化有关的运算是骨架(skeletonization)，也称为中轴变换(medialaxis transform)或焚烧草地技术(grass-fire technique)。中轴是所有与目标在两个或更多非邻接边界点处相切的圆心的轨迹。但抽骨架很少通过在目标内拟合圆来实现。

概念上，想象一片与目标形状相同的草，沿其外围各点同时点火。当火势向内蔓延，向前推进的火线相遇处各点的轨迹就是中轴。

抽骨架的实现与细化相似，可采用一个两步有条件腐蚀实现，但是删除像素的规则略有不同。

图 8.32 是细化与骨架进行比较。二者的主要的差别在于中轴(抽骨架)在拐角处延伸到了边界，而由细化得到的骨架却没有。

9. 粗化

一些分割技术倾向于用紧贴的边界拟合目标以避免错误地合并它们。通常孤立目标的最佳边界太紧贴而不利于后续测量。粗化(thickening)可在不合并彼此分离的目标的前提下扩大边界，从而弥补了这种不足。

粗化是细化图像背景后计算图像的补集，其定义为

$$A \odot B = A \cup (A \Uparrow B)$$

用结构元素序列定义的粗化为

$$A \odot \{B\} = ((\cdots((A \odot B_1) \odot B_2)\cdots) \odot B_n)$$

粗化与细化是对偶变换，使用的结构元素与细化相似，只是将细化使用的结构元素中的 1 和 0 进行了互换，以实现对图像背景的细化。这一过程也可以为：对图像 A 计算补集，获得图像背景 B，然后对图像 B 进行正常的细化，产生图像 C。最后计算图像 C 的补集 D，即为粗化的结果。

粗化的过程如图 8.33 所示。图中 B_1 到 B_8 为一组细化的结构元素，图(a)为待处理的图像；图(b)为对图像背景($C = A^c$)用 B_1 细化的过程，其中浅蓝色像元为细化除去的像元；图(c)为细化的结果 A_1；图(d)为用 B_2 细化 A_1 的结果 A_2；图(e)为用 B_3 细化 A_2 的过程，浅蓝色像元为细化除去的像素；图(f)为其对应的细化结果；图(g)到图(k)分别是用结构元素 B_4、B_5、B_6、B_7、B_8 对前一次细化结果再次进行细化后的结果；最后对图(k)的结果求补集即可得到对 A 进行粗化的结果，如图(l)所示。

10. 剪枝

通常，细化和抽骨架过程会在生成的图中留下毛刺，这些毛刺是一些小的分支。每个分支在距分叉三个像素左右处有一个端点。毛刺是由单像素的变化造成的，这些起伏产生了小的分支。它们可通过一系列的消除端点的 3×3 运算除去，然后再重建那些留下的分支，这个过程就叫做剪枝。例如，一个三像素的毛刺，在经过三次消除端点的迭代后即可消去。由于

没有赖以复原的端点留下，毛刺不会被重建。

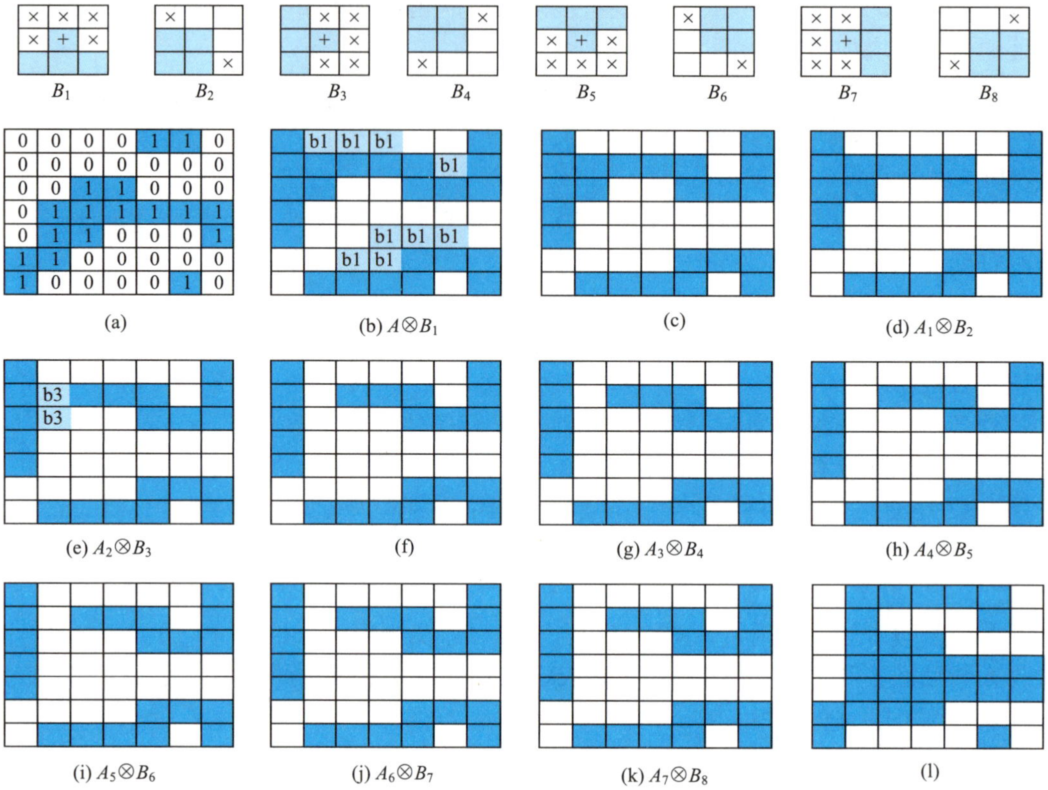

图 8.33 粗化运算过程

剪枝(pruning)是细化结果的后处理，用于去除细化后图像中的“毛刺”。如图 8.34 所示，图(a)为原始图像，蓝色像元代表集合 A；图(b)为结构算子，其原点均在其中心，用算子 B_1 和 B_2 对 A 进行细化即可达到剪枝的目的；图(c)是对 A 进行细化的结果，其中用 B_1 对 A 细化，除去了像素“b1”，用 B_2 对 A 细化除去了像素“b2”；图(d)是对 A 进行剪枝的结果。

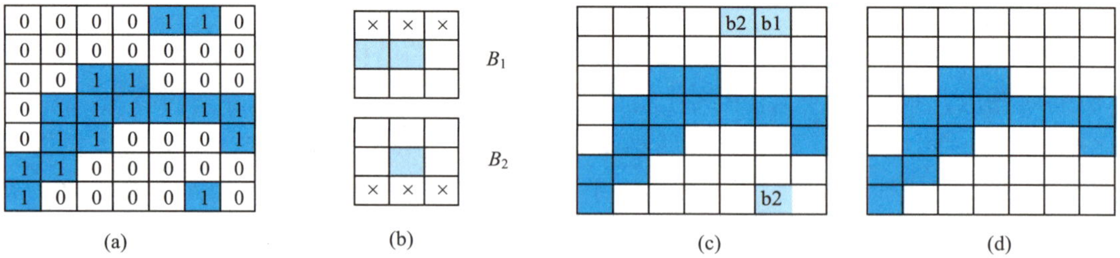

图 8.34 剪枝运算过程

11. 其他应用

(1) 去除图像噪声：先进行开运算，后进行闭运算可以去除图像中的噪声。

(2) 获取地物轮廓：图像与图像腐蚀结果的差值。

8.5.5 灰度图像的腐蚀和膨胀

灰度图像由于无法直接定义相邻像素的连通性，其数学形态学运算比较复杂，一般要求待处理对象在视觉上可以分辨。

对于灰度图像的形态学运算，结构元素相当于一个不规则的窗口，运算结果按照不同规则取窗口内的值作为当前像素的输出。对于膨胀，这个值是与结构元素对应的图像像素的最大值，对于腐蚀，是最小值。为了便于运算，结构元素一般使用对称的窗口，其原点在窗口的中心位置。

例如，灰度级图像 A 的腐蚀，就是图像 A 完全被结构元素 B 填充的所有像素中的最小值作为 B 原点位置的输出。实际的图像处理中，考虑计算的效率，往往直接取窗口内对应于结构元素的最大值(膨胀)或最小值(腐蚀)作为输出结果。

图 8.35 是 ENVI 中使用 3×3 结构元素(值为 1，原点在中心位置)对灰度图像进行腐蚀和膨胀运算的结果。

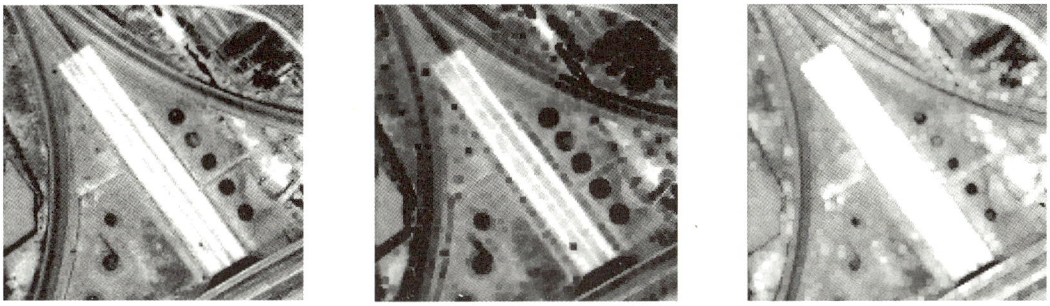

原始图像，IKONOS全色波段　　腐蚀后的图像　　膨胀后的图像

图 8.35　IKONOS 灰度图像腐蚀与膨胀效果的比较

结构元素大小为 3×3

原始图像　　腐蚀后图像

	877	878	879	880	881	882	883	884
438	65	74	92	112	111	93	89	90
439	59	64	83	97	115	105	92	91
440	53	64	68	78	102	111	98	89
441	49	51	54	68	85	105	102	90
442	40	43	47	74	86	92	102	91
443	55	47	79	93	88	90	86	84
444	79	73	86	90	82	83	82	80
445	83	86	87	83	79	79	82	80
446	74	87	89	83	74	75	83	80
447	86	79	82	80	75	72	80	84
448	88	79	85	94	83	79	81	87

原始图像像素值

	877	878	879	880	881	882	883	884
438	59	64	74	90	93	87	87	87
439	53	59	64	78	93	89	89	88
440	49	51	54	68	78	92	89	88
441	40	43	47	54	68	85	89	88
442	40	40	43	47	74	86	86	84
443	40	43	47	74	82	83	82	80
444	47	47	73	82	79	79	80	80
445	73	73	83	79	74	75	79	80
446	74	74	82	74	74	72	75	80
447	74	79	79	74	72	72	72	80
448	79	79	79	75	72	72	78	81

腐蚀后图像的像素值

图 8.36　灰度级图像腐蚀运算实例

表中的阴影处为当前像素

图 8.36 是 ENVI 中使用结构元素 $\begin{matrix}0 & 1 & 0\\1 & 1 & 1\\0 & 1 & 0\end{matrix}$ 进行腐蚀运算的结果。

8.5.6 距离变换

距离变换是一种可用于二值图像的运算，运算结果不是另一幅二值图像，而是一个灰度级图像。每个像素的灰度级是该像素与距其最近的背景像素间的距离。

一种近似的距离变换可以用一种类似于腐蚀的运算来实现，但在每一步，像素以迭代次数标记，而不是从目标中消去。其中，倒角(chamfer)算法只需对整幅图像进行两次扫描就可实现一个距离变换。

图 8.37 说明了一维条件下用二次扫描计算距离变换的概念。图(a)是一个一维二值图像，它包括一个以 1 标记的目标和以 0 标记的背景；图(b)是第一遍(向前)扫描的结果，这是从左至右进行的。对每一像素，背景点保留 0，而内部点用一个最近的 0 开始所经过的步数代替。在图(c)中，可看到第二遍(向后的)扫描的结果，这是从右至左进行的。在这一遍中，每一个像素取下列两种数的最小值：①该遍开始时的初始值；②从最近的 0 开始所经过的步数值。得到的结果是一幅用灰度级反映与最近边界距离的图像。

0	0	0	0	1	1	1	1	1	0	0	0	0

(a) 二值图像

0	0	0	0	1	2	3	4	5	0	0	0	0

(b) 第一次遍历(左⟶右)的结果

0	0	0	0	1	2	3	2	1	0	0	0	0

(c) 第二次遍历(右⟶左)的结果

图 8.37 一维距离变换

在二维距离变换中，一个类似于卷积核的模板以一种类似卷积的操作在整幅图像中移动。像一维距离变换一样，需要二次扫描处理。向前的扫描是从左向右、自顶向下进行的。在模板进行所到的每一位置，模板中的每个元素与其对应的像素值相加而形成一个两项和的集合。如果模板是空白的，则什么都不做。位于模板中心下方的像素用这些和中的最小值取代。

图 8.38 是 3×3 模板产生的距离图像，其中的灰度级是到边界的笛卡儿距离的三倍。经规范化后的数据与真实的笛卡儿距离的最大偏差是 8%。5×5 模板产生了一幅 5 倍于距离的图像，它们的最大误差只有 2%。

作为一个例子，距离变换在分割一群互相接触的目标情况下很有用。群中的每个目标在距离图像中都产生一个局部最大值(大致位于其中心)。

4	3	4
3	0	

→

	0	3
4	3	4

←

(a) 3 × 3

	11		11	
11	7	5	7	11
	5	0		

→

		0	5	
11	7	5	7	11
	11		11	

←

(b) 5 × 5

图 8.38　用倒角(chamfer)算法实现二维距离变换时所用的模板对

8.5.7　边界曲率分析

一条曲线上某点处的曲率定义为该点沿曲线方向的切线角度的变化。一个目标的边界的曲率在凸起处取正值，而在凹陷处取负值。

例如，图 8.39 所示的边界曲率函数图显示了两个分别对应于凹陷处的负尖峰。如果该目标是凸的，那么这就代表了一个分割错误。在 a 和 b 之间引一条割线可以隔开这两个目标。因此，边界曲率函数可用来协助检测分割错误。

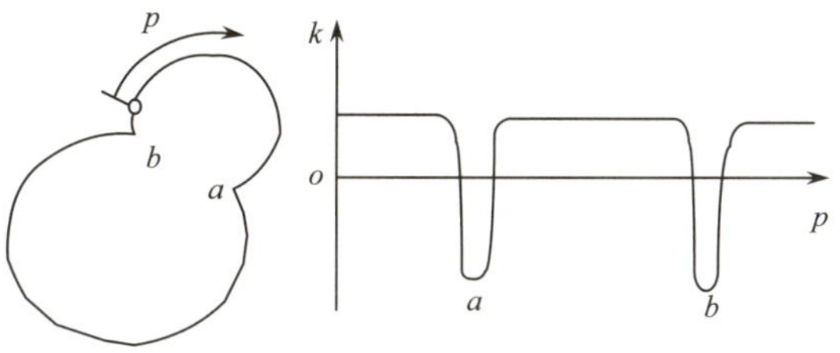

图 8.39　边界曲率函数

8.6　区 域 标 识

区域标识是对分割出的对象设定唯一化标识 ID 的过程，也就是标签化(label)过程。利用区域标识产生的 ID，可以快速提取分割结果中的特定对象。

区域标识有很多方法，其中常用的是给每个区域(或每个边界)一个唯一的标志数字(整数)：这样的标识称为标注(labeling)或着色(coloring)(也称为连通分量标注)，最大的整数标号通常就是图像中区域的数目。另一种方法是使用较少数目的标号(在理论上四个就足够了)，条件是保证不存在两个相邻区域有相同标号。

假设分割后的图像 R 由 m 个不相交的区域 R_i 组成。图像 R 常常由若干物体和一个背景组成。

$$R_b^c = \bigcup_{i=1, i \neq b}^{m} R_i$$

式中，R_b^c 是集合的补，R_b 为背景，其他区域是物体。标注算法的输入通常是二值或多灰度级图像，其中背景可用零值表示，物体则用非零像素表示。灰度级图像常常用于表示标注的结果，背景用零值表示，区域用非零标号表示。

区域标识的简单算法

(1) 第一遍扫描。逐行扫描图像 R，对于每个非零像素 $R(i,j)$ 赋一个非零的值 v。根据邻域像素的标号来选择 v 值，其中邻域为 4 相邻或 8 相邻(不考虑在图像 R 外面的邻域)。

如果所有的邻域都是背景像素(其像素值为零)，则 $R(i,j)$ 被赋予一个新的(到目前为止)没使用过的标号。

如果仅仅只有一个邻域像素有非零标号，那么就把这个标号赋予像素 $R(i,j)$。

如果邻域中有不止一个非零像素，则把这些像素中的任意一个的标号赋予要标注的像素。如果邻域的标号有不同(标号冲突)，则将标号对作为等价对保存起来。等价对被保存在具有单独数据结构的等价表中。

(2) 第二遍扫描。所有的区域像素在第一遍扫描时被标注了，但是一些区域存在具有不同标号的像素(由于标号冲突)。第二遍扫描图像，使用等价表的信息重新标注像素(如用等价对中的最小值)。

标识过程中经常发生标号冲突。例如图像中的"U"形物体，E 的镜像(ᴲ)物体，等等[图 8.40(c)]。等价表是图像中出现的所有标号对的列表；所有的等价标号在第二步中用一个唯一的标号代替。因为事先通常不知道标号冲突的数目，所以保存等价表的数组必须先分配足够的空间。为了便于在第二遍扫描中对区域进行简单计数，一般给区域赋予递增的标号。

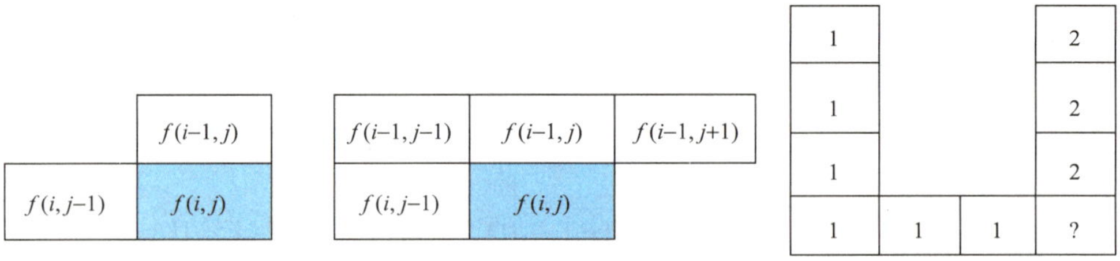

(a) 4连通 (b) 8连通 (c) 标号冲突

图 8.40 区域标识的掩膜

图 8.41 是对分割后图像进行区域标识的例子。

区域计数(region counting)是计算区域的个数，它与区域标识问题紧密相关。计数结果可以从区域标识结果中立即得出。如果只需区域计数，而无须标识它们，那么一遍扫描就足够了。

进行区域标识和区域计数后，每个区域包括的像素数可以方便地统计出来。此时，如果认为像素数小的区域可以忽略，将该区域的标号赋 0 即可。

0	0	0	0	0	0	0	0	0	0	0	0	0	0
0	0	0	0	0	1	1	0	0	1	1	0	1	0
0	1	1	1	1	1	1	0	0	1	0	0	1	0
0	0	0	0	1	0	1	0	0	0	0	0	1	0
0	1	1	1	1	1	1	1	1	1	1	1	1	0
0	0	0	0	1	1	1	1	1	1	1	1	1	0
0	1	1	0	0	0	1	0	1	0	0	1	1	0
0	0	0	0	0	0	0	0	0	0	0	0	0	0

(a)

0	0	0	0	0	0	0	0	0	0	0	0	0	0
0	0	0	0	0	2	2	0	0	3	3	0	4	0
0	5	5	5	2	2	2	0	0	3	0	0	4	0
0	0	0	0	5	0	2	0	0	0	0	0	4	0
0	6	6	5	5	5	2	2	2	2	2	4	4	0
0	0	0	0	5	5	5	2	2	2	2	2	4	0
0	7	7	0	0	0	5	0	2	0	0	2	2	0
0	0	0	0	0	0	0	0	0	0	0	0	0	0

(b)

0	0	0	0	0	0	0	0	0	0	0	0	0	0
0	0	0	0	0	2	2	0	0	1	1	0	2	0
0	2	2	2	2	2	2	0	0	1	0	0	2	0
0	0	0	0	2	0	2	0	0	0	0	0	2	0
0	2	2	2	2	2	2	2	2	2	2	2	2	0
0	0	0	0	2	2	2	2	2	2	2	2	2	0
0	3	3	0	0	0	2	0	2	0	0	2	2	0
0	0	0	0	0	0	0	0	0	0	0	0	0	0

(c)

图 8.41 8 连通下的物体标识

(a)、(b)、(c)是算法步骤。(a)为初始图像；经过第一遍扫描后得到(b)，其等价表为 2-5，5-6，2-4；进行第二遍扫描得到(c)，其中，按照等价表，4 成为 2，6 成为 5，5 成为 2，它们构成一个区域，标记为 2；3 单独标记为 1；7 标记为 3

思 考 题

1. 什么是图像分割，图像分割有何意义？图像分割的基本原理是什么？分割应遵循哪些原则？图像特征与图像分割之间是什么关系？
2. 简述图像分割主要方法及其特点。
3. 成功的图像分割的前提条件是什么？
4. 举例说明直方图在图像分割中的应用。
5. 使用灰度阈值进行图像分割时怎么选择最佳的阈值？
6. 对于多噪声的图像，如何使用直方图方法进行图像分割？
7. 在灰度阈值方法中，最大方差比阈值方法的基本原理是什么？
8. 什么是分水岭方法？有什么特点？
9. 区域生长方法的基本原理是什么？
10. 应用区域生长法分割图像应当注意哪些问题？
11. 简单区域扩张法的基本步骤是什么？
12. 什么是数学形态学方法？
13. 怎么使用数学形态学方法进行图像的腐蚀？
14. 举例说明图像膨胀的计算过程。
15. 腐蚀和膨胀有哪些变种？各有什么作用？
16. 如果一个图像的值全部为 0 或全部为 1，腐蚀和膨胀是否会改变图像的值？
17. 什么是开运算和闭运算？有什么作用？
18. 灰度图像的数学形态学运算与二值图像的形态学有什么区别？

19. 击中-击不中变换用来解决什么问题?

20. 图像细化与腐蚀，粗化与膨胀在应用上有什么区别?

21. 区域标识有什么作用?如何进行二值图像的自动区域标识?对于多值图像，如何进行区域标识?

22. 举例说明邻域定义对区域标识的影响。

第 9 章　遥感图像分类

在遥感应用中，通过遥感图像处理和判读识别分类各种地物是一个主要的工作。无论是地物信息提取、土地动态变化监测，还是专题制图和遥感图像库的建立等都离不开图像分类。

遥感图像分类，是对遥感图像上的地物进行的属性识别和划分，是模式识别技术在遥感技术领域中的具体运用。分类的目的是从图像中识别实际地物，进而提取地物信息。遥感图像分类与遥感图像目视判读技术的目的一致，但手段不同，目视判读直接使用人类的自然识别智能，而遥感分类利用计算机技术来模拟人类的识别功能。

9.1　基 本 原 理

同类地物在相同的条件下(光照、地形等)应该具有相同或相似的光谱信息和空间信息特征，不同类地物之间具有差异。根据这种差异，将图像中的所有像素按其属性的相似性划分为若干个类别(class)的过程，称为遥感图像分类。

遥感图像分类的对象是遥感图像中的像素，采用的是决策理论或统计方法，以每个像素的属性特征为依据。对于同一个传感器的图像，假设传感器的性能是不变的、或其变化对图像的影响误差是可估计的，假设成像条件(传感器的位置、光源或辐射源、辐射传输过程等)是不变的或可估计的，则像素间的差异反映了地物间的差异。基于像素间的差异可以进行地物类别的划分。

假设遥感图像有 P 个特征，将 (i, j) 位置的像素视为样本，则像素各个特征的值可以用二维表格表示，其中，行是样本，列是特征，表示为 $X=(x_1, x_2, \cdots, x_p)$，称为特征空间。在遥感图像分类中，把图像中的某一类地物称为模式，把属于该类的像素称为样本。

下面以两个特征的遥感图像为例来说明。

在具有两个特征的情况下，图像中的每个像素可用特征空间中的一个点表示。同一类地物的光谱特性比较接近，因此在特征空间中代表该类地物的像素将聚集在一起，多类地物在特征空间中形成多个点簇。

在图 9.1 中，设图像上只包含两类地物，记为 A,B，则在特征空间中会有 A,B 两个相互分开的点簇。将图像中两类地物分开等价于在特征空间中找到若干条曲线(如果特征大于 3，需找到若干个曲面)将 A,B 两个点簇分开。设曲线的表达式为 $f_{AB}(X)$，则方程

$$f_{AB}(X)=0$$

称为 A,B 两类的判别边界(decision boundary)。

$f_{AB}(X)$ 确定后，可以方便地判定特征空间中的任意一点属于 A 类还是 B 类。根据几何学的知识可知：

$$\text{如果 } f_{AB}(X)>0 \text{ 时 } X \in A \text{，那么 } f_{AB}(X)<0 \text{ 时 } X \in B$$

这是确定样本归属类别的判别准则(decision criteria)，$f_{AB}(X)$ 称为判别函数(decision function)。

遥感图像分类算法的核心就是确定判别函数 $f_{AB}(X)$ 和判别准则。为了保证所确定的 $f_{AB}(X)$ 能够较好地区分特征空间中的各类地物，通常是在一定的准则(如贝叶斯分类器中的错误分类概率最小准则等)下求解判别函数 $f_{AB}(X)$ 和判别准则。

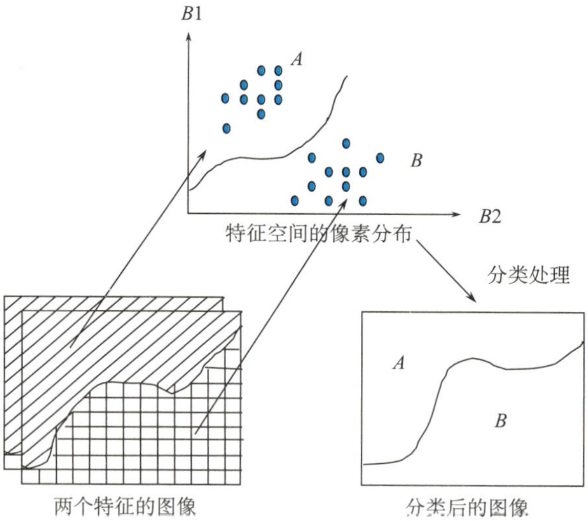

图 9.1　遥感图像分类

9.2　像素间的相似性度量

在特征空间已经设定的情况下，每个像素的分类问题，就是判定它与哪个类的特征更相似的问题。相似的像素归为一类。

相似性可用“距离”来度量。分类是确定像素距离哪个点群中心较近，或落入哪个点群范围可能性大的问题。像素与点群的距离越近，那么，属于该点群的可能性越高。按照一定的准则，当距离小于一定值时，像素被划分给最近的点群。每个点群为一个类。

根据距离的分类是以地物光谱特征在特征空间中以点群方式分布为前提的，也就是说，假定不知道特征的概率分布，但认为同一类别的像素在特征空间内完全聚集成团状(点群)，每个团(点群)都有一个中心。这些团内点的数目越多，亦即密度越大或点与中心的距离越近，就越可以肯定它们属于一个类别，所以点间的距离成为重要的判断参量。同一类别中点间的距离一般来说比不同类别点间距离要小。也可以认为，一个点属于某一类，那么它与这个类中心的距离要小于到其他类别中心的距离。因此，在点群(团)中心已知的情况下，以每个点与点群中心的距离作为判定的准则，就可以完成分类工作。

运用距离判别函数时，要求各个类别点群的中心位置已知。对于光谱特征空间中的任一点 x，计算它到各类中心点的距离 d，最小距离对应的类就是 x 像素属于的类。

常用的距离度量有如下几种。

1. 绝对距离

绝对距离是像素到类中心的直接距离。表达式为

$$d_{ik}=\sum_{j=1}^{p}\left|x_{ij}-M_{kj}\right|$$

式中，d_{ik} 为当前像素 i 到类 k 的距离；p 为波段数(或选用的特征的数量)；x_{ij} 为像素 i 在 j 波段的像素值；M_{kj} 为类 k 的中心在波段 j 的均值。

绝对距离公式中，各特征(这里是波段)等权出现，所以也称为等混合距离，在分类中经常使用。

2. 欧氏(Euclidean)距离

欧氏距离是平面上两点之间的直线距离，应用最多。

$$d_{ik}=\sqrt{\sum_{j}^{p}(x_{ij}-M_{kj})^2}$$

欧氏距离中各特征也是等权的。

绝对距离和欧氏距离也称为明氏距离，使用中需要注意以下问题：

(1)特征的量纲。具有不同量纲的特征放在一起进行比较常常是无意义的。例如，特征为某个波段亮度值和某种比值时，波段的亮度值通常是整数，而比值常为浮点数，且可能值域较少，将这样数量级相差较大的数以同等的权组合起来，会突出绝对值大的特征的作用而降低绝对值小的特征的作用。解决办法是分类前对特征进行标准化。

(2)特征间的相关性。图像特征间通常(未经正交变换)是相关的，意味着它在表征地物特性方面有共性。若大部分特征相关性较强，而个别的相关性不大，则一般来说相关的特征和不相关的特征在距离中的权应是不一致的，但在上述公式中的权是相同的，这是个缺点。下面的马氏距离解决了这个问题。

3. 马氏(Mahalanobis)距离

马氏距离是一种加权的欧氏距离，是欧氏距离正态分布的多维延伸，它通过协方差矩阵来兼顾变量的变异性。

在实际分类中，点群的形状是大小和方向各不相同的椭球体，如图 9.2 所示，尽管 i 点到 M_A 的距离 D_A 小于到 M_B 的距离 D_B，即 $D_A<D_B$，但由于 B 点群比 A 点群更为离散，因而把 i 点划入 B 类更合理。可以这样理解距离中的加权：权重表明计算的距离与各点群的方差有关，方差愈大，计算的距离就愈短。如果各个点群具有相同的方差，则马氏距离是欧氏距离的平方。

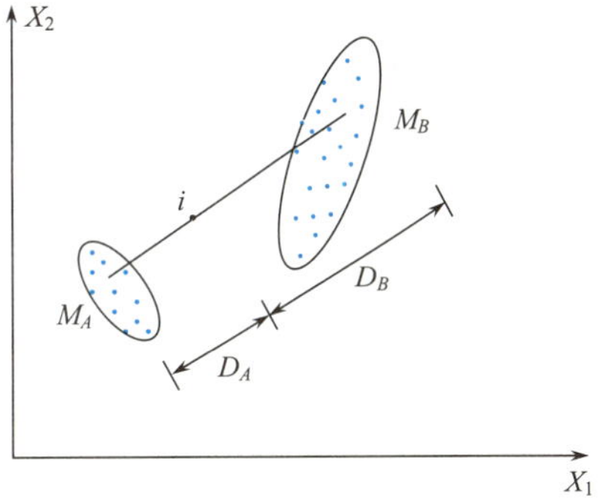

图 9.2　马氏距离

当前像素点 i 的值 X 到类别 k 的马氏距离，与类别 k 的均值 $M(k)$ 和协方差 $S(k)$ 有关，表达式为

$$d_{ik}=\sum(X-M_k)S_k^{-1}(X-M_k)^{\mathrm{T}}$$

或

$$d_{ik}=\sum_{j=1}^{p}[\sum_{m=1}^{p}[(x_{im}-M_m(k))c_{jm}(k)](x_{ij}-M_j(k))^{\mathrm{T}}]$$

式中，p 为特征个数；c 为类别 k 内像素值的协方差 S 的逆矩阵。

4. 相似系数

相似系数又称为余弦距离，表明了当前像素的向量和类向量之间的夹角，像素 i 到类 k 的距离表达式为

$$d_{ik}=\frac{\sum_{j=1}^{p}x_{ij}M_{kj}}{\sqrt{\sum_{j=1}^{p}x_{ij}^{2}\sum_{j=1}^{p}M_{kj}^{2}}}$$

相似系数为 1，表明两个向量是重合的。注意：相似系数为 1 不代表两个向量之间的欧氏距离为 0。

将地面光谱作为已知类，比较图像光谱与地面光谱的相似性，相似系数具有更好的效果。在本章的监督分类中，光谱角分类使用了相似系数作为相似性的度量。

9.3 分类方法和分类器

9.3.1 分 类 方 法

分类方法(classification method)指分类思路或思想，是通过比较事物之间的相似性，把具有某些共同点或相似特征的事物归属于一个集合的逻辑方法。分类可以是人为的划分，也可以是根据研究对象的特征进行的划分，遥感图像分类属于后者。

(1)根据是否需要分类人员提供已知类别及其训练样本，以对分类器进行训练和监督，可将遥感图像分类方法划分为监督分类和非监督分类。

事先已经知道类别的部分信息(即类别的先验知识)，对未知类别的样本进行分类的方法称为监督分类(supervised classification)。事先没有类别的先验知识，对未知类别的样本进行分类的方法称为非监督分类(unsupervised classification)。

(2)根据分类使用的数学方法可以分为统计方法和模糊数学方法。前者以随机数学理论为基础，包括 K-均值分类、最大相似性分类等。后者以模糊数学理论为基础，主要是模糊分类。

(3)根据一个像素被分到一个类还是多个类，可将遥感图像分类方法分为硬分类和软分类。图像上的一个像素只能被分到一个类的分类方法称为硬分类(hard classification)。传统的统计分类方法都是硬分类。

硬分类有时可能不合理，因为有些像素可能同时具有两个类或多个类的性质。例如，在依据概率 P 值大小分类的最大似然分类中，假定一个像素属于 A 类的概率 $P_A=0.4999$，属于 B 类的概率 $P_B=0.5001$，那么它被分类为 B。再如，假定一个像素属于 A 类的概率 $P_A=0.3334$，属于 B 类和 C 类的概率 $P_B=0.3333$ 和 $P_C=0.3333$，那么它被分类为 A。这虽然是些极端的例子，但却说明把像素一刀切地分到一个类的做法显然不太合理。有人形容这种分类是胜者通吃(winner-take-all)。也许科学的说，前一个像素属于 A 类和 B 类的合理性各占二分之一，后一个像素属于 A、B 和 C 类的合理性各占三分之一。

图像上的每一个像素可以同时被分到两个或两个以上类别的分类方法，称为软分类(soft classification)，这时每个像素除了被分类外，还同时允许它在不同的两个或多个类中具有隶属概率(class membership probability)或隶属度(membership value)。这是对硬分类不合理性的一种较合理的解决方式。

典型的软分类是模糊分类或模糊聚类。另一个是亚像素和混合像元分类或者叫做混合像元分解。人工神经网络也可进行软分类。

遵循遥感图像处理软件中功能的划分，并遵循传统的图像分类方法，在非监督分类和监督分类部分叙述基于单一决策规则的统计学分类方法，主要用于高空间分辨率图像的面向对象分类单独作为一节叙述。对于模糊数学方法、基于多种规则的人工神经网络方法和决策树方法，在其他方法一节中叙述。

按照非监督分类与监督分类的二分法，模糊数学、决策树、面向对象分类均属于监督分类。人工神经网络方法可以用于非监督分类或监督分类。综合所有方法的图像分类归入专家系统分类。

(4) 参数分类和非参数分类：根据是否假定类的概率分布函数并估计其分布参数来划分。这两个概念经常在模式识别、数据挖掘和机器学习中出现，遥感图像分类中也逐渐在使用这些概念。

参数分类(parametric classification)：假设类的图像特征总体服从特定的分布(通常是正态分布)，然后利用训练数据获得分类器(分类模型)的参数，如均值、方差、协方差、类内差等，通过统计参数估计类在特征空间的位置概率分布进行的分类。其分类准则(决策边界)可以显式的表达出来，相关的分类器最典型的是后面内容中的最大似然分类器。分类结果的优劣与训练区、特征和分类器有关。参数分类计算速度快，往往是初选的方法。

非参数分类(non-parametric classification)：在真实世界中，实际的统计参数不可能是已知的，选择的训练区(采样)可能无法完全表达总体，且各个类别的图像特征的统计参数也难以是统计上独立的；不进行数据总体的概率分布的假设，认为参数是非固定的，基于训练数据和其他方法(数学方法、空间近邻规则等)进行的分类，分类准则往往难以显式的表达出来。相关的分类器有支撑向量机(SVM)、神经网络(ANN)、K 近邻、随机森林等。分类结果的优劣除了受训练区、图像特征影响外，还在很大程度上受分类器本身的参数选择和设置的影响。非监督分类计算速度慢，往往用来改进分类精度。

9.3.2 分 类 器

分类器(classifier)指分类中具体使用的分类准则、算法或模型，用于将像素映射为特定的类别。同一个分类方法下有不同的分类器。不同的分类器可以按照一些规则组合起来，构成组合分类器以提高分类精度。常用的分类器包括：K-均值、最小距离、最大似然、光谱角、决策树、朴素贝叶斯、神经网络、支撑向量机、随机森林等。

图 9.3 是给出了图像到图像分类结果的基本过程：从图像中提取、选择特征，然后利用分类器进行分类，将各个类别进行唯一的标识，产生分类结果图像。

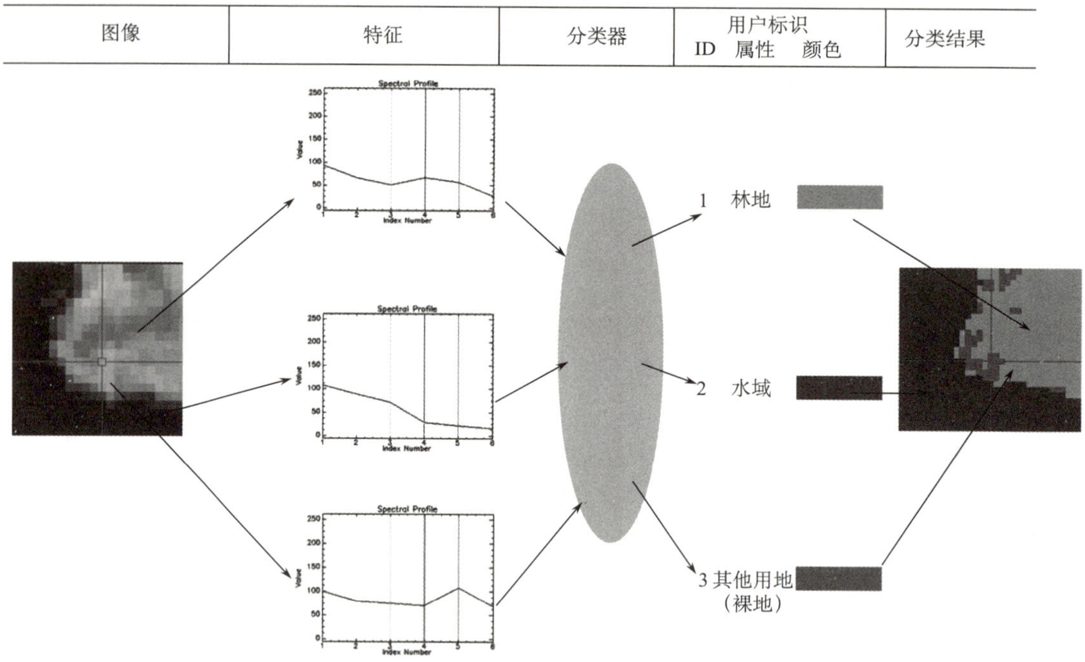

图 9.3　从图像到图像分类

9.4　图像分类的工作流程

遥感图像分类的基本工作流程如图 9.4 所示。

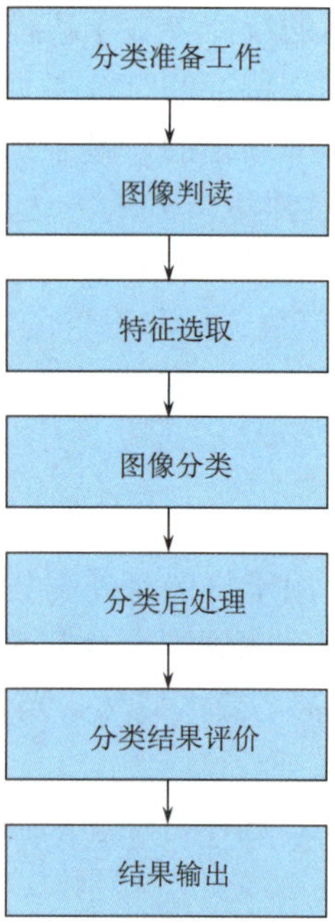

图 9.4　遥感图像分类的工作流程

9.4.1　准备工作

分类前一般需要对原始图像进行预处理等各种准备工作，包括建立分类系统，图像的预处理如图像裁减、辐射校正、几何纠正等。

1. 确定分类系统

根据已有的研究对象的分类标准，结合区域的特点制定符合区域要求的遥感分类系统。

图像分类结果必须遵循特定的分类系统，为了考虑不同的情况，很多时候会建立分层分类系统。在分类前需要确定分类使用的各类的级别和解译标志；在分类后，需要根据分类结果完善修改工作区域的分类。土地利用和土地覆盖是常见的遥感图像分类工作，因年代、国度不同，其分类标准不同。在工作前需要查询最新的标准。

本质上，遥感是对地表地物的探测，是对地表覆盖的分类。土地利用与土地覆盖的内涵不同：土地利用中包括了人对土地的利用方式，相同覆盖下利用方式可能差异很大，单纯用遥感图像进行土地利用分类可能会产生很大的偏差。

2. 确定工作范围

通过图像裁剪和图像掩膜方法提取工作范围的图像。

图像裁剪又叫做矩形分幅裁剪，指在一个较大图像中取出部分即子区的过程。这个子区一般是一个矩形。如果图像经过了几何精纠正，根据工作范围最小外接矩形的最大最小两个坐标点可方便地进行图像剪裁。

图像掩膜是利用掩膜方法提取工作范围图像。具有工作范围边界的矢量图(如行政区划图、地形图)转换为图像后作为掩膜图像，其工作范围内为 1 值，范围外为 0 值，然后将该图像乘以待处理图像即可。需要注意的是，待处理图像与工作范围图像大小必须相同，地图投影和坐标必须一致。

3. 多源图像的几何配准

对某一特定地区来说，有时可能没有数字图像，或者由于其他原因，需要使用卫星照片或底片扫描得到的数字图像。这时，不同波段图像可能错行或错列和行列数不同，需要先进行图像间的几何配准。

几何配准可使用图像几何精纠正的方法，也可以使用图像匹配方法，如使用图像的互信息对两幅图像进行自动匹配。

4. 噪声处理

尽可能选用无云的质量好的图像，但有时免不了用到有噪声的图像，分类前要进行噪声处理。噪声多半由传感器引起，对于洗印片或胶片图像来说，还有实验材料和制作工艺中产生的噪声。噪声的类型也有多种，处理方法因问题而定。

噪声校正模型的设计往往把噪声视为正常信号之上的一个额外附加项，并且假定在较大的图像范围内这个附加项正负之和为零。胶片上一种常见的噪声是氯化银粒度变化引起的噪声，扫描类传感器的常见噪声是周期性条纹。对这些噪声可以用图像平滑、傅里叶变换等方法进行处理。

5. 辐射校正

用户进行的辐射校正包括辐射定标、大气校正、太阳高度角辐射校正、地形引起的辐射变化校正等，其中最难的是大气校正。已有很多研究提出了较精确的大气校正模型，但实际应用中都有一定的问题和困难。应用中应尽可能选择无云的晴天图像。

陆地遥感与水色遥感使用的大气校正模型差异很大。遥感软件中的大气校正模型，如 6S、ATCOR、Flaash 等只适用于陆地遥感。

大气校正对不同年份、不同月份的地物动态变化的遥感监测是极其重要的，亟待解决。

6. 几何精纠正

如果分类结果需要进行专业制图，那么在分类前必须做几何精纠正。几何精纠正通常以相应比例尺的地形图为标准来进行，其中用得较多的是 1∶5 万的地形图。几何精纠正也可用已与地形图配准的专业图或已经经过几何精纠正的卫星图像来进行。根据不同精度要求，使用手持 GPS/差分 GPS 直接在野外定位地面控制点坐标，可大大提高几何精纠正的工作效率。

在进行大比例尺图像分类制图时，图像还必须结合区域的 DEM 数据进行正射校正。

7. 多图像融合

高光谱图像其光谱范围小，为了保证接受足够的代表性信息和维持较高的信噪比，通常需要一个比全色图像大的空间范围来接收信号。换句话说，为了有较高的光谱分辨率只好采用较低的空间分辨率。为了使高光谱分辨率的图像也同时具有高空间分辨率的性质，需要进行图像融合。通过将高空间分辨率的图像融入空间分辨率较低的多光谱图像中，可以提高图像的空间分辨率。

融合方法有多种，如空间域融合、光谱域融合、比例尺-空间融合等。

空间域融合通过空间滤波和高频调制的方法将高空间分辨率图像的高频内容转换到低空间分辨率图像中。

光谱域融合先对低空间分辨率的多光谱图像进行某种数据变换，产生若干个数据变换图像，然后用一个高空间分辨率图像取代数据变换图像中的一个，再实行逆变换，从而得到多波段的新图像，即融合图像。主成分图像融合和彩色变换图像融合就是这样的方法。

比例尺-空间融合是用比例尺-空间变换的方法实现多图像融合的技术。

在多图像融合中，需要先进行两项重要的工作，一是各图像都必须进行几何纠正和互相配准，二是被融合图像相互间应有合理的辐射相关性。

使用融合后的图像进行分类，不仅可以充分利用原图像的光谱分辨率，而且附加了某种高空间分辨率，分类效果更好。

9.4.2 图 像 判 读

图像判读是确定分类使用的特征，进行信息提取的必要手段。进行图像判读时，图像中目标物的大小、形状、阴影、色调、颜色、纹理、图案、位置及与周围的关系称为判读的八要素。通过图像判读，获得图像各个类别的解译标志，从而为典型类别训练区的确定提供依据。图像判读前，需要进行显示增强处理。

(1)大小(size)：根据判读目的选定需要的比例尺。根据比例尺的大小，可以预先知道图像上像素与实际距离的对应关系。

(2)形状(shape)：不同的目标物在图像上会呈现出不同的形状。用于图像判读的图像通常多是垂直拍摄的，同样为树木，针叶树的树冠呈现为圆形，而阔叶树则形状不定，从而可以识别出二者。此外，飞机场、港湾设施、工厂等都可以通过它们的形状特征进行判读识别。

(3)阴影(shadow)：对于山脉等阴影中的树木及建筑物，阴影的存在会给判读造成麻烦，导致目标丢失。另外，在单像片判读时，利用阴影可以了解铁塔、桥及高层建筑物等的高度与结构。

(4)色调(tone)：黑白像片从白到黑的密度比例称为色调(也称为灰度)。在全色图像中，目标物按照反射率大小呈现出白—灰—黑的密度变化。例如，同样为海滩的沙子，干的沙子发白，湿沙则发黑。在红外图像上，水域是黑色的，植被则发白。

(5)颜色(color)：在彩色图像中，森林及农作物看上去同为绿色，但由于其颜色的细小差别仍然能判别出树种及作物的种类。彩色红外图像及假彩色图像可以表示出特殊的颜色，更容易识别出特定的目标物。

(6)纹理(texture)：也称为结构，指与色调配合看上去平滑或粗糙的纹理的粗细程度，即图像上目标物表面的质感。草场及牧场看上去平滑，造林后的幼树看上去像铺了天鹅绒，针叶树林看上去很粗糙。这种纹理也是判读的线索。

(7) 图案(pattern)：目标物规律排列而形成的图案。例如，住宅区的建筑群、农田的垄、高速公路的出入口、果树林排列整齐的树冠等。以这种图案为线索可以容易地判别出目标物。

(8) 位置及与周围的关系：前七个要素加上区域的地理分布特征和空间分布的关系，结合判读人员的专业知识等，可以确定地物的类别。

9.4.3　特 征 选 择

遥感图像分类的基础是图像特征。

在分类之前，必须先确定待分类对象的测量特性以产生描述参数。对象的特征是对象的本质属性，测量得到的参数值组成了对象的特征向量，并表示为特征变量。选择适当的特征是很重要的，在图像计算机分类时它是唯一的依据。

图像的特征包括多种，如光谱特征、植被指数、变换后的图像、纹理或上下文信息、多时相图像、多传感器图像，以及辅助数据等。在图像分类中，虽然可以笼统地说特征变量多、维数高，有利于分类精度的提高，但是，因为地表覆盖的可分离性不同，太多的变量和太高的维数，不仅增加了分类算法的复杂性与计算量，而且变量之间往往有较高的相关性，在分类判决过程中会造成更多的混淆与不确定性，反而会降低分类精度。所以在进行分类之前，既要考虑增加新的特征，又要从已经形成的多维特征变量中进行正确选择，选出一些有良好分类效果的特征变量，才能有效地提高分类精度。

图像分类中的特征选择是个相当复杂的问题，由应用目的、研究地区特点、遥感图像类别与成像季节等众多要素来确定。但是，总的原则是：尽可能选取数量适当有助于增加同类地物类聚性(即类内个体间离散性小)、能扩大地物类别之间差异性的特征。在实践中，往往需要反复试验才能确定最优特征。

下面是特征选择的常用原则。

1) 按照方差来选择

一般认为，方差越大，提供的信息量越大。所以，具有高方差的特征往往是首选特征。

2) 按照相关性来选择

特征之间的相关性应该比较小，以提高特征的作用。所以，与选定的特征相关性较低的特征可以认为包括了新的信息，可以选作分类用的特征。

3) 按照方差和相关系数来选择

针对 K 个波段的多光谱图像的特征选择问题，美国查维茨等提出了如下最佳指数公式(OIF，Optimum Index Factor)①：

$$\mathrm{OIF}=\frac{\sum_{i=1}^{p}\sigma_i}{\sum_{i=1}^{p-1}\sum_{j=i+1}^{p}|r_{ij}|}$$

① Chavez P S, Berlin G L, Sowers L B.1982. Statistical methods for selecting Landsat MSS ratios. Journal of Applied Photographic Engineering, 8: 23-30. Chavez 是有名的遥感研究专家，他的另一篇大气校正论文 Image-based atmospheric corrections- revisited and improved(1996)也被广泛引用。OIF 最初用来对比任意三个波段的合成效果，该值越高，波段合成提供的信息量越大。相关的计算可参考：http://spatial-analyst.net/ILWIS/htm/ilwisapp/optimum_index_factor_functionality_algorithm.htm.

式中，σ_i 是第 i 个波段的标准差，越大，该波段图像的信息量越大；r_{ij} 表示第 i 个波段与第 j 个波段之间的相关系数，r_{ij} 越小，两个波段数据之间的独立性越高。综合起来，OIF 值越大，波段组合越优。

4）按照类间的分离性来选择

如果已经具有了初步的类别信息，那么，能够最大化类间差异的特征是首选特征；能够最小化分类错误的特征是首选特征。

9.4.4 图像分类

根据特征与分类对象的实际情况选择适当的分类方法和分类器。一般来说，非监督分类方法简单，不需要先验知识，当光谱与地物类别对应较好时比较适用。如果地物类别之间光谱关系比较复杂时，监督分类方法比较好。

如果图像中地物复杂且难以直接区分，建议使用神经网络分类器或支撑向量机分类器。

对于高光谱图像分类，建议使用光谱角分类器。

对于高空间分辨率图像的分类，建议使用面向对象的分类。

9.4.5 分类后处理

图像分类过程是按像素逐个进行的，分类结果图像中成片的地物类别分布区内往往会出现零星的异类像素，其中许多是不合理的。因此，要根据分类和制图要求进行分类后处理。

9.4.6 分类结果评价

分类完成后，需要对分类的精度与可靠性进行评价。进入传感器的信息受传感器空间分辨力和光谱分辨力的限制，常常是混合的地物信息。有时地物本身就是混合在一起的，如植被下面是土壤，因此不存在理想的分类器。总体上看，受“同物异谱”“异物同谱”影响，错分的情况普遍存在，图像分类后必须进行精度检验和评价。错分像素所占的比例越小，则分类结果越佳。

9.4.7 结果输出

对于达到精度要求的分类图像，根据需要和用途，设置投影、比例尺、图例等制作成专题图，或将分类结果转换为矢量格式，供 GIS 使用。

9.5 非监督分类的分类器

非监督分类是不加入任何先验知识，利用遥感图像特征的相似性，即自然聚类的特性进行的分类。分类结果区分了存在的差异，但不能确定类别的属性。类别的属性需要通过目视判读或实地调查后确定，并归入到预定义的分类系统的类别中。

非监督分类有多种分类器，其中，K-均值方法和 ISODATA 方法效果较好、使用最多。

非监督分类的假设：在具有相同的表面结构特征、植被覆盖、光照等条件下，遥感图像中的同类地物具有相同或相近的光谱特征，从而表现出某种内在的相似性，可归属于同一个光谱空间。不同的地物，光谱信息特征不同，归属于不同的光谱空间。

在图像分类的初始阶段，可用非监督分类方法来探索数据的本来结构及其自然点群的分布情况。

非监督分类主要采用聚类分析的方法，把像素按照相似性归成若干类别。其目的是使得属于同一类别的像素之间的差异(距离)尽可能小而不同类别中像素间的差异尽可能大。考虑到遥感图像的数据量较大，非监督分类使用的是快速聚类方法。与统计学上的系统聚类方法不同，遥感图像在进行聚类分析时不需要保存距离矩阵。

由于没有利用地物类别的先验知识，非监督分类只能假定初始的参数，并通过预分类处理来形成类群，通过迭代使有关参数达到允许的范围为止。在特征变量确定后，非监督分类算法的关键是初始类别参数的选定。

非监督分类主要流程如下：

(1) 确定初始类别参数，即确定最初类别数和类别中心(点群中心)。

(2) 计算每个像素对应的特征向量到各点群中心的距离。

(3) 选取距离最短的类别作为这一向量的所属类别。

(4) 计算新的类别均值向量。

(5) 比较新的类别均值与初始类别均值，如果发生了改变，则以新的类别均值作为聚类中心，再从第 2 步开始进行迭代。

(6) 如果点群中心不再变化，计算停止。

9.5.1　初始类别参数的选择

初始类别参数是指类别中心的图像特征的均值 M，以及类别分布的协方差矩阵。下面是常用的确定初始类别参数的方法。

1. 光谱特征比较法

首先，在遥感图像中定义一个抽样集，它可以是整幅图像的所有像素，也可以是按一定间隔抽样的像素；然后选定抽样集中任一像素作为第一个类别(初始类别)。

给定一个光谱相似性比较阈值，依次把抽样集中每个像素的光谱特征与各初始类别的光谱特征进行相似性比较，若该像素与其中一个初始类别相似，则作为该类中的一个成员；若不相似，则该像素作为一个新的初始类别。

完成上述过程后，每个初始类别都包含了一定的成员，据此可计算各类中心的均值和协方差矩阵。

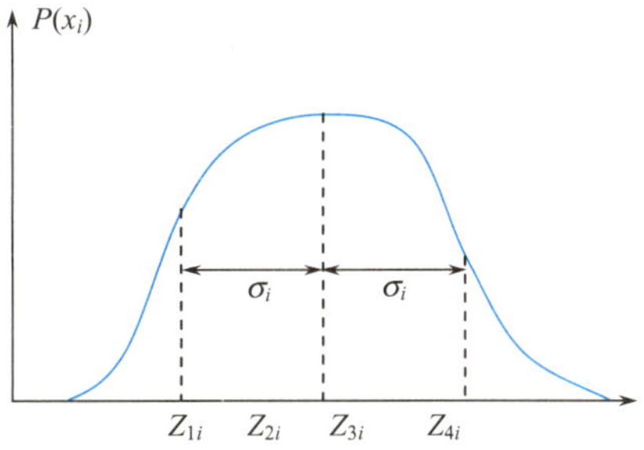

图 9.5　直方图法

2. 直方图法

在图像直方图的基础上选定类别中心(图 9.5)。

假设初始类别有 N_c 个，每个初始类别中心位置 $Z_j\,(j=1,2,\cdots,N_c)$ 可按下式确定：

$$Z_{ji}=m_i+\sigma_i\left[2(j-1)/(N_c-1)-1\right]\qquad(i=1,2,\cdots,P)$$

式中，m_i 为均值；σ_i 为标准差；P 为图像特征个数。

例如，图 9.5 表示了 $N_c=4$ 的情况，这时

$$Z_{1i}=m_i-\sigma_i\,,\quad Z_{2i}=m_i-\frac{1}{3}\sigma_i\,,$$

$$Z_{3i}=m_i+\frac{1}{3}\sigma_i\,,\quad Z_{4i}=m_i+\sigma_i$$

3. 最大最小距离法

方法的原则是使各初始类别之间尽可能地保持最大的距离。为此，首先在图像中按一定方式(如等间隔方式)获取一个抽样的像素集合 $\{X\}$ ($\{X\}=\{X_1,X_2,\cdots,X_n\}$，$n$ 为抽样个数)，在图 9.6 中，n=11。

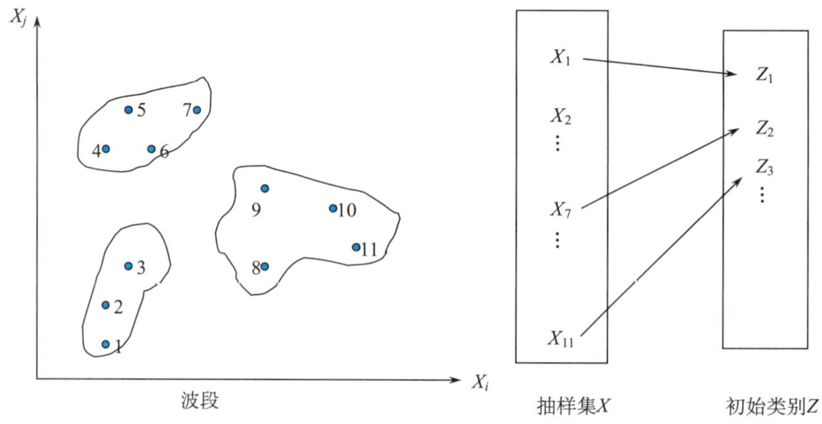

图 9.6　最大最小距离法

然后，按以下步骤确定类别中心：

(1) 取抽样集中任一像素(如 X_1)作为第一个初始类别的中心 Z_1。

(2) 计算 X_1 与其他各抽样点之间的距离 D。取距离最远的抽样点(如 X_7)作为第二个初始类别中心 Z_2，即

$$若\ D_{1j}=\max\{D_{12},D_{13},\cdots,D_{1n}\}$$

则

$$Z_2=X_j$$

(3) 对于剩余的抽样点，计算它到已有各初始类别中心的距离 $D_{ij}\,(i=1,2,\cdots,m)$，m 为已有初始类别数，并取其中的最小距离作为该点的代表距离 D_j：

$$D_j=\min\{D_{ij},D_{2j},\cdots,D_{mj}\}\qquad (m\ 为已形成的初始类别数)$$

在此基础上，再对剩余点的最小距离 D_j 进行相互比较，取其中最大者对应的抽样点(如 X_{11})作为一个新的初始类别中心点(如 $Z_3=X_{11}$)。

(4) 重复上面步骤，直到初始类别的个数达到指定数目为止。

该方法与光谱特征比较法相比，不受阈值 T 的影响；与直方图方法相比，结果更接近实际各类点群的分布位置，所以这是一种较合理的方法。

4. 局部直方图峰值法

遥感图像直方图的分布是各地物类直方图叠加形成的，每个地物类别的中心一般在本类

别直方图的峰值位置，而该位置在图像的直方图中往往会表现为局部峰值。局部直方图峰值法以搜索直方图局部峰值为基础来选定初始类别的中心，其基本过程包括图像数据抽样集的获取，建立直方图以及搜索直方图局部峰值三个步骤。

9.5.2　K-均值分类器

K-均值(K-Means)算法的聚类准则是使每一分类中，像素点到该类别中心的距离的平方和最小。其基本思想是，通过迭代，逐次移动各类的中心，直到满足如下收敛条件为止。

收敛条件：对于图像中互不相交的任意一个类，使得每个像素与其类中心的欧几里得距离的平方和最小化。

设图像中总类数为 m，各类的中心使用均值 C 来表示，类内的像素数为 N、像素值为 f，那么，收敛条件是使得下式达到最小：

$$J_e = \sum_{i=1}^{m}\sum_{j=1}^{N_i}(f_{ij} - C_i)^2$$

K-均值算法框图如图 9.7 所示。

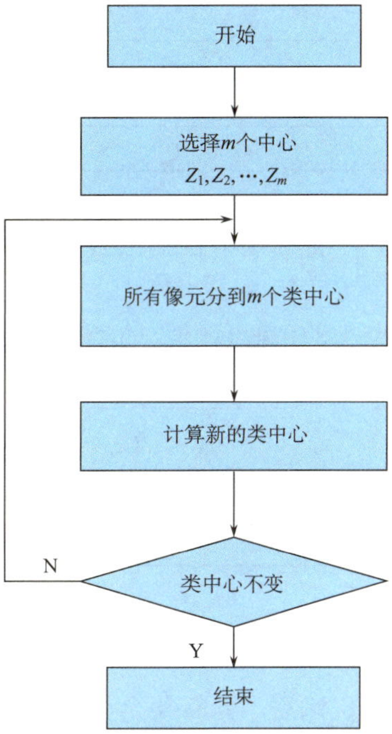

图 9.7　K-均值算法框图

计算步骤如下：

已知图像上的地物分为 m 类，m 为已知数。

第一步：适当地选取 m 个类的初始中心 $Z_1^{(1)}, Z_2^{(1)}, \cdots, Z_m^{(1)}$。初始中心的选择对聚类结果有一定的影响，使用如下两种方法：①根据问题的性质和经验确定类别数 m，从数据中找出直观上看来比较适合的 m 个类的初始中心；②将全部数据随机地分为 m 个类别，计算每类的重心作为 m 个类的初始中心。

第二步：在第 k 次迭代中，对任一样本 X 按如下的方法把它调整到 m 个类别中的某一类别中去。对于所有的 $i \neq j, i = 1,2,\cdots,m$，如果 $\| X - Z_j^{(k)} \| < \| X - Z_i^{(k)} \|$，则 $X \in S_j^{(k)}$，其中 $S_j^{(k)}$ 是以 $Z_j^{(k)}$ 为中心的类。

第三步：由第二步得到 $S_j^{(k)}$ 类新的中心 $Z_j^{(k+1)}$，$Z_j^{(k+1)} = \dfrac{1}{N_j}\sum_{X \in S_j^{(k)}} X$，其中，$N_j$ 为 $S_j^{(k)}$ 类中的样本数。$Z_j^{(k+1)}$ 按照下面误差平方和 J 最小的原则确定。J 的表达式为

$$J = \sum_{j=1}^{m}\sum_{X \in S_j^{(k)}} \| X - Z_j^{(k+1)} \|^2$$

第四步：对于所有的 $i = 1,2,\cdots,m$，如果 $Z_j^{(k+1)} = Z_j^{(k)}$，则迭代结束，否则转到第二步继续进行迭代。

K-均值方法本身假设数据是由 K 个球(或超球)分量混合而成，每个聚集的簇对应一个分量。因此，如果数据并不是若干高斯分布的混合，则结果会不稳定，需要使用与数据匹配的

像素到类中心的距离度量才能获得好的聚类结果。

K-均值方法的优点是实现简单，速度快，便于处理大数据；缺点是仅能获得局部最优解，过分依赖初始类中心的位置，指定的类别数影响着聚类的结果，难以自动获得最优类别数量，对图像中的噪声敏感。

K-均值方法在迭代过程中没有调整类数的措施，产生的结果受所选聚类中心的数目、初始位置、类分布的几何性质和读入次序等因素影响较大。初始分类选择不同，最后的分类结果可能不同。通过其他的一些方法如最大最小距离法或人工分析找出初始中心，进行数据的去噪处理等可以改善聚类效果。

实例计算：假定四个像素 A，B，C，D 的两个波段 B1 和 B2 的数据如下：

像素	波段	
	B1	B2
A	5	3
B	−1	1
C	1	−2
D	−3	−2

目标是将这些像素分成 K=2 个类，使每个类内像素间的距离比不同类像素间的距离小。为了实施 K=2 均值法，将这些像素先随意分成两个类，比如说(AB)和(CD)，然后计算这两个类的中心(均值)的坐标$(\overline{B_1},\overline{B_2})$，由此得到：

类	类中心坐标	
	B_1	B_2
(AB)	$\frac{5+(-1)}{2}=2$	$\frac{3+1}{2}=2$
(CD)	$\frac{1+(-3)}{2}=-1$	$\frac{-2+(-2)}{2}=-2$

然后，计算每个像素到类中心的欧氏距离，并将每个像素重新分配给最近的类。若类中的像素发生了变动，则该类中心(均值)在进行下一步操作之前要重新计算。先计算 A 到两个类的平方距离：

$$d^2(A,(AB))=(5-2)^2+(3-2)^2=10$$

$$d^2(A,(CD))=(5+1)^2+(3+2)^2=61$$

由于 A 到(AB)的距离小于到(CD)的距离，因此 A 不用重新分配。计算 B 到两个类的平方距离，得到：

$$d^2(B,(AB))=(-1-2)^2+(1-2)^2=10$$

$$d^2(B,(CD))=(-1+1)^2+(1+2)^2=9$$

结果表明，B 应重新分配到类(CD)中，得到类(BCD)。接下来更新类中心的坐标：

类	类中心坐标	
	$\overline{B}_1$	$\overline{B}_2$
(*A*)	5	3
(*BCD*)	–1	–1

然后再次检查每个像素，以决定是否需要重新分类。计算各种平方距离，得出如下结果：

类	像素到类中心的平方距离			
	A	*B*	*C*	*D*
(*A*)	0	40	41	89
(*BCD*)	52	4	5	5

可以看到，现在的每个像素都已经被分给距离最近的类，总的离差平方和最小，分类过程到此结束。最终得到 K=2 个类为(*A*)和(*BCD*)。

为确定分类结果的稳定性，应该以新的初始值重新运行算法，并对分类结果进行比较。

针对 K-均值方法的问题，产生了许多解决方案，例如，使用重心值代替均值作为类中心，使用散度作为像素到类中心的距离度量，增加更多的收敛准则，使用核 K-均值聚类等。详细内容请参阅《数据挖掘十大算法》。①

9.5.3　ISODATA 分类器

ISODATA (iterative self-organizing data analysis techniques algorithm) 法即迭代式自组织数据分析算法，简称迭代法，是一个最常用的非监督分类算法，在大多数图像处理系统或图像处理软件中都有这一算法，包括 ERDAS 系统和 ENVI 系统等。

ISODATA 算法与 K-均值算法有两点不同：第一，它不是每调整一个样本的类别就重新计算一次各类样本的均值，而是在把所有样本都调整完毕之后才重新计算，前者称为逐个样本修正法，后者称为成批样本修正法；第二，ISODATA 算法不仅可以通过调整样本所属类别完成样本的聚类分析，而且可以自动地进行类别“合并”和“分裂”，从而得到类数比较合理的结果。

ISODATA 的具体算法请参阅所附资料文件“ISODATA 算法描述.PDF”。

9.5.4　分类结果比较

遥感图像处理软件中一般都包括了 K-均值和 ISODATA 分类器。

图 9.8 是 ENVI 系统中实验图像的分类结果。在指定相同的初始类别数为 5 的条件下，两个方法得到了相同的结果。但是，如果在 ISODATA 分类中将初始类数最小设为 5，最大设为 10，那么最后的分类结果是 7 类。对于特征比较明显的地物，如大型水体，二者的分类结果相同。对于特征明显差异的地物，如植被和农田，ISODATA 分类给出了更多的细节。但是，

① Wu Xindong, Kumar Vipin. 2013. 数据挖掘十大算法. 李文波，吴素研译. 北京：清华大学出版社,19-29.

由于没有考虑地物之间的差异，以及异物同谱的问题，分类结果中的错误均较多。例如，紫金山上的部分林地被错误的分为水体，与长江水和玄武湖水归为一类。与 K-均值不同的是，ISODATA 分类结果中错误信息更少一些(如图 9.8 中圆圈内的部分)。因此，在进行非监督分类前，慎重选择使用的图像特征，并对分类结果进行实地调查验证是非常重要的。

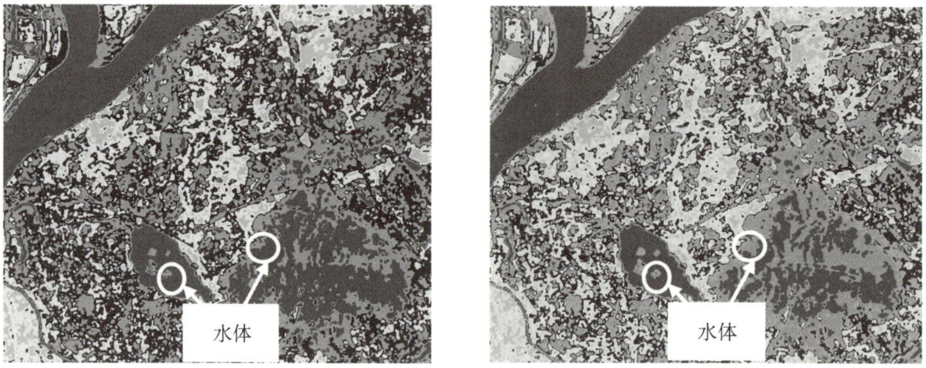

K-均值分类　　ISODATA分类

图 9.8　K-均值分类与 ISODATA 分类结果比较

Landsat7 的 ETM+图像(path/row:119/38)，使用 B1，B2，B3，B4，B5，B7 作为图像特征。为突出显示，分类结果进行了 3×3 的低通滤波

9.6　监督分类的训练区和分类器

通过对工作地区图像的目视判读、实地勘查或结合 GIS，我们可以获得部分地物的分类信息。利用已知地物信息对未知地物进行分类的方法称为监督分类。

监督分类的前提是已知遥感图像上样本区内地物的类别，该样本区又称为训练区。

监督分类的基本过程是：首先根据已知的样本类别和类别的先验知识确定判别准则，计算判别函数，然后将未知类别的样本值代入判别函数，依据判别准则对该样本所属的类别进行判定。在这个过程中，利用已知类别样本的数据求解判别函数的过程称为学习或训练。

监督分类与非监督分类不同。非监督分类是根据图像特征的相似性按照特定的规则产生的，结果可能与实际的地物类一致，也可能不一致。监督分类是根据地物类型划分的要求进行的，先确定地物的分类系统，然后确定各个类别对应的解译标志和典型区域，最后提取和选择图像特征，使用分类器进行分类，其分类结果往往包括或与聚类的结果相交叉。

需要注意的是，常用的监督分类方法中，光谱角分类器以及其他教材中提到的二值编码分类器主要用于高光谱图像的分类。

9.6.1　训　练　区

根据预定义的分类系统和图例，选择设定对应的训练区。训练区是分类系统中各个类别的代表性的典型区域，其重点是其代表性和典型性。

训练区可用来选择图像特征，这些特征对于监督分类来说是必不可少的。充分数量的训练样本及其代表性是成功分类的先决条件。

训练区在遥感处理系统中被称为“兴趣区”。在 ENVI 系统中，该区域称为 ROI，在 ERDAS 系统中称为 AOI。本文使用 ROI 表示训练区。

在建立训练区之前，首先要根据工作要求，收集地区资料，包括地形图、土地利用现状图、土壤图、植被图、行政区划图等，根据这些资料，确定分类对象和分类系统。

1. 训练区的类型

ROI 有如下三种。

(1) 点：单个像素。

(2) 线：直线或折线，主要是线性地物，较窄的河流、道路。

(3) 面：连续的分布区，如大面积的水体、绿地、城镇等。

一类地物的训练区可以是一个或多个 ROI，可以是点、线或面。

在遥感系统中确定 ROI 时，需要同时确定如下参数：

(1) ROI 名称，可以直接使用地物类的名称作为 ROI 名称，如“道路”。

(2) 颜色，使用的颜色应该与分类系统的要求保持一致。具体工作时要参照本行业的分类要求来定。

(3) 样本数目，ROI 中包括的像素数即为统计分析中使用的样本数。样本数应该足够多。

确定 ROI 后，需要进一步分析 ROI 的可分性，即计算 ROI 之间的分离指数。对于分离性较差的特征，那么在分类前去除。

2. 训练区的选择

根据分类系统的要求，结合实地调查，在遥感图像上勾绘各类典型地物的分布范围，即训练区。训练区通常通过外业或者较高空间分辨率的航空像片和卫星影像获得。

选择训练区必须考虑所用遥感数据的空间分辨率、地面参照数据的可测性和研究区域景观的复杂性。必须依据已有的知识，并尽可能参考现势性强的图件和文字资料，以便能够选出最有代表性和波谱特征比较均一的地段。有条件的话，应该进行实地调查。

选择训练区时应注意以下问题：

(1) 训练区必须具有典型性和代表性，即所含类型应与研究地域所要区分的类别一致。训练区的样本应在面积较大的地物中心部分选择，而不应在地物混交地区和类别的边缘选取，以保证特征具有典型性，从而能进行准确的分类。

(2) 使用的图件时间和空间上要保持一致性，以便于确定数字图像与地形图(或土地利用图、地质图、航片等)的对应关系。即使不一致，也要尽量找时间上相近的图件，同时，图件在空间上应能很好地匹配。

(3) 训练区的选取方式有按坐标输入式和人机对话式两类。按坐标输入式是预先把实地调查确定的各类地物分布区转绘到地图上去，量测其在选定坐标系中的位置，再把量测数据输入计算机并映射到遥感图像上。这种方式用于不带图像显示装置的计算机系统。人机对话式则用于带有图像显示装置的数字图像处理系统，它通过鼠标在图像上勾绘出地物所在的范围或转入实地调查的地图矢量数据作为训练区。

训练区确定后可通过直方图来分析样本的分布规律和可分性。一般要求单个类训练区的直方图是单峰，近似于正态分布的曲线。如果是双峰，即类似两个正态分布曲线重叠，则可能是混合类别，需要重做。

(4) 训练样本的数目。训练样本数据用来计算类均值和协方差矩阵。根据概率统计原理，协方差矩阵的导出至少需要 $K+1$ 个样本(K 是多光谱空间的维数或经过选择的特征数)，这个数是理论上的最小值。实际上，为了保证参数估计结果比较合理，样本数应适当增多。在具体分类时，要根据对工作地区的了解程度和图像本身的情况来确定样本数量。

3. 训练区的调整

在监督分类中，对训练样区的调整与优化具有十分重要的作用。选取的样区不同，分类结果就会有差异，甚至差异很大。

每一类别应选取一块以上分布在图像不同部位的训练区，但切勿选到过渡区或其他类别中。每个样区的样本数(即像素数)视该类别分布面积大小而定。每类的样本数不能太少，至少应超过变量数，否则会降低分类的可信度。初选后应进行仔细地检验和反复地调整优化。具体方法是：

(1) 对初选的训练样区进行统计分析，从统计数据或波谱曲线图中观察各样区的波谱特征是否符合地物类的一般波谱变化规律，剔除那些离散性过大的样本。

(2) 检查各类样本聚类中心分布状况，如果各类别的聚类中心较分散，而同类样本都聚集在该类中心周围，表明这些样本都比较纯，代表性高。如果情况相反，那些混入别类分布区的样本必然导致错分误判，应该剔除。剔除后如果某些类别样本不够，应该补选。

(3) 训练样区经过初步调整优化后，进行样区分类检验，并分析分类检验报告，对某些分类精度不高的样本应做进一步的调整优化，直至检验报告中错分率明显降低为止。此时表明优化训练样区的工作基本完成，可以对研究区的整幅图像进行实际的分类处理了。

即使经过了上述调整后，获得的分类结果也不一定很好，仍可能出现错分和漏分现象。因为训练样区只从像素波谱的代表性着眼，其假设是遥感图像都较严格地对应于地物属性。实际上，所谓同物异谱或异物同谱的现象并不鲜见。例如，同一农田，灌溉与否的湿度差异很大；因作物品种、栽种日期、施肥管理水平不同，作物长相、生物量会有明显差别；还有处于阴阳坡的同类地物，照度不同，图像灰度自然不一，这些都必然造成错分。对此应采取先细分后归并的对策，即依据灌溉地、非灌溉地，阴坡、阳坡，作物品种类别，长势等导致波谱差异情况，在同一类内分组采样训练和分类，然后再进行归并。

对于异物同谱和近谱所导致的误分，如果这些异物各有一定的地理分布规律，则可以采用地理环境的分区控制法。例如，高层建筑的阴影与水塘、小河，高山上部的草甸、矮林与山坡中下部的草地林木，干旱区山前洪积扇形成的戈壁滩与平原碱化土等，单依靠光谱分类难免错分，基于已有的矢量数据和知识，按地理分区(包括高程分带)进行分类，或分类后再按地域进行后处理能显著的提高分类的精度。曾志远在长江下游北亚热带湿润区土壤和土地利用的遥感分类中使用地理控制系统来解决区域同谱异类问题，取得了较好的效果(曾志远，2004)。

可能出现的最差情况是，选取的训练样区未能包括所有的地物类别，以至分类后遗留下一些无类可归的像素(未知类)。对此，如果分类目的不是普查性质，有探测重点，那么可以把这些无类可归的像素组成一个新的未知类来对待，或根据最近距离原则(或多数原则)把这些像素归到已知类别中。现有商业化的遥感图像软件一般都具有这种消除漏分拒分像素的功能(图像后处理中的多数分析等)。至于对分类精度的影响如何，需具体分析。

训练区选定后，便可以利用训练区中的样本得到相应地物类的图像特征，使用下面的各个分类器进行监督分类。

在遥感数字图像处理软件系统中，往往直接利用训练区(即训练数据)建立分类模型，然后将模型直接应用到整个图像数据。其操作流程为：选取图像特征，建立训练区，选择分类器，设置分类器参数，选择训练区数据，进行分类。这样的流程便于操作，但应用受限制。

在模式识别中，数据划分为如下三部分：

(1) 建模数据：用来训练产生分类器的数据。

(2) 验证数据：用来验证分类器是否稳定的数据。

(3) 测试数据：用来应用于分类器的数据。

其中，建模数据和验证数据均来自于训练区，样本的类型已知。分类器利用建模数据和验证数据自动寻优，以获得最佳的分类参数。

这种数据的划分对于非参数的分类更为重要。

对于参数分类，通过将训练区数据划分为建模和验证两部分后建立分类模型，有助于探测分析所选的训练区和特征是否适用。模型精度高而验证精度低的情况下，往往需要调整分类使用的图像特征、训练数据和分类参数。

9.6.2　平行管道分类器

平行管道法又称盒式分类器，有时又称等级分割分类器，或者称平行六面体分类器，但后者通常指高维的盒式分类器。平行管道法是一种最简单的分类器。

在二维即两个波段的情况下，各类训练样本的特征向量产生各自的矩形；在三维即三个波段的情况下，各类训练样本的特征向量分别产生真正的盒子；在多维即多个波段的情况下，它们分别产生多维的盒子。

每个盒子为一类。盒子的中心是训练样本类的均值向量，盒子的边界由样本类的标准差乘以分类者确定的乘数来限定。乘数可取 1、2 或 1.73 等(1.73 即 $\sqrt{3}$，是 ILWIS 系统提供的试选值)。当乘数分别取 1、2 和 1.73 时，盒子的边长就分别等于该波段值的标准差、2 倍标准差或 1.73 倍标准差。

像素落到哪个盒子就属于哪类。同时落到两个或两个以上盒子内的像素，规定分类结果为最小盒子所属的类(ILWIS 系统)，或者最后一个盒子所属的类(ENVI 系统)，落到所有盒子之外的像素被标识为“未分类”。

各类在多维空间中形成的数据集并非都沿着每一维(每个波段)数据的数轴方向分布，因而就将平行于各维数轴的盒子(立方体)的概念，修改为多维空间中方向较自由(可不平行于数轴)的平行六面体的概念。这种平行六面体的各个面不是矩形，而是平行四边形。但其分类的原则，仍是盒式分类器的原则。平行六面体分类器比盒式分类器更适合高维遥感图像。

设 N_c 类遥感图像波段的均值分别为 M_i(波段$i=1,\cdots,p$)，标准差为 S_i。对于 i 波段的像素值 x_i，进行如下的比较：

$$\left|x_i - m_{ij}\right| < T \bullet S_{ij}$$

式中，$j = 1, \cdots, N_c$，N_c 为总的类数；T 为人为规定的阈值。如果满足条件，则将当前的像素值归入 j 类。否则，排除在外，不能归入已知类别。

这种比较相当于从概率分布出发，采用几倍的标准差作为可信的分类边界，T 越大则类的范围越大。

这种方法的优点是分类标准简单，计算速度快。主要问题是按照各个波段的均值和标准差划分的平行多面体与实际地物类的点群形态不一致。因为遥感图像中不同波段之间的相关程度比较高，一般点群在空间直角坐标系统中的分布呈不规则的椭球形，其长轴相当于平行多面体的对角线方向。因而一个多面体和一个类别的点群分布很不一致，容易造成两类互相重叠、混淆不清。一个改进的办法是把一个自然点群分割为几个较小的平行多面体使之更加逼近实际的概率密度分布，从而提高分类的准确性。

9.6.3 最小距离分类器

最小距离方法是一种相对简化了的分类方法。前提是假定图像中各类地物波谱信息呈多元正态分布，每一个类在 K 维特征空间中形成一个椭球状的点群，依据像素距各类中心距离的远近决定其归属。

假设 K 维特征空间存在 m 个类别，某一像素 x 距哪类距离最小就判归哪类，用公式表示为

$$d_i = \min_j d_{xj} \qquad (j = 1, 2, \cdots, m)$$

式中，j 为类别序号；d_{xj} 是待分像素 x 到类 j 中心的距离，常用的有欧氏距离和马氏距离。

只要确定了类别数和类中心，即可按上述方法判别每个像素的归属。

最小距离方法与前面介绍的非监督分类方法在统计量和分类原理是一致的，不同的是，监督分类是通过事先训练样本的方式确定类别数和类别中心，然后再进行分类。分类的精度取决于训练样本的准确与否。

计算流程如下：

假定拟定 N_c 个类别，并分别确定各个类别的训练区。根据训练区，计算出每个类别的平均值，以此作为类别中心。

计算待判像素 x 与每一个类别中心的距离，并分别进行比较，取距离最小的类作为该像素的分类。依此方法逐个对每个像素判别归类。

可以看出，真正影响分类结果的是各个类的均值。这是在若干先决条件下的简单分类，容易产生错误，但该方法简单、实用性强、计算速度快。

9.6.4 最大似然分类器

最大似然分类器是基于贝叶斯准则的分类错误概率最小的一种非线性分类器，应用比较广泛、成熟。

如果各个类别训练区的特征服从正态分布，最大似然分类具有最好的分类结果。

1. 基本原理

最大似然法假设遥感图像的每个波段数据都为正态分布。其基本思想是：构成地物类的像素在空间中构成特定的点群；每一类的每个特征均服从正态分布，多个特征就构成了一个多维正态分布；正态分布模型有其分布特征，例如，所在位置、形状、密集或分散的程度等。对于具有三个图像特征的正态分布来说，每一类的数据就是一个近似钟形的立方体。不同的类形成的“钟”在高低、粗细、尖阔等方面不相同；根据各类的已知数据，可以构造出对应的多维正态分布模型(实际为各类图像特征的概率密度函数或概率分布函数)；在此基础上，对于任何一个像素，可反过来求它属于各类的概率，取最大概率对应的类为分类结果。

2. 判别函数

设 $g_i(x)$ 为判别函数，像素 x 出现在 ω_i 类的最大概率 $p(\omega_i|x)$ 表示为

$$p_i(x)=p(\omega_i\,|\,x)$$

$p(\omega_i|x)$ 又称为后验概率，根据贝叶斯定理的公式，有

$$p_i(x)=p(\omega_i\,|\,x)=p(x\,|\,\omega_i)p(\omega_i)\,/\,p(x)$$

$p(x\,|\,\omega_i)$ 为在 ω_i 观测到 x 的条件概率；$p(\omega_i)$ 为类别 ω_i 的先验概率；$p(x)$ 为 x 与类别无关情况下的概率。

当待分类图像存在多个类别时，需要计算并比较多个 $p(\omega_i\,|\,x)$。根据贝叶斯准则，取概率最大者代表的类别作为待判像素的类别。在计算并比较多个 $p(\omega_i\,|\,x)$ 过程中，$p(x)$ 是若干计算式中都出现的公共项，为简单起见可以省略。$p(x\,|\,\omega_i)$ 通过选择的训练区来计算。

由于假定地物的图像特征服从正态分布(非正态分布可通过数据变换转为正态分布)，上式可表示为

$$p_i(x)=p(x\,|\,\omega_i)p(\omega_i)=\frac{p(\omega_i)}{(2\pi)^{K/2}\,|\sum i\,|^{1/2}}\exp\left[-\frac{1}{2}(x-u_i)^{\mathrm{T}}\sum\nolimits_i^{-1}(x-u_i)\right]$$

取对数形式，并去掉多余项，最终判别函数为

$$g_i(x)=\ln[p(\omega_i)]-\frac{1}{2}\ln|\sum i\,|-\frac{1}{2}(x-u_i)\sum\nolimits_i^{-1}(x-u_i)^{\mathrm{T}}$$

式中，$i=1,2,\cdots,N_c$ 为类序号，共 N_c 个类；K 为图像特征个数；$\sum i$ 为第 i 类的协方差矩阵，$|\sum i\,|$为协方差矩阵的行列式；$\sum_i^{-1}$ 为协方差矩阵求逆；u_i 为第 i 类的均值向量。计算时用训练样本的协方差和均值代替 $\sum i$ 和 u_i。

对于 N_c 个类，利用 g 值计算像素归属于各类的概率，最大 p 值对应的类就是像素所属的类别。

$$p_i(x)=\frac{e^{g_i(x)}}{\sum\limits_i e^{g_i(x)}}$$

对于最大似然分类器，必须有足够的训练样本来计算判别函数的系数。每类训练样本数量应是 10 倍的图像特征的个数，使用 100 倍图像特征个数的训练样本数比较合理。

需要注意的是，如果选用的各个图像特征之间相关性较强，则协方差的逆矩阵可能不存在或不稳定。因此，要按照图像特征选择的基本原则来选择图像特征，确保选用的图像特征

能够最大程度的提供各个类别的信息，反映各个类别之间的差异。

9.6.5 光谱角分类器

光谱角方法(spectral angle mapper，SAM)适用于高光谱图像，它既是一种分类方法，也是一种光谱匹配技术。光谱角分类通过估计像素光谱与样本光谱或端元成分(end member)光谱的相似性(余弦距离)来进行。端元成分是混合像元中最纯的类型，它的光谱代表纯地物类(没有混合的单一地物类)光谱，并可作为分类中的标准光谱。通过光谱分解方法，可以从训练区中提取出端元成分。

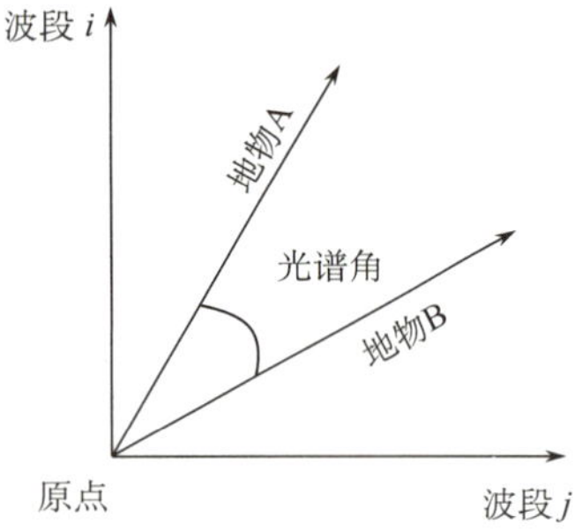

图 9.9 光谱角与地物

光谱角分类的工作步骤与其他监督分类方法一样，首先选择训练样本，然后比较训练样本与每一像素之间的相似系数，越高表明越接近训练样本的类型。因此，分类时还要选取阈值，大于阈值的像素与训练样本属同一地物类型，反之则不属于。

光谱角分类方法的原理是：把光谱作为向量投影到 N 维空间上，其维数为选取的所有波段数。N 维空间中，像素值被看做有方向和长度的向量，不同像素值之间形成的夹角叫做光谱角。光谱角分类考虑的是光谱向量的方向而非光谱向量的长度，使用余弦距离作为地物类的相似性测度。图 9.9 为二维空间两类地物向量的光谱角。

需要注意的是：任意两个像素，如果其特征空间相差一个很大的常数(图 9.10 中的 A 和 B)，光谱角分类会把它们归于一类，但最小距离分类和最大似然分类则将会把这两个像素归于两类。

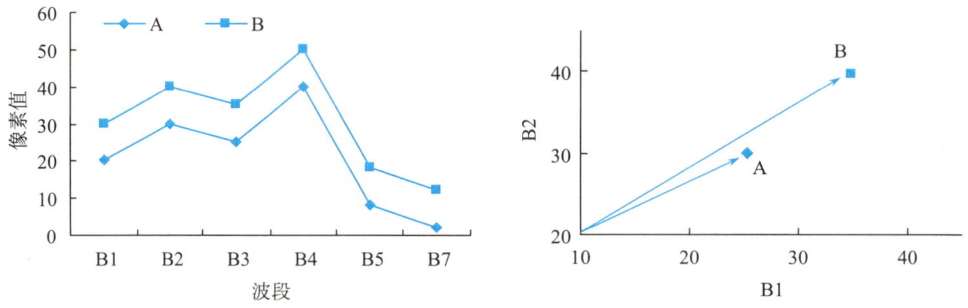

图 9.10 地物的光谱曲线和光谱角

9.6.6 分类结果比较

图 9.11 是南京市 Landsat 图像不同监督分类方法的比较，分类在 ENVI 系统中进行，总的类数为 8 类。这 8 类仅是为了对比分类方法，没有遵循严格的土地覆盖分类体系。设定的分类体系为：①长江水体；②秦淮河水体；③林地植被；④湖水，主要选择的是玄武湖；⑤道路，使用线来勾绘训练区；⑥裸地；⑦建设用地，主要是城市的街区；⑧农田。

对比表明，平行管道法分类效果最差，多数区域被错分为道路。使用马氏距离的最小距离方法要优于使用欧氏距离的最小距离的方法。除光谱角法外，其余方法对道路的分类结果均偏多，而且错误较多。光谱角法较好地区分了林地与农田，对于图像中左下角的江心洲部分，也只有光谱角方法的分类结果比较合理。除平行管道法外，其余方法均较好地区分开了三种水体。秦淮河水误分比较大，长江(包括长江大桥)在一些方法中均被误分为河水。

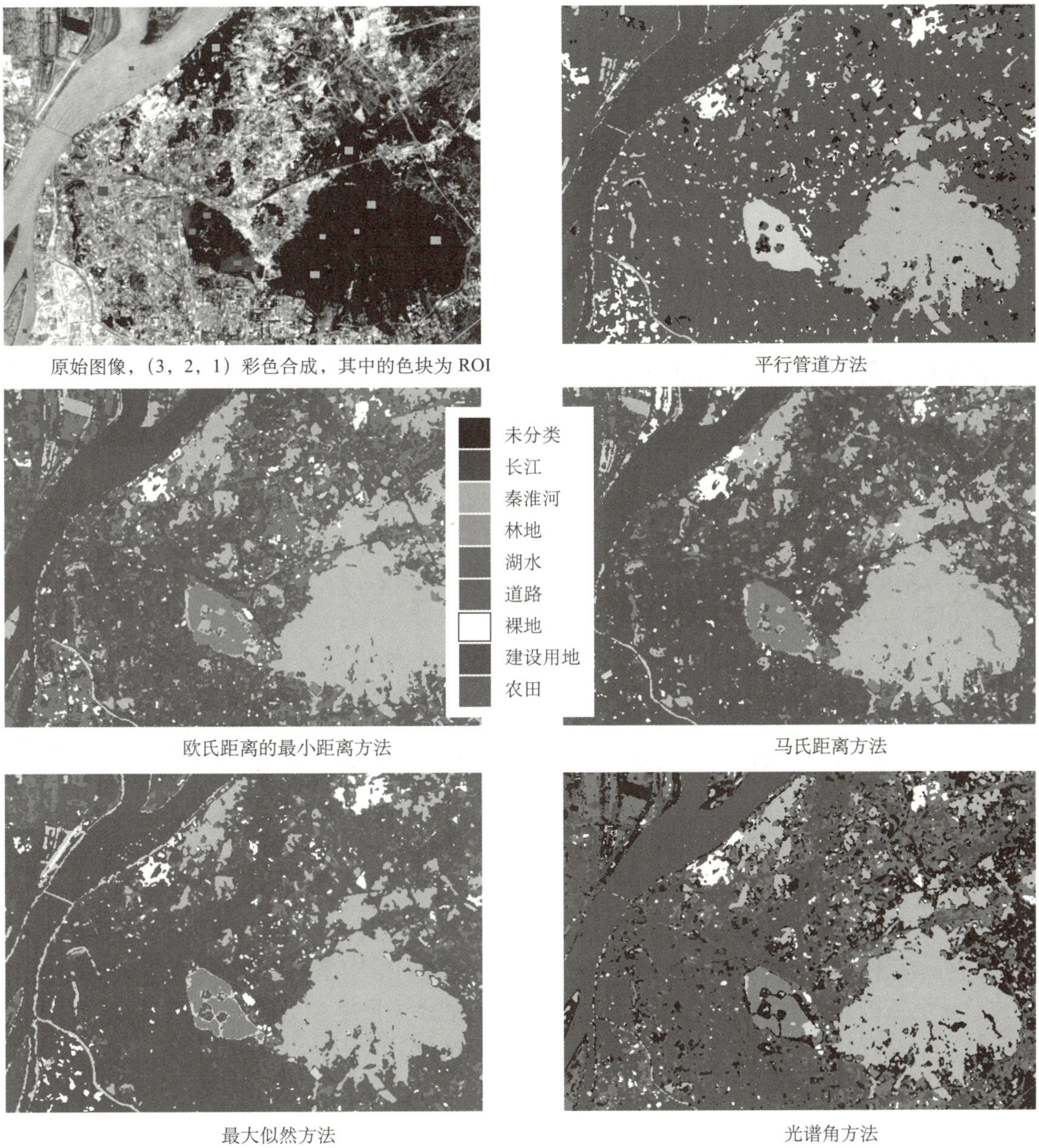

图 9.11　不同监督分类方法分类结果比较

南京 Landsat7 的 ETM+图像，使用 1，2，3，4，5，7 波段像素值。分类结果进行了 3×3 的多数分析后处理

图 9.12 给出了上述分类结果的面积统计。从各个类别的面积比例来看，平行管道方法与光谱角方法分类结果中没有分类的像素较多，马氏距离与最大似然方法分类结果的可比性较好。

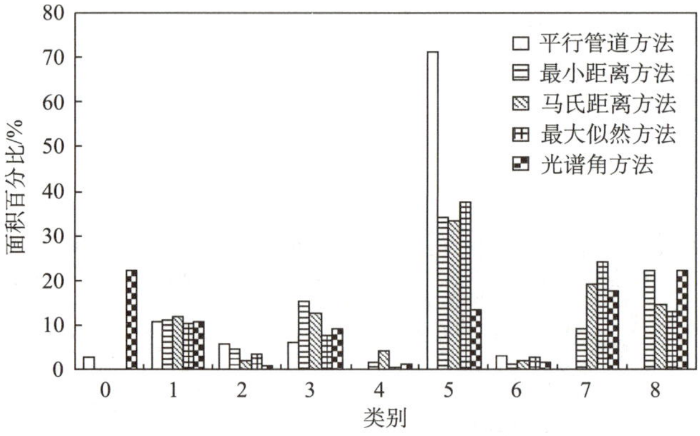

图 9.12　不同分类结果的面积比较

9.7　其他分类器

本节方法的应用不限于遥感图像分类。

9.7.1　模糊数学分类器

模糊数学理论和方法在遥感分类中得到了比较广泛的应用。基于模糊数学的分类方法属于监督分类。

设有 n 个样本，记为 $U=\{U_i, i=1,2,\cdots,n\}$，要将它们分成 m 类，这一过程实际上是求一划分矩阵 $\boldsymbol{A}=[a_{ij}]$，其中

$$a_{ij}=\begin{cases}1 & \text{表示第}j\text{个样本属于第}i\text{类}\\0 & \text{否则}\end{cases}$$

矩阵 $\boldsymbol{A}$ 称作样本集 U 的一个划分，显然不同的 $\boldsymbol{A}$ 可以给出不同的分类结果。把对样本集 U 的所有划分称作 U 的划分空间，记为 M，这样聚类过程就是从样本集 U 的划分空间 M 中找出最佳划分矩阵的过程。

在实际问题中，样本的归属存在模糊性，因此，$\boldsymbol{A}$ 是模糊关系矩阵，$\boldsymbol{A}=[a_{ij}]$ 满足以下条件：

(1) $a_{ij}\in[0,1]$，它表示样本 U_j 属于第 i 类的隶属度，a_{ij} 为隶属函数。

(2) $\boldsymbol{A}$ 中每列元素之和为 1，即一个样本对各类的隶属度之和为 1。

(3) $\boldsymbol{A}$ 中每行元素之和大于 0，即表示每类不为空集。

以模糊关系矩阵 $\boldsymbol{A}$ 对样本集 U 进行分类的过程称作软分类。为了得到合理的分类结果，定义聚类准则如下：

$$J_b(\boldsymbol{A},V)=\sum_{k=1}^{n}\sum_{i=1}^{m}(a_{ik})^b\cdot\|U_k-V_i\|^2$$

式中，$\boldsymbol{A}$ 为模糊关系矩阵；V 为聚类中心；m 为类别数；n 为样本数；$\|U_k-V_i\|$ 表示样本 U_j 到第 i 类的聚类中心 V_i 的距离(如欧氏距离等)；b 是权系数，b 越大，分类越模糊，一般情况下 $b\geqslant 1$，当 $b=0$ 时就是硬分类。

遥感图像每一像素中包括了多种地物，在分类处理时有两种情形。其一为特殊情形，即将遥感图像上的每一像素看作地面上一个单一的地物，有两种取值状态：0 或 1；这是常规分类方法产生的分类结果。其二为一般情形，将遥感图像上的每一像素看作地面上多种地物的混合，具体属于哪种地物具有模糊性；换言之，一个像素可以有不同的隶属值，隶属于不止一个地物类，遥感图像分类处理的大多数问题均属此列，这只有应用模糊数学理论才能解决。

进行模糊分类，关键在于隶属函数的确定和计算。隶属函数定义了遥感图像中像素与地物类的隶属关系，据此进行的分类会得到更为合理的结果。然而，隶属函数值的确定需要结合训练样本和经验，其计算需要占用更多的时间和存储量，对计算机硬件有较高的要求。

有关隶属度定义、模糊聚类等内容，可参阅作者编写的《地理建模原理与方法》(韦玉春等. 2005. 地理建模原理与方法. 北京：科学出版社，171-186)。

9.7.2　人工神经网络分类器

人工神经网络(artificial neural network，ANN)方法可用于非监督分类，如自组织映射神经网络(self-organization map，SOM)；也可用于监督分类，此时往往称为模式识别。

人工神经网络是由大量处理单元(神经元)相互连接的网络结构，是人脑的某种抽象、简化和模拟。ANN 的信息处理是由神经元之间的相互作用来实现的，知识和信息的存储是网络结构分布式的，网络的学习和决策过程取决于各神经元的动态变化过程。ANN 神经元通常采用非线性的激活函数，可模拟大规模的非线性复杂系统。

人工神经网络可以模拟人脑神经元活动的过程，其中包括对信息的加工、处理、存储、搜索等过程。ANN 以信息的分布存储和并行处理为基础，具有自组织、自学习的功能，在许多方面更接近人脑对信息的处理方法，具有模拟人的形象思维的能力，反映了人脑功能的若干基本特性。与传统统计方法相比，在数据具有不同的统计分布时可能会获得理想的分类结果。因此，ANN 方法在遥感图像信息提取和分类中得到了广泛应用。

图 9.13 是一个典型的前向反馈神经网络模型，各层之间通过激活函数连接起来。

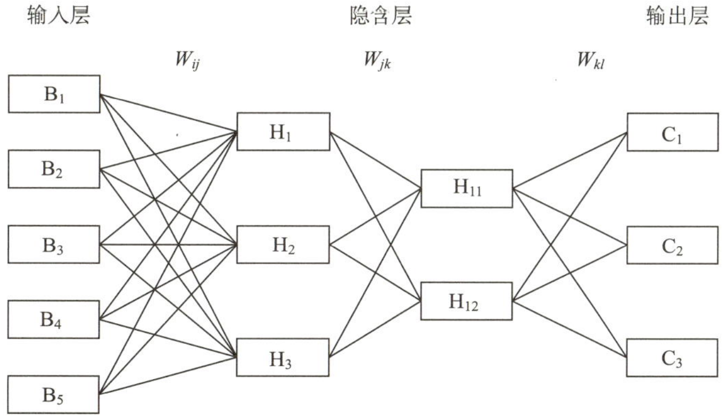

图 9.13　前向反馈神经网络结构

图中，方框内为神经元，或称为节点。B_i是分类使用的图像的波段和特征，$i=1,2,3,4,5$；W称为激活函数，常用的是 Sigmoid 函数，$s(x)=\dfrac{1}{1+e^{-x}}$；H 是隐含层，用来模拟输入数据的非线性模式；网络可以有多个隐含层，每层的节点可以不同，节点数少，可能低估，过多，可能会过度拟合；实际应用中，一般隐含层为 2 个，每层的节点不多于 3 个；C_j是训练区的地物类别标记，$j=1,2,3$。

ANN 的模型很多，之间的区别主要在以下三个方面。

1. 神经元模型

(1) 阈值单元模型：这是美国心理学家 McCulloch 和数学家 Pitts 于 1943 年提出的，又称 MP 模型。该模型处理 0，1 二值离散信息，不考虑神经元的活性度，也不考虑输入与输出之间的延时，是最基本的神经元模型。

(2) 准线性单元模型：采用连续的信息作为线性输入，然后通过神经元的线性组合或非线性激活函数两种类型来实现输出。前一种输出主要用于一些逻辑操作。神经元计算主要为后一种情况，即通过激活函数$f(x)$（一般用 Sigmoid 函数）来获得输出。

(3) 概率神经元模型：输入输出信号采用 0 与 1 的二值离散信息，神经元用概率状态变化规则进行模型化。

2. 网络结构

按照网络的连接结构划分，包括：

(1) 前向网络，前向网络通常包含若干层。在这种网络中，只有前后相邻两层之间的神经元相互联结，各神经元之间没有反馈，每个神经元从前一层接收多个输入，并只有一个输出送给下一层的各个神经元。

(2) 反馈网络，反馈网络输出层与输入层之间有反馈，每个结点同时接收外来的和来自其他结点的反馈输入，也包括神经元输出信号返回的输入。

(3) 相互结合型网络，又称网状结构，各个神经元都可能相互双向联结。如果某一时刻从神经网络外部施加一个输入，各个神经元相互作用进行信息处理，直到网络所有神经元的活性度或输出值收敛于某个平均值。

3. 学习规则

ANN 学习规则主要有四种。

(1) 联想学习：模拟人脑的联想功能，将时空上接近的事物或性质上相似的事物通过形象思维联结起来。典型联想学习规则是心理学家 Hebb 于 1949 年提出的学习行为的突触联系和神经群理论，称为 Hebb 学习规则。

(2) 误差传播学习：以 1986 年 Rumelhart 等人提出的具有普遍意义的δ规则（BP 算法）为典型[①]。广义δ规则中，误差由输出层逐层反向传至输入层，而输出则是正向传播，直至给出网络的最终响应。在前向网络的监督学习中，常采用误差传播学习规则。BP 学习算法被广泛应用于模式识别、预测等领域，在遥感图像的处理和分析中也是最典型的。但 BP 学习算法存在学习速度缓慢、容易陷于局部极小、网络结构难以确定等缺点。结合误差传播学习和竞

① Rumelhart, Hinton D E, Geoffrey E W, Ronald J. 1986. Learning representations by back-propagating errors. Nature,323 (6088): 533-536.

争学习的 RBF 学习算法可在一定程度上克服 BP 学习算法的上述缺点。

(3) 概率式学习：从统计力学、分子热力学和概率论关于系统稳态能量的标准出发，进行神经网络学习。

(4) 竞争学习：属于非监督学习方式。在神经网络中的兴奋性或抑制性联结机制中引入竞争机制的学习方式，这种学习方式利用了不同层间的神经元发生的兴奋性联结，以及同一层内距离接近的神经元发生的兴奋性联结，距离较远的神经元之间则产生抑制性联结。

神经网络分类流程如图 9.14 所示。

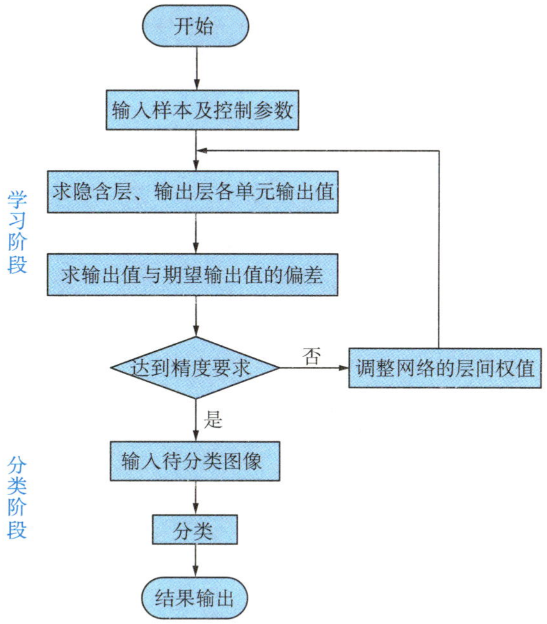

图 9.14　神经网络分类的流程图

神经网络方法具有如下优点：

(1) 神经网络是模拟大脑神经系统储存和处理信息过程而抽象出来的一种数学模型，具有良好的容错性和鲁棒性，可通过学习获得网络的各种参数，无需像统计模式识别那样对原始类别做概率分布假设。这对于复杂的、背景知识不够清楚的图像分类比较有效。

(2) 在输入层和输出层之间增加了隐含层，节点之间通过权重来连接，且具有自我调节能力，能方便地利用多源数据(遥感的或非遥感的)进行综合，有利于提高分类精度。

(3) 判别函数是非线性的，能在特征空间形成复杂的非线性决策边界进行分类。

神经网络方法用于图像分类存在如下不足：

(1) 对训练数据集较为敏感。

(2) 需要花费大量时间进行学习，建立训练模型；相关的参数多且需不断调整，才能得到较好的分类结果；如果训练数据集大、特征多，特征选择和模型建立需要很多时间。

(3) 学习容易陷入低谷而不能跳出，有时网络不能收敛。

(4) 神经网络模型被认为是黑箱的，很难给出神经元之间权值的物理意义，无法给出明确的决策规则和决策边界。

由于这些原因，在处理现实世界中的一些关键问题时，神经网络有时被认为是不可信赖的。在使用神经网络时，分析人员可能发现很难理解手头上的问题，因为神经网络缺乏洞察数据集特性的解释能力。由于同样的原因，很难整合专业化知识来简化、加速或改进图像分类(John R. Jensen. 2007. 遥感数字图像处理导论. 机械工业出版社，410)。但是，在样本充分逼近总体、特征有效的情况下，神经网络建立的分类模型具有实际应用的价值，可能会解决其他方法无法解决的分类问题。

周成虎等所著的《遥感影像地学理解与分析》(科学出版社，1999)使用多种神经网络方法进行了遥感图像分类，并进行了比较，可供深入学习时参考。

9.7.3 决策树分类器

决策树(decision tree)方法是非常灵活的方法，可以利用多个决策规则建立决策边界来解决复杂的分类问题，属于监督分类。使用决策树方法进行图像分类，决策规则必须是明确的、事先确定的，因此，所获得的模型往往不具备通用性；也就是说，决策树中的相关规则和参数往往是依赖图像的。

决策树方法有两种，自下而上的方法和自上而下的方法。自下而上方法的基本思想是：将每个像素作为一个类，首先计算所有类别之间的距离，合并距离最近的两类形成一个新类，然后计算新类与其他类别之间的距离，重复前面的工作，直到最终所有类别都合并为一大类，形成整个树结构的根部。每次合并产生树结构中的一个结点，分类树由多个结点和分枝组成，最下面一层的结点称为根结点，最上面一层结点称为终端结点，终端结点为一类。

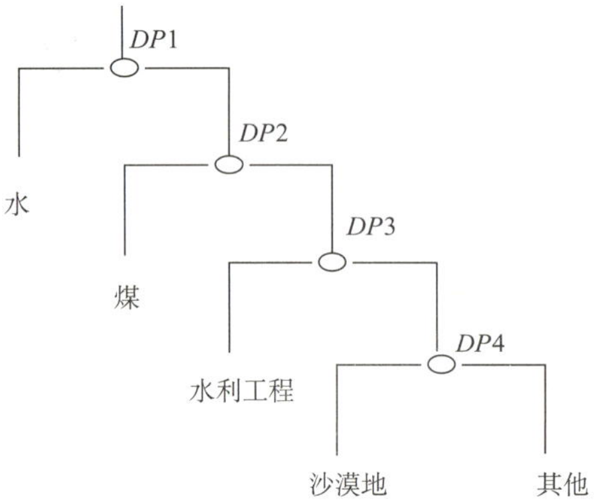

图 9.15　决策树图

自上而下方法的基本思想是：将图像作为一个大类，按照最大的差异性区分出两个类别。对于区分出的类别同样按照最大的差异性继续进行分类，直到达到工作要求(图 9.15)。

决策树的结果可用分类树来表示，见图 9.15，由高到低实际上反映了光谱特征的相似程度。

树分类分为训练和分类两步，首先利用训练样本对分类树进行训练，构造分类树结构，然后利用训练好的分类树对像素进行逐级判定，最终确定其类别归属。

构造树分类的方法有很多，且树结构设计可以从根结点到终端结点来进行，也可以从终端结点到根结点来进行。

当分类出现类别混淆又难以解决时，可以采取逐次分类的方法。先确定特征明显的大类别，对每一大类再作进一步的划分，此时可以更换分类方法，也可以更换分类使用的图像特征，以提高这一类别的可分性。如此进行，直到所有类别全部分出为止。

例如，地表覆盖的分类很难做到一次解决问题，一些植被光谱特征十分接近，分类时需要有辅助处理、形成新的特征组合才能分开。因此，第一层先分出云、地表水、裸土、人工设施和植被；第二层专门区分植被类，设法分出自然植被和人工植被；第三层再分别从自然植被中分出森林、灌木和草地，从人工植被中分出庄稼地和休耕地。这样即使休耕地和草地光谱很相近，但由于休耕地的地块夹杂在庄稼地中已被分为人工植被，再次分类时就避免了二者的混淆。

工作中可以只分类易混淆的个别层，然后把分类结果与其他分类方法获得的结果叠加到一起，也可以按区域分层分类。例如，土地利用分类可以把山区和平原作为两层单独分类，这样山区天然植被与平原区农田、园地更容易分开。

决策树分类实例：基于ETM+图像提取庐山水体[①]

问题：冬季庐山水体容易与冰雪、河滩的沙地或山的阴影混合，需要将它们区分开。

方法：考虑到不同地物的光谱特征，选择决策树方法提取水体。根据图像变换方法的特点，选择缨帽变换来区分不同地物。缨帽变换输出亮度、绿度、湿度分量，其中亮度分量上冰雪、沙地必定与其他类地物差距很大，绿度分量可用来区别植被，湿度分量能将水体与大部分地物区别开来。针对其余混淆地物建立新的指数分别剔除。

数据：2000年1月27日Landsat ETM+卫星影像，研究区为鄱阳湖北部周边区域，29°0′54.38″E～29°0′7.72″E，115°2′23.55″N～116°5′17.76″N。

说明：为保持完整性，本部分图表单独编号。

(1)缨帽变换。

根据真彩色和(5，4，3)合成的图像，利用ROI勾绘典型地物，然后统计缨帽变换后典型地物波段的平均值(例图9.1)，典型地物在各分量上的最大最小值统计结果见例表9.1。

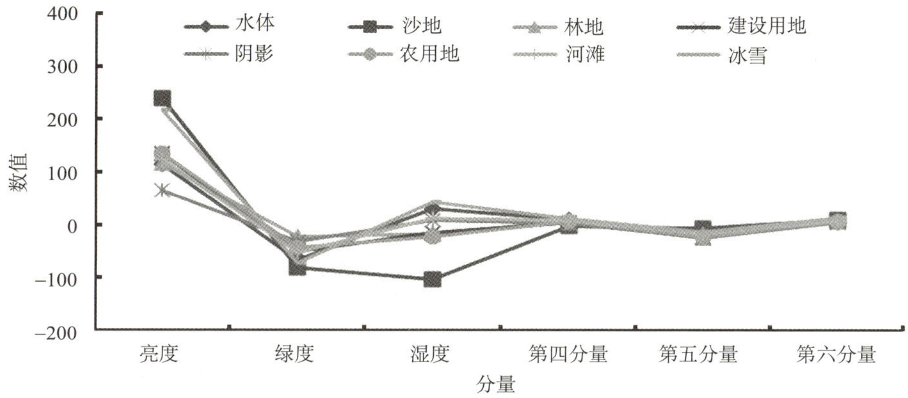

例图9.1　典型地物缨帽变换各分量平均值比较

例表9.1　典型地物缨帽变换各分量统计结果

分量	种类	最小值	最大值	分量	种类	最小值	最大值
亮度	水体	83.8	144.0	第四分量	水体	4.8	15.9
	沙地	145.9	354.2		沙地	–14.5	14.6
	林地	63.2	159.9		林地	0.4	12.4
	建设用地	82.1	229.4		建设用地	–8.8	14.5
	阴影	54.3	138.3		阴影	0.7	9.2
	农用地	105.3	159.3		农用地	0.8	11.3
	河滩	95.8	177.1		河滩	3.1	17.5
	冰雪	152.4	345.1		冰雪	7.3	23.7

① 程晨，韦玉春，牛志春. 2012. 基于ETM+图像和决策树的水体信息提取. 遥感信息，27(6)：49-56.

续表

分量	种类	最小值	最大值	分量	种类	最小值	最大值
绿度	水体	–75.5	–47.2	第五分量	水体	–29.6	0.9
	沙地	–111.1	–49.9		沙地	–20.0	14.0
	林地	–45.2	3.8		林地	–30.4	–13.7
	建设用地	–81.3	–14.2		建设用地	–33.4	–8.9
	阴影	–41.2	–19.5		阴影	–29.1	–20.6
	农用地	–57.7	–10.9		农用地	–29.0	–16.9
	河滩	–67.4	–42.4		河滩	–26.1	–10.6
	冰雪	–132.5	–39.1		冰雪	–19.0	–6.8
湿度	水体	–15.8	38.8	第六分量	水体	–2.0	11.3
	沙地	–196.2	7.7		沙地	6.3	18.1
	林地	–65.6	18.9		林地	1.1	11.8
	建设用地	–61.7	33.5		建设用地	3.4	16.3
	阴影	–39.7	18.5		阴影	2.6	9.1
	农用地	–53.3	12.7		农用地	3.4	10.5
	河滩	–68.7	34.8		河滩	3.4	13.2
	冰雪	16.0	74.7		冰雪	9.0	18.8

水体具有低亮度，冰雪和沙地具有高亮度，通过亮度可剔除冰雪和沙地。设定阈值为 144，所有小于 144 的划定为包含水体的部分，结果如例图 9.2 所示。

使用绿度分量剔除林地以及阴影。设定阈值为–47，水体的像素值小于–47。结果如例图 9.3 所示，林地和阴影基本剔除，剩余部分包含全部水体。剩余未被剔除的地物类为一部分农用地、一部分建筑用地及河滩。

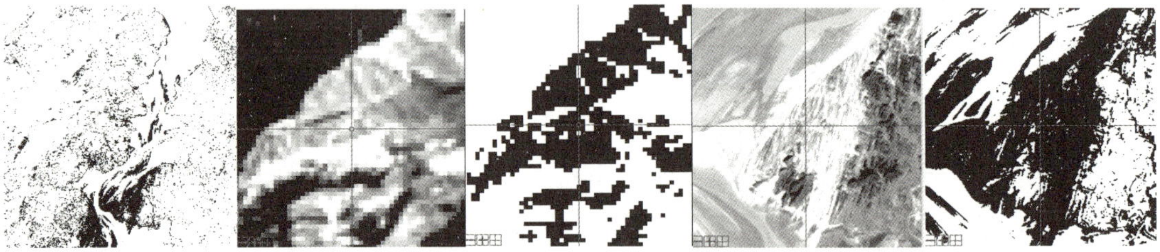

(a) 分割结果　　(b) 冰雪区提取结果比较　　(c) 沙地提取结果比较

例图 9.2　亮度分割结果

在湿度分量上，水体与其他地物类也有一定的差别，设定阈值为–16，大于–16 的区域含有水体，结合之前步骤进一步进行图像分割，结果如例图 9.4 所示。大部分的田地和建筑用地都已经剔除，剩余的主要是河滩地。

统计剩余的混淆地物的 (b2 + b3)/(b4+b5) 、b1/b7 、NDWI、MNDWI、NDWI3、EWI 六个指数，结果见例图 9.5。典型的用于提取水体的波段组合如下：

$$\mathrm{NDWI} = (b2 - b4) / (b2 + b4)$$
$$\mathrm{MNDWI} = (b2 - b5) / (b2 + b5)$$
$$\mathrm{NDWI3} = (b4 - b5) / (b4 + b5)$$
$$\mathrm{EWI} = (b2 - b4 - b5) / (b2 + b4 + b5)$$

例图 9.3　绿度分割结果

例图 9.4　湿度分割结果

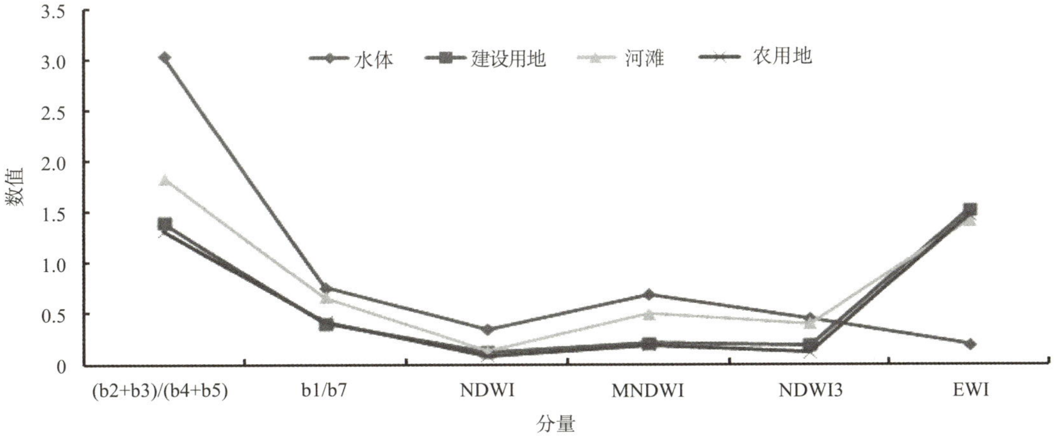

例图 9.5　不同地物的统计特征

结果表明，水体在第一个指数 (b2+b3)/(b4+b5) 上的值明显大于其他地物类的值，而在第六个指数 EWI 上的值则明显比其他地物的值小，故将第一个指数和第六个指数相除来增大水体与其他地物的差异，构建新的提取指数 DW：

$$\frac{(b2+b3)/(b4+b5)}{\mathrm{EWI}}$$

通过公式的运算，统计剩余混淆地物(例表 9.2)。单从表上最大最小值看，虽然水体与河滩有一定程度混淆，然而水体的标准差要小而河滩的标准差大，水体的像素值在 10 至 67 之间。经过分析，把阈值定为 10 和 67，即大于 10 且小于 67 的地物类为水体。

例表 9.2　典型地物在 DW 灰度影像上的统计值

种类	最小值	最大值	均值	标准差
水体	11.4	66.7	16.4	3.9
河滩	0.7	312.1	25.6	68.3
建设用地	0.7	1.1	0.9	0.1
农用地	0.8	1	0.9	0

(2) 水体提取的决策树模型。

将以上提取水体的过程归纳为决策树，其结果如例图 9.6 所示，其中 n_1、n_2、n_3、n_4、n_5 为阈值。首先进行缨帽变换，然后根据水体的亮度小于沙地和冰雪，从而剔除冰雪和沙地对水体的影响；接着利用植被和农用地的绿度值大于其他地物类的特征，从而剔除植被和农用地；通过湿度值阈值的设定，再剔除其他一部分地物类。最后运用所确定的公式，设定阈值将其他地物类去除掉，剩下的即是水体。提取结果如例图 9.7 所示，表明本模型的提取结果更符合区域的实际情况。

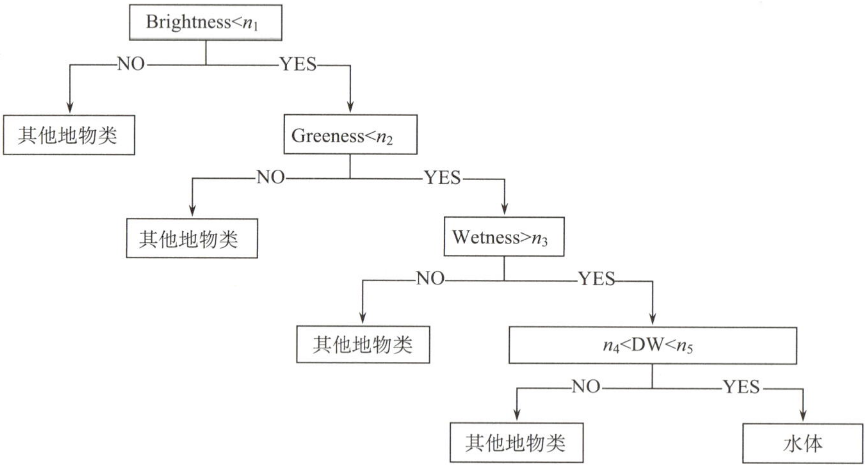

例图 9.6　水体提取的决策树

(3) 方法验证。

选择本研究区 2003 年 3 月 20 日 Landsat ETM+影像，使用最大似然监督分类法及上述方法提取水体(阈值需要进行调整)，结果如例图 9.8 所示。从提取结果看，水体与建设用地、

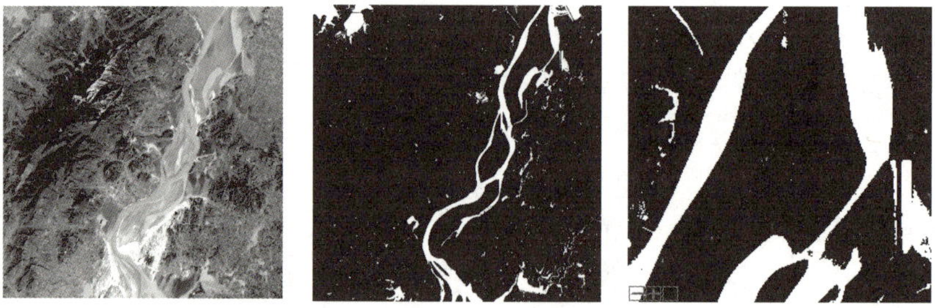

例图 9.7　2000 年 ETM+图像的水体提取结果

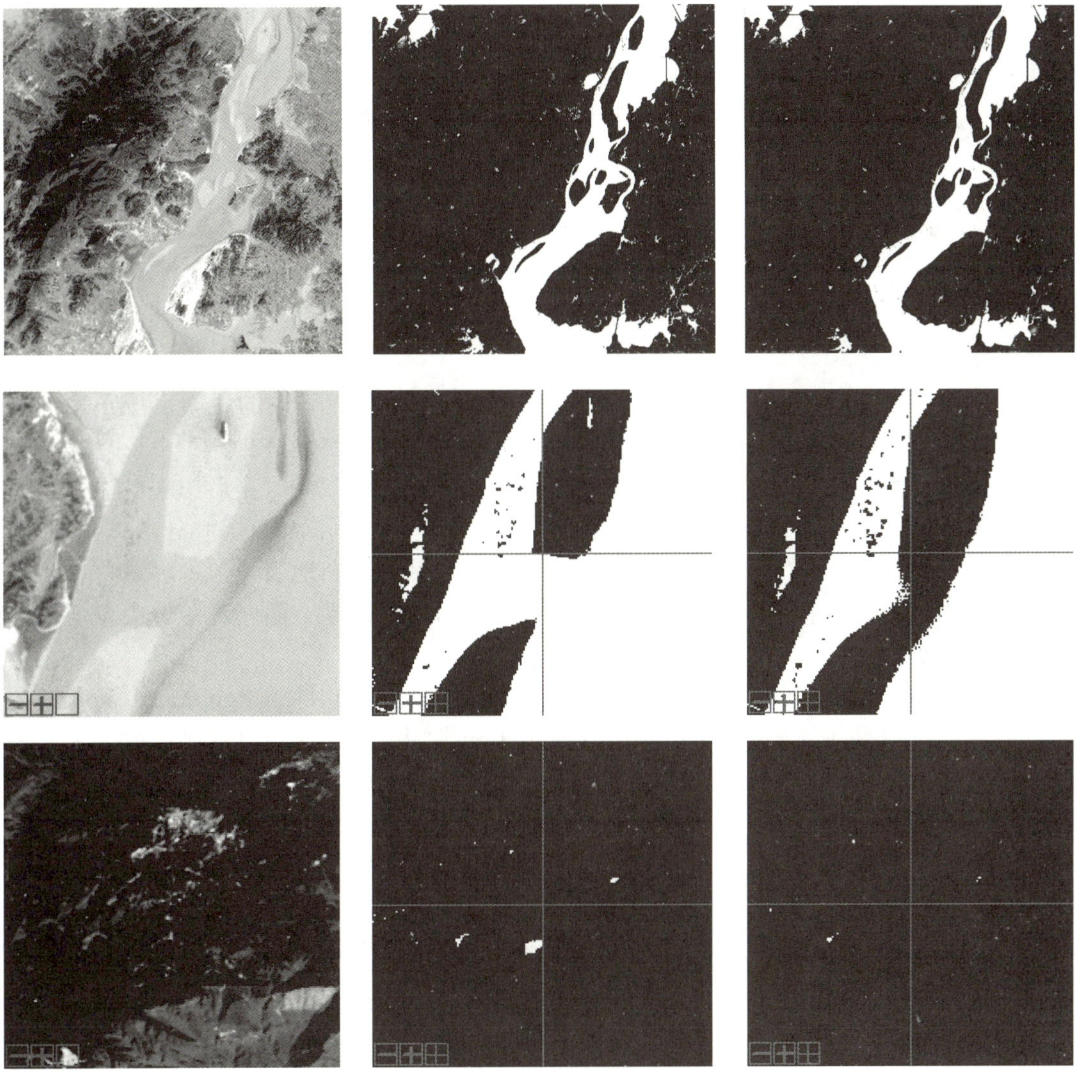

(a) ETM+图像的 (4,3,2) 假彩色合成影像　　(b) 水体提取结果　　(c) 监督分类提取结果

例图 9.8　2003 年 ETM+图像的水体提取结果

河滩、沙地、植被等地物类被很好地区别开来；与监督分类的结果对比表明，本方法误分率低，能更好地提取出水体，说明这种水体提取方法在本地区具有一定的适用性。

9.8　面向对象的图像分类

9.8.1　概　　述

前面的方法从其处理对象的本质上看，都以图像像素为处理对象，即通过遥感器将测量到的地球表面的反射或辐射记录到图像上，再通过各种分析方法对图像的最小单元(即像素)

进行处理。在像素的层次上，空间关系(距离、拓扑连接、方向特征)、空间模式，多尺度或区域结构等难以表现，而这些对于地学分析是很重要的。在很多情形下，图像的语义信息是由有意义的图像对象及其相互关系来表达的，而非单个像素。图像的纹理特征提供了更多的图像信息，将图像分割成有意义的同质对象(homogeneous objects)，更有利于图像的分类和分析。

遥感分类需要：

(1)充分挖掘图像各种特征，建立面向多特征的遥感图像分析理解方法体系。

(2)改进已有的智能计算方法模型，包括基于统计的方法模型和基于人工神经网络的方法模型，使它们能够适应基于多种特征的遥感图像分析，能够融合知识处理的机制，提高遥感图像分析的效果。

(3)基于计算机视觉中图像理解分层的思想，将知识划分为不同的层次，按照知识层次融合人工神经网络方法与专家系统方法，实现对遥感图像的高层理解。

面向对象分类方法，又称为基于分割的图像分类方法，是 2000 年后出现的遥感图像分类方法。与传统分类方法不同的是，它首先对遥感图像进行分割，继而提取分割单元(图像分割后所得到的内部属性相对一致或均质程度较高的图像区域，在地表覆盖中，这种单元就是斑块)的各种特征，并在特征空间中进行对象标识，从而完成分类。面向对象分类方法在高空间分辨率图像分类中有很多成功应用实例。

面向对象的遥感图像分类的思想首先应用于商业遥感分类软件 eCognition 中，并在 2000 年推出了 1.0 版本(目前为 8.x 版本)。利用 eCognition 软件，用户可通过一种被称为多分辨率分割(multiresolution segmentation)的方法，将遥感图像分割成一系列的对象，计算和提取对象的相应特征，继而将分类方法应用于所获得的特征，从而最终完成相应的分类任务。

总体上看，面向对象的遥感图像分类分为两个阶段(图 9.16)。第一为图像分割阶段：通过特征抽取，获得关于原始图像的特征图像，采用合适的图像分割方法对特征图像进行分割，提高分割单元的内部的一致性以及单元间的相异性；第二为图像分析阶段：选用合适的特征，经特征计算，获得关于单元的特征向量(也称模式)，通过模式识别方法或模式匹配，分割单元被归类到对应的模式(分类)，或者特定的目标(目标识别)。

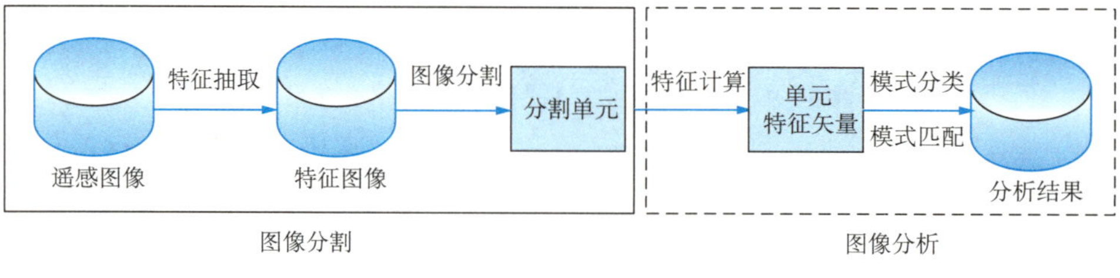

图 9.16　面向对象的遥感图像分析流程

高空间分辨率图像具有明确的边界和几何特征，更便于使用面向对象方法进行分割，然后计算获得新的图像特征，再进行图像分类。一个更为具体的面向对象的分类流程如图 9.17 所示。

面向对象的分类结果与基于像素的分类结果的对比如图 9.18 所示。基于像素的分类是对单个像素的分类，为消除孤立像素需要许多后处理，如滤波(filter)、聚块等。面向对象的分类是基于同质性区域的，分类结果中图斑的完整性更好，且更易于解释。

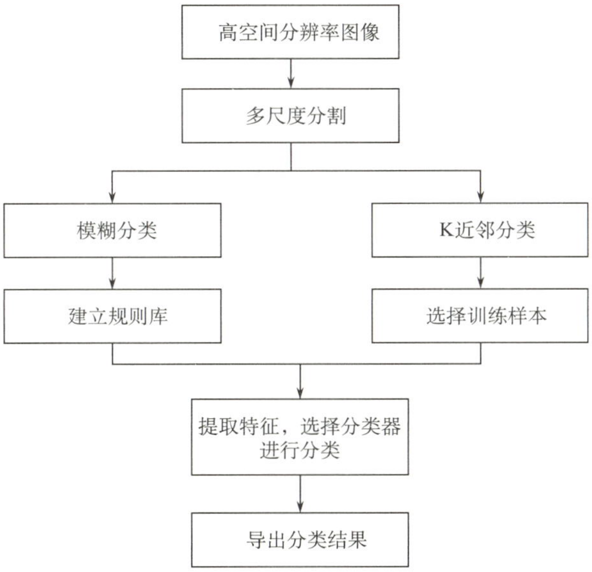

图 9.17　面向对象分类的基本流程

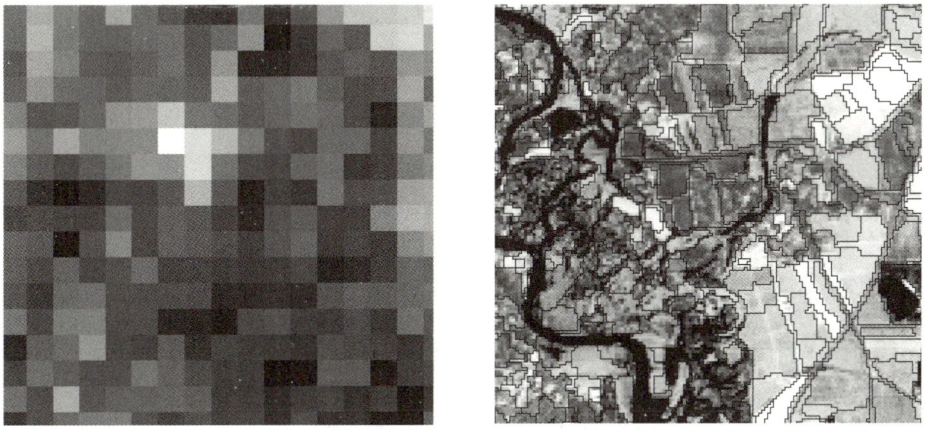

图 9.18　基于像素级别与基于面向对象的图像分类结果对比

面向对象的遥感图像分类的优点主要有以下几点。

(1) 改善图像分析和处理的结果。与直接基于像素的处理方式相比，基于对象的遥感图像分析和处理更符合人的逻辑思维习惯。通过合适的特征表达方法，可提取基于分割单元的各种特征如形状特征、邻接特征、方位特征或距离特征等。通过这些特征，特定领域知识和专家经验能以规则的形式融合到各类图像分析任务（如分类、目标识别等）中，通过不同程度的“推理”，改善图像分类结果。

(2) 提升空间分析功能。通过引入各种空间特征如距离、拓扑邻接、方向特征等，使得地理学的核心概念得以引入。分割获得的图斑使空间分析变得容易，从而提升图像的应用价值。

(3) 促成多源数据的融合，引导 GIS 和 RS 的整合。对于具有地理参考的数据而言，图像区域间的拓扑特征能够使这些不同的数据间建立具体的局部联系（concrete local relation），从而使多源数据的融合成为可能，并在很大程度上诱导 RS 和 GIS 的高度整合。

与传统的分析和处理相比，面向对象的遥感图像分类增加了图像分割这一环节，并需要计算分割产生的图斑的几何特征。因此，面向对象的分类是特征和计算密集的，也就是说，需要选择更多的特征，需要更多的计算机。如果图像的噪声较多或几何特征的差异不明显，面向对象的分类可能不会表现出更多的优越性。

9.8.2 工作流程和软件工具

1. 图像分割

以图像分割或边缘提取的方式，获得基本对象图斑。以 eCognition 软件为例，它执行的是一种多尺度的分割过程，在选定的尺度下进行与知识无关的原始图像对象提取。多尺度分割是从一个像素开始的自下至上的区域合并技术，小的图像对象可以合并到稍大的对象中去。在每一步骤中相邻的图像对象只要符合定义的异质最小生长的标准就合并，如果这个最小的扩张超出尺度参数定义的阈值范围，合并过程停止。

分割的最终目的是获得同质区域。在大多数情况下，遵循相关的均质标准进行的分割，不能直接提取出小区域或者感兴趣的对象。分割过程中生成的区域是图像对象原型，它可以作为信息的载体和原型用于进一步的分类或者其他分割过程。

多尺度分割(图 9.19)产生不同尺度下的图像对象，图像对象不仅具备像素所不具备的多元特征，如斑块大小、形状、匀质性等，而且还具备斑块间相邻关系和层次继承关系，等等。特征的极大丰富，为进一步的处理提供了更多信息。

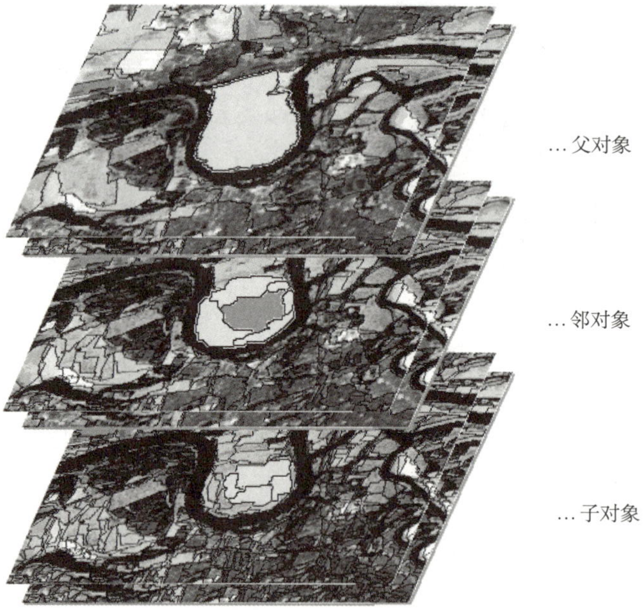

图 9.19 对象层次

2. 图像分类

获得分割图斑之后，进行分类，划分地物类别。以 eCognition 为例，它采用决策支持的模糊分类算法，给出每个对象隶属于某一类的隶属度，便于用户根据实际情况进行调整，同时，也可以按照最大隶属度产生确定的分类结果。在建立专家决策支持系统时，建立不同尺度的分类层次，在每一层次上分别定义对象的光谱特征、形状特征、纹理特征和相邻关系特征。

分类可使用各种图像特征。其中，光谱特征包括均值、方差、灰度比值；形状特征包括面积、长度、宽度、边界长度、长宽比、形状因子、密度、主方向、对称性、位置；对于线状地物包括线长、线宽、线长宽比、曲率、曲率与长度之比等；对于面状地物包括面积、周长、紧凑度、多边形边数、各边长度的方差、各边的平均长度、最长边的长度；纹理特征包括对象方差、面积、密度、对称性、主方向的均值和方差等。通过定义多种特征并指定不同权重，建立分类标准，然后对图像分类。分类时先在大尺度上分出“父类”，再根据实际需要对感兴趣的地物在小尺度上定义特征，分出“子类”。

一个模糊分类结果如图 9.20 所示。

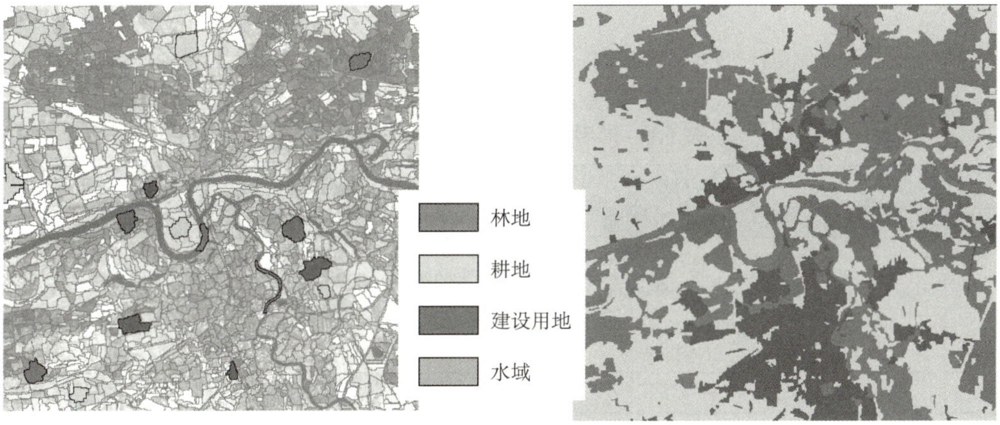

图 9.20　模糊分类算法产生的分类图

3. 结果输出与精度评价

分类之后，可输出分类结果图或专题信息提取结果，并进行分类结果的类别特征量统计和精度评估，此步骤与传统图像分类方法相同。

一个基本完整的面向对象分类的工作流程如图 9.21 所示。与像素级分类相比，面向对象分类增加了不同尺度分割的过程和多特征选择过程，分类器为模糊分类器和 KNN 分类器。

4. 软件工具

面向对象分类的主要软件工具如表 9.1 所示，不同的软件各有其应用特色。其中，eCognition 主要用于高空间分辨率图像的面向对象分类，ENVI 和 ERDAS 中的模块与软件平台本身紧密集成在一起，功能更为综合。SPRING 是巴西国家太空研究院的软件，可注册下载使用。RHSEG 是 NASA 的软件，可免费下载使用。

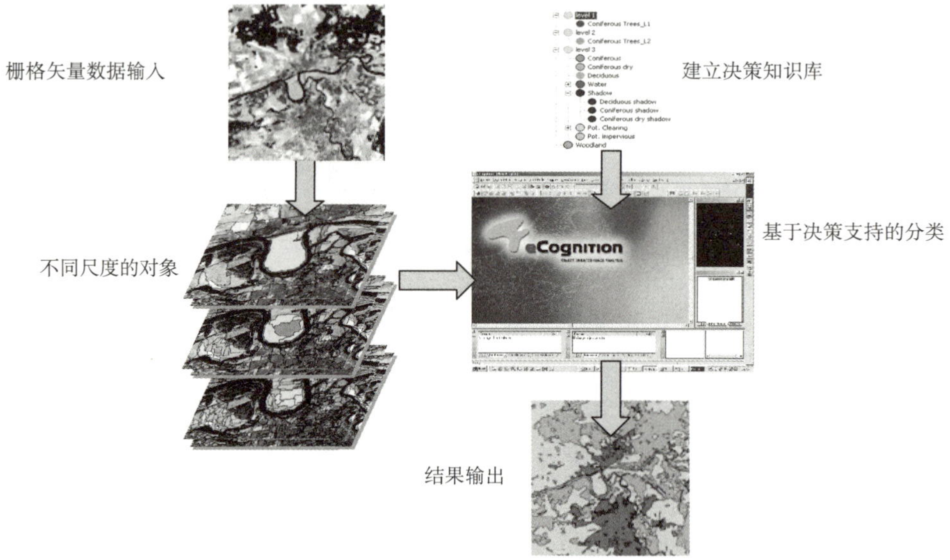

图 9.21 面向对象的高分辨率图像分类过程

表 9.1 常用的面向对象分类软件工具

软件名称	eCognition	ENVI feature extraction4.5	Image Segmentation (for Erdas Imagine)	SPRING	RHSEG
网站	http://www.ecognition.com/	http://harrisgeospatial.com/ProductsandTechnology/Software/ENVI.aspx	http://www.hexagongeospatial.com/products/power-portfolio/erdas-imagine	http://www.dpi.inpe.br/spring/english/index.html	https://opensource.gsfc.nasa.gov/projects/HSEG/index.php
分割算法	区域增长	区域增长	区域增长	区域增长/分水岭	区域增长

注：网址 2019 年 5 月访问有效。“-”属于有效的网址构成部分。

9.8.3 IDRISI 中的面向对象分类

面向对象的方法是基于分割单元(区域)进行的。面向对象的分类首先使用分割方法将图像划分为具有同一性的区域，然后基于这些区域包括的信息进行分类。分割的目标是提高图像特征的表达性能。由于分割产生的区域比像素能够更好的表达地表景观，从而简化了图像分类的过程，减少了分类结果图像中的“椒盐”问题(孤立像素)，提高了分类结果的可用性。

基于分割的分类适用于中-高空间分辨率的图像，对于地表覆盖和地表覆盖变化制图也可以提供补充信息。分割产生的区域中，光谱特征具有更好的一致性。受分割阈值的影响，小的阈值会产生更多的区域，大的阈值由于图像的综合会产生较少的区域。

IDRISI 软件中的工作流程如下：

(1) 获得图像。使用用户定义的滤波器获得描述变异性信息的图像。一致的像素具有低方差，不同区域边界上的值具有高方差。多个特征的图像使用用户指定的权重进行加权以获得一个方差图像。

(2) 使用分水岭方法进行图像分割。获得的方差图像中的像素值类似于 DEM 中的高程值。

如果这些值在一个流域中，则归入一个组。每个组具有唯一的 ID。

(3) 区域合并。初步获得的分割结果按照如下规则进行合并：区域必须相邻，区域内的值彼此最相似。两个区域间的均值和标准差的差异必须低于用户指定的阈值。阈值可调整，控制着综合的级别。值越大，输出的区域越少。

(4) 获得训练区。基于分割产生的区域选择建立训练区，获得类别的特征。选择典型的特征用于图像分类。

(5) 分类。从多个分类器中选用分类器进行分类，每个区域按照多数原则归入指定的类。由此产生的分类结果是基于区域的，各个类别的边界更为完整，更便于制图。

9.8.4 ENVI 中的面向对象分类

根据 ENVI 软件，ENVI 中的面向对象分类流程如下：

(1) 选择图像和待使用的初始特征。选择特征的方法包括：基于案例，或基于规则。初始特征影响着分割结果。

(2) 通过分割产生区域(每个区域即一个对象)，调整尺度参数，进行图像分割与合并。使用基于边的算法进行初始分割，使用基于 Lambda 的算法进行合并。

一般的，初始的边的尺度为 50，然后逐步增加。通过对比图像显示的分割结果来确定合适的尺度。在这个过程中，使用的分割参数具有经验性，往往需要对照分割结果，通过多次交互调整后才能使用。对于数据量大的遥感图像，这是个费时的过程。

原则：分割要产生足够的细节，但不能太多。太少，则一些应该分割出来的区域被淹没，后期无法作为分类单元；太多，则失去了分割的意义。合并要能够保留边界。典型的，对于 Landsat 图像，基于边的尺度为 50，合并的全 Lambda 的尺度为 40。

(3) 确定训练区。对于根据案例产生训练区：选择典型的分割后的区域为训练区，并指定其类别。这个过程中指定的区域对于该类别必须具有充分的代表性。

对于基于规则产生训练区：指定类别，然后指定该类别图像特征的值域范围。在特征多的情况下，这个过程很烦琐。

(4) 选择用于分类的图像特征，包括光谱、纹理、空间特征三个特征类别。

(5) 选择分类算法进行分类，可从 KNN、SVM 中选择，并设置分类器相关参数。

9.8.5 其他软件中的面向对象分类

ERDAS IMAGINE 和 PCI Geomatica 中也提供了面向对象分类的模块，请参考在线帮助中相应的内容。

9.8.6 影响面向对象分类效果的因素

一般认为，如果图像的可分割性比较好，获得的分类结果就比较好。例如，对于高空间分辨率的图像，面域明显，容易得到较好的结果。

面向对象(或基于分割)的分类具有优势，但远非完美。

影响面向对象分类效果的因素有很多，包括：

(1) 分割使用的参数和分类方法。这个问题与图像质量、图像分辨率、计算机视觉、相关算法等密切相关。能够自动分割且分割结果与目视的地物/目标分布比较一致的方法尚不多见。如果分割粗，某个类对应的区域可能被遗漏；如果分割细，后期处理工作量大。不同地物具有不同的空间尺度，单一尺度的分割结果不适用于所有的地物；多尺度分割则难以自动确定分割参数，需要人工交互确定。

(2) 训练区的代表性。从分割区域中选择训练区，依赖于区域的已有知识和地理背景知识。训练区的代表性与分类结果直接相关，训练区不完备，则可能漏掉某个类。如果图像很大(像素数高)，选择训练区是个费时的过程。

(3) 选用的图像特征。图像特征应该能够自动选择。过多的特征，产生冗余；少量的特征则代表性不足。

(4) 分类的方法和参数。不同的分类器和相同分类器的不同参数，分类结果可能会有很大的差异。

(5) 面向对象分类是计算密集型的，需要具有较好的计算机硬件支持。

9.9　基于专家系统的图像分类

目视解译能够取得比计算机分类更佳的效果，特别是在情况比较复杂的地区，主要原因在于解译者能够灵活运用多方面的知识，建立多种直接的和间接的解译标志，具备综合分析和逻辑推理的思维能力，还可根据实际情况的需要调整工作程序，分区、分层次进行图像分析判断，最后整合成完整的图像解译成果。如果计算机分类能够模拟目视解译的特点，势必减少错分误判。专家系统就是这个方向的一条技术途径。

专家系统是 20 世纪 60 年代逐渐发展起来的，并很快成为人工智能的一个重要分支。它通过计算机模拟专家的思维、推理、判断和决策过程解决某一具体问题。建立专家系统需要很多的时间和知识的积累，所建立的系统在专题领域内往往是有效的或是有参考价值的。

遥感图像专家系统是模式识别与人工智能技术相结合的产物，常用来解决复杂的工程问题。专家系统应用人工智能技术，运用遥感图像解译专家的经验和方法，模拟遥感图像目视解译的具体思维过程，进行遥感图像解译。它使用人工智能语言基于某一领域的专家分析方法或经验对地物的多种属性进行分析判断，确定类别。专家的经验和知识以某种规则表示，如规则 IF<条件>THEN<结果><CF>(其中 CF 为可信度)，诸多规则产生知识库。待处理的对象按某种形式将其所有属性组合在一起作为一个事实，然后由一条条事实组成事实库。每一个事实与知识库中的每一个知识按一定的推理方式进行匹配，当一个事物的属性满足知识中的条件项，或大部分满足时，则按知识中的 THEN 以置信度确定归属。

遥感图像专家系统主要包括三部分(图 9.22)。

第一部分为图像处理与特征提取子系统，它包括获取遥感图像，进行图像处理，利用地面控制点对图像进行精校正；在图像处理基础上进行分类；通过区域分割和边界跟踪，进行地物的形状特征和空间关系特征的提取；每个地物的位置数据和属性特征数据通过系统接口送入遥感图像解译专家系统，存储在遥感图像库内。

第二部分为知识获取系统，包括通过知识获取界面获取遥感图像解译专家知识，对知识进行完整性和一致性检查，通过规则产生器和框架产生器将专家知识形式化表示，将专家知识通过系统接口送入遥感图像解译专家系统中，存储在知识库中。

第三部分为狭义的专家系统，由遥感图像数据库和数据管理模块、知识库和管理模块、推理机和编译器构成。

以城镇分类为例，专家分类器可以让电信规划人员输入 IKONOS 的 1m 分辨力图像和高程 DEM 来区分某些光谱相似却是不同材料的屋顶和道路表面。同样，基于 DEM 信息，在几何形状上相似的两个要素可以区分为建筑物屋顶和停车场。

此外，用户还可以给某些变量设置可变的置信度来表达其重要性。例如，土壤数据在土地覆盖制图方面通常是最重要的，但是高程数据在林业应用中可能是关键因素。

专家分类器建立了两个机制。第一，它使各领域专家能够通过简单的图解界面的方式建立决策树以形成一个新的知识库，这一树形图包括专家在对同样数据进行人工分析时所考虑的规则、条件和变量的顺序。第二，它给了一个导引(wizard)帮助，有助于非专家的普通用户将知识库应用到自己的数据中。通过提示用户输入所需要的数据集，自动地按应用软件提供的功能通过决策树进行分析以得到一个相应的结论(图 9.22)。

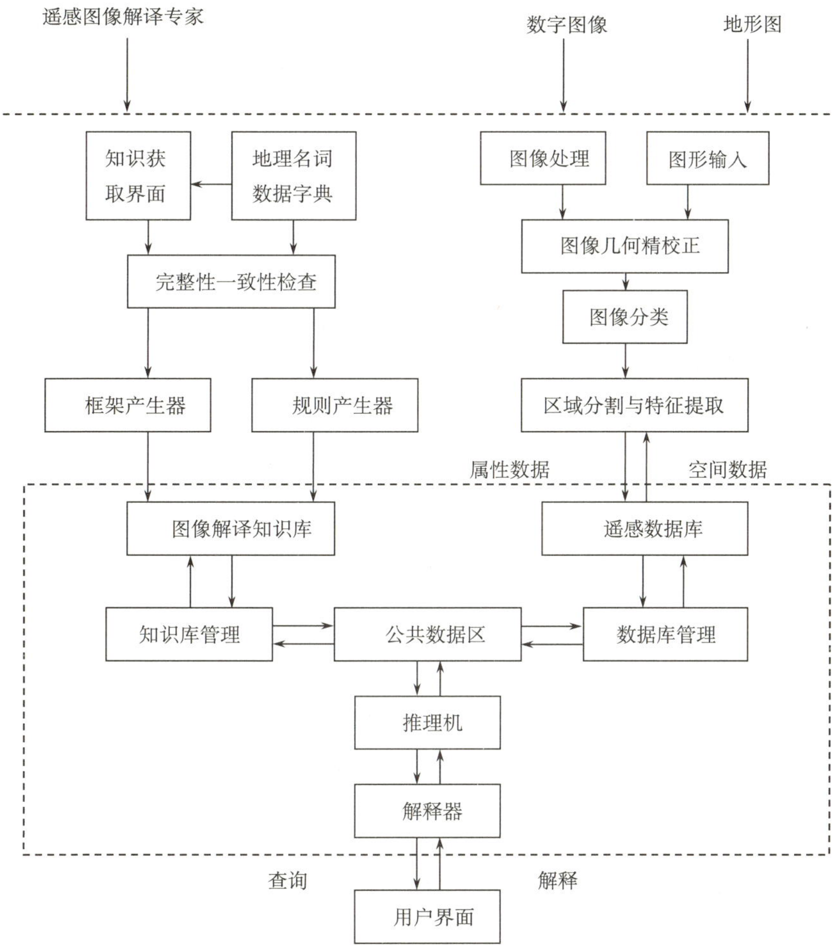

图 9.22　遥感图像专家系统结构

随着计算机软件技术迅猛发展，各种商用遥感图像处理系统陆续开发出了“专家系统分类器”(expert classifier)，便于分类使用。以 ERDAS 图像处理软件中的专家分类器为例，它有两个程序。第一个程序中，不同领域的专家可以通过简单的拖放图标的方式建立决策树，形成一个知识库，其中包括了专家对同样数据进行人工分析时所考虑的规则、条件和顺序。第二个程序提供了一个导引界面，帮助普通用户将知识库应用到自己的数据中，提示用户输入所需要的数据集，自动通过决策树进行分析，以便得到一个较准确的结果。这种分类器其实也融合了分层分类的思想。

以 ERDAS IMAGINE 为例。EarthSat 公司使用传统的统计分类器对 TM 图像进行了土地覆盖分类，他们还在寻找一种可行的方法以便将某一类别再细分，并且他们要区分高密度和低密度城区。在 Landsat TM 图像中，城区相对容易按光谱来识别，但是单独的光谱采样不能区分城区密度，而图像纹理可以解决这个问题。纹理是在某一小区域内光谱变化的频率，而城区有丰富的纹理，这是因为城区里有许多要素——房子、花园、道路以及停车场等——在相对小的区域导致不同的光谱响应，而高密度产生较多的图像纹理。为此，用 ERDAS IMAGINE 的可视化建模工具(model maker)建立了一个统计模型，用于计算纹理信息(以 7×7 矩阵为基础)。在专家分类器中，用特定光谱阈值分割产生了城镇区域。这样，基于光谱和图像纹理数据的组合，IMAGINE 的专家分类器就可成功地区分出不同密度区。而设置这样的规则库只需一两个小时。在确定结果的过程中，还能为纹理值设置一个高于光谱数据的置信度，较大的纹理值和较高的光谱被确认为高密度城区，而低纹理值和低光谱则是低密度城区。

另外，专家系统技术还能应用于 1m 卫星图像的分类。在高空间分辨率的图像中，因为有更多的地面要素相互影响，除了光谱响应外，还必须分析纹理、形状、大小和许多其他特征。

作为决策支持系统的另一个例子是由 ERDAS 为军事用户建立的知识库，其目的是建立一个决策系统，能够让部队指挥员确定在给定的地形中哪些地方是某种运输车辆能够穿行的。这样的知识库主要包括了部队各种运输工具的性能说明和容差，诸如所能攀爬的最大坡度和某种牵引力下所需的地表条件等。输入某一地区土地类型图、DEM 和当前气象信息等条件之后，IMAGINE 专家分类器就可以给出每一种运输工具所能穿越区域的专题地图。

9.10 遥感图像分类方法总结

人们一直在追求更加更好的分类算法，如神经网络算法或支持向量机算法。但是，我们**不能认为一个算法总是比另外一个算法更优越，因为最终的分类结果与使用的数据有很大的关系**。如果类别之间分离的很开，那么几乎所有的分类器都能得到很好的分类结果。例如，最大似然分类器必须首先估计数据的方差，如果数据服从高斯分布，同时又能精确的估计各个参数，则该分类器在理论上能够产生最小的分类误差。非参数的分类器(神经网络等)可用于各种数据分布类型，虽然没有简单的理论基础，但在应用上则比较方便。

在分类和模式识别问题上，有个**“没有免费的午餐”的定理**(简称为 NFL 定理①)，指明

① Wopler D H, Macready W G.1995. No free lunch theorems for search. Technical Report SFI-TR-05-010,Santa Fe Insituence,Sante Fe, Nm。也可参考第一位作者 1996 年的论文：The lack of a priori distinctions between learning algorithms, Neual Computation, 8(7):1341-1390.

脱离具体的问题，空泛的谈论什么算法最好是毫无意义的。若要考虑所有的潜在的问题，则所有的算法都一样好。要谈论算法的优劣，必须针对具体的问题；某些问题上表现好的算法，在另外的一些问题上可能不尽如人意。算法与问题是否相匹配往往起着决定性的作用。

根据 Lu 和 Weng(2007)的总结，主要分类方法如表 9.2 所示，一些比较新的分类器如表 9.3 所示。需要注意的是，虽然已经开发形成了很多方法，但并不意味着本章中的非监督分类和监督分类中的方法已经无效，这些方法仍然是最简洁、通用、直接的分类方法，很多情况下往往能得到较好的分类效果。

表 9.2　现有主要分类方法

条件	类别	特点	典型分类器
是否需要训练样本	监督分类方法	地物类型是确定的。有充足的参照数据作为训练样本。从训练样本得到解译标志，并用于训练分类器以将光谱数据分类制成专题图	最大似然法，最小距离法，人工神经网络法，决策树分类法
	非监督分类方法	使用基于聚类的算法，根据图像内在包含的统计信息将光谱图像划分成许多光谱类别。没有预先定义好的类。分析人员负责将各个光谱类别标明和合并成为有意义的类别	迭代自组织分类法 ISODATA，K-均值聚类算法
是否使用了均值向量和协方差矩阵等参数	参数分类法	假设前提是高斯分布。参数(如均值向量和协方差矩阵)通常产生于训练样本。当地表景观复杂时，参数分类法的结果中噪声较大。另一个主要的缺点是，分类程序中结合辅助数据、空间和上下文属性、非统计信息等比较困难	最大似然法，线性判别分析法
	非参数分类法	对数据没有前提要求。非参数分类法不是应用统计参数来计算类别分离度的，故适合在分类程序中加入非遥感数据	人工神经网络，决策树分类法，证据推理，支持向量机，专家系统
使用了哪种像素信息	像素级分类法	传统的分类器将训练集中像素的光谱结合起来形成解译标志。解译标志中包含出现在训练集像素中的所有物质的属性，忽略了混合像素问题	大多数的分类器都是此种类型，如最大似然法，最小距离法，人工神经网络，决策树，支持向量机
	亚像素级分类法	假设每个像元的光谱值是由定义的纯物质(或端元)按照线性或非线性组合得到的，可以提供每个像素与每个端元的比例关系	模糊集分类法，亚像素分类法，光谱混合分析法
	面向对象分类法	通过图像分割将像素合并成目标对象，分类是基于对象进行的，而不是基于单个像素。不使用 GIS 矢量数据	eCognition
	场景级分类法	GIS 起重要作用，它将栅格数据和矢量数据整合起来使用。矢量数据常用于将图像细分成“地块”，分类基于这些地块进行，避免了同类地物的光谱不一致问题	基于 GIS 的分类法
地表覆盖类型的输出是否明确	硬分类	地表覆盖具有明确的类型输出，每个像素一定划入某一类。因为存在混合像素问题，用硬分类估算面积可能会有较大误差，尤其是对于低空间分辨率数据而言	大多数的分类器都是此类，如最大似然法，最小距离法，人工神经网络，决策树，支持向量机
	软(模糊)分类	每个像素具有一个与各类相似性的测度。软分类提供更多信息且结果精度较高，尤其是对低空间分辨率数据分类	模糊集分类法，亚像素分类法，光谱混合分析法
是否使用空间信息	光谱分类法	图像分类使用纯光谱信息。由于同类地物在空间分布上有较大变化，分类结果常常会有噪声	最大似然法，最小距离法，人工神经网络法
	上下文分类法	图像分类用到空间毗邻的像元信息	迭代条件模式，点对点上下文修正法，基于频率的上下文分类法
	光谱上下文分类法	使用光谱和空间信息。先使用参数的或非参数分类法产生初步分类图像，再利用上下文法在此基础上进行分类	ECHO，参数或非参数分类法与上下文分类的组合算法

表 9.3 改进的分类方法

类别	改进的分类器
像素级算法	神经网络
	决策树分类
	光谱角度分类
	监督迭代分类(多阶段分类法)
	增强分类法
	MFM-5-scale(用多前向模式法运行 5-scale 几何光学反射模型)
	基于径向基函数网络与马尔可夫随机场方法结合的迭代部分监督分类
	逐步泛化分类
	支持向量机
	基于独立分量分析混合模型的非监督分类
	迭代最优非监督分类
	基于模型的非监督分类
	线性约束判别分析
	基于概率密度函数的多光谱分类
	分层分类法
	最近邻分类
	选择像元分类法
亚像素级分类	图像亚像素分类法
	模糊分类法
	模糊专家系统
	模糊神经网络
	基于模糊的多传感器数据融合分类法
	基于规则的机器视觉方法
	线性回归或线性最小二乘反演
场景级算法	场景级或目标基元分类法
	基于像素级或亚像素级图像的场景分类
	包含两个阶段的“地块”分类法：使用传统统计分类方法进行地块分类，然后利用上下文信息和已有知识进行纠正
	地图引导的分类
	面向对象的分类
	基于图论的结构模式识别系统
	光谱形状分类法
基于上下文分类法	ECHO(均质对象的提取和分类)
	监督松弛分类法
	基于频率的上下文分类法
	高、低分辨率数据上下文分类法及二者结合的分类方法
	基于区域生长算法的上下文分类法
	模糊上下文分类
	迭代条件模式
	顺序最大后验分类

续表

类别	改进的分类器
基于上下文分类法	点对点上下文校正
	分层最大后验分类
	方差函数纹理分类
	像素级分类与上下文信息结合的混合方法
	两阶段分割法
	证据推理分类
	基于知识的分类法
	基于规则的句法方法
	基于探索和交互可视化技术的视觉模糊分类
	基于决策树的多时相分类
	基于近邻规则的有持续学习能力的监督分类
多分类器的组合方法	多分类器系统(BAGFS：结合了引导聚集(bootstrap aggregating)与多特征子集)
	调整分类结果的共识方法(MLC，专家系统，神经网络)
	专家系统与神经网络集成分类法
	改进的模糊神经图像分类系统
	光谱和上下文分类法
	混合上下文与像素级分类方法
	迭代上下文概率分类与 MLC 综合方法
	神经网络与统计共识理论方法的相结合的方法
	MLC 与基于贝叶斯理论的神经网络相结合方法
	产品规则与放样回归的多分类器相结合
	光谱分类与基于规则的 GIS 相结合
	MLC 与决策树的相结合
	非参数分类法(神经网络、决策树、证据推理)相结合
	监督分类与非监督分类相结合

9.11　图像分类后处理

非监督分类获得的各类是光谱类；监督分类虽说通过选训练区确定了地物类，分类结果得到的应是地物类，但由于同谱异物和同物异谱的问题，分类结果仍带光谱类性质，而非真正的地物类。分类的目的是要分出地物类。为了解决光谱类和地物类的关系以及其他一些专业及专业制图的技术问题，分类后还需进行各种处理，统称为分类后处理。

分类后处理的内容并无严格限定。其中有一些是必须做的，有一些是可选择的，视专业需要、分类者的熟练程度等因素而定。

9.11.1　碎斑处理

这是一个非常重要的后处理工作。几乎所有的图像处理系统或软件系统都提供了该功能。

计算机分类是严格按照一定的数学算法对图像数据本身进行计算和分类的，不管是否提供了训练区和训练样本作参照，都是如此。因此图像上的任一点(像素)计算出来是什么就是什么，结果就会出现某一类的比较均匀的图斑上散乱地分布着一个、两个或多个孤立的其他类的像素，整个图看起来就比较乱，如“天女散花”一般。

人们对图的要求不仅有科学的一面，还有艺术的一面。如果一张图看起来很乱，那就失去了可读性。这就需要把图变得美一些或艺术一些。从这个意义上说，艺术也是科学。人们手工绘图时总是很自然地忽略大图斑中那些星星点点的“异己”图斑，并将这些点都画成是跟大图斑一样的内容。这就是制图学中的综合。

分类结果出现的“天女散花”现象通常要进行滤波处理。这种处理实际上就是用计算机代替手工做一部分制图综合工作。它去掉分类图中过于孤立的那些类的像素，或把它们归并到包围相邻的较连续分布的那些类。

这种处理在不同图像处理或软件系统中有不同的名称。例如，在 ENVI 系统中叫做多数/少数分析(majority/minority analysis)、聚块(clump)和筛除(sieve)，在 ERDAS 系统中叫做聚块、筛除和合并，等等。其思路是给每个类规定一个应保留的最小连片像素数，然后将小于此数的孤立像素合并到与其相邻的或包围它的较大的连片像素类中。

调整一般按照“少数”服从“多数”的原则。例如，在分类图像中可对每个像素进行如下处理：若某像素的 8 个邻接像素中至少有 6 个像素同属于某一类 C，则该像素的类别属性也调整为 C；否则，保持该像素已分的类别属性不变。该过程需要若干次迭代后才能结束。

除此之外，对于分类图中常常出现许多呈孤立点形式的所谓“分类噪声”，还可利用地物类别分布的空间关系，通过滤波处理来消除或减少这种“分类噪声”的干扰。

类别合并：非监督分类前不知道实际有多少地物类，在策略上总是先分出较多的类，然后对照实地情况或根据已有知识，确定最后需要的类别，因此，需要将某些光谱上不同的类(光谱类)合并为一个地物类。监督分类虽然知道实际有哪些地物类，但同物异谱现象会产生错误的分类结果。

分类后处理中的类合并处理，在 ENVI 中是对类进行合并的一部分，在 ERDAS 中叫做重编码。其思路是将要合并的两个或两个以上类的编码和颜色改为相同的编码和颜色。例如，将第 5 类(黄色)并入第 1 类(红色)，只要将第 5 类的编码改为 1，颜色由黄改为红就可以了。

9.11.2 分类结果统计

分类结果统计是图像分类报告中必须包含的内容，包括各类在各波段的平均值、标准差、最低值、最高值、协方差矩阵、相关系数矩阵、特征值、各类的像素数和占总像素数的百分比、精度检验等。

分类统计是非常重要的信息，各类面积百分比是分类的要求。类的各项统计值，特别是它们在各波段中的平均值和标准差，是确定各类地物光谱特征的重要依据。根据这些统计参数可以绘制各类的光谱曲线，计算相应的植被指数等，有助于进一步确定分类结果的可靠性，或重新进行分类。

9.11.3　类间可分离性分析

类间可分离性可用各类之间的距离矩阵来表示。因为距离是类间相似性的一个重要量度，所以通过该矩阵可确定最相似的类。如果某类的地物性质比较模糊，可借助与它最相似的已知地物类来进一步明确。

遥感图像的非监督分类结果中，各类之间的关系是平行关系，不具有统计学中系统聚类结果那样的层次性。监督分类结果中的各类可以是平行关系，处于相同的级别；也可以是不平行的，处于不同的分类级别（此时，使用决策树分类器更为合适）。利用距离矩阵进行系统聚类，可以帮助确定各类之间的关系，完善分类系统。此外，距离矩阵还可以作为筛选监督分类训练样本的一个手段或作为选择图像特征的参考。

9.12　图像分类精度评估

遥感图像分类精度分析通常把分类图与标准数据（图件或地面实测调查）进行比较，然后用正确分类的百分比来表示分类精度。实际工作中，多采用抽样方式以部分像素或部分类别代替整幅图像来进行精度分析。

遥感图像分类精度分为非位置精度和位置精度。非位置精度以一个简单的数值，如面积、像素数目等表示分类精度，由于未考虑位置因素，类别之间的错分结果彼此平衡，在一定程度上抵消了分类误差，使分类精度偏高。我国早期分类工作中的精度评价多是非位置精度评价。

位置精度分析将分类的类别与其所在的空间位置进行统一检查。目前普遍采用混淆矩阵的方法，并以 Kappa 系数评价整个分类图的精度，以条件 Kappa 系数评价单一类别的精度。应用混淆矩阵的 Kappa 系数进行分类精度的检验，是 1960 年 Cohen 提出的，以后有许多学者在 Kappa 系数的算法和应用方面做了大量工作，并逐渐发展成遥感分类的主要精度评价方法。

精度评估包括三部分内容：抽样设计；响应设计；估计与分析程序。选择适当的抽样策略是关键步骤。抽样策略的主要组成部分包括抽样单元（像素或多边形）、抽样设计和样本量。常用的抽样方法包括随机抽样、分层随机抽样（stratified random sampling）、系统抽样、双重抽样、分组抽样等（详细内容请参阅相关的参考书）。其中，分层随机抽样把每个类别作为一个层，随机抽取其中用于精度评估的像素，得到了较多的应用。

9.12.1　混淆矩阵

混淆矩阵（confusion matrix）是 n 行 n 列矩阵，用来表示分类结果的精度。这里，n 代表类别数。有时，该矩阵称为误差矩阵。

要能生成正确的误差矩阵，必须考虑以下因素：①参考数据的收集；②分类方案；③采样方案；④空间自相关性；⑤样本量和样本单元。

混淆矩阵中，检验用的实际类别来源有三种，第一种是分类前选择训练区和训练样本时确定的各个类别及其空间分布图；第二种是类别已知的局部地段的专业类型图；第三种是实地调查的结果。

需要注意的是，混淆矩阵方法只适用于“硬”分类，即假定图像中各个类别之间相互具有完全性和排他性，每一个位置只属于某一种类型；这种假设可能与实际情况差异较大，特别是在低空间分辨率图像中。对于“软”分类结果的评价，常用条件熵、互信息、参数化的广义 Morisita 指数等来描述。

混淆矩阵（表 9.4）的列方向（左右）依次排列着实际类别（检验数据）的第 1 类，第 2 类，…，第 m 类的代码或名称；矩阵的行方向（上下）依次排列着分类结果各类别的第 1 类，第 2 类，…，第 m 类的代码或名称。矩阵中的元素是分属各类的像素数或其占总像素数的百分比。显然，矩阵主对角线（从左上到右下的对角线）上的数字就是分类正确的像素数或其百分比。主对角线上的像素数越大或百分比越高，分类精度就越高。主对角线以外的数字就是错分的像素数或其百分比。这些数字或百分比越小，错分率就越小，精度就越高。主对角线上像素数的和除以参与计算混淆矩阵的像素总数，就是分类精度的初步估计。

混淆矩阵有时是为了选择训练区和确定训练样本而计算的。对初选的训练区进行一次试分类，以确定训练样本各类的混淆程度。通常要求不混淆的像素数达 80%以上的类才可作为训练样本类。

对于下面的混淆矩阵，可以计算不同的精度估计量。

表 9.4 混淆矩阵样表

图像类别	检验数据			
	X	Y	Z	行和
X	A	E	F	G
Y	B			
Z	C			
列和	D			

对于类别 X，有

（1）运行误差（commit error）：又称错分误差，是图像的某一类的地物被错分到其他类别的百分比。

$$运行误差=(E+F)/G$$

（2）用户精度（user's accuracy）：表示从分类结果图中任取一个随机样本，其所具有的类型与地面实际类型相同的条件概率，表示分类结果中各类别的可信度，即这幅图的可靠性。

$$用户精度=A/G=100\%-运行误差$$

（3）结果误差（omission error）：又称漏分误差，是实际的某一类地物被错误地分到其他类别的百分比。

$$结果误差=(B+C)/D$$

（4）生产者精度（producer's accuracy）：又称制图精度，表示实际的任意一个随机样本与分类图上同一地点的分类结果相一致的条件概率，用于比较各分类方法的好坏。

$$生产者精度=A/D=100\%-结果误差$$

表 9.5 是混淆矩阵的计算实例。

表 9.5 混淆矩阵计算实例

分类结果 \ 实际结果	1	2	3	4	5	6	7	8	类样本数	类正确率
1	154			2	7			12	175	0.88
2		208				14			222	0.94
3	15		192						207	0.93

续表

分类结果＼实际结果	1	2	3	4	5	6	7	8	类样本数	类正确率
4		2	1	253			6		262	0.97
5					230		20		250	0.92
6				43		213			256	0.83
7	2	1			6		235		244	0.96
8			17					392	409	0.96
总检验样本	2025		正确分类样本		1877		总正确率		0.927	

对于第 1 类来说，共检查了 175 个样本，正确分到第 1 类的有 154 个样本，有 2 个错分到第 4 类，有 7 个错分到第 5 类，有 12 个错分到第 8 类，因而该类的正确率为 $154 \div 175 = 0.88$，以此类推。

对角线的各元素总和是正确分类的样本数总和，在表中为 1877。按先验概率相同计算，总体正确率为 92.7%，即(正确分类样本数/总检验样本数)×100%。如果先验概率不同，则总体正确率应为各类别正确率的加权和：

$$R = \sum_{i=1}^{m} P_i R_i \qquad (i = 1, 2, \cdots, m)$$

式中，m 为分类数；R_i 为正确率；P 为先验概率。

9.12.2　Kappa　系　数

Kappa 系数是一个测定两幅图之间吻合度或精度的指标。Kappa 统计可以表示为

$$K = \frac{N\sum_{i=1}^{m} x_{ii} - \sum_{i=1}^{m}(x_{i+}x_{+i})}{N^2 - \sum_{i=1}^{m}(x_{i+}x_{+i})}$$

式中，m 是误差矩阵中总列数(即总的类别数)；x_{ii} 是混淆矩阵中第 i 行第 i 列上像素数量(即正确分类的数目)；x_{i+} 和 x_{+i} 分别是第 i 行和第 i 列的总像素数量；N 是用于精度评估的总像素数量。

表 9.6　分类质量与 Kappa 统计值

K (Kappa 系数)	分类质量
<0.00	很差
0.00～0.20	差
0.20～0.40	一般
0.40～0.60	好
0.60～0.80	很好
0.80～1.00	极好

分类总体精度与 Kappa 的区别在于总体精度只用到了位于对角线上的像素数量，Kappa 则考虑了对角线上被正确分类的像素，又考虑了不在对角线上的各种漏分和错分错误。

研究认为，Kappa 系数与分类精度有如表 9.6 所示的关系。

在统计学中，一般把 Kappa 系数列为非参数统计(检验)方法，用来衡量两个人对同一物体进行评价时，其评定结论的一致性(表 9.7)。1 表示有很好的一致性，0 表示一致性不比可能性(偶然性)更好。大于 0.75

表示评价人之间有很好的一致性，而小于 0.4 则表示一致性不好。

表 9.7 Kappa 系数值的意义

Kappa 系数	意义
1	评价者间的意见完全一致。 说明两次判断的结果完全一致
0	评价者间的意见一致程度是依据偶然的。说明两次判断的结果是偶然造成
<0	评价者间的意见一致程度还不如偶然的。说明一致程度比偶然造成的还差，两次检查结果很不一致，在实际应用中无意义
>0	说明有意义。Kappa 越大，说明一致性越好
≥0.75	说明已经取得相当满意的一致程度
<0.4	说明一致程度不够理想

9.12.3 制约分类精度的因素

实践表明，单纯依靠单一分类方法很难达到实用精度，这主要是因为遥感图像自身特点的制约以及单一分类方法的限制。

1. 遥感图像的制约

遥感图像反映的主要是地球表层系统的二维空间信息，其中，高程变化对地理环境的影响没有得到充分反映，地表以下深层构造相互作用机理也无法得到反映，导致分类信息不完整。遥感信息传递过程中的局限性以及遥感信息之间的复杂相关性决定了遥感信息的不确定性和多解性，这是制约遥感图像分类精度的主要原因。

遥感信息传输过程中有许多信息衰减或增益的过程，对遥感信息处理和分析模型的研究需要经过从物理实验到自然界的过程。目前还没有掌握这两个过程的全部规律，还不能建立一个能完全反演地球表层系统区域分异和时相变化规律的仿真模型，这也影响到分类的准确性。

另外，遥感图像的空间分辨率变化也在不同程度上给分类造成一些麻烦。空间分辨率较低情况下遥感图像像素中包含的并不一定是单纯的地物信息，往往是多种混合地物类型信息。空间分辨率高的情况下，复杂程度较大的同类地物的差异往往被夸大，“同物异谱”问题更为严重，造成了分类的复杂性。

2. 分类方法的制约

目前的分类方法多是基于像素的，即确定或调试好分类模型后逐像素计算其所属的类别。分类依靠的主要是光谱信息，而遥感图像的空间信息、结构信息未得到充分利用。例如，目视分析所能发现的地质上的隐伏构造和环形构造通过分类方法很难提取；又如，土地利用判读时所依据的几何形状、大小、位置等标志，尚难以通过满意的定量描述作为图像特征引入到分类中。分类所依靠光谱信息随环境、时相千变万化，大量的“同物异谱”及“同谱异物”现象影响着计算机分类的精度。

没有一种分类算法被认为是十全十美的。建立在常见统计方法之上的分类算法，一般有以下几个缺陷：

(1)初始条件的确定有一定的随机性。

(2)很难确定全局最优分类特征、中心向量和最佳类别个数。

(3)分类过程中难以融合地学专家知识，监督分类结果往往取决于训练样本的选择，很难找到统一的、量化的标准，分类工作具有不可重复性。

9.13　遥感分类专题制图

遥感分类图是栅格图，图上的类用有地理坐标和类属性的像素点表示。我们通常看到的地理专题要素分类图是矢量图，其中的类别图斑用封闭的多边形或封闭的不规则的弧形圈表示，其属性用一个代码表示。

分类结果可以转换为矢量图，多数图像处理系统都有这种功能。栅格到矢量的转换可以对选定的类进行，也可对所有的类同时进行。通常是将每个类保存为一个独立的矢量文件，用附在基本文件名称之后的标号区分各个类别(如 ENVI 系统)。

实际工作中，更多是将分类图制作为遥感分类专题图，其技术路线如图 9.23 所示。在这个过程中，需要注意以下几个方面。

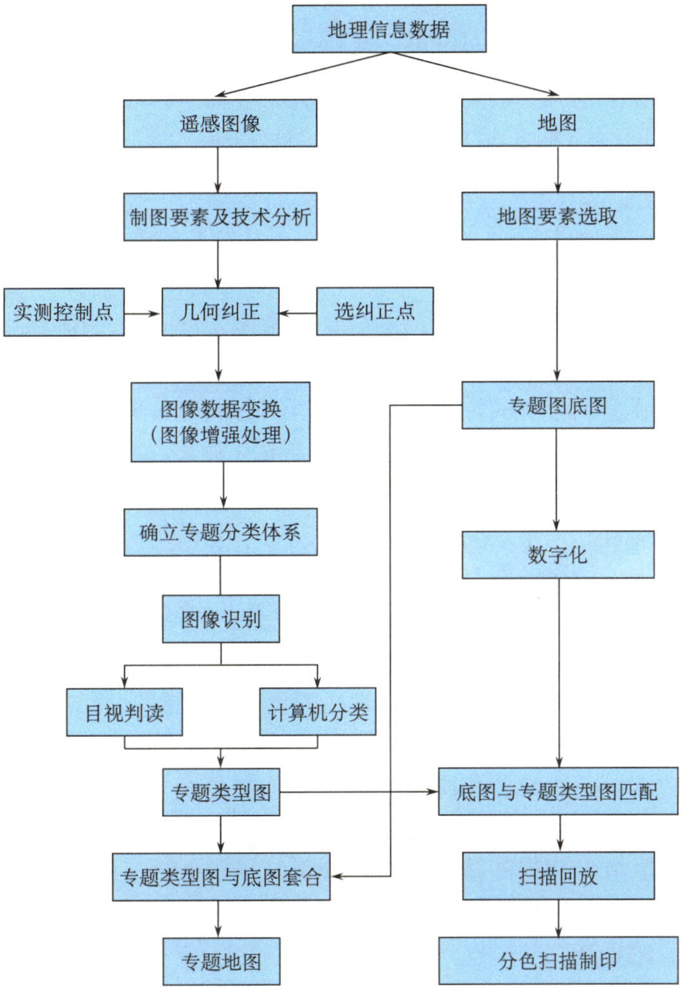

图 9.23 遥感分类和专题制图的技术路线

1. 分类赋色

分类完成后，计算机处理系统一般都是按类顺序(或训练区的颜色)自动给类别赋色。这些默认的颜色基本上都不符合专业制图的要求，例如，专业制图要求相近的类颜色相近，面积大的类颜色较浅等，因此需要重新给各类配色。这个处理过程在 ENVI 系统中称为“改变类颜色”，在 ERDAS 系统中则是重编码处理的一部分。配好类别颜色后，可存为一个特定的文件或查找表(LUT)，供分类图输出时使用。

2. 叠加修饰符号

为了满足制图的要求，需要在图像上叠加各种修饰性内容，包括：比例尺、公里网、指北针、图例、图廓、注记、统计图表等。多数图像处理或软件系统都提供了相应的功能或模板，操作比较方便。现有的遥感处理系统大多已经支持中文注记。

如果已经具有了区域的基础地理信息，可以将分类结果输出为 GeoTIFF 格式的图像，然后在 GIS 软件中将图像与基础地理信息叠合后进行这些工作。

3. 打印输出

分类图可通过各种打印设备输出。输出形式可以是彩色图(以不同颜色表示不同的类)，也可以是黑白图(用不同灰度值或灰度级表示不同的类)，还可以是符号图(以不同字母或数字表示不同的类)或图案。为了保证输出精度，输出的分辨率一般不低于 600DPI。对于彩色打印，在输出时建议使用 sRGB 色彩空间。

9.14 提高分类精度的对策

Markham 和 Townshend(1981)指出，遥感分类精度主要受两个因子影响：一是分类结果中类别边缘的像素，即混合像素，当遥感数据空间分辨率高时，处于地物类别边缘处的混合像素数量减少，分类精度就会提高。二是空间分辨率变高时，同一地物类别内部的光谱响应变异增大，使类别间的可分性降低，从而导致分类精度降低。表面上，空间分辨率变化对分类精度两个方面的影响是相互矛盾的，实际上，遥感分类精度如何变化最终取决于空间分辨率和遥感数据中的地物目标大小之间的相对关系。对于光谱均一的单一目标，遥感图像空间分辨率的降低只是增加了边缘的混合像素数目，但不会引起目标内部光谱大的变异，因此，分类精度会降低。对于光谱变异很大的单一目标，空间分辨率降低虽然使边缘的混合像素数目增加，但由于模糊了光谱的差异反而可能会提高分类精度。Woodcock 和 Strahler(1987)研究了尺度因子与遥感分类精度的关系后指出，由于地表特征的空间异质性和空间自相关性，遥感分类精度由图像的空间分辨率与图像内的目标大小之间的相对关系决定。

遥感图像分类中难以消除错分和漏分，其总体分类精度一般为 70%～85%，达到 90%的不多，只有个别地表覆盖类型会超过 95%。在地物类型复杂的丘陵、山区及开发历史悠久、人为活动影响强烈的区域，获得高精度的遥感分类结果需要更多的辅助信息。

导致遥感图像分类精度不高的因素有多种，有些是目前遥感成像系统不够完善或计算机图像处理系统非智能化等产生的，这一时很难完全解决；有些则可通过努力得到一定程度的改善。

9.14.1 综合利用多种信息

遥感图像的计算机分类方法，大多以遥感图像的光谱特征为基础。但是在实践中，由于各种内在和外在因素的影响，如地面起伏对地物光谱反射强度的影响，由于像素的分辨率低而造成的混合像元的影响，分类中只考虑单个像素光谱特征而未考虑相邻像素类属的相关性及结构特征等因素，都会降低计算机分类效果。所以，需要采用一些辅助的处理措施，以改善分类效果。例如，对图像的类别噪声进行处理，在分类过程中引入地面高程、坡度、坡向等空间信息，把图像的纹理特征纳入分类决策过程中等。

多信息(包括遥感信息和非遥感信息)复合方法常用来提高分类精度。信息复合将不同数据源的优点结合起来，提高了待分类数据的几何分辨率和光谱分辨率。一般的流程是：多信息经校正配准后形成融合图像，或直接参与分类。非遥感信息如高程、地质、水文、土壤、地貌、植物等专题图件作为新的图像特征参与分类，也可提高分类精度。

1. 几何信息

在指定的图像空间分辨率下，不同地物的空间分布规模不同，往往具有特定的几何信息，如形状、大小、周长、面积、方向等。这些几何信息可以弥补波谱信息的不足。

计算机视觉识别技术表明，方向对称变量不仅能描述点对称性，而且能够通过其在不同方向上的分布来描述物体的基本形状。关泽群等对广东省三水地区的 TM 图像进行分类，结果表明通过方向对称变换处理，可以判断地物形状，提取地物几何属性，从而把光谱特性类似而几何属性不同的湖泊、水塘与河流，农田与林地等区分开，提高了分类精度。

2. 纹理信息

人眼可以识别区分各种不同的纹理特征，但没有定量标准，难以形成统一的尺度。定量化的纹理信息不可能在遥感图像上直接得到，必须通过图像变换等处理进行抽取。即原图像中相邻像素的空间变化特征及其组合情况，只有经过各种运算，才能得出反映纹理信息的定量数据，形成纹理变量或显示为纹理图像。

纹理变量可作为特征变量之一参与图像分类。在波谱信息中加进纹理信息，可以弥补波谱信息的不足。依据抽取出的纹理特征信息对原始分类结果进行二次分类，可以提高分类精度。例如，在土地覆盖的分类中，常遇到居民点与苗期旱耕地、场院等混分现象，果园和农田、草地也易于混淆，如能运用纹理特征对混分的地物进行二次分类，就可以显著改善分类精度，这方面成功的例子有很多。

遥感图像的纹理特征与其光谱特征一样对图像模式的识别起着关键作用。例如，人们之所以能从一幅彩色图像上区分出不同的地物，一是通过颜色，即依据了光谱特征，再是通过不同彩斑之间的形状、大小、方向等性质的比较，即依据了几何和纹理特征。这种特征在遥感图像识别中相互关联，互相补充，在利用光谱特征对某些地物类别难以区分或出现混类现象时，纹理特征的引入有可能对它们加以区分。

纹理特征的应用表现在两个方面。

首先，纹理特征的提取。光谱特征可以从单个像素中获得，纹理特征涉及像素邻域的亮度信息，因此纹理特征的提取和分析总是在一个子图像区域上进行。最小的子图像至少应由两个邻接的像素组成，比较典型的是 3×3 的像素邻域，而最大的图像子区域是整幅遥感图像本身。纹理特征一般分为两大类，一类是侧重于对地物形态的具体描述，即表征地物的形状、大小、结构轴的方向，以及这些形态在图像空间中的分布规律；另一类是忽视地物具体形态差别，侧重于描述图像区域中总体亮度变化规律，如图斑分布的均质性和排列的规则性等。纹理特征提取的方法有自相关函数法、数学变换法、数学形态法、灰度共生矩阵法、灰度延长法、单位面积边缘数法、纹理变换法以及自回归模型法等。这些方法可以参考计算机模式识别方面的书刊，这里不再赘述。

纹理特征辅助光谱数据参与分类的方案，类似于高程参与分类的方案，主要有以下三种。

(1) 直接参与方案：把纹理特征与光谱特征并列，作为图像特征参与分类。

(2) 间接参与方案：把基于纹理特征的图像分类结果当做多光谱分类中的一个辅助特征，结合原有的多光谱图像特征行分类处理。

(3) 后处理方案：使用光谱特征分类后，再用纹理特征分类的图像对已有的分类结果进行细分。

需要注意的是，只有对所采用的纹理特征的物理意义有清楚地认识，并结合实际地物做出合理的解释，才能把光谱特征和纹理特征结合起来增强地物的可分性。否则会起到画蛇添足的作用。

3. 地形信息

在分类中引入地形信息，如高度、坡度、坡向以及太阳入射角等作为图像特征，在非平原区可以比较显著的提高分类精度。这是因为，地形的起伏会影响光谱反射特征的变化，使处于不同坡面的同类地物表现出不同的光谱特征，或者不同类的地物表现出相同的光谱特征；一些地物(主要指植物)随着海拔高度、坡度、坡向等地形因子的分布是有规律的。

在实际处理时，这种方法比常规分类法多使用一个 DEM 图像，以便确认每个像素的高程，然后有选择的取用相应的先验概率。基于同样原理，可以把每个高程分带作为掩膜图像，独立地在每个带内进行图像分类，然后把各带分类结果拼合起来形成最终的成果。

类似地，可以建立其他图像特征(如坡度、坡向)的先验条件概率。需要注意的是，这些特征及其先验概率必须能够反映区域地物的分布特点。

9.14.2 混合像元分解

在中、低空间分辨率的卫星图像中，单位像元覆盖的地面范围往往包含一种以上的地物类别，像元是多种地物信息的混合，这类像元称为混合像元。类似地，由单一地物构成的像元称为纯像元。纯像元和混合像元是相对的，即构成像元的地物类型和规模具有相对性，需要根据研究目的来确定。

混合像元的灰度值是各组成地物的图像灰度的混合值。对于混合像元，一般需要进行像元分解处理。

混合像元分解方法主要有线性分解、非线性分解和模糊分解三种。

线性分解基于像素灰度的线性可加性，表示为

$$R_m = AR_a + BR_b + CR_c + \cdots + NR_n$$

式中，R_m 为混合像元的灰度值；R_a，R_b，R_c，…，R_n 为该混合像元中各纯像元组分 a，b，c，…，n 的灰度值；A，B，C 为纯像元在混合像元中所占的百分比。

尽管混合像元中的组分不是很多，但有哪些组分、比例关系如何等只能依据先验知识对遥感图像分析测算获得。

混合像元的模糊分解与模糊数学分类一致，这里不再赘述。应注意的是，无论是线性分解还是模糊分解，实际效果在很大程度上取决于该地区的先验知识。

有关像元分解方法的更多内容，建议阅读《高光谱遥感——原理、技术与应用》（童庆禧等，高等教育出版社，2006）。

9.14.3　GIS 与遥感分类

随着 GIS 技术发展，出现了 GIS 支持下的遥感分类。概括起来，GIS 通过以下方式支持遥感图像的分类。

1) GIS 与 RS 数据复合分类

地理信息系统不仅可以科学地管理空间数据（包括不同时相的多种遥感信息，尤其是非遥感手段所能获得的环境背景信息），为遥感提供动态分析、综合分析的基础，而且可以根据不同应用目的，选择不同层次的信息，避免单一光谱信息的不足。当然，遥感反过来也成为地理信息系统的一个重要的数据源。随着地理信息系统向智能化专家系统的方向发展，可以把不同的专业知识与方法引入到图像分析处理与辅助决策过程中。

非遥感图像的数据（如地质数据、植被数据、土壤数据、坡度数据、水文数据等）通过插值生成网格数据，然后生成数字图像，可作为新的图像特征。它们与遥感图像本身的光谱特征、纹理特征等相结合，可以进一步提高图像分类的精度。

2) 间接支持分类

利用 GIS 数据对遥感图像进行分层和对分类结果作逻辑操作，可以提高分类精度。例如，利用 GIS 数据先对遥感图像进行分层，然后再对每一层进行分类，并用 GIS 数据对分类结果作逻辑操作（分类或处理）从而提高分类精度。除此之外，GIS 数据还可用于遥感图像的几何纠正和辐射校正、掩膜处理、辅助训练样区的选择等。

最后，应该说明的是，上述对策各有其适用范围，不是万能灵药，实践中还需要针对数据和区域特点开拓思路，积极探索。只有把图像处理技术、分类方法、专业知识等密切结合在一起，才能有效地提高图像分类精度。

思　考　题

1. 阐述遥感图像分类与分割的联系与区别。
2. 遥感图像分类的基本原理是什么？假设是什么？
3. 简述遥感图像分类的工作流程。
4. 在遥感图像分类中，分类系统有什么意义？应该包括哪些内容？
5. 度量像素相似性的指标有哪些？主要的特点和区别是什么？
6. 如何根据研究需要选择适当的相似性度量用于分类？
7. 什么叫非监督分类，主要的分类器有哪些？
8. 简述监督分类与非监督分类的区别。
9. 遥感图像的硬分类与软分类的区别是什么？

10. 什么是训练区，选择训练区应该注意哪些问题？如何利用训练区来判断图像特征的可分性？如何基于训练区进行图像分类的特征选择？

11. 监督分类的主要分类器有哪些，各有什么特点？

12. 最大似然法的基本假设是什么？如何在最大似然法中引入先验概率信息？如何利用后验概率信息改进分类精度？

13. 光谱角分类器的主要用途是什么？

14. 简述神经网络概念，神经网络用于遥感图像分类有何优缺点？

15. 决策树分类与监督分类相比的优缺点有哪些？

16. 专家系统原理在遥感信息提取中有何作用？

17. 当前有哪些主要的遥感图像分类方法？改进图像分类的主要思路是什么？

18. 面向对象图像分类的基本流程是什么？使用了哪些图像分割方法？与基于像素的图像分类有哪些区别？图像分割在面向对象分类中起什么作用？

19. 简述遥感图像分类精度评估的概念与基本方法。

20. 什么是抽样设计？在遥感图像分类精度评估中有哪些抽样方法？各有什么特点？

21. 图像分类后处理包括哪些工作？各有什么用途？

22. 影响遥感图像分类精度的因素有哪些？

23. 用遥感软件对实验图像进行非监督分类，采用 K-均值和 ISODATA 分类法，比较不同输入参数的分类结果。

24. 用遥感软件对实验图像进行地表覆盖类型的监督分类，对比最小距离法、最大似然分类法和决策树法三个分类器的分类结果，评估分析分类精度。

25. 遥感专题制图中需要注意哪些问题？

26. 提高遥感图像分类精度的主要对策有哪些？

27. 什么是混合像元？混合像元分解有哪些方法？如何进行混合像元分解？

28. 编写程序，对分类结果进行分层随机抽样，计算用户精度、生产者精度和 Kappa 系数，并与 ENVI 和 ERDAS IMAGINE 软件的精度评估结果进行对比。

第 10 章　遥感信息提取

21 世纪对地观测技术得到了迅速发展，图像的光谱分辨率、空间分辨率和时间分辨率等有了显著的提高，高光谱图像和高空间分辨率图像得到了越来越多的应用。人类可以精细的观测地物，能够从图像中获取更多的地物信息，包括地物的几何信息和成分信息、地物的类别等。

本章遥感信息提取的内容包括：单一目标的遥感信息提取，高光谱图像处理，高空间分辨率图像处理，变化检测，它们已经在各行各业中得到了广泛的应用。与前面各章相比，本章使用的处理方法属于更高级的图像处理内容，更为专业。深入理解这些方法，除了需要前面各章的基础外，还需要更多的统计学知识和行业知识。

10.1　概　　述

遥感信息提取(information extraction from remote sensing data)是从遥感数据中提取信息的过程，所提取的信息包括：单一地物目标信息，地物成分信息，地物变化信息和地物类别信息(表 10.1)。提取的对象可以是单一的地表覆盖(如水域)或特定目标(如机场的飞机)。提取方法可以是简单的波段组合，也可以是各种算法所构成的复杂的工作流程。由于图像数据量大，工作中往往强调使用简单的方法进行信息提取。然而，对于特定区域的信息提取工作，如果目的是提取精度和准确性，则往往需要综合使用各种方法，甚至研究新的算法，而不再强调算法的效率。

表 10.1　遥感信息提取的类型

类型	应用实例
类别信息提取	图像分类，如土地覆盖类型，树种，植被，农作物
变化信息提取	变化检测，如土地覆盖变化，需要使用多时相图像数据
成分信息提取	物理量的提取，如地表温度、大气成分、高程、水体中的叶绿素 a 浓度，主要利用高光谱或其他特殊的传感器
地物目标提取	构建植被指数、混浊指标等，掌握火灾、水灾等灾害状况，提取线性构造，遗址勘察等

遥感图像类别信息提取(classification)是利用图像的光谱信息、空间信息及多时相信息等对目标物进行识别并归类。变化信息提取利用变化检测(change detection)方法从不同时期观测的图像中检测目标物的变化。成分信息提取(extraction of physical quantities)通过图像测量目标物的生化参数，如地表温度、植物生物量，或计算大气成分，或通过立体像对测出高程等，主要利用多光谱技术或特殊的图像传感器(如 LiDAR)，这是遥感反演的重要内容。地物目标提取则是构建遥感指数(对于多光谱图像)或特定的算法(对于高空间分辨率图像)，提取特定目标的分布或状态(生长或健康状态)。

遥感信息提取由人工或计算机进行(表 10.2)。人工信息提取(information extraction by

human)，即图像判读，根据图像判读要素来勾绘图像中的地物要素；计算机信息提取(information extraction by computer)，即图像分割、图像分类和遥感反演。人和计算机的优缺点是相辅相成的，表 10.2 对此进行了比较。事实上，遥感信息提取几乎都是通过人和计算机的结合来完成的，完全依靠单方面的情况是很少的。例如，在地质领域，先用计算机进行图像增强，然后对图像进行人工判读。这种人和计算机相互配合进行分析的方法称为人机交互方式(man-machine interactive)。为了减轻人的劳动，总是尽可能地采用计算机处理。使计算机学习判读人员所具有的知识而进行的信息提取，称为专家系统(expert system)。

表 10.2　信息提取中人与计算机的比较

信息提取方法	优点	缺点
人工 (图像判读)	可利用判读人员的知识 擅长提取空间信息	花费时间长 受个人经验和知识影响大
计算机 (图像处理)	处理时间短 有重复性 可提取出物理量和指标	难以有效的利用人的知识 难以提取空间信息

前面章节中的图像分割和图像分类方法可以用于信息提取。图像分割与图像分类都是对图像的划分。与分类不同的是，图像分割可以是纯数学准则的，不考虑分割斑块的物理意义和精度。图像分类是面向实际地理问题的，必须考虑分类结果的意义和精度。遥感图像分类将图像划分为不同的类，在分类之前需要建立分类体系和相关的标准，图像分类的结果是地物类。

遥感信息提取具有不确定性①。在遥感数据的生命周期中，数据的获取、处理、分析、数据转换等各种操作都会引入不同类型和不同程度的不确定性，并在随后的各种处理过程中传播。最终总的不确定性则是各种不确定性不断积累的结果。不同的操作也会引入不同的不确定性(图 10.1)。了解这些不确定性，有助于选择适当的图像处理方法，设计有效的提取算法。

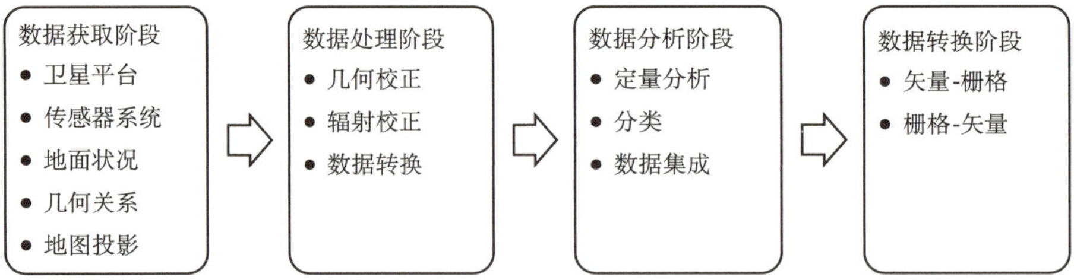

图 10.1　遥感信息处理流程中引入的不确定性的因素

① 推荐阅读：Lunetta R S, Congalton R G, Fenstermaker L K, Jensen J R, McGwire K C, Tinney L R. 1991. Remote sensing and geographic information system data integration: error sources and research issues. Photogrammetric Engineering & Remote Sensing, 57: 677-687.

在数据获取阶段，传感器与地面景观之间的几何关系直接影响影像的质量。理想状态下，在一景影像中的辐照几何关系应该是一个常数。当瞬时视场角(IFOV)较大时，这种几何关系在一个范围内变化，导致影像的辐射畸变。同时，这种大视场角也会导致影像内的几何畸变。

传感器系统的特性对影像质量以及信息提取的不确定性有显著影响。传感器的物理参数不但决定获取遥感数据的空间、时间和辐射分辨率，还决定数据的信噪比。同时，传感器工作的电磁波谱范围决定了云对数据获取的影响以及大气吸收、辐射和散射等造成的遥感数据的辐射畸变。由传感器参数而决定的空间分辨率直接影响遥感信息提取的精度。卫星平台的轨道高度、飞行速度和传感器的瞬时视场角一起决定影像的几何特性。卫星平台的稳定性严重影响遥感系统的几何精度。遥感影像所覆盖的地面景观的复杂性也对遥感数据不确定性有影响。地形起伏不但会导致影像几何畸变，而且会导致影像内迎光坡和背光坡均匀区域内的巨大差异，导致信息提取结果具有很大不确定性。对于特定物理参数的传感器所获取的遥感影像，地表景观分布的复杂性和地表单元的大小共同直接影响遥感数据分类的不确定性。这些在数据获取时的不确定性有些可以纠正，有些则无法纠正或处理，但它们将最终影响遥感信息提取的不确定性。

遥感数据的处理过程也会引入不确定性。根据不同的应用目标，需要对遥感数据进行不同的处理。一般来说，对影像进行几何校正、辐射校正和数据转换是最基本的处理步骤。遥感影像的几何校正一般通过选取地面控制点和影像上的同名点，在地面控制点坐标和同名点的影像坐标之间建立多项式，而在两个坐标系之间建立联系，然后将遥感影像从影像坐标转换为地面控制点坐标系。通常，利用均方根误差衡量参考像素的位置精度。地面控制点的选取对影像几何校正精度起决定作用。一般地面控制点从大比例尺的地形图选取。由于地形图存在不同程度地图综合，控制点的位置总是存在一定偏差。即使地面控制点位置通过GPS精确得到，对于不同空间分辨率的遥感数据而言，在影像上选取相应于地面控制点的同名点的位置也会存在一定的偏差。几何校正过程中的重采样过程也可能引起影像整体或局部亮度值的变化，从而影响数据分析结果的精度。辐射校正的目的是消除大气效应、地形效应以及传感器带来的遥感数据中的辐射畸变。不同的辐射校正方法以及辐射校正模型中参数的精度常常影响辐射校正效果，并可能产生新的不确定性。

各种不确定性影响了遥感数据的信息提取。不确定性在不同影像中都可能发生变化，即使来自同一传感器也是如此。对地观测数据的一个基本的固有的问题就是土地覆盖随着季节、一天中的时间、光线条件和天气的不同而变化。而且，同类对象随着传感器和分辨率的不同，表现差异也很大。

图像特征与土地覆盖或土地利用之间的相互关系只能粗略地表达，土地覆盖或土地利用的概念也存在固有的模糊性。即使在仪器校正之后，作为影像像素获取工具的遥感传感器的辐射分辨率也是有限的。同时，遥感在任何数据获取过程中的几何分辨率也是有限的，从而导致单个像素内的混合类：如果一个像素位于水陆交界处，那么它的像素在一定程度上代表了水面，一定程度上代表了海岸的陆地。

影像生成过程将遥感测量结果转换为影像数据并对其进行压缩，便于数据的保存和传输。在很多情况下，这些数据处理步骤会造成人为性和模糊性，从而造成最后影像数据的不确定性。

通常土地覆盖和土地利用的概念都十分模糊，人口密集区与稀疏区，高植被区和低植被区之间都没有明确的分界。以数量来定义分界是对真实世界的不尽如人意的理想化，从而会导致分类及分类评价中的一些问题。遥感数据提取信息很大程度上基于模糊知识，尤其是重要的上下文信息，一般都以模糊的语言规则来表达。例如，如果树木“差不多全部”被城区所包围，那就会被分为公园里的树木。在很多情形下，某一分类任务所需要的信息并不或不完全包含于可利用的遥感数据中，这可能是由空间或光学分辨率造成的，因为信噪比太低或者传感器根本就没有传输不同类型对象的不同信息。

10.2 单一目标物的遥感信息提取

单一目标物的遥感信息提取是构建遥感指数，从遥感图像中提取特定地物目标的过程。例如，道路、水体的提取，建筑信息的提取，指定类型的植被信息提取等。

在这个过程中，对于多光谱图像和高光谱图像，重要的关键的内容是构建遥感提取指数(extraction of index)，如植被指数等。这些指数指明了地物及其状态，能够识别地物分布、灾害状况、线性构造、遗迹等地物或者地表状态。

主要流程为：

(1) 确定目标物的光谱特征、空间结构特征等图像特征。

(2) 分析上述特征与目标物的关系。

(3) 构建提取指数，将非线性的关系转换为线性关系。

(4) 确定提取阈值，进行信息提取。

(5) 对提取结果进行精度评价。

如果将目标信息作为 Y，将图像特征作为 X，上述过程就是寻找最优函数 f，确定 $Y=f(X)$ 中的最佳 X 子集的过程。

考虑到图像的大数据量，信息提取多倾向于构建简单的提取指数或模型来完成。特别是普通的地物目标，如水体等。对于特定目标的提取任务，使用复杂的方法如机器学习是有必要的。

10.2.1 典型地物的遥感指数

下面给出了目前常用的遥感指数，其中波段编号对应于 TM 图像中的波段编号。

1. 植被指数

尽管植被指数很多，但 NDVI 是最常用的植被指数。可以确认的是，NDVI>0 可以表征地表的绿色植被。某些绿色植物可能会有 NDVI<0 的情况。

更多的植被指数参见第 6 章。

2. 水体指数

利用水体在绿波段和中红外光谱的差异可以有效地提取水体。对于 TM 图像，建议使用指数 B2/B5>1。这个指数已经包括在 ERDAS IMAGINE 的 ER Mapper 软件中。

3. 矿物指数

$$黏土比指数=(B5-\min(B5))/(B7-\min(B7))$$

$$氧化铁指数=(B3-\min(B3))/(B2-\min(B2))$$

4. 云的提取

根据云在可见光和红外波段的差异可以提取图像中的厚云。对于TM图像，典型的云提取指数为B1/B6。针对TM和ETM+图像的复杂的提取算法被称为ACCA方法，相关文献可以在网络上找到①。最新的用于Landsat和哨兵2号图像的云和阴影探测的算法由Zhu(2015)提出并被USGS采用②。

10.2.2 遥感指数构建的基本原则

在遥感指数的构建中，获得与地物目标信息最为相关的图像特征是关键。所有的图像特征或者组合都可以用于指数的构建。

构建的遥感指数应该满足如下原则：

(1) 物理意义明确。构建的指数具有明确的物理意义，具有可解释性。指数不依赖于特定的图像而只与所研究的问题相关。

(2) 可验证性。构建的指数必须可以重复计算并通过其他图像的验证，具有重用性。有时候，所构建指数的物理意义可能暂时无法解释，但在实践中证明是有效的。

(3) 线性关系。构建的指数与对象的实测生化参数之间的关系应该尽可能为线性关系，以便于监测应用。这对于建立遥感反演模型尤其重要。

(4) 可分性。指数可以独立的区分、提取特定的地物类别，漏分、错分率低；指数阈值稳定、可靠，不依赖于其他外部条件。

(5) 准确性。使用提取指数获得的结果应该达到或接近经验丰富人员的目视解译结果。在缺少同期现场验证的情况下，工作人员的经验和人工解译显得尤为重要，其结果可以作为参考依据。

更多有关构建遥感指数的内容，建议阅读梁顺林(1990)和Verstraete(1996)的相关论文。

10.3 高光谱图像处理③

高光谱图像由成像光谱仪产生，这种复杂传感器的发展涉及两种相关的但不同的技术融合，即测谱学(spectroscopy)和地球以及行星表面的遥感成像技术的融合。

测谱学早在20世纪初就被用于识别分子、原子及其结构，20世纪80年代才开始建立成像光谱学(imaging spectroscopy)，研究利用紫外、可见光、近红外和中红外电磁波来获取许多非常窄而光谱连续的图像数据的技术。测谱学研究物质发射或反射的光以及随波长变化的能量。在光学遥感中，测谱学研究地球表面物质漫射(散射)的太阳光的光谱。光谱仪(或光谱

① Irish R R, Barker J L, Goward S N, Arvidson T. 2006. Characterization of the Landsat-7 ETM+automated cloud-cover assessment (ACCA) algorithm. Photogrammetric Engineering and Remote Sensing, 72(10): 1179-1188.

Irish R R. 2000. Landsat 7 automatic cloud cover assessment//Shen S S, Descour M R (Eds.). Algorithms for Multispectral, Hyperspectral, and Ultraspectral Imagery VI. Proceedings of SPIE, 4049: 348-355.

② Zhu, Z, Wang S, Woodcock C E. 2015. Improvement and expansion of the Fmask algorithm: cloud, cloud shadow, and snow detection for Landsats 4-7, 8, and Sentinel 2 images. Remote Sensing of Environment,159: 269-277.

③ 主要参考资料：TNTmips. 2006. Introduction to hyperspectral imaging.PDF.

辐射计)被用来测量基于地面或实验室的试验材料的反射光。在光谱仪中，一个光学分光元件如光栅或棱镜将光束分为很多狭窄的、波长相邻的波段，每个波段的能量通过一个独立的探测器来测量。通过使用成百甚至上千个探测器，光谱仪能在宽波长范围内对 0.01μm 那样窄的波段做光谱测量，典型的波长范围为 0.4～2.4μm(可见光到中红外范围)。

遥感成像仪的重点是测量地球表面的许多相邻区域的反射光。在许多数字成像仪中，随着传感器平台的移动，小区域按照相同的几何模式来被顺序检测并集中到一幅图像内。以前，受传感器设计、数据存储、传送和处理的限制，成像仪只能获取有限的几个宽波段的信息。现在，由于技术的发展，成像仪的分辨力和光谱范围已经和地面的光谱仪相当(图 10.2)。

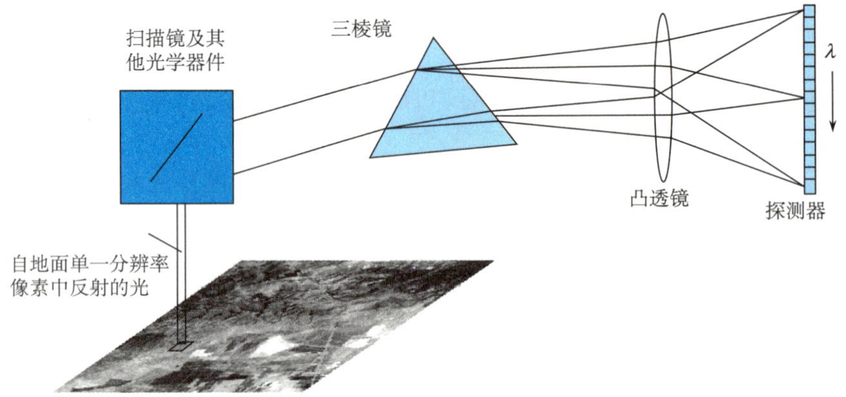

图 10.2　成像分光计基本原理示意图

表 10.3 列举了一些常用的成像光谱仪。高光谱图像提供了描述地表物质所需的光谱分辨力，但数据量过多，可能会有冗余。两个邻近波段间的光谱差异非常小，导致它们的灰度图像看上去差不多相同。高光谱图像中所嵌入的信息通常用来识别地表物质的成分。因此，如何用合适的工具和方法提取图像中的信息成为研究重点。

表 10.3　常用的高光谱图像传感器和波段数

传感器	组织	国家	波段数	波长范围/μm
AVIRIS	NASA	美国	224	0.40～2.50
AISA	Spectral Imaging Ltd.	芬兰	286	0.45～0.90
CASI	Itres Research	加拿大	288	0.43～0.87
DAIS 2115	GER Corp.	美国	211	0.40～12.0
HYMAP	Integrated Spectronics Pty Ltd	澳大利亚	128	0.40～2.45
PROBE-1	Earth Search Sciences lnc.	美国	128	0.40～2.45
HSI	卫星环境应用中心 环境 1 号卫星 A 星(HJ-1A)	中国	110～128	0.45～0.95

高光谱图像是对地物进行多波段成像所得到的一组二维图像，每个波段对应一个二维图像。例如，地球观测系统 EOS 中的 KRIS 有 192 波段，同一地物就会有 192 幅二维图像，每幅二维图像的差异仅在于它们的波段。地物上的每一个像素点在各个波段中的数值虽然有差

异，但具有相关性，这种相关性随着光谱分辨率的降低而加大；增加光谱分辨率，提高了对地物的差异性表达能力，更便于探测地物的更多信息。多光谱图像与自然图像(指用摄像机或数码照相机拍摄得到的图像)的区别在于它在三维自然图像的基础上又多了一维光谱信息。高光谱数据是一个光谱图像的立方体，其空间维描述地表二维空间特征，光谱维揭示图像每一像素的光谱曲线特征，由此实现了遥感数据空间信息与光谱信息的有机结合。

美国国家航空航天计划将两个成像光谱仪作为地球观测系统(EOS)的一部分。这两个光谱仪是中等分辨力成像光谱仪(MODIS)和高分辨力成像光谱仪(HIRIS)。

携带 MODIS 的 EOS-AM 卫星已于 1999 年 12 月成功送入轨道。MODIS 是 EOS 计划中用于观测地球生物和物理过程的仪器，每天可以完成一次全球观测。它仍然沿用传统的成像辐射计的思想，可为地学应用提供 0.4～14.5μm 之间的 36 个离散波段的图像。

HIRIS 有 30m 的空间分辨力，获取 0.4～2.5μm 波长范围的 10μm 宽的 192 个连续光波段。它是 AVIRIS 的继承者，获取沿飞行方向前后+60°～–30°之间及横向±24°的图像。虽然它的周期为 16 天，但由于它的指向能力，对于一些特殊地区的覆盖率将会更高。HIRIS 数据主要用于识别表面物质、测量小目标物的二向性反射分布函数(BRDF)及对小空间范围的生态学过程的详细研究。

美国的行星地球计划和 EOS 计划是全球性的，其最终目标是评价各种地球系统过程，包括水文过程、生物地球化学过程、大气过程及固体地球过程。成像光谱仪(星载)将成为这些计划实施中的关键仪器。但是这些星载成像光谱仪仍会面临重大难题，如卫星的飞行高度和速度会影响从空间上测量高质量光谱的能力；为精确地测量光谱、辐射值及空间位置的定标还需要新的处理方法。在传感器方面，需要改善其获取数据的性能，提高图像数据的信噪比，增强机上实时处理数据的能力；在数据分析处理方面，强调大气校正、信息提取技术，要求发展新算法和完善已有的算法，并向构造标准化应用处理算法软件包(工具)方向努力，特别是发展和完善那些针对高光谱海量数据和丰富光谱信息特点设计的算法和软件，以提高数据处理效率和研究应用水平。

10.3.1　地 物 光 谱

地物波谱特征的研究，不仅为传感器的研制、波段选择直接提供科学依据，而且是在具体应用中选择合理的波段、波段组合以及在计算机遥感图像处理中建立影像分析的定量标准、有效地提取专题信息和进行成像机理分析的重要依据。因此，长期、系统的地物波谱数据测定以及特征研究是遥感重要的基础研究之一。

在地物光谱中，我们想获得的属性主要是光谱反射率：反射能量与入射能量的比率，而且是波长的函数。反射率是无量纲数量，范围为 0～1.0，或用百分比来表示。对于大多数物质来说，反射率随着波长变化而变化，这是因为在某些波长处的能量不同程度地被散射或被吸收。不同地物有不同的反射率曲线(反射率-波长图)。光谱曲线中的明显向下偏转是因为物质有选择地吸收入射能量，对应的波长范围称为吸收波段。许多情况下光谱曲线的总体形状、吸收波段的位置和强度可以用来识别和区分不同的材料。例如，与土壤相比，植被在近红外有较高的反射率，在红光有较低的反射率(图 10.3)。

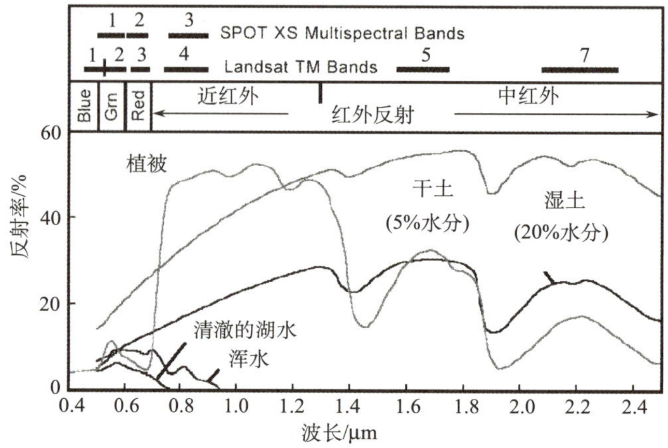

图 10.3 常见的地物组分的典型反射光谱曲线(可见光到反射红外)

图 10.3 中的上部是用于比较的多光谱卫星传感器。在野外和实验室光谱测量中，需要先测量入射光能量的大小，这可以通过直接测量或间接通过测量反射率已知的标准板来获取。

图 10.3 是几个常见的地物在可见光到反射红外光谱范围的代表性光谱反射率曲线。在野外或实验室里对试验材料进行光谱测量时，入射能量的值也用来计算物质的反射率。这些值要么是直接测得，要么是通过一个已知反射率的标准参照物间接测得(在相同的光照条件下)。

1. 矿物光谱

在无机物中，矿物、化学成分和晶体结构等控制着光谱曲线的形状以及特定吸收波段的存在和位置。特定波长的吸收可能是由特殊的化学元素或离子、某些元素的离子电荷、部分受晶体结构控制的元素之间化学键的几何形状引起的。

图 10.4 是一些常见矿物的光谱。赤铁矿(一种氧化铁矿物)在可见光范围中的强烈吸收是三价铁(Fe^{3+})引起的。方解石在 1.8～2.4μm 的吸收波段主要是碳酸根(CO_3^{2-})引起的。高岭土和蒙脱石是土壤中常见的黏土矿物，二者光谱中都有的 1.4μm 附近的强吸收波段，高岭土中

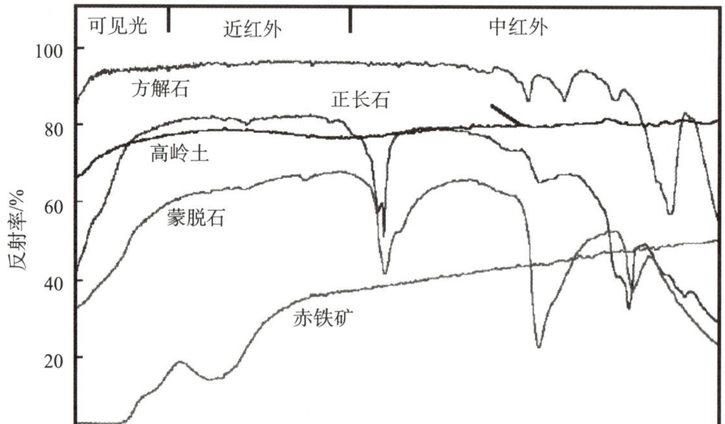

图 10.4 部分代表性矿物的反射光谱曲线

1.9μm 处的弱吸收波段是由氢氧化物离子(OH^-)引起的，蒙脱石中 1.9μm 处强吸收的波段是由这种含水黏土中的受束缚的水分子引起。与此相比，作为花岗岩中主要矿物的正长石，从可见光到中红外范围内几乎没有明显的吸收特征。

2. 植物光谱

健康绿色植物的光谱反射率曲线也有受不同植物特性所支配的独特形状(图 10.5)。在可见光部分，光谱曲线形状受叶绿素和其他叶子色素的吸收效应控制。叶绿素非常有效地吸收可见光，其中，对蓝光和红光的吸收比绿光更强烈，这就在绿光的波长范围内产生了一个独特的小的反射率高峰。因此，健康植物以绿色呈现在我们面前。大多数植物在红光和近红外波长(有时称为“红边”)间反射率突然增长 40%～50%，这种高的近红外的反射率主要是由于叶片内部细胞结构之间的相互作用。剩余的能量多数被透射出来，并可以与冠层中较低的其他叶片相互作用。叶片结构在植物种间有明显的变化，同时随植物应力而改变。因此，植物类型、植物应力和冠层状态都影响着近红外反射率。除在 1.4μm 和 1.9μm 附近的两个明显的水吸收波段以外，大于 1.3μm 的反射率随着波长增加而下降。

在生长季节的末期，叶片失去水分和叶绿素，近红外反射率下降，而红波段处的反射率增加，这就产生了秋季所见的黄色、棕色和红色的树叶颜色。

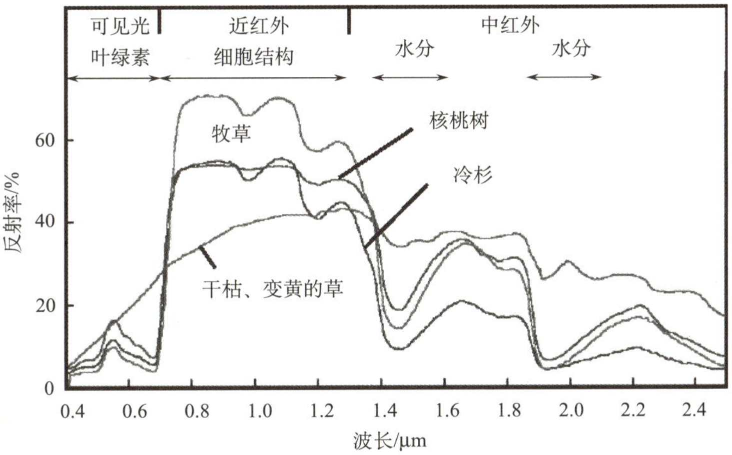

图 10.5　绿色植物和衰老的(干枯的、变黄的)植物叶片的光谱曲线

图上面是控制曲线形状的植物组分

3. 光谱库

光谱库用来管理典型地物的光谱曲线，这些光谱往往是在典型的标准环境下的测量结果。下面两个光谱库是公开的，可以用来辅助解译高光谱和多光谱图像。

ASTER 光谱库：http://speclib.jpl.nasa.gov 或 http://speclib.jpl.nasa.gov/search-1。这个光谱库包括在 NASA 的高级星载热辐射和反射辐射计(Aster)成像设备程序中，包括了 NASA 喷气推进实验室、约翰霍普金斯大学、美国地质调查局的光谱数据。目前，ASTER 光谱库有近 2000 条光谱，主要为矿物、岩石、土壤、人造材料、水和积雪，波长范围 0.4～14μm。可以按类别查询、浏览光谱，并用文本文件的方式下载单条光谱数据。

USGS 光谱库：http://speclab.cr.usgs.gov/spectral-lib.html。丹佛科罗拉多的美国地质调查

局光谱实验室的光谱库，包括了约 500 种的矿物和部分植物的反射光谱，波长范围 0.2～3.0μm。可以在网上浏览单条光谱曲线或下载整个光谱库。

10.3.2 光谱的特征空间与混合光谱

光谱曲线是形象化区分不同材料的光谱特性的方法，尤其当我们比较少数光谱时。在高光谱图像分析中，光谱曲线图是一个重要的工具。但是，为了光谱的计算机比较和判别，还需要考虑其他表述光谱的方式。

1. 光谱的特征空间

一个反射光谱包含一组反射率值，每个光谱波段对应其中一个值。在一个假设的 n 维光谱空间中(n 是波段数)，每一个波段可以看做是其中的一维。如果在其各自的坐标轴上绘出每个波段的反射率值，就可以使用这些坐标来指定一个点(样点，像素)在空间坐标中的位置。光谱的特征空间是一种表达像素与光谱(波段)关系的方式，其中，光谱(波段)作为特征，往往在欧氏空间中表达。

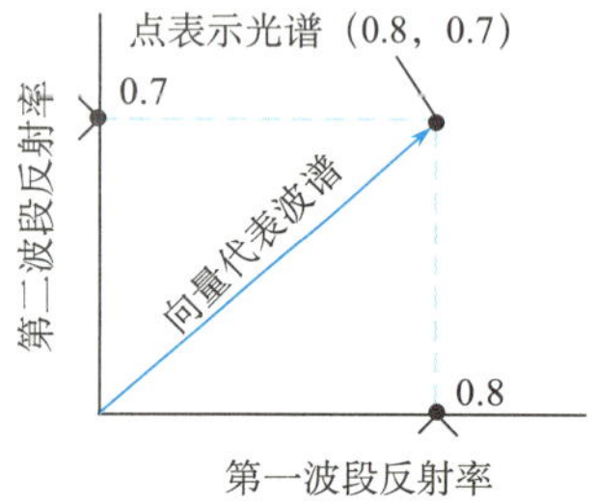

图 10.6 两个波段反射率光谱的特征空间

一个简单的两波段的特征空间如图 10.6 所示，从数学上看，该点是一个起于坐标原点的向量的终点。在特征空间中，具有相同外形但总的反射率不同的样点(或像素)，向量的方向相同(余弦距离相同)，但其终点到原点的距离不同(欧氏距离不同)。光谱向量越短表示越暗，向量越长表示越亮。

多于三个波段的图像的可视化是困难的，但在数学上构建包括几十甚至几百个相互垂直的坐标轴的多维光谱特征空间是可能的。在这个 n 维特征空间中，每个光谱样点占据一个位置。光谱样点间的相似性可以通过这些位置(光谱距离)的相对靠近程度或光谱向量间的角度来判断。

对于光谱反射率曲线，天然材料在成分和结构中存在变化性导致其反射光谱的变异性。任意一种材料，多次测得的光谱在 n 维特征空间中不是单一位置上的点而是一个具有聚集特点的点云。

2. 空间分辨率和混合光谱

成像光谱仪对地球表面的许多小斑块做光谱测量，每一个小斑块在高光谱图像中表示为一个像素。像素表示的地面区域的大小就是图像的空间分辨率，它取决于传感器的设计和传感器在地表上方的高度。例如，美国国家航空航天(NASA)的空载可见/红外成像光谱仪(AVIRIS)以典型的 20km 高度飞行时，空间分辨力为 20m，以 4km 高度飞行时，空间分辨力为 4m。

像素的空间分辨率比较低时，对传感器探测到的单个光谱有贡献的很可能不止一种地面材料(图 10.7 和图 10.8)。所以，多数情况下，传感器探测的光谱是一个复合的或混合的光谱，对这个混合光谱有贡献的“纯的”光谱被称为端元光谱(endmember spectra)。

光谱混合可以是宏观的或内在的。在宏观混合的情况下，每一个反射光子只与一种表面材料相互作用。材料反射的能量是各个组成材料反射能量的加和，因此，每种材料对混合光谱的贡献与它在像素内的面积是直接成比例的。这样线性混合的例子如图 10.8 所示，该混合可能代表植被和裸地的组合。在光谱空间中，端元是混合直线(对于两个端元来说)的末端或一个混合空间(对于更多的端元来说)的角点。在后面将讨论如何计算每个像素的端元组分。在一个内在的混合中，例如，土壤中的矿物颗粒的微观混合，一个单独的光子不只和一种材料相互作用，这样的混合是非线性的，比较难以解析。

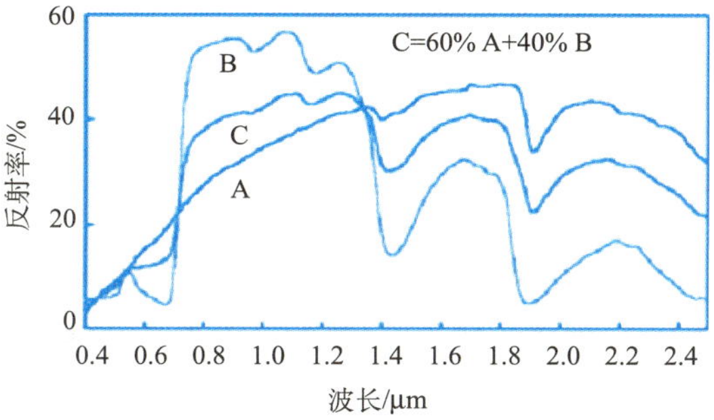

图 10.7 混合光谱实例

两种线性混合光谱 A(干土)和 B(绿色植被)组合后的波谱 C

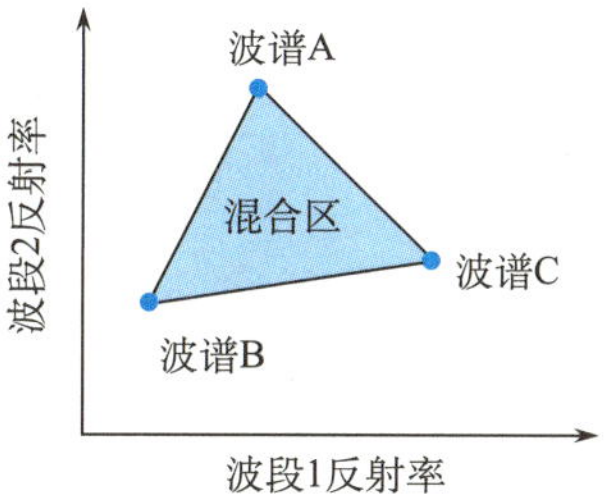

图 10.8 两个波段 3 个端元光谱的 n 维图

10.3.3 光谱分析方法

大多数用来处理高光谱图像的方法集中在每个像素的光谱信息上，而不是在单独波段或波段组内的空间变化上。多光谱图像处理中使用的统计分类方法也能应用到高光谱图像上，但是可能需要进行调整以适应高维数据。更多的先进方法则将光谱和空间分析结合起来。

遥感图像中的像素大多是混合地物构成的，包括了多种地物成分。高光谱图像使得利用遥感图像定量分析地物成分成为可能。

1. 光谱匹配方法

光谱匹配方法将图像中的每个光谱分别与光谱库中的参照光谱相匹配，进而确定地物成分。这种方法需要将图像光谱准确地转换为反射率。如果图像所在的地区本质上是纯物质构成的广阔区域，而且这些纯物质在光谱库中有与之相对应的参照光谱，这种方法效果最好。

与观测光谱相匹配的光谱可能有多个，因此，必须通过相似性度量的方法进行匹配排序，最好的就是最匹配的。

光谱匹配是复杂的，这是由于：大多数高光谱图像中包括很多像素，这些像素代表由不同材料构成的空间混合。构成图像的光谱可以与多种“纯”的参考光谱不同程度地相匹配，可能包括了实际上不存在的材料的光谱。如果最佳匹配的参考光谱充分拟合了图像光谱，那么参考光谱对应的材料可能是混合物中的主要成分，像素就属于该材料。如果没有参照光谱满足充分匹配，那么就没有占支配地位的端元，像素应该不指定给材料。最终得到的是图像的一幅“材料组分的映射”，给出了大多数像素中占支配地位的材料信息，如图 10.9 所示的例子。混合光谱可以被包括在光谱库中以改善制图，但在光谱库中包括所有可能的混合物(和所有混合比例)通常是不可能的。

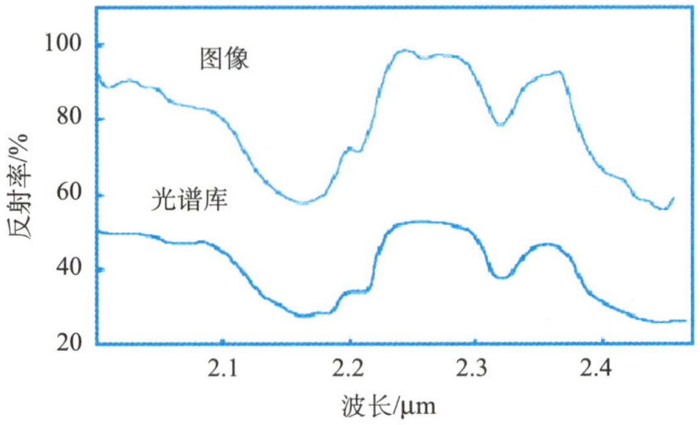

图 10.9 明矾矿物的图像光谱和 USGS 光谱库中匹配的参考光谱(拟合度=0.91)

光谱反射率通常被划分成两部分：宽的、平滑变化的部分是光谱一般形状；窄的、呈槽状的部分，表达了光谱的吸收特征。这个区别导致了两种图像光谱与参考光谱相匹配的方法。

很多纯物质，如矿物，能够清楚地辨认吸收特征的位置、深度和形态。一种常用的匹配方法是试图将一种吸收特征与每一种候选的参考光谱相匹配而忽略光谱的其他特征。因此，需要测试每个候选光谱波长范围的唯一集合，以确定其吸收特征的位置。局部位置和光谱的坡度影响着吸收特征的深度和形状，因此，这些参数通常相对于连续统(continuum)来确定。连续统是光谱形状的上限，通过连接光谱峰点得到，峰点上的外角大于 180°。计算每个波长子集的连续统，然后将每个波段的反射率除以对应的连续统，这种处理称为连续统去除法，由 Clark 和 Roush 于 1984 年提出。处理后的光谱更好的突出了吸收特征(图 10.10)，峰点上的相对值为 1，非峰点的都小于 1，然后，可以很容易的定义光谱的宽度、深度、位置、面积、斜率等参数。吸收特征可以利用一组导数值(包括深度和半深度的宽度)或者完全的特征形状进行匹配。这些程序已经被美国地质调查局光谱实验室的研究者们加进了专家系统。

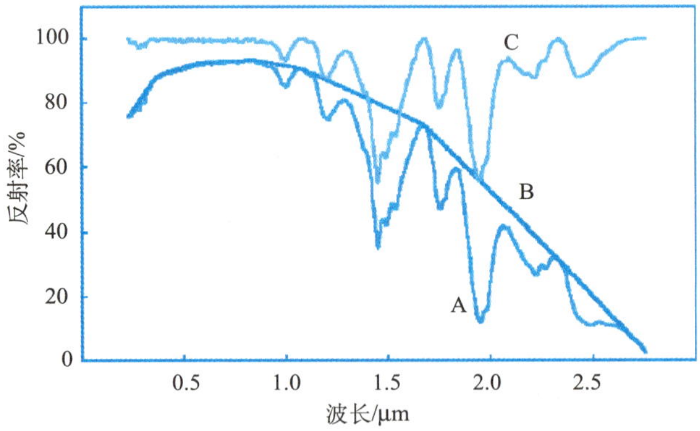

图 10.10 石膏矿物光谱

A 为矿物的几个吸收特征，B 为连续统，C 为去除连续统的光谱

很多其他的物质如岩石和土壤，可能缺乏明确的吸收特征。这些光谱特征必须通过它们的总体形状来描述。匹配步骤利用了所有候选材料的全部光谱(忽略受大气吸收严重影响的噪声波段)或均匀的波长子集。一种方法是从图像光谱(由方差总和的平方根量化)中寻找与参照

反射光谱相差最小的光谱(如最小二乘方法)；另一种方法是光谱角方法。

2. 混合光谱的线性分解

遥感研究中面临的一个突出问题是混合光谱问题。具有一定空间分辨力的遥感传感器所接收到的地面反射光谱信号通常由多个目标物的光谱信息综合而成。不同目标物的光谱相互影响，从而使某些目标物的光谱特征被削弱、模糊。如 Seigal 等发现：活的、枯萎的植被对矿物质反射光谱吸收峰的深度有影响，矿物质在短波红外区的弱的光谱特征可以被少于 10%的绿色植被所模糊，而枯萎的植被对矿物反射光谱吸收特征宽度、面积、位置、对称性都有很大影响。当植被覆盖面积达到 50%～60%时，光谱对土壤的区分能力完全丧失。

空间分辨力的提高减少了混合像素的几率，但光谱不“纯”的像素依然存在。混合光谱分解技术就是用来处理这类不“纯”像素的。高光谱遥感的出现有利于对混合像素的光谱进行分解，其原因是像素光谱能较完整地描述给定地物的光谱特征。

混合光谱分解是分析光谱数据以确定同一像素内不同成分(目标物)所占的比例或者识别在已知端元中额外的成分的光谱处理方法。

线性混合光谱分解是简单光谱匹配的一种方法，它的基本前提是一个图像包括了少量的常见物质，而这些物质的光谱或多或少具有常数性质。更进一步，图像中的多数光谱变化可以归于这些常见端元组分的不同比例的空间混合。如果我们能确认这些端元光谱，就能从数学意义上“分解”每个像素的光谱以确认每个端元物质的相对丰度。

线性混合理论认为：混合光谱可以表达成端元(由纯地物构成的像素)光谱的线性组合，即

$$R=aR_a+bR_b+cR_c+\cdots$$

式中，a、b、c、…是加权系数；R_a、R_b、R_c、…等是端元物质的反射率。

实际应用中，加权系数被认为是各个端元物质在混合区域内(一个像素内)所占的面积。

有研究表明，上式对混合光谱的描述并不完全正确，因为无论多么精确的线性组合，等式中都存在一个残差ε，即

$$R=aR_a+bR_b+cR_c+\cdots+\varepsilon$$

ε的存在是由于线性混合理论不能完全说明实际的光谱混合机理。ε可能代表着光线在不同的单成分物质间的相互作用，它具有一种非线性混合的效果。

分解程序将每个图像光谱分解为端元光谱的加权和，并限制权重总和为 1.0。

1) 定义端元

当从高光谱图像中定义光谱端元时，每个端元应有其所代表的物理材料的最大丰度(理想地，每个端元是一种单纯的材料，但每个端元的“纯的”像素在图像中可能是不存在的)。如果图像光谱用 n 维散点图中的点来代表，那么端元应与在光谱点云的边缘处的尖端相对应(图 10.11，三角形的顶点即端元)。

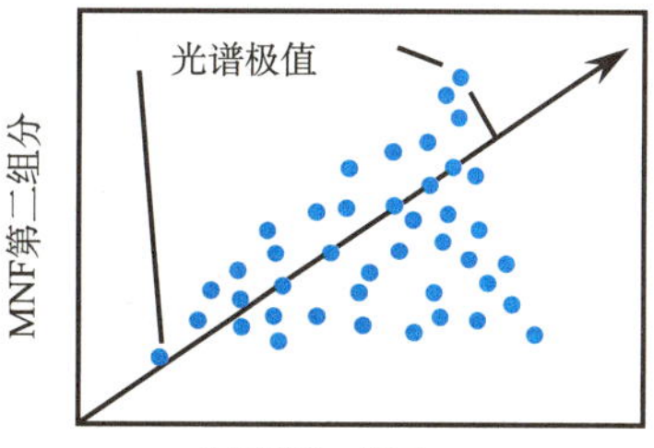

图 10.11　n 维空间的端元光谱

用来分离候选图像端元的常用程序涉及如下几个步骤。因为相邻光谱波段间的高度相关性，数据集的维度首先可以应用最小噪声分离(MNF)变换和保持小数量的无噪声成分来予以减少。MNF 变换(Green et al.，1988)是一种调整噪声

的主成分变换，它估计和均衡每个图像波段中的噪声量，以确保输出成分是按它们占图像内容的总量来排序的。然后，一个自动程序被应用于 MNF 成分，以发现在 n 维数据云边缘附近的极端光谱。像素纯净指数(PPI)就是这样一种程序。它检查从坐标空间原点向外辐射的一组随机定向的方向。对每个测试方向，所有的光谱点都投影到测试向量上，极端光谱(低的和高的)被标记出来。在测试方向时，这个过程记录发现极端像素的次数。在最终得到的 PPI 图像中的具有高值的像素应与 MNF 数据云的边缘相对应。在第三步中，PPI 图像用来从 MNF 数据集中选择像素，这些像素被用来在旋转的 n 维散点图中进行浏览分析(如在 ENVI 高光谱分析过程中使用的 n 维可视化工具)。通过从不同方向观看 PPI 光谱云，分析者可以辨识出重要的方向，标记在那些方向上的极端光谱点，并保存为一幅具有标记的图像。最后，已标记的图像覆盖在原来的高光谱图像上，用来指导选择和检查图像光谱。最佳的候选端元光谱被保存在一个光谱库中，用于高光谱图像的混合分解。

2)部分分解

一些高光谱图像应用不要求确定图像中的所有端元成分的相对丰度，目的是确定一个单一目标物的存在及其丰度。在这种情况下，完全的光谱分解是不必要的。每个像素可以看做是目标光谱特征和所有其他物质特征的潜在混合物。发现目标成分的丰度本质上就成了一个部分分解问题。

相对于未知光谱背景，用于检测目标光谱的方法通常被称为匹配滤波器，这个术语是从无线电信号处理中借鉴来的。不同的匹配滤波器算法都已得到发展，包括正交子空间投影和最小能量约束。所有这些方法都是对图像光谱进行数学变换，以在最小化背景光谱的同时强调目标光谱的贡献。在几何学意义上，匹配滤波器方法寻找一个 n 维光谱空间的投影，以便显示出目标光谱的所有丰度同时“隐藏”背景的变异。大多数情况下，不知道对背景有贡献的光谱，所以大多数匹配滤波器使用统计学的方法从图像自身出发来估计混合背景的特征。一些方法只有在目标物很少，并对背景特征影响不显著时才有效。匹配滤波器的一种变化形式是使用光谱的导数而不是光谱本身，改进了总体亮度不同的光谱的匹配性。图 10.12 给出了一个匹配滤波的实例。

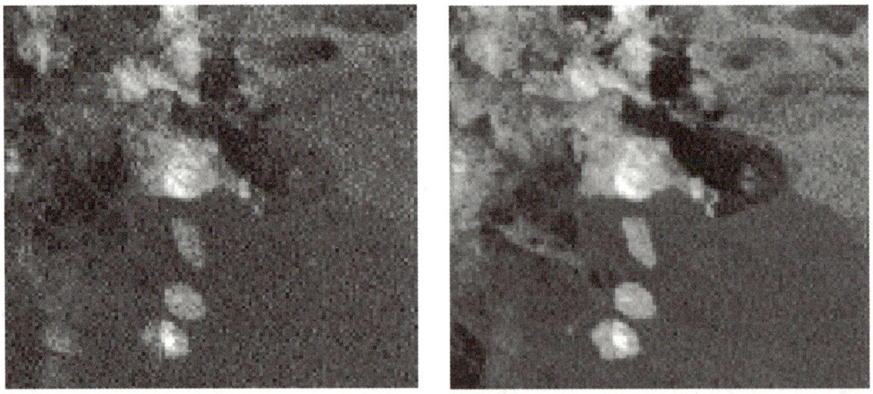

图 10.12　AVIRIS 图像中明矾矿物匹配滤波(左)和导数匹配滤波(右)的比较

亮度越高，丰度越高。导数匹配滤波图像的噪声更少，边界更为清楚线性分解的挑战是寻找与地表实际物理成分相应的光谱端元。利用野外信息或经验，端元能直接从图像中确定。此外，端元可以从光谱库中选择，但这要求图像已精确地转换为反射率。通过定义一种可以和实际材料的光谱相混合的“暗”端元，光照中的变化就能直接包含在混合模型中。暗光谱能直接从图像的阴暗部分得到。在缺少时，一个暗的沥青表面或深水体的光谱可以作为近似。

光谱线性分解

简单的光谱线性分解可以使用矩阵变换来完成。

设矩阵 $\boldsymbol{W}$，其中每行对应一个选定的特征，每列对应一个典型地物的纯端元。矩阵的值为纯端元的像素值，则任一个像素 X 中的各个端元的比例为 XW^{-1}。其中–1 表示矩阵求逆。根据使用的特征数量和端元数据，可以是直接求逆或计算伪逆。

---

3. 典型算法和应用[①]

高光谱遥感在民用和军用领域的潜在应用数量和种类繁多，其中的大部分算法可以根据特定的任务归纳如下(图 10.13)：

(1) 目标检测。高光谱数据立方体中“稀少目标”(已知的或者未知光谱信号的像素)光谱特征检测，目标是指在高光谱数据立方体中的任意对象。

(2) 变化检测。搜索同一地理区域内两幅高光谱图像中的“显著性”变化(这种变化对研究者来说很重要)。

(3) 分类。为高光谱数据立方体中的每一个像元设定一个标签(类名称)。

(4) 光谱解混。统计图像中出现的每种材料(组分)的像素比例。

注意：从信号处理的角度来看(3)是一个分类问题而(4)是一个统计估计问题。

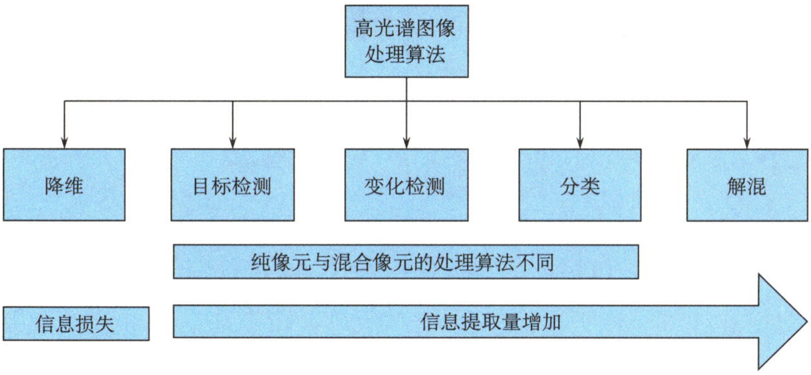

图 10.13　高光谱图像处理的基本方法

1) 降维

在多数情况下，高光谱传感器对光谱信号进行了过采样处理，以确保能够获取所有细小

---

① Shaw G, Manolakis D.2002.Signal processing for hyperspectral image exploitation. IEEE Signal Processing Magazine，19(1)：12-16.

的光谱特征。在某些情况下，传感器也会过采样空间信号。高光谱信号处理的一个重要功能是消除光谱和空间数据中的冗余，同时保留用于目标探测、识别和分类的高质量特征。这种降维是场景依赖(自适应)的，可作为整个算法的一部分或处理过程中的一个独立步骤。不管它是如何实现的，降维算法必须设计成保留感兴趣的信息以用于后续的探测、分类，或者光谱分解。降维处理总会损失少量的信息，但不会显著的降低探测的性能或减少类间的可分离性(分类性能)。

数据降维显著减少了计算复杂度，同时也有效地减少了达到给定精度统计估计量所需要的像元数。目前，广泛使用的降维方法是 K-L 变换。图 10.14 是一个简化的处理流程，后继处理依赖于特定的应用目的。

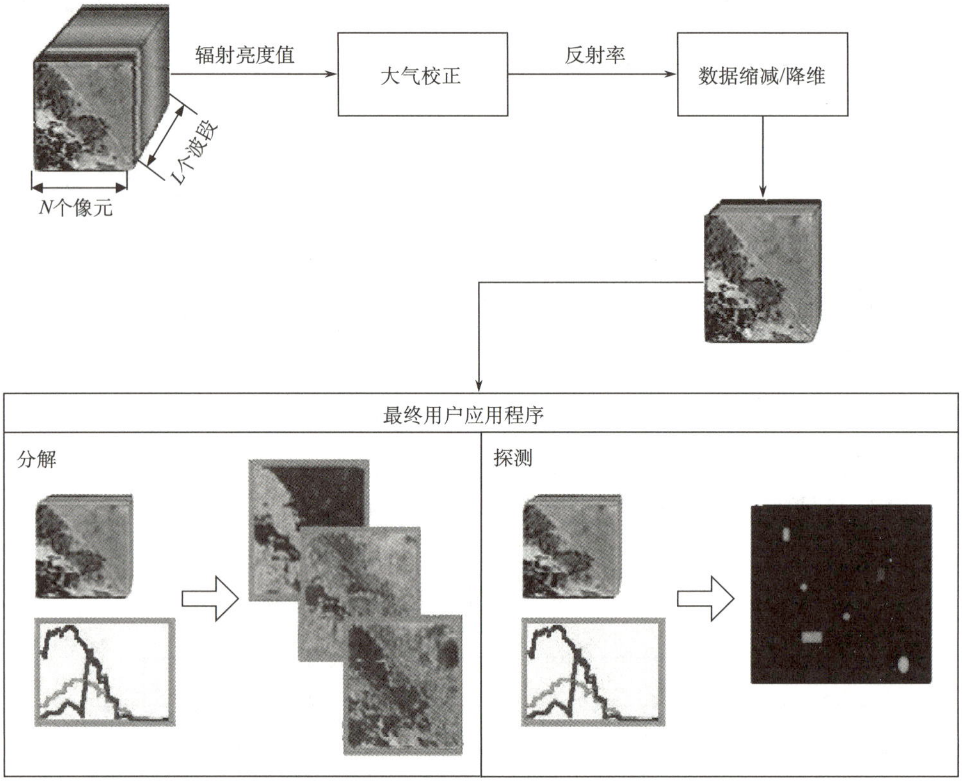

图 10.14 高光谱图像处理的典型算法和流程

2)分类与目标探测

通常，分类是一个标记观测向量的过程，而目标探测是识别特定条件是否存在或发生的过程。从这个意义上来说，探测可以看做是两类划分问题：目标存在或目标不存在。传统的分类器对每个像元有且只有一个类别标号(硬分类)，由此产生专题分类图。为了满足更有效地处理混合像元的需要，产生了软分类的概念。在软分类中，可以将多个类别标签赋值给一个像素，每个标签伴随着一个数字，用以代表正确分类的可能性，或像素中不同材料的比例。

对数据产品而言，目标探测算法能够以恒虚警率(CFAR)生成目标图像。这个 CFAR 本质是一个目标探测算法中的高度理想化的特征。变化检测算法产生一个具有显著性变化的图像，为了可靠，它依赖于 CFAR 变化检测临界值。

探测和分类应用看来相似，虽然它们并不是完全相同的。然而，目标类的数量、最终的产品(目标探测地图和专题地图)和不同的费用函数(相对于丢失目标或产生大量的虚假目标来说，几个像素的错分对于专题地图并不特别重要)，导致探测和分类应用之间存在一些理论和实践上的差异。

3) 解混

相对于混合像元的概念，像素组分光谱的解混算法出现较晚。解混的一个基本问题是光谱信号的混合特性：线性还是非线性混合，其答案取决于具体场景中的许多因素和条件。比较而言，线性混合模型的假设所提供的数据产品，通常可以与地面像素中的材料丰度相联系，在很多应用中已被证明有应用价值。与探测和分类相比，解混是个数学估计问题，是一个更复杂的过程，能从数据中提取更多的信息。

10.4　高空间分辨率图像处理

高空间分辨率图像的出现，使得大比例尺的地物识别和信息的提取成为可能。当前，遥感图像已成为大比例尺地图数据更新的关键数据源，极大地提高了地图的更新速度，并进一步推动了地理信息技术的应用。

高空间分辨率遥感图像一般指遥感传感器空间分辨力在 10m 以内的航天、航空遥感图像。

1. 图像特点

高空间分辨率遥感图像与传统的低空间分辨率图像相比，具有以下特点和优势：

(1) 空间分辨能力高，这是最明显的优势。现在通过卫星即可取得过去只有通过航空像片才能获得的高空间分辨率图像数据。以往卫星遥感数据最大成图比例尺大约为 1∶25000(如 SPOT 数据)，而 IKONOS 卫星数据最大成图比例尺可达 1∶6000，快鸟卫星数据最大成图比例尺则可达 1∶5000 左右。GeoEye 全色图像传感器的空间分辨力为 0.41m，成图比例尺可达 1∶2000。

(2) 地物的几何结构和纹理信息更加明显，便于利用各种算法对地物的几何结构和纹理特征进行定性和定量描述与表达，这也是目标识别专家系统建立的先决条件。

(3) 高时间分辨率，目前广泛使用的各种高分辨率图像，其卫星重访周期基本为 1～3 天，为资源更新和灾害监测以及作物长势分析等提供更及时和更详细的数据。

(4) 不受地形条件的限制。对航空飞机难以到达的偏远山区(如我国西南部地区)、条件恶劣地区以及南极等遥远地区同样可获取数据。

(5) 数据获取更易更快。因空域管制严，航飞申请手续烦琐等原因，对小面积区域，如一个小镇、一个工业园区等，比航飞数据更容易获取，同时数据更新更快。

(6) 三维信息丰富，有些可同时获得立体像对，从而获得高精度大范围区域 DTM，通过这种手段建立的 DTM 具有更丰富的地形特征，在许多工程应用中发挥了重要的作用。

正因为高空间分辨率图像有上述的种种优势，其应用领域非常广泛，已经成功地应用于包括农业、林业、测绘、城市规划、生态、环境、基础设施建设以及军事等多个领域。例如，Stuart 等人利用 2m 分辨力的航空多光谱图像传感器的数据制作了英国某城镇城市土地利用专题图；Manfred 等人利用高空间分辨率遥感图像进行了大比例尺的生物群落制图。黄慧萍、吴炳方等利用分辨力为 0.5m 的高分辨率真彩色航空正射图像数据对大庆市主城区城市绿地进行了快速提取；宋晓宇等利用 1m 分辨率的 IKONOS 全色图像和 4m 分辨率的多光谱图像采用上下文分类方法对北京市天安门地区的建筑物进行了计算机识别，尤其是结合建筑物高度测量数据对高层建筑的识别精度达到 80%。

2. 典型传感器

以航天遥感图像为例，常见的高空间分辨率图像包括如下几种。

1) GeoEye

2008 年 9 月 6 日发射了 GeoEye-1 卫星，包括 4 个波段的多光谱图像，量化位数为 11，传感器的空间分辨力为 1.65m。全色图像传感器的空间分辨力为 0.41m。

发射的 GeoEye-2 卫星，重访周期为 3 天，其空间分辨力多光谱图像为 1.36m，全色图像为 0.34m。

2) QuickBird

QuickBird(快鸟)是美国 DigitalGlobal 公司于 2001 年 10 月 18 日发射成功的高分辨力遥感卫星，其全色波段传感器空间分辨力达到了 0.61m，多光谱图像的分辨力为 2.4m。除了分辨力高的优势之外，QuickBird 还在多光谱成像(1 个全色通道、4 个多光谱通道)、成像幅宽(16.5km× 16.5km)、成像摆角等方面具有显著的优势。图像实例如图 10.15 所示。

0.61m 全色图像　　2.44m 真彩色图像

图 10.15　QuickBird 图像

3) IKONOS

IKONOS 是美国空间成像公司(Space Imaging)于 1999 年 9 月 24 日发射升空的世界上第一颗高分辨力商用卫星，全色波段传感器的空间分辨力达到了 1m，多光谱图像的分辨力为 4m。图像实例如图 10.16 所示。

4) 中国的高分数据

资源三号卫星(ZY-3)是我国 2012 年 1 月 9 日发射的卫星，传感器重访周期 5 天，回归周期 59 天，其空间分辨力全色图像为 2.1m，多光谱图像为 5.8m。能够生成分辨力为 3.5m 的前视、后视全色图像。其后，陆续发生了一些高分卫星，包括“高景一号”“吉林一号”“北京二号”等，多光谱图像的分辨率达到米级，全色图像的分辨率达到亚米级，极大地提高了我国遥感对地探测能力。

图 10.16　纽约世贸中心 911 前后的 IKONOS 图像

5) SPOT

SPOT 对地观测卫星系统是由瑞典、比利时等参加，由法国空间研究中心设计制造的。从 1986 年开始，SPOT 系统迄今已发射了五颗卫星。SPOT-1 于 1986 年 2 月发射，SPOT-2 于 1990 年 1 月发射；SPOT-3 于 1993 年 9 月发射，运行 4 年后在由于事故停止运行；SPOT-4 于 1998 年 3 月发射，卫星作了一些改进；SPOT-5 于 2002 年 5 月 3 日发射，分辨力提高一个数量级。

SPOT-5 是由法国国家航天研究中心在 2002 年 5 月 3 日由阿里亚娜 4 型火箭送入太空的。与已有的 SPOT 相比，SPOT-5 卫星的优势是：分辨力几乎提高了一个数量级，最高可达 2.5m；可以前后模式实时获取立体像对。SPOT-5 卫星上搭载有三种成像装置，除了前几颗卫星上的高分辨力几何装置（HRG，空间分辨力 2.5m）和植被探测器传感器（Vegetation，空间分辨力 1km）外，SPOT-5 更有一个高分辨力立体成像（HRS）装置，全色波段的空间分辨力为 10m。

2012 年 9 月 9 日，SPOT-6 卫星发射，多光谱图像传感器的空间分辨力为 6m，全色的为 1.5m。

SPOT-7 卫星 2014 年发射，用来替换 SPOT-5 卫星。

3. 高空间分辨率图像处理的特点

(1) 高空间分辨率遥感图像相对于传统中低分辨率遥感图像在空间分辨率、时间分辨率等方面均有较大提高，对地表观测的精度大大增强，为此迅速得到广泛使用，并尚有诸多应用领域有待开发。

(2) 高空间分辨率图像精度的提高，提高了获取地物细节的能力，但同时其数据量的增加、更为突出的同物异谱、异物同谱现象等，对图像处理、信息提取与目标识别技术提出了更高的要求。

(3) 传统的基于像素的图像分析方法由于可使用特征的局限性，造成在高空间分辨率图像分析和信息提取中的精度较差。面向对象的图像分析技术，由于其最小分析基元从像素过渡到了目标对象层次，在参与计算的特征、地学知识的融合等方面具有很大优势，能够消除或显著降低图像分类的椒盐噪声效应，从而提高图像分类精度。面向对象的图像分析方法已在高空间分辨率遥感图像处理和分析中得到了广泛而深入的应用，是一种很有前途的图像分析方法。

4. 高空间分辨率图像处理的难点

高空间分辨率遥感数据的出现，一方面使得先前难以从低空间分辨率图像上获得的细节信息提取成为可能，另一方面也为信息自动提取与识别工作带来了新的研究课题。高空间分辨率遥感图像信息提取有其自身特点(或称技术难点)，包括:

(1)数据量明显增加，如一幅地面覆盖面积为 11.7km×7.9km 的全色单波段 IKONOS 图像的大小就可以达到 80M，多波段图像更高达 250M。这为图像的数据检索、显示、处理等方面在时空效率上提出了更高要求。

(2)由于高空间分辨遥感图像信息的高度细节化，遥感图像波段有限，在二项反射率因子(BRDF)的影响下，同一地物的不同部分灰度不一致；加之地物阴影、相互遮盖、云层遮盖等因素，高空间分辨率遥感图像的“同物异谱”现象更为突出，“异物同谱”现象依旧存在，这为信息提取工作带来了更大困难。

(3)地理空间过程具有尺度依赖性。不同地类要求使用相应的观察(测)尺度，一种尺度不可能适应于所有类别的地物观测，而往往需要运用多尺度分析方法。为此，针对不同的信息提取任务，应该选择合适的图像分辨率，即尺度选择应该适当，并不是分辨率越高越好。如果说中低空间分辨率遥感图像使我们在需要细节时“望图兴叹”，那么面对高空间分辨率图像，我们有时就需要从细节中跳出来，从更全局的尺度上观测数据，获得知识。为此，面向高空间分辨率遥感图像的多尺度信息提取的尺度转换与选择方法体系的研究还需加强，还需要研究最优尺度选择的问题。

鉴于现实世界中地理实体的复杂性，往往很难对影像进行准确、有效地分割。利用多尺度分割技术也很难直接从遥感影像中准确获得具有实际意义的地理实体，一般都是先将影像分割为较小的同质区域(或者影像对象)，然后再合并这些较小的影像对象来逼近现实世界中的地理实体。这样就带来如何描述分割得到的影像对象与它所对应的地理实体的问题，如果说地理实体具有明确的语义，那么，分割得到的影像对象就可以称为弱语义对象，还需要定义影像对象、地理实体及其语义本体，并建立它们之间的关联关系。

10.4.1 图像特征描述

1. 几何特征

针对高空间分辨率图像的信息提取与目标识别，对象的几何信息是一个很重要的因素，经过图像边缘提取操作可以得到对象的边界信息，但还需要采用合理的方式对直接得到的边界信息进行变换，以满足识别操作的需要，这也称为几何特征的表达。

1)傅里叶描述算子

通过边界提取算法可以有效地检测出反映目标形状特征的边界曲线，在没有遮盖的情况下，这些边界曲线通常都是一些平面闭合曲线。而基于傅里叶描述算子的边界特征描述就是利用这些闭合曲线的多个傅里叶变换系数经过适当的组合而得到的一些仿射不变性特征。

假设目标对象的边界为一闭合曲线 C，其上任意一点 Q，曲线上任意一点 $P(x,y)$ 的坐标可以表示为从 Q 到 P 的弧长 l 的函数，记为

$$\begin{cases} x = x(l) \\ y = y(l) \end{cases}$$

曲线在 P 点处的切线和 x 轴的夹角也可以表示成 l 的函数：

$$\varphi(l) = \arctan[\mathrm{d}y / \mathrm{d}x]$$

而曲线在 P 点处的曲率可以表示为

$$K(l) = \mathrm{d}\varphi(l) / \mathrm{d}l$$

也可以将曲线所在的平面看成复平面，此时 P 可以表示为

$$z(l) = x(l) + jy(l)$$

因为上述三个函数都是以闭曲线的周长 C 为周期的函数，所以它们可以表示为傅里叶级数的形式。例如，$K(l) = a_n \mathrm{e}^{jn\frac{2\pi}{c}l}$，其傅氏系数 $a_n = \frac{1}{c}\int_0^c K(l)\mathrm{e}^{-jn\frac{2\pi}{c}l}\mathrm{d}l$。

因为傅氏级数收敛比较快，所以可以利用展开式中若干个值较大的模的傅氏系数来表示闭合曲线，这也可称为傅里叶描述算子。一般来说，傅氏系数取的越多，描述就越准确、细致。

由于闭合曲线 C 所选择的周期函数不同，傅里叶描述算子就具有不同的不变性。为了使傅氏系数具有较广泛的不变性，可以采用变换的方法。比如，令 $t = 2\pi l / c$，从而使曲线周长规格化。

总的来说，各种变换对傅里叶系数的影响可以归纳如下：

(1) 始点位置变化：仅影响傅里叶变换后的相位，不影响傅里叶变换系数的幅值。

(2) 位移变换：仅对傅里叶变换系数的第一项有影响。

(3) 旋转变换：旋转角度为 θ，则新的傅里叶变换系数需要在原有值基础上乘以 $\mathrm{e}^{j\theta}$。

(4) 尺度缩放变换：假设缩放倍数为 R，则傅里叶变换的系数是其 R 倍。

通过适当的处理，可以消除这些变换的影响，从而得到具有位移、旋转、尺度缩放不变性的特征描述表达式。但同时需要指出，为了保持足够的精度，旋转变换一般不超过 45°，缩放倍数一般不超过 2 倍。傅里叶描述算子方法处理流程见图 10.17。

在算法实现上，以下几方面需要注意：

(1) 目标对象边界上的点序列应该是均匀的。

(2) 根据快速傅里叶算法对输入数据的要求，目标对象边界上的点序列长度应当为 2 的整数次幂。

(3) 为了达到平移不变性，需要去除零阶傅里叶系数对；为了进一步达到二维图像特征的旋转不变性与尺度比例不变性，可以做如下处理，令 $(x[k], y[k])$ 为进行图像边界提取后的坐标，对于 $1 \leqslant k \leqslant l-1$，计算 $r[k] = \sqrt{(x[k])^2 + (y[k])^2}$，$s[k] = r[k] / r[1]$。则 $s[k]$ 表达了二维图像的不变性形状特征。

(4) 因为傅里叶系数的低频部分主要决定于图像的整体轮廓，其高频部分仅刻画了目标外形的细节，且高频部分容易退化为噪声，所以高频部分对目标识别的作用不大，通常可以根据实际需要对高频分量做出取舍。

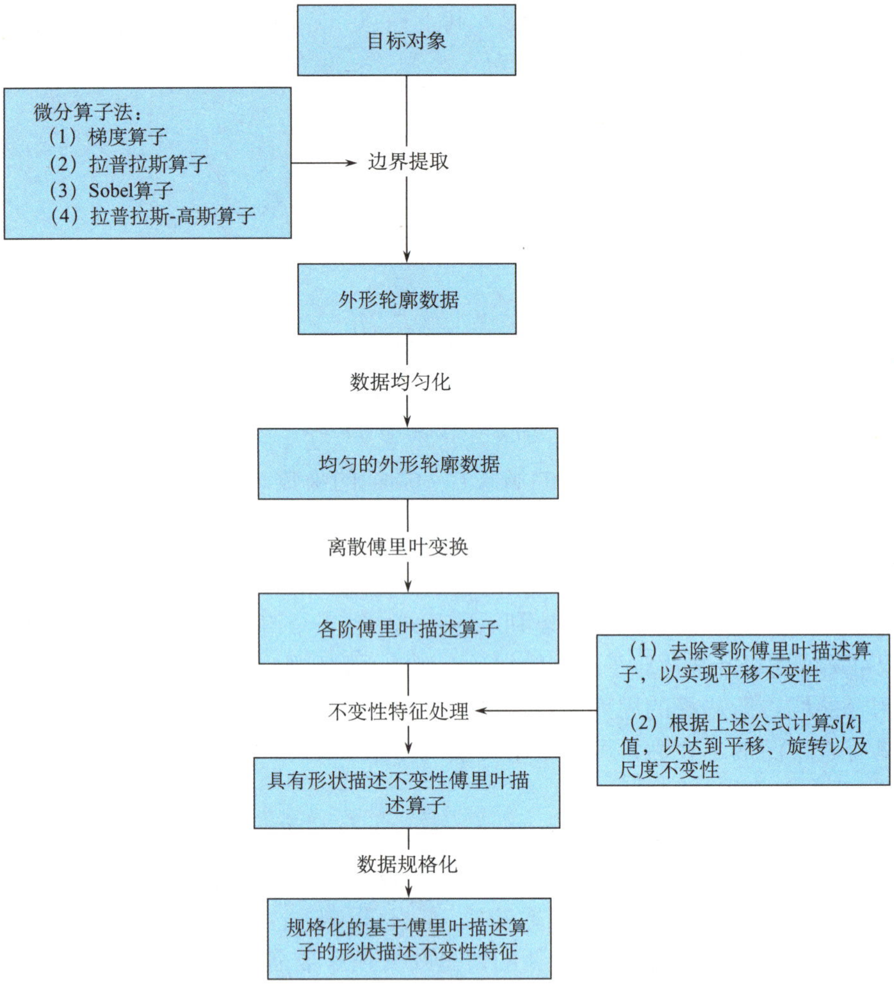

图 10.17　傅里叶描述算子方法处理流程

2) 基于目标形状的边界矩

傅里叶描述算子方法是以目标对象边界曲线切线的倾斜角 $\varphi(l)$、曲率 $K(l)$ 或曲线上点的位置 $Z(l)$ 为基础的，它只能表征边界曲线闭合对象的形状特征。对于一些边界不闭合的情况，需要结合区域的灰度信息对目标的形状进行描述。基于目标灰度分布的区域矩就是其中的一种描述方法。但是，这种方法需要区域的所有像素参加运算，计算量非常大。针对这种情况，一些研究人员提出采用目标区域的边界像素作为计算矩的元素，研究表明由此得到的矩函数也具有仿射不变性，同时可以有效地降低计算复杂度。

目标形状边界矩计算的基本原理：在计算目标边界曲线 C 函数的各阶边界矩和中心化边界矩的基础上，组合各阶中心矩形成不变矩函数式，从而表示目标对象的形状特征。

假设目标边界曲线 C，其上各点坐标可由二维函数 $f(x,y)$ 表示。则函数的 $(p+q)$ 阶边界矩可表示为

$$m_{pq}=\oint_C x^p y^q \mathrm{d}s \qquad (p,q=0,1,\cdots)$$

而中心化边界矩可表示为

$$\mu_{pq} = \oint_C (x-\bar{x})^p (y-\bar{y})^q \mathrm{d}s \qquad (p,q=0,1,\cdots)$$

其中，

$$\begin{cases} \bar{x} = m_{10} / m_{00} \\ \bar{y} = m_{01} / m_{00} \end{cases}$$

对于离散的情况，如数字图像：

$$\begin{cases} m_{pq} = \sum\limits_{x,y\in C} x^p y^q \\ \mu_{pq} = \sum\limits_{(x,y)\in C} (x-\bar{x})^p (y-\bar{y})^q \end{cases}$$

规格化的边界矩可以定义为

$$\eta_{pq} = \mu_{pq} / \mu_{00}^{p+q+1}$$

将规格化的边界矩代入如下七个函数公式，可以得到具有始点位置、位移、旋转以及尺度缩放不变性的不变矩公式：

$$\phi_1 = \eta_{20} + \eta_{02}$$

$$\phi_2 = (\eta_{20} - \eta_{02})^2 + (\eta_{03} - 3\eta_{21})^2$$

$$\phi_3 = (\eta_{30} - 3\eta_{12})^2 + (3\eta_{21} + \eta_{03})^2$$

$$\phi_4 = (\eta_{30} + \eta_{12})^2 + (\eta_{21} + \eta_{03})^2$$

$$\phi_5 = (\eta_{30} - 3\eta_{12})(\eta_{30} + \eta_{12})[(\eta_{30} + \eta_{12})^2 - 3(\eta_{21} + \eta_{03})^2] + (3\eta_{21} - \eta_{03})(\eta_{21} + \eta_{03})$$
$$[3(\eta_{30} + \eta_{12})^2 - (\eta_{21} + \eta_{03})^2]$$

$$\phi_6 = (\eta_{20} - \eta_{02})[(\eta_{30} + \eta_{12})^2 - (\eta_{21} + \eta_{03})^2] + 4\eta_{11}(\eta_{30} + \eta_{12})(\eta_{21} + \eta_{03})$$

$$\phi_7 = (3\eta_{21} - \eta_{03})(\eta_{30} + \eta_{12})[(\eta_{30} + \eta_{12})^2 - 3(\eta_{21} + \eta_{03})^2] + (3\eta_{12} - \eta_{30})(\eta_{21} + \eta_{03})$$
$$[3(\eta_{30} + \eta_{12})^2 - (\eta_{21} + \eta_{03})^2]$$

边界矩特征方法处理流程见图 10.18。

图 10.19 是针对某海域船舶对象提取中应用矩不变量对形状规则度进行区分的实例。使用了第 3 个矩不变量，可以发现此参数对形状规则度有一定的反映。

在算法具体实现上，需要注意以下几个方面：

(1) 在以上七个边界矩不变函数式中，只有前六个函数式具有 RST(位移、旋转以及缩放)三个不变性，而第七个函数式只具有 ST 不变性。

(2) 在量化过程中，受实际采样方式的影响，基于矩的图像边界形状特征并不能严格的保证旋转与比例尺度不变性，因此需要设置合理的采样间隔。

2. 纹理特征

人们可用来描述纹理的性质有均匀性(uniformity)、密度(density)、对比度(contrast)、粗细度(coarseness)、粗糙度(roughness)、规律性(regularity)、线性度(linearity)、定向性(directionality)、方向性(direction)、频率(frequency)和相位(phase)，常用的特性主要包括粗细度、方向性、对比度这三种性质。

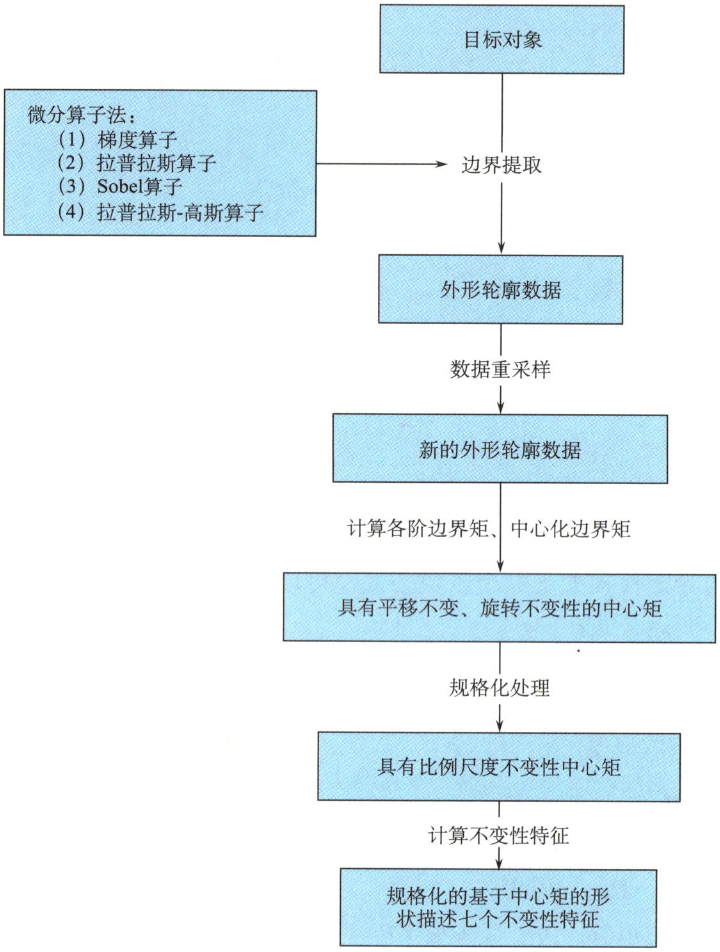

图 10.18　边界矩特征方法处理流程

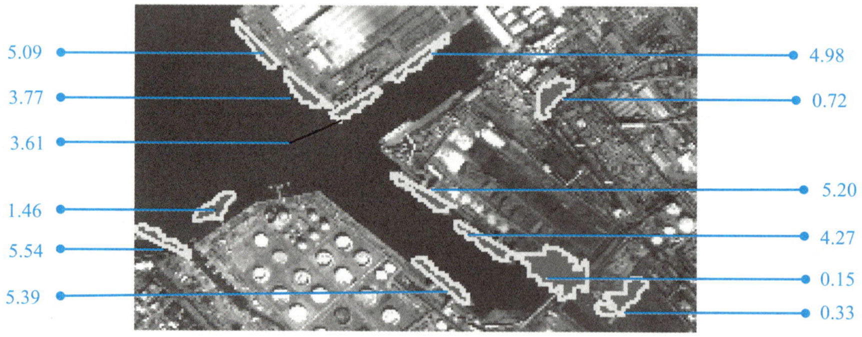

图 10.19　矩不变量计算

有学者将纹理特征描述方法归类为：①统计方法(如利用直方图的各阶矩或区域灰度共生矩阵)；②结构方法(利用纹理基元及其排列规律，如利用数学形态学开闭运算的纹理描述方法)；③基于模型的方法(如马尔可夫随机场以及高斯-马尔可夫随机场纹理描述、分形模型等)；④信号处理方法(Gabor 滤波方法、小波变换，等等)。共生矩阵在前面已经有所介绍，下面介绍 Gabor 滤波方法和分形模型法。

1) Gabor 滤波

Gabor 函数是由 Gabor 首先定义的，而后由 Daugman 扩展成二维结构，其一般形式可表示为

$$h_{[u,v]}(m,n)=\frac{k_u^2}{\sigma^2}\exp\left(-\frac{k_u^2}{2\sigma^2}\left(m^2+n^2\right)\right)\left\{\cos\left(k_u\left(m\cos\phi_v-n\sin\phi_v\right)\right)-\exp\left(-\frac{\sigma^2}{2}\right)\right\}$$

其中，$K_u=\frac{\pi/2}{2^{u/2}}(u=0,1,2)$；$\phi_v=\frac{v\pi}{8}$，$(v=0,1,2,\cdots,7)$。在上面的公式中，$u$ 是尺度参数，v 为方向参数，σ 为方差，取为 2π；通过以上公式，可以得到一个滤波器组。在 0°，45°，90° 和 135°时不同尺度下的滤波器形状如图 10.20 所示。

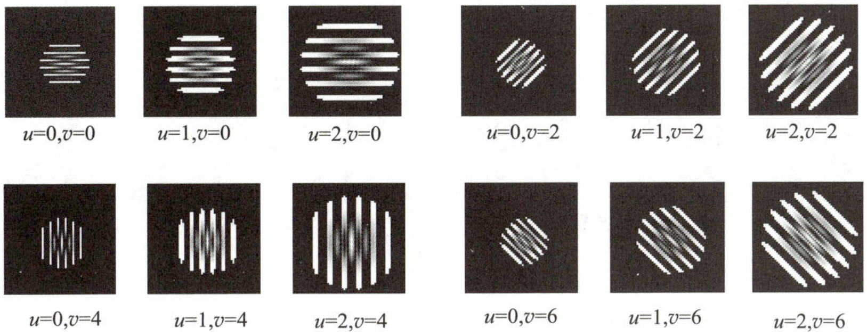

图 10.20　不同方向和尺度下的滤波器形状

人们根据视觉神经细胞在接受视觉信号时所采用的接收场响应模型，认为多通道滤波器由一系列具有高斯包络的谐波振荡组成，而 Gabor 函数，或 Gabor 滤波器凭借以下三个理想特性，成为描述视觉信号接收场响应模型一个强有力的工具，在纹理分析中得到广泛的应用。

(1) Gabor 滤波器使用方向滤波进行纹理分割。Gabor 能量谱能捕获纹理中的大量有用信息。Gabor 在应用中的主要障碍在于，若想获得纹理在频率和方向上的微小变化，所需滤波器的个数将会很大。

(2) Gabor 函数的形状与视觉通道中视觉神经细胞的接收场模型相似。

(3) Gabor 函数是带通滤波器，因此 Gabor 函数可以从图像中提取出频域中的特定频带。

Gabor 滤波器以下列的滤波结构用于分析纹理图像：

$$m(x,y)=\left|f(x,y)*h(x,y)\right|$$

式中，* 表示卷积；$f(x,y)$ 为原始图像；$m(x,y)$ 为滤波结果。通过滤波，获取图像不同方向、不同尺度上的特征，然后通过特征的分类分割图像。图 10.21 是对某幅纹理图像进行 Gabor 滤波分割的结果；图 10.22 则是其在具有丰富纹理表现的“北京一号”小卫星图像上居民地提取中的应用情况。

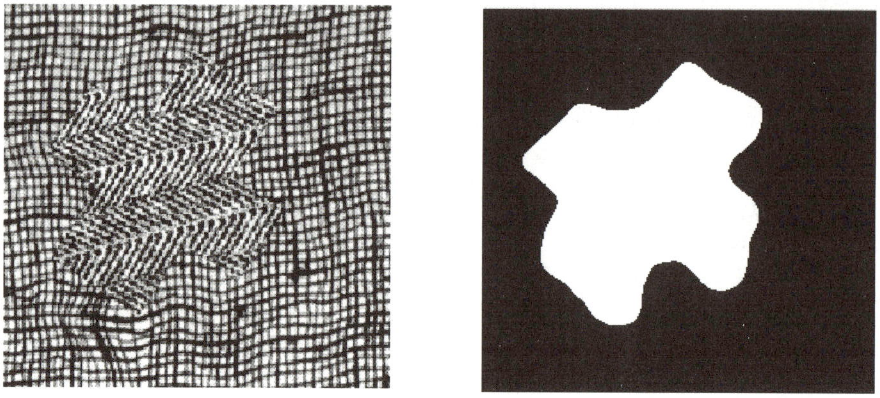

原始图像　　分割结果

图 10.21　Gabor 滤波器的图像分割结果(左图为原始图像，右图为分割结果)

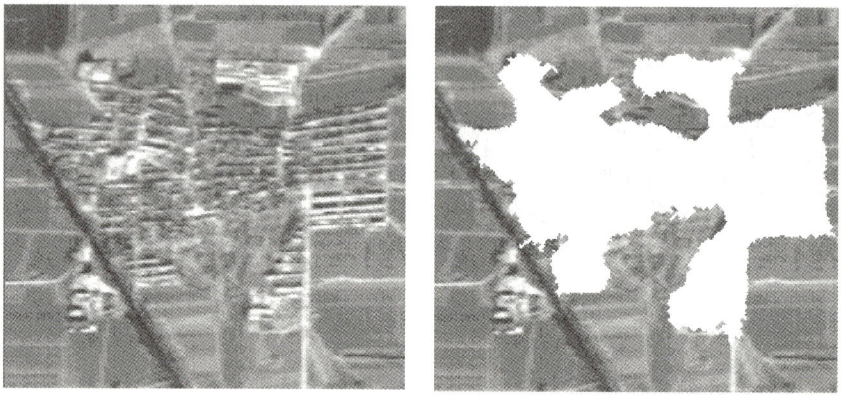

原始图像　　提取结果

图 10.22　Gabor 滤波方法应用于遥感图像上居民地提取(左图为原始图像，右图为提取结果)

Gabor 滤波器在纹理分析中应用的一个基本问题是滤波器参数的确定，即滤波器的设计问题。Gabor 滤波器设计方法通常基于由多个 Gabor 滤波器组成的滤波器组。滤波器组的参数一般都是预先设置的，在特定的处理环境中并不一定是最佳的，而且由于 Gabor 滤波器或者 Gabor 变换在实现上还没有行之有效的快速算法，在计算滤波器组上的负担是很重的。因此，如何寻找用于纹理分析的最佳 Gabor 滤波器以减少所需 Gabor 滤波器的数目，是一个很关键的问题。

2) 分形模型

不规则的非欧几里得几何形状可统称为分形。分形结构的最重要特征之一就是自相似性(self-similarity)，即整体结构可由其结构单元反复叠加而形成。分形几何为研究自然界中不规则的复杂对象提供了一种极好的数学框架。

Pentland 为分形理论在图像分析中的应用作了开创性的工作，他证明了如果自然表面是分形的，那么该表面的亮度图像也是分形的。反之，如果一个表面的亮度图像是分形的，那么该表面肯定也是分形的。在纹理分析应用中，一般采用分形维数(可直观地理解为不规则几何形状的非整体维数)来描述纹理。估计分形维数的方法很多，但主要基于两个方面，一是不同尺度下的自相似性，二是描述分形的分数 Brownian 运动模型。分数 Brownian 运动的一个最基本的性质就是在空间的不同尺度下，其样本图像具有统计自相似性。

Mandelbrot 指出，不同分形集可能会有相同的分形维数而其表现或纹理却是不同的。对于分形表面的模拟也表明，即使分形维数保持不变，也会得到不同的视觉纹理。可见，单一的分形维数并不能提供足够的信息来描述纹理。为此，人们提出了一些方法来弥补，如裂隙度(lacunarity)、图像变换以及与其他描述方法相结合等方法。

图 10.23 是利用分形分维对某两类纹理图像进行分割的结果。

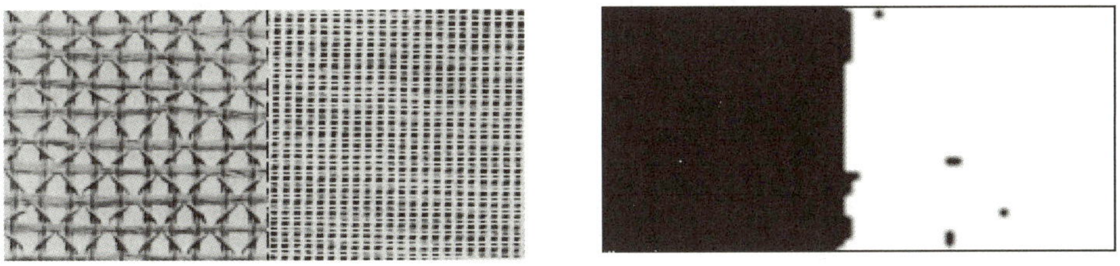

原始图像　　分割结果

图 10.23　基于分形分维的人工纹理图像分割结果

10.4.2　道路目标提取实例

根据道路特征提取的自动化程度，一般道路特征提取分为自动特征提取和半自动特征提取。从目前的研究进展来看，自动特征提取存在很大困难，因为利用计算机提取道路特征包括“识别”和“量测”两部分。其中“识别”对于计算机来说是十分困难的，而对于人来说则相对简单。而“量测”即精确的定位，对于计算机来说则要相对简单。因此利用计算机和人各自的优点进行半自动特征提取和识别在目前来讲更为现实。

1. 半自动道路特征提取

半自动道路特征提取即利用人机交互的形式进行特征提取和识别，其主要思想是人工首先提供初始道路点(种子点)，有时还提供初始方向，然后再由计算机进行处理识别，同时适当进行人机交互，这方面已有很多研究，并取得了较好的效果。

1) 基于像素与背景的算子模型的道路提取

在航空图像和遥感图像道路特征提取方面，较为直观的研究是将图像像素分为“道路”和“背景”。这主要通过图像分析的方法，在局部范围内对目标像素周围的一个小邻域进行处理，这些处理技术通常有二值化、边缘检测、形态学算子、统计分类和神经网络等。

2) 基于树结构的特征判别模型的道路提取

给定图像上道路的起始点和起始方向以识别道路。其基本方法是利用初始点和方向获得道路的统计模型特征，建立主动试验的树结构的试验规则和统计模型，并建立“决定树”，然后基于决定树进行道路跟踪。这包括道路的几何模型、统计模型、局部滤波、试验熵、检验、估计、识别等。

3) 基于最小二乘样条曲线的道路提取

在道路提取中一种研究较多的方法就是基于最小二乘 B 样条曲线的道路识别方法。其基本方法是：首先人工给定道路曲线上的一些初始种子点，然后由这些点用最小二乘法构造 B 样条曲线并设定适当的宽度，得到有一定宽度的带状初始道路；其次进行图像匹配、活动控制模板匹配、GIS 数据支持等方法得到道路曲线；最后得到道路的中心线。

4) 基于类与模糊集的道路网络提取

利用一定的特征提取算法，能够提取道路特征。但由于图像的复杂性，人工智能发展的局限性等原因，目前还不能很好地完全满意地得到图像的道路，通常得到部分不很连续的道路，从而得不到合适的道路网络。

基本思想是利用类及模糊集提取道路网络。基本方法是，首先提取图像道路，这可利用道路的图像特征提取，然后连接道路。这其中需要给出连接的定量评价。所用方法是利用模糊集理论给出连接的权函数，由此确定连接的道路网络。

5) 其他道路提取算法

如利用动态规划的方法提取遥感图像道路特征、应用模板匹配和神经网络半自动道路特征提取方法，等等。

2. 自动道路特征提取

自动道路特征提取包括道路的自动定位和理解。即首先分析出图像道路的特征，这包括各种各样的方法，有局部的，有全局的，方法的优劣直接影响后续过程的理解。理解过程包括人工智能、计算机视觉、模式识别、数学模型等内容。能够很好地识别道路或识别某一种类型道路如高速公路，则所述方法就具有重要意义。目前完全自动识别各类道路还不现实，但自动识别某一种类型道路还是取得了一定的成功，获得了一些有意义的算法。

1) 基于平行线对的道路提取

道路的本质特征从边缘上看是一组平行线，由此特征产生许多相关的道路提取算法。如 Trinder 等对高空间分辨率遥感图像和航空图像，研究了基于人工智能的自动识别道路的方法，其方法在如下三个层次上进行研究：基于低层次的边缘检测和链接，基于中层次的特征信息处理，基于高层次的特征识别处理。其思想源于 MARR 的视觉理论。其关键在于在链接好的边缘中产生表示道路的平行线对这一特征，以及识别平行线对是否为道路的识别策略。

2) 基于二值化和知识的道路提取

道路提取的难度在于图像的复杂性，若能有效地简化图像，例如，化为二值图像，则算法能得到大大的简化。如利用离散拉普拉斯变换进行低通滤波以消除噪声，在平滑图像上进行聚类得到二值化的图像，建立道路跟踪规则以决定搜索过程，产生线性模型。对线性模型利用知识建立识别模型，进行处理和分析，识别出道路。

3) 基于窗口模型特征的道路提取

道路在图像中呈一定概率分布规律，此性质在道路提取中有重要意义。如利用几何、概率分布模型建立检测窗口算法，研究了自动提取遥感图像的主要道路特征的方法。该方法要求对道路作一些假设，如要求宽度变化小、方向变化缓、局部灰度变化小、道路与背景差异较大、道路较长等，一般的自动道路提取都基本上要求满足这些假设。基于这样的假设，该方法首先研究了道路几何性质和道路模型，这些作为进一步识别道路的基础。然后基于概率模型建立道路检测窗口，识别图像中主要道路。

3. 道路提取的实例分析

这里介绍由汪闽等提出的“扫描蛇”半自动道路提取方法。该算法依据的主要道路建模前提包括：①道路宽度变化不大，且变化缓慢；②道路方向改变可能较慢；③道路局部平均灰度变化较慢；④道路和周边景物的灰度变化可能较大；⑤道路不太可能很短。

通过实例分析，认为对于高空间分辨率的遥感图像，①，②，⑤条件基本成立，条件③，④由于道路细节或其他遮盖地物的影响，有时则未必成立。那么，什么才是道路提取中应该抓住的最主要特征呢？图 10.24 是道路的剖面分析示意。

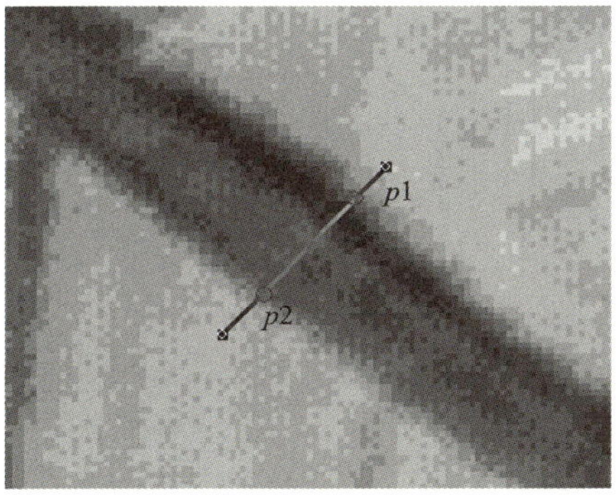

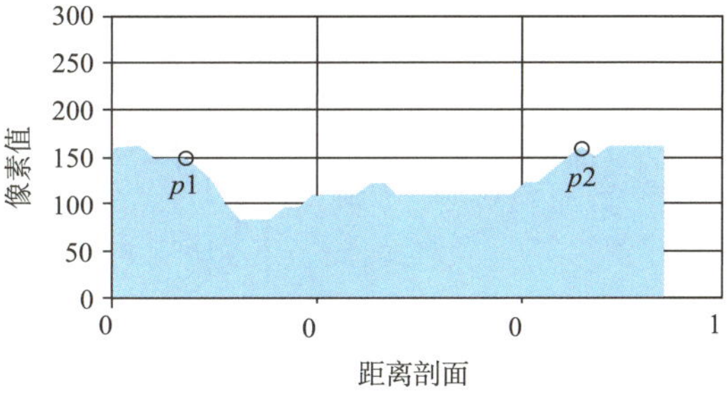

图 10.24 某条道路的剖面分析

如图 10.24 所示，在垂直于道路走向的某个位置，作道路灰度分布剖面。分析可知，尽管道路内部像素灰度分布规律可能并不稳定，但一般情况而言，道路的两侧边缘和周边景物交界处灰度分布极可能变化较大，也就是存在一对灰度梯度变化的局部极值(图中 $p1$,$p2$ 处)，而这对极值，指示了道路的基本宽度 w。如果首先让用户指示出某个($p1$，$p2$)点对位置，那么就可以获得这条道路的相当丰富的信息：道路的基本宽度、走向、大致灰度分布，等等。沿道路走向移动该剖面连线到某个相邻位置寻找这对极值。由于可能受道路内部细节、其他地物遮盖、其他地物相近灰度分布的干扰，该位置满足距离接近 w 的极值对可能并不存在，但是，在条件①，②，⑤的前提下，在道路的可能改变的行进方向上，出现满足距离为 w 的极值对的概率显然很可能比其他非道路行进方向要大。这提示我们在确定了道路开始追踪种子点对的前提下，如何搜索下一个道路剖面位置(图 10.25)：可以在道路起始剖面的两端分别确定一个扫描扇区，同时作若干个追踪方向的若干个剖面，并选择上述极值对的最大概率追踪方向上的下个剖面位置作为下次追踪的起始剖面并登记相关特征信息。在起始剖面的两边分别重复以上深度搜索过程，直到满足算法的终止条件或到达图像边界。

上述操作方法被称为“扫描蛇”方法。这是由于：在某个扫描扇区内，n 个追踪方向相当于“派遣”了 n 条扫描蛇，每条蛇都拥有自己的 m 个蛇节(待考察的扫描剖面连线)。在每条蛇的每个蛇节上进行像素灰度、梯度等特征的扫描，寻找满足条件的梯度极值点对，满足 k 个则为该扫描蛇投上 k 票，最后选择最大 k 的一条蛇的方向、符合条件的蛇节作为下次搜索的方向和起始位置，并重复上述“派遣”过程，直到某条道路追踪结束。

通过对“北京一号”小卫星全色图像等高空间分辨率遥感图像的判读分析，发现在以上条件的基础上，主要道路往往呈现出相对周围景物更暗的色调(排除城市复杂区域，其他地物阴影的干扰)。这个规律对其他高空间分辨率图像也基本适用。为此，建立了以下道路剖面模型：

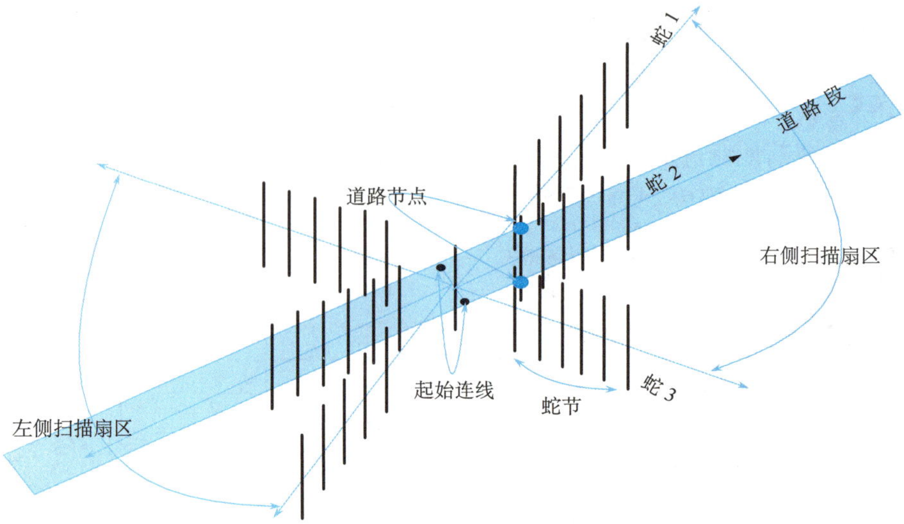

图 10.25 道路追踪示意图

右侧搜索区域，左侧略

设某个道路检测连线区间为 $X=[0,k]$，则连线下像素灰度值是位置的函数为

$$g_x = g(x), x \in X$$

则连线内任意位置的灰度梯度为

$$\nabla x = g_{x+1} - g_x$$

则梯度极大的位置集合定义为

$$G^{+} = \{x \mid \nabla x > \nabla(x-1) \text{ 且} \nabla x \geqslant \nabla(x+1) \text{或} \nabla x \geqslant \nabla(x-1) \text{且} \nabla x > \nabla(x+1)\}$$

梯度极小的位置集合为

$$G^{-} = \{x \mid \nabla x \leqslant \nabla(x-1) \text{ 且} \nabla x < \nabla(x+1) \text{或} \nabla x < \nabla(x-1) \text{且} \nabla x \leqslant \nabla(x+1)\}$$

则可能的道路剖面 R 是由一对梯度极小、极大位置约束的、X 上的某个子区间，其将构成以下可能的道路剖面集合：

$$R = \{r = [u,v] \mid u \in G^{-}, v \in G^{+}, u < v\}$$

$\forall r \in R,\ x \in r$，做如下特征函数定义。

剖面宽度：

$$w_r = \|v_r - u_r\|$$

剖面灰度最大值：

$$g_r^{\max} = \mathrm{Max}(g_x)$$

剖面灰度最小值：

$$g_r^{\min} = \mathrm{Min}(g_x)$$

剖面灰度均值：

$$\bar{g}_r = \frac{\sum g_x}{W_r + 1}$$

剖面外周边环境的灰度均值：

$$\bar{g}_{\text{out}}=\frac{\sum_{i=0}^{u_r-1}g_i+\sum_{i=v_r+1}^{k}g_i}{k-v_r+u_r}$$

剖面内的最大灰度差：

$$d_{g_r}=g_r^{\max}-g_r^{\min}$$

剖面和周围地物灰度差：

$$d_{g_{\text{out}}}=\bar{g}_r-\bar{g}_{\text{out}}$$

则合适的道路剖面集合满足如下条件：

$$R^*=\{r\,|\,w_r/w_0\in[T_{\min},T_{\max}],d_{g_r}<D_{\text{in}},d_{g_{\text{out}}}>D_{\text{out}}\}$$

式中，w_0 是初始道路宽度，$T_{\min}$、$T_{\max}$、D_{in}、D_{out} 是预先设置的阈值。其中，$T_{\min}$、$T_{\max}$ 是当前道路宽度和初始宽度比值的上下限，D_{in} 是内部灰度差的上限，D_{out} 是道路内部和周围环境灰度差的下限。设置以上参数的依据是道路建模的假设条件。如果同时有多个合适剖面，可挑选宽度最接近初始宽度的那一个。

算法流程如下：

步骤 1：设置道路追踪的起始连线。

用户在垂直于某个道路延展方向上的道路剖面上画一连线(注意该连线端点应该尽量落在道路边缘上)，由此可获知道路的部分特征：起始位置的灰度分布特征、大致走向、起始路宽，等等。

步骤 2：起始连线两侧的剖面分析、追踪得到道路边界。

对于起始连线的左右两侧，进行以下步骤，直到追踪出一条完整的道路。

步骤 2.1: 从起始连线开始，以道路走向 45°方位角为界，区分横向道路与纵向道路，横向道路选择纵向扫描线，纵向道路选择横向扫描线。

步骤 2.2: 以约 1.2 倍起始路宽的宽度(可调节)，在某个扫描扇面的角度范围内，做若干个追踪方向上的剖面检测连线，即派遣若干条“扫描蛇”；根据剖面的灰度分布、梯度极值、宽度等特征信息搜索每个蛇节上的合适剖面，并进行投票登记。

步骤 2.3: 选择票数最多的一条蛇，选择其尾部合适剖面作为下一个开始追踪的剖面位置，并登记道路端点信息。

步骤 2.4: 重复子步骤 2.1，2.2，2.3，直到本次追踪结束。

步骤 3：结果的矢量化表达。

将同侧的道路端点相连接并进行矢量化表示，则得到双线表示的完整道路。

图 10.26 是该算法的部分实验结果。

扫描蛇算法的特点在于所需参数很少且原理直观、设置简易；在道路宽度、辐射特征、走向发生显著改变、道路交叉、间断等一系列复杂情况下，算法均能够提取主干道路，体现出很强的适应能力。有待改进之处包括：城市区域，复杂地物分布环境下算法适应能力、鲁棒性的进一步提高；算法向其他高分辨率数据源的深入应用、改进与扩充，以及向全自动道路提取方向的发展。

(a) 延庆某区某道路提取结果

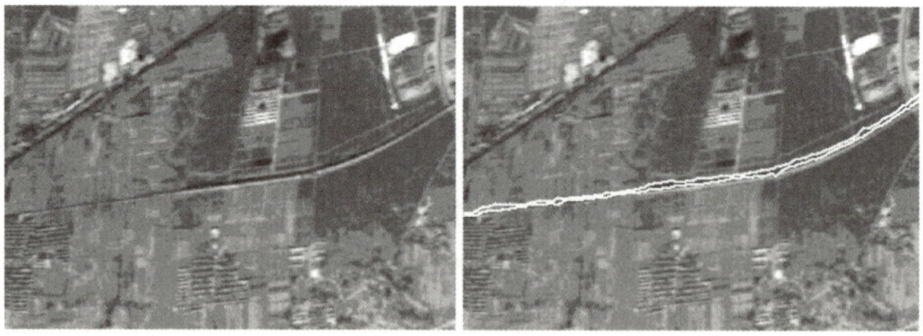

(b) 图(a)中放大的局部

图 10.26　不同图像的算法验证结果

4. 道路特征提取研究展望

道路特征提取已取得了不少研究成果，但与实际应用的要求还差得较远，在提取的自动化程度、提取算法的速度、适用性、准确性等方面还有许多工作有待研究解决。在以下方面可作进一步研究和扩展。

1) 现有研究成果的应用推广

虽然道路特征提取还不尽如人意，但终究取得了不少成果，特别是一些方法对某类图像如低空间分辨率图像较为有效。因此，应用现有方法和成果将现有成果实用化，具有重要的意义。尽管完全自动提取道路还不现实，但是自动提取某一种类型道路如高速公路或建立半自动化提取系统还是有可能的。同时，应用提取的道路特征在地图更新、目标识别等方面也具有重要作用。

2) 多层次的有机融合

道路特征提取一般在三个层次上进行处理，即低层次、中层次和高层次。在低层次的处理过程中，提取的点、线、面不是目标的结构特征。为了识别目标，需要形成中层次的目标结构特征，中层次中产生的结构特征，通过高层次的知识识别、处理就可以得到特征明显准确的图像道路。三个层次的有机结合则是道路特征提取的主要发展方向。

3) 道路特征提取与区域特征提取等相结合

对于图像来说，所要提取的特征不仅仅是道路特征，还有其他特征，如水系特征、房屋特征、谷地特征等。这些特征的提取与道路特征的提取有许多相似性和相关性。将这些研究有机地相结合，可以取得事半功倍的效果。例如，在城区特征提取中，线状道路特征与面状建筑物特征是互为联系的，若提取了城区的道路特征，则为提取建筑物特征提供了很好的基础，在一些城区，则几乎可以由道路特征直接得到建筑物特征，等等。

4) 与测绘领域相关研究相结合

对计算机视觉、模式识别等领域来说，提取特征的目的和作用与测绘不尽相同。在遥感图像道路特征提取方面应立足于测绘实际，如与图像匹配、虚拟现实等相结合，充分利用已有的数据、知识以便取得更好的效果。例如，在道路提取中结合 GIS 信息，能提取出一些难以确定的路段。利用已有的地图信息，能有效地提供一些道路知识。从遥感图像上提取的道路特征，能有效地应用于地图更新、GIS 更新、目标识别等方面。

5) 数学方法的应用

数学在测绘领域取得了重要而广泛的应用。在道路特征提取方面，也已经取得了一些应用。特别是概率论、数学规划等。但是数学应用的广度和深度还不够，一些新兴学科如小波分析、形态学等还没有得到很好的应用。在道路特征提取方面，小波分析在滤波、特征选择等方面也能取得应有的作用。数学形态学由于其良好的特征分析特点，能有更为重要的应用。在道路表示方面，目前的研究还不多，但样条曲线、分段插值曲线、最小二乘曲线等能够在道路表示中得到很好的应用。

6) 计算机视觉的发展

特征提取的发展，离不开计算机视觉、模式识别等的发展。这些学科制约着遥感图像道路特征提取的发展，特别是高层次的知识处理方面的发展。充分利用计算机视觉、模式识别等领域的最新研究成果，必将大力推动遥感图像道路特征提取的发展。

10.5 遥感变化检测

遥感变化检测(change detection)是从不同时期的遥感图像中检测目标物或目标类别变化的过程。这个过程可以是全人工的(如人工解译或调查制图)或者计算机软件辅助的。人工解译涉及观察比较不同日期图像的差异，然后在屏幕或在纸上勾绘变化的图斑。使用软件工具更有助于开展业务化的工作。指定日期后地区地物的变化专题图常用于决策支持和管理活动。

变化检测包括多种应用，如扰动区植被的恢复、海面石油泄漏、雪线的移动、地表覆盖的变化等。变化检测专题图反映了特定对象变化的空间分布。

遥感变化检测方法有两个思路：图像分类后的变化检测和基于图像特征的图像差异的变化检测。①分类后变化检测，使用相同的分类系统对每期图像进行分类，产生类别图斑，然后计算类别的差异作为变化。②图像特征差异，计算图像特征的差异，并将差异作为变化；图像特征可以是波段、波段组合或构建的新特征。例如，遥感指数 NDVI 与地表的绿色植物的生物量有关，两期图像 NDVI 的差异反映了地表生物量的变化。对于差异，必须给出阈值且认为低于阈值是不变化的，或变化是可以忽略的。变化检测结果的确认是一个反复迭代过程。

变化检测分为两个级别：①仅检测变化的强度；②检测变化的强度和变化的性质。前者比后者简单一些，仅考虑变化的空间分布。后者在前者的基础上，进一步分析变化的来源和去向，这些来源和去向可以是地物类、地表覆盖类型或具体的目标，然后统计不同变化的百分比。

10.5.1 主 要 方 法

常用的变化检测方法有四种：①差值法，②比值法，③变化向量法，④分类比较法。其中，差值法和比值法是线性处理方法；前三种方法需要通过阈值来确定变化。

1. 差值法

使用同一区域不同图像的图像特征的减法运算获得变化信息，0 指明没有变化，正值和负值指明了变化信息。由于物谱不一致的问题，必须分别定义变化和非变化的阈值。对于变化结果，必须进行校验和评估。

常用植被指数的差值来提取绿色植被的变化信息。与原图像相比，差值计算后图像的噪声方差增加。

2. 比值法

使用同一区域不同图像的图像特征的除法运算获得变化信息，1 指明没有变化，大于或小于 1 的值指明变化。与差值法类似，必须分别定义变化和非变化的阈值。

与差值法相比，比值法可以最小化不需要的信息或噪声，同时可以弱化地形的影响。比值计算后，往往需要对计算结果进行标准化处理，调整数据的数量级，以便于解释和分析。

3. 变化向量法

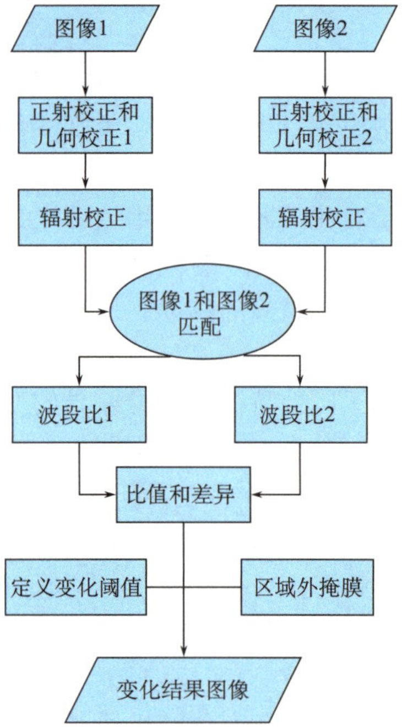

图 10.27 使用光谱波段差异进行变化检测的基本工作流程

在多维特征空间计算不同日期图像的差异大小和方向以提取变化信息。对于多光谱图像，可以使用 K-L 变换来提高信息的集中程度。将不同日期的两个图像看做两个类，计算二者的距离，进而做出判断分析。实际应用中，常根据图像的特点构建新的图像特征作为变化向量。

在计算结果中，0 为没有变化。必须分别定义变化和非变化的阈值，对于变化的方向要进行解释分析。

4. 分类比较法

首先对图像进行分类，然后进行图像差值运算获得差异，产生“来源-去向”交叉表(如林地到水体的变化面积和比率)。最后的精度取决于分类精度和两期图像的空间匹配精度。对于高空间分辨率图像容易产生较大的误差。

10.5.2 处理流程和关键点

1. 处理流程

变化检测的步骤如图 10.27 所示。首先，必须获得两期图像，其中的关键是没有云的覆盖。理想情况下，不同年份图像的日期应该相同、相近，或季相可以比较。在可能的情况下，应该使用同一传感器的图像，具有相同的空间分辨率和图像特征。

不同传感器的图像应使用不同的处理方法。有的需要正射校正，有的不需要正射校正。此外，大多数卫星图像都需要几何精纠正到指定的参考地图上，并确保所有的图像都具有相同的坐标系和投影。如果必要，需要将已有的图像重新投影到一个共同的地图投影标准上。如果图像的空间分辨率不同，必须重采样以确保像素大小的一致。在大多数情况下，只对低空间分辨率的图像进行重采样。接下来，图像必须相互配准(co-registered)，以确保不同日期同一像素位置代表同一地表位置。

对于城市区域的变化检测，理想的情况是使用的图像均进行了真正射校正。然而，大多数的情况下，图像仅仅经过了正射校正，由此会导致较多的空间匹配误差，增加检测结果的误检率。

湿度、污染和其他大气条件(如烟雾)会降低图像质量，影响传感器的记录值。尽管波段比值可以减轻这种影响，但大气校正仍然是一个重要的步骤。基于不变地物的相对大气校正有助于降低误检率。

一旦图像完成了预处理，就可以使用不同的方法进行变化检测。计算每期图像的特定图像特征的指数，如 NDVI，然后使用图像减法获得差异。可利用典型区(兴趣区)来确定变化的阈值，大于该阈值的确定为变化。

2. 关键点

1) 限制

从遥感图像中检测的变化有助于评估大型陆地景观，但对于现场监测而言，这个结果通常是不准确或不精确的。现场收集的植被数据和土地利用数据作为制图产品在空间上是准确的，可用于野外采样定位。遥感图像上的地物受空间分辨率的限制。此外，混合的地物在图像上可能只用一个像素表示，导致精度的差异。

野外收集到的数据可以清楚地识别出两个日期间的变化性质，然而，在遥感变化检测中，只有借助于图像分类方法才可以得到变化的性质。

最后，变化检测最适合于区分地表覆盖和自然景观的特征。某些方面的问题，如大米草植物侵入特定区域，则难以通过遥感进行评估。尽管有这些局限，但遥感变化检测仍然提供了一种有效的、高效益低成本的土地覆盖变化评估方法。此外，归档图像允许用于重塑历史，而这是野外数据无法完成的。

2) 关键点

年度变化检测中，前后图像的日期应尽可能接近，图像应该没有云覆盖。

图像配准：必须进行精确的图像配准工作。配准使用的同名地物点应该尽可能的遍布图像。在仅进行了正射校正的高空间分辨率图像中，位置不一致产生的错误是误差的主要来源。

辐射校正：尽可能最小化大气、太阳高度角和方位角、视场的影响，去除图像的噪声，对轻度的雾霾影响进行必要的信息恢复。基于不变地物进行相对辐射校正，可以降低辐射误差的影响。有学者提出了不依赖于光照的变化检测方法，可供参考①。

变化检测方法：应针对特定的变化检测需求来选取或构建图像特征，确定分割阈值。如果使用图像分类方法，则需要对分类结果进行检查确认。针对不同的传感器图像和不同的变化检测要求，应选择合适的方法。不存在适用于所有情况的所谓最佳的方法。

---

① Skifstad K, Jain R. 1989. Illumination independent change detection for real world image sequences. CVGIP, 46:387-399. Mester R, Aach T, Dümbgen L. 2001. Illumination-Invariant Change Detection Using a Statistical Colinearity Criterion. Pattern Recognition, 170-177.

变化检测后分析：对比每类地物的变化面积和变化率，产生“from-to”（来源-去向）交叉表。

10.5.3 发　展

各种遥感变化检测的方法最终都离不开具体的算法，这些算法包括：统计学习、多尺度、形态学、图斑对象等。

对于高空间分辨率遥感影像的变化检测，基于对象的方法与基于像素的方法比较有其优越性。一般认为，基于图像分割或地理对象（GEOBIA）的方法在遥感影像分析（包括变化检测）中很有潜力，存在的问题在于最适的对象提取参数、变化检测的标准框架、检测结果精度评价和性能。随着数据科学的进展，机器学习算法中的集成学习得到了更多的应用[①]。

10.6 精 度 评 估

信息提取结果可以利用实地调查数据、更高空间分辨率图像的解译结果、目视解译的结果作为真值参考进行精度评价。所参考的数据应该是同期的，或者虽然不同期，但研究对象在指定的日期间的变化是可以忽略的。评价的内容为面积和位置的正确性。应特别注意是否有遗漏，是否存在过度提取。

对于生化参数的遥感反演，则通过图像的反演值与地面的实测值计算的精度和误差参数进行精度评估。

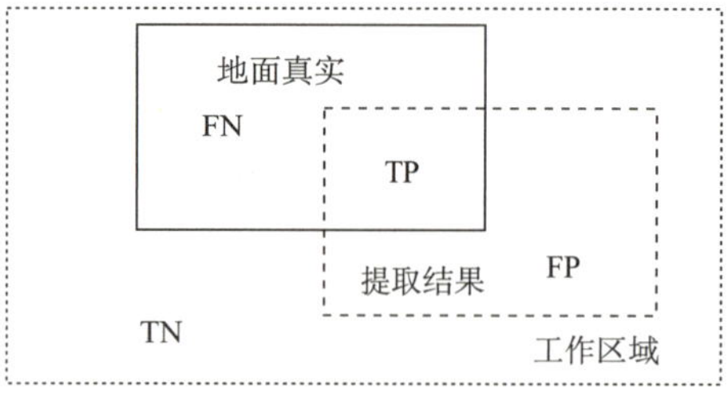

图 10.28　遥感信息提取结果与地面真实

在遥感图像的信息提取中，除了混淆矩阵外，对于两类划分，精度评估方法如图 10.28 所示[②]。对于多类的分类结果，可以针对每个单一的类使用这种方法进行精度评估。

对于图像的提取结果或每个类，均具有地面真实。此时，图像的值为 0 或 1，1 为提取结果。地面的真实与否，与提取结果中的标记 0（错误）和 1（正确）就具有了图 10.28 中的组合关系。图 10.28 中，外虚线框为工作区域，内实线框为地面真实，内虚线框为提取结果。图像的大小为 TN+FN+TP+FP，TP 是交叉的部分，TN 是其他部分。通过地物的调查或人工解译，获得的真实地物分布信息为 TP+FN（实线框内部分）。通过图像处理提取的结果为 TP+FP（虚线框内部分）。提取结果中，一部分是真实的，为 TP，另一部分是错误的，为 FP。整理这些结果，构成了图 10.29 的混淆矩阵。

精度评估指标如下。

1）基本指标

$$\text{查全率(\%)：}\ \mathrm{TPR}=\frac{\mathrm{TP}}{\mathrm{TP}+\mathrm{FN}}\times 100$$

① 陈建裕，张汉松. 2016. 图像对象层次的遥感影像分析. 北京：科学出版社，139.

② Fawcett T. 2006. An introduction to ROC analysis. Pattern Recognition Letters, 27(8):861-874.

		真实信息		
		正确	错误	总和
图像提取结果	标记正确	TP	FP	TP+FP
	标记错误	FN	TN	FN+TN
	总和	TP+FN	FP+TN	TN+FN+TP+FP

图 10.29　两类信息提取结果的混淆矩阵

$$查准率(\%):\quad P=\frac{TP}{TP+FP}\times 100$$

$$准确率(\%):\quad ACC=\frac{TP+TN}{TN+FN+TP+FP}\times 100$$

注意：上述概念中，查全率又称正检率(true positive rate)、召回率(recall reate)、检测率，也有人直接翻译为真阳性。漏检率(miss rate)=100–查全率。查准率又称为精度(precision)。误检率=100–查准率，又称虚警率 FPR，也有人直接翻译为假阳性。准确率的英文为 accuracy。

在提取结果中，实际正确而提取结果为假称为“漏”，提取结果为真但实际是错误的称为“误”。查全与查准是一对矛盾。一般的，查全率高，查准率往往偏低。为了保证查全而增加额外的数量会导致更高的误检率。

如果提取结果完全正确，则 FN 和 FP 为 0，查全率和查准率均为 100%，误检率为 0%，漏检率为 0%。

以查全率为横轴，查准率为纵轴进行绘图(称为 PRC 曲线)，可以对比不同的分类算法和信息提取算法。查全率和查准率都高的算法为优。

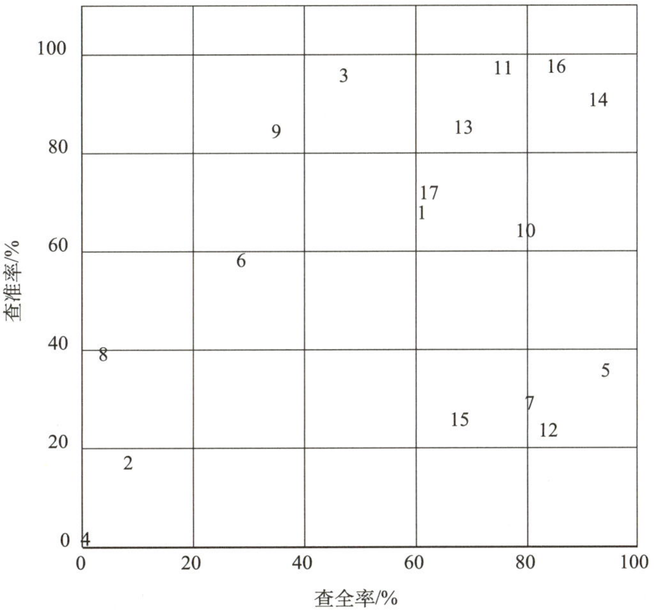

图 10.30　不同提取方法的查全率与查准率

图 10.30 是 17 个提取方法的对比。集中在对角线上偏于右上方的方法具有最好的性能，例如 14 号和 16 号。5 号的查全率高，但查准率低，意味着误检高。3 号的查准率高，但查全率不好，意味着漏检多。4 号方法两个都低，意味着提取效果最差。

2) ROC 和 AUC

ROC 是接受者操作特性曲线(receiver operating characteristic curve，ROC)，AUC 是 ROC 曲线下面积(area under curve，AUC)，这两个指标直观的对比不同分类器或提取方法的精度。

ROC 图为一个二维图形，横轴为误检率 FPR，纵轴为查全率 TPR，展示了 FPR 与 TPR 之间的对应关系。ROC 图形位于一个单位方形之中，如果曲线 X 始终位于曲线 Y 的左上方，则曲线 X 优于曲线 Y。这意味着：对于所有可能的错误分类代价和类分布，X 对应分类器的期望代价始终比 Y 的期望代价更低。显然，一个优秀的分类器对应的 ROC 曲线应该尽量靠近单位方形的左上角，即在低的误检率下保证高的查全率。如果一条 ROC 曲线是沿着负分类器点和正分类器点连接构成的对角线，则该分类器的预测效果与随机猜测的效果同样差。

ROC 曲线图清楚的表现能力是毋庸置疑的，但是实际应用中往往希望用一个数字标准进行评估，这就是 AUC。AUC 与 Gini 指数紧密相关：

$$\text{Gini} + 1 = 2 \times \text{AUC}$$

如果 ROC 中 X 曲线 AUC 值大于 Y 曲线的 AUC 值，则分类器 X 的平均性能优于 Y 的平均性能。

如果提取结果中真实的比例相对较少，PRC 比 ROC 更具有优势。

思 考 题

1. 遥感信息提取的主要内容和方法有哪些？
2. 典型地物的遥感提取指数有哪些？如何评估提取结果的精度？
3. 构建遥感提取指数应该满足哪些原则？
4. 高光谱图像的主要特点是什么？
5. 高光谱图像常用的传感器有哪些？光谱分辨力各是多少？
6. 什么是测谱学，主要研究内容是什么？
7. 与多光谱图像相比，高光谱图像的优势是什么？图像处理的主要难点是什么？
8. 常用的光谱库有哪些？各有什么特点？
9. 高光谱图像处理的主要方法和典型算法有哪些？
10. 什么是端元，什么是光谱解混？有什么意义？
11. 如何进行混合像元的线性解混计算？
12. 为什么说数据降维对于高光谱图像处理非常必要？
13. 什么是高空间分辨率图像？主要特点是什么？
14. 简述高空间分辨率图像处理的方法与难点。
15. 什么是遥感变化检测？主要方法有哪些？基本流程和关键技术是什么？
16. 高空间、高光谱、多光谱遥感数据的变化检测方法有哪些差异？
17. 如何提高遥感变化检测的准确性？
18. 遥感信息提取中有哪些不确定性？如何使用图像处理的方法进行改进？

19. 如何制图表达遥感变化检测的结果？

20. 高空间分辨率遥感图像的变化检测有哪些误差？如何减少这些误差？

21. 如何评估遥感信息提取结果的精度？怎么辩证的理解查全率和查准率？

22. 使用不同的方法(至少 5 种)进行遥感图像分类或遥感信息提取，对比各种方法的性能。

23. 使用相同的图像特征和训练区，使用 5 个不同的分类器对实验图像进行分类，以最大似然分类结果作为真实参考，绘制查全率-查准率散点图，对比分析其他分类器的性能，对结果进行必要的解释。

24. 在英文维基网站查找“查全率”和“查准率”相关的英文表达。

主要参考文献

陈华, 陈书海, 张平, 等. 2004. K-means 算法在遥感分类中的应用. 红外与激光工程, 29(2): 26-30

陈秋晓. 2004. 高分辨率遥感影像分割方法研究. 北京: 中国科学院地理科学与资源研究所博士学位论文

陈述彭, 赵英时. 1990. 遥感地学分析. 北京: 测绘出版社

陈玉敏. 2002. 基于神经网络的遥感影像分类研究. 测绘信息与工程, 27(3): 6-8

程承旗, 马廷. 2003. 高分辨率卫星影像上的地物线性特征的自动识别. 遥感学报, 7(1): 26-30

程乾生. 2003. 数字信号处理. 北京: 北京大学出版社

冯纪武, 潘菊婷. 1991. 遥感制图. 北京: 测绘出版社

傅肃性. 2002. 遥感专题分析与地学图谱. 北京: 科学出版社

高木干雄, 下田阳久. 2007. 图像处理技术手册. 孙卫东, 等译. 北京: 科学出版社

巩丹超, 邓雪清, 戴晨光. 2002. 建筑物提取与重建的技术分析. 解放军测绘研究所学报, 22(4): 44-48

谷口庆治. 2002. 数字图像处理(基础篇). 北京: 科学出版社

关元秀, 刘高焕, 刘庆生, 等. 2001. 黄河三角洲盐碱地遥感调查研究. 遥感学报, 5(1): 46-52

郭德方. 1987. 遥感图像的计算机处理和模式识别. 北京: 电子工业出版社

郭华东, 等. 2000. 感知天地——信息获取与处理技术. 北京: 科学出版社

郭小方, 王润生. 2000. 机载成像光谱图像边缘辐射畸变校正. 中国图象图形学报, 12(5A): 21-28

郭云开, 张起森. 2002. 基于广义夹角的遥感图像计算机分类方法. 中国公路学报, 15(2): 28-30, 35

黄慧萍, 吴炳方, 李苗苗, 等. 2004. 高分辨率影像城市绿地快速提取技术及应用. 遥感学报, 8(1): 68-74

黄宁, 刘小军, 朱敏慧, 等. 2001. 遥感图像分类技术研究. 华北工学院测试技术学报, 15(2): 86-92

贾永红. 2001. 计算机图像处理与分析. 武汉: 武汉大学出版社

金亚秋. 1997. 星载微波 SSM/I 对中国西北沙漠地区遥感数据的辐射特征分析. 遥感学报, 1(3): 192-197

李德仁, 周月琴, 金为铣. 2001. 摄影测量与遥感概论. 北京: 测绘出版社

李爽, 丁圣彦, 许叔明. 2002. 遥感影像分类方法比较研究. 河南大学学报, 32(2): 70-73

梁顺林. 2009. 定量遥感. 北京: 科学出版社

林宗坚, 刘政荣. 2003. 从遥感影像提取道路信息的方法评述. 武汉大学学报(信息科学版), 28(1): 90-93

刘丹. 2005. 计算机图像处理的数学和算法基础. 北京: 国防工业出版社

龙飞, 赵英时. 2002. 多角度 NOAA 卫星数据地面 BRDF 反射率的大气校正. 遥感学报, 6(3): 173-178

骆剑承, 梁怡, 周成虎. 1999. 基于尺度空间的分层聚类方法及其在遥感影像分类中的应用. 测绘学报, 28(4): 319-324

马廷. 2001. 高分辨率卫星影像及其信息处理的技术模型. 遥感信息, 3: 6-10

梅安新, 彭望琭, 秦其明, 等. 2001. 遥感导论. 北京: 高等教育出版社

闵祥军, 等. 1997. 敦煌地区大气气溶胶对卫星传感器辐射校正的影响. 遥感技术与应用, 11(1): 14-21

彭望琭. 1991. 遥感数据的计算机处理与地理信息系统. 北京: 北京师范大学出版社

乔玉良. 2002. 黄土地区高中低产农田成因及遥感分类方法研究——以山西省定襄县为例. 遥感学报, 6(1): 70-74

仇肇悦, 李军, 郭宏俊. 1995. 遥感应用技术. 武汉: 武汉测绘科技大学出版社
日本遥感研究会编. 2011. 遥感精解. 刘勇卫译. 北京: 测绘出版社
沙晋明, 史舟, 王人潮, 等. 2000. 东南山区土壤遥感监测的图像处理及分类. 水土保持学报, 14(1): 38-47
史文中, 朱长青, 王昱. 2001. 从遥感影像提取道路特征的方法综述与展望. 测绘学报, 30(3): 257-262
舒宁. 2000. 微波遥感原理. 武汉: 武汉大学出版社
宋晓宇, 单新建. 2002. 高分辨率卫星影像在城市建筑物识别中的初步应用. 遥感信息, (1): 26-30
孙丹峰, 杨冀红, 刘顺喜. 2002. 高分辨率遥感卫星影像在土地利用分类和变化监测中的应用研究. 农业工程学报, 18(2): 160-164
孙家柄, 舒宁, 关泽群. 1997. 遥感原理、方法和应用. 北京: 测绘出版社
孙夔华. 2010. 数字图像处理——原理与算法. 北京: 机械工业出版社
田村秀行. 1988. 计算机图像处理技术. 赫荣威译. 北京: 北京师范大学出版社
田金文, 柳斌, 程伟. 1999. 基于局部最大熵的辐射校正方法. 中国图象图形学报, 4A(1): 41-45
田庆久, 郑兰芬, 童庆禧. 1998. 基于遥感影像的大气辐射校正和反射率反演方法. 应用气象学报, 9(4): 456-461
童庆禧, 张兵, 邓兰芬. 2006. 高光谱遥感——原理、技术与应用. 北京: 高等教育出版社
汪闽. 2005. 高分辨率目标信息提取方法研究. 北京: 中国科学院地理科学与资源研究所博士后出站报告
王桥. 2009. 数字图像处理. 北京: 科学出版社
王耀南. 1995. 小波神经网络的遥感图像分类. 中国图象图形学报, 4A(5): 368-371
王志民, 闵祥军, 顾英圻, 等. 2001. CBERS-1 卫星 CCD 相机绝对辐射校正试验. 航天返回与遥感, 22(4): 16-24
王志民. 1999. 中国资源卫星绝对辐射校正场. 国土资源遥感, (3): 40-46
吴毅. 2003. 色彩学与印前印后. 杭州: 浙江摄影出版社
夏德深, 傅德胜. 2001. 现代图像处理技术与应用. 南京: 东南大学出版社
徐飞, 施晓红. 2002. Matlab 应用图像处理. 西安: 西安电子科技大学出版社
杨凯, 卢健, 林开愚, 等. 1988. 遥感图像处理原理和方法. 北京: 测绘出版社
游代安, 蒋定华, 余旭初. 2001. GIS 辅助下的 Bayes 法遥感影像分类. 测绘学院学报, 18(2): 113-117
张广顺, 张玉香. 1996. 建设中国遥感卫星辐射校正场的构想. 气象, 22(9): 15-18
张钧屏, 方艾里, 方志龙. 2001. 对地观测与对空监视. 北京: 科学出版社
张永生. 2000. 遥感图像信息系统. 北京: 科学出版社
张永生, 巩丹超, 等. 2004. 高分辨率遥感卫星应用——成像模型、处理算法及应用技术. 北京: 科学出版社
张祖勋, 张剑清. 1996. 数字摄影测量学. 武汉: 武汉测绘科技大学出版社
章效灿, 等. 1997. 遥感数字图像处理. 杭州: 浙江大学出版社
章毓晋. 1999. 图像处理与分析基础. 北京: 清华大学出版社
章毓晋. 2009. 图像处理和分析教程. 2 版. 北京: 人民邮电出版社
周成虎, 骆剑承. 2001. 遥感影像统计分析及其扩展模型. 中国图象图形学报(A 辑), 6(12): 1210-1215
周成虎, 骆剑承, 杨小梅, 等. 1999. 遥感影像地学理解与分析. 北京: 科学出版社
朱建华, 刘政凯, 俞能海. 2000. 一种多光谱遥感图像的自适应最小距离分类方法. 中国图象图形学报, 5A(1): 21-24
朱述龙, 张占睦. 2000. 遥感图像获取与分析. 北京: 科学出版社

Antenucci J C, Brown K, et al. 1991. Geographic Information Systems: A Guide to Technology. New York: VanNosrtand Reinhold

Aplin P, Atkinson P M, Curran P J. 1999. Per-field classification of land use using the forthcoming very fine resolution satellite sensors: problems and potential solutions//Atkinson P M, Tate N. Advances in Remote Sensing and GIS Analysis Chichester: Wiley

Argialas D P, Harlow C A. 1990. Computational image interpretation modes: an overview and a perspective. Photogrammertric Engineering and Remote Sensing, 56(6): 871-886

Avery T E, Berlin G L. 1992. Fundamentals of Remote Sensing and Airphoto Interpretation. 5th Edition. New York: Macmillan

Baltsavias E, Mason S, Stallmann D. 1995. Use of DTMs / DSMs and orthoimages to support building extraction//Grun A, Kubler O, Agouris P, eds. Automatic Extraction of Man-made objects from Aerial and Space Images. Berlin: Birkhauser Verlag

Blaschke T, Lang S, Lorup E, et al. 2000. Object-oriented image processing in an integrated GIS/remote sensing environment and perspectives for environmental applications. Environmental Information for Planning, 2: 555-570

Buchanan M D. 1979. Effective utilization of color in multidimensional data presentation. Paper Presented at the Society of Photo-Optical Engineers, 199: 9-19

Caccetta P A, Campbell N A, Evans F, et al. 2001. Mapping and monitoring land use and condition change in the southwest of western Australia using remote sensing and other data. Proceedings of SPIE, 4171: 34-35

Castloeman K R. 1998. Digital Image Processing. Beijing: Tsinghua University

Chavez P S, Berlin G L，Sowers L B. 1982. Statistical method for selecting Landsat MSS ratios. Journal of Applied Photographic Engineering, 8: 23-30

Chris O, Shaun Q. 2009. 合成孔径雷达图像理解. 丁赤飚, 何国金, 吴一戎, 等译. 北京: 电子工业出版社

Cihlar J, et al. 1998. Classification by progressive generalization: A new automated methodology for remote sensing multichannel data. International Journal of Remote Sensing, 19(14): 2685-2704

Congalton R G. 1991. A review of assessing the accuracy of classification of remotely sensed data. Remote Sensing of Environment, 37: 35-46

Conrac Corporation. 1980. Raster Graphics Handbook. New York: Van Nostrand Reinhold

Danson F M. 1995. Developments in the remote sensing of forest canopy structure//Danson F M, Plummer S E, eds. Advances in Environmental Remote Sensing. Hoboken: Wiley

Ediriwickrema J, Khorrsm S. 1997. Hierarchical maximum-likelihood classification for improved accuracy. IEEE Transactions on Geoscience and Remote Sensing, 35(4): 810-816

ERDAS Inc. 1999. Erdas imagine field guides. 5th Edition. Atlanta: Georgia

Foody G. 1999. Image Classification with a Neural Network: from Completely-Crisp to Fully Fuzzy Situations. Chichester: Wiley

Geman D, Jedynak B. 1996. An active testing model for tracking roads in satellite images. IEEE Trans . Pattern Analysis and Machine Intelligence, 18(1): 1-14

Gert A Schultz, Edwin T Engman. 2006. 水文与水文管理中的遥感技术. 韩敏译. 北京: 中国水利水电出版社

Giada S, Groeve T D, Ehrlich D. 2003. Information extraction from very high resolution satellite imagery over

Lukole refugee camp, Tanzania. International Journal of Remote Sensing, 24(22): 4251-4266

Gonzalez R C, Woods R E, Eddins S L. 2005. 数字图像处理(英文版). 北京: 电子工业出版社

Graeme L Stephens. 1994. Remote Sensing of the Lower Atmosphere: An Introduction. New York : Oxford University Press

Green A A, Berman M, Switzer, et al. 1988. A transformation for ordering multispectral data in terms of image quality with implications for noise removal. IEEE Transactions on Geoscience and Rmote Sensing, 26(1):65-74

Haala N. 1995. 3D building reconstruction using linear edge segments//Fritsch D, Hobble D, eds. Photogrammetric Week 95. Heidelberg: Herbert Wichmann Verlag

Henricsson O, Bignone F, Willuhnlm W, et al. 1996. Project AMOBE: strategies, current status and future work. IAPRS, XXXI, Part B3: 321-330

Hinton J C. 1996. GIS and remote sensing integration for environmental applications. INT J GIS, 10(7): 877-890

Jensen J R. 2007. 遥感数字图像处理导论. 陈晓玲译. 北京: 机械工业出版社

Kartikeyan B, Majumder K L, Dasgupta A R. 1995. An expert system for land cover classification. IEEE Trans. Geoscience and Remote sensing, 33(1): 58-66

Kirsch R A. 1971. computer determination of the constituent structure of biological image. Computer and Biomedical Research, 4: 315-328

Kruse, Raines. 1994. A technique for enhancing digital color images by contrast stretching in Munsell color space. Proceedings of the ERIM Third Thematic Conference, Environmental Research Institute of Michigan, Ann Arbor, MI

Lang S, Blaschke T. 2003. Hierarchical object representation-Comparative multiscale mapping of anthropogenic and natural features. International Archives of Photogrammetry, Remote Sensing and Spatial Information Sciences, 34(3): 181-186

Lin C, Huertas A, Nevatia R. 1995. Detection of buildings from monocular images//Gruen A, Kuebler O, Agouris P, eds. Automatic Extraction of Manmade Objects from Aerial and Space Image, Basel, Boston. Berlin: Birkhauser Verlag

Lobo A, Chic O, Casterad A. 1996. Classification of mediterranean crops with multisensor data: per-pixel versus per-object statistics and image segmentation. International Journal of Remote Sensing, 17: 2388-2400

Lu D, Weng Q. 2007. A survey of image classification methods and techniques for improving classification performance. International Journal of Remote Sensing, 28(5): 863-870

Manfred E, Monika G. 2003. Automated analysis of ultra high resolution remote sensing data for biotope type mapping: new possibilities and challenges. ISPRS Journal of Photogrammetry & Remote Sensing, 57: 315-326

Markham B, Townshend J R G. 1981. Land cover classification accuracy as a function of sensor spatial resolution. Proceedings 15th Int. Symp. on Remote Sensing of Environment, Ann Arbor, MI

Maselli F, Rudolf A, Conese C. 1996. Classification of spatially degraded thematic mapper data for the estimation of sub-pixel components. International Journal of Remote Sensing, 17: 537-551

McKeown D, McGlone J. 1993. Integration of photogrammetric cues into cartographic feature extraction. SPIE Conference on Integrating Photogrammetric Techniques with Scene Analysis and Machine Vision. Orlando, Florida

Merlet N, Zerubia J. 1996. New prospects in line detection by dynamic programming. IEEE Trans. Pattern Analysis and Machine Intelligence, 18(4): 426-431

Michael H R. 1986. Remote Sensing-Methods and Applications. Hoboken: Wiley

Nicolin B, Gabler R. 1987. A knowledge-based system for the analysis of aerial images. IEEE Geoscience and Remote Sensing, 25(3): 317-329

Pohl C, Genderen J, Van L. 1998. Multisensor image fusion in remote sensing Concepts, methods and applications. International Journal of Remote Sensing, (19) 5: 823-854

Qaid A M, Basavarajappa H T. 2008. Application of optimum index factor technique to landsat-7 data for geological mapping of north east of Hajjah, Yemen. American-Eurasian Journal of Scientific Research, 3(1): 84-91

Rego F L, Koch B. 2003. Automatic classification of land cover with high resolution data of the Rio de Janeiro city Brazil comparison between pixel and object classification. Proc. of Remote Sensing of Urban Areas, 153-157

Richards J A, Jia Xiuping. 2006. Remote Sensing Digital Image Analysis. Berlin: Springer

Robert A Schowengerdt. 2010. 遥感图像处理模型与方法. 3 版. 尤红建, 等译. 北京: 电子工业出版社

Schiewe J, Tufte L, Ehlers M. 2001. Potential and problems of multi-scale segmentation methods in remote sensing. GIS – Zeitschrift für Geoinformations System, (6): 34-39

Skidmore A, Turner B, Brinkhof W, Knowles E. 1997. Performance of neural network: mapping forests using GIS and remotely sensed data. Photogrammetric Engineering & Remote Sensing, 63: 501-514

Solaiman B, et al. 1998. An information fusion method for multispectral image classification postprocessing. IEEE Transactions on Geoscience and Remote Sensing, 36(2): 395-406

Stephens G. 1994. Remote Sensing of the Lower Atmosphere: An Introduction. Oxford: Oxford Univ. Press

Thomas M L, Ralph W K. 2000. Remote Sensing and Image Interpretation. 4th Edition. Hoboken: Wiley

Trinder J C, Wang Y D, Sowmya A, et al. 1997. Artificial intelligence in 3D feature extraction//Trinder J C, Wang Y D, Sowmya A, et al. Automatic Extraction of Man-mad Objects from Aerial and Space Images. Basel: Birkhaeuser verlag

Verstraete M M，Pinty B. 1996.Designing optimal spectral indexes for remote sensing application.IEEE Transactions on Geoscience and Remote Sensing，34(5):1254-1265

Wang Min, Luo Jiancheng, Zhou Chenghu, et al. 2005. A shape constraints-based method to recognize ship objects from high spatial resolution remote sensed imagery. Lecture Notes in Computer Science, 3514: 963-970

William K Pratt. 2005. 数字图像处理. 3 版. 邓鲁华, 张延恒译. 北京: 机械工业出版社

Woodcock C E, Strahler A H. 1987. The factor of scale in remote sensing. Remote Sensing of Environment, 21(3): 311-332

附录 1　遥感数字图像处理的软件

遥感图像处理需要的相关软件列在下表中。全部安装这些软件有助于更好地进行实验练习。本书中 ENVI 系统的版本默认为 4.8，其他版本的界面可能会与此有所不同。

编号	软件	目的	相关的实验	是否必需
1	遥感图像处理软件 ENVI	图像处理 开发、验证图像处理算法 教师和学生使用	图像处理	必需
2	办公软件 Office 的 Word 和 Excel 或兼容的其他软件	编写实验文档 处理实验需要的表格文档 教师和学生使用	文档表格编写	必需
3	高级语言 VB，VC，C#等	程序开发语言 学生用来编写程序，实现图像处理算法 教师和学生使用	图像处理程序练习	必需
4	MapInfo 或 ArcGIS	从地图中获取控制点坐标 显示图像分类结果 GIS 专业必用软件 教师和学生使用	几何纠正 图像分类	必需
5	Photoshop CS	了解色彩空间的概念 比较图像显示增强、图像滤波的处理效果 教师演示用	图像合成显示 图像拉伸 图像滤波 选区	可选
6	ERDAS IMAGINE 或 PCI Geomatica	对比不同软件的图像处理性能和互补性	图像处理算法	可选

遥感数字图像处理软件大多是处理工具的集合，单个工具的功能有限，工具的组合应用才能满足工作需要。练习使用这些工具，熟悉工具产生的效果，然后举一反三，是本书的基本目标。

不要想当然的认为使用软件就可以得到预期的或正确的结果。正确的结果来自于对问题、研究对象和算法的认识，特别地，必须使用与算法相符合的数据类型才会有预期的结果。如果数据不满足算法的要求，产生的只能是错误的结果。

所以，即使有了软件，仍然需要你了解算法的基本原理。

同时，我们一定要清楚地知道，任何软件都明确声明不担保结果的正确性！软件都是有 BUG 的。虽然这里选择了 ENVI 作为实验软件，但并不意味着 ENVI 没有任何错误、意味着其他软件不好。每个软件都有自己不可替代的特色。实际工作中，往往要根据工作目标和内容要求，扬长避短，联合使用多个软件工具来完成任务。

对于新发布的软件版本，你一定要查看软件的在线帮助和发布文档，了解软件修正了哪些错误，新增了哪些功能，还有哪些问题没有得到解决！

附录 2　实验内容和实验安排

根据内容和工作量，建议每个实验单元的实验时间为 2～4 课时。全部实验需要的时间为 24～36 课时。实验内容请参阅作者在科学出版社出版的《遥感数字图像处理实验教程》(第二版)。

编号	实验名称	主要内容	ENVI 相关的菜单	建议时间/h
1	实验准备	显示器的颜色校正	软件安装 查阅帮助系统	2
2	图像处理基本操作	图像显示 保存显示的图像 数据合并 编辑头文件和图像剪裁 改变图像大小等	主菜单 File 中的主要功能 Basic Tools-Resize Data/Convert Data Image 窗口的 Tools-Link 系统设置 图像窗口	2～3
3	图像合成和显示增强	图像合成 图像拉伸：线性、2%拉伸 图像均衡化 图像规定化	Image 窗口中“Enhance”菜单下的各项子菜单 Tools→Color Mapping 和 cursor location/Values… Window→close all display windows	2～3
4	遥感图像校正	辐射校正：暗象元校正和 Flaash 大气校正 图像-地图配准 图像重采样 自定义坐标系和投影 本实验的结果在实验 7 中将使用	主菜单 Map→Register→Select GCPs: image to map Basic Tools→Resize Data MAP→Customize Map Projections	4～6
5	图像变换	FFT 变换 主成分变换 缨帽变换 代数运算 彩色变换	主菜单 Filter→FFT filtering Transform→Principle components Transform→Tassled Cap Transform→band ratios Basic tools→Band Math Transform→Image sharping-HSV Transform→Color Transforms 相关工具：Basic Tools-Statistics	3～4
6	图像滤波	图像平滑：低通滤波，中值滤波，高斯低通滤波； 图像锐化：罗伯特梯度，Sobel 梯度，拉普拉斯算子，定向滤波	Filter→convolution and morphology 中的 convolution(卷积) Image 窗口中的 Tools→2D Scatter Plots	3～4

续表

编号	实验名称	主要内容	ENVI 相关的菜单	建议时间/h
7	图像分割	图像直方图 图像交互拉伸 代数运算 绘制矢量线 光谱剖面 空间剖面 拉普拉斯算子 高斯低通滤波 图像数学形态学 图像矢量化	Image 窗口中“Enhance”菜单下的 Interactive Stretching… Basic tools→Band Math Image 窗口中“Tools”菜单下的 Profiles 中各项子菜单 Filter→convolution and morphology 中的 convolution (卷积) 和 morphology (图像形态学) Vector→Rater to Vector 保存矢量文件为 Shape 文件	2～3
8	图像分类	绘制 ROI ISODATA 非监督分类 最大似然法监督分类 分类结果后处理	图像窗口菜单→Tools→Region of interest→ROI tool… 主菜单:Classification→Unsupervised→IsoData 主菜单:Classification→Supervised→Maximum Likelihood 主菜单:Classification→Post Classification	2～3
9	变化检测	基于遥感指数的方法 分类后变化检测方法 变化检测的后处理 高空间分辨率图像的变化检测	传统界面和集成中的相关模块	4～6

附录 3　实验教程中的光盘内容

《遥感数字图像处理实验教程》(第二版)(科学出版社，2018)所附光盘中的内容，文件按照实验单元组织，每个实验单元一个目录，目录里是与实验相关的数据和参考资料。注意：实验软件为 ENVI，建议版本 4.8 以上。

编号	目录名称	数据说明	子目录
0	彩图	彩色插图，文件名给出了彩图的含义	子目录与实验编号相对应
1	实验准备	数据 校正工具 实验报告的要求和模板文档	数据：给出了 Landsat，SPOT 和 IKONOS 全色图像的实例，便于进行图像处理 校正工具：免费的显示器校正工具
2	图像处理基本操作	实验数据和结果	单波段的 TM 数据文件 合并后的 TM 数据文件 实验用的图像
3	图像合成和显示	合成后彩色图像	
4	图像校正	纠正需要的控制点，矢量图、纠正结果 用于辐射校正的图像	参照数据：点位数据和旅游图扫描图像，MapInfo 格式。纠正后的参考图像 几何精纠正：参考的 GCP 点 重采样对比：不同重采样方法产生的纠正图像
5	图像变换	图像变换的实验数据和结果图像	FFT：FFT 变换实验用的图像和变换结果参考 PCA：主成分变换的统计数据，图像主成分计算.xls 代数运算：基本的表达式文件，结果图像 缨帽变换：变换后的图像，AA_KT，使用 ENVI4.8 计算，Landsat5 的 TM 传感器 彩色变换：典型彩色变换结果的彩色图片
6	图像滤波	图像滤波的实验数据	平滑：平滑去噪实验的图像实例。包括照片、TM 图像、中巴卫星图像局部，噪声图像 锐化：锐化处理的图像实例，包括照片和高空间分辨率遥感图像局部
7	图像分割	图像分割需要的图像和部分分割结果	分割实验数据 分割结果：分割产生的部分结果
8	图像分类	实验数据和分类结果数据	比 AA 范围更大的实验数据 非监督分类：分类结果 监督分类：分类结果，后处理参照结果，分类结果面积比较.xls
9	变化检测	两期 OLI 图像，两期 RapidEye 图像	用于参考的图像分类结果

附录 4　本书网站资源内容

本书涉及的资料汇总在网站 www.ecsponline.com 上，读者可通过检索本书名称，在图书详情页“资源下载”栏目中获取，如有问题可发送邮件到 dx@mail.sciencep.com 咨询。

资料主要内容如下：

1. 各章重要插图的彩色图像。

2. 练习需要用到的数据，包括 BSQ 格式的 Landsat5 TM 图像数据，数据类型为字节。图像可以用 ENVI 软件直接打开。其中，*.HDR 是头文件，可以用文本编辑器打开，里面包括了图像参数。图像文件 AA 是陆地资源 5 号卫星的 TM 数据，由单个波段的文件 b1…b7 合并后产生。“实例图像”中包括了五个典型遥感传感器的图片。“计算用数据”中是用于案例计算的图像数据，来自于 AA 图像的局部。

3. 补充材料。已有版本中存在，但本版中没有印刷的内容和新增的内容，供参考阅读。PDF 文件可使用 Adobe Reader 打开。

4. 遥感图像数据。提供了可用 ENVI 软件直接打开典型遥感数据（3.78G）。包括：①GeoEye 图像数据，高空间分辨率图像，2 米，4 个波段，已经转换为 ENVI 的 BSQ 格式。②Hj1AHSI，中国环境 1A 卫星的高光谱图像数据，包括了原始图像数据和 BSQ 文件。③Landsat8 的 OLI 多光谱图像数据，包括原始数据，按照 TM 的 7 个波段顺序转换后的 BSQ 文件。④MODIS 图像数据，包括了 HDF 格式的原始图像数据和转换剪裁后的 BSQ 文件。请自行查阅传感器的相关信息。

本书配套在线开放课程 2018 年被评为“国家精品在线开放课程”，更多的视频资料请访问：http://www.icourse163.org/course/NJNU-1001754080。

国家精品在线开放课程

科学出版社

教师教学服务指南

为了更好地服务于广大教师的教学工作，科学出版社打造了“科学 EDU”教学服务公众号，教师可通过扫描下方二维码，享受样书、课件、会议信息等服务。

样书、电子课件仅为任课教师获得，并保证只能用于教学，不得复制传播用于商业用途。科学出版社保留诉诸法律的权利。

关注微信公众号“科学 EDU” → 点击“教学服务”—“样书、课件申请” → 审核（1 个工作日） → 样书 7 个工作日内寄出、课件 3 个工作日发送

关注科学 EDU，获取教学样书、课件资源

面向高校教师，提供优质教学、会议信息

分享行业动态，关注最新教育、科研资讯

科学 EDU

学生学习服务指南

为了更好地服务于广大学生，科学出版社打造了“学子参考”公众号，学生可通过扫描下方二维码，了解海量经典教材、教辅信息，轻松面对考试。

面向高校学子，提供优秀教材、教辅信息

分享热点资讯，解读专业前景、学科现状

为大家提供海量学习指导，轻松面对考试

学子参考

教师咨询：010-64033787　QQ：2405112526　yuyuanchun@mail.sciencep.com

学生咨询：010-64014701　QQ：2862000482　zhangjianpeng@mail.sciencep.com